I CONGRESSO
DIREITO DAS SOCIEDADES
em Revista

ALMEDINA

ÍNDICE

5   Abreviaturas

9   Nota Prévia

11 Programa

13 *Due diligence* e responsabilidade
    Fábio Castro Russo

27 A negociação de participações de controlo. A jurisprudência
    Patrícia Afonso Fonseca

41 Transmissão de participações de controlo e cláusulas de revisão de preço
    Alexandre de Soveral Martins

53 As acções sem valor nominal no direito português
    Paulo de Tarso Domingues

75 O financiamento das sociedades por meio de valores mobiliários híbridos
    (entre as acções e as obrigações)
    Orlando Vogler Guiné

95 As prestações acessórias: direito das sociedades e direito da contabilidade
    Manuel António Pita

113 As prestações suplementares
    Alexandre Mota Pinto

129 As insuficiências do regime legal do capital social e das reservas na cooperativa
    Deolinda Aparício Meira

157 Deveres gerais dos administradores e "gestor criterioso e ordenado"
    Ricardo Costa

189 Vinculação dos sócios às deliberações da assembleia geral
    Pedro Pais de Vasconcelos

207   Impugnação de deliberações sociais (teses e antíteses, sem sínteses)
J. M. Coutinho de Abreu

211   Entre *corporate governance* e *corporate responsibility*: deveres fiduciários e 'interesse social iluminado'
Catarina Serra

259   Independência e inexistência de incompatibilidades para o desempenho de cargos sociais
Paulo Olavo Cunha

297   Remuneração de administradores de sociedades anónimas "cotadas", em geral, e no sector financeiro, em particular
Fátima Gomes

335   Fiscalização e protecção do investidor. Alguns problemas de governo societário
Rui de Oliveira Neves

353   Sobre a obrigação de restituir dos administradores
Manuel Carneiro da Frada

359   A *business judgment rule*
António Pereira de Almeida

373   Minorias e a acção social de responsabilidade
Maria Elisabete Ramos

391   A responsabilidade dos administradores à crise da empresa societária e os interesses dos credores sociais
Maria de Fátima Ribeiro

415   A quem aproveita o seguro de responsabilidade civil dos administradores celebrado para os efeitos do art. 396.º CSC?
Margarida Lima Rego

447   O *European Model Company Act*
José Augusto Engrácia Antunes

453   Desenvolvimentos recentes relativos ao Estatuto da Sociedade Europeia
Maria Miguel Carvalho

469   Ética do discurso (*habermassiana*) e informação societária: breves reflexões
Luís Menezes do Vale

ABREVIATURAS

AAVV/VVAA	Autores Vários / Vários Autores
AAFDL	Associação Académica da Faculdade de Direito de Lisboa
ac./acs.	acórdão / acórdãos
ACE	Agrupamento(s) Complementar(es) de Empresas
AEIE	Agrupamento(s) Europeu(s) de Interesse Económico
AG	Die Aktiengesellschaft
AktG	Lei alemã sobre as sociedades anónimas e em comandita por acções, de 6 de Setembro de 1965
al.	alínea
AnnDrComm	Annales de Droit Commercial
AnwBl	Anwaltsblatt
BankLJ	Banking Law Journal
BB	Betriebs-Berater
BBTC	Banca, Borsa e Titoli di Credito
BFD	Boletim da Faculdade de Direito da Universidade de Coimbra
BGHZ	Entscheidungen des Bundesgerichtshofs in Zivilsachen
BMJ	Boletim do Ministério da Justiça
BulJS	Bulletin Joly des Sociétés
CA 2006	Companies Act, de 2006 (Inglaterra)
CadMVM	Cadernos do Mercado dos Valores Mobiliários
CadOD	Cadernos O Direito
CC	Código Civil
CCit	Codigo civil italiano, de 16 de Março de 1942
CCom	Código Comercial
CComf	Novo código de comércio francês (aprovado pela Ordonnance, de 18 de Setembro de 2000)
CEE	Comunidade Económica Europeia
CeImp	Contratto e Impresa
CEJ	Centro de Estudos Judiciários
CES	Cooperativismo e Economía Social

cfr.	confronte
CIRC	Código do Imposto sobre o Rendimento das Pessoas Colectivas
CIRE	Código da Insolvência e da Recuperação de Empresas
CIRS	Código do Imposto sobre o Rendimento das Pessoas Singulares
cit.	citado
CJ	Colectânea de Jurisprudência
CJ-STJ	Colectânea de Jurisprudência Acórdãos do Supremo Tribunal de Justiça
CLR	Columbia Law Review
CPC	Código de Processo Civil
CPen	Código Penal
CPEREF	Código dos Processos Especiais de Recuperação da Empresa e da Falência
CMLRev.	Common Market Law Review
CMVM	Comissão do Mercado de Valores Mobiliários
CódMVM	Código do Mercado de Valores Mobiliários
CRCom	Código do Registo Comercial
CRP	Constituição da República Portuguesa
CSC	Código das Sociedades Comerciais
CT/CTrab	Código do Trabalho
CVM	Código dos Valores Mobiliários
DB	Der Betrieb
DFiscB	Droit Fiscalité Belge
DJ	Revista Direito e Justiça
DJCL	Delaware Journal of Corporate Law
Dec.-Lei/DL	Decreto-Lei
DG	Diário do Governo
DGCL	Delaware General Corporation Law
DR	Diário da República
DSR	Direito das Sociedades em Revista
ed.	edição
EBOR	European Business Organization Law Review
ECFR	European Company and Financial Law Review
EIRL	Estabelecimento(s) Individual(ais) de Responsabilidade Limitada
EUA	Estados Unidos da América
EuZW	Europäische Zeischrift für Wirtschafsrecht
ForI	Forum Iustitiae
ForLR	Fordham Law Review
Giur.Comm.	Giurisprudenza Commerciale
GmbH	Gesellschaft mit beschränkter Haftung (Alemanha)
GmbHG	Lei alemã sobre as sociedades de responsabilidade limitada, de 20 de Abril de 1892
GmbHR	GmbH-Rundschau
HarvLR	Harvard Law Review
id.	*idem*

IDET	Instituto de Direito das Empresas e do Trabalho
InsO	Insolvenzordnung (lei alemã da insolvência)
IPRax	Praxis des Internationalen Privat- und Verfahrensrechts
JOCE	Jornal Oficial das Comunidades Europeias
JOUE	Jornal Oficial da União Europeia
L.	Lei
LGT	Lei Geral Tributária
LOFTJ	Lei de Organização e Funcionamento dos Tribunais Judiciais
LSGPS	Lei das Sociedades Gestoras de Participações Sociais
LSQ	Lei das Sociedades por Quotas
MBCA	Model Business Corporation Act
MoMiG	Gesetz zur Modernisierung des GmbH-Rechts und zur Bekämpfung von Missbräuchen (Alemanha)
NZG	Neue Zeitschrift für Gesellschaftsrecht
NYBCL	New York Business Corporation Law
n./nn.	nota/notas
n.º	número
OPA	Oferta(s) Pública(s) de Aquisição
OPV	Oferta(s) Pública(s) de Venda
p./pp.	página/páginas
p. ex.	por exemplo
PCG	Principles of Corporate Governance
POC	Plano Oficial de Contabilidade
RabelsZ	Rabels Zeitschrift für ausländisches und internationales Privatrecht
RB	Revista da Banca
RCEJ	Revista de Ciências Empresariais e Jurídicas
RDC	Rivista di Diritto Civile
RDE	Revista de Direito e Economia
RDES	Revista de Direito e de Estudos Sociais
RDM	Revista de Derecho Mercantil
RdS	Revista de Derecho de Sociedades
RDS	Revista de Direito das Sociedades
RC	Tribunal da Relação de Coimbra
RE	Tribunal da Relação de Évora
reimp.	reimpressão
RevDBB	Revue de Droit Bancaire et de la Bourse
RevE	Revisores e Empresas
RevF	Revista Fisco
RevOD/O Direito	Revista O Direito
RevTOC	Revista dos Técnicos Oficiais de Contas
RG	Tribunal da Relação de Guimarães
RGIT	Regime Geral das Infracções Tributárias
RivDCom	Rivista del Diritto Commerciale e del Diritto Generale delle Obbligazioni
RJOIC	Regime Jurídico dos Organismos de Investimento Colectivo

RJUPort	Revista Jurídica da Universidade Portucalense Infante D. Henrique
RL	Tribunal da Relação de Lisboa
RMBCA	Revised Model Business Corporation Act (EUA)
RP	Tribunal da Relação do Porto
reimp.	reimpressão
RFDUL	Revista da Faculdade de Direito da Universidade de Lisboa
RGICSF	Regime Geral das Instituições de Crédito e Sociedades Financeiras
RIW	Recht der Internationalen Wirtschaft
RLJ	Revista de Legislação e Jurisprudência
RNPC	Registo Nacional de Pessoas Colectivas
ROA	Revista da Ordem dos Advogados
ROC	Revisor Oficial de Contas
RS	Rivista delle Società
s./ss.	seguinte/seguintes
SA	Sociedade(s) Anónima(s)
SARL	Sociedade de Responsabilidade Limitada (França)
SQ	Sociedade(s) por Quotas
SCE	Sociedade(s) Cooperativa(s) Europeia(s)
SE	Sociedade(s) Europeia(s)
SGPS	Sociedade(s) Gestora(s) de Participações Sociais
SPE	Sociedade(s) Privada(s) Europeia(s)
SRL	Sociedade de Responsabilidade Limitada (Itália)
SROC	Sociedade(s) de Revisores Oficiais de Contas
STJ	Supremo Tribunal de Justiça
SZW	Schweizerische Zeitschrift für Wirtschaftsrecht
tb.	também
TCE	Tratado da Comunidade Europeia
TFUE	Tratado sobre o funcionamento da União Europeia
Themis	Themis – Revista da Faculdade de Direito da Universidade Nova de Lisboa
TJCE	Tribunal de Justiça das Comunidades Europeias
TJUE	Tribunal de Justiça da União Europeia
TRLSA	Lei espanhola sobre as sociedades anónimas (texto refundido aprovado pelo Real Decreto Legislativo 1564/1989, de 22 de Dezembro)
TUF	Testo Unico della Finanza
UCP	Universidade Católica Portuguesa
v.	*vide*
VJud	Vida Judiciária
vol./vols.	volume/volumes
ZGR	Zeitschrift für Unternehmens- und Gesellschaftsrecht
ZHR	Zeitschrift für das gesamte Handelsrecht und Wirtschaftsrecht
ZIP	Zeitschrift für Wirtschaftsrecht

NOTA PRÉVIA

A 8 e 9 de Outubro de 2010, em Lisboa, realizou-se o I Congresso promovido pela *Direito das Sociedades em Revista*, com organização da Almedina. Sucederam-se 27 comunicações, respeitando o programa que se reproduz nas páginas seguintes, que é auto–explicativo no que toca aos objectos e aos autores das comunicações.

Publicam-se agora os textos da esmagadora maioria dessas comunicações, agrupadas pelo modo por que foram apresentadas.

Com o seu I Congresso, a DSR prestou mais uma contribuição para o estudo do Direito das Sociedades, no espírito anunciado no editorial do seu primeiro número: divulgar e problematizar, convocando todos os interessados, independentemente das suas perspectivas metodológicas e das instituições a que pertencem.

Aproveita-se a ocasião para reafirmar a abertura da DSR à participação de todos os que com ela queiram colaborar, com críticas, sugestões e textos para publicação.

PEDRO PAIS DE VASCONCELOS
J. M. COUTINHO DE ABREU
RUI PINTO DUARTE

PROGRAMA

Dia 8 de Outubro
A negociação de participações de controle

Moderador: *Pedro Pais de Vasconcelos*

FÁBIO CASTRO RUSSO – *Due diligence* e responsabilidade
PATRÍCIA AFONSO FONSECA – A jurisprudência
ALEXANDRE DE SOVERAL MARTINS – As cláusulas de revisão de preço

A constituição financeira das sociedades I

Moderador: *Filipe Cassiano dos Santos*

MANUEL NOGUEIRA SERENS – O processo de constituição de sociedade de capitais revisitado
PAULO DE TARSO DOMINGUES – As acções sem valor nominal
ORLANDO VOGLER GUINÉ – O financiamento das sociedades por meio de valores mobiliários híbridos (entre as acções e as obrigações)

Moderador: *Alexandre de Soveral Martins*

MANUEL ANTÓNIO PITA – As prestações acessórias: direito das sociedades e direito da contabilidade
ALEXANDRE MOTA PINTO – As prestações suplementares nas sociedades
DEOLINDA APARÍCIO MEIRA – As insuficiências do regime legal do capital social e das reservas na cooperativa

Problemas do governo das sociedades I

Moderador: *Manuel Carneiro da Frada*

RICARDO COSTA – Deveres gerais dos administradores e "gestor criterioso e ordenado"

Pedro Pais de Vasconcelos – Vinculação dos sócios por deliberação de assembleia geral

J. M. Coutinho de Abreu – A impugnação das deliberações sociais

Filipe Cassiano dos Santos – *Corporate governance*, recentramento de poderes e o papel da assembleia: os casos de invalidade e ineficácia das deliberações revisitados

Catarina Serra – Entre *corporate governance* e *corporate responsibility*: deveres fiduciários e 'interesse social iluminado'.

Problemas do governo das sociedades II

Moderador: *Rui Pinto Duarte*

Paulo Olavo Cunha – Aspectos críticos do regime da independência e da inexistência de incompatibilidades para o desempenho de alguns cargos sociais

Fátima Gomes – A remuneração dos dirigentes das sociedades anónimas

Pedro Maia – A transposição da Directiva dos accionistas

Rui de Oliveira Neves – Fiscalização e protecção de investidores

Dia 9 de Outubro
Problemas do governo das sociedades III

Moderador: *Paulo Olavo Cunha*

Manuel Carneiro da Frada – Os deveres fundamentais dos administradores

António Pereira de Almeida – A *business judgment rule*

Maria Elisabete Ramos – Minorias e a acção social de responsabilidade

Maria de Fátima Ribeiro – A responsabilidade dos administradores na crise da empresa

Margarida Lima Rego – O seguro de responsabilidade civil dos administradores

Visões do futuro

Moderador: *J. M. Coutinho de Abreu*

José Augusto Engrácia Antunes – O *European Model Company Act*

Maria Miguel Carvalho – Desenvolvimentos recentes relativos ao Estatuto da Sociedade Europeia

Florbela Almeida Pires – Sociedades e Conflitos de Leis – Alguns Problemas

Rui M. Pereira Dias e Luís Menezes do Vale – Ética do discurso e informação societária

Resumo: é já usual em vários ordenamentos jurídicos, incluindo no nosso, que a celebração de contratos de compra e venda de participações sociais de controlo seja acompanhada da realização de uma *due diligence*. Atenta a afirmação de uma tal *praxis*, pretende-se neste estudo proceder ao enquadramento jurídico desse fenómeno, nomeadamente no que toca às possíveis repercussões do mesmo sobre a posição jurídica do vendedor.

Abstract: it is already usual in several jurisdictions, including in the Portuguese one, that a *due diligence* is carried out in connection with the execution of sale and purchase agreements of shares, quotas or other capital fraction». Considering such *praxis*, this paper aims at presenting the legal context of such phenomenon, namely as regards its eventual effects upon the seller's legal position.

FÁBIO CASTRO RUSSO[*]

Due diligence e responsabilidade[1]

No âmbito da negociação de participações sociais de controlo, designadamente quando a mesma tem em vista a celebração de contratos de compra e venda dessas participações, tem-se assistido nos últimos anos a uma

[*] Assistente da Faculdade de Direito da Universidade Católica Portuguesa (Porto), advogado (Morais Leitão, Galvão Teles, Soares da Silva & Associados)

[1] O texto que ora se publica corresponde à comunicação apresentada pelo A. no âmbito do «I Congresso de Direito das Sociedades em Revista». Não obstante, foram efectuadas pequenas alterações e acrescentadas notas bibliográficas.
Principal bibliografia consultada: José ENGRÁCIA ANTUNES, «A empresa como objecto de negócios: "Asset Deals" Versus "Share Deals"», *ROA*, 2008, 715-93 (esp. 752-4); António PINTO MONTEIRO e Paulo MOTA PINTO, «Compra e venda de empresa: A venda de participações sociais como venda de empresa ("share deal")», *RLJ*, 2007, 76-102; Laura M. FRANCIOSI, *Trattative e due diligence – tra culpa in contrahendo e contratto*, Milano, Giuffrè, 2009; Enzo PULITANÒ, «La *Due Diligence Legale*», in Ugo DRAETTA, Carlo MONESI (a cura di), *I Contratti di acquisizione di società ed aziende*, Milano, Giuffrè, 2007, 111-57; Francesco RICCI, *Due diligence e responsabilità*, Bari, Cacucci Editore, 2008; Andrea TINA, *Il Contratto di Acquisizione di Partecipazioni Societarie*, Milano, Giuffrè, 2007; Tommaso Maria UBERTAZZI, *Il Procedimento di Acquisizione di Imprese*, Padova, CEDAM, 2008; Claus ELFRING, «Legal Due Diligence Reports», *JuS*, 2007, Beilage 5/2007; Frank HASSEL, *Der Einfluss der Due Diligence auf die Verkäuferhaftung beim Unternehmens- und Beteiligungskauf*, Diss., Hamburg, 2009 (disponível em http://www2.sub.uni-hamburg.de/opus/volltexte/2010/4457/pdf/Hassel_Frank.pdf); Rainer LOGES, «Der Einfluß der "Due Diligence" auf die Rechtstellung des Käufers eines Unternehmens», *DB*, 1997, 965-9; Klaus J. MÜLLER, «Einfluss der due diligence auf die Gewährleistungsrechte des Käufers beim Unternehmenskauf», *NJW*, 2004, 2196-9; Gerhard PICOT, «Das vorvertragliche Verhandlungsstadium bei der Durchführung von Mergers & Acquisitions», in Gerhard PICOT (Hrsg.), «Handbuch Mergers & Acquisitions», 4.ª ed., Stuttgart, Schäffer-Poeschel, 2008, 156-205, esp. 162-200).

crescente importância da chamada *due diligence*, que porventura ganhou já foros de cidade nas mais importantes transacções deste tipo.

Com efeito, e a par da introdução no nosso léxico jurídico da expressão *share deals*, fruto do progressivo relevo da compra e venda de participações sociais como forma de transmissão indirecta da empresa[2], o nosso ordenamento jurídico importou, através da *praxis*, institutos surgidos noutras latitudes, de entre os quais o que aqui é tratado constitui exemplo frisante.

Saber, pois, o que vem afinal a ser a *due diligence* – quanto à sua origem, funções e modalidades – e a influência que a sua realização tem sobre a responsabilidade do vendedor ou, por outras palavras, sobre a posição jurídica do comprador, são os aspectos que me proponho aqui abordar.

I. Noção, funções e modalidades da *due diligence*

1. Noção, antecedentes e assimetria informativa

Literalmente, *due diligence* – ou, na gíria, *DD* – significa «diligência devida», o que remete para um padrão de diligência exigível[3]. No entanto, enquanto «etapa» da aquisição de participações sociais de controlo a *DD* libertou-se deste seu inicial significado, denotando hoje aquilo a que se poderia dar o nome de auditoria societária (sempre que se esteja perante um *share deal* através do qual tenha lugar a transmissão indirecta da empresa). Através da mesma visa-se obter informação sobre as participações sociais, sobre a sociedade a que essas participações dizem respeito – a por vezes dita *sociedade-alvo* – e, claro está, sobre o património social, nele se incluindo a empresa eventualmente explorada pela sociedade-alvo. Também as relações entre a sociedade e os sócios e mesmo entre estes (p. ex., em caso de conflito entre eles) são muitas vezes analisadas neste contexto.

Com este específico sentido, a auditoria parece ter dois antecedentes ou «causas próximas».

---

[2] Na verdade, a transmissão indirecta (de empresas) transformou-se «hoje *na principal, senão mesmo hegemónica, modalidade de negociação empresarial*», constituindo a compra e venda de participações sociais de controlo o seu principal instrumento (ENGRÁCIA ANTUNES, «A empresa (...)», cit., 724-5).

[3] Cf. António MENEZES CORDEIRO, «Os deveres fundamentais dos administradores das sociedades (artigo 64.º/1 do CSC)», in *Jornadas de Homenagem ao Professor Doutor Raúl Ventura. A reforma do Código das Sociedades Comerciais*, Coimbra, Almedina, 2007, 24, em nota.

O primeiro antecedente acha-se na *Securities Act* de 1933 dos EUA[4]. Na sua redacção original[5], este diploma legal sobre valores mobiliários estabelecia a responsabilidade civil de determinadas pessoas por informações falsas prestadas a adquirentes de tais valores, responsabilidade essa que era passível de exclusão através da denominada «*due diligence defense*». Para o efeito, os aparentes responsáveis deveriam demonstrar que, após terem conduzido uma «investigação razoável» («*reasonable investigation*»), tinham fundadas razões para confiarem na veracidade das mencionadas informações (a final falsas). A ligação à auditoria societária é clara, até porque esta se traduz justamente numa *investigação razoável*.

Com um carácter mais geral, o segundo antecedente ou «causa» encontrar-se-á no princípio *caveat emptor*, presente em larga medida no direito da compra e venda da *Common Law*, se bem que cada vez com mais excepções. *Caveat emptor* significa «o comprador que se acautele», ou seja, o comprador tem o ónus de tomar as suas próprias cautelas quanto ao que compra, já que, na falta delas, ser-lhe-á em princípio negada a tutela *ex lege*. Ora, nos contratos de compra e venda de participações sociais essas «cautelas» resultam essencialmente das cláusulas de garantia, cuja redacção pressupõe, em maior ou menor medida, o conhecimento do *quid* transaccionado, o que passará frequentemente pela realização de uma auditoria. Claro está que este princípio não se acha acolhido, pelo menos nos termos referidos, no nosso ordenamento, mas ainda assim as cautelas afiguram-se relevantes, como se terá ocasião de salientar.

Como foi já afirmado, a auditoria em apreço visa a obtenção de informação, sendo assim um instrumento de *gestão do risco* do adquirente. Por assim ser, o combate à *assimetria informativa* entre comprador e vendedor é comummente identificado como o desiderato a atingir[6], embora duas precisões devam ser feitas a propósito desta *assimetria informativa*.

Em primeiro lugar, pretende-se aqui pôr cobro ao défice informativo ainda antes da celebração do contrato ou, pelo menos, antes de se tomar conhecimento dos defeitos da sociedade-alvo por outra via. Esta circunstância permite concluir que a *due diligence* releva essencialmente numa perspectiva *preventiva*, ao passo que os regimes da compra e venda de bens onerados e de coisas defeituosas previstos no Código Civil apenas «com-

---

[4] Vd. Hassel, *Der Einfluss* (...), cit., 4-6; Picot, «Das vorvertragliche (...)», cit., 162; Ricci, *Due Diligence* (...), cit., 187-8.
[5] Este diploma continua em vigor, muito embora tenha sofrido alterações (cf. a redacção actual em http://www.sec.gov/about/laws/sa33.pdf).
[6] Cf. Engrácia Antunes, «A empresa (...)», cit., 753; Hassel, *Der Einfluss* (...), cit., 10; Picot, «Das vorvertragliche (...)», cit., 166.

batem» a sobredita assimetria já depois da conclusão do contrato. Para mais, a adequação destes regimes e, ainda antes disso, a sua aplicabilidade à compra e venda *de empresas* é contestada por parte significativa da doutrina, sendo assim recomendável a estipulação de um autónomo regime contratual de responsabilidade – daí as mencionadas cláusulas de garantia, ou seja, as «cautelas» a que há pouco se fez referência.

O segundo ponto a salientar prende-se com o carácter meramente tendencial dessa assimetria informativa. Com efeito, nem sempre ela se verificará: pense-se, a título ilustrativo, numa compra e venda de participações sociais inserida num *management buy-out*[7], em que os membros do órgão de administração da sociedade-alvo são eles próprios compradores das participações sociais. De facto, a assimetria aqui existente será a inversa. Numa hipótese deste tipo, a realização de uma *due diligence* será provavelmente um exercício ocioso, a não ser, em certos casos, em face de terceiros, como sejam instituições de crédito que financiem o adquirente[8].

2. Funções

O que se deixou exposto permite já enunciar algumas das funções da auditoria[9], não sendo de estranhar que, à luz da identificada assimetria informativa, a principal função – ou, pelo menos, a função para a qual todas as demais convergem – seja a informativa.

Claro está, porém, que, mais do que informação em abstracto, pretende-se obter informação para um determinado efeito, e são estas (sub-)funções que devem agora ser evidenciadas. Assim, e sempre que a *due diligence* tenha lugar em momento prévio ao da celebração do contrato, os respectivos resultados contribuirão, desde logo, para a decisão de contratar (ou não). Mais relevante, porém, é o auxílio que esses resultados prestarão à decisão sobre os *termos em que se contrata*. Releva aqui, em primeira linha, a determinação do carácter directo («*asset deal*», de que é paradigma

---

[7] Picot, «Das vorvertragliche (...)», cit., 166.
[8] Sobretudo se as participações sociais em causa forem empenhadas a favor da entidade financiadora.
[9] Cf., entre nós, Engrácia Antunes, «A empresa (...)», cit., 753, que atribui à *due diligence* funções formativa (visando a obtenção de informação «completa e exaustiva», garantística (assegurando a inexistência de vícios materiais ou ocultos), valorativa (permitindo a determinação do preço contratual) e probatória. Vd. também Pulitanò, «La *Due Diligence* (...)», cit., 113-4, e Hassel, *Der Einfluss* (...), cit., 10-4, que menciona ainda uma «função de planeamento», até porque a informação recolhida nesta sede contribuirá para uma célere e eficiente integração da sociedade-alvo na «esfera» do comprador.

o trespasse) ou indirecto da transmissão da empresa («*share deal*»). Suponha-se, a título ilustrativo, que se constata ser a sociedade-alvo devedora de avultadas quantias. Desta circunstância pode muito bem resultar a conveniência para o comprador de a transmissão da empresa ocorrer directamente, por via de um trespasse, pois, como se sabe, em tal caso a regra é a da não transmissão dessas dívidas para o trespassário.

Para além do carácter directo ou indirecto da transmissão, a realização da auditoria contribuirá para a determinação do preço, não só no que respeita ao seu montante, mas também quanto a um eventual diferimento do seu pagamento no tempo, designadamente através da retenção de uma parcela do preço ou do recurso a depósitos bancários fiduciários, ditos «*escrow accounts*». De resto, nem sequer é necessário que a *due diligence* ocorra antes da celebração do contrato para que isto suceda, uma vez que, tendo o contrato sido já celebrado, a informação obtida em sede de auditoria pode ser de molde a permitir uma revisão contratual do preço. Não por acaso, num estudo alemão de há alguns anos atrás concluiu-se que da *due diligence* havia resultado uma redução do preço em cerca de 65% dos casos aí analisados[10], o que é revelador da sua importância para efeitos de aplicação de cláusulas de revisão do preço.

Uma terceira (sub-)função tem que ver com a relevância da *due diligence* para a elaboração de eventuais *cláusulas de garantia*[11]. Com efeito, e como se mencionou já, os regimes da compra e venda de bens onerados e de coisas defeituosas tendem a não ser considerados adequados à compra e venda de *empresas*, o que justifica a estipulação de cláusulas de garantia, também conhecidas como *representations and warranties*. Embora não creia que a realização de uma auditoria seja, neste contexto, uma «necessidade prática» (contrariamente ao que sustenta um A. alemão[12]), é inegável que a redacção destas cláusulas só ganhará – desde logo em precisão – com uma prévia *due diligence*. Por razões óbvias, e tal como se afirmou relativamente à determinação do carácter directo ou indirecto da transmissão, esta função apenas subsistirá quando a DD ocorra antes da celebração do contrato em que se achem vertidas as cláusulas de garantia.

Por fim, a auditoria tem também uma função probatória, pois facilita a prova das informações a que o comprador das participações sociais

---

[10] Wolfgang BERENS, Joachim STRAUCH, «Due Diligence bei Unternehmensakquisitionen – Eine empirische Untersuchung», *WPg* (Die Wirtschaftsprüfung), 2002, 522, *apud* HASSEL, *Der Einfluss* (...), cit., 12.
[11] Cf., do A., «Das cláusulas de garantia nos contratos de compra e venda de participações sociais de controlo», *DSR*, 2010, 115-36.
[12] HASSEL, *Der Einfluss* (...), cit., 32.

teve acesso. De resto, essa prova conhece até «cristalização» no relatório da auditoria, também dito *due diligence report* ou *memorandum*, o que até será mais nítido sempre que – como por vezes já sucede – toda a auditoria decorra de forma electrónica, com recurso a repositórios «virtuais» de informação (os *«data rooms»* electrónicos*)*. A função probatória não se circunscreve sequer à mera relação entre as partes do contrato de compra e venda, pois pode ser relevante, p. ex., também para os membros do órgão de administração da sociedade compradora, que demonstrarão terem actuado «em termos informados, livre[s] de qualquer interesse pessoal e segundo critérios de racionalidade empresarial» (artigo 72.º, n.º 2, do CSC), com a exclusão de responsabilidade daí decorrente.

3. Modalidades

Uma introdução à *due diligence* como aquela que aqui se faz não pode ficar completa sem que sejam enunciadas as suas várias modalidades. A meu ver, são essencialmente dois os vectores de distinção: o objecto da auditoria e a iniciativa da sua realização.

No que ao primeiro diz respeito, a diferente informação cuja obtenção se pretende permite que a prática conheça as auditorias financeira, «legal» e comercial, que surgem à cabeça, mas também outras mais específicas, o que se pode ilustrar com a *DD* ambiental.

Relativamente ao segundo vector distintivo, dir-se-á que, por regra, a *due diligence* é levada a cabo pelo comprador, sendo assim imperioso que o vendedor e, mais concretamente, a sociedade-alvo colaborem na sua realização. No entanto, pode o próprio vendedor pretender a realização de uma auditoria, o que acontece frequentemente quando este promove um «leilão» pela compra das participações sociais de que é titular. Diga-se de passagem que algo não muito diferente ocorre aquando da elaboração de um prospecto relativo a uma oferta pública de venda, o que se explica em face da assimetria informativa também aí existente.

Porventura poder-se-á ainda identificar um terceiro vector assente no momento da realização da *DD*[13]. Efectivamente, e como se deixou indi-

---

[13] Cf. Hassel, *Der Einfluss* (...), cit., 25, que distingue três hipóteses: auditoria anterior à celebração do contrato (*«pre-signing»*), posterior à celebração do contrato, embora anterior à plena eficácia deste (*«post-signing/pre-closing»*), ou ainda a que tenha lugar quando o contrato se ache plenamente eficaz (*«post-closing»*). Esta distinção liga-se ao próprio modelo contratual que venha a ser acolhido. Cf. também Ricci, *Due Diligence* (...), cit., 46, bem como, quanto aos vários modelos contratuais (com referência à «cisão» *signing/closing*), Tina, *Il Contratto* (...), cit., 40-55.

ciado a propósito das suas funções, não é irrelevante que a auditoria ocorra antes da celebração do contrato, depois da celebração do contrato mas antes do *closing*, isto é, da sua plena eficácia contratual, ou ainda após esta plena eficácia. Nestas últimas duas hipóteses, é evidente que a *due diligence* não poderá contribuir para a determinação das garantias, p. ex., pois achar-se-á já concluído o contrato. No entanto, o momento da realização da auditoria parece prender-se mais com a sua execução do que propriamente com uma sua «modalidade».

3.1. Objecto

O objecto da auditoria variará significativamente em função da concreta sociedade-alvo e, mais especificamente, da empresa por esta explorada. Além disso, a auditoria tenderá a ser segmentada em função daquilo a que diga respeito, o que leva em muitos casos à contratação de peritos e consultores especializados.

Ainda assim, na generalidade dos casos parece possível falar de um «conteúdo mínimo» da auditoria[14], sendo mister sublinhar a análise da situação patrimonial e financeira da sociedade-alvo, incluindo das respectivas demonstrações financeiras. Fala-se, pois, de uma auditoria financeira, cuja realização incumbirá a especialistas nessa área (p. ex., ROC ou SROC). O mencionado conteúdo mínimo abrangerá também a auditoria jurídica («*legal due diligence*»), normalmente a cargo de sociedades de advogados e tendo por objecto o exame, desde logo, da «estrutura» jurídica da sociedade-alvo, nomeadamente – sem qualquer pretensão de ser exaustivo – no que diz respeito à sua constituição, reduções ou aumentos de capital, relações de coligação societária existentes, direitos inerentes às participações sociais a transaccionar e livre transmissibilidade dessas participações. Também uma análise dos contratos mais relevantes para a empresa societária-alvo é essencial: basta pensar na possível existência de cláusulas ditas de *change of control* em certos contratos (como sejam os contratos de financiamento)[15], que poderão conduzir à cessação dos mesmos por mor da projectada transmissão de participações sociais. Por fim, o cumprimento da legislação vigente em certos domínios (p. ex., o laboral) é de molde a ser examinado nesta sede. Da auditoria jurídica é frequentemente autonomizada a auditoria fiscal («*tax due diligence*»), através da qual será possível detectar eventuais riscos (ou «contingências») fiscais.

---

[14] Para desenvolvimentos, cf. ELFRING, «Legal (...)», cit., 6-9.
[15] PULITANÒ, «La *Due Diligence* (...)», cit., 128; ELFRING, «Legal (...)», cit., 8-9.

Não obstante, há quem lhe assinale uma dimensão «prospectiva», pois poderá permitir uma correcta planificação fiscal da própria «operação»[16].

Como se disse, as particularidades da empresa societária-alvo poderão impor outras áreas de investigação. Exemplifique-se o que se acaba de dizer com uma sociedade cujo objecto consista na recolha de resíduos: em tal caso, será aconselhável a realização de uma auditoria ambiental («*environmental due diligence*»).

3.2. Iniciativa de realização

Por via de regra, a iniciativa de realização da *due diligence* caberá ao comprador, sendo assim evidente que este carecerá da colaboração do vendedor. Ao contrário do que sucede num trespasse, em que esta colaboração será directa, pois a empresa ou estabelecimento constituirá em tal hipótese património do trespassante, num *share deal* a colaboração tenderá a ser indirecta. Efectivamente, e admitindo, como parece razoável, que o vendedor não dispõe de toda a informação a analisar, incluindo a documentação em que a mesma se ache espelhada, a colaboração aqui necessária será da própria sociedade-alvo, cuja personalidade jurídica é distinta da do vendedor. Este fenómeno poderá mesmo levar a que se questione a licitude da permissão da realização de uma *due diligence* por parte do órgão de administração da sociedade-alvo. Pondo de parte um eventual direito do vendedor a dar instruções a esse órgão, acaso subsista uma relação de grupo constituído por domínio total (artigo 491.º CSC) ou resultante de um improvável contrato de subordinação (artigo 503.º, n.º 1, CSC), a questão central tem que ver com a necessidade de os gestores da sociedade-alvo deverem atender ao interesse social sempre que lhes seja solicitada a realização de uma *due diligence*, o que nem sempre significará atender ao interesse do vendedor[17]...

Embora, como se frisou já, seja menos comum, não é de excluir a hipótese de a *due diligence* ter lugar por iniciativa do vendedor, o que poderá ser motivado por o próprio vendedor ter um reduzido conhecimento da sociedade-alvo e não pretender ser surpreendido perante o comprador ou

---

[16] Cf. HASSEL, *Der Einfluss* (...), cit., 20-1.
[17] Segundo PULITANÒ, «La *Due Diligence* (...)», cit., 145, «as informações que os administradores da *target* estão autorizados a transmitir ao potencial adquirente não podem exceder as que são legitimamente transmissíveis ao sócio vendedor», ressalvando o A. que o sócio maioritário poderá ver-lhe ser transmitida mais informação. Cf. também RICCI, *Due Diligence* (...), cit., 229.

também por a celebração do contrato de compra e venda ser precedida de um «leilão», desejando assim o vendedor colocar todos os interessados na aquisição das participações sociais em posição de igualdade[18], para o efeito transmitindo-lhe as informações por ele próprio obtidas em sede de auditoria.

II. Influência da *due diligence* sobre a responsabilidade do vendedor

1. Responsabilidade pré-contratual

1.1. Redução/intensificação de deveres pré-contratuais de informação

É hoje um dado adquirido que do dever genérico de negociar de acordo com os ditames da boa fé pode resultar a emergência de específicos deveres, sendo um deles o dever pré-contratual de informação[19]. Admitindo que o seu conteúdo abrange, pelo menos, todas as informações que sejam de especial relevância para a decisão de contratar, e tendo presente que, como se viu, o vendedor de participações sociais será, tendencialmente, quem mais informado se encontrará, ele será (ou poderá ser), sob este prisma, «devedor de informação».

Neste contexto, dirão alguns que, ao levar a cabo a auditoria – e com isso incorrer em significativas despesas e trabalhos –, o comprador fá-lo por pretender melhorar a sua posição jurídica, razão pela qual a *due diligence* deverá, sob este ponto de vista, ser estritamente neutra[20]. Isto é, o conteúdo do dever pré-contratual de informação do vendedor não deverá conhecer qualquer alteração mercê da auditoria.

Não deve ser ignorado, porém, que, ao indicar que informações pretende obter – nomeadamente através do envio de um pedido de documentação ao vendedor, a chamada *checklist* –, o comprador estará a indicar as informações relevantes para a sua decisão de contratar e, pela negativa, a permitir concluir não depender esta decisão de tudo o que se ache excluído, isto é, das informações que não haja solicitado. Se assim é, creio poder

---

[18] Cf. PULITANÒ, «La *Due Diligence* (…)», cit., 115-6; RICCI, *Due Diligence* (…), cit., 56.
[19] Cf., p. ex., Carlos FERREIRA DE ALMEIDA, *Contratos I*, 3.ª ed., Coimbra, Almedina, 2005, 190 ss.. É de frisar que a compra e venda de participações sociais de controlo é um dos campos onde a responsabilidade pré-contratual conhece maior relevo (Mário J. de ALMEIDA COSTA, *Direito das Obrigações*, 12.ª ed., Coimbra, Almedina, 2009, 299-300).
[20] PICOT, «Das vorvetragliche (…)», cit., 196.

entender-se que da auditoria resultará uma delimitação do conteúdo do dever pré-contratual de informação: de uma banda, este dever acentuar-se-á no que respeite a tudo o que tenha que ver com o objecto da auditoria, ainda que apenas por via indirecta[21]; de outra, deverá considerar-se atenuado ou até excluído face a tudo o resto em que o comprador não se revelou interessado, sobretudo quando este recorra a profissionais especializados (como advogados ou revisores oficiais de contas). Nesta medida, a *due diligence* não será «neutra»[22]. Claro está, porém, que o que se afirmou deverá ser relativizado em função do caso concreto: se, por hipótese, o próprio vendedor não dispuser de informação sobre a sociedade-alvo – o que poderá muito bem acontecer num *share deal*, para tanto bastando que o vendedor seja um sócio «financeiro», como tal alheado da gestão –, a intensidade do dever pré-contratual de informação que subsista será ainda menor[23].

1.2. Modo de cumprimento de deveres pré-contratuais de informação

Para além do que ficou dito, um outro aspecto milita contra a apontada neutralidade: é que, ao permitir a realização da auditoria e, mais concretamente, ao fornecer a informação solicitada pelo comprador, para esse efeito disponibilizando documentação, o vendedor estará a *cum-*

---

[21] Cf. Hassel, *Der Einfluss* (...), cit., 142. A referência ao que «indirectamente» decorra da *due diligence* encontra-se em Loges, «Der Einfluß (...)», cit., 968 (também Picot, «Das vorvertragliche (...)», cit., 195), querendo significar que, muito embora determinada informação (ou a documentação onde a mesma se ache) possa não ter sido especificamente solicitada, poderá decorrer do pedido de informação formulado que a mesma é, não obstante, relevante para a decisão de contratar do comprador, devendo assim ser fornecida pelo vendedor. Talvez isto signifique que, na eventualidade de, sob a epígrafe «propriedade intelectual» (por exemplo), se solicitar informação sobre patentes e marcas de que a sociedade-alvo seja titular, também a informação respeitante a logótipos do estabelecimento será relevante, muito embora não tenha sido especificamente solicitada.

[22] Adere-se, pois, ao sustentado por Hassel, *Der Einfluss* (...), cit., 137 e 141 e, anteriormente, Loges, «Der Einfluß (...)», cit, 969). De notar que, sob influência da respectiva jurisprudência, a doutrina alemã tende a considerar que subsistem deveres pré-contratuais de informação quanto a casos-limite em que seja esteja em risco a própria capacidade de «sobrevivência» da sociedade-alvo, como acontecerá em caso de insolvência iminente desta (cf. últ. A. e op. cit., loc. cit.; Picot, «Das vorvertragliche (...)», cit., 200; vd. ainda o ac. do *OLG* München de 26/07/2006, a cujo sumário se acedeu em http://www.juraforum.de/urteile/olg-muenchen/olg-muenchen-urteil-vom-26-07-2006-az-7-u-212806). No entanto, em termos práticos será dificilmente concebível que, ocorrendo uma auditoria societária, questões de tamanha relevância quedem excluídas da mesma.

[23] Hassel, *Der Einfluss* (...), cit., 172.

prir o seu dever pré-contratual de informação, afastando assim qualquer *culpa in contrahendo* da sua parte com base na violação desse dever. Como tal, poderá dizer-se que, em princípio, não se achará vinculado a prestar informações por outra via, p. ex. advertindo autónoma e expressamente o comprador sobre circunstâncias que afectem negativamente a empresa, desde que, claro está, este último esteja objectivamente em condições de tomar conhecimento da informação disponibilizada. De resto, este cumprimento ficará até provado, pois essa é, como se disse, uma das funções da *due diligence*.

2. Responsabilidade por vícios ou ónus da coisa

2.1. Aplicabilidade

Passando à responsabilidade por ónus ou vícios da empresa – não cabendo agora proceder a uma distinção exacta do regime da compra e venda de bens onerados do da compra e venda de coisas defeituosas –, importa sublinhar, como questão prévia, que a mesma conhece duas fortes limitações. Em primeiro lugar, as soluções oferecidas pela tutela *ex lege* – como seja a possibilidade de anulação (*rectius* resolução) do contrato – não se compaginam facilmente com a compra e venda de empresas. Em segundo, e ainda que ignorando este «veredicto desfavorável», é discutível que qualquer um dos mencionados regimes seja aplicável à transmissão da *empresa* resultante de um *share deal*. Com efeito, apenas as participações sociais são objecto de transmissão; a titularidade da empresa propriamente dita mantém-se inalterada, pois continuará a pertencer à sociedade-alvo, muito embora pertença agora «economicamente» ao comprador. Em abono da verdade, porém, importará referir que a doutrina portuguesa que mais recentemente se debruçou sobre este problema[24] admite, com maiores ou menores nuances, a equiparação da venda de participações sociais de controlo à venda da empresa, e, deste modo, a eventual aplicação dos mencionados regimes.

2.2. Determinação das qualidades

Admitindo, pois (apenas a benefício da exposição), que o regime da compra e venda de coisas defeituosas é aplicável, não se poderá olvidar

---

[24] Cf., p. ex., Engrácia Antunes, «A empresa (...)», 728-734 e 780-781, e Pinto Monteiro e Mota Pinto, «Compra e venda (...)», cit., 81.

que a sua concreta aplicação depende da existência de um *vício* ou da *falta de qualidades* da coisa vendida, sendo necessário que um ou outro «se repercutam no programa contratual»[25]. Ora, também quanto ao acordo contratual sobre, no fundo, o que a sociedade-alvo deve ser – mais concretamente, sobre as qualidades que deve possuir – a auditoria pode ser relevante[26]. Com efeito, ao permitir uma cuidada análise da sociedade-alvo, a *due diligence* contribuirá para a determinação das qualidades da coisa vendida, como claramente sucederá sempre que o respectivo relatório seja incluído em anexo ao contrato de compra e venda. Nestes termos, também aqui se constata que a *due diligence* é de molde a influenciar a responsabilidade do vendedor, neste caso acentuando-a. De facto, uma vez determinadas as qualidades ou, por outra, uma vez obtido o acordo contratual sobre o que a coisa deve ser, mais facilmente se demonstrará a divergência desse *dever ser* face ao que ela efectivamente *é*.

2.3. Conhecimento de vícios

Aspecto conexo com a determinação de qualidades é o da relevância da informação obtida pelo comprador em sede de *due diligence* enquanto fundamento de inalegabilidade de vícios da sociedade-alvo. A existir essa inalegabilidade, perguntar-se-á se a realização da auditoria não será, ao fim e ao cabo, prejudicial aos interesses do comprador, já que, acaso não tivesse ocorrido qualquer *DD*, este poderia alegar tais vícios.

Em certa medida, a resposta a esta pergunta parece dever ser afirmativa: como é evidente, e apenas a título ilustrativo, a anulação/resolução por erro (simples ou qualificado por dolo) consagrada no regime da compra e venda de coisas defeituosas deixará de ser possível, já que, inexistindo uma falsa representação intelectual da realidade, não poderá subsistir qualquer erro[27]. Talvez com maior precisão, o conhecimento do comprador obstará a que determinada qualidade integre o programa contratual das partes.

---

[25] Luís MENEZES LEITÃO, *Direito das Obrigações*, vol. III (*Contratos em especial*), 4.ª ed., Coimbra, Almedina, 2006, 120. Segundo Pedro ROMANO MARTINEZ, «[a] coisa é defeituosa se tiver um vício ou for desconforme atendendo ao que foi acordado» (*Direito das Obrigações (Parte Especial)*, 2.ª ed., Coimbra, Almedina, 2005, 130).
[26] Vd., desenvolvidamente, HASSEL, *Der Einfluss* (...), cit., 54-67.
[27] Em rigor, talvez se devesse dizer que, mais do que inexistir uma falsa representação intelectual, inexistiria um acordo contratual sobre o aspecto em apreço. Para desenvolvimentos, cf. João BAPTISTA MACHADO, «Erro e acordo negocial na compra e venda de coisas defeituosas», in *Obra Dispersa*, vol. I, Braga, Scientia Iuridica, 1991, 31-124, *passim*, bem como Pedro ROMANO MARTINEZ, *Direito das Obrigações* (...), cit., 125 ss.

Ainda quanto ao erro, para quem admite que um dos requisitos da sua relevância é a «desculpabilidade»[28], a consequência de um erro «culposo» – isto é, o não conhecimento da sociedade-alvo por incúria do comprador na condução da auditoria – obstará também à alegação de defeitos. Em muitos casos, porém, haverá «atenuantes», como sucederá se a quantidade de documentação a analisar for tremenda e o tempo disponível para o efeito reduzido, o que, aliás, é habitual[29].

Apesar de tudo, esta eventual «prejudicialidade» da *due diligence* deve ser relativizada, quanto mais não seja porque a alternativa – concluir o contrato «de olhos fechados» – se afigura muito pior, e a prática parece confirmar isto mesmo. Além disso, e como se salientou, a auditoria relevará para a própria decisão de contratar, podendo assim o comprador (ou o potencial comprador) não celebrar o contrato ou, pelo menos, procurar uma redução do preço. Logo, o enfraquecimento da posição jurídica do comprador é mais aparente do que real[30].

III. Conclusão

Muito mais haveria a dizer sobre tudo isto – pense-se, para não ir mais longe, no ónus de realização da *due diligence* que alguns AA. enten-

---

[28] Defendendo este requisito, cf. Luís Carvalho Fernandes, *Teoria Geral do Direito Civil*, vol. II, 4.ª ed., Lisboa, Universidade Católica Ed., 2007, 207: «A exigência do requisito da *desculpabilidade* ou *escusabilidade* funda-se na ideia de não dever ser considerado relevante o *erro grosseiro*, isto é, em que o declarante caiu por manifesta falta de conhecimento ou de diligência». Segundo Romano Martinez, «[o] defeito oculto é aquele que, sendo desconhecido do comprador, pode ser *legitimamente* ignorado, pois não era detectável através de um *exame diligente*» (*Direito das Obrigações* (...), cit., 132-3, itálico meu). Contra, cf. Carlos A. da Mota Pinto, *Teoria Geral do Direito Civil*, 4.ª ed. (por António Pinto Monteiro e Paulo Mota Pinto), Coimbra, Coimbra Ed., 2005, 510-1, e as referências bibliográficas aí indicadas. No estudo que já se citou («Compra e venda (...)», cit., 77, em nota) e a propósito da influência da *due diligence* sobre a posição jurídica do comprador, Pinto Monteiro e P. Mota Pinto escrevem que o respectivo enquadramento se encontrará «na definição dos limites aos deveres pré-contratuais de informação do vendedor, bem como na "culpa do lesado" ou nos limites de relevância do "erro culposo"». Claro está que, mesmo para quem não exija tal requisito, o «erro culposo» poderá ter consequências, nomeadamente em sede de responsabilidade pré-contratual (cf. Mota Pinto, *Teoria Geral* (...), cit., 501, e Fernando Pires de Lima, João de M. Antunes Varela, *Código Civil Anotado*, vol. I, 4.ª ed., Coimbra, Coimbra Ed., 1987, an. 3 ao artigo 247.º). Segundo Hassel (*Der Einfluss*, cit., 113-7), a condução negligente da *due diligence* por parte do comprador corre por sua conta (sendo este responsável pelo seu «erro culposo», portanto).

[29] Cf. o exemplo dado por Müller («Einfluss (...)», cit., 2196).

[30] Assim, cf. Hassel, *Der Einfluss* (...), cit., 20-1.

dem existir na esfera do comprador[31], na influência desempenhada pela mesma sobre as garantias que venham a ser acordadas ou ainda no quadro balizador da deliberação do órgão de administração da sociedade-alvo que autorize uma auditoria. No entanto, mais do que apresentar soluções, foi meu propósito fomentar o interesse por um fenómeno que, embora já consolidado na *praxis* nacional, penso não conhecer ainda correspondente desenvolvimento na doutrina.

---

[31] Elfring, «Legal (...)», cit., 12, que, não obstante ressalve algumas hipóteses, como o custo excessivamente elevado, entende que a não realização de uma auditoria consubstancia negligência grosseira; Hassel admite este ónus quanto à análise dos estatutos da sociedade-alvo, tratando-se de um *share deal* (*Der Einfluss* (...), cit., 162), negando-o contudo com um alcance genérico (e negando também a existência de um *uso comercial*, desde logo por «razões de praticabilidade» – op. cit., 108). Em idêntico sentido, vd. Loges, «Der Einfluß (...)», 967-8. Note-se que a expressão alemã utilizada neste contexto – e que penso poder traduzir como ónus – é «*Obliegenheit*» (cf. tb. António Menezes Cordeiro, *Tratado de Direito Civil Português*, vol. I (*Parte Geral*), tomo I, 3.ª ed., Coimbra, Almedina, 359, em nota). Em Portugal, Pinto Monteiro e P. Mota Pinto mencionam «o ónus de o comprador proceder a uma cuidada auditoria à sociedade que se vai adquirir» («Compra e venda (...)», cit., 77, em nota). Tendo em conta que o ónus consiste na «necessidade de adopção de um comportamento para realização de um interesse próprio» (Mota Pinto, *Teoria Geral* (...), cit., 188), perdendo ou deixando o onerado de obter uma vantagem acaso não acate o ónus, parece-me dúbio que se possa verdadeiramente falar aqui de um ónus, pois, como se deixou escrito, de certo modo, isto é, quanto à invocabilidade de vícios ou de falta de qualidades, o comprador até fica numa melhor posição se não realizar uma auditoria...

RESUMO: São pouco frequentes os litígios submetidos à apreciação de tribunais judiciais relativos à negociação de participações de controlo em que foram detectados ónus ou defeitos na sociedade ou no seu património social. Este breve estudo visa, de uma forma geral, apresentar as decisões tomadas pelos tribunais portugueses nesta matéria e fazer uma apreciação crítica das opções seguidas. Esta apreciação incidirá sobre três aspectos: incumprimento do contrato, o dever de diligência do comprador durante as negociações e a existência de declarações e garantias.

ABSTRACT: It is unusual to refer to judicial courts disputes regarding the negotiation of control shareholdings where encumbrances or defects on the company or the company's assets have been detected. The purpose of this paper is to briefly present the Portuguese courts' decisions on this matter and evaluate the options followed by the courts. This assessment will cover three topics: the non performance of the contract, the duty of diligence of the buyer during negotiations and the existence of representations and warranties.

PATRÍCIA AFONSO FONSECA*

A Negociação de Participações de Controlo
A Jurisprudência

1. Apresentação do tema

A presente comunicação tem por objecto a análise e apreciação crítica das decisões dos tribunais portugueses proferidas em matéria de negociação de participações sociais de controlo. De uma forma geral, os litígios submetidos a apreciação dos tribunais correspondem a situações em que foram detectados ónus ou defeitos no património social, nas empresas ou nos estabelecimentos comerciais explorados pelas sociedades cujas participações sociais foram objecto de transmissão[1]. A análise efectuada tem, assim, como pressuposto, que houve transmissão das participações sociais, não contemplando decisões relativas a litígios ocorridos durante a fase das negociações mas cujos negócios não se chegaram a concretizar.

* Mestre em Direito

---

[1] Os acórdãos citados, sem outra referência de publicação, encontram-se disponíveis, na íntegra, em *www.dgsi.pt*.
Para mais desenvolvimentos sobre o tema, PATRÍCIA AFONSO FONSECA, *Da Responsabilidade na Transmissão de Participações Sociais nas Sociedades Anónimas* (em curso de publicação).

Antes de entrar no tema propriamente dito, parece-me relevante começar por salientar alguns aspectos. Desde logo, a dificuldade em determinar o que se deve entender por «*participação de controlo*» [2], e quais as diferenças ao nível do regime legal aplicável em função de a participação adquirida ser ou não de controlo. Todavia, e sem prejuízo de estarmos aqui a tratar de participações de controlo, na grande maioria das decisões jurisprudenciais analisadas estamos perante casos de aquisição da totalidade do capital social. Esta circunstância leva a que, na prática, os tribunais judiciais tenham decidido sem ter equacionado a questão de se ter verificado, ou não, a transmissão de uma participação de controlo.

Por último, a experiência comum demonstra que muitas destas situações são submetidas a tribunais arbitrais – sobretudo quando estamos perante negócios de elevado valor e complexidade –, o que dificulta o acesso às respectivas decisões, não sendo a jurisprudência, pelo menos em sede de tribunais judiciais, muito abundante sobre esta matéria. Talvez por esta razão, a grande maioria das situações analisadas pelos tribunais judiciais corresponde a casos de cessão da totalidade das participações sociais de pequenas sociedades por quotas, cujo único activo é, normalmente, um estabelecimento comercial.

O caso mais conhecido de todos nesta matéria, o da Sociedade Financeira Portuguesa, foi decidido, em 31 de Março de 1993, por acórdão arbitral[3].

---

[2] Sobre o conceito de participações de controlo, veja-se, por todos, José Engrácia Antunes, *Os Grupos de Sociedades: Estrutura e Organização Jurídica da Empresa Plurissocietária*, 2ª ed. Coimbra, Almedina, 2002, p. 483 ss..

[3] Nesse litígio, estava em causa a reprivatização da Sociedade Financeira Portuguesa ("SFP"), nos termos da qual se procedeu à alienação das acções representativas de 100% do capital da referida sociedade através da criação de um bloco indivisível de acções correspondentes a 80% do capital social. No âmbito do processo de reprivatização foi elaborado e colocado à disposição dos interessados o respectivo prospecto. Ora, nem a documentação disponibilizada aos investidores, nem o prospecto oficial reflectia a existência de duas garantias bancárias «*on first demand*» que haviam sido prestadas pela SFP a favor da IBEROL (sociedade cliente da SFP), no valor correspondente a cerca de 17% do valor que fora atribuído pelo Governo à SFP. Ambas as garantias vieram a ser efectivamente accionadas e pagas pela SFP, não tendo esta sido reembolsada em virtude das dificuldades financeiras da IBEROL. O tribunal arbitral considerou que o BPSM (accionista único da SFP e entidade encarregada pelo Estado de proceder à operação de reprivatização da SFP) havia violado culposamente o dever de informação que decorria, quer da elaboração do prospecto, quer dos princípios gerais da boa fé e da tutela da confiança, e como tal deveria indemnizar o Banco Mello por todos os prejuízos sofridos. O acórdão do Tribunal Arbitral de 31 de Março de 1993, e alguns dos pareceres juntos aos autos, podem ser consultados em *A Privatização da Sociedade Financeira Portuguesa*, Lex, Lisboa, 1995.

2. Enquadramento jurisprudencial: entre os vícios na formação da vontade e a responsabilidade pré-contratual

Entrando na análise da jurisprudência, foram encontradas cerca de duas dezenas de acórdãos dos tribunais superiores que abordavam directamente o tema da existência de vícios ou defeitos no âmbito da aquisição de participações de controlo ou totalitárias.

Da jurisprudência analisada parece resultar que este tipo de situações tendem a ser submetidas, ora ao regime do erro (na perspectiva do erro na formação da vontade negocial), ora ao regime da responsabilidade pré-contratual (por violação de deveres pré-contratuais, em especial, o dever de informação).

No que respeita ao enquadramento feito no instituto do erro, encontramos na jurisprudência, quer situações de erro sobre o objecto do negócio e sobre os motivos determinantes da vontade, as quais resultaram na anulação do respectivo negócio, quer situações de erro sobre a base do negócio que, para além da anulação, por efeito da remissão legal do artigo 252.º, n.º 2 do CC para o regime da alteração das circunstâncias previsto no artigo 437.º do CC, permitiram, em alternativa, obter a modificação do contrato através da redução do preço acordado como contrapartida da aquisição das participações sociais.

Como exemplo do primeiro entendimento, temos o acórdão de 24 de Junho de 2008 do RC, que considerou existir erro sobre o objecto do negócio na aquisição da totalidade do capital social de uma sociedade por quotas que explorava um estabelecimento comercial de restauração sem licença de utilização, tendo o tribunal entendido que o funcionamento do estabelecimento e a convicção que o mesmo poderia continuar a laborar tinham sido condições determinantes para a decisão de contratar[4].

No acórdão de 21 de Fevereiro de 1991[5], o STJ considerou como erro sobre os motivos, a situação em que, após a cessão de quotas, foi detectada pelos compradores uma penhora sobre o equipamento da empresa. O tribunal considerou que «*No caso em apreço os réus sabiam que sobre o equipamento da empresa pendia uma penhora para garantia de (...), e não podiam ignorar que os autores desconheciam o facto. Por outro lado, sabiam perfeita-*

---

[4] Ainda que não tenha chegado a ocorrer a transmissão das quotas, vale também a pena referir o acórdão de 3 de Dezembro de 2008 do RE, que considerou nulo o contrato-promessa de cessão de quota, por erro sobre o objecto, em virtude de o promitente comprador ter tido conhecimento, antes da celebração do contrato definitivo, da existência de "facturação paralela" na sociedade.

[5] Acórdão não publicado, sumário disponível em *www.dgsi.pt*.

mente que os autores, tendo exigido uma discriminação minuciosa do estado financeiro da empresa, davam a esse facto elevada importância, considerando-o como essencial para a contratação.».

No que respeita ao erro sobre a base do negócio[6], tomemos como exemplo o acórdão de 16 de Março de 2009 do RG, onde se defendeu que o engano do comprador da totalidade das quotas de uma sociedade detentora de duas clínicas, relativo à possibilidade de utilização por parte de uma determinada clínica, da convenção com o serviço nacional de saúde em vigor para outra clínica, constitui um erro (e não um defeito da coisa) enquadrável na figura do erro sobre a base do negócio, dando lugar à modificação do contrato por alteração da cláusula relativa ao preço. Também o acórdão de 16 de Dezembro de 2008 do RL, considerou poder configurar uma situação de erro sobre a base do negócio, a inexistência de contratos de arrendamento relativos a terrenos onde estava prevista a implantação de um parque eólico, cuja existência havia sido expressamente assegurada pelos vendedores na medida em que se verificasse uma diminuição do valor do negócio resultante da inexistência daqueles contratos.

Para além do erro, são várias as decisões jurisprudenciais que concluem existir responsabilidade pré-contratual por violação dos deveres pré-negociais, em especial, o dever de informação, quando se detectam ónus ou defeitos no património social, nas empresas ou nos estabeleci-

---

[6] No caso decidido por acórdão de 7 de Maio de 2009 do RL, tinha sido celebrado um contrato-promessa de cessão de quotas, estando a celebração do contrato prometido dependente da verificação de duas condições relativas ao licenciamento de um parque eólico. Nesse contrato, foi referido que a aquisição das quotas partia do pressuposto de que eram verdadeiras as declarações feitas pelos cedentes, constando ainda de um dos considerandos referência a que a sociedade tinha acautelado, através de contratos de arrendamento, a utilização de terrenos necessários à exploração de um outro parque eólico cujo licenciamento era, naquela fase, meramente hipotético. Verificou-se posteriormente que os referidos contratos de arrendamento não tinham sido celebrados à data da celebração do contrato-promessa. Por este motivo, a compradora veio reclamar uma redução do valor do negócio em consequência da falsidade da declaração prestada. Sem prejuízo da falsidade da declaração, que poderia fazer incorrer os cedentes em responsabilidade pré-contratual verificados os demais requisitos, o RL entendeu não estarem preenchidos os pressupostos do erro sobre a base do negócio por ser irrelevante, no contexto do negócio, o projecto daquele segundo parque eólico. Concluiu o RL que: «*Resultando provado que, à data da, quer da celebração do contrato-promessa de cessão de quotas, quer da outorga do contrato prometido, as partes tinham conhecimento de que o pedido de atribuição do ponto de recepção para a pretendida instalação do Parque Eólico (...) havia sido recusado, constata-se que o facto de os promitentes vendedores terem declarado que a [sociedade] já havia acautelado a utilização de alguns terrenos para a instalação desse Parque, o que teria feito através de contratos de arrendamento, tal circunstância não foi relevante para a decisão de contratar, pois a recorrente bem sabia que tal projecto não »passava de mera hipótese naquela altura, pelo que, por isso não houve erro sobre a base do negócio.*».

mentos comerciais explorados pelas sociedades cujas participações foram transmitidas. Nestas situações, em que os tribunais consideram ter existido um comportamento contrário às exigências da boa fé durante a fase das negociações, foram os vendedores das participações sociais condenados ao pagamento de uma indemnização correspondente ao montante equivalente aos débitos ou defeitos omitidos ao comprador ou aos prejuízos causados em virtude do comportamento omissivo dos vendedores.

A título de exemplo, foram considerados pelos tribunais como configurando casos de responsabilidade pré-contratual: (i) o aumento substancial, um mês antes da concretização da cessão de quotas, do vencimento auferido por um dos sócios cedentes que era, simultaneamente, empregado da sociedade[7]; (ii) a existência de dívidas fiscais relativas a liquidações adicionais de IVA, cujo prazo de pagamento havia expirado ainda antes da cessão de quotas, de que o adquirente das participações não tinha tido conhecimento[8]; e (iii) a omissão, pelo vendedor, do valor real da renda do estabelecimento comercial e da falta de escritura pública de arrendamento[9].

Por fim, encontramos ainda uma corrente minoritária na jurisprudência que tem vindo a enquadrar a existência de defeitos ou ónus na empresa, no património social ou no estabelecimento comercial no regime do cumprimento defeituoso. Estas decisões partem do pressuposto de que a aquisição da maioria ou da totalidade das participações sociais configura uma aquisição indirecta da empresa ou do seu património social sendo, nessa medida, aplicável à transmissão de participações sociais o regime da venda de coisas oneradas ou defeituosas[10]. Tomemos como exemplo as seguintes decisões:

---

[7] Cfr. ac. do STJ de 13 de Maio de 2003; neste litígio estava em causa uma informação dada pelos vendedores relacionada com a situação contratual dos empregados da sociedade, que na perspectiva dos compradores foi falseada e acabou por lhes causar prejuízos, na medida em que tiveram de pagar ao anterior sócio e empregado da sociedade uma quantia com que não contavam.

[8] Cfr. ac. do RG de 29 de Junho de 2005. Desta decisão foi interposto recurso para o Supremo Tribunal de Justiça, tendo esta instância, por acórdão datado de 4 de Abril de 2006, mantido a decisão do tribunal recorrido.

[9] Cfr. ac. do STJ de 30 de Abril de 2006.

[10] Sobre a equiparação da venda de participações sociais à venda da empresa, veja-se, A. FERRER CORREIA/ALMENO DE SÁ, Parecer, *A Privatização da Sociedade Financeira Portuguesa*, AAVV, LEX, Lisboa, 1995, pp. 259-302; JORGE COUTINHO DE ABREU, *Da Empresarialidade, As Empresas no Direito*, Almedina, Coimbra, Reimpressão, 1999, p. 342 e ss.; ANTÓNIO MENEZES CORDEIRO, «Anotação ao Acórdão do Tribunal Arbitral de 31-3-93», *ROA*, 1995, I, pp. 123-190; JOSÉ ENGRÁCIA ANTUNES, «A Empresa como Objecto de Negócios. "Asset Deals" Versus "Share Deals"», *ROA*, Ano 68, 2008, II/III, pp. 715-793; ANTÓNIO PINTO MONTEIRO/PAULO

(i) acórdão de 9 de Maio de 2002 do STJ, que determinou que a ausência de licença de utilização do estabelecimento – no caso, um bar – significava que este não tinha as qualidades necessárias para a realização do fim a que se destinava;
(ii) acórdão de 12 de Fevereiro de 2009 do STJ, que se pronunciou no sentido de considerar um vício de direito a existência de um litígio laboral que veio a ser decidido contra a sociedade, tendo embora sido decidido no caso concreto que a contingência laboral em causa não tinha repercussão no valor das empresas transmitidas atendendo aos valores envolvidos no negócio[11];
(iii) acórdão de 18 de Janeiro de 2010 do RP, que considerou que a subscrição de letras, cuja existência havia sido ocultada aos adquirentes, consubstanciava uma limitação do património social com reflexos no valor das respectivas quotas, daqui decorrendo uma desvalorização da empresa resultante da oneração ou limitação do activo pela existência de um passivo superior ao previsto.

Não deixa de ser curioso verificar que a questão da equiparação da venda da empresa à venda das participações sociais defendida nesta corrente jurisprudencial é também referida em algumas das decisões jurisprudenciais mencionadas anteriormente sem que, desse facto, seja retirada qualquer consequência ao nível do regime legal aplicável.

3. Apreciação crítica

Feita uma descrição sumária de como os tribunais têm encarado esta questão, é tempo agora de fazer uma breve apreciação crítica, que incidirá

MOTA PINTO – «Compra e venda de empresa. A venda de participações sociais como venda de empresa ("share deal")», *RLJ*, Ano 137.º, n.º 3947, 2007, pp. 76-102.

[11] Neste caso, a questão essencial era a de saber se a contingência detectada constituía, ou não, um ónus que excedesse os limites normais inerentes aos direitos da mesma categoria. O tribunal utilizou como critério o conceito de "materialidade" definido nas regras contabilísticas para determinar a relevância da contingência laboral no contexto do valor global da compra e venda das empresas, tendo concluído pela sua irrelevância na medida em que a omissão dessa responsabilidade não inquinava as demonstrações financeiras das empresas. Não me parece, contudo, ser de acompanhar a utilização deste critério contabilístico e a conclusão a que chegou o tribunal. Com efeito, para além de estarmos perante uma contingência de aproximadamente € 500.000,00, o facto é que a existência desse litígio havia sido ocultada ao comprador e no prospecto da oferta era expressamente referido que não existiam procedimentos judiciais ou arbitrais susceptíveis de terem tido ou virem a ter uma incidência importante sobre a situação económico-financeira.

fundamentalmente sobre três aspectos: o enquadramento das situações analisadas no regime do incumprimento; o dever de diligência que assiste ao comprador no decurso do processo de negociação; e a relevância das declarações prestadas pelos vendedores no contexto da transmissão das participações sociais.

a) Regime da formação da vontade *vs.* regime do incumprimento

O primeiro comentário às decisões analisadas prende-se com o facto de discordar do enquadramento feito pela corrente maioritária dos nossos tribunais. E isto porque, no meu entender, na grande maioria dos litígios, a questão fundamental não é a de saber se existiu ou não uma perturbação no momento da formação da vontade negocial (seja por violação de deveres pré-contratuais ou pela existência de vícios na formação da vontade) mas sim a de saber se o contrato celebrado foi ou não cumprido. E, ao contrário do que se possa pensar, a questão não é meramente conceptual, na medida em que tal opção tem impacto ao nível das consequências jurídicas[12].

Desde logo, a principal consequência do regime do erro é a anulação do negócio jurídico se a contraparte conhecia ou não devia ignorar a essencialidade do erro (ainda que, no caso do erro sobre a base do negócio, a remissão para o regime da alteração das circunstâncias permita, em alternativa à anulação do negócio, a modificação do mesmo segundo juízos de equidade). Diversamente, o regime do cumprimento defeituoso poderá ter como consequências: a redução do preço, a substituição ou reparação da coisa, a anulação do contrato e o direito à indemnização.

Por outro lado, no que respeita a prazos, enquanto que a anulação do negócio por erro pode ser arguida no prazo de um ano a contar da data do conhecimento (cfr. artigo 287.º do CC), no cumprimento defeituoso o regime é menos favorável ao comprador, que tem um prazo de seis meses após a entrega para a denúncia do defeito e idêntico prazo após a denúncia para intentar a acção, tratando-se de bem móvel (cfr. artigo 916.º e 917.º do CC).

Verificando-se situações como as que constam nas decisões jurisprudenciais analisadas, ou seja, situações em que se possa equiparar a venda

---

[12] V. Pedro Romano Martinez, *Cumprimento Defeituoso, Em Especial na Compra e Venda e na Empreitada*, Almedina, Coimbra, 2001, p. 35 e ss.

de participações à venda da empresa[13], parece-me que deverá ser aplicável o regime da venda de bens onerados ou da venda de bens defeituosos, conforme o caso.

E isto deverá suceder sempre que se verifique que a empresa, o património social ou algum dos elementos que os compõem mas que os afectem como um todo:

(i) não possui as qualidades ou características que tenham sido asseguradas pelo vendedor ou necessárias para a realização do fim a que é destinada;

(ii) tenha algum vício ou defeito que lhe diminua o valor; ou

(iii) se, de alguma forma, o direito social do novo titular das participações seja diminuído ou limitado na sua extensão ou conteúdo por um vício jurídico que ultrapasse as limitações normais inerentes a este objecto (pense-se, por exemplo, na prestação de garantias, na existência de passivos ocultos ou em contingências laborais que se verificaram após a transmissão das participações).

São exemplos de situações em que as qualidades ou características tenham sido asseguradas pelo vendedor: (i) o acórdão de 21 de Fevereiro de 1991 do STJ, em que não obstante ter sido declarado na escritura de cessão de quotas que sobre o equipamento da sociedade não impendiam quaisquer ónus ou encargos, se detectou posteriormente a existência de uma penhora sobre os bens da sociedade; (ii) o acórdão de 16 de Dezembro de 2008 do RL, em que os vendedores tinham expressamente declarado terem sido celebrados pela sociedade (cujas quotas foram transmitidas) contratos de arrendamento relativos a terrenos onde estava prevista a implantação de um parque eólico, contratos esses que efectivamente

---

[13] O critério principal para determinar a equiparação da venda de participações sociais à venda da empresa é, sem dúvida, a vontade negocial das partes. Neste sentido, cfr. acórdão de 26 de Junho de 2007 do STJ. Também neste sentido, veja-se, A. FERRER CORREIA/ ALMENO DE SÁ, Parecer, *A Privatização da Sociedade Financeira Portuguesa*, p. 272; ANTÓNIO PINTO MONTEIRO/PAULO MOTA PINTO, «Compra e venda de empresa. A venda de participações sociais como venda de empresa ("share deal")», p. 86; JOÃO CALVÃO DA SILVA, «A empresa como objecto de tráfico jurídico», p. 178 e ss. Para este último autor, «*...para se poder falar de compra e venda de empresa urge, por um lado, que a vontade das partes configure a empresa como o objecto negocial, sendo a transmissão das acções o meio de concretizar esse intento, e, por outro, que o comprador obtenha o domínio da empresa ou a posição dominante na empresa.*». No que respeita aos critérios, v. JOSÉ ENGRÁCIA ANTUNES, «A Empresa como Objecto de Negócios. "Asset Deals" Versus "Share Deals"», p. 729, que identifica três factores essenciais nesta análise: a morfologia do poder de controlo societário, a vontade das partes contratantes e o fundamento das normas legais aplicandas.

não tinham sido celebrados; (iii) acórdão de 13 de Maio de 2003 do RL, em que apesar de na escritura de cessão da totalidade das quotas ter sido expressamente declarado pelos vendedores que não existiam alterações às condições dos contratos de trabalho dos trabalhadores da sociedade, verificou-se a existência de um aumento substancial do vencimento auferido por um dos sócios cedentes que era, simultaneamente, empregado da sociedade.

Assim, sempre que as qualidades do objecto tenham sido acordadas pelas partes e integrem o conteúdo do contrato, a sua não verificação situa-nos no campo do incumprimento, e não no regime do erro. Isso mesmo é expressamente afirmado no acórdão de 19 de Novembro de 2002 do STJ, o qual refere que «*Quando não se verifiquem as qualidades da coisa que constam do próprio contrato, ainda que implicitamente, a questão não é de erro mas de incumprimento.*»[14].

Neste ponto, vale ainda a pena fazer referência às situações em que os tribunais se pronunciaram pela aplicação do regime da responsabilidade pré-contratual aos casos em que foram detectados ónus ou defeitos no património social, nas empresas ou nos estabelecimentos comerciais explorados pelas sociedades cujas participações sociais foram objecto de transmissão. Ora, sem prejuízo de, na maior parte dos casos analisados existir uma clara situação de violação de deveres pré-contratuais, a tutela oferecida pelo instituto da culpa in contrahendo pode revelar-se, porventura, insuficiente e limitada.

Para alcançar esta conclusão, bastará comparar as soluções oferecidas por ambos os regimes.

Desde logo, o regime da venda de bens onerados e da venda de bens defeituosos permite, conforme referido, a anulação do contrato, a reparação do vício, a substituição da coisa, a redução do preço ou a atribuição de uma indemnização que pode ou não ser cumulada com as demais soluções; ao invés, o recurso ao instituto da culpa in contrahendo consagra

---

[14] Essa mesma posição foi defendida por Baptista Machado, «Acordo Negocial e Erro na Venda de Coisa Defeituosa», BMJ, 215, pp. 18-19, ao afirmar que «*...na medida em que as qualidades da coisa devam considerar-se como abrangidas pelo acordo, não se põe um problema de erro na formação do contrato*» mas sim «*...na fase executiva do negócio*», ou seja, trata-se de uma questão de incumprimento de um contrato cujo sentido corresponde efectivamente à vontade das partes; e ainda por Pedro Romano Martinez, *Cumprimento Defeituoso, Em Especial na Compra e Venda e na Empreitada*, p. 54. que, de forma bastante clara refere que «*...as promessas feitas pelo vendedor que digam respeito àquele tipo de coisas, fazem parte do contrato e a sua falta constitui incumprimento e não erro sem sentido técnico. Falar-se em erro sobre as qualidades acordadas é uma antinomia; se uma qualidade especial for acordada e não existe há incumprimento do acordo*».

apenas a via indemnizatória. Por outro lado, as regras da culpa in contrahendo não têm aplicação na ausência de culpa, ao contrário do regime da venda de bens onerados que é susceptível de ser aplicado mesmo sem culpa do vendedor (cfr. artigo 909.º do CC). Finalmente, no que respeita à determinação dos danos indemnizáveis, não é, neste momento, pacífico na nossa jurisprudência o ressarcimento dos danos pelo interesse contratual positivo em sede de responsabilidade pré-contratual, sendo ainda maioritária a corrente jurisprudencial que considera serem apenas indemnizáveis, em sede de responsabilidade pré-contratual, os danos correspondentes ao interesse contratual negativo ou de confiança.

Assim, o instituto da culpa in contrahendo é muitas vezes usado como uma forma de complementar as regras do vício da coisa sempre que estas sejam insuficientes ou já não possam ser aplicadas pelo decurso do prazo[15].

b) Dever de diligência do comprador

É largamente consensual que o vendedor tem um dever de informação perante o comprador. Iniciado o processo negocial surgem entre os potenciais contraentes especiais deveres de protecção, nomeadamente, o dever que impende sobre o vendedor de prestar todas as informações relevantes para a determinação da vontade contratual da contraparte.

Sem prejuízo deste dever, em alguns dos acórdãos é feita referência às diligências efectuadas pelo comprador durante a fase negocial de modo a obter informações sobre a sociedade e respectivo negócio que, no seu ponto de vista, são relevantes para a sua tomada de decisão[16]. Este dever de auto-informação obriga o potencial comprador a usar de toda a diligência para tomar conhecimento de factos que estão ao seu alcance conhecer, e também a analisar, de forma cuidada e criteriosa, a informação que lhe é disponibilizada pelo vendedor em cumprimento do dever de informação deste último. E estou a referir-me, por exemplo, à análise dos elementos financeiros e contabilísticos da sociedade, a reuniões com administradores e pessoas com funções de direcção, a vistorias efectuadas às instalações e

---

[15] V. António Menezes Cordeiro, «Anotação ao Acórdão do Tribunal Arbitral de 31-3-03», ROA, 1995, I, p. 183.

[16] Veja-se, a título de exemplo, o acórdão de 19 de Outubro de 2006, CJ, IV, 2006, p. 85, que coloca a questão de saber se, no caso concreto, as cessionárias «...*agiram com a diligência exigível face ao negócio em causa, analisando e examinando a pertinente documentação da empresa, a fim de confirmarem o valor do activo e do passivo da mesma, colaborando, ao fim ao cabo, com os cedentes, no apuramento dos elementos necessários à definição dos termos do negócio.*».

estabelecimentos da sociedade e ao acompanhamento da actividade da sociedade durante o período que antecede a celebração do contrato.

No entanto, não só esta circunstância é desvalorizada na análise factual como, mesmo quando é considerada, não retira o tribunal as devidas consequências do referido facto, nomeadamente em sede de invocação da existência de ónus ou defeitos, sendo apenas tido em consideração o dever de informação do vendedor. Assim não sucede no acórdão de 21 de Maio de 2009 do RP que, entre outros motivos, e a meu ver bem, indeferiu a pretensão do comprador por considerar que, não sendo este um leigo naquela área de actividade, as diversas visitas realizadas ao estabelecimento eram suficientes para detectar os defeitos existentes no estabelecimento, já que não se tratavam de defeitos ocultos.

E este dever de diligência do comprador assume particular relevância se pensarmos nas situações em que não existe desequilíbrio negocial entre os contraentes do ponto de vista da preparação, experiência e conhecimento do mercado relevante e ainda porque, em muitas destas situações, ambas as partes são assessoradas por profissionais qualificados, de diversas áreas, ao longo de todo o processo negocial[17].

Assim sendo, este dever de diligência é fundamental, quer para determinar se existiu cumprimento defeituoso do contrato, quer em sede de determinação do respectivo montante indemnizatório[18].

Neste âmbito, podemos considerar como indícios de *culpa do lesado*: (i) o facto de ter sido disponibilizada a informação necessária para que o comprador tomasse conhecimento do vício ou defeito e de este não ter sido rigoroso na sua análise; (ii) o facto de o comprador não ter usado da diligência que lhe era exigida, por exemplo, ao não se ter deslocado para consultar a documentação disponibilizada pelo vendedor; ou (iii) de o comprador não ter solicitado os esclarecimentos que um comprador normal e prudente colocado naquela situação teria procurado obter junto do vendedor.

---

[17] Nomeadamente, em sede de *due diligence* à sociedade, que é efectuada por profissionais e técnicos especializados, mandatados pela parte adquirente para avaliar a situação jurídica, financeira e patrimonial da sociedade com o objectivo de obter a informação necessária para a tomada de decisão e de determinar qual o valor a atribuir à participação social.

[18] Na eventualidade de se comprovar o ilícito pré-contratual ou contratual, haverá que determinar, para efeitos de apuramento do montante indemnizatório, se a actuação do comprador terá ou não contribuído para a verificação do dano (cfr. artigo 570.º do CC).

c) Declarações e garantias

Os acórdãos analisados permitem-nos ainda concluir que, em diversas situações, tinham sido prestadas pelos vendedores, quer na própria escritura de cessão de quotas, quer em documentos preparatórios do negócio, declarações relativas à sociedade em causa ou ao seu património social.

Ora, estas declarações de facto (comummente designadas na prática por "*representations*") servem precisamente para caracterizar e qualificar o objecto do contrato, passando essas características a corresponder a "qualidades asseguradas" que, por acordo das partes, integram o próprio contrato. Na prática comercial, as declarações de facto ("*representations*") são tipicamente acompanhadas pelas garantias ("*warranties*") com o objectivo de transmitir para o vendedor a responsabilidade por eventuais divergências entre a realidade e as declarações prestadas[19].

Nas situações descritas nos litígios, apenas haviam sido prestadas declarações de facto em relação a elementos muito concretos (por exemplo, existência de contratos[20], situação financeira da sociedade[21], ausência de ónus ou encargos sobre os bens da sociedade[22], ausência de procedimentos judiciais ou arbitrais[23]), sem que tenha sido expressamente assumido o risco pela sua desconformidade (ou seja, sem as "garantias").

Com a crescente utilização de cláusulas de declarações e garantias em contratos sujeitos à lei portuguesa, é inevitável que os tribunais portugueses sejam, mais cedo ou mais tarde, chamados a pronunciar-se sobre esta realidade e sobre o seu enquadramento à luz do nosso sistema jurídico.

No actual contexto, a jurisprudência tem encarado estas cláusulas como um elemento a considerar na análise do processo de formação da vontade negocial, não lhes atribuindo, desse modo, relevância contratual autónoma. Exemplo disso é o acórdão de 13 de Maio de 2003 do STJ, que considerou que uma declaração do vendedor relativa à situação contratual dos empregados da sociedade não constituía «*...uma cláusula que deva ser cumprida, antes se traduz numa informação condicionante, um pressuposto relevante da formação da vontade de contratar por parte dos cessionários (...), os*

---

[19] Estas declarações resultam, em grande medida, da «importação» para a prática nacional do modelo contratual anglo-saxónico onde vigora a doutrina do «*caveat emptor*» («*let the buyer beware*»), cabendo ao comprador, sobre quem impende o risco de adquirir uma coisa defeituosa ou com um valor inferior ao esperado, assegurar, por intermédio do contrato, o nível de protecção desejado e precaver-se contra eventuais defeitos ocultos.
[20] Cfr. ac. 7 de Maio de 2009 do RL.
[21] Cfr. ac. 29 de Junho de 2005 do RG.
[22] Cfr. ac. 21 de Fevereiro de 1991 de STJ.
[23] Cfr. ac. 12 de Fevereiro de 2009 do STJ.

quais (...) procuraram colher informações exaustivas sobre a situação financeira, económica, contabilística e fiscal da sociedade cujas quotas iam adquirir (...)». Também no acórdão de 7 de Maio de 2009 do RL foi abordada esta questão, tendo-se considerado neste caso e em abstracto que, a verificar-se a falsidade ou desconformidade das declarações prestadas, tal poderia fazer incorrer os declarantes em responsabilidade pré-contratual se verificados os demais pressupostos, mas não se configuraria como uma obrigação.

Ao serem prestadas declarações no âmbito do contrato de compra e venda de participações sociais, comprador e vendedor estão a contratualizar as características e qualidades dessa sociedade ou do seu património, assegurando o vendedor que, no momento da celebração do contrato, aquelas qualidades ou características existem. Nesta medida, basta que se verifique uma desconformidade entre a realidade societária e as declarações prestadas pelo vendedor para que se verifique um incumprimento contratual[24].

Parece-me, no entanto, que a interpretação das declarações de facto como qualidades do objecto negocial que são expressamente asseguradas pelo vendedor[25] permitiria enquadrar, no regime do cumprimento defeituoso, situações que os tribunais têm vindo a enquadrar no regime do erro mas que, por não se ter conseguido fazer prova da essencialidade do mesmo, deixaram os compradores sem qualquer protecção.

---

[24] Se estivermos perante declarações que se mostrem irrelevantes no contexto do negócio, apesar da existência do facto ilícito – ou seja, a desconformidade entre a declaração contratual e a realidade –, não se verificando o necessário nexo de causalidade, inexiste obrigação de indemnizar.

[25] A este propósito, PIRES DE LIMA/ANTUNES VARELA referem que, para que se possa falar em qualidades da coisa asseguradas pelo vendedor não é suficiente que o vendedor tenha «... dado como existentes na coisa, espontaneamente ou em resposta a pergunta do comprador, determinadas propriedades ou atributos do objecto do contrato.», não bastando que a declaração tenha sido séria (feita sem o *dolus bonus*) é necessário que o «...vendedor tenha garantido a existência das qualidades por ele atribuídas à coisa, responsabilizando-se pela sua existência perante o comprador.», *Código Civil Anotado*, Volume II, 4ª Edição, Coimbra Editora, Coimbra, 1997, p. 209. Não me parece que essa exigência decorra da lei se bem que, na prática, da redacção dada à maior parte das cláusulas de declarações e garantias, o risco resultante da não verificação das declarações e garantias seja assumido contratualmente pelo vendedor. Neste sentido, PEDRO ROMANO MARTINEZ, *Cumprimento Defeituoso, Em Especial na Compra e Venda e na Empreitada*, p. 173.

4. Conclusões

Procurando sintetizar as principais conclusões obtidas na sequência da análise das decisões dos tribunais judiciais em matéria de negociação de participações de controlo, diria que:

(i) A jurisprudência dos tribunais judiciais nesta matéria é, por um lado, escassa entre nós e, por outro, pouco representativa das situações de transmissão das participações sociais que ocorrem na prática comercial, não sendo alheia a esta circunstância, o facto de não ser possível efectuar a análise no que respeita às decisões proferidas por tribunais arbitrais;

(ii) A tendência maioritária dos nossos tribunais judiciais tem sido a de enquadrar estas matérias no regime do erro, por vícios na formação da vontade negocial, ou da responsabilidade pré-contratual, por violação dos deveres pré-negociais (em especial o dever de informação);

(iii) Salvo melhor opinião, sempre que estivermos perante uma transmissão indirecta da empresa deve ser aplicado à transmissão das participações de controlo o regime da venda de bens onerados ou defeituosos;

(iv) A obrigação de informação do vendedor não exclui o dever de diligência e de auto-informação do comprador durante a fase negocial, nomeadamente quando se verifique um equilíbrio entre as partes no que respeita a experiência e conhecimento;

(v) As cláusulas de declarações e garantias permitem caracterizar e qualificar o objecto do contrato (constituindo assim «qualidades asseguradas») e reforçam a protecção do comprador, ainda que, actualmente, as decisões dos tribunais sejam no sentido de apenas lhes reconhecer relevância no âmbito no processo de formação da vontade negocial.

Lisboa, 30 de Novembro de 2010

RESUMO: os contratos de transmissão de participações contêm frequentemente cláusulas de revisão do preço. Neste estudo, o autor preocupa-se com a identificação de algumas cautelas que devem ser tidas em conta por quem redige tais cláusulas: por exemplo, em que casos são úteis, quais os critérios para a revisão, como evitar algumas contradições e incertezas.

ABSTRACT: share purchase agreements frequently include price adjustment clauses. In this paper, the author identifies some problems that those who write such clauses should have in mind: when to use them, the useful criteria for the adjustment, how to avoid contradictions and uncertainties.

ALEXANDRE DE SOVERAL MARTINS[*]

Transmissão de participações de controlo e cláusulas de revisão do preço

1. Casos em que são utilizadas as cláusulas de revisão do preço

Nos contratos de transmissão de participações de controlo são frequentes as cláusulas de revisão de preço[1].

Desde logo, porque muitas vezes o *preço* é calculado em função de elementos em relação aos quais há receio de que *não correspondam ao esperado*. No momento em que celebra o contrato, como ainda não atingiu o controlo, há informações que o comprador *ainda não tem* e que só vem a receber depois. Raramente os processos de *due diligence* permitem total tranquilidade[2]. Não significa isto que tenha havido ocultação de informa-

[*] Professor Auxiliar (Faculdade de Direito da Universidade de Coimbra e advogad(

---

[1] Para um levantamento das várias hipóteses em que pode ser útil a inclusão de tais cláusulas, cfr. JOHANNES BRUSKI, «Kaufpreisbemessung und kaufpreisanpassung im Unternehmenskaufvertrag», *BB*, 60, Special 7, 2005, Heft 30, p. 19-20.
[2] Sobre tais processos, cfr., entre nós, J. ENGRÁCIA ANTUNES, «A empresa como objecto de negócios. "Asset Deals" versus "Share Deals"», *ROA*, 68.º, Set/Dez 2008, II/III, p. 750 e

ção. O que pode suceder é que se sabe, suspeita ou teme que, por exemplo, haja *lançamentos que não foram ainda efectuados* ou *informações a que não é possível aceder*[3].

Pode igualmente dar-se o caso de a *urgência* na realização da compra e venda ser grande. E por isso as partes são obrigadas a utilizar *elementos contabilísticos desactualizados*, pois não há tempo para fazer os levantamentos necessários.

Também pode acontecer que *entre o momento da avaliação e o momento da celebração do contrato decorra um certo período de tempo* e haja elementos que, nesse período, sejam susceptíveis de sofrer uma alteração.

Além disso, a *avaliação obriga a um conjunto complexo de tarefas* que se iniciam num certo momento e que, *quando terminam, podem já assentar em dados mais uma vez desactualizados*. Ou, então, *entre o momento da fixação do preço e o momento da assinatura do contrato*, decorre algum tempo durante o qual podem ocorrer alterações significativas na sociedade.

Por vezes, as partes recorrem às cláusulas de revisão de preço porque entre o momento em que o contrato é celebrado e *aquele em que produz efeitos* pode decorrer um período de tempo mais ou menos longo, que justifica a necessidade de rever posteriormente a quantia paga. As partes subordinam o contrato a uma *condição suspensiva* pelas mais variadas razões. Desde logo porque aguardam por um consentimento de terceiro ou da própria sociedade participada, por uma autorização pública[4] ou por um financiamento. Pode ser necessário, por exemplo, renegociar contratos

---

ss.; para modelos de *check-lists*, Silvio Tersilla, «La *due diligence* per l'acquisizione di un pacchetto azionario di controllo: obblighi di informazione e responsabilità dei soggetti coinvolti», *DCI*, 2002, p. 969 e ss..

[3] Johannes Bruski, «Kaufpreisbemessung und kaufpreisanpassung im Unternehmenskaufvertrag», cit., p. 20, nota 4, dá o exemplo da aquisição de um Banco e da eventual protecção de dados relativos à actividade do mesmo.

[4] Ugo Draetta, «Il rischio antitrust negli accordi di compravendita di partecipazioni azionarie», *DCI*, 2005, p. 554, lembra que na compra e venda de acções a frustração do contrato é susceptível de causar maiores danos ao vendedor do que ao comprador. O facto de ser tornada pública a intenção de vender mostra que o titular das acções já não está interessado em mantê-las mas, se o negócio não produz os efeitos, tem que ficar com elas. Se o vendedor tiver suficiente poder negocial, tentará incluir no contrato as cláusulas de *hell* ou *high waters*. O autor menciona igualmente as *walk-away clauses*, pelas quais se estabelece um prazo durante o qual as partes ficarão obrigadas a esperar por uma decisão das autoridades *antitrust* e a desenvolver em relação a estas os seus melhores esforços. Sobre cláusulas que suspendem a eficácia de um contrato perante a necessidade de prévia autorização ministerial ou de outra autoridade, cfr. Silvio Tersilla, «La lettera di intenti nella trattativa per l'acquisizione di un pacchetto azionario di riferimento», *DCI*, 2003, p. 513, em especial nota 26.

em que a sociedade participada de algum modo intervenha e que contenham cláusulas prevendo a alteração do controlo daquela[5].

Isto para já não falar nas cláusulas que conduzem a uma revisão de preço tendo em conta *a evolução da sociedade depois de ocorrer a tomada de controlo* pelo adquirente. Destas não vamos aqui tratar[6].

Tanto quanto sei, já não é frequente incluir nas cláusulas de revisão de preço os casos em que se detecta que *não foi cumprido um certo método para a realização dos lançamentos que levaram aos documentos de que se partiu para fixar o preço*. Para essas situações os contratos contêm geralmente cláusulas que obrigam a indemnizar devido ao fornecimento de informações que não correspondiam à verdade, acompanhadas da garantia precisamente do contrário: as chamadas *representations and warranties*[7].

Além do que já foi dito, interessa realçar que, nos casos em que há transmissão do controlo, *o preço tem em conta a aquisição desse controlo*. O preço será mais elevado - e haverá maior interesse por parte do comprador em não pagar a mais.

Para evitar a necessidade de pagar ou receber após a revisão de preço, os contratos contêm com frequência cláusulas que identificam *comportamentos a evitar* até que tenha lugar a transferência do controlo. São escolhidas actuações que, pelo seu potencial de *manipulação*, não devem ser levadas a cabo. Estou a pensar na distribuição de dividendos, na alienação de activos, na celebração de contratos de empréstimo, na concorrência iniciada pelo alienante, etc.[8].

---

[5] Chamando a atenção para este aspecto, cfr. OTT AAVA, «Risk allocation mechanisms in Merger and Acquisition Agreements», *HelsinkiLR*, 2010/2, p. 34. As cláusulas referidas surgem muitas vezes como medidas anti-OPA: cfr. CARSTEN CRAMER, *Change of Control-Klauseln im deutschen Unternehmensrecht*, Nomos, Baden-Baden, 2009, p. 110 e ss., e RALF RITTWAGE, *Normen für die rechtsichere Anwendung von Change-of-Control Klauseln*, de Gruyter, Berlin, 2009, p. 2 e 4, com ampla discussão acerca dos limites quanto à licitude das mesmas tendo em conta o direito alemão e da União Europeia.

[6] Analisando também separadamente os *purchase price adjustments e os earnouts*, LEIGH WALTON/KEVIN D. KREB, *Purchase price adjustments, earnouts and other purchase price provisions*, Bass, Berry and Sims/PriceWaterhouseCoopers, 2007, p. 8.

[7] Sobre estas, cfr. FÁBIO CASTRO RUSSO, «Das cláusulas de garantia nos contratos de compra e venda de participações sociais de controlo», *DSR*, 4, 2010, p. 115-136.

[8] Cfr. LEIGH WALTON/KEVIN D. KREB, *Purchase price adjustments, earnouts and other purchase price provisions*, cit., p. 6-7. Sobre a obrigação de custódia que recai sobre o alienante, cfr. J. ENGRÁCIA ANTUNES, «A empresa como objecto de negócios. "Asset Deals" versus "Share Deals"», cit., p. 766 e s..

Claro que é também possível identificar casos em que *não fará muito sentido recorrer a cláusulas de revisão de preço*: as vendas no âmbito de processos de insolvência, os MBO's, as vendas de pequenas sociedades[9].

A admissibilidade de cláusulas de revisão do preço não parece de afastar à luz do nosso direito. O art. 883.º do CC prevê a possibilidade de as partes determinarem o preço ou convencionarem o modo de ele ser determinado. O art. 466.º do CCom até admite, para as compras e vendas comerciais (como é o caso da compra e venda de acções), que o preço da coisa «venha a tornar-se certo por qualquer meio, que desde logo ficará estabelecido, ou que fique dependente do arbítrio de terceiro, indicado no contrato». Contudo, as partes deverão avaliar o interesse na inclusão de tais cláusulas ponderando, entre outras coisas, as consequências fiscais do recurso às mesmas.

2. A identificação dos critérios para a revisão

A avaliação inicial das participações é realizada em função de certos critérios escolhidos pelas partes. Se a revisão do preço deve ser feita em função desses mesmos critérios, é importantíssimo que a sua correcta *identificação* conste do contrato. Não é bom deixar pontas soltas. E cláusulas muito gerais sobre o modo de proceder à revisão não ajudam à certeza e segurança[10].

Mas, verdade seja dita, a revisão do preço *não tem que ser efectuada necessariamente tendo em conta os mesmos aspectos* que foram ponderados para a fixação do preço das participações. E aí as coisas podem tornar-se ainda mais complicadas.

Não podemos passar adiante sem lembrar que a redacção das cláusulas de revisão enfrenta também muitos dos problemas que surgem no momento da fixação inicial do preço das participações. E muitas são as dificuldades quando se procura encontrar um critério para a avaliação das participações. Se hoje se fala muito do método do *Discounted Cashflow*

---

[9] Cfr. JOHANNES BRUSKI, «Kaufpreisbemessung und kaufpreisanpassung im Unternehmenskaufvertrag», cit., p., 19; ALEXANDER NÜRK, «Precise formulation of clauses is the basis for a successful contract drafting, resulting in a reduction of potencial future disputes»: *Drafting purchase price adjustment clauses in M & A. Guarantees, retrospective and future orientated Purchase Price Adjustment Tools*, Diplomica Verlag, Hamburg, 2009, p. 43.

[10] ALEXANDER NÜRK, «Precise formulation of clauses is the basis for a successful contract drafting, resulting in a reduction of potential future disputes»: *Drafting purchase price adjustment clauses in M & A. Guarantees, retrospective and future oriented Purchase Price Adjustment Tools*, cit., p. 3.

(ou dos fluxos de caixa descontados/actualizados[11]), por exemplo, a verdade é que há autores que identificam dez espécies de *Discounted Cashflow Methods*[12]. Como também sabem muitos dos presentes, procurar o valor actual de um *cash flow* futuro às vezes parece bruxaria. Sobretudo se falta uma «experiência histórica substancial»[13].

3. O recurso a um balanço (ou outro documento contabilístico) para a *fixação* do preço

Muitas vezes, o preço da aquisição é calculado com base nos *capitais próprios* da sociedade, extraídos de um balanço (frequentemente elaborado para o efeito). Mas não tem que ser assim. Alienante e adquirente podem querer que o preço da aquisição e a sua eventual revisão tenham apenas em conta, por exemplo, *certos elementos do património* da sociedade: apenas certos bens do activo menos certas dívidas, em função da data de vencimento e da incerteza quanto à boa cobrança; o *working capital*[14] (como é comum na prática anglo-saxónica[15])[16].

Esses elementos do património da sociedade serão extraídos, normalmente, do que é revelado por documentos contabilísticos da sociedade. Assim, para calcular o preço de aquisição é elaborado um determinado documento (por exemplo um balanço ou outro documento contabilís-

---

[11] FERNANDO TAVARES, *Avaliação de acções. O modelo do* cash flow, Vida Económica, 2002, p. 20.
[12] JOHANNES BRUSKI, «Kaufpreisbemessung und kaufpreisanpassung im Unternehmenskaufvertrag», cit., p. 21, citando FERNANDEZ, «Valuing companies by cash flow discounting: ten methods and nine theories, IESE Research Paper No. 451, 2002; para uma análise de três modelos de avaliação pelo método do *Discounted Cash Flow* (*Weighted Average Cost of Capital*, *Adjusted Present Value* e *Equity-Ansatz*), cfr. BERNHARD GROßFELD/RÜDIGER STÖVER/WOLF ACHIM TÖNNES, «Neue Unternehmensvewertung», *BB*, Special 7, p. 2-12; para uma apreciação dos métodos de *Discounted Cashflow* tendo em conta as consequências fiscais, MICHAEL HOMMEL/INGA DEHMEL/DENISE PAULY, «Unternehmensbewertung unter dem Postulat der Steueräquivalenz», *BB*, Special 7, p. 13-18.
[13] FERNANDO TAVARES, *Avaliação de acções. O modelo do* cash flow, cit., p. 72.
[14] Dando conta da prevalência do uso do working capital como critério para a revisão de preço, LEIGH WALTON/KEVIN D. KREB, *Purchase price adjustments, earnouts and other purchase price provisions*, cit., p. 9. Para um exemplo de cláusulas que recorrem ao *working capital*, cfr. o *Model Asset Purchase Agreement with commentary, Committee on Negotiated Acquisitions, Section of Business Law, American Bar Association*, 2001, cláusulas 2.8 e 2.9.
[15] Dando conta disso mesmo, JOHANNES BRUSKI, «Kaufpreisbemessung und kaufpreisanpassung im Unternehmenskaufvertrag», cit., p. 26.
[16] Ou até o número de clientes: LEIGH WALTON/KEVIN D. KREB, *Purchase price adjustments, earnouts and other purchase price provisions*, cit., p. 9.

tico[17]) e desse documento são extraídos os elementos necessários para a determinação daquele preço. Isto porque a sociedade pode ter no seu património muitos bens («monos») que são irrelevantes para a determinação do preço que o adquirente está disposto a pagar[18].

Pode até dar-se o caso de, por exemplo quanto a determinada subconta do Passivo (ou do Activo), não pretenderem as partes tomar todo o valor da subconta mas apenas uma parcela, tendo em consideração o que conduziu ao valor dessa mesma subconta.

4. O recurso a um balanço para a *revisão* do preço

Na altura em que deve proceder-se à eventual revisão do preço, pode estar prevista a elaboração de um *novo documento* contabilístico, do qual são novamente extraídos os elementos necessários para a determinação do valor das participações.

E, nessa altura, comparando o valor inicial com este segundo valor, deve ser possível determinar se o preço já pago era *o devido* ou se há lugar à *revisão* do preço e, havendo, *quem deve pagar e quem deve receber*.

---

[17] O ponto 2.1.4. do Sistema de Normalização Contabilística (Anexo ao Decreto-Lei n.º 158/2009, de 13 de Julho) inclui nas «demonstrações financeiras» o «balanço», a «demonstração de resultados», a «demonstração das alterações no capital próprio», a «demonstração dos fluxos de caixa» e o «anexo em que se divulguem as bases de preparação e políticas contabilísticas adoptadas e outras divulgações exigidas pelas NCRF [Normas Contabilísticas e de Relato Financeiro». Para os modelos, cfr. a Portaria n.º 986/2009, de 7 de Setembro.

[18] Com frequência é usada a transmissão de participações de controlo para assegurar a aquisição da empresa societária. Sobre isto, entre muitos, COUTINHO DE ABREU, *Da empresarialidade. As empresas no Direito*, Almedina, Coimbra, 1996, p. 342 e ss.; ID., *Curso de direito comercial*, I, 7.ª ed., Almedina, Coimbra, 2009, p. 309 e s.; ID., *Curso de direito comercial*, II, 3.ª ed., Almedina, Coimbra, 2009, p. 178 e s.; RICARDO COSTA, «O Novo Regime do Arrendamento Urbano e os negócios sobre a empresa», AAVV, *Nos 20 anos do Código das Sociedades Comerciais*, I, Coimbra Editora, Coimbra, 2007, p. 511; MONTEIRO, PINTO/PINTO, PAULO MOTA, «Compra e venda de empresa», RLJ, 137.º, 2007, p. 36; J. ENGRÁCIA ANTUNES, «A empresa como objecto de negócios. "Asset Deals" versus "Share Deals"», cit., p. 722 e ss.; ALEXANDRE SOVERAL MARTINS, «Transmissão de empresa societária: algumas notas», *Nos 20 Anos do Código das Sociedades Comerciais. Homenagem aos Profs. Doutores A. Ferrer Correia, Orlando de Carvalho e Vasco Lobo Xavier*, vol. I, Congresso Empresas e Sociedades, Coimbra Editora, Coimbra, 2007, p. 437 e s.; ID., «Da personalidade e capacidade jurídicas das sociedades comerciais», AAVV (coord. de Coutinho de Abreu), *Estudos de direito das sociedades*, 9.ª ed., Almedina, Coimbra, 2008, p. 106 e ss..

A *data de referência* para a elaboração deste segundo documento é de vital importância. Há que determinar se será a mesma data de referência que foi tida em conta para o documento inicial ou não.

Tudo depende das circunstâncias que levaram à inclusão da cláusula de revisão. Se a cláusula de revisão foi incluída porque na elaboração do documento inicial ainda não havia todos os elementos, pode ser adequado que a data de referência do segundo balanço seja a mesma. Mas se o que se pretende é fazer uma adaptação tendo em conta o período decorrido entre um momento e outro (entre o momento da assinatura e o da produção dos efeitos, por exemplo), já não será assim.

5. A identificação das contas e subcontas relevantes

Se o regime da revisão do preço usa apenas certas contas de um documento contabilístico de uma sociedade, sejam elas contas do activo ou do passivo, isso obriga a que se tenha em atenção que é preciso tornar claro quais as contas e subcontas que devem ser ponderadas na revisão[19].

Vamos supor que no contrato de aquisição fica a constar que foram tidas em consideração certas verbas do Documento 1. Esse Documento 1 é mencionado no contrato como ponto de partida e consta como anexo do contrato.

Vamos supor ainda que no Documento de que se parte (o Documento 1) uma determinada verba ou conta aparece com um valor de 1000 Mas, no contrato, ao ser fixado o preço de aquisição, essa mesma verba surge com o valor 0 ou pura e simplesmente não aparece. Em tal caso, as dúvidas provavelmente surgirão. Se aquela verba deve ser tida em conta na revisão do preço, há que explicar por que razão aparece no contrato com valor 0 ou não aparece, quando no documento de que se partiu tinha o valor de 1000. Se assim não for feito, quando chegar o momento da revisão do preço existe o risco de ser dito que, se a verba, no Documento 1, tinha um saldo de 1000, e no contrato essa verba aparece com um 0 à frente ou não aparece, é porque não se pretendeu ter os valores dessa verba em consideração. Designadamente, na revisão do preço.

Do que eu afirmei resulta também que na redacção do contrato tem que ficar claro quais são contas e subcontas que podem ou devem ter saldo na fixação do preço ou na sua revisão. Também deve ficar claro, pelo contrário, o que é apenas um título ou subtítulo para um conjunto de contas

---

[19] Cfr. o Código das Contas, aprovado na sequência do SNC e que consta da Portaria n.º 1011/2009, de 9 de Setembro.

ou subcontas e que, por isso mesmo, não deve ter saldo. Só isto já permite evitar muitos problemas de interpretação.

Ainda no que diz respeito às *contas* que vão ser consideradas na revisão do preço é de evidente necessidade pensar que no período de tempo que vai da fixação do preço até ao momento relevante para a revisão muita coisa pode acontecer. E o que aconteça terá muitas vezes maior ou menor relevo para a revisão do preço consoante as *contas em que os eventos se reflectem* e consoante as *contas a apreciar para a revisão*.

Assim, por exemplo[20]:

a) se o vendedor entretanto celebra um contrato de *leasing*, o enquadramento das prestações pode ter consequências maiores ou menores na revisão consoante as prestações sejam contabilizadas numa conta ou noutra;
b) se o vendedor consegue *antecipar recebimentos* ou *atrasar pagamentos*, isso pode ter consequências maiores ou menores na revisão, consoante a importância dada ao dinheiro em caixa e às contas onde se reflectem os créditos ou os débitos em causa;
c) a *alienação de bens do activo* que faça aumentar o dinheiro em caixa também pode reflectir-se na revisão do preço de forma indesejada por uma das partes;
d) a *omissão de investimentos* necessários pode fazer aumentar o dinheiro em caixa ou diminuir o passivo mas prejudicar a actividade futura da sociedade.

Tudo isto pode ser antecipado na redacção do contrato.

6. A elaboração dos balanços

Os próprios balanços (ou outros documentos contabilísticos) de que se parte (na altura da fixação do preço ou da sua revisão) podem fazer surgir problemas. Esses problemas podem ser evitados se o contrato especificar *quem elaborou ou vai elaborar* os balanços (ou os outros documentos) e, se devem ser objecto de *verificação ou controlo*, quem o deve efectuar e em que termos.

Por exemplo, quanto aos procedimentos a seguir para a elaboração do documento a usar para a revisão do preço, surgem com frequência cláusu-

---

[20] Seguimos alguns dos exemplos fornecidos por JOHANNES BRUSKI, «Kaufpreisbemessung und kaufpreisanpassung im Unternehmenskaufvertrag», cit., p. 25-26.

las dizendo que será seguida a mesma metodologia que foi seguida para a elaboração do balanço inicial que serviu para fixar o preço.

Mas, se o comprador não souber como se chegou ao balanço inicial, ou se imagina uma coisa e o que se passou foi outra, expressões vagas não ajudam. A remissão, por exemplo, para os *Generally Accepted Accounting Principles*, para os *International Financial Reporting Standards*, se auxilia, pode não afastar todo o risco[21].

Daí que possa haver interesse em prever no contrato, com mais pormenor, os *critérios para a elaboração de ambos os balanços* ou outros documentos. Como em regra a elaboração do balanço inicial é controlada pelo vendedor e a elaboração do balanço final é controlada pelo comprador, pode haver tendência para, dentro do que é aceitável em termos contabilísticos, utilizar os métodos que sejam mais favoráveis aos interesses de quem controla essa elaboração. Esta margem pode ser reduzida através do contrato. Por exemplo, remetendo para o caminho seguido em exercícios anteriores. E a *due diligence* do comprador deve dirigir-se também em direcção à identificação desses caminhos[22].

A incerteza pode de alguma forma ser atenuada se, perante *valores diferentes* alcançados a partir do balanço inicial e a partir do balanço final, for estabelecido que *só relevam diferenças que excedam um certo valor*. E esse limite pode ser estabelecido *para cada uma ou ao menos para um certo conjunto das verbas* relevantes.

Na medida em que a revisão seja efectuada com recurso a um novo balanço, torna-se crucial determinar no contrato quais são *os períodos que devem ser tidos em conta*. Os balanços devem ser levantados *com referência a que data*? É um aspecto que não pode deixar dúvidas ao intérprete.

7. O procedimento da revisão

O esquema do *procedimento da revisão* deve ser objecto de particular atenção.

---

[21] «GAAP show various ways of acceptable accounting practises and therefore different acceptable ways of drafting financial statements»: ALEXANDER NÜRK, «Precise formulation of clauses is the basis for a successful contract drafting, resulting in a reduction of potencial future disputes»: *Drafting purchase price adjustment clauses in M & A. Guarantees, retrospective and future oriented Purchase Price Adjustment Tools*, cit., p. 52, realçando também alguma falta de precisão dos GAAP, OTT AAVA, «Risk allocation mechanisms in Merger and Acquisition Agreements», cit., p. 50.

[22] Sublinhando isto mesmo, cfr. *Model Asset Purchase Agreement with commentary. Committee on Negotiated Acquisitions, Section of Business Law, American Bar Association*, 2001, comentário à cláusula 2.9.

Quem faz (o vendedor? O comprador?) *o quê* (um balanço, um inventário, outro documento), *como* (o próprio? Ou profissionais contratados?) e *quando*. Tudo isso tem de ser determinado com cuidado.

Assim deve ocorrer, por exemplo, quanto aos casos em que na elaboração do balanço para a revisão podem surgir divergências entre as partes. Se o segundo balanço deve ser elaborado pelo comprador, e se o vendedor não concorda com os dados desse segundo balanço, como resolver? Deve ser escolhida uma *terceira entidade* para rever os números? Como fazer a escolha? E se uma das partes não faz o que lhe compete com vista a essa escolha? Feita a escolha dessa terceira entidade, como deve ela actuar? Onde realizará o seu trabalho? Que números vai rever? Todos, ou só aqueles em relação aos quais há discussão? Ou só os números em discussão quando a divergência seja de certo valor? E quem paga os honorários dessa terceira entidade?

Por vezes, o procedimento de revisão do preço não chega ao fim. Nesses casos, poderá ser útil identificar situações em que tal possa acontecer e estabelecer como devem as mesmas ser resolvidas. Não parece desde logo ser boa alternativa remeter a resolução do impasse para um *terceiro que não esteja obrigado a decidir ou escolher*.

Depois de redigidas as cláusulas, deve ser gasto algum tempo testando teoricamente as mesmas, colocando hipóteses.

Comparado o ponto de partida com o ponto de chegada, havendo diferença, será necessário que o contrato diga *o que deve ser pago e como*. Podem as partes acordar no *pagamento de apenas uma parcela da diferença*. Eventualmente, pode haver interesse em fixar um *limite máximo para os valores a pagar ou receber*. Por vezes justificar-se-á incluir um *limite mínimo abaixo do qual se considera que não há razão para efectuar o pagamento* do que quer que seja. Como também pode ser desejável convencionar que a variação de uma certa verba só será relevante, para efeitos de revisão de preço, *se ultrapassar uma certa percentagem*. E pode haver um *limite mínimo* e um *limite máximo*[23].

Casos há em que uma das partes (vamos supor, o comprador) invoca a seu favor, dentro do prazo contratualmente estabelecido, que uma certa verba deve ter um valor mais alto ou mais baixo. A outra parte (digamos, o

---

[23] A fixação de um limite máximo para o valor a pagar pelo comprador ao vendedor é conhecido como «cap» ou «ceiling»; se o limite máximo diz respeito ao valor que o vendedor terá que pagar ao comprador, teremos um «floor»; e se o contrato contém um «cap» e um «floor», existirá um «collar»: cfr. *Model Asset Purchase Agreement with commentary, Committee on Negotiated Acquisitions, Section of Business Law, American Bar Association*, 2001, comentário à cláusula 2.8.

vendedor), naquele prazo, *nada invocou*. Eventualmente, pode ser útil prever que o vendedor possa contrapor ao comprador a existência de outra ou outras verbas a seu favor com as quais possa fazer a compensação: isto é, o vendedor invocaria essas verbas extraídas do segundo balanço *para evitar pagar o que é pedido* pelo comprador, mas já não para obter um pagamento a seu favor pois deixou passar o prazo para o fazer.

Os *prazos*, as *formalidades*, se identificados rigorosamente, permitirão evitar muitas discussões no futuro. Nomeadamente se o próprio contrato contiver já as consequências para os incumprimentos. Devem ser também identificadas possíveis situações de *impasse* no decurso desse procedimento e a forma de as resolver (designadamente, e se possível, com recurso à arbitragem[24]).

Uma chamada de atenção, ainda, para a necessidade de *evitar contradições* entre a cláusula de revisão de preço e outras que visem proteger a posição das partes através de declarações de garantia, de responsabilização ou até de cláusulas penais. Os vários mecanismos não devem conflituar e devem ser claros quanto aos seus âmbitos de aplicação[25].

A este propósito, a doutrina cita com frequência um caso que foi apreciado por um tribunal do *Delaware* (*Court of Chancery of Delaware*) que tinha como partes a *Osi Systems Inc.* e a *Instrumentarium Corporation*[26]. O recurso a tribunal ficou a dever-se ao facto de o *Purchase Agreement* prever dois tipos diferentes de arbitragem e as partes não se entenderem quanto ao que devia ser usado para resolver uma determinada divergência.

O *Purchase Agreement* previa um mecanismo de revisão de preço, por um lado, e continha, por outro, uma cláusula de *representation and warranty* com a eventual obrigação de indemnizar.

Se, usando os métodos aceites, surgisse uma divergência entre as partes quanto ao *working capital* entre duas datas de referência, o mecanismo que

---

[24] Sobre a arbitragem na avaliação de acções, RAMÓN JOSÉ VÁZQUEZ GARCÍA, «Restricciones a la libre transmisibilidad de las acciones. Referencia a las que alcanzan a las participaciones sociales», *Contratos sobre acciones* (dir. Francisco Gil Del Moral/Gerardo Moreu Serrano/Alfonso Pascual de Miguel), Civitas, Madrid, 1994, p. 373.
[25] Cfr., nesse sentido, OTT AAVA, «Risk allocation mechanisms in Merger and Acquisition Agreements», cit., p. 52. Condenando também a confusão que por vezes se encontra na redacção dos contratos, FRANCO BONELLI, «Acquisizioni di società e di pacchetti azionari di riferimento: le garanzie del venditore», cit., p. 314. Para este último autor (p. 315), as cláusulas de indemnização devem dirigir-se a violações de cláusulas de garantia ou de outras obrigações do vendedor.
[26] Para um outro exemplo (*Westmoreland Coal v. Entech*), cfr. OTT AAVA, «Risk allocation mechanisms in Merger and Acquisition Agreements», cit., p. 52.

devia ser usado para resolver a divergência era o previsto para a revisão de preço.

Se, pelo contrário, a divergência resultasse da não aplicação dos métodos convencionados, tal divergência teria de ser solucionada através do caminho definido em caso de violação da cláusula de *representation and warranty*.

A compradora procurava utilizar o mecanismo previsto para a *revisão de preço*, mas acabava por invocar factos que demonstravam haver, isso sim, *violação pela vendedora dos princípios contabilísticos aplicáveis* na elaboração de documentos financeiros. E, portanto, o tribunal considerou que a compradora devia antes usar o mecanismo previsto para a violação da cláusula de *representation and warranty*.

As consequências não eram despiciendas. É que o uso desse outro mecanismo confrontava-se com um limite contratual relativo ao valor da indemnização que podia ser exigida.

8. Os anexos

Uma prática muito frequente é a de espalhar elementos necessários para a revisão por anexos ao contrato. Isso não deixa de envolver riscos. Desde logo, porque se os *termos* usados no contrato não coincidem totalmente com aqueles que aparecem nos anexos, ou se essa flutuação existe de anexo para anexo, a interpretação do contrato pode tornar-se bem mais complicada. Um trabalho final de revisão quanto a esse aspecto parece ser importante.

Que estas observações sejam úteis a quem as ouviu.
Muito obrigado.

Resumo: No presente artigo procede-se à análise do regime jurídico português das acções sem valor nominal – recentemente introduzidas em Portugal pelo DL 49/2010, de 19 de Maio –, e às razões que justificaram esta solução legal: fundamentalmente a flexibilização do financiamento societário no mercado bolsista.

Abstract: In this paper, it is analysed the new Portuguese legal system of no par value shares – recently introduced into Portugal by Decree-Law 49/2010, published on May 19th –, and the main reason for this legal solution: to make more flexible the corporate financing in the stock market.

PAULO DE TARSO DOMINGUES*

As acções sem valor nominal no direito português

1. *A recente consagração, em Portugal, das acções sem valor nominal (impróprias). Traços essenciais do regime.* As acções sem valor nominal foram recentemente introduzidas, no ordenamento jurídico português, pelo DL 49/2010, de 19 de Maio. Como vem sucedendo com tantas outras figuras jurídicas inovadoras, também as acções sem valor nominal surgiram historicamente nos EUA, no início do século XX[1], sendo que, na Europa, a Directiva do Capital[2] previu, logo na sua redacção inicial, expressamente a possibilidade de os Estados-membros consagrarem acções sem valor nominal (cfr. artigo 3.º, al. c) e artigo 9.º, n.º 1)[3]. Recentemente, alguns importantes Estados europeus – como a Alemanha, a Itália e a França –,

* Professor da Faculdade de Direito da Universidade do Porto

---

[1] Sobre esta matéria, pode ver-se o nosso artigo "Acções sem valor nominal" – no qual se fundou, de resto, a nossa intervenção no I Congresso de Direito das Sociedades –, publicado nesta Revista, vol. 4, pp. 181 ss. A nossa análise aqui incidirá, no entanto, sobretudo sobre o regime que foi consagrado nosso ordenamento jurídico.

[2] Segunda Directiva sobre Sociedades – Directiva do Conselho n.º 77/91/CEE, de 13 de Dezembro de 1976, publicada no JO n.º L 26/1, de 31 de Janeiro de 1977 –, que é também designada Directiva do Capital (*Kapital Richtlinie*) por tratar sobretudo de matérias relacionadas com a constituição, modificação e conservação do capital social. Cfr., por todos, ERNST-AUGUST BALDAMUS, *Reform der Kapitalrichtlinie*, Carl Heymanns Verlag, 2002; e WOLFGANG SCHÖN, "Wer schützt den Kapitalschutz?", *ZHR* 166 (2002), p. 2.

[3] Porventura porque a figura já se encontrava consagrada, antes da Segunda Directiva, nos ordenamentos jurídicos belga e luxemburguês. O direito belga, de resto, desde 1913 já admitia as chamadas "acções de quota". Cfr. G. FIGÀ-TALAMANCA, *Il valore nominale delle azioni*, Quaderni di Giurisprudenza Commerciale, Giuffrè, Milano, 2001, pp. 31 ss.; e P. ALEMÁN LAÍN, *Función del valor nominal de las acciones. Una aproximación desde el derecho norteamericano*, Aranzadi, Navarra, 2003, p. 140.

aproveitando a adaptação dos respectivos Direitos ao euro e visando facilitar a conversão e adequação das acções[4] à nova moeda única, introduziram esta figura nos seus ordenamentos jurídicos[5-6]. Sublinhe-se, no entanto, que o regime permitido pela Segunda Directiva – e, consequentemente, o que se encontra consagrado nos países da União – é, todavia, apenas o das chamadas acções sem valor nominal impróprias (*unechte nennwertlose Aktien*[7]). Com efeito, na medida em que o regime implica a existência de um capital social fixo (cfr. artigo 6.º da Directiva do Capital) e estando este "dividido em acções"[8], as acções sem valor nominal corres-

---

[4] As dificuldades que as operações de arredondamento das participações sociais suscitavam, com a sua conversão para o euro, foram mais facilmente ultrapassadas com a consagração das acções sem valor nominal. Com as *no par shares* ficam também facilitadas as operações de reagrupamento ou divisão de acções (p. ex., em caso de fusões ou cisões). Cfr. FIGÀ -TALAMANCA, *Il valore nominale delle azioni*, pp. 45 ss.; e ALEMÁN LAÍN, *Función del valor nominal* ..., p. 214.

[5] O novo regime, nos três países referidos em texto, apenas se aplicou às SA e já não às GmbH, às SRL ou às SARL. Veja-se, para a Alemanha, § 5, Abs. 1 GmbHG, com a redacção que lhe foi dada pela *Gesetz zur Einführung des Euro*, de 9 de Junho de 1998 (cfr. O. DE LOUSANOFF/B. LAURIN, *GmbH-Gesetz*, Fritz Knapp Verlag, Frankfurt am Main, 2000, pp. 125 ss. e 205). Para as SRL em Itália, vide artigo 2463 CCit, o qual não estabelece, no entanto, agora, qualquer valor mínimo para a participação social (cfr. P. COSTANZO/M. GAZZANI/F. NOVATI, *Le società*, Egea, Milano, 2003, p. 217). Para a França, veja-se o artigo L. 223-2 CComf, cujo regime se manteve inalterado no que respeita ao valor da quota, não se prescrevendo qualquer valor mínimo para a mesma (cfr. M. COZIAN/A. VIANDIER/ FL. DEBOISSY, *Droit des sociétés*, Litec, Paris, 2005, n.º 956, p. 405). Sobre esta temática pode especialmente ver-se G. FIGÀ-TALAMANCA, "Euro e azioni", *RS*, 2001, pp. 336 ss.; e MARCO S. SPOLIDORO, "Capitale sociale, valore nominale delle azioni e delle quote e transizione all'euro", *RS*, 1999, pp. 348 ss.

[6] Em Espanha, mesmo com a recente "Ley de Sociedades de Capital" (aprovada pelo Real Decreto Legislativo 1/2010, de 2 de julio – cfr. artigo 23.º) e também na Grã-Bretanha (que ainda não faz parte do "clube euro") mantém-se, no entanto, a obrigatoriedade de todas as acções terem valor nominal. Cfr. ALEMÁN LAÍN, *Función del valor nominal* ..., pp. 140 ss.; e, para o direito inglês, vide *Secs.* 10 e 542 CA 2006 (e, antes, *Sec.* 2, 5, a do CA 1985); J. H. FARRAR/B. M. HANNIGAN, *Farrar's Company law*, Butterworths, London, 1998, p. 163; e STEERING GROUP, Relatório Final do *Company Law Review Steering Group*, de Junho 2001, elaborado para o Governo do Reino Unido, sob a designação *Modern company law for a competitive economy*, que se pode ler em <http://www.dti.gov.uk /cld/final_report/index.htm>, p. 219.

[7] Vide K. SCHMIDT, "La reforma alemana: las KonTraG y TransPuG de 1998 y 2002, y el Código Cromme", *RdS*, n.º 22, 2004-1, pp. 28 ss.; KARSTEN HEIDER, *Münchener Kommentar zum Aktiengesetz,*, Bd 1, Beck, München, 2000, *Rdn* 12 ss., pp. 238 ss.; G. B. PORTALE, "Dal capitale «assicurato» alle «tracking stocks»", *RS*, 2002, p. 160; e ALEMÁN LAÍN, *Función del valor nominal* ..., pp. 140 ss.

[8] Cfr., entre nós, o artigo 271.º CSC. Sobre esta matéria, veja-se FERNANDO SÁNCHEZ CALERO, "La división del capital en acciones", in AAVV., *Derecho de sociedades anonimas*, II, *Capital y acciones*, vol. II, Civitas, Madrid, 1994, pp. 13 ss.

pondem necessariamente a uma determinada percentagem, a uma determinada fracção ou parte do capital. Por isso, é sempre possível, a qualquer momento e por um simples cálculo aritmético, determinar o respectivo valor destas acções – que é o resultado da divisão do valor do capital social pelo número total de acções emitidas[9] – e que corresponderá, nesse caso, àquilo que a Segunda Directiva apelida de "valor contabilístico"[10] (cfr. artigos 8.º e 9.º)[11-12].

---

[9] Diferentemente, nas acções sem valor nominal próprias ou verdadeiras (as *true no par shares*), em que, para além da inexistência de valor nominal, não há também qualquer referência ao capital social, não é possível atribuir-se-lhes um valor que resulte da relação entre o número de acções e o montante daquele.

[10] Ou "valor aritmético" (*rechnerisch Wert*) ou "valor médio" ou ainda "valor fraccional", como é designado no Relatório Winter (Relatório produzido pelo designado High Level Group of Company Law Experts, presidido por Jaap Winter, com o título "A Modern Regulatory Framework for Company Law in Europe", de 4 de Novembro de 2002, cuja versão em francês se pode ler em <http://europe.eu.int/comm/internal_market/en/company/company/modern/consult/report_fr.pdf>), p. 98.

Não se deixe, em todo o caso, de dizer que esta designação ("valor contabilístico") não é muito feliz e pode dar origem a confusões, uma vez que, entre os práticos – nomeadamente entre os contabilistas e economistas – ela é comummente utilizada para se aludir ao valor das participações sociais que resulta da contabilidade, e que se afere tendo em conta o valor do capital próprio ou da situação líquida da sociedade, tal como é revelado pelas contas da sociedade.

Seria, por isso, preferível, para designar a realidade referida em texto, a utilização doutra expressão: "valor fraccional", conforme sugerido no Relatório Winter, "valor aritmético" (uma vez que ele resulta de um simples cálculo aritmético), ou qualquer outra que permitisse claramente distingui-la daquele outro significado utilizado na prática contabilística.

[11] Note-se, no entanto, que, como já demos notícia nesta Revista (cfr. "O capital social como entrave ao financiamento das sociedades..., vol. 2, p. 187) a introdução das verdadeiras acções sem valor nominal, na Europa "é fortemente desejada pelos representantes do sector financeiro e pelas profissões jurídicas" (cfr. Relatório Winter, p. 97). Foi Kübler quem defendeu pioneiramente – no seu "Aktie, Unternehmensfinanzierung und Kapitalmarkt", in *Il diritto delle società per azioni: problemi, esperienze, progetti*, Giuffrè, Milano, 1993 – a introdução destas acções no ordenamento jurídico alemão, tendo a sua proposta suscitado o maior interesses por parte das 100 maiores sociedades cotadas alemãs. Vide Spolidoro, «Capitale sociale, valore nominale delle azioni e delle quote e transizione all'euro», p. 356, nt 16. Também o Steering Group defende a eliminação do *par value*, seja para as *public companies*, seja para as *private companies*. Cfr. Steering Group, *Modern company law for a competitive economy*, p. 219.

Não se deixe ainda de dizer que, se para alguns, para a introdução destas acções bastará a eliminação da proibição da emissão de acções abaixo do valor contabilístico prevista no artigo 8.º da Segunda Directiva (cfr. Relatório Winter, p. 98), para outros (assim, G. B. Portale, "Capitale sociale e società per azioni sottocapitalizzata", in Colombo, G.E./Portale, Giuseppe B., *Trattato delle società per azioni*, vol. 1 **, Utet, Torino, 2004, nt 3, pp. 6 ss.) a eventual consagração destas *real no par shares* no espaço jurídico europeu implicará

É, pois, esta nova figura – que vem claramente romper com o tradicional quadro jurídico-societário do direito português (e europeu) sobre acções – e os traços essenciais do seu regime que nos propomos abordar de seguida[13].

2. *Um novo conceito de capital: o capital social declarado* (stated capital). A primeira observação que importa fazer é a de que a consagração das acções sem valor nominal não eliminou – nem o podia fazer por força da Directiva do Capital – a figura do capital social nas SAs. De resto, a "maquinaria" do capital social e o respectivo regime é, com ligeiras diferenças de pormenor, inteiramente aplicável às sociedades que adoptem as acções sem valor nominal. A consagração destas acções implica, no entanto, uma revisitação do conceito de capital social.

Com efeito, ainda que nem sempre bem compreendida[14], a noção de capital social, tal como este é tradicionalmente entendido, corresponde a

---

necessariamente uma profunda alteração do regime vigente, uma vez que ela supõe a própria eliminação da figura do capital social.

[12] De resto, e no desenho da Directiva, o regime destas acções sem valor nominal impróprias aproxima-se, em aspectos importantes, do regime das acções com valor nominal. Assim, p. ex., é idêntico o regime da liberação da entrada (cfr. artigo 9.º da Directiva do Capital), e também aquelas acções sem valor nominal impróprias não podem ser emitidas abaixo do par, agora do par contabilístico (i.é, por um valor inferior ao seu valor contabilístico – artigo 8.º, n.º 1 da Directiva do Capital). Note-se, no entanto, que o modo como for interpretada e aplicada esta proibição do artigo 8.º, n.º 1 poderá tornar o regime mais ou menos flexível, nomeadamente no que diz respeito ao financiamento das sociedades. Sobre as diferentes soluções legais consagradas nos direitos alemão e belga, pode ver-se o nosso artigo "Acções sem valor nominal" publicado nesta Revista, vol. 4, pp. 181 ss.

[13] O direito português filiou-se, nesta matéria (das acções sem valor nominal), no direito belga e não, como frequentemente sucede, no direito alemão. Este ordenamento consagrou um regime extremamente rígido, que não se distancia muito do previsto para as acções com valor nominal (uma vez que a preocupação foi sobretudo facilitar a transição para o euro). Diferentemente, no sistema belga – e assim também no nosso ordenamento – foi consagrado um regime bem mais flexível e permissivo, nomeadamente no que respeita ao financiamento societário. É, no entanto, questionável, a conformidade daquele modelo belga – e consequentemente do português – com o disposto na Directiva do Capital. Vide PORTALE, "Dal capitale «assicurato» ...", p. 162; no mesmo sentido, se bem compreendemos a posição do A., cfr. ALEMÁN LAÍN, *Función del valor nominal* ..., pp. 140 ss. Com efeito, subjacente ao princípio da proibição da emissão das acções abaixo do par – que a Segunda Directiva consagra no seu artigo 8.º, n.º 1 – está efectivamente a finalidade de assegurar a exacta formação do capital social (o que, com o modelo belga, é alcançado), mas também uma equitativa contribuição por parte dos sócios, o que já não fica assegurado com o esquema jurídico adoptado na Bégica.

[14] Sobre a questão pode ver-se o nosso *Variações sobre o capital social*, Almedina, Coimbra, 2009, pp. 32 ss.

uma cifra[15] que representa a soma dos valores nominais das participações sociais[16-17].

Ora, desaparecendo o valor nominal das acções, o capital social, a manter-se – o que sucederá no caso das acções sem valor nominal impróprias[18] –, deixa de poder corresponder àquela noção[19], uma vez que não é mais possível determinar o valor do capital social pela correspondência com a soma do valor nominal das participações sociais.

Por isso, e porque num ambiente de acções sem valor nominal (impróprias) cabe à sociedade[20] livremente definir o valor que é levado a capital social[21], este passa a ser simplesmente o capital por ela declarado, i.é, o *stated capital*[22].

O capital social pode, pois, agora – para as sociedades que adoptem a figura das acções sem valor nominal – definir-se como o elemento do pacto (cfr. artigo 9.º, al. f) CSC), que se consubstancia numa cifra, necessariamente expressa em euros (cfr. artigo 14.º CSC), que é livremente fixada

---

[15] Que obrigatoriamente deve constar dos estatutos sociais (cfr. artigo 9.º, n.º 1, al. f) CSC) e que necessariamente deve ser expressa em moeda com curso legal em Portugal (cfr. artigo 14.º CSC).

[16] Participações que não sejam fundadas em entradas em serviços, uma vez que estas não são contabilizadas no capital social (cfr. artigo 178.º, n.º 1 CC).

[17] Assim, entre nós, COUTINHO DE ABREU, *Sumários das aulas de direito comercial*, FDUC, Coimbra, ano 1995-96, ed. policopiada, lição 38ª, ponto VI, 1; ID., *Curso de direito comercial*, vol. II – *Das sociedades*, Almedina, Coimbra, 2009, p. 66. Vide também, PAULO DE TARSO DOMINGUES, *Variações sobre o capital social*, pp. 47 ss.

[18] Como sucede em Portugal e, necessariamente, em todo o espaço comunitário, por força da 2.ª Directiva sobre Sociedades.

[19] Deixa de ser possível somar o valor nominal das participações sociais, para determinar a cifra do capital social.

[20] Esta competência cabe, nos EUA, ao *Board of Directors*. Entre nós, como veremos *infra*, é uma competência dos sócios. Vide *ultra* ponto 5.

[21] Cabe à sociedade livremente decidir que montante das entradas realizadas pelos sócios é levado a capital social e que montante é considerado prémio de emissão. Note-se, no entanto, que a liberdade de fixação da cifra do capital social tem como limite o capital social mínimo (cfr. artigo 276.º, n.º 3 CSC, para as SA).

[22] Vide, sobre esta matéria, BAYLESS MANNING/ JAMES J. HANKS JR., *Legal Capital*, FOUNDATION PRESS, New York, 1990, pp. 29 ss.; R. HAMILTON, *The law of corporations*, West Publishing Company, St. Paul, Minnesota, 2000, pp. 176 ss.; A. TUNC, *Le droit américain des sociétés anonymes*, Économica, Paris, 1985, pp. 52 ss. e 59 ss.; ISABELLE PASQUIER, *Les raisons de l'abandon du concept de capital social, gage des créanciers, dans le droit américain des sociétés anonymes*, Thèse, Paris, 1990, pp. 43 ss.; T. P. BJUR/J. SOLHEIM, *Fletcher Cyclopedia of the Law of Private Corporations*, vol. 11, Callaghan & Company, New York, 1995, pp. 24 ss.; PIERRE-HENRI CONAC, «Le capital dans le droit américain des sociétés», *Quel avenir pour le capital social*, Paris, Dalloz, 2004, p. 161; KÜBLER, "Aktie, Unternehmensfinanzierung ...", p. 107; e ALEMÁN LAÍN, *Función del valor nominal ...*, pp. 79 ss., esp. 84 ss.

pela sociedade, e que determina o valor mínimo das entradas a realizar pelos sócios[23].

3. *A substituição do valor nominal por dois conceitos axiais do novo regime: o valor de emissão e o valor contabilístico.* A plena compreensão da figura das acções sem valor nominal, tal como foi consagrada entre nós, passa pela correcta percepção de dois conceitos axiais do novo regime jurídico (o valor de emissão e o valor contabilístico[24]) que se substituem ao tradicional valor nominal das acções.

3.1. *O valor de emissão. Valor mínimo para a subscrição de acções: o princípio da exacta formação do capital social.* O valor de emissão[25] – no caso das acções sem valor nominal – corresponde ao valor das entradas dos sócios que é levado ao capital social. É isso que, entre nós, inequivocamente resulta do disposto nos artigos 25.º, n.ºs 2 e 3 e 298.º, n.º 1 CSC[26].

Efectivamente, um dos princípios fundamentais enformadores do regime do capital social é o da sua exacta formação [27]. I.é, a lei visa garantir que o valor do capital social ingressa efectivamente no património social.

No tradicional quadro societário tal é conseguido através da proibição da emissão de acções abaixo do par (cfr. artigos 25.º, n.º 1 e 298.º, n.º 1 CSC); ou seja, o valor nominal fixa o valor mínimo das entradas que

---

[23] Cfr. artigos 25.º, n.º 2 e 298.º, n.º 1 CSC, com a redacção que lhes foi dada pelo DL 49/2010, de 19 de Maio. Com efeito, como veremos (*infra* no n.º 3.1), o valor alocado a capital não pode ser superior ao valor das entradas dos sócios.

[24] Sobre a confusão terminológica que esta designação pode originar e as vantagens de utilização de uma expressão alternativa ("valor fraccional", "valor aritmético"), vide o que ficou dito *supra*, na nota 10.

[25] Assim o define a nossa lei. Cfr. artigos 25.º, n.ºs 2 e 3 e 298.º, n.º 1 CSC.

[26] Pode, por isso, dizer-se que o valor da emissão equivale, no momento da realização das entradas, ao valor nominal das tradicionais acções com valor nominal, uma vez que é este que determina, neste outro tipo de acções, o valor do capital social. Há, contudo, uma diferença que importa assinalar. Nas sociedades com acções com valor nominal, o capital social é o consequente do valor nominal (ele resulta da soma do valor nominal das participações sociais). Já nas sociedades com acções sem valor nominal, o capital social é o antecedente do valor de emissão; em primeiro lugar é fixado o valor do capital social e só depois, em função do número de acções emitidas, é que se determina o valor da emissão. Num exemplo simples: se se pretender constituir uma sociedade com acções sem valor nominal, com um capital social de € 50.000, o valor de emissão será de € 1, caso se emitam 50.000 acções (€50.000 / 50.000 acções = 1), mas já será de 50 cêntimos se forem emitidas 100.000 acções (€50.000 / 100.000 acções = 0,5).

[27] Sobre este princípio, pode ver-se o nosso "Do capital social – Noção, princípios e funções", *BFDUC, Studia Iuridica*, 33, 2.ª ed., Coimbra Editora, Coimbra, 2004, pp. 71 ss.

os sócios têm de desembolsar para subscrever as respectivas participações sociais[28].

Este princípio da exacta formação do capital tem, no entanto, também aplicação no caso das sociedades com acções sem valor nominal, i.é, também aqui a lei visa assegurar que o valor do capital social é efectiva e integralmente realizado.

E essa solução é a que resulta agora dos artigos 25.º, n.º 2 e 298.º. n.º 1, *in fine* CSC, que consagra aquilo que epizeuxisticamente se pode designar como o princípio da proibição da emissão de acções abaixo do valor de emissão[29] – correspondente ao paralelo princípio da proibição da emissão de acções abaixo do par, estabelecido para as acções com valor nominal[30] – e com o qual se pretende precisamente assegurar o referido princípio da exacta formação do capital. Ou seja, resulta, de modo cristalino, daquelas normas que os sócios têm necessariamente de realizar o valor da emissão, porquanto o mesmo se destina à formação do capital social.

Assim, se se pretender constituir uma SA[31], com o capital social de 50.000€[32], através da emissão de 10.000 acções sem valor nominal, isso significa que o valor de emissão daquelas acções – e, portanto, o valor mínimo da entrada que cada sócio terá de realizar para subscrever uma acção – será de 5€[33-34].

---

[28] Donde, se um sócio realiza uma entrada de 100, pode receber acções com o valor nominal de 99 ou inferior, mas já não lhe podem ser atribuídas acções com o valor nominal de 101 ou superior.
[29] É essa de resto, *ipsis verbis*, a formulação do artigo 298.º, n.º 1 CSC, que prescreve: "É proibida a emissão de acções (…), no caso de acções sem valor nominal, abaixo do seu valor de emissão".
[30] Cfr. artigo 298.º, n.º 1 CSC, parte inicial.
[31] Ou, é o mesmo, proceder a uma operação de aumento de capital social no mesmo valor de 50.000€.
[32] É esse o valor mínimo imposto por lei – cfr. artigo 276.º, n.º 5 CSC.
[33] Diferentemente do que sucede nas acções com valor nominal, em que a fixação deste valor determina antecipadamente o montante mínimo da entrada do sócio, no caso das acções sem valor nominal, o respectivo valor de emissão – e, portanto, o valor mínimo da entrada que cada sócio terá de realizar para subscrever uma acção – assenta agora num cálculo aritmético, que resulta da divisão do capital social (ou, se for o caso, do valor do aumento do capital social) pelo número de acções emitido.
[34] O valor de emissão equivale, pois, ao valor contabilístico daquela concreta emissão de acções (vide, *infra*, o que será dito a este propósito, no ponto 3.4.). A utilização desta designação (valor de emissão) para se referir esta realidade – e que corresponde ao valor mínimo da entrada que deverá ser realizado pelo sócio – tem, no entanto, a inegável vantagem de permitir a sua distinção do chamado valor contabilístico relativo à totalidade das acções emitidas pela sociedade (que não de uma concreta emissão), que desempenha funções e tem finalidades distintas, conforme assinalaremos *infra*, em texto.

Daí que, ao contrário do afirmado no Preâmbulo do DL, o valor da emissão não está relacionado com o princípio da intangibilidade do capital social, ao menos da forma como este tem sido tradicionalmente entendido entre nós[35]. Com este visa-se, de facto, prevenir a retirada de bens da sociedade em favor dos sócios, quando os mesmos sejam necessários para a cobertura do capital social. Diferentemente, com o regime em análise, do que se trata é de assegurar que ingressem no património social bens que correspondam efectivamente ao valor do capital social e que, portanto, seja garantida a exacta formação do capital social.

É, de resto, tendo em vista esta finalidade, que se compreende a aplicação integral do regime das entradas em espécie às acções sem valor nominal. Também elas deverão ser avaliadas por um ROC que certifique agora que o valor do bem corresponde, pelo menos, ao valor da emissão (cfr. artigo 28.º, n.º 3, al. e) CSC), aplicando-se igualmente o regime da responsabilidade pela diferença (*Differenzhaftung*), quando o valor do bem entregue à sociedade não cubra o valor de emissão das acções respectivas (cfr. artigo 25.º, n.º 3 CSC).

Note-se, finalmente, que – tal como sucede com o valor nominal – o valor de emissão estabelece apenas o valor mínimo que o sócio deve desembolsar pela participação social. Nada impede que o sócio pague um preço ou uma contrapartida superior – i.é, realize uma entrada de valor superior – ao valor de emissão (ao valor que é imputado a capital social)[36]. Mas, também aqui – tal como sucede, paralelamente, no caso de acções com valor nominal, relativamente à parte da entrada que exceda aquele valor nominal –, o montante excedente, que não é imputado no capital social, deverá, em princípio, ser levado a ágio ou prémio de emissão[37].

3.2. *O valor de emissão mínimo*. O valor de emissão é, como se disse já, discricionariamente fixado pela sociedade. Neste poder discricionário, tem a sociedade, no entanto, que observar dois limites mínimos.

Por um lado, a soma da totalidade das entradas destinadas ao capital social – e, portanto, o valor de emissão global, que compreende todas as participações sociais – tem de corresponder, pelo menos, ao valor do

---

[35] Sobre este princípio pode ver-se o nosso "Do capital social", pp. 132 ss.
[36] Pense-se, p. ex., numa SA com um capital social de € 50.000, representado por 50.000 acções sem valor nominal, Neste caso, o valor de emissão é de 1 €, mas nada impede que o valor de subscrição (o valor que o sócio paga por cada acção) seja de 1,5 €. E, neste caso, aquela diferença para mais de 0,5 € será, em princípio, ágio ou prémio de emissão.
[37] É isso que resulta expressamente do artigo 295.º, n.º 3, als. a) e d) CSC, parte final.

capital social mínimo imposto por lei que é, para as SAs, de € 50.000 (cfr. artigo 276.º, n.º 5 CSC).

Por outro lado, o valor de emissão de cada acção nunca poderá ser inferior a 1 cêntimo (cfr. artigo 276.º, n.º 3 CSC), consagrando-se assim regime idêntico ao previsto para o valor nominal das acções[38-39].

3.3. *A possibilidade de fixação de diferentes valores de emissão*. O legislador português, seguindo o modelo belga[40], veio permitir a fixação de diferentes valores de emissão para as acções sem valor nominal, conforme resulta expressamente do artigo 298.º, n.º 3 CSC.

Esta solução, que flexibiliza claramente, como veremos, o regime de financiamento societário, necessita, no entanto, de algumas explicitações.

Em primeiro lugar, convém sublinhar que a fixação de diversos valores de emissão[41] apenas é possível para diferentes operações que incidam sobre o capital social. Significa isto que numa determinada emissão de acções (seja no momento constitutivo da sociedade, seja em posteriores aumentos de capital), o valor de emissão deve ser um só para todas acções emitidas no âmbito dessa operação[42].

Esta possibilidade consagrada na nossa lei, leva inquestionavelmente, há que reconhecê-lo, a uma maior flexibilização na obtenção de financiamento por parte da sociedade, permitindo contornar os constrangimentos que resultam do valor nominal das acções.

Com efeito, se uma sociedade tiver acções com o valor nominal de 1€ e a cotação das mesmas no mercado bolsista for de 50 ou 60 cêntimos[43], nunca ela se conseguirá financiar através de capital próprio, uma vez que seguramente ninguém estará disposto a subscrever acções a 1€[44], quando

---

[38] Deste modo, numa sociedade com um capital social de 50.000€, o máximo de acções sem valor nominal que poderão ser emitidas será de 5 milhões, uma vez que, nesta circunstância, o valor de cada acção corresponderá a 1 cêntimo (50.000€ / 5.000.000 acções = 0,01€).

[39] O que significa que o valor contabilístico das acções sem valor nominal, a que faremos referência *infra* no ponto 3.4, não será também nunca inferior àquele montante.

[40] Sobre o regime belga, pode ver-se o nosso "Acções sem valor nominal", nesta Revista, vol. 4, pp. 201 ss.

[41] I.é, podem ser fixados, para um determinado aumento de capital social, valores superiores ou inferiores ao de uma anterior emissão de acções.

[42] Desde logo, porque só dessa forma fica assegurado o fundamental princípio de direito societário de igualdade de tratamento entre os sócios.

[43] Como sucede actualmente com algumas das nossas maiores instituições financeiras, que terão sido quem pressionou o legislador a adoptar esta nova figura.

[44] Uma vez que as acções não poderão ser emitidas abaixo do par, abaixo do respectivo valor nominal (cfr. artigo 298.º, n.º 1 CSC).

as pode ir adquirir ao mercado por um valor inferior[45]. Ou seja, o valor nominal das acções apresenta graves inconvenientes em matéria de financiamento, em especial no que respeita ao financiamento das sociedades cotadas em Bolsa. Na verdade, o regime de *par value* – acompanhado da proibição da emissão de acções abaixo do par – levanta sérios obstáculos ou impossibilita até a obtenção de financiamento no mercado bolsista[46], quando o valor da cotação das acções esteja muito próximo ou seja inferior ao respectivo valor nominal[47], uma vez que, como se disse, ninguém estará interessado em concorrer à subscrição de acções ao par, quando as pode adquirir por um valor inferior em Bolsa[48]. O *par value* pode, pois,

---

[45] Note-se que a operação de *splitting* (p. ex., dobrando o número de acções emitidas, passando de 50.000 acções com o valor nominal de 1€, para 100.000 acções com o valor nominal de 0,5€) não resolverá este problema de financiamento das sociedades que têm a cotação das suas acções abaixo do respectivo valor nominal, uma vez que tal divisão se reflectirá inevitavelmente também no próprio valor da cotação. I.é, o sócio receberá por cada acção que detinha duas acções, mas como é evidente, o valor da cotação não se manterá o mesmo (acompanhará, por via de regra, a redução do valor nominal, descendo também sensivelmente para metade) e, por isso, manter-se-á a impossibilidade de financiamento no mercado bolsista.

[46] Que é obviamente uma, se não a principal, razão por que a sociedade "go public", i.é, requer a sua admissão a uma determinada Bolsa.

[47] Note-se que também nas sociedades não cotadas (v.g., nas SQ) se podem levantar dificuldades na captação de financiamento, quando o valor real das participações sociais for inferior ao seu valor nominal. Em todo o caso, o problema não apresenta aqui os mesmos contornos e intensidade que nas sociedades cotadas. Com efeito, nas sociedades fechadas, ao investidor – independentemente do valor (real) das participações que recebe a troco da sua contribuição – importa sobretudo a posição relativa que passará a ter no grémio societário, bem como a possibilidade de intervir na gestão da sociedade. I.é, não será o facto de o valor real das quotas ser inferior ao seu valor nominal que impedirá um investidor de injectar capital numa SQ, se, p. ex., após o aumento de capital, ele passar a ter a maioria do capital. Pense-se no seguinte caso: uma dada SQ tem um capital social de € 5.000, representado por duas quotas no valor nominal de € 2.500 cada. A sua situação líquida é de apenas € 500, pelo que, simplisticamente e por facilidade de exposição, vamos considerar que o valor real de cada quota é de apenas 10% do seu valor nominal: ou seja, por cada euro do valor nominal das quotas, elas valem afinal, efectivamente, apenas dez cêntimos. Ora, não será isto que impedirá alguém (seja um sócio ou um *newcomer*), se nisso estiver interessado, de investir naquela empresa, subscrevendo, p.ex., um aumento de capital de € 15.000 ao par (mesmo sabendo que, naquele momento, o valor das quotas corresponderá apenas a 10% do seu valor nominal), uma vez que ele passará a ser titular de 75% do respectivo capital social e, portanto, a dominar a dita sociedade.

[48] As acções sem valor nominal tornam, pois, inquestionavelmente o regime mais simples, com as vantagens daí decorrentes, nomeadamente ao não levantar entraves ou dificuldades à emissão e colocação de acções, qualquer que seja o seu valor de mercado. Esta é uma das grandes vantagens desta figura, uma vez que a sua flexibilidade permite, independentemente do valor real das participações sociais, que o financiamento da socie-

revelar-se um empecilho para o financiamento[49], através de capital próprio, por parte das sociedades cotadas[50]. Por isso, para este efeito, a ausência de valor nominal das acções facilita a obtenção de financiamento, ao

dade, através de capitais próprios, não seja desincentivado ou não tenha que ser feito penalizando os sócios investidores em benefício de todos os outros. Um exemplo simples ilustra, de forma clara, o que fica dito. Suponha-se uma SA com acções com o valor nominal de 1 euro – que valem, no entanto, apenas 0,2 – e que necessita, para ser viabilizada, de um aumento de capital. Nesta hipótese, num sistema de *par value*, o sócio que esteja disposto a investir receberá por cada euro investido uma acção com um valor de 0,2 (ou, porventura, com um valor ligeiramente superior, derivado do aumento entretanto realizado), enquanto os sócios que não concorrerem ao aumento de capital – e que não fazem, portanto, qualquer esforço para a viabilização da empresa – manterão ou verão até aumentado o valor da sua participação social. Ou seja, o sócio investidor resultará prejudicado com esta operação, que apenas beneficiará a sociedade e os outros sócios, os quais, sem ela, poderiam ver até o valor das suas participações reduzido a zero. Torna-se, pois, evidente que este regime dificulta o financiamento da sociedade, em especial quando nem todos os sócios estejam dispostos a investir, proporcionalmente às suas participações na sociedade. Diferentemente, num sistema de *no par value*, é perfeitamente possível que o sócio, por cada 0,2 (ou até menos) que invista, receba uma acção – pela qual, em momentos anteriores, os sócios podem ter pago 1 –, facilitando-se, assim, manifestamente a injecção de capitais próprios na sociedade. O obstáculo ao financiamento em que se traduz o *par value* é, no entanto, como se refere em texto, muito mais evidente relativamente às sociedades cotadas.

[49] Note-se, no entanto, que este problema pode, em grande medida, ficar esbatido através do recurso às chamadas *low par shares*.

[50] A solução, num caso destes, teria de passar pelo recurso à operação-acordeão. Será necessário reduzir o capital social, mediante a redução do valor nominal das acções para um valor inferior ao da cotação bolsista, a fim de permitir o recurso posterior a um aumento do capital, através da colocação em Bolsa das novas acções. Trata-se, no entanto, de uma operação complexa e onerosa, que poderá esbarrar na resistência dos accionistas – a quem cabe exclusivamente deliberar a realização desta operação – que sempre terão dificuldades em encaixar o prejuízo sofrido pela sociedade, aceitando uma diminuição do valor nominal das suas participações sociais. Sobre esta matéria, vide o nosso "O capital social como entrave ao financiamento das sociedades. Os novos conceito e regime de capital social introduzidos pelo DL 64/2009 são solução?", in *DSR*, 2009, ano 1, vol. 2, pp. 185 ss.; L. ENRIQUES/J. MACEY, "Raccolta di capitale di rischio e tutela dei creditori: una critica radicale alle regole europee sul capitale sociale", *RS*, 2002, pp. 78 ss. (inicialmente publicado na *Cornell LR*, vol. 86, 2001, pp. 1165 ss.), pp. 112 ss.

Diferentemente, num modelo de sociedade com acções sem valor nominal, na hipótese de as acções estarem cotadas em Bolsa abaixo do respectivo valor contabilístico, não é necessário recorrer àquela operação-acordeão (recorrer a prévia redução do capital social) para se conseguir colocar um aumento de capital social no mercado bolsista. Pense-se numa sociedade com um capital social de 1.500, representado por 150 acções sem valor nominal (em que, portanto, o respectivo valor contabilístico de cada acção é de 10). Se a cotação em Bolsa das acções desta sociedade for de 4, nada impedirá que ela delibere um aumento de capital de 3.000, mediante a emissão de 1.000 novas acções (com um valor contabilístico

permitir à sociedade colocar as acções no mercado pelo preço que, em cada momento, considere mais atractivo para os investidores[51].

Ou seja, num ambiente societário de acções sem valor nominal, pode uma SA ter sido constituída com um capital social de € 50.000, representado por 50.000 acções sem valor nominal (em que, portanto, o respectivo valor de emissão foi de 1 €) e, posteriormente, se tal se justificar, proceder-se a um aumento de capital de € 50.000, mediante a emissão de 100.000 novas acções sem valor nominal (cujo valor de emissão é, por isso, de 0,5 €, ou seja, metade do valor de emissão das anteriores acções).

Já se vê, porém, que esta possibilidade comporta o risco de diluição das participações dos sócios que não concorram ao aumento de capital, abrindo a porta a comportamentos abusivos ou oportunísticos do(s) sócio(s) maioritário(s) que pretendam debilitar o *status socii* do(s) sócio(s) minoritário(s)[52].

Note-se, finalmente, que nas acções sem valor nominal o valor de emissão não está relacionado nem desempenha uma função de organização intra-societária – de regulação dos direitos e deveres dos sócios –, a qual é realizada pelo chamado valor contabilístico. É a questão que abordamos no ponto seguinte.

3.4. *O valor contabilístico das acções sem valor nominal e a função de organização*. Ao contrário do afirmado no Preâmbulo do DL 49/2010, o valor de emissão não desempenha, ao menos primacialmente, uma "função organizativa"[53].

---

de 3, inferior, portanto, ao valor da cotação bolsista) e que, consequentemente, se possa financiar no mercado de capitais.

[51] Pelo que, no que toca ao financiamento das sociedades, se justifica e é justificável para as SA a possibilidade de emissão de acções sem valor nominal, em especial, para as SA abertas, uma vez que é essencialmente nestas que o valor nominal desempenha de forma claramente ineficiente a designada função de produção ou financiamento.

[52] Em regra, são efectivamente os sócios minoritários e que se encontram afastados da gestão da sociedade, que não estão disponíveis para, nessas circunstâncias, fazer injecções de capital na sociedade. E, portanto não concorrendo ao aumento de capital, verão diluída a sua participação social. Veremos *infra*, no ponto 7. de que forma o nosso ordenamento tenta prevenir esta situação.

[53] Isso seria possível se tivesse sido adoptado o modelo alemão – o que não foi, neste caso, a opção do legislador português –, em que o valor de emissão de todas as operações sobre o capital é exactamente o mesmo e em que, portanto, há necessária coincidência entre o número de acções detidas pelos sócios e o valor de emissão por elas pago. Sobre o regime alemão, pode ver-se o nosso "Acções sem valor nominal", nesta Revista, vol. 4, pp. 199 ss.

Com efeito, se se tomasse por referente, para este efeito, o valor de emissão – a terem-se verificado diferentes valores de emissão – isso levaria a que sócios titulares de participações sociais absolutamente idênticas, pudessem afinal ter direito e/ou deveres sociais distintos, quando não é essa a solução pretendida, nem o regime que resulta da lei.

Com efeito, como decorre expressamente do artigo 276.º, n.º 4 CSC, todas as acções – independentemente do valor de emissão pago por cada uma delas – representam imperativamente a mesma fracção do capital social, sendo que é em função da participação neste que se determina os direitos e deveres corporativos[54]. Donde, o referente para a determinação dos direitos sociais não é o valor de emissão pago por cada sócio, mas o chamado "valor contabilístico"[55], que consiste no valor que resulta da divisão do montante do capital social pelo número total de acções emitidas[56]. Ou seja, a função de organização, nestas sociedades que adoptam as acções sem valor nominal, é desempenhada por este designado valor contabilístico[57] e já não pelo valor de emissão das acções[58].

---

[54] Cfr., p. ex., artigo 22.º, n.º 1 CSC.
[55] Sobre a justeza desta designação ("valor contabilístico"), vide o que se disse *supra* na nota 10.
[56] Este valor contabilístico equivale, no fundo, à "percentagem que a acção representa no universo accionista" (cfr. Preâmbulo do DL 49/2010).
[57] E já não obviamente pelo valor nominal das acções, que aqui não existe. Note-se, porém, que no CSC mantiveram-se ainda inúmeras referências ao valor nominal da participação social (cfr. *inter alia*, as normas dos art. 51.º, n.º 3, art. 63.º, n.º 2, al. c), art. 66.º, n.º 5, al. d), art. 87.º, n.º 1, al. c), art. 97.º, n.º 5, art. 346.º, n.ºs 1, 3 e 4, art. 347.º, n.º 7, al. b), art. 386.º, n.º 3, art. 382.º, n.º 2, al. c), art. 463.º, n.º 2, al. b), e art. 540.º, n.º 2, disposições aplicáveis a todo o tipo de sociedades, com acções com e sem valor nominal), pelo que, em muitos, casos, haverá que interpretar aquelas normas legais, adequando-as às sociedades que optem pelas acções sem valor nominal.
[58] Pense-se no seguinte exemplo: uma sociedade foi constituída com um capital social de 50.000€ – subscrito em partes iguais por 5 sócios –, representado por 50.000 acções sem valor nominal, pelo que o respectivo valor de emissão de cada acção foi de 1€. Entretanto, procedeu-se a um aumento de € 50.000, através da emissão de 100.000 acções sem valor nominal, pelo que nesta operação, o valor de emissão de cada acção foi de 0,5€. Se este aumento de capital tiver sido exclusivamente subscrito por dois novos sócios (Y e Z), estes pagaram metade do valor que foi pago pelos 5 sócios fundadores pelo mesmo número de acções. Ora, apesar disso, apesar de os 5 sócios fundadores terem pago o dobro do valor que Y e Z pagaram pelo mesmo número de acções, os seus direitos sociais são equivalentes, uma vez que todas as acções representam imperativamente a mesma fracção do capital social (cfr. artigo 276.º, n.º 4 CSC), sendo o valor contabilístico de todas as acções exactamente o mesmo. Com efeito, resultando este valor contabilístico da divisão do valor do capital social pelo número total de acções emitidas, este seria para todas as acções de 0,75€: é este o número que resulta da divisão do valor do capital social aumentado (€100.000) pelo número total de acções emitidas (150.000). E daqui decorre, inexora-

Este valor contabilístico[59], de resto, é facilmente determinável – e, consequentemente, por regra, fácil é determinar a medida dos direitos sociais de cada um –, uma vez que nos estatutos, para além do capital social (cfr. artigo 9.º, n.º 1, al. f) CSC), se deve igualmente referir o número de acções emitidas (cfr. artigo 272.º, al. a) CSC).

Deste modo, se uma sociedade tem um capital social de 100.000€, representado por 100.000 acções sem valor nominal, um sócio que seja titular de 10.000 acções, terá participações sociais com um valor contabilístico de 10.000€[60], e terá, por isso, em princípio[61], 10% dos direitos de voto, 10% do direito ao lucro, etc., independentemente de ter pago mais (ou menos) pelas suas 10.000 acções relativamente ao que outros sócios possam ter pago pela subscrição do mesmo número de acções. I.é, os seus direitos sociais dependem do respectivo valor contabilístico das acções de que é titular, e já não do valor de emissão pago por essas acções.

Note-se que a determinação dos direitos corporativos pode fazer-se – porventura até de uma forma mais simplificada – tendo em conta "a percentagem que a acção representa no universo accionista"[62]. Contudo, é a própria lei[63] que alude expressamente a este valor contabilístico, como referente para a determinação da medida dos direitos sociais, nomeadamente no artigo 92.º, n.º 1 CSC, a propósito da participação dos sócios num aumento gratuito do capital social. E a ele se refere também, embora agora elipticamente, no artigo 22.º, n.º 1 CSC[64], no que respeita à participação nos lucros.

---

velmente, que a determinação da medida dos direitos e deveres sociais se afere não em função do valor de emissão das acções (que foi de 1€ para as primeiras acções e de 0,5€ para as acções subscritas por Y e Z), mas do referido valor contabilístico (que é idêntico para todas elas).

[59] Note-se que o valor contabilístico a considerar, para este efeito, não é o valor contabilístico das acções para uma concreta e determinada operação (que, na nossa lei, se designou por valor de emissão), mas o valor contabilístico da totalidade das acções emitidas.

[60] Que pode não corresponder ao valor de emissão das mesmas. Vide o que ficou dito *supra*, na nota anterior.

[61] Em princípio, porque a regra da proporcionalidade entre os direitos sociais e a participação social pode ser afastada pelos sócios. Cfr. *infra* nota 81.

[62] Vide Preâmbulo do DL 49/2010. Cfr., p. ex., esta referência para o exercício dos direitos sociais previstos nomeadamente nos artigos 77.º, 288.º, 291.º e 292.º CSC.

[63] Idêntica solução é consagrada – como vimos *supra* no n.º 1 – pela Directiva do Capital.

[64] Efectivamente, quando, no artigo 22.º CSC, a lei se refere aos "valores das respectivas participações sociais", há-de entender-se que, no caso de acções sem valor nominal, a lei se quer referir ao valor contabilístico das acções, em função do qual os sócios participarão nos lucros da sociedade.

4. *A impossibilidade de cumulação, na mesma sociedade, de acções com e sem valor nominal.* No regime das acções sem valor nominal, consagrado no direito português, importa ainda destacar o facto de na mesma sociedade não poderem coexistir acções com valor nominal e acções sem valor nominal (cfr. artigo 276.º, n.º 2 CSC).

Nos EUA, em algumas jurisdições, permite-se que as sociedades possam emitir simultaneamente acções com e sem valor nominal. Nesses casos, o capital social – a existir – resultará da adição entre a soma do valor nominal das *par value shares* (quando existam) e o valor pago pelas *no par value shares* que é imputado a capital[65].

A solução portuguesa – alinhada, de resto, com a generalidade dos ordenamentos jurídicos europeus que já consagraram a figura[66] – é, no entanto, de aplaudir, uma vez que a opção pela possibilidade de cumulação dos dois tipos de acções iria densificar e tornar mais complexo o regime, o que, a acrescer ao facto de tratar de um sistema absolutamente inovador dentro do tradicional quadro jurídico societário, iria tornar ainda mais difícil a sua compreensão e aplicação [67].

5. *A conversão de acções com valor nominal em acções sem valor nominal.* Finalmente, uma palavra sobre a conversão de acções com valor nominal em acções sem valor nominal, operação que, com o regime consagrado entre nós, está extremamente simplificada.

A operação de conversão, porque implica necessariamente uma alteração dos estatutos (desde logo porque terá de ser eliminado o valor nominal das acções, que tem necessariamente de constar dos estatutos[68]), compete exclusivamente à colectividade dos sócios (cfr. artigo 85.º, n.º 1 CSC).

A deliberação de conversão deverá ser aprovada pela maioria exigida para a alteração do contrato[69], podendo limitar-se – caso os sócios não

---

[65] Cfr. § 102(a)12 do NYBCL. Vide MANNING/HANKS JR., *Legal capital*, p. 78; e ALEMÁN LAÍN, *Función del valor nominal* …, p. 85 e nt 182.

[66] Foi essa a solução também consagrada na Alemanha, França e Itália. Na Bélgica, parece ser permitida a cumulação dos dois tipos de acções Cfr. BOUÈRE, "De l'euro aux actions sans mention de valeur nominale", *JCP – Semaine Juridique Entreprise et affairs*, 1998, p. 117; PORTALE, "Dal capitale «assicurato» …", p. 162; e ALEMÁN LAÍN, *Función del valor nominal* …, p. 214.

[67] No mesmo sentido, PORTALE, "Dal capitale «assicurato» …", p. 162.

[68] Cfr. artigo 272.º, al. a) CSC.

[69] Nas SA, a deliberação de alteração contratual, em primeira convocação (já não assim, em segunda convocação, em que a deliberação poderá ser validamente aprovada, independentemente do capital social representado na assembleia – cfr. artigo 383.º, n.º 3 CSC), só será válida, se estiverem presentes accionistas que detenham, pelo menos, acções

pretendam alterar o valor contabilístico das acções sem valor nominal relativamente ao anterior valor nominal – que o capital social passa a estar representado pelo mesmo número de acções anteriormente existente, com a diferença de se tratarem agora de acções sem valor nominal[70]. Caso pretendam fazer com que o valor contabilístico seja diferente do anterior valor nominal das acções, bastará que se estabeleça que o capital social passa a estar representado por um número diferente (maior ou menor) de acções sem valor nominal[71].

6. *A finalidade do novo regime jurídico: flexibilização do financiamento societário no mercado bolsista. O reduzido impacto na nossa* praxis *societária.* A principal[72], se não exclusiva, motivação que justificou a consagração das acções sem valor nominal entre nós prende-se, conforme o legislador assumidamente reconhece no Preâmbulo do DL[73], com as dificuldades por que estão a passar algumas das nossas maiores empresas e com a impossibilidade de elas – porque têm a cotação bolsista das suas acções inferior

---

correspondentes a um terço do capital social (devendo ainda ser aprovadas por dois terços dos votos emitidos – cfr. artigos 383.º, n.º 2 e 386.º, n.º 3 CSC).

[70] Suponha-se que uma sociedade tem um capital social de 50.000€, representado por 50.000 acções com o valor nominal de 1€ cada. Pretendendo adoptar o novo tipo de acções – mantendo o valor contabilístico idêntico ao anterior valor nominal das acções –, bastará que seja aprovada uma deliberação de alteração contratual, onde se estabeleça que o capital social de 50.000€, passa a estar representado por 50.000 acções sem valor nominal (que terão, portanto, um valor contabilístico de 1€ cada).

[71] No exemplo referido na nota anterior, os sócios poderão aprovar a deliberação de conversão, estabelecendo que o capital social passa a estar representado por, *e.g.*, 100.000 acções sem valor nominal, caso em que o valor contabilístico das acções passará a ser de 0,5€.

[72] Já o afirmámos nesta Revista – cfr. "O capital social como entrave ao financiamento das sociedades...", vol. 2, pp. 178 ss.

[73] Não se deixe de fazer duas observações a propósito do que se pode ler no Preâmbulo do DL, onde o legislador escreve: "considera-se oportuno permitir em termos gerais a emissão de acções sem valor nominal, conferindo carácter genérico à solução que, excepcionalmente, e por razões conjunturais havia sido consagrada no DL 64/2009". A primeira é a de que as razões conjunturais que justificaram o desastrado regime do DL 64/2009, parecem afinal ter carácter estrutural, justificando agora não uma intervenção pontual e transitória, mas uma alteração legislativa com carácter permanente e genérico. A segunda é a de que, pelo menos aparentemente, o legislador vem afirmar que a figura das acções sem valor nominal já havia sido, embora transitoriamente, consagrada no DL 64/2009, quando tal não corresponde à verdade. Na verdade, este DL não só não consagrou a figura das acções sem valor nominal, como as soluções legais nele prescritas em nada se aparentam com esta nova figura agora introduzida no nosso ordenamento jurídico.

ao respectivo valor nominal – se conseguirem financiar através do recurso ao mercado de capitais[74].

Trata-se, pois, de uma alteração legislativa – que rompe com o nosso tradicional quadro societário no que respeita ao regime jurídico das acções – direccionada para um pequeno conjunto de destinatários, uma vez que ela está sobretudo pensada para as sociedades anónimas abertas e, dentro destas, para aquelas que têm a cotação das suas acções abaixo do respectivo valor nominal[75].

Por isso, se é verdade que o impacto dogmático desta alteração é enorme, perspectivamos que o mesmo já será, pelo menos a curto prazo, bem menor na nossa *praxis* societária, como o demonstra o facto de mesmo as sociedades que teriam interesse em recorrer a este instrumento – por terem a cotação das suas acções abaixo do respectivo valor nominal – o não terem ainda feito, certamente por recearem qual vai ser a reacção do mercado e dos investidores a esta nova figura[76].

Para esse reduzido impacto poderão também contribuir as desvantagens e os riscos que se associam às acções sem valor nominal. É o ponto que abordamos de seguida.

7. *As desvantagens e os riscos associados às acções sem valor nominal.* As acções sem valor nominal têm, como vimos[77], a inegável vantagem de facilitar o recurso ao financiamento no mercado bolsista. No entanto, como em tudo na vida, esta figura apresenta também desvantagens relativamente às acções com valor nominal.

---

[74] Vide o que ficou dito sobre esta matéria, *supra*, no ponto 3.3.
[75] Tenha-se presente que é muito diminuto o número de sociedades portuguesas listadas na nossa Bolsa de Valores e ínfimo o número de sociedades que necessitarão de recorrer a este instrumento para se conseguirem financiar no mercado bolsista, por terem as suas acções cotadas abaixo do valor nominal.
[76] É preciso não olvidar que estamos perante uma figura nova e completamente desconhecida na nossa prática e cultura jurídicas. Acresce que os investidores "têm nas mãos" (metaforicamente falando, uma vez que as acções são, hoje, sobretudo escriturais) títulos – que apesar de terem um valor de mercado inferior – têm um determinado e certo valor facial, o que deixará de suceder com as acções sem valor nominal, correndo-se o risco de os investidores considerarem que passam a ter "uma mão cheia de nada".
[77] Vide *supra* ponto 3.3.

Na verdade, ao valor nominal das acções é – correlativamente com o capital social[78] – atribuída uma função organizativa[79], com o que se pretende traduzir a ideia de que ele se assume como um instrumento moderador e regulador dos direitos e deveres dos sócios, desde logo porque eles são, por princípio, fixados e delimitados em função do valor nominal das respectivas participações.

O valor nominal tem, pois, a inequívoca vantagem de, facilmente, permitir determinar a medida dos direitos sociais de cada um por referência ao valor do capital social[80-81].

Inversamente, num sistema sem valor nominal[82], a titularidade de determinada participação social não dará qualquer indicação imediata sobre os direitos corporativos que lhe estão associados, o que – tendo a vantagem de não transmitir qualquer informação errónea sobre a matéria – tem o inconveniente de nada esclarecer quanto à medida dos direitos dos sócios[83].

---

[78] Ao capital social – embora não haja unanimidade sobre as funções por ele desempenhadas – é comum atribuir-se as funções de garantia, de organização e de produção ou financiamento. Sobre as funções imputadas ao capital social, veja-se, por último, o nosso *Variações sobre o capital social*, pp. 121 ss.

[79] Cfr. CARLO ALBERTO BUSI, *S.p.a. – S.r.l., operazioni sul capitale*, Egea, Milano, 2004, pp. 19 ss.; P. SPADA, "Dalla nozione al tipo della società per azioni", *Riv. dir. civ.*, 1985, I, p. 109; e FIGÀ-TALAMANCA, "Euro e azioni", *RS*, 2001 p. 318.

[80] Assim, p.ex., se um sócio tem 100 acções, com o valor nominal de 1 cada, num capital social de 1000, ele terá, em princípio, 10% dos direitos de voto, bem como direito a receber 10% do lucro.

[81] Note-se que esta característica pode, porém, em certos casos revelar-se inconveniente, porquanto, na maioria dos casos, os sócios têm a possibilidade de, contratualmente, alterar aquela correspondência, podendo, por isso, contribuir para uma ideia enganosa sobre os direitos de que o sócio é titular. A desproporcionalidade entre o valor nominal e a correspondente participação no capital social e a medida dos direitos e deveres dos sócios pode resultar, por exemplo, de limitações ao direito de voto (cfr., entre outras, as normas dos artigos 384.º, n.º 2, e 341.º, n.º 3 CSC); por outro lado, quanto ao direito ao lucro, a norma do artigo 22.º, n.º 1 CSC – que estabelece que os sócios participam nos lucros e nas perdas da sociedade segundo a proporção dos valores nominais das respectivas participações no capital – não contém uma regra imperativa, podendo, por isso, ser livremente alterada pelos sócios, mediante cláusula contratual em sentido diferente, *v.g.*, através da consagração das acções preferenciais sem voto (cfr. artigos 341.º ss. CSC).

[82] Em que o sócio não é detentor de uma participação social com um determinado valor nominal (que é uma fracção do todo que corresponde à cifra do capital social), mas apenas titular de um determinado número de acções.

[83] Não é, pois, verdadeira a afirmação peremptória, feita no Preâmbulo do DL 49/2010, de que "a eliminação da obrigatoriedade do valor nominal das acções também não prejudica, *de modo nenhum* [a ênfase é nossa], as funções que lhe são reconhecidas", nomeadamente quanto àquilo que designa ser "a sua função informativa".

Por isso, pode afirmar-se que a existência do valor nominal assume especial relevância sobretudo para as sociedades de pequena e média dimensão, em que, por via de regra, se verifica a existência de um número reduzido de participações[84] – e em que não é comum nem frequente a alteração da regra da proporcionalidade entre os direitos sociais e a participação social –, o que permite fácil e imediatamente determinar o *quantum* dos direitos corporativos de cada um. O valor nominal, relativamente a este aspecto organizativo, torna pois o regime simples e transparente com as vantagens que daí advêm para os sócios[85], uma vez que lhes permite, sem necessidade de grandes indagações, alcançar a medida dos seus direitos sociais[86].

Já para as grandes sociedades anónimas, a existência, normalmente, de um capital social muito elevado e de um grande número de acções, bem como a prática mais frequente de criar diversas categorias de acções com distintos direitos sociais fazem com que, mesmo num sistema com valor nominal e capital social, não seja imediata nem evidente a determinação da medida dos direitos corporativos de cada accionista, pelo que, para este tipo de sociedades, e relativamente a este aspecto da função de organização, é relativamente indiferente a (in)existência de valor nominal.

A função de organização do valor nominal social não se limita, porém, apenas ao facto de ele contribuir para o recorte e determinação dos direitos sociais.

Com efeito, a propósito desta função, importa sobretudo salientar o papel relevantíssimo desempenhado pelo valor nominal relativamente à tutela e protecção dos próprios sócios e dos respectivos direitos, visando--se assegurar a igualdade de tratamento dos sócios. Na verdade, através da fixação do valor nominal das participações e da proibição da emissão abaixo do par, pretende-se assegurar que todos os sócios efectuem contribuições iguais para serem titulares de participações sociais e direitos corporativos idênticos[87].

---

[84] A que acresce o facto de, as mais das vezes, a cifra do capital social não ser muito elevada.

[85] Sobretudo para os sócios das sociedades de pequena e média dimensão que, normalmente, não estarão receptivos nem preparados para um regime complexo na determinação dos seus direitos sociais.

[86] Refira-se, porém, que a determinação dos direitos sociais num sistema sem valor nominal será também relativamente evidente, quando haja uma única categoria de acções e o número de acções emitidas seja relativamente pequeno (p. ex., quando um sócio disponha de 100 acções num universo global de 1.000 acções emitidas).

[87] Todos sabem que têm de efectuar para a sociedade uma contribuição mínima de montante, pelo menos, idêntico ao valor nominal das participações subscritas. Sobre esta

Não se olvida que este desiderato poderá, em boa medida, ser subvertido através da fixação de diferentes ágios para distintas subscrições de acções[88]. De todo o modo, com o regime do valor nominal consegue-se, pelo menos tendencialmente, produzir uma "equitativa contribuição"[89] por parte de todos sócios.

Ora, é precisamente neste aspecto que as acções sem valor nominal comportam mais riscos, permitindo comportamentos abusivos ou oportunísticos por parte dos sócios (terão que ser sócios maioritários) que queiram debilitar a posição jurídica de sócios incómodos.

Com efeito, nesta matéria, é substancialmente diferente o regime das acções sem valor nominal, onde se torna muito mais simples subverter aquela regra das contribuições equitativas dos sócios, uma vez que a sociedade tem uma enorme liberdade para discricionariamente fixar o valor por que se emitem as novas acções, facilitando-se assim a possibilidade de realização de entradas totalmente distintas e não equitativas por parte dos sócios.

Para de alguma forma acautelar e minimizar esse risco, o nosso legislador estabeleceu a obrigatoriedade – sempre que o valor de emissão, num aumento de capital, seja inferior ao valor de emissão de acções anteriormente emitidas – de a proposta da operação ser acompanhada de um relatório do conselho de administração "sobre o valor fixado e sobre as consequências financeiras da emissão para os accionistas" (artigo 298.º, n.º 3 CSC)[90]. A finalidade do relatório será, por um lado, a de esclarecer os sócios e, por outro, sustentar a justificação económica para a fixação de um

---

questão, vide MANNING/HANKS JR., *Legal capital*, p. 57; M. LUTTER, "Legal capital of public companies in Europe", *Legal capital in Europe*, ECFR, 2006, special vol. 1, pp. 2 ss.; e ALEMÁN LAÍN, *Función del valor nominal* ..., p. 77.

[88] Sobre o regime aplicável ao ágio e os possíveis meios de reacção contra a sua (não) fixação abusiva, veja-se o nosso *Variações sobre o capital social*, pp. 452 ss.

[89] Assegurando direitos iguais para contribuições iguais. Cfr. MANNING/HANKS JR., *Legal capital*, p. 57, e ALEMÁN LAÍN, *Función del valor nominal* ..., p. 77.

[90] O legislador português não foi, pois, tão longe como o legislador belga, que consagrou, a este propósito, outras cautelas, nomeadamente: 1 – quando está em causa a emissão de acções abaixo do valor contabilístico, isso deve constar expressamente da ordem de trabalhos (art. 582, I, Code des sociétés); 2 – a operação deve ser acompanhada de um relatório detalhado do conselho de administração justificando o preço de emissão e as consequências que a operação implica para os accionistas, relatório esse que deve ser acompanhado de um outro relatório elaborado por um ROC, que ateste que as informações do conselho de administração "são fiéis e suficientes para esclarecer a assembleia geral" (art. 582, II, Code des sociétés).

valor de emissão inferior[91]. Se tais finalidades não forem alcançadas, isso terá obviamente consequências ao nível da validade – *rectius*, invalidade – da deliberação tomada.

Por outro lado, deve ter-se ainda presente que, estando em causa uma alteração do contrato de sociedade – que uma operação de aumento de capital social sempre implica[92] –, a competência para deliberar sobre tal valor de emissão cabe aos sócios e já não aos administradores[93]. Note-se que o CSC consagra a possibilidade de a competência do aumento de capital social poder ser "delegada" no conselho de administração (cfr. artigos 456.º ss. CSC)[94]. Deve, no entanto, considerar-se que, no caso do chamado aumento de capital social autorizado, não deve ser possível ao órgão de administração fixar um valor de emissão inferior ao valor contabilístico, ficando essa competência exclusivamente reservada para a colectividade dos sócios. É solução idêntica à que está consagrada para a situação paralela da eliminação do direito de preferência (cfr. artigo 460.º, n.º 3 CSC), em que está de igual modo em causa o risco da diluição das participações sociais dos sócios antigos[95].

Finalmente, a emissão de acções por um valor inferior ao valor contabilístico (pelos riscos que comporta) justificará o recurso a critérios mais rigorosos e apertados na responsabilização e na fiscalização dos deveres fiduciários dos administradores e dos sócios de controle[96].

---

[91] Será uma operação facilmente justificável, quando a sociedade necessite de se financiar no mercado bolsista e o valor da cotação das acções seja inferior ao respectivo valor contabilístico.

[92] E só aí a questão de eventual divergência entre sócios se colocará, uma vez, que no momento de constituição da sociedade, a fixação do valor de emissão resulta do consenso de todos eles.

[93] O que não afasta a possibilidade de os sócios minoritários se considerarem prejudicados pela deliberação que venha a ser aprovada pela maioria e pretenderem, por isso, contra ela reagir. Sobre o regime da impugnação das deliberações sociais, vide, por todos, COUTINHO DE ABREU, *Curso ...*, vol. II, pp. 443 ss.

[94] Sobre a figura, pode ver-se o nosso *Variações sobre o capital social*, pp. 396 ss.

[95] É também esta a solução consagrada no direito belga, onde expressamente se estipula que a competência para o aumento de capital, através da emissão de acções abaixo do valor contabilístico das acções antigas, não pode ser delegada ao conselho de administração (art. 606, 2.º, Code des sociétés).

[96] Vide, para os EUA, o regime previsto na *Sec.* 8.30 RMBCA. Sobre esta questão, cfr. MANNING/HANKS JR., *Legal capital*, pp. 181 e 187 ss.; LUTTER, "Legal capital ...", p. 6; e ALEMÁN LAÍN, *Función del valor nominal ...*, pp. 76 ss. Note-se, no entanto, que o problema da desigualdade de tratamento se coloca também, em termos não muito dissemelhantes, num sistema de *par value*. Com efeito, também aqui pode haver uma diluição do valor da participação social dos antigos accionistas se, numa nova emissão de acções, o preço de subscrição – ainda que superior ao valor nominal – for inferior ao valor real das acções existentes.

Resumo: Depois de uma breve delimitação conceitual, discutem-se as razões subjacentes à utilização de valores mobiliários híbridos («VMH») por emitentes nacionais e estrangeiros. De seguida, atenta-se especificamente num certo género de VMH que tem vindo a ser colocado por grupos bancários nos mercados financeiros nacionais e internacionais, sumariando-se as principais características desses instrumentos («VMH T1»). Por fim, discute-se a qualificação desses instrumentos à luz das categorias de «acções» e de «obrigações» e enunciam-se algumas questões de regime legal.

Abstract: Following a brief conceptual clarification, the author starts by discussing the rationale underlying the issue of hybrid securities («VMH») by national and foreign issuers. Thereafter, this article specifically addresses a certain form of VMH which have been placed by banking groups in the national and international financial markets, and summarises the principal features of said instruments («VMHT1»). Finaly, the author discusses the qualification of such instruments in light of the concepts of «shares» and «bonds» and some legal regime matters are put forward.

ORLANDO VOGLER GUINÉ*

O Financiamento de Sociedades por meio de Valores Mobiliários Híbridos (entre as acções e as obrigações)**

1. Conceito

Híbrido
"Que resulta do cruzamento ou do acasalamento de espécies ou de variedades de raças diferentes; que tem hibridez ou hibridismo. ≠ PURO (...) 2. Que é contrário às leis da natureza ou se afasta delas 3. Que resulta da junção irregular, anómala ... de elementos ou de coisas diferentes 4. **Em que existe mistura de dois ou mais géneros, espécies...diferentes.** *≈ INDEFINIDO (...) 5. Que é composto por elementos retirados de língua diferentes; que tem hibridismo."*

In Dicionário da LPC da Academia das Ciências de Lisboa, 2001

* Mestre em Direito pela Faculdade de Direito da Universidade de Coimbra e advogado na Vieira de Almeida & Associados

Hybrid Security
*"***A** *security with features of both a debt instrument (such as a bond) and an equity interest (such as a share of stock). An example of a hybrid security is a convertible bond, which can be exchanged for shares in the issuing corporation and is subject to stock-price fluctuations."*

In Gamer, Black's Law Disctionary, 8.ª edição, Thomson West, 2007

** Em memória do meu Tio António.

O termo híbrido acaba por ser inerentemente auto-explicativo. Uma coisa é híbrida quando não é bem uma primeira nem uma segunda coisa, é antes uma terceira coisa que eventualmente até poderá acabar por estar entre a primeira e a segunda, participando de algumas características próprias de cada uma delas. É assim em geral e é assim no Direito, e é assim neste tema em concreto, que versa sobre valores mobiliários. Aquele género de valores mobiliários híbridos («VMH») sobre que versa especificamente este artigo são, como veremos, uma categoria terceira, que se move entre as categorias legais e dogmáticas de «acções» e de «obrigações».

As acções são valores mobiliários representativos do capital social das sociedades anónimas. São participações sociais, que atribuem ao seu titular os inerentes direitos patrimoniais e políticos[2]. Ao titular das acções pertence uma quota parte da sociedade e, a título indirecto, uma quota parte do património social; ou seja e de uma forma simplista, ao accionista pertence uma quota parte do activo da sociedade, depois de pago todo o passivo[3]. O accionista é, assim, titular de um *«residual claim»* – tem o direito ao remanescente (se existir).

As obrigações são valores mobiliários representativos de determinados direitos de crédito cujo devedor é tipicamente uma sociedade, em Portugal uma sociedade anónima (artigo 348.º do CSC) ou uma sociedade por quotas (artigo único do Decreto-Lei n.º 160/87, de 3 de Abril). As obrigações titulam certos direitos de crédito, normalmente (e exclusivamente?) o direito do seu titular de receber pagamentos de capital e de juros, usualmente em montante e datas determináveis. Ao seu titular não pertence uma quota parte da sociedade, nem indirectamente do património social. Mas o titular das obrigações tem o direito de os montantes em dívida lhe serem pagos com preferência face aos accionistas. O obrigacionista vê,

---

[2] Sobre o conceito de participação social, pode ver-se *inter alia* (por ordem da última edição publicada) PEDRO PAIS DE VASCONCELOS, *A Participação Social nas Sociedades Comerciais*, Almedina, 2005, JORGE MANUEL COUTINHO DE ABREU, *Curso de Direito Comercial, Volume II, Das Sociedades*, 3.ª edição, Almedina, 2009, pp. 207 ss e PAULO OLAVO CUNHA, *Direito Sociedades Comerciais*, 4.ª edição, Almedina, 2010, pp. 351 ss.

[3] Sobre os conceitos de activo, passivo e capital próprio, pode ver-se sumariamente EUSÉBIO PIRES DA SILVA e ANA CRISTINA PIRES DA SILVA, *SNC Manual de Contabilidade. Conceitos gerais. Operações correntes. Avaliação do resultado. Operações de fim de exercício*, Rei dos Livros, 2010, p. 24 s. Note-se, contudo e como veremos abaixo, que há elementos qualificáveis, para alguns efeitos pelo menos, como capital próprio e que representam montantes devidos a terceiros, e não aos accionistas, nomeadamente alguns VMH.

assim, os seus interesses garantidos por direitos de crédito, sendo, por isso, titular (perante a sociedade) de um «*contractual claim*».[4]

2. Razões subjacentes

Como veremos abaixo, os VMH (pelo menos alguns deles) podem apresentar traços de muito elevada complexidade, pelo que se deve perguntar, desde logo, por que razão emitentes e investidores terão interesse em lançar mão destes instrumentos, quando teriam ao seu dispor instrumentos mais comuns e de muito menor complexidade, como as simples obrigações e as acções.[5]

---

[4] Para o conceito de obrigação pode ver-se *inter alia* JOSÉ ENGRÁCIA ANTUNES, *Instrumentos Financeiros*, Almedina, 2009, pp. 87 ss e PAULO CÂMARA, *Manual de Direito dos Valores Mobiliários*, Almedina, 2009, pp. 138 ss; para uma contraposição entre acções e obrigações pode ver-se nomeadamente ANTÓNIO SILVA DIAS, *Financiamento de Sociedades por Emissão de Obrigações*, Quid Iuris, pp. 55 ss, e com muito interesse para a contraposição mais ampla entre capital e dívida *vide* WILLIAM T. ALLEN e REINIER KRAAKMAN, *Commentaries and Cases on the Law of Business Organizations*, Aspen Publishers, 2003, pp. 111 ss. A diferente valência jurídica do direito «contratual» dos obrigacionistas (generalizável aos restantes credores de uma sociedade, titulares, enquanto tais, de direitos de crédito sobre a sociedade), quando comparada com a mera expectativa patrimonial de que são tenentes os accionistas, é um dos principais argumentos (a meu ver) para a desconsideração (a benefício dos accionistas) dos interesses dos vários (outros) *stakeholders* no âmbito do interesse social, *vide* ORLANDO VOGLER GUINÉ, *Da Conduta (Defensiva) da Administração "Opada"*, Almedina, 2009, pp. 71 s, e as fontes aí citadas.

[5] Como salientam GEORGE TANEWSKI, JEAN-PIERRE FENECH e VICTOR FANG, *Debt-like vs Equity-like hybrids: The Australian security issuance dilemma*, 2008, disponível em www.ssrn.com, p. 2. É bastante elucidativa a definição de VMH apresentada em www.investopedia.com: "*A security that combines two or more different financial instruments. Hybrid securities generally combine both debt and equity characteristics. (...) New types of hybrid securities are being introduced all the time to meet the needs of sophisticated investors. Some of these securities get so complicated that it's though to define them as either debt or equity.*" Para outro exemplo da complexidade destes instrumentos, veja-se o *Hybrid Capital Handbook: September 2008 Edition*, da Standard&Poors, com mais de 60 páginas sobre VMH para efeitos de notação de risco. Adicionalmente e ainda no que toca às agências de notação de risco, um factor de complexidade acrescido resulta do facto de as agências de *rating* poderem salientar aspectos diversos do instrumento – por exemplo, e no que toca especialmente aos VMH de que trataremos mais à frente, enquanto esta última agência parece enfatizar na sua análise o índice de permanência do instrumento, a Fitch e a Moody's (as outras duas grandes agências internacionalmente reconhecidas nesta matéria) parecem concentrar-se mais na possibilidade de o instrumento absorver perdas, conceitos de que falaremos mais à frente. Os VMH colocam também uma série de outras questões, de que aqui não trataremos, nomeadamente ao nível regulatório, como, por exemplo, quando à informação disponibilizada aos investidores e da informação efectivamente percebida pelos investidores – deve ter-se

Podemos distinguir razões gerais para a emissão de VMH, aplicáveis a sociedades independentemente das actividades económicas que prosseguem, e razões de ordem mais específica, que assumem relevância em função de certos sectores de actividade das sociedades.

Uma das principais potenciais vantagens, de ordem geral, para a emissão de VMH é a diversificação e aumento da base de investidores de uma sociedade, especialmente num contexto de mercado difícil como o actual. Em princípio, os VMH (especialmente aqueles sobre que nos debruçaremos mais atentamente) carregam um risco superior ao risco das obrigações simples (mesmo que subordinadas), mas trata-se também de um risco inferior ao risco típico inerente às acções (ordinárias). Por outro lado e correspondentemente, a remuneração destes valores mobiliários será potencialmente superior (ainda que incerta) à remuneração de obrigações típicas, embora inferior à remuneração potencial de um accionista para o mesmo valor de capital investido[6]. Apontam-se igualmente outras razões, como seja ter a sociedade emitente atingido no seu balanço o ponto óptimo de dívida, não ser possível chamar capital ou dívida ou não ser possível fazê-lo a um custo atractivo, custos de agência inferiores face aos custos de agência em que incorrem os accionistas, entre outros[7].

Relativamente aos bancos em particular, assumiu especial pertinência nos últimos anos a emissão de VMH conexionada com o reforço dos seus fundos próprios.

---

presente que os VMH de que falaremos em mais detalhes infra (emitidos recentemente por bancos) não parecem ser qualificáveis como «produtos financeiros complexos», à luz do critério do artigo 2.º/1 do DL n.º 211-A/2008, de 3 de Novembro, uma vez que não se encontram associados propriamente de um outro instrumento financeiro, pelo que a sua colocação a investidores não qualificados em Portugal dispensará a prévia aprovação pela CMVM e disponibilização aos investidores de um documento informativo nos termos do Regulamento da CMVM n.º 1/2009.

[6] Na remuneração accionista deverá contar-se tanto a remuneração efectivamente paga pela sociedade, através da distribuição (ordinária, bem como em função de eventos extraordinários) de dividendos e de outros bens sociais (por exemplo, um *spin-off*), como a remuneração implícita decorrente da valorização das acções no mercado (*vide* sobre o tema e para mais referências, ORLANDO VOGLER GUINÉ, cit., pp. 66 ss). O mesmo é aplicável, *mutatis mutandis*, à remuneração dos outros valores mobiliários enunciados, as obrigações e os VMH. Claro está que a volatilidade da cotação das acções será muito superior à das obrigações. Como veremos, os VMH (especialmente os que trataremos em maior detalhes adiante) encontram-se numa espécie de limbo (económico, financeiro, contabilístico, jurídico) entre as acções e as obrigações, pelo que é expectável que a sua volatilidade se situe igualmente entre as acções e as obrigações.

[7] *Vide* GEORGE TANEWSKI, JEAN-PIERRE FENECH e VICTOR FANG, p. 2 ss.

Os bancos, dada a sua particular actividade, estão sujeitos a determinados riscos, nomeadamente, risco operacional (isto é, o risco de mau funcionamento de sistemas e procedimentos), risco de liquidez (ou seja, risco de não disporem de activos líquidos em montante suficiente para fazer face aos seus compromissos de curto ou muito curto prazo, como seja o resgate de depósitos), risco de mercado (isto é, o risco de o valor de mercado dos seus activos desvalorizar, o que poderá impactar na gestão do seu balanço) e risco de crédito (ou seja, o risco de as suas contrapartes devedoras não pagarem as suas dívidas bancárias, em especial os seus mutuários e emitentes a quem os bancos tenham adquirido títulos de dívida)[8].

Os grupos bancários devem gerir adequadamente os riscos a que estão expostos, para o que existe um grande manancial de regulamentação. Tradicionalmente o risco com maior destaque é o risco de crédito. O cerne regulatório têm sido as iniciativas tomadas pelo Basel Committee on Banking Supervision, que funciona no âmbito do Bank for International Settlements. Depois do marco fundamental que constitui o acordo de 1988 (denominado *International Convergence of Capital Measurement and Capital Standards*, usualmente siglado por «Basel 1»), foi publicado pelo Comité em 2004 um documento revisto (*International Convergence of Capital Measurement and Capital Standards. A Revised Framework*, siglado por «Basel 2»). Na sequência da crise financeira espoletada pelo crédito *sub-prime* nos Estados Unidos e pela insolvência da Lehman Borthers[9], efectuou-se uma nova revisão («Basel 3»), que terá também impacto na forma de composição do capital regulatório dos bancos e na emissão de VMH pelos bancos[10].

As directrizes de Basileia são acolhidas transversalmente nas diversas jurisdições, em especial nos países desenvolvidos. No panorama europeu,

---

[8] Uma boa forma de perceber sumariamente como é que, na prática e ainda que de forma resumida, os bancos procuram mitigar os vários riscos da sua actividade é consultar alguns prospectos (para emissões de dívida ou de capital) de bancos, vindo essas matérias geralmente tratadas nas secções de descrição do emitente e de factores de risco – basta aceder ao website da CMVM (www.cmvm.pt) e percorrer alguns dos prospectos ali acessíveis.

[9] Com muito interesse sobre esta crise financeira mundial, *vide* ANTÓNIO MENEZES CORDEIRO, *A tutela do consumidor de produtos financeiros e a crise mundial de 2007/2010*, ROA, 69.º, Julho/Setembro 2009 / Outubro/Dezembro 2009, pp. 609 ss.

[10] Sobre as matérias referidas neste e no parágrafo anterior, veja-se a revisão de 2004 em http://www.bis.org/publ/bcbs107.pdf e a variada documentação sobre Basel 3 em http://www.bis.org/bcbs/basel3.htm, incluindo o documento final de Dezembro de 2010 *Basel III: A global regulatory framework for more resilient banks and banking systems*. Na doutrina, especialmente sobre Basel 1 e Basel 2, pode ver-se designadamente JAN H. DALHUISEN, *Dalhuisen on Transnational and Comparative Commercial, Financial and Trade Law*, 3.ª edição, Hart Publishing, 2007, pp. 1259 ss.

atente-se especialmente na Directiva 2006/48/CE do Parlamento Europeu e do Conselho de 14 de Junho de 2006 relativa ao acesso à actividade das instituições de crédito e ao seu exercício (reformulação), transposta para Portugal através do DL n.º 104/2007, de 3 de Abril, e na Directiva 2006/49/CE do Parlamento Europeu e do Conselho de 14 de Junho de 2006 relativa à adequação dos fundos próprios das empresas de investimento e das instituições de crédito (reformulação), transposta para Portugal através do DL n.º 103/2007, de 3 de Abril. Estas Directivas foram por último alteradas pela Directiva 2009/111/CE do Parlamento Europeu e do Conselho de 16 de Setembro de 2009, que altera as Directivas 2006/48/CE, 2006/49/CE e 2007/64/CE no que diz respeito aos bancos em relação de grupo com instituições centrais, a determinados elementos relativos aos fundos próprios, a grandes riscos, a disposições relativas à supervisão e à gestão de crises. O Banco de Portugal indicou na sua Carta-Circular n.º 79/2009/DSB, de 29 de Dezembro de 2009 que passaria a ter em conta os critérios desta última Directiva relativamente à elegibilidade de instrumentos híbridos para os fundos próprios de base, tendo o legislador nacional transposto esta última Directiva de 2009 através do DL n.º 140-A/2010, de 30 de Dezembro (ainda que com algum atraso face ao disposto no artigo 4.º desta Directiva).

Em termos prudenciais, é imposto aos bancos que calculem o risco de crédito a que estão expostos[11], devendo uma certa percentagem desse risco (pelo menos 8%, como já é a norma desde Basel 1) encontrar-se coberto por elementos do capital próprio com certas características. Ou seja, se o risco de crédito dos seus activos for, por exemplo, no valor de €10.000.000.000, então o banco deverá ter capital próprio no valor de, pelo menos, €800.000.000.

Esse capital regulatório é de duas espécies: capital tier 1 e capital tier 2 (ou "fundos próprios de base" e "fundos próprios complementares", na nomenclatura nacional). A nota de diferença é que o primeiro participa de uma maior permanência do que o segundo e, portanto, é tratado regulatoriamente de forma mais favorável.

---

[11] Para estes efeitos, os diferentes tipos de activos creditícios que os bancos detêm merecem um diverso tratamento. Por exemplo, em Basel 2 crédito não garantido a empresas pode até chegar a ter um risco, em caso de incumprimento do crédito, de 150% (isto é, em 50% superior ao seu valor: se o crédito é no valor de €100.000, então, para este efeito, poderá chegar a valer €150.000), enquanto que a um crédito garantido por hipoteca "residencial" deverá atribuir-se um risco de pelo menos 35% (isto é, se o crédito vale €100.000, para estes efeitos deve valer pelo menos €35.000). Os supervisores nacionais poderão tornar os critérios mais apertados.

O instrumento mais típico de capital tier 1 são as acções ordinárias realizadas (que integram naturalmente o "capital realizado" referido no artigo 3.º/1-a) do Aviso n.º 6/2010 do Banco de Portugal), enquanto que no capital tier 2 se incluem tradicionalmente títulos de dívida e empréstimos com certas características, nomeadamente a subordinação (artigo 7.º/1-a) e i) do Aviso n.º 6/2010 do Banco de Portugal).

Pelo menos metade do capital regulatório mínimo (portanto, 4%) deve ser composto por fundos próprios de base (§16.º/1 do Aviso n.º 6/2010 do Banco de Portugal), tendo o Banco de Portugal recomendado que, a partir de 30 de Setembro de 2009, todo o capital regulatório mínimo fosse composto por fundos próprios de base (Carta Circular do Banco de Portugal nº 83/2008/DSB, de 12 de Novembro de 2008).

Tendo em conta o que antecede, percebe-se o interesse dos bancos na emissão de valores mobiliários que, ainda que não correspondam juridicamente a capital (social), e portanto apresentando um custo inferior para o banco e seus accionistas, possam ser contabilisticamente e para efeitos regulatórios qualificados como capital. É justamente este o objectivo de diversos grupos bancários quando emitem VMH com certas características e que são tratados como *non core tier 1 capital*.

Note-se, no entanto, que no dia 14 de Abril de 2011 foi publicado em Diário da República o Aviso n.º 1/2011 do Banco de Portugal, nos termos do qual é exigido, nomeadamente aos grupos financeiros sujeitos à supervisão em base consolidada do Banco de Portugal que incluam bancos no seu perímetro e aos bancos supervisionados pelo Banco de Portugal e que não se integrem em grupo financeiro sujeito a essa supervisão, o reforço dos seus rácios Core Tier 1 para um valor não inferior a 8% até 31 de Dezembro de 2011 (artigo único, n.º 1 e n.º 2). Para efeitos de cômputo deste rácio Core Tier 1 (artigo único, n.º 3) não são considerados os elementos previstos como componentes dos fundos próprios de base na alínea j) do n.º 1 do artigo 3.º do Aviso n.º 6/2010 (alínea essa em que justamente se poderia enquadrar boa parte dos VMH emitidos no âmbito dos grupos bancários, de que falaremos de seguida).

3. Condições obrigacionais típicas

Com ressalva pelo disposto em lei imperativa, as condições obrigacionais em emissões de valores mobiliários (vulgo, *Terms and Conditions* – condições obrigacionais dos valores mobiliários –, completados, no caso de emissões integradas em programas de emissão de valores mobiliários, por *Final Terms* – condições obrigacionais complementares) são as que as partes (emitente e investidores, estes com a eventual intermediação dos intermediários financeiros encarregues da colocação da emissão) bem entenderem, conforme o princípio da autonomia privada. Este é um princípio omnipresente no Direito Privado[12], *maxime* espelhado no artigo 405.º do CC. Encontramos igualmente um reflexo do mesmo princípio (para as obrigações) na listagem exemplificativa do artigo 360.º do CSC («nomeadamente»[13]) e (para os valores mobiliários em geral) pelo conceito aberto de valor mobiliário, que é dado pela última alínea do artigo 1.º do CVM[14].

Assim sucede também no campo dos VMH, sendo que, especialmente no contexto de emissões de VMH por bancos, é de contar também com o importante contributo das autoridades de supervisão relevantes na delimitação das condições concretas dos VMH. Os VMH são usualmente valores mobiliários feitos à medida (*tailor made*), ajustados às necessidades e interesses das partes envolvidas (emitente e investidores, reguladores). Não se trata de contornar qualquer legislação, mas de adequar um produto ao que as partes pretendem. No espaço concreto que nos move, deve ser suficientemente *equity alike* para ser considerado capital (do ponto de vista regulatório, contabilístico, notação de risco) e suficientemente *debt alike* para ser atractivo para os investidores[15].

Focar-nos-emos, de ora em diante, nos VMH emitidos por bancos, com o objectivo de qualificação como capital regulatório tier 1 ("VMH T1")[16].

---

[12] Sobre o princípio da autonomia privada, *vide* por todos RABINDRANATH CAPELO DE SOUSA, *Teoria Geral do Direito Civil*, 2003, Almedina, pp. 57 ss.

[13] Como salientam ANTÓNIO SILVA DIAS, cit., pp. 58, em texto e em nota, e PAULO CÂMARA, cit., pp. 142, o artigo 360.º limita-se a um enunciado exemplificativo, tendo o referido advérbio de modo sido introduzido naquele artigo já após a entrada em vigor do CSC, pelo DL n.º 280/87, de 8 de Julho, o que reforça a intenção legislativa subjacente ao referido advérbio, no sentido do alargamento da autonomia das partes. A mesma nota exemplificativa é salientada por JOSÉ ENGRÁCIA ANTUNES, cit., p. 92 e por FLORBELA PIRES, Anotação ao artigo 360.º, *Código das Sociedades Comerciais Anotado*, coordenado por ANTÓNIO MENEZES CORDEIRO, Almedina, 2009, p. 885.

[14] Que consagra um regime de liberdade na conformação de novos valores mobiliários (respeitados os requisitos do conceito legal, ligados à natureza do valor mobiliário), diversamente do regime de tipicidade administrativa que constava da versão inicial deste artigo 1.º (n.º 2); sobre esta evolução de paradigma e a actual situação, *vide* JOSÉ DE OLIVEIRA ASCENSÃO, «O novíssimo conceito de valor mobiliário», *Direito dos Valores Mobiliários*, volume VI, Coimbra Editora, 2006, pp. 139 ss.

[15] Como sublinhado por GEORGE TANEWSKI, JEAN-PIERRE FENECH e VICTOR FANG, p. 8.

[16] Poderemos enquadrar estes VMH T1 como híbridos novos, em que se incluem vários valores mobiliários, geralmente conhecidos pela sua nomenclatura anglo-saxónica, por exemplo, os chamados *Income Securities*, *Perpetual Step-Up Securities* ou *Reset Convertible Preference Shares/Notes*, referidos e sumariados por TYRONE M. CARLIN, NIGEL FINCH e GUY

Conforme referido, tem sido um expediente utilizado por diversos bancos e tanto é assim no panorama nacional como noutras jurisdições.

Por Portugal passaram já algumas emissões, em sede de admissão e/ou colocação, e alguns programas de emissão de dívida e/ou de dívida subordinada e de VMH T1 já foram objecto de aprovação pela CMVM ou de passaporte para Portugal. Tanto por cá têm passado, neste âmbito, emitentes portugueses, como estrangeiros e emissões ou programas de lei portuguesa como estrangeira. Para o efeito basta consultar os prospectos disponibilizados nos últimos 24 meses no website da CMVM (www.cmvm.pt).

À primeira vista, dir-se-ia que estas emissões não poderiam ser mais díspares (emitentes portugueses e emitentes estrangeiros; Direito português e Direito estrangeiro).

Apesar da aparente heterogeneidade, a verdade é que as características essenciais das várias emissões actuais ou potenciais (ao abrigo dos programas) são muito semelhantes, o que não é de estranhar considerando que as directrizes de Basileia se encontram transversalmente difundidas e acolhidas, nomeadamente ao abrigo de Directivas comunitárias.

Especialmente relevante nesta matéria, em termos de harmonização das condições essenciais destes VMH T1, é a Directiva 2009/111/CE, que alterou a Directiva 2006/48/CE e a Directiva 2006/48/CE, e as *Implementation Guidelines for Hybrid Capital Instruments* do CEBS (Committee of European Banking Supervisors) de 10 de Dezembro de 2009, disponíveis em http://www.c-ebs.org/.[17]

Esquematicamente e com as limitações naturalmente inerentes a um sumário de conjuntos de documentos bastante extensos, parecem-me ser as seguintes as condições comuns mais importantes:

Grau:
– Os recebimentos ao abrigo destes VMH T1 são sénior face aos accionistas (ordinários, pelo menos), mas júnior quanto aos restantes credores.[18]

Ford, «Hybrid Financial Instruments, Cost of Capital and Regulatory Arbitrage – An Empirical Investigation», *The Journal of Applied Research in Acccounting and Finance*, volume 1, n.º 1, 2006, pp. 46, igualmente disponível em ww.ssrn.com. Do lado dos VMH mais clássicos, surgem as acções preferenciais sem direito de voto e as obrigações convertíveis.

[17] *Vide* também o recente anúncio público (Janeiro de 2011) do Comité de Basileia intitulado «Basel Committee issues final elements of the reforms to raise the quality of regulatory capital» sobre esta matéria, disponível em http://www.bis.org/press/p110113.htm.

[18] Artigo 63/2-c) da Directiva 2006/48/CE (na sua redacção actual): «*Os direitos do credor sobre a instituição de crédito estarem totalmente subordinados aos de todos os credores não subordinados.*» Entre nós, *vide* artigo 4.º/10 do Aviso n.º 6/2010 do Banco de Portugal.

Capital:
– Os VMH T1 não têm prazo de reembolso, mas são amortizáveis por opção do emitente discricionariamente, a partir de certa data (não menos de cinco anos desde a data de emissão) (*issuer call*)[19].
– Se os VMH T1 deixarem de ser considerados instrumentos de capital tier 1, serão amortizáveis em qualquer data.

Juros:
– São pagos juros discricionariamente por decisão do emitente; se não forem pagos numa data de pagamento, deixam de ser devidos os juros referentes a esse período de juros.[20]
– Serão pagos por um certo período (ou será reservado obrigatoriamente um montante para pagamento de juros) se houver distribuições a accionistas (por exemplo, de dividendos ou bens em espécie, recompras/amortizações de acções[21]), e/ou (consoante as condições da emissão) não poderão ser feitas distribuições aos accionistas sem que tenham sido pagos ou sejam pagos juros ao abrigo dos VMH T1 durante um certo período.

---

[19] Artigo 63-A/2 da Directiva 2006/48/CE (na sua redacção actual): «*Os instrumentos não devem ter prazo, ou devem ter um prazo de vencimento inicial de, no mínimo, 30 anos. Os instrumentos podem incluir uma ou mais opções de compra a exercer numa base discricionária pelo emissor* [emitente!]*, mas não podem ser resgatados antes do decurso de cinco anos a contar da data de emissão.*» Entre nós, vide artigo 4.º/2-a) e b) do Aviso n.º 6/2010 do Banco de Portugal; vejam-se igualmente as prerrogativas do Banco de Portugal nos termos do artigo 36.º/3-a) (redacção actual) do DL n.º 104/2007, de 3 de Abril, e do artigo 4.º/2-c)/4 daquele Aviso.

[20] Artigo 63-A/3 da Directiva 2006/48/CE (na sua redacção actual): «*As disposições que regem o instrumento devem permitir à instituição de crédito cancelar, se necessário, o pagamento de juros ou dividendos por um período ilimitado de tempo, numa base não cumulativa. No entanto, a instituição de crédito deve cancelar esses pagamentos caso não cumpra os requisitos de fundos próprios descritos no artigo 75.º As autoridades competentes podem exigir o cancelamento desses pagamentos com base na situação financeira e de solvência da instituição de crédito.*» Entre nós, vide artigo 4.º/6 do Aviso n.º 6/2010 do Banco de Portugal; vejam-se igualmente as prerrogativas do Banco de Portugal nos termos do artigo 36.º/3-c) (redacção actual) do DL n.º 104/2007, de 3 de Abril, e do artigo 4.º/7 daquele Aviso. Note-se, a propósito, a primeira definição de passivo financeiro constante da IAS (*International Accounting Standards*) 32: «*contractual obligation to deliver cash... to another entity*» – o que, nos termos acima e em regra, não parece existir.

[21] Conforme tive oportunidade de salientar noutra sede, o retorno (directo) dos accionistas (pelo menos nas sociedades cotadas) é normalmente conseguido de duas formas: pagamento de dividendos e valorização da participação social no mercado, conseguida nomeadamente através de programas de recompra/amortização de acções próprias (*share buy-back*), vide ORLANDO VOGLER GUINÉ, cit., pp. 66 ss.

– Não serão pagos (incluindo quando devidos nos termos referidos acima) se o emitente decair nos seus rácios de capital ou esse risco seja antecipado (pelo emitente/autoridades de supervisão).[22]

Elasticidade do valor nominal:
– O valor nominal poderá ser reduzido (até €0,01) para absorver perdas, de modo a fazer face a prejuízos que ponham em causa os rácios mínimos de capital ou caso esse risco seja antecipado.[23]

– O valor nominal será aumentado até ao valor inicial caso haja um retorno a certos índices financeiros (ou, em alguns casos, se houver distribuições aos accionistas), podendo ser necessária autorização das autoridades de supervisão para o efeito.

– Deixa de correr juro enquanto o valor nominal não tiver retornado ao seu valor inicial.

4. Questões de qualificação

Considerando o exposto, aos titulares destes VMH T1 não pertence uma pretensão ao remanescente como os accionistas, nem os VMH T1 titulam os direitos patrimoniais e políticos típicos dos accionistas. Por outro lado, os titulares destes VMH T1 são sénior face aos accionistas (ordinários, pelo menos) e estes últimos somente recebem algum pagamento de capital em sede de liquidação (voluntária – artigo 156.º/1 do CSC; ou em sede de insolvência – artigo 184.º/2 do CIRE) após o capital em dívida àqueles titulares ter sido pago.

Assim sendo e desde logo, pode concluir-se que estes VMH T1 não são acções.

A questão seguinte que se coloca é se estes VMH T1 são, ou ainda são, obrigações ou se serão um *tertium genus*, que os poderá colocar entre uma coisa e outra (entre as acções e as obrigações).

Em primeiro lugar, como ressalva e nota geral, nunca se deve prescindir de analisar as condições concretas de uma emissão, que poderão, por exemplo, aproximar uma certa emissão de VMH mais das obrigações. Imagine-se que se consagra a possibilidade de o investidor impor, por sua

---

[22] Artigo 63/2-d) da Directiva 2006/48/CE (na sua redacção actual): «*Os documentos que regulam a emissão dos títulos preverem a capacidade de a dívida e os juros não pagos absorverem os prejuízos, permitindo assim à instituição de crédito prosseguir a sua actividade.*» Entre nós, *vide* artigo 4.º/9 do Aviso n.º 6/2010 do Banco de Portugal. *Vide* também a parte final da nota anterior.
[23] Vide nota anterior.

vontade, ao emitente a compra ou amortização dos VMH (*investor put*), que é consagrado um juro mínimo imperativamente devido (*minimum interest payable*) ou que são consagradas situações de incumprimento que dêem lugar à amortização (*events of default*), que não existem nas emissões da VMH T1 descritas acima. Claro está que tais condições particulares poderão ter como efeito a desqualificação do instrumento como tier 1 ou mesmo como tier 2.

Considerando, agora, os VMH T1 mais especificamente:

a) Os VMH T1 têm um valor de capital, embora seja elástico.
b) As condições obrigacionais dos VMH T1 prevêem distribuições de juros, embora dependente da decisão e disponibilidades do emitente; contudo, os accionistas não se podem beneficiar à custa dos titulares dos VMH T1 (incentivo prático para que sejam distribuídos juros).
c) Os VMH T1 têm prazo?[24] A amortização é possível, mas depende unicamente do emitente, salvo em situação patológica.

Posto isto, a questão é se deve entender-se que estes VMH T1 titulam efectivos direitos de crédito e se os seus titulares detêm um efectivo *contractual claim* em face do emitente. É que, nos termos do artigo 348.º/1 do CSC: "*As sociedades anónimas podem emitir valores mobiliários que, numa*

---

[24] Entendendo que um valor mobiliário que confira um direito de crédito a juros, mas que não preveja uma data de maturidade (e que, acrescento, geralmente são subordinados a outros créditos sobre o emitente), não configura, à luz do Direito português, uma obrigação para efeitos do disposto nos artigos 348.º ss do CSC, *vide* ANTÓNIO SILVA DIAS, cit., p. 43 s, e PAULO CÂMARA, cit., pp. 151 ss, *maxime* por faltar uma obrigação de devolução do capital (diversamente do que sucede num típico mútuo). Mas em sentido contrário também poderão ser invocados alguns argumentos importantes, nomeadamente o escopo exemplificativo do artigo 360.º do CSC, o facto de a componente de juro ser juridicamente devida (ainda que de forma subordinada) e corresponder assim a um direito de crédito do titular e o facto de, em sede de insolvência, o titular daquele valor mobiliário assumir um efectivo direito de crédito sobre o capital em caso de liquidação da sociedade (ainda que subordinado, nos termos do artigo 177.º do CIRE). A este respeito poderá eventualmente ser possível configurar a obrigação perpétua, na componente do capital, como uma obrigação com cláusula *cum voluerit*, referida no artigo 778.º/2 do CC, sem prejuízo de (parece-me) tal obrigação sempre se vencer em sede de insolvência do obrigado, nos termos do artigo 780.º/1 do CC. Tomando posição no sentido de o dever de reembolso não ser uma característica imprescindível da obrigação, *vide* AMADEU FERREIRA, *Direito dos Valores Mobiliários*, AAFDL, 1997, p. 181, e JOSÉ ENGRÁCIA ANTUNES, cit., p. 92. Nos mercados internacionais estes valores mobiliários são muitas vezes referidos como *Undated Subordinated Notes* (ou seja, obrigações subordinadas sem data).

mesma emissão, conferem direitos de crédito[25] *iguais e que se denominam obrigações."*

Ora, em minha opinião e tendo presente as características destes VMH T1 descritas, os mesmos não titulam, em regra e sobretudo na componente de entregas de rendimentos pelo emitente, direitos de crédito, já que (salvo em certas situações "patológicas"), e lançando mão do conceito de obrigação contido no artigo 397.º do CC[26], o respectivo emitente (pode mas) não se encontra juridicamente comprometido a realizar qualquer prestação aos titulares dos VMH T1. Note-se que, como vimos acima e como regra geral, se não forem pagos juros em certa data, nomeadamente por o emitente ter decidido não pagar juros, os juros também não são exigíveis no futuro, pelo que a componente de juros (pelo menos) acaba por não configurar propriamente de uma obrigação com cláusula *cum voluerit*, situação em que é o devedor que determina o momento do seu cumprimento mas a obrigação não deixa de ser devida enquanto não for paga[27].

---

[25] Tendo presente esta disposição, resta saber, contudo, se aqui cabem quaisquer valores mobiliários que confiram na sua essência direitos de crédito ao seu titular, na medida em que não se encontrem sujeitos a legislação específica (caso paradigmático dos warrants autónomos – que, de uma forma simplificada, titulam um direito a receber activos contra o pagamento do preço de exercício, ou um direito a receber a diferença entre um preço de referência e o preço actual do activo subjacente (artigo 2.º/1 do DL n.º 172/99, de 20 de Maio, conforme alterado), que depois serve ou já serviu de regime de referência para vários outros tipos de valores mobiliários que titulem direitos de crédito – *vide* artigos 14.º-A do mesmo diploma, 5.º do Regulamento da CMVM n.º 7/2002 sobre certificados, 9.º do Regulamento da CMVM n.º 16/2002 sobre os valores mobiliários condicionados por eventos de crédito e 12.º do Regulamento da CMVM n.º 16/2002 sobre valores mobiliários obrigatoriamente convertíveis). Ou, ao invés, se aqui se enquadram apenas valores mobiliários que na sua essência atribuam ao seu titular um direito de crédito a juros e/ou capital. Tomando posição no sentido de a relação jurídica subjacente às obrigações ser um mútuo, *vide* António Silva Dias, cit., p. 43, e Paulo Câmara, cit. p. 141; no sentido de o direito ao pagamento de juro e reembolso constituírem os dois direitos principais que definem a situação jurídica do obrigacionista, *vide* Florbela Pires, Introdução ao Capítulo IV – Obrigações, *Código das Sociedades Comerciais Anotado*, coordenado por António Menezes Cordeiro, Almedina, 2009, p. 848; quanto à questão de o reembolso de capital constituir ou não uma nota indefectível das obrigações, *vide* a nota anterior. A redacção da norma legal efectivamente poderia ser mais perfeita, mas não me parece que deva entender-se como cabendo no *Tatbestand* da norma legal todo e qualquer tipo de valor mobiliário que confira na sua essência direitos de crédito de uma qualquer natureza; mas o que também não tem de necessariamente querer dizer que se caia sem mais no outro extremo.

[26] Sobre o conceito de obrigação e de direito de crédito, pode ver-se *inter alia* Rui de Alarcão, *Direito das Obrigações*, Coimbra, 1983, pp. 32 ss.

[27] A propósito deste tipo de obrigações, em que o devedor cumpre quando quiser, referidas no artigo 778.º, n.º 2 do CC, *vide* a ilustrativa nota sobre o tema de Pires de Lima e

Em conclusão, estes VMH T1, em regra, titulam recebimentos, altamente condicionados a circunstâncias estranhas aos investidores e dependentes das condições e da vontade do emitente e/ou das entidades reguladoras. Portanto, e especialmente relativamente à componente de juros, não titulam direitos a pagamentos futuros, nem a realização de prestações pelo emitente extingue, em regra, qualquer obrigação do emitente – quando o emitente distribui montantes aos titulares dos VMH T1, por regra, não se tratará de um pagamento para efeitos do artigo 762.º/2 do CC[28].

Nesta medida, os VMH T1 aproximam-se aqui das acções, que igualmente titulam recebimentos de dividendos, sem conferir um direito de crédito imediato aos accionistas. Aliás, os titulares dos VMH T1 nem dispõem de um mecanismo de salvaguarda dos seus interesses análogo ao que resulta para os accionistas do artigo 294.º do CSC[29].

Contudo, nos termos das condições obrigacionais, os accionistas não se podem beneficiar à custa dos titulares dos VMH T1, pelo que a realização de distribuições aos accionistas poderá até acabar em alguns casos por atribuir um direito de crédito aos titulares dos VMH T1 a receber juros durante um certo período. De qualquer forma e ainda que assim não suceda no caso concreto ou no âmbito das condições da emissão em causa, a prática expectável, de modo a não obstaculizar a produção e alocação pela sociedade de retorno para os seus accionistas[30] e tendo em conta o princípio de não preterição dos titulares dos VMH T1 em favor dos accionistas, será a existência de um fluxo de pagamentos constante ao

---

Antunes Varela, *Código Civil Anotado*, Volume II (Artigos 762.º a 1250.º), 4.ª edição, Coimbra Editora, 1997, p. 27.

[28] Sobre os conceitos de «cumprimento» e de «pagamento» (acima empregues em sinonímia) pode ver-se nomeadamente Mário Júlio de Almeida Costa, *Direito das Obrigações*, 9.ª edição Almedina, 2001, p. 928, que salienta que no CC o legislador deu preferência genérica ao primeiro termo, tendo reservado o segundo para o específico âmbito do cumprimento de obrigações pecuniárias (*vide* artigos 550.º e seguintes do CC).

[29] Como é sabido, é discutido na doutrina se, na ausência de cláusula estatutária ou deliberação tomada por maioria qualificada, conforme previsto na parte inicial do artigo 294.º/1 do CSC, os accionistas adquirem um efectivo direito de crédito à sua parte do lucro distribuível. Em sentido afirmativo, sublinhe-se, Filipe Cassiano dos Santos, *A posição do accionista face aos lucros de balanço. O direito do accionista ao dividendo no código das sociedades comerciais*, BFD, Coimbra Editora, 1996, p. 104, podendo ver-se também nesse sentido Paulo de Tarso Domingues, «Capital e Património Sociais, Lucros e Reservas», *Estudos de Direito das Sociedades*, coordenado por Jorge Manuel Coutinho de Abreu, 10.ª edição, 2010, p. 250 s, incluindo a nota, em que é citada doutrina convergente e divergente.

[30] Sobre o escopo essencial de uma sociedade, a obtenção de retorno para os sócios, pode ver-se Orlando Vogler Guiné, cit., p. 66 ss, e a bibliografia aí citada.

abrigo dos VMH T1 (pelo menos enquanto o emitente se encontrar de boa saúde financeira). Por outro lado, na situação patológica de insolvência ou liquidação da sociedade, os titulares dos VMH T1 assumem um efectivo direito de crédito exigível: ao pagamento antes dos accionistas (ordinários, pelo menos), mas depois de todos os credores da sociedade, de um valor correspondente ao valor nominal (inicial, parece, segundo o princípio de não preterição acima referido) dos VMH T1.

Considerando o exposto acima e tendo presente igualmente a correspondência na prática de mercado e salientada por alguma doutrina já referida entre as obrigações e o mútuo (entendendo-se geralmente as obrigações como uma forma titulada de um mútuo remunerado), deve entender-se estes VMH T1 como valores mobiliários legalmente atípicos, mas socialmente típicos. Encontram-se a meio caminho entre as acções e as obrigações.[31]

5. Questões de regime

Por fim, vejamos algumas questões de regime relativas a estes VMH T1, mais concretamente as seguintes:

---

[31] Não obstante, em atenção ao disposto no parágrafo anterior, caso fosse preciso reconduzir necessariamente estes VMH T1 a acções ou a obrigações, por não ser possível uma terceira via, o disposto no último parágrafo poderia eventualmente inclinar a balança para o lado das obrigações (bem como poderá eventualmente permitir qualificar estes VMH T1 como "valor mobiliário representativo de dívida" para efeitos do disposto no DL n.º 193/2005, de 7 de Novembro). Ainda a este propósito, note-se que, nas emissões de Direito estrangeiro, os VMH T1 são muitas vezes referidos como *Notes* (em inglês, obrigações), mas a adequação ou não dessa qualificação sempre terá de ser vista ao abrigo do Direito aplicável, que nesse caso não é o português. A normativa comunitária sobre os prospectos (a Directiva 2003/71/CE do Parlamento Europeu e do Conselho, de 4 de Novembro de 2003 relativa ao prospecto a publicar em caso de oferta pública de valores mobiliários ou da sua admissão à negociação e que altera a Directiva 2001/34/CE e o Regulamento (CE) n.º 809/2004 da Comissão, de 29 de Abril de 2004 que estabelece normas de aplicação da Directiva 2003/71/CE do Parlamento Europeu e do Conselho no que diz respeito à informação contida nos prospectos, bem como os respectivos modelos, à inserção por remissão, à publicação dos referidos prospectos e divulgação de anúncios publicitários) distingue entre capital e dívida, não se preocupando especificamente com os VMH. Igualmente aqui e pelas razões apontadas no parágrafo anterior poderá fazer sentido pender para os anexos apliváveis à dívida.

a) As sociedades de Direito português podem emitir estes VMH T1?

Nos termos do artigo 6.º/1 do CSC: "*A capacidade da sociedade compreende os direitos e as obrigações necessários ou convenientes à prossecução do seu fim, exceptuados aqueles que lhe sejam vedados por lei ou sejam inseparáveis da personalidade singular.*"

Ora, nenhuma das excepções referidas na segunda parte do artigo é aqui aplicável. Por outro lado, pelas razões supra aduzidas, que motivam as emissões destes VMH T1, parece-me claramente que a emissão de VMH T1 pode ser conveniente à prossecução do fim de uma sociedade, em particular de um banco. E, aliás, mais do que conveniente, em certos contextos, especialmente de crise financeira e de difícil acesso aos mercados de capitais e inter-bancário, poderá mesmo ser necessário à prossecução desse fim.[32]

Por outro lado, acessoriamente e apesar de não existir uma norma expressa que refira que as sociedades anónimas podem emitir estes VMH T1, deverão tirar-se as devidas consequências, em sede de Direito das Sociedades, da norma do CVM, que admite a existência de valores mobiliários atípicos (artigo 1.º/g). É que, de contrário, muito do sentido útil ou todo o seu sentido útil se perderia (se pensarmos que os valores mobiliários emitidos ao abrigo de Direito estrangeiro escapam, em termos de possibilidade e capacidade para a emissão, ao âmbito de aplicação desta norma).

A resposta a esta questão parece-me claramente afirmativa. A prática estatuária parece igualmente ter este ponto por assente. Os estatutos de uma boa parte das sociedades com acções admitidas à negociação em mercado regulamentado em Portugal e integrantes do PSI-20[33] prevêem (a meu ver) a possibilidade da emissão de valores mobiliários atípicos, em que naturalmente se integrarão os VMH T1.

b) Em caso afirmativo, qual o órgão social competente para deliberar a emissão?

Aproveitando a deixa, igualmente uma boa parte dos estatutos das sociedades integrantes do PSI-20 prevêem que a competência para a

---

[32] Contrapondo necessidade e conveniência para o fim social (lucro) no âmbito desta norma, salientando de qualquer forma que basta a segunda, *vide* Alexandre Soveral Martins, Anotação ao artigo 6.º, *Código das Sociedade Comerciais em Comentário*, coordenado por Jorge Manuel Coutinho de Abreu, Volume I (artigos 1.º a 84.º), p. 110.

[33] Para obter informação sobre o PSI-20 pode aceder-se a http://www.psi20.net/. Note-se que uma das sociedades integrantes deste índice – a EDP Renováveis – é de Direito espanhol.

deliberação de emissão de valores mobiliários atípicos cabe ao órgão de administração.

Não obstante, pode perguntar-se qual a competência supletiva para a emissão de VMH T1 quando os estatutos nada digam sobre a matéria e, antes disso, se tal competência é estatutariamente atribuível ao órgão de administração.

Ora, uma vez que, nos termos do artigo 456.º/1 do CSC, a competência decisória para a emissão de acções (por entradas em dinheiro) é delegável estatutariamente no órgão de administração (ainda que cumpridos certos requisitos) e, conforme o disposto no artigo 350.º/1 do CSC, a competência decisória para a emissão de obrigações é delegável estatutariamente no órgão de administração, por igualdade de razão (parece-me), se os VMH T1 na substância se enquadram entre um e outro tipo de valores mobiliários, então a decisão sobre a emissão de VMH T1 deverá igualmente poder ser delegável estatutariamente no órgão de administração.

Pelas razões apontadas supra, também não me parece que o órgão de administração tenha uma competência decisória supletiva quanto a deliberar emissões de VMH T1; não existindo tal delegação estatutária, será competente a Assembleia Geral por identidade de razão face à competência para deliberação de emissão de acções e de obrigações[34]. Ainda que assim se não entenda, nomeadamente por se entender que se trata de uma matéria não regulada legalmente e por caber, assim, nas competências de gestão da sociedade do órgão de administração (artigos 405.º/1 e 431.º/1 do CSC), deve notar-se que é uma questão que poderá suscitar discussão jurídica. Por esse motivo e tendo presente o disposto no artigo 64.º/1-a) do CSC, poderá justificar-se, se for viável, a opção do órgão de administração de requerer a convocação de uma Assembleia Geral ao Presidente da Mesa (artigos 406.º-c) e 431.º/3 do CSC) no sentido de deliberar sobre a

---

[34] Diversamente sucede, por exemplo, quanto aos warrants autónomos, em que a competência decisória supletiva é do órgão de administração, nos termos do artigo 5.º/1 do DL n.º 172/99, de 20 de Maio. Agora, *quid iuris* se os estatutos não permitirem que o órgão de administração delibere, ou impuserem certos requisitos para a deliberação de emissão de obrigações por esse órgão, e preverem que o órgão de administração possa em geral deliberar a emissão de valores mobiliários atípicos? Poderá então órgão de administração deliberar livremente a emissão de VMH T1? Trata-se de uma questão de interpretação dos estatutos, tendo em atenção suas várias disposições; para um bom ponto de situação doutrinário sobre a interpretação dos estatutos, designadamente das sociedades anónimas, *vide* Hugo Duarte Fonseca, Anotação ao artigo 2.º, *Código das Sociedade Comerciais em Comentário*, coordenado por Jorge Manuel Coutinho de Abreu, Volume I (artigos 1.º a 84.º), pp. 62 ss.

emissão de VMH T1 ou de alterar os estatutos de modo a alocar expressamente a competência nessa matéria ao órgão de administração, caso seja pretendido que a sociedade emita VMH T1.

c) Assembleias e representação de titulares

Os artigos 355.º a 359.º do CSC disciplinam, como é sabido, as assembleias de obrigacionistas e a representação de obrigacionistas[35]. Estas normas visam um efeito sadio – enquanto titulares de um interesse financeiro comum (numa base *pro rata*) os obrigacionistas de uma mesma emissão de obrigações poderão ter interesse em coordenar a sua actuação enquanto credores – seja deliberando sobre matérias do seu interesse comum, seja fazendo-se representar por um terceiro (representante comum[36]). Ora, estes motivos encontram-se igualmente presentes no caso presente, pois igualmente os titulares de VMH T1 têm interesses financeiros comuns e poderá convir-lhes coordenarem os seus interesses. Tem todo o sentido, então, que aquelas disposições sejam aplicáveis às emissões de VMH T1. Naturalmente com as devidas adaptações, onde necessário, tendo presente que os seus titulares não são detentores, por regra, de direitos de crédito.

Não obstante, e por uma questão de cautela, será sempre conveniente incluir uma remissão expressa nos termos e condições dos VMH T1 para o regime jurídico das obrigações nesta matéria.

[35] Sobre a matéria, em geral, *vide* NUNO BARBOSA, *Competência das Assembleias de Obrigacionistas*, Almedina, 2002, pp. 59 ss.
[36] A "despropósito", em tema de representante comum, não resisto em sublinhar que continuo sem perceber por que razão ainda não foi legislativamente actualizado o disposto no artigo 357.º do CSC, no sentido de permitir, tal como desde 2003 no regime da titularização de créditos (artigo 65.º/1 do DL n.º453/99, de 5 de Novembro, conforme alterado à data), seguido em 2006 pelo regime actual das obrigações hipotecárias (artigo 14.º do DL n.º 59/2006, de 20 de Março), a representação de obrigacionistas por entidade profissionais e especializadas na representação de investidores (muitas vezes constituídos sob a forma de *trustees*). Esta nota naqueles regimes foi e é sem dúvida um factor de atractividade das emissões, a partir directamente de Portugal para os mercados internacionais, de valores mobiliários garantidos por activos. Aliás, também o regime fiscal favorável, permitindo a isenção de retenção na fonte em pagamentos de juros a não residentes titulares de títulos representativos de dívida, integradas em sistema centralizado, emitidas por emitentes residentes em Portugal (ao abrigo do DL n.º 193/2005, de 7 de Novembro) foi um impulso importantíssimo para a realização de emissões de títulos de dívida directamente a partir das sociedades-mãe portuguesas (em vez de com recurso a SPVs estrangeiros, detidos pelas mesmas), e também aqui o legislador andou a reboque da titularização de créditos (aqui na parte fiscal, o DL n.º 219/2001, de 4 de Agosto, alterado pelo DL n.º 303/2003, de 5 de Dezembro).

6. Principais conclusões

a) As condições obrigacionais dos VMH serão, na sua essência, as que as partes (emitentes e investidores) entenderem.
b) As emissões recentes de VMH no âmbito de grupos bancários apresentam um conjunto de características que visam possibilitar a sua qualificação como capital tier 1 e que permitem reconduzir esses VMH a um conjunto de características homogéneas (VMH T1).
c) Tais VMH T1 não são acções, mas também não correspondem a obrigações, assumindo-se, entre nós, como valores mobiliários legalmente atípicos, mas socialmente típicos.
d) As sociedades anónimas de Direito português podem emitir tais VMH T1.
e) Havendo autorização estatutária, é competente para deliberar sobre uma emissão de tais VMH T1 o respectivo órgão de administração.
f) Em termos de coordenação de interesses entre titulares, faz todo o sentido mobilizar o regime das assembleias de obrigacionistas e do representante comum aplicável às obrigações.

Resumo: O instituto das prestações acessórias foi introduzido no direito português em 1986 com o Código das Sociedades Comerciais. Desde então procura um espaço entre suprimentos e prestações suplementares. Na vida das empresas têm assumido maior protagonismo as prestações acessórias pecuniárias. O regime contabilístico aplicável serve de ponto de partida para a análise das suas implicações sobre a integridade do capital social e a garantia dos credores.

Abstract: The so-called *ancillary contributions* («prestações acessórias») were introduced in Portuguese law by the Companies Act in 1986. Since then, they are looking for their own place between *shareholder loans* («suprimentos») and *supplementary contributions* («prestações suplementares»). In the life of the companies, the major role has been played by the *pecuniary* type of ancillary contributions. In this paper, the applicable accounting rules serve as a starting point for the analysis of their implications on the integrity of the company's legal capital and creditor protection.

MANUEL ANTONIO PITA*

As prestações acessórias
Direito das Sociedades e Direito
da Contabilidade

1. Criação, objecto e vicissitudes das prestações acessórias

I. A obrigação de prestações acessórias é um instituto comum às sociedades por quotas e anónimas; em ambos os tipos sociais é regulado com um regime substancialmente idêntico[1].

A origem da figura é reportada ao direito das sociedades anónimas da Alemanha, onde apareceu no século XIX para satisfazer a necessidade de abastecimento em beterraba da indústria açucareira; aceites depois, em 1892, na Lei das GmbH, §3.II, as prestações acessórias acompanharam a expansão deste novo modelo de sociedade de responsabilidade limitada. Estamos, no entanto, perante uma figura jurídica que não tinha tradição no nosso sistema legal nem se tinha imposto como uma necessidade na vida das empresas; estava presente, porém, desde há muito tempo no

* Professor do ISCTE-IUL e da FDUNL

---

[1] Apenas difere na parte final do n.º3 onde se esclarece que, nas sociedades anónimas, a remuneração da prestação onerosa não pode exceder o valor da prestação respectiva.

direito de outros países, europeus e não só[2]. É neste contexto que se dá a sua recepção pelo Código das Sociedades Comerciais em 1986

Mas depois de legalmente reconhecida, teve dificuldade em encontrar o seu espaço na acção das empresas: uma leitura dos pactos sociais publicados nas duas primeiras décadas após a entrada em vigor do CSC mostrava que este instituto não estava a ser recebido pela prática contratual. No entanto, a informação publicada nos últimos anos indica a sua presença crescente nos balanços, pelo menos dos grandes grupos económicos. Circulam notícias da sua utilização durante a vida da sociedade em situações ambíguas, razão por que é conveniente fixar-lhe, em traços largos, o perfil.

Para esse efeito tentaremos encontrar na lei resposta para quatro perguntas:

1. Qual o facto gerador da obrigação?
2. Quem são os sujeitos da obrigação?
3. Qual o objecto da obrigação?
4. Quais os deveres a que fica sujeita a sociedade depois de receber a prestação do sócio?

II. Em relação ao facto gerador, o primeiro aspecto a salientar é que só poderá existir a obrigação de fazer prestações acessórias quando o contrato as imponha (209.º/1 e 287.º/1). A obrigação de prestações acessórias é, por natureza, uma obrigação social.

A lei, no entanto, não se contenta com uma cláusula de estilo, daquelas que são frequentes em pactos sociais a propósito de suprimentos e que se limitam a declarar que por deliberação social podem ser exigidos suprimentos aos sócios. Uma cláusula deste teor seria nula por indeterminação da prestação[3]. A cláusula contratual deverá conter os elementos que formam a relação jurídica: manda a lei que o contrato deve fixar os elementos essenciais da obrigação e deve especificar se as prestações são onerosas ou gratuitas (n.º 1 dos arts.209.º e 287.º).

III. A comparação com as outras obrigações contratuais dos sócios exige que se pergunte se entre a cláusula do contrato e a obrigação individual do sócio deve ter lugar um acto social intermédio de concretização,

---

[2] V. MARIA JESÚS PEÑAS MOYANO, *Las prestaciones Accesorias en la Sociedad Anónima*, Aranzadi Editorial, Pamplona,1996, pág. 37 ss.... A nossa Lei de Sociedade por Quotas, de 1902, não recebeu a norma correspondente ao §3,II da GmbH-Gesetz: sobre esta não recepção, v. RUI PINTO DUARTE, *Escritos sobre Direito das Sociedades*, Coimbra, Coimbra Editora, 2008, pág. 233 ss..

[3] V. Código civil, art. 400.º.

como sucede com a deliberação dos sócios nas prestações suplementares e se admite que possa suceder também na obrigação de suprimentos. O alcance da pergunta torna-se claro se fizermos o confronto com o regime das entradas para o capital: também estas são devidas segundo a cláusula do contrato e o seu cumprimento deve ser exigido pela administração.

Em nosso entender, deverá admitir-se o sistema previsto para a obrigação de efectuar suprimentos, considerando-se existir uma regra segundo a qual a exigência da prestação acessória não depende de deliberação dos sócios, salvo disposição contratual em contrário (v. art. 244.º/3).

IV. Os sujeitos da obrigação serão todos ou alguns sócios identificados no contrato, segundo a letra do n.º 1 dos artigos 209.º e 287.º.

Esta ideia de que o devedor tem sempre um nome foi aplicada às sociedades anónimas através da exigência de que sejam nominativas as acções cujo titular esteja obrigado, segundo o contrato de sociedade, a efectuar prestações acessórias à sociedade [art. 299.º/2/c)].

A permanente identificação dos titulares das quotas facilita esta individualização[4].

V. O objecto da prestação acessória não está expressamente determinado pela lei: neste ponto, o Código não foi tão claro como o foi na determinação da prestação suplementar ou na definição do contrato de suprimento.

Raciocinando por exclusão de partes, seríamos levados a concluir que a prestação acessória pudesse consistir em qualquer bem que não fosse dinheiro, porque o dinheiro está reservado para as outras duas modalidades de obrigações contratuais dos sócios, não fazendo sentido, olhando

---

[4] Uma questão que não se encontra resolvida no Código é a de saber se a obrigação acompanha a participação social quando esta mudar de titular. O Código encarou a questão sob o ponto de vista do direito da sociedade: se as prestações forem não pecuniárias, o direito da sociedade é intransmissível (n.º 2 dos arts. cit.). Aplicando por analogia esta solução à obrigação do sócio, concluiríamos que se a obrigação tiver natureza pecuniária é transmissível, sucedendo o inverso quando tiver natureza não pecuniária. Ora bem, como a obrigação de prestação acessória é necessariamente obrigação de um sócio, o sócio que adquirir a participação social assumirá também a obrigação de prestação acessória, de algum modo, pode dizer-se que é obrigado quem for titular da participação social, característica que aproxima as prestações acessórias das obrigações *propter rem* (v. art. 24.º/3). Na informação disponível on line, encontra-se notícia da «venda» pela Zon à Controlinveste de prestações acessórias detidas pela primeira na Sport TV de que vendedor e comprador são accionistas em partes iguais. Sobre as semelhanças e diferenças entre as prestações acessórias e a obrigações *propter rem*, v. MARIA JESÚS PEÑAS MOYANO, ob. cit., p. 51.

o sistema jurídico como um todo, que esta nova modalidade, a última a ser introduzida no nosso direito, tivesse o mesmo objecto das anteriores.

Mas a forma como o legislador caracterizou as prestações acessórias não favorece esta conclusão. Elas podem ser pecuniárias, como se deduz do n.º 2 dos dois artigos em causa. É incontestável que, no direito português, as prestações acessórias podem consistir em tudo o que tenha utilidade para a sociedade, prestações de *dare*, de *facere* ou de non *facere*.

Podem ser prestações de bens mas também podem ser prestações de serviços. Um sócio pode obrigar-se a prestar serviços à sociedade, nomeadamente, a assumir a gerência da sociedade ou realizar uma actividade profissional. Mas também podem consistir em omissões, nomeadamente a obrigação de não concorrência. Saliente-se que tem sido especialmente na área dos bens que não podem ser entregues a título de entradas para o capital social que as prestações acessórias têm singrado[5].

VI. A cláusula contratual, a concretizar-se, será fonte de uma relação jurídica entre o sócio e a sociedade: terá por conteúdo uma prestação a realizar pelo sócio em benefício da sociedade (C. Civil, art.397.º).

Mas, recebida a prestação, a sociedade ficará obrigada perante o sócio em termos que, nos limites da sua capacidade de prever, o legislador admite corresponder à obrigação de um qualquer contrato típico (art. 209.º,/1, in fine).Por exemplo, se o sócio se obrigar a ceder o uso e fruição de um imóvel, a relação entre o sócio e a sociedade reger-se-á pelas regras do contrato de arrendamento, devendo a sociedade pagar a renda correspondente, excepto se for convencionada a gratuitidade (n.º 3 do arts. cit.); se o sócio se tiver obrigado a exercer a gerência da sociedade, uma vez designado gerente a sua relação com a sociedade será regida de acordo com o estatuto de gerente.

VII. Uma das questões que deram origem a muitos litígios no início da utilização da figura, em especial na Alemanha, foi a de saber se os sócios deveriam receber a sua retribuição quando a sociedade estava a ter prejuízos. A tendência inicial orientou-se no sentido de associar a remuneração dos sócios aos resultados da sociedade, vindo depois a prevalecer a solução inversa. Foi esta a solução aceite pelo Código das sociedades comerciais: no caso de se convencionar a onerosidade, a contraprestação pode ser paga independentemente da existência de lucros de exercício (n.º 3 do arts.209 e 287).

---

[5] Sobre a relação entre prestações acessórias e proibição de entradas com indústria nas sociedades de capitais, v. MARIA DE JESÚS PEÑAS MOYANO, ob.cit., p. 62 ss.

VIII. Vamos centrar a nossa atenção nas prestações pecuniárias, aquelas que têm mais estreita ligação com o financiamento da sociedade. Num primeiro momento, veremos os efeitos patrimoniais do cumprimento das prestações acessórias através dos movimentos contabilísticos que provoca. Num segundo momento, analisaremos as questões que estes efeitos patrimoniais têm nos institutos utilizados no Código das sociedades comerciais para protecção do capital social e dos credores da sociedade.

2. Prestações acessórias em dinheiro

No domínio do objecto da prestação, as leis nacionais que receberam a figura das prestações acessórias podem dividir-se em dois grupos: leis que excluem as prestações pecuniárias, de que a lei alemã das sociedades por acções, a AKG, é o lídimo representante, e leis que admitem prestações pecuniárias, de que também o direito alemão através da lei das sociedades por quotas, a GmbHG, é igualmente lídimo representante[6]. Na sua origem as prestações acessórias eram não pecuniárias, orientação que passou, por exemplo, do direito alemão das sociedades por acções para o Código civil italiano[7]; neste atlas o direito espanhol pode ser indicado como representante de um sistema onde as prestações acessórias sempre puderam ter qualquer objecto. O Código das Sociedades Comerciais alinhou o direito português com aqueles sistemas que permitem que a prestação acessória tenha dinheiro por objecto, como vimos.

No momento em que deliberam financiar a sociedade, os sócios podem assim escolher realizar prestações acessórias de natureza pecuniária.

Vejamos os reflexos que esta opção tem no património da sociedade, acompanhando o seu registo contabilístico, hoje realizado à luz do Sistema de Normalização Contabilística (SNC)[8].

---

[6] Vejam-se os argumentos esgrimidos ao longo da história contra e a favor das prestações acessórias em dinheiro em MARIA JESÚS PEÑAS MOYANO, ob. cit., p. 209 ss.; no direito português, v. RAUL VENTURA, *Sociedade por Quotas*, vol I, Almedina, Coimbra, 1987, p. 206, RUI PINTO DUARTE, *Escritos sobre Direito das Sociedades*, cit., p.255.
[7] C. Civ.it., art. 2345. V. ANDREA PISANI MASSAMORMILE, *I Conferimenti nelle società per azioni Acqisti "pericolosi" Prestazini accessorie*, Artt.2342-2345, in *Il Codice Civile Commentario dir. Piero Schlesinger*, Giuffrè, Milano,1994, p. 336 ss..
[8] O Sistema de Normalização Contabilística (SNC) foi aprovado pelo Decreto-Lei n.º 158/2009, de 13 de Julho, estando em vigor desde 1 de Janeiro de 2010, substituindo o chamado POC.

2.1. Direito da Contabilidade

2.1.1. Prestação acessória em dinheiro e obrigação de restituição

I. Na perspectiva das normas de contabilidade, sempre que ocorre um facto com relevância patrimonial serão feitos, em contas diferentes, pelo menos dois registos, um a débito e outro a crédito; e a soma dos registos a débito é sempre igual à soma dos registos a crédito: nisto se traduz a chamada partida dobrada[9].

Para compreender a relevância patrimonial das prestações acessórias em dinheiro, importa saber o que acontece no património da sociedade quando o sócio lhe entrega dinheiro a este título. Uma modificação patrimonial ocorre certamente numa conta do activo, aquela que se destina a receber dinheiro e que regista a aplicação dos meios: esta será a conta debitada. Mas em simultâneo terá de haver um ou mais registos a crédito em contas que sinalizarão a origem do activo. Atentemos no procedimento.

Na Estrutura Conceptual do SNC[10], activo é um recurso controlado pela entidade como resultado de acontecimentos passados e do qual se espera que fluam para a entidade benefícios económicos futuros[11]. O dinheiro da prestação acessória vai integrar os recursos controlados pela sociedade por quotas ou anónima em condições de ser utilizado no desenvolvimento da actividade social e por isso preenche a condição de ser expectável que do seu uso decorram benefícios económicos futuros.

---

[9] A partida dobrada foi um método de registo que se generalizou entre os comerciantes nas Repúblicas italianas e que foi sistematizado e divulgado por Luca Paccioli, em 1494, na sua obra *Summa de arithmetica, geométrica, propotioni e propotionalità*, um frade franciscano nascido na Toscana e que foi professor de matemática e teologia nas principais universidades italianas. Sobre este método, v. por todos César Silva e Gilberto Tristão, *Contabilidade Básica*, Atlas Editora, São Paulo, 2000, p.42 ss.

[10] O Sistema de Normalização Contabilística é desenvolvido através de outras fontes, de carácter regulamentar, em especial sob a forma de avisos. O aviso n.º 15652/2009, de 7 de Setembro aprovou a chamada Estrutura Conceptual que, no sistema de fontes, equivale a uma espécie de Parte Geral num Código de matriz germânica; nesta estrutura conceptual estão definidos os conceitos estruturantes do SNC, nomeadamente os de activo, passivo e capital próprio(§49).

[11] Sobre a inscrição no balanço das prestações acessórias, v. Maria Jesús Peñas Moyano, ob. cit., p.65; Luís López-Oliver Ruiz,*Contabilidad de Sociedades y Derecho Mercantil Contable*, Colex, Madrid, 2006, p. 72; Manuel António Pita, *Curso elementar de Direito Comercial*, Areas Editora, Lisboa, 2008, p.180.

No plano de contas[12], a entrega será registada numa conta de depósitos à ordem, na classe 12, conta que será debitada.

II. Qual a outra conta que servirá de contrapartida a este registo no activo, ou seja qual a partida que dobra esta, que regista a causa, a origem dos meios?

Em tese, poderia ser uma conta de qualquer uma das outras duas massas patrimoniais, o passivo ou o capital próprio. O SNC não fixou para este facto um procedimento. Por isso, para efectuar o registo, é necessário saber qual a intenção que esteve na base da prestação.

Não andaremos longe da verdade se dissermos que a intenção normal do sócio que realiza a prestação acessória em dinheiro é a de praticar um acto funcionalmente semelhante a um empréstimo, reservando-se a faculdade de obter a prazo(curto, médio ou longo) a restituição da quantia emprestada. Nessa situação, a sociedade fica investida na posição de devedora da restituição. Por esta razão, o registo contabilístico correspondente deve ocorrer numa conta do passivo que será creditada pelo montante recebido.

Na Estrutura Conceptual, o passivo é uma obrigação presente da entidade proveniente de acontecimentos passados, da liquidação da qual se espera que resulte uma saída de recursos da entidade incorporando benefícios económicos.

A obrigação de restituição a que a sociedade fica vinculada reúne estas condições: é uma obrigação presente (não futura) que provém da entrega do dinheiro e a sua liquidação exigirá uma saída de recursos do património da sociedade[13].

Quando a sociedade cumprir a obrigação de restituição, a quantia de dinheiro necessária sairá do activo, em princípio de uma conta de Bancos (esta conta do activo será creditada), mas, ao mesmo tempo, haverá uma diminuição do passivo em montante igual (esta conta do passivo será debitada).

Com estes contornos, a operação não tem efeitos sobre o capital próprio. Na verdade, o capital próprio é, segundo a Estrutura Conceptual, o interesse residual nos activos da entidade depois de deduzir todos os seus passivos[14]. Ora, depois da restituição da prestação acessória, a diferença

---

[12] O Plano de Contas ou Código de Contas foi aprovado pela Portaria n.º 1011/2009, de 9 de Setembro.
[13] Os conceitos estruturantes do passivo, no sentido do SNC, estão desenvolvidos na EC, §§59 a 63.
[14] V. EC §§ 64 a 67.

entre o activo e o passivo mantém-se; aparentemente, estamos perante uma operação neutra na perspectiva do valor do património, valor que, na linguagem do SNC, é o capital próprio.

2.1.2. Prestação acessória retribuída com juros

I. Além da obrigação de restituição do capital, a prestação em dinheiro pode ser remunerada com juros. A experiência conhecida prova-o.

O artigo 5.º-A do contrato do Banco Santander Totta prevê três classes de prestações acessórias, sendo que apenas uma pode dar origem ao recebimento de juros. Neste quadro, existem duas categorias de prestações acessórias em dinheiro, as remuneradas e as não remuneradas, consoante vençam ou não vençam juros: a categoria A seria remunerada com juros; as categorias B e C seriam não remuneradas. Note-se que esta classificação é, no contexto do contrato, independente de outra que divide as prestações em reembolsáveis e não reembolsáveis: todas as categorias seriam reembolsáveis, embora em condições diferentes; a categoria C seria reembolsável somente com prévia autorização do Banco de Portugal. Eis o texto do n.º 4 do artigo em causa:

> «As prestações acessórias da categoria A são remuneradas, dando lugar ao recebimento de uma taxa de juro anual indexada à Euribor a doze meses.
> Os juros são contados sobre os montantes não reembolsados e pelo período em que se mantiveram nessa situação durante o ano anterior, e pagos até ao dia 10 do mês de Janeiro do ano seguinte».
> «Estas prestações são livremente reembolsáveis pela Sociedade nos termos dos subsequentes n.ºs 8 a 10.»

II. A experiência das empresas revela também a existência de situações em que a vinculação da prestação entregue à garantia do capital social é acompanhada da obrigação de pagamento de juros. São casos menos frequentes que acontecem nomeadamente por via da conversão de suprimentos em prestações acessórias, deliberação acompanhada da renúncia do sócio a exigir o reembolso dos suprimentos e das prestações acessórias resultantes. No entanto, o sócio não renuncia ao juro.

III. Em termos contabilísticos, o pagamento dos juros constitui um gasto da sociedade que é reconhecido numa conta da classe 6, provavelmente a 6918- Outros juros. Dá origem a uma saída de dinheiro de uma conta do activo, regra geral de uma conta que recebe os depósitos bancários, a conta 12. Nesta conta haverá um movimento a crédito, porque há uma diminuição de activos; a partida que dobra este movimento é um lançamento a débito na conta de gastos, uma conta de resultados.

Ocorre, por causa da saída de dinheiro reconhecida por este movimento contabilístico uma diminuição do capital próprio, pois a diferença entre o activo e o passivo passa a ser menor do que era antes do pagamento do juro[15].

2.1.3. Prestações a fundo perdido

I. O sócio pode entregar à sociedade o dinheiro sem ficar com o direito à sua restituição num prazo determinado. Trata-se de uma hipótese admitida na doutrina estrangeira que a este propósito fala de prestações acessórias a fundo perdido[16]. A doutrina nacional adopta uma orientação semelhante. Como escreveu Raul Ventura "…nada impede, em teoria, que o sócio nenhuma contrapartida *directa* receba da sociedade, vindo possivelmente a ressarcir-se por outros meios, como lucros da respectiva quota,

---

[15] Os gastos poderiam ser lançados directamente a débito do capital próprio, porque são causa da sua diminuição, e os rendimentos poderiam ser lançados a crédito, porque são causa do seu aumento. Não é esse o procedimento contabilístico: criaram-se classes de contas para registar os gastos e classes de contas para registar os rendimentos, as chamadas contas de resultados (separadas das contas de património) que registam ordenadamente o efeito de cada facto patrimonial, e que, no fim do exercício, se balanceiam para cálculo do resultado: haverá lucro quando a soma dos rendimentos for superior à soma dos gastos; haverá prejuízo na hipótese inversa. Este resultado vai ser inscrito numa conta do capital próprio para restabelecer o equilíbrio do balanço.

Podemos, no entanto, acompanhar o efeito patrimonial de cada facto utilizando a equação fundamental da contabilidade e registando as modificações que ocorrem em cada um dos seus elementos (Activo – Passivo = Capital Próprio). Por exemplo, aquando do pagamento dos juros, sai dinheiro do activo que diminui, o passivo mantém-se inalterado, logo o valor do capital próprio diminui na medida correspondente á saída do activo, ao juro pago. Nunca é demais chamar a atenção para o facto de as contas de gastos e rendimentos se destinarem a facilitar o processo de cálculo do resultado do exercício, evitando que cada facto patrimonial seja acompanhado de um novo cálculo do valor do capital próprio. No entanto, o efeito patrimonial, positivo ou negativo, já aconteceu em movimentos do activo (aumento ou diminuição) e do passivo (aumento ou diminuição).

[16] «*Quando a devolução não está prevista, mas que, pelo contrário, as prestações acessórias se realizam a **fundo perdido**, o risco dilui-se ao conservar a sociedade estas quantidades que só podem ser reintegradas en concepto de benefícios o como cuota de liquidación lo que implica, respectivamente, la buena marcha de la sociedad o la previa satisfacción de los credores sociales*», in Maria Jesus Peñas Moyano, ob. cit., p. 213.

proporcionais ou não ao valor nominal desta..."17 . Vejamos como esta hipótese pode ser reconhecida no direito da contabilidade.

II. Na intenção do sócio, há uma renúncia, temporária ou definitiva, a exigir a restituição da quantia entregue, o que, em princípio, situa a causa da entrada do dinheiro numa conta do capital próprio. Em termos contabilísticos, a conta do capital próprio será creditada por contrapartida do débito da conta do activo.

São três as contas habitualmente indicadas para este reconhecimento: entradas para o capital social, prestações suplementares ou reserva especial análoga à reserva legal.

Em condições normais, a intenção comum do sócio e da sociedade será esclarecida pela acta da deliberação social que as exigiu ou, até, previamente fixada na cláusula estatutária que prevê as prestações acessórias. E o subsequente registo contabilístico será feito em conformidade com esta intenção. Por esta razão, antes de efectuar o registo contabilístico, importa conhecer o significado legalmente associado a cada uma das referidas rubricas do capital próprio, capital social, prestações suplementares e reservas legais, no que se refere à obrigação de restituição das quantias entregues.

III. As quantias entregues a título de entradas para o capital social serão restituídas aos sócios apenas depois da dissolução da sociedade, como se prevê no artigo 156.º do CSC. Em vida da sociedade, o sócio participará somente na repartição dos frutos do capital investido.

A doutrina aceita que a prestação acessória a fundo perdido tenha uma contrapartida indirecta desta natureza, por via de uma participação acrescida nos lucros[18].

Deve reconhecer-se que os interesses em presença não são ofendidos com esta solução. Primeiro, a necessidade da previsão estatutária torna a cláusula conforme com a vontade dos sócios. Segundo, o lucro é um elemento suficientemente fiscalizado ao ponto de garantir que a sua revelação não se faça com prejuízo do interesse social. Além disso, a sua distribuição será feita observando as regras sobre a conservação do capital,

---

[17] V. RAUL VENTURA,SQ,vol. I,cit., p.213.
[18] Expressamente neste sentido, RAUL VENTURA, SQ,I, cit., p.213 e MARIA DE JESÚS PEÑAS MOYANO, ob. cit., p.272.Se for essa a intenção das partes, é óbvio que esta contrapartida não é a prevista no n.º3 dos artigos 209.º e 287 , estando, como está dependente dos lucros de exercício.

em particular aquelas que dão corpo ao princípio da intangibilidade do capital social.

IV. As quantias entregues a título de prestações suplementares podem ser restituídas aos sócios desde que a situação líquida não fique inferior à soma do capital e da reserva legal e o respectivo sócio já tenha liberado a sua quota (CSC, art. 213.º, n.º 1). Poderá a restituição das prestações acessórias ser realizada nestes termos?[19]

A prática portuguesa contém pelo menos um caso de recurso a esta via[20]. O artigo 5.º-A do contrato de sociedade do Banco Santander Totta, SA estipulava no n.º 8 que, com algumas excepções,: « ..., *as prestações apenas são reembolsáveis nos termos e condições em que o são as prestações suplementares nas sociedades por quotas.*». No contexto do contrato em causa, a remissão para as prestações suplementares tinha o sentido de mandar aplicar a todas as categorias de prestações acessórias que instituía o regime de restituição das prestações suplementares.

V. O comentário que se nos afigura é o de que por esta via os sócios ainda mantêm o direito à restituição, embora subordinado à integridade do capital social: o dinheiro entregue só poderia ser restituído quando não fosse necessário para manter intacto o capital social e o seu reforço, as reservas indisponíveis[21]. O conteúdo da autonomia privada em matéria de direito das sociedades comerciais torna esta solução perfeitamente legítima.

VI. Uma reserva especial sujeita ao regime da reserva legal tem sido apresentada como uma outra hipótese possível. O regime da reserva legal não permitiria a sua restituição aos sócios, afastado que está este destino no artigo 296.º do CSC[22].

---

[19] ANTÓNIO BORGES, AZEVEDO RODRIGUES e ROGÉRIO RODRIGUES na última edição da sua obra *Elementos de Contabilidade Geral*, Areas Editora, 25 ed., Lisboa, 2010, p. 881/2 não tomam posição sobre o reconhecimento contabilístico das prestações acessórias.
[20] Que está acessível on line.
[21] O n.º 4 do artigo 7.º dos estatutos da sociedade Sporting SAD tem o seguinte teor: «A restituição das prestações acessórias depende de deliberação da Assembleia Geral ou do Conselho de Administração, se a respectiva exigência tiver sido feita, mas não pode ser efectuada se, em resultado da restituição, o capital próprio constante do balanço do exercício passar a ser inferior a metade do capital social».
[22] Poderiam os montantes em causa ser utilizados para aumento do capital social? A recente Ley de SC parece excluir essa hipótese no direito espanhol, ao estabelecer, no n.º 2 do art. 86.º, que « En ningún caso las prestaciones accesorias podrán integrar el capital social».

VII. Admitimos que esteja aberta ainda uma outra configuração, a de prestações acessórias com a função de prémios de emissão, quantias a pagar, além da entrada, para adquirir a qualidade de sócio. Teriam de estar previstas no contrato; e acrescente-se que nas sociedades anónimas deveriam ser realizadas pelos sócios no momento da constituição, sendo que, nas sociedades por quotas, o momento da sua realização estaria na disponibilidade dos sócios. Esta configuração não é afastada pela letra da lei, que as caracteriza as prestações acessórias como prestações além das entradas[23]. E, desde que se entenda, como nós entendemos que os prémios de emissão não podem ser restituídos aos sócios porque estão sujeitos ao regime da reserva legal, estão reunidas as condições suficientes para se lhes aplicar o regime da figura legal típica mais próxima[24].

VIII. O reconhecimento contabilístico da prestação acessória numa conta de capital próprio configura o direito do sócio à restituição nos termos do regime substantivo da materialidade subjacente à conta em causa. A restituição é postergada para o momento da partilha dos bens sociais, se a verba ficar associada directamente ao capital social; apenas poderá ter lugar nas condições do artigo 213.º, se a qualificação for a de uma conta análoga a uma prestação suplementar; ficará submetida ao regime do prémio de emissão ou da reserva legal quando for o caso. Por razões de certeza e segurança, estes elementos deverão constar da cláusula do contrato que preveja as prestações suplementares.

2.2. Direito das Sociedades Comerciais

2.2.1. Prestações acessórias em dinheiro e integridade do capital social

I. O CSC parece permitir que o pagamento dos juros tenha lugar independentemente da existência de lucros de exercício (n.º 3 dos artigos 209 e 287). Esta permissão legitima, numa primeira análise, a entrega aos sócios de bens, sem a barreira da integridade do capital social fixado no n.º 1 do art. 32.º.

---

[23] Integrando o prémio de emissão ou ágio no conceito de entrada, v. Paulo de Tarso Domingues, *Variações sobre o Capital Social*, Almedina, Coimbra, 2009, pág. 174; para uma possível utilização do conceito no quadro das prestações suplementares, v. Sofia Gouveia Pereira, *As Prestações Suplementares no Direito Societário português*, Principia, Cascais, 2004
[24] Diga-se de passagem que muitos dos exemplos apresentados como prestações acessórias não pecuniárias têm de ser realizados no momento da constituição da sociedade.

Mas os movimentos contabilísticos que analisámos demonstram que este pagamento de juros, por ser um gasto, diminui o capital próprio.

Analisemos a conformidade daquela regra com as restantes normas e princípios aplicáveis.

II. A regra do n.º 3 dos artigos 209 e 287 representa a recepção no nosso direito de uma norma da Lei de Sociedades por Acções alemã. O que esteve na origem daquela regra da lei alemã foi o pagamento do preço da beterraba, contraprestação da entrega realizada pelo accionista; por seu intermédio, o legislador alemão pretendeu garantir que o pagamento do preço se fizesse sem a saída do património social de bens necessários a preservar a integridade do capital social. Esta garantia existiria desde que o preço não excedesse o valor da prestação respectiva: o valor da beterraba entraria no activo para o lugar de onde saía o dinheiro entregue ao sócio a título de preço. Este pagamento não diminui a cobertura do capital social, ocorrendo apenas a substituição de um activo por outro. É uma mudança meramente qualitativa que se pode visualizar acompanhando os seus efeitos na equação fundamental da contabilidade (A-P=CP): existe somente uma alteração na composição do activo sem reflexos nos outros dois elementos da equação.

Mas uma situação diversa ocorre quando sai dinheiro para o pagamento de um gasto como são os juros. Há uma diminuição do capital próprio, porque, pela sua natureza, os juros excedem o capital recebido pelo mutuário: o seu pagamento pode colocar o montante do capital próprio em quantidade inferior à soma do capital social e das reservas indisponíveis, o que contraria pelo menos a letra do n.º 1 do artigo 32.º do CSC. A recepção do direito alemão feita pelo CSC ampliou o âmbito de aplicação da regra na sua versão originária. Coloca-se assim a questão de saber se poderá ou deverá fazer-se uma interpretação restritiva do texto do n.º 3 dos artigos 209 e 287, afastando do seu âmbito as prestações acessórias onerosas que tenham por objecto dinheiro ou, quiçá, limitando o seu alcance.

III. Reconheça-se que a norma apareceu bastante cedo em trabalhos preparatórios.

Apenas o Projecto de Sociedade por Quotas de Raul Ventura nada dizia a este propósito; aprece logo vez no Projecto de Vaz Serra, que, note-se, apenas admitia prestações acessórias não pecuniárias. Nos termos em que veio a ser recebida, a regra apareceu no Anteprojecto de Sociedade por Quotas dos professores de Coimbra coordenados por Ferrer Correia, onde, pela primeira vez, se abriu o leque das prestações acessórias, incluindo as pecuniárias. Em relação ao pagamento da contraprestação aí se escreveu: «No caso de convencionar a onerosidade, a contraprestação acordada pode ser paga independentemente da existência de lucros de balanço.» (n.º 3 do art. 3.º).

A ideia passou para o Projecto de Código das Sociedades publicado pelo Ministério da Justiça em 1983 e manteve-se na redacção final que apenas aditou, a propósito das sociedades anónimas, a condição de não exceder o valor da prestação respectiva[25].

IV. A doutrina que se tem debruçado sobre a retribuição das prestações acessórias afirma habitualmente a necessidade de salvaguardar a integridade do capital social (Maria de Jesús Peñas Moyano, 168,209,265; Sofia Gouveia Pereira,203). Mas a fundamentação apresentada é bastante resumida, limitando-se a reproduzir as ideias tradicionais que circulam sobre as funções do capital social, sem atender à diversidade de circunstâncias que podem estar na base das prestações acessórias, e nunca considerando especificamente o problema dos juros.

V. É nosso entendimento que a colocação das prestações acessórias numa conta de capital próprio vincula o sócio a observar a materialidade que lhe está subjacente. Seria *venire contra factum proprium* pedir a restituição num momento em que a sociedade não estivesse em condições de o fazer sem pôr em causa as razões subjacentes à sua criação[26].

Vejamos se existem razões para aplicar uma solução semelhante ao pagamento de juros.

V. Numa primeira leitura do CSC, os juros são contraditórios com contribuições dos sócios enquanto tais. Estão afastados em relação às entradas

---

[25] Este aditamento deve-se certamente ao facto de essa condição estar na lei alemã onde, sob a epígrafe «Compensação por prestações acessórias», o §61 determinava que *«Pelas prestações periódicas a que os accionistas sejam obrigados pelos estatutos, além das contribuições para o capital social, deve ser paga uma compensação não excedente ao valor daqueles pagamentos, quer o balanço acuse, quer não acuse, lucros.»*

[26] O n.º 7 do artigo 4.º dos Estatutos da Sporting SAD estipula que: «A restituição das prestações acessórias depende de deliberação da Assembleia Geral ou do Conselho de Administração, se a respectiva exigência tiver sido feita, mas não pode ser efectuada se, em resultado da restituição, o capital próprio constante do balanço do exercício passar a ser inferior a metade do capital social.»

para o capital ou indústria (art.21.º, n.º2); e estão excluídos nas prestações suplementares (art. 210.º, n.º5)[27].

Mas é nosso entendimento que não podem considerar-se excluídos de forma absoluta das prestações acessórias, nem mesmo nos casos em que sejam contabilizadas em contas do capital próprio.

A sua permissão, no entanto, deve fazer-se com limites.

Nas prestações acessórias realizadas, ainda que voluntariamente, com a finalidade expressa de reforçar ou proteger o capital próprio, os juros não poderão ser pagos quando o seu pagamento representar a distribuição aos sócios de bens da sociedade numa situação em que o capital próprio desta seja inferior à soma do capital social e das reservas que a lei ou o contrato não permitem distribuir aos sócios ou se tornasse inferior a esta soma em consequência da distribuição. Nestas circunstâncias, da parte dos sócios a sua exigência é ilegítima: exigi-los é uma actuação abusiva, um *venir contra factum proprium* (Código civil art. 334.º); por parte dos administradores, o seu pagamento constitui infracção penal por força do n.º 3 do artigo 514.º. O sócio que tenha recebido juros deverá restitui-los nas condições definidas no artigo 34.º.

2.2.2. Prestações acessórias em dinheiro e garantia dos credores

Não andaremos longe da verdade se dissermos que a crescente utilização das prestações acessórias em dinheiro é impulsionada pelo interesse em afastar o regime de restituição dos suprimentos estabelecido no artigo 245.º do CSC. Em especial, a postergação dos créditos de suprimentos e a resolução dos reembolsos efectuados no chamado período suspeito que antecede a declaração de insolvência. É conhecida a *ratio legis* deste regime; assenta na suspeita de que, em situações de subcapitalização, os empréstimos são feitos pelos sócios numa altura em que um comerciante honesto deveria realizar entradas para o capital próprio. Por essa razão, se passaram a chamar empréstimos substitutivos de capital e são tratados pelas leis com um regime próximo do capital próprio, colocando os créditos dos sócios assim nascidos numa posição subordinada face aos créditos de terceiros[28].

---

[27] Serão os juros incompatíveis com as prestações suplementares? V. os argumentos em SOFIA GOUVEIA PEREIRA, As *Prestações Suplementares no Direito Societário Português*, Principia, Cascais, 2004, p.152.
[28] Sobre o tema dos empréstimos substitutivos de capital, v. MARCO MAUGERI, *Finanziamenti "anomali" dei soci e tutela del património nelle società di capitali*, Giuffrè, Milano 2005;

Tornar este regime extensivo às prestações acessórias realizadas nas mesmas condições parece de elementar justiça[29].

Existem, além disso, elementos literais que caminham no mesmo sentido. Na verdade, a entrega de dinheiro a título de prestação acessória, com imposição à sociedade da obrigação de restituição e pagamento de juros, é um negócio jurídico com o conteúdo do contrato de suprimento, cuja regulamentação se deverá aplicar, como determina a segunda parte do n.º 1 dos artigos 209 e 287.

3. Prestações onerosas e gratuitas

I. O Prof. Raul Ventura chamou a atenção para as ambiguidades que a nomenclatura do Código poderia trazer. Em 1987, escreveu o seguinte: «As prestações gratuitas podem suscitar uma dúvida de natureza...; não havendo qualquer contrapartida da sociedade a uma prestação efectuada por um sócio, pode parecer que se trata de pura liberalidade do sócio. Na realidade não é assim; com ou sem contrapartida da sociedade, a obrigação acessória tem natureza societária, faz parte da relação jurídica criada entre os sócios pelo respectivo contrato. O sócio obriga-se a efectuar prestações acessórias como se obriga a efectuar a própria prestação de capital e todas as prestações que efectua à sociedade, na qualidade de sócio, têm um fim social, que as afasta das liberalidades ou doações. A nomenclatura legal «prestações feitas gratuitamente» pode levar a supor o contrário, mas o defeito é da nomenclatura...»[30].

Sonia Rodriguez Sànchez, «La Subordinación de los créditos de los sócios en las sociedades de capital», in *Tedencias actuales en la ordenación del control y el capital en las sociedades mercantiles*, Marcial Pons, Madrid, 2009, p.95; Ulrich Huber and Mathias Habersack, «Special rules for shaeholder Loans: Wich consequences Would Arise for Shareholders Loans if the system of legal capital should be abolished?» In Marcus Lutter (ed.), *Legal Capital in Europe*, De Gruyter Recht, Berlin, 2006, p.308.

[29] O art. 2467 do *Codice Civile* é, talvez, em direito substantivo, o último representante deste movimento legislativo: « *Il rimborso dei finanziamenti dei soci a favore della società è postergato rispetto alla soddisfazione degli altri creditori e, se avvenuto nell'anno precedente la dichiarazione di fallimento della società, deve essere restituito.Ai fini del precedente comma s'intendono finanziamenti dei soci a favore della società quelli, in qualsiasi forma effettuati, che sono stati concessi in un momento in cui, anche in considerazione del tipo di attività esercitata dalla società, risulta un eccessivo squilibrio dell'indebitamento rispetto al patrimonio netto oppure in una situazione finanziaria della società nella quale sarebbe stato ragionevole un conferimento.*»

[30] Raul Ventura, *Sociedade por Quotas*, Vol. I, Almedina, Coimbra, 1987,pág.,214. As leis estrangeiras recentes, como a *Ley de Sociedades de Capital* espanhola, estabelecem a dicotomia entre prestações gratuitas e prestações retribuídas (v. art.87).

Esta ambiguidade acentua-se nas prestações pecuniárias por causa do fácil paralelismo com a nomenclatura legal, mútuo oneroso e mútuo gratuito. A questão tem-se colocado especialmente nos casos em que, não havendo lugar à restituição, ou ficando esta vinculada à integridade do capital social, existe, no entanto, a obrigação de pagar juros. A Comissão de Normalização Contabilística, em parecer de 28/2/1996,[31] qualificou como gratuitas estas prestações, colocando o acento distintivo na ausência da obrigação de restituição. A prestação acessória gratuita, nesta acepção, corresponde, de algum modo, ao empréstimo perpétuo da Contabilidade Pública, «empréstimo em relação ao qual se não contrata a restituição do capital, mas apenas o pagamento pelo Estado, durante um período indefinido, de juros...»[32].

É esta a orientação que propomos: são gratuitas as prestações acessórias pecuniárias em que não há obrigação de restituir o capital ou em que a sua restituição fica vinculada à integridade do capital social; são onerosas aquelas em que a sociedade fique vinculada à obrigação de restituição.

II. A gratuitidade ou onerosidade, nas prestações com outros objectos, depende da existência ou inexistência de contraprestação por parte da sociedade.

---

[31] O parecer da Comissão de Normalização Contabilística foi do seguinte teor:
"1. As Prestações Acessórias são classificadas de acordo com a legislação em gratuitas e onerosas (quer vençam ou não juros).
2. De acordo com o entendimento jurídico da Inspecção-Geral de Finanças, as prestações gratuitas não dão lugar a contrapartida de reembolso pela empresa beneficiária, enquanto as onerosas são reembolsáveis.
3. Assim sendo as prestações onerosas devem ser classificadas como passivo, sendo a conta adequada a de 25 – Accionistas.
4. As prestações acessórias gratuitas têm a natureza de Capital Próprio, e na falta de conta de Razão específica, considera-se de utilizar a conta 53 – Prestações Suplementares em sub-conta a designar de Prestações Acessórias gratuitas.
Esta situação deverá ser explicitada na nota 48 do Anexo ao Balanço e Demonstração dos Resultados."
[32] ANTÓNIO L. DE SOUSA FRANCO, *Finanças Públicas e Direito Financeiro*, Almedina, Coimbra,1986, p.521.

Resumo: As prestações suplementares constituem um importante meio de financiamento das sociedades pelos sócios. No presente estudo, abordamos algumas questões suscitadas por este meio de financiamento, nomeadamente, a cláusula do contrato de sociedade e a deliberação de chamada de prestações suplementares, as deliberações abusivas e o incumprimento das prestações suplementares.

Abstract: Supplementary contributions are an important way of financing the companies through their shareholders. In the present study, I analyse some questions roused by this financing mean, namely, the provision in the articles of association and the resolution calling for supplementary contributions, the abusive resolutions and the shareholders breach of duty to pay supplementary contributions.

ALEXANDRE MOTA PINTO*

As Prestações Suplementares

1. Introdução: a crescente importância prática das prestações suplementares, após a entrada em vigor do C.S.C..

As prestações suplementares não têm despertado um grande interesse da doutrina pátria, apesar de aparentemente terem vindo a assumir uma crescente importância prática, desde a aprovação do Código das Sociedades Comerciais.

Previsto, pela primeira vez, na lei alemã das sociedades de responsabilidade limitada de 1982 (§§ 26 a 28 da *GmbHG*), com inspiração histórica nos sindicatos de exploração mineira e nas companhias de navegação, o "*Nachschüsspflicht*" foi importado pela lei das sociedades por quotas de 1901 (LSQ de 1901), que previa as prestações suplementares nos artigos 17.º, 18.º e 19.º.

O objectivo do legislador na LSQ de 1901 foi a previsão de uma forma flexível de financiamento com capitais próprios, cuja exigibilidade e restituição não se submetessem à rigidez dos preceitos sobre o aumento e a redução do capital social, permitindo às sociedades por quotas adaptarem-se facilmente a necessidades variáveis de capital.

Contudo, na prática, as prestações suplementares não satisfizeram a necessidade sentida pelos sócios de recorrerem a meios de financiamento

* Doutor em Direito pelo Instituto Universitário Europeu de Florença e advogado na Uría Menéndez--Proença de Carvalho

mais flexíveis, tendo sido preteridas pelo recurso aos suprimentos, meio de financiamento totalmente livre e que não se encontrava vinculado à protecção do capital social nem assumia qualquer responsabilidade pelas dívidas sociais[1], podendo ser exigido na falência, como qualquer outro crédito.

Para a escassa relevância prática das prestações suplementares, durante a vigência da LSQ de 1901[2], terão também contribuído os seguintes factores:

O carácter ilimitado da obrigação de prestações suplementares, caso o pacto social não previsse qualquer limite (artigos 17.º, § 2.º e 18.º da LSQ de 1901); a má publicidade associada ao facto de a deliberação de restituição de prestações suplementares estar sujeita a publicação e só poder efectuar-se três meses após esta publicação (artigo 21.º, § 2), e apenas se não houvesse oposição dos credores (cfr. artigos 47.º, § 1 e 22.º); por fim, a possibilidade de os credores sociais exigirem judicialmente a chamada de prestações suplementares, se tal se revelasse necessário ao reembolso dos seus créditos já vencidos (artigo 47.º, § 2.º).

Desde a entrada em vigor do Código das Sociedades Comerciais (C.S.C.), a figura de que tratamos adquiriu uma crescente relevância prática[3], comprovada pelo crescimento do número de decisões jurisprudenciais sobre prestações suplementares.

Esta maior relevância resulta, certamente, de os suprimentos terem sido objecto de regulamentação, nos artigos 243.º a 245.º do C.S.C.[4], que limitaram a possibilidade de reembolso imediato dos suprimentos e os transformaram em capital responsável pelas dívidas sociais, diminuindo assim

---

[1] Note-se que, à época, os suprimentos não mereciam qualquer regulamentação legal autónoma, sendo qualificados como simples mútuos – e o respectivo reembolso seria exigível a todo o tempo, nos termos previstos para o contrato de mútuo sem prazo – situação que se alterou apenas com a previsão e regulamentação legal do contrato de suprimento, nos artigos 243.º a 245.º do Código das Sociedades Comerciais.

[2] De tal ordem que o Professor Raúl Ventura chegou a defender a supressão da figura, no C.S.C. – V. Raúl VENTURA, *Sociedades por Quotas, vol. I, Comentário ao Código das Sociedades Comerciais*, 2ª ed., Coimbra, 1989, pág. 236, notando que, muitas vezes, se encontrava nos contratos de sociedade uma cláusula a afastar a exigibilidade das prestações suplementares, convenção que sendo desnecessária, mostrava bem a fraca adesão e sobretudo a desconfiança que esta figura mereceu da parte dos sócios de sociedades portuguesas.

[3] Apontando razões estruturais e conjunturais, para o maior recurso a este meio de financiamento, v. Rui PINTO DUARTE, *Suprimentos, prestações acessórias e prestações suplementares- -Notas e Questões, in Problemas do direito das sociedades*, IDET, Coimbra, 2002, págs. 275-77.

[4] Pertencem a este Código, aprovado pelo Decreto-Lei n.º 262/86, de 2 de Setembro, todas as normas citadas sem indicação especial.

as desvantagens comparativas das prestações suplementares, enquanto meio alternativo de financiamento da sociedade pelos sócios.

Por outro lado, também poderá ter havido uma progressiva percepção de que uma sólida estrutura de capitais próprios é um elemento muito importante, para a credibilidade da sociedade, privilegiando assim o recurso às prestações suplementares.

Esta maior relevância prática não terá sido acompanhada de idêntico crescimento do interesse doutrinal pela figura, embora se reconheça que vão longe os tempos em que, numa consulta, um assinante da Revista de Legislação e Jurisprudência perguntava se a realização de prestações suplementares implicava alteração do capital social[5]. Além do estudo de Raul Ventura, no extenso comentário aos artigos 210.º a 213.º[6], destacam-se os vários estudos mais recentes de Rui Pinto Duarte[7] e uma interessante monografia de Sofia Gouveia Pereira[8].

Ainda recentemente, tive oportunidade de acompanhar uma chamada de prestações suplementares, que acabou por levar à exclusão de sócios pela não realização das prestações deliberadas – e de acompanhar, em Tribunal, duas providências cautelares de suspensão das deliberações de chamada de prestações suplementares e de exclusão dos sócios incumpridores e as respectivas acções de anulação –, tendo-me apercebido de que alguns problemas ainda permanecem por estudar.

Numa tentativa de superar as deficiências, desde logo temporais, de qualquer *praxis*, tentarei agora dar algum conforto teórico às questões, com que então me defrontei.

---

[5] V. R.L.J., 63.º ano, 1930-1931, (n.º 2408), pág. 71.
[6] Raúl Ventura, *Sociedades por Quotas*, cit., págs. 233 a 273.
[7] Rui Pinto Duarte, *Suprimentos, prestações acessórias e prestações suplementares-Notas e Questões*, in *Problemas do direito das sociedades*, IDET, Coimbra, 2002, págs. 257 a 280, Id, *Prestações suplementares e prestações acessórias (uma reincidência)*, in *Congresso empresas e sociedades, nos 20 anos do Código das Sociedades Comerciais, homenagem aos Profs. Doutores A. Ferrer Correia, Orlando de Carvalho e Vasco Lobo Xavier*, Coimbra, 2007, págs. 693 a 706, Id, *Escritos sobre direito das sociedades. Contribuições dos sócios para além do capital social: prestações acessórias, prestações suplementares e suprimentos*, Coimbra, 2008, págs. 225 a 259.
[8] Sofia Gouveia Pereira, *As prestações suplementares no direito societário português*, Cascais, 2004 (dissertação de Mestrado). Esta Autora efectua uma interessante análise empírica de cem contratos de sociedade celebrados no ano 2000, que previam obrigações de prestações suplementares, tendo concluído que "eram poucos os pactos sociais de sociedades por quotas que não continham uma cláusula de prestações suplementares" e que "aqueles que não continham nenhuma referência à obrigação de prestações suplementares normalmente estipulavam suprimentos" (ob. cit., pág. 30).

2. A exigibilidade das prestações suplementares

A obrigação de realizar prestações suplementares nasce apenas, se o contrato de sociedade o permitir e os sócios aprovarem uma deliberação a exigir as prestações. Analisemos estes dois elementos constitutivos da obrigação.

a) A cláusula permissiva no contrato de sociedade

aa) A determinabilidade do montante exigível, no momento em que o sócio entra para a sociedade

Nos termos do artigo 210.º, n.º 4, do C.S.C., elemento essencial da cláusula é *"o montante global das prestações suplementares"* (cfr. o artigo 210.º, n.º 3, alínea a)).

Visto que será sempre necessária uma deliberação, os sócios não estão obrigados a esgotar, no próprio contrato de sociedade, a regulamentação dos termos em que as prestações poderão ser exigidas. No entanto, terão sempre de fixar o montante global das mesmas (v.g. *"poderão ser realizadas prestações suplementares até ao montante global de um milhão de euros"*, *"são permitidas prestações suplementares, até ao montante global de um milhão de euros"*, ou *"poderão ser exigidas prestações suplementares até ao montante global de um milhão de euros"*).

A razão de ser desta exigência é (em primeira linha) a protecção dos sócios que devem poder prever os sacrifícios patrimoniais que a entrada para a sociedade pode implicar. Torna-se, por isso, necessário que a cláusula esteja redigida, em termos de o montante das prestações suplementares ser previsível ou determinável pelos sócios, antes de entrarem para a sociedade[9]/[10].

---

[9] V. Sofia GOUVEIA PEREIRA, *As prestações suplementares* cit. pág. 144.

[10] Normalmente, os contratos de sociedade fixam apenas o montante das prestações suplementares, não indicando se o mesmo se refere ao montante global ou por sócio – por exemplo, dispondo que *"podem ser exigidas aos sócios prestações suplementares até ao montante de um milhão de euros"*.

Perante cláusulas deste tipo (e na ausência de outros apoios interpretativos), deverá entender-se que os sócios previram o montante global da obrigação de prestações suplementares, que constitui um elemento essencial da obrigação, aplicando-se o critério supletivo de repartição da obrigação entre os sócios, em termos proporcionais às suas quotas (cfr. o artigo 210.º, n.º 4).

Sendo a fixação do montante global das prestações um elemento essencial, a sua omissão implica a nulidade[11] da cláusula estatutária (nos termos do artigo 294.º do Código Civil, por violação dos artigos 210.º, n.º 3, alínea a), e n.º 4 (1ª parte).

Por não cumprirem a exigência mínima de determinabilidade *"ex ante"*[12], são nulas as cláusulas que prevêem prestações suplementares em montante determinável, apenas à data da deliberação (v.g. *"podem ser exigidas prestações suplementares em montante correspondente às reservas da sociedade existentes em cada momento"*[13], ou *"são permitidas prestações suplementares necessárias para suprir as perdas do capital social"*[14]).

A exigência de prévia determinabilidade do montante das prestações conduz-nos aos problemas suscitados pelas cláusulas em que o montante da obrigação de prestações suplementares é calculado com base no montante do capital social.

ab) As cláusulas que fixam o montante exigível, com base no montante do capital social

Ao que parece[15], a forma mais comum de fixação do montante global das prestações suplementares é a indexação do montante das prestações suplementares ao montante do capital social – por exemplo, dispondo que *"aos sócios poderão ser exigidas prestações suplementares até ao dobro do capital social"* ou *"são permitidas prestações suplementares até ao montante correspondente a dez vezes o capital social"*.

Tendo em conta que o capital social é apenas tendencialmente estável, podendo ser aumentado, com o consequente aumento das prestações suplementares, temos de questionar se estas cláusulas cumprem a exigência de determinabilidade *"ex ante"* das prestações suplementares.

---

11 V. J. COUTINHO DE ABREU, *Curso de Direito Comercial*, vol. II, *Das Sociedades*, Coimbra, 2005, pág. 325.
12 V. Sofia GOUVEIA PEREIRA, *As prestações suplementares* cit. pág. 144.
13 Cláusula cuja nulidade foi confirmada pelo Acórdão da Relação de Coimbra de 13 de Abril de 1994, in CJ 1994, tomo II, pág. 27.
14 Cláusula inspirada na situação analisada pelo Acórdão da Relação de Évora, in CJ ano 1987, 4.º, pág. 290, em que os sócios deliberaram a realização de prestações suplementares para cobertura de perdas do balanço, com base numa cláusula que previa a repartição das perdas pelos sócios, proporcionalmente às suas quotas.
15 De acordo com a análise empírica efectuada por Sofia GOUVEIA PEREIRA, *As prestações suplementares* cit. pág. 31, sessenta e cinco por cento das cláusulas fixam o montante das prestações suplementares, através de indexação ao montante do capital social.

Em face da necessária determinabilidade do montante das prestações suplementares, estas cláusulas (e as deliberações em que as mesmas se baseiem) serão nulas, caso sejam interpretadas no sentido de o montante das prestações suplementares exigível ser calculado com base no montante do capital social que a sociedade tiver em cada momento. Será assim nula uma cláusula com o seguinte teor: *"são exigíveis aos sócios prestações suplementares até ao dobro do capital social da sociedade, à data da deliberação"*.

Além de ser nula por violar a determinabilidade do montante das prestações prescrita pelo artigo 210.º, n.º 3, alínea a), e n.º 4 (1ª parte), uma tal cláusula poria em causa a proibição (essencial, nas sociedades de responsabilidade limitada) de aumento das prestações impostas pelo contrato aos sócios, sem o consentimento destes (artigo 86.º, n.º 2)[16]. Portanto, se fossem interpretadas no sentido de implicarem um aumento do montante das prestações suplementares, as deliberações de aumento do capital social seriam ineficazes, em relação aos sócios que não consentissem expressamente no aumento do montante das prestações exigíveis.

Em face do exposto, devem aproveitar-se estas cláusulas, muito comuns na prática societária, interpretando-as no sentido de se referirem ao montante do capital social, no momento em que o sócio entrou para a sociedade (ou no momento em que foi introduzida no contrato a obrigação de prestações suplementares).

Cabe referir, por último, e como decorre do exposto, que a introdução no contrato de sociedade de uma cláusula de permissão de prestações suplementares é ineficaz em relação aos sócios que nela não tenham consentido (artigo 86.º, n.º 2).

Sendo a alteração do contrato de sociedade aprovada (pela *"maioria de três quartos dos votos correspondentes ao capital social"* – artigo 265.º, n.º 1), as prestações suplementares poderão ser exigidas[17] apenas aos sócios que votaram favoravelmente aquela deliberação.

---

[16] A menos que, tendo todos os sócios votado favoravelmente o aumento do capital social, da acta em que conste a respectiva deliberação resulte, sem margem para dúvidas, que os sócios pretenderam igualmente aumentar o montante das prestações suplementares.

[17] Trata-se aqui, portanto, de uma das excepções legais ao disposto no artigo 55.º.

ac) **Conteúdos facultativos da cláusula. Os critérios supletivos de determinação dos sócios obrigados e de repartição das prestações entre estes; outros conteúdos facultativos**

Nos termos do artigo 210.º, n.º 3, alíneas b) e c), a cláusula permissiva de prestações suplementares pode fixar os sócios que ficam obrigados a efectuar tais prestações e o critério de repartição das prestações entre os sócios.

As referidas normas autorizam assim um tratamento desigual dos sócios – desigualdade que, aliás, se pode justificar por variadíssimas circunstâncias –, quer dispondo que só alguns ficam obrigados a efectuar as prestações (v.g. *"os sócios A e B ficam obrigados a realizar prestações suplementares no montante de cem mil euros"*), quer prevendo um critério de repartição não proporcional às quotas dos sócios (v.g. *"podem ser exigidas prestações suplementares, ficando o sócio A obrigado a realizar metade das prestações que vierem a ser exigidas e os restantes sócios a outra metade em termos proporcionais às suas quotas"*).

Caso os sócios nada convencionem, a lei determina supletivamente que *"todos os sócios são obrigados a efectuar prestações suplementares"* e que a *"obrigação de cada sócio é proporcional à sua quota de capital"* (artigo 210.º, n.º 4).

Note-se, por fim, que a cláusula pode ter outros conteúdos, por exemplo, limitando no tempo a exigibilidade das prestações suplementares (v.g. *"Durante os cinco anos iniciais de actividade da sociedade são exigíveis prestações suplementares, até ao montante de cem mil euros"*), introduzindo exigências especiais de quórum para a aprovação da respectiva deliberação, o que se poderá revelar útil para a protecção de sócios minoritários ou, ainda, prevendo o fim a que as prestações se destinam (v.g. para fazer face a certos investimentos futuros desde já previsíveis ou para pagar a contrapartida a um sócio, no caso de este exercer o seu direito de exoneração da sociedade[18]).

Nesta última hipótese, caso venham a ser deliberadas prestações suplementares que não respeitem o escopo previsto no contrato, a deliberação será anulável (artigo 58.º, n.º 1, alínea a), parte final)[19]. Por outro lado, caso após a deliberação, a finalidade prosseguida se vier a tornar impos-

---

[18] V., um exemplo de uma cláusula deste último tipo, em Sofia GOUVEIA PEREIRA, *As prestações suplementares* cit. pág. 34.
[19] Como é óbvio, o que releva é se as prestações serão de facto afectas à finalidade acordada no contrato, não se tornando a deliberação válida, pelo simples facto de a deliberação aprovada se referir àquela finalidade.

sível (por exemplo, porque as prestações se destinavam ao investimento num determinado aparelho, que entretanto já foi vendido a um terceiro), a obrigação poderá extinguir-se por impossibilidade objectiva (artigo 790.º, n.º 1, do Código Civil), com a importante consequência de os sócios não ficarem sujeitos às pesadas consequências do incumprimento das prestações suplementares.

b) A deliberação a exigir prestações suplementares

Sendo um elemento necessário para o nascimento da obrigação de prestações suplementares, a cláusula permissiva no contrato de sociedade não é contudo um elemento suficiente, visto que a obrigação e o correspondente crédito da sociedade só se constituem com a deliberação a exigir prestações suplementares aos sócios.

Até à deliberação, existe apenas a possibilidade de a sociedade impor essa obrigação aos sócios. Parece-nos que, até à tomada da deliberação, a sociedade tem apenas um direito potestativo de constituir uma obrigação de prestações suplementares, a que corresponde um estado de sujeição dos sócios. Não há, ainda qualquer obrigação, nem o correspondente direito de crédito, o que explica que o administrador da insolvência não possa exigir o pagamento de prestações suplementares ainda não deliberadas.

O crédito da sociedade e a correspondente obrigação do sócio só nascem com a deliberação. Só então pode o crédito ser penhorado, transmitido ou exigido, na falência da sociedade.

ba) Elementos essenciais da deliberação

A deliberação a exigir prestações suplementares aos sócios – deliberação de "chamada" de prestações suplementares, numa terminologia que se fixou com a LSQ cujo artigo 19.º, § único se referia expressamente à *"chamada de prestações suplementares"* – deve fixar o montante tornado exigível, sendo assim evidente que o montante previsto nos estatutos pode ser (e normalmente é) exigido por parcelas, através de sucessivas deliberações (artigo 211.º, n.º 1, 1.º parte).

Sublinhe-se que a lei só exige a fixação do montante global das prestações suplementares deliberadas, obtendo-se o montante a que cada sócio fica obrigado por simples operação aritmética, com base na proporção da quota do sócio em causa no capital social (isto, claro está, se o contrato não fixar outro critério de repartição). Em todo o caso, será mais seguro fixar logo na acta, quer o montante global, quer o montante que fica a caber a cada sócio.

A deliberação de chamamento deve ainda fixar o prazo da prestação, o qual não pode ser inferior a 30 dias a contar da comunicação aos sócios, podendo estabelecer-se que a obrigação será liquidável em várias prestações, hipótese em que a não realização de uma delas implicará o vencimento de todas (v. o artigo 781.º do Código Civil).

Como se vê, é necessária uma comunicação aos sócios informando-os da deliberação de chamamento. Esta comunicação, a cargo da gerência, poderá ser feita na própria assembleia geral (tratando-se de assembleia universal), devendo em todo o caso e para maior segurança constar da própria acta, mas também pode ser efectuada por carta registada enviada para o domicílio dos sócios (opção que aconselhamos, por razões de certeza e segurança).

A deliberação é aprovada por maioria simples (v. artigo 250.º, n.º 3), a menos que o contrato exija uma maioria qualificada.

bb) Outros pressupostos de validade da deliberação

A lei estabelece ainda dois pressupostos de validade da deliberação. Em primeiro lugar, a deliberação só pode ser tomada depois de interpelados todos os sócios para integral liberação das suas quotas (artigo 211.º, n.º 2).

Note-se que a norma exige apenas que, à data da deliberação, os sócios – todos os sócios, e não apenas o(s) sócio(s) a quem as prestações são exigidas (caso o contrato obrigue apenas alguns) – tenham sido interpelados para a liberação das suas quotas e não já que as tenham efectivamente liberado.

Significa isto, que tendo sido diferida a realização das entradas (artigos 26.º e 203.º, n.º 1) acordadas no contrato, as prestações suplementares só podem ser exigidas quando se verificar o termo do prazo de diferimento[20], visto que só nesse momento a sociedade poderá interpelar os sócios, para a liberação das suas quotas.

---

[20] Exigindo o artigo 211.º, n.º 2, que tenham sido interpelados todos os sócios para a integral liberação das suas quotas de capital, em rigor a deliberação de chamamento só pode ser tomada quando terminar o prazo mais extenso concedido aos sócios no contrato, para a liberação das suas entradas de capital (e em qualquer caso, no termo do prazo de cinco anos sobre a celebração do contrato – cfr. o artigo 203.º, n.º 1).

Esta norma pretende contribuir para um financiamento ordenado da sociedade com capitais próprios, no interesse dos credores e também dos próprios sócios[21], tendo em conta que as prestações suplementares (como o próprio nome indica) acrescem às entradas para o capital social. Assim, não faria sentido que os sócios pudessem ser chamados a realizar prestações suplementares, quando ainda nem sequer se tornou exigível a (ou, pelo menos, a sociedade não exigiu o cumprimento da) sua obrigação de entrada.

Em segundo lugar, o artigo 211.º, n.º 3, proíbe a chamada de prestações suplementares se a sociedade tiver sido dissolvida, por qualquer causa. Confirma-se, portanto, que o administrador da insolvência não pode exigir ao sócio prestações suplementares ainda não deliberadas[22].

bc) Alusão ao problema das deliberações abusivas.

Uma questão que se poderá colocar com alguma frequência é o eventual carácter abusivo (emulativo) da deliberação de chamada de prestações suplementares, com a consequência de a deliberação ser anulável (artigo 58.º, n.º 1, alínea b), 2.ª parte).

Tendo em conta que o incumprimento das prestações determina (ou melhor, poderá determinar) a exclusão dos sócios que não as realizem, muitas vezes os sócios alegarão que a deliberação foi tomada com o único propósito de os prejudicar, visando forçá-los a um desembolso desnecessário ou até exclui-los do grémio social.

A minha experiência recente indica-me que não será fácil provar o carácter abusivo da deliberação, em tribunal, especialmente no contexto actual de crise. Desde logo, porque em face dos reconhecidos problemas

---

[21] Se estivesse em causa, apenas o interesse dos sócios – absolutamente compreensível, visto que seria inaceitável, que tendo sido acordado um determinado prazo de diferimento das entradas a realizar por certo sócio (v.g. três anos), este pudesse ser chamado a realizar prestações suplementares, antes de decorrido aquele prazo (por exemplo, ao fim de um ano) –, justificar-se-ia que os sócios pudessem afastar esta exigência, nos estatutos da sociedade (como se propôs no Anteprojecto de Coimbra).
Sucede que, nesta norma, não está apenas em causa a protecção dos sócios, visto que um sócio (que já tenha realizado as suas entradas ou tenha sido interpelado para as realizar) pode recusar-se a efectuar prestações suplementares, porque um outro sócio ainda não foi interpelado para realizar as suas entradas, o que demonstra que esta norma protege um financiamento ordenado da sociedade com capitais próprios, tutelando assim os interesses dos credores da sociedade.

[22] Ao contrário do que estabelecia o artigo 47.º, § 2, da LSQ.

de subcapitalização das sociedades portuguesas e da credibilidade sempre associada ao reforço dos capitais próprios das sociedades, será difícil provar que a deliberação não serve o interesse social...

Para que a deliberação seja considerada abusiva é necessário provar dois factos[23], um objectivo e o outro subjectivo: a idoneidade objectiva da deliberação para prejudicar os sócios; a intenção subjectiva de provocar esse prejuízo.

A prova do primeiro elemento não se pode bastar com a consideração abstracta de a deliberação exigir um sacrifício patrimonial aos sócios e de o seu incumprimento poder ter como consequência a exclusão dos sócios. Será necessário atentar, em concreto, noutros factos, nomeadamente:

– Se os sócios têm vindo a fruir os investimentos de capitais próprios efectuados na sociedade, através da distribuição de lucros;

– O montante das prestações suplementares exigidas, em confronto com os lucros que têm vindo a ser distribuídos;

– Se os sócios, no passado, já efectuaram prestações suplementares a favor da sociedade;

– Se os sócios em causa dispõem de condições económicas para realizar as prestações suplementares;

A prova do segundo elemento será normalmente obtida por inferência, com base em factos objectivos – tendo em conta que será difícil ou até muitas vezes impossível a prova directa de um elemento psicológico – nomeadamente:

– A situação financeira da sociedade, designadamente as suas carências de liquidez, em face do passivo de curto prazo. Este elemento será praticamente decisivo, quando se demonstre que a sociedade carece de liquidez para fazer face a necessidades de pagamento de curto prazo. Esta prova normalmente será feita através de peritos (revisores oficiais de contas, auditores, economistas etc.), devendo salientar-se que o aspecto mais relevante é a capacidade da sociedade para gerar liquidez face às suas exigências de liquidez no curto prazo, e não já o facto de a sociedade ter uma estrutura de capitais sólida ou ter obtido lucros, nos últimos exercícios.

– O montante das prestações suplementares deliberado, em face do montante total que poderia ter sido deliberado;

– A existência de novos projectos de investimento, justificados à luz de critérios de racionalidade empresarial.

É importante sublinhar que não se deve transformar o juiz num gestor, a quem caberia uma análise em segunda linha dos méritos do recurso às

---

[23] Trata-se de factos que, como tal deverão ser alegados e dados como provados. Em todo o caso, pode o Juiz inferir os mesmos factos de outros factos alegados e provados.

prestações empresariais de um ponto de vista de uma gestão criteriosa – ponderando, por exemplo, entre as vantagens do recurso a capitais próprios (dos sócios) e a capitais alheios (por exemplo, crédito bancário). Ao juiz cabe, apenas, verificar se esta deliberação não se justifica à luz do interesse social num equilibrado e adequado financiamento da sociedade com capitais próprios, sendo apenas dirigida a causar prejuízos aos sócios.

3. Incumprimento das prestações suplementares: mora e incumprimento definitivo.

A deliberação de prestações suplementares deve definir o prazo em que as prestações serão efectuadas, prazo este que se conta a partir da comunicação aos sócios da deliberação de chamada e não pode ser inferior a 30 dias.

Como é óbvio, os sócios podem efectuar a prestação antes de decorrido o prazo (v.g., no própria dia da assembleia geral ou em que recebem a comunicação a exigir as prestações), visto que este é estabelecido em seu benefício (v. o artigo 779.º do Código Civil).

Se o sócio não efectuar a prestação no prazo fixado, entra em mora (artigo 804.º, n.º 2, do Código Civil), tornando-se, por isso, responsável pelos juros a contar do termo do prazo da prestação.

Neste caso, a sociedade deverá avisar o sócio por carta registada de que, a partir do trigésimo dia seguinte à recepção da carta, fica sujeito a exclusão e a perda total ou parcial da quota (artigo 204.º, n.º 1, aplicável "ex vi" artigo 212.º, n.º 1). Não sendo o pagamento efectuado neste prazo, a sociedade pode deliberar excluir o sócio (artigo 204.º, n.º 2, "ex vi" artigo 212.º, n.º 1).

Em que momento, é que se verifica um incumprimento definitivo da obrigação de efectuar as prestações suplementares?

Trata-se de uma questão com relevância prática, que ainda recentemente testemunhámos, numa situação em que dois sócios pretenderam realizar as prestações suplementares há muito (cerca de dez meses) deliberadas, no início da assembleia geral que tinha como ponto único da ordem de trabalhos a respectiva exclusão, juntando para o efeito cheques com o montante das prestações em falta.

Se, naquele momento, se mantivesse uma situação de simples mora, a sociedade não poderia recusar o pagamento, ficando obrigada a aceitar as prestações dos retardatários, acrescidas dos respectivos juros. Já poderia recusar a prestação se, naquele momento, o incumprimento fosse definitivo.

Parece-nos ser esta última a solução adequada: ao avisar o sócio por carta registada de que a partir do trigésimo dia seguinte à recepção da carta, fica sujeito a exclusão e a perda da quota, a sociedade fixa-lhe um prazo razoável – razoabilidade esta ponderada pelo próprio legislador – para cumprir a sua obrigação, considerando-se esta definitivamente incumprida caso as prestações não sejam efectuadas dentro daquele prazo, conforme prescreve o artigo 808.º, n.º 1 do Código Civil.

Refira-se, por fim, que a sociedade não pode exonerar o sócio incumpridor da sua obrigação de efectuar as prestações, nem este pode opor ao crédito da sociedade compensação (por exemplo, com créditos de suprimentos que detenha na sociedade).

4. Consequências do incumprimento: o regime da exclusão do sócio

Como decorre do exposto, o artigo 212.º, n.º 1, manda aplicar à obrigação de efectuar prestações suplementares o disposto nos artigos 204.º e 205.º, relativos ao incumprimento da obrigação de entrada. Assim, se as prestações não forem efectuadas no prazo deliberado (não inferior a 30 dias) e que foi objecto de comunicação aos sócios, a sociedade deverá avisar o sócio por carta registada de que, a partir do 30.º dia seguinte à recepção da carta, fica sujeito a exclusão e a perda total ou parcial da quota (artigo 204.º, n.º 1, aplicável "ex vi" artigo 212.º, n.º 1).

Trata-se de um verdadeiro dever que impende sobre a gerência da sociedade, de comunicar aos sócios inadimplentes as consequências a que ficam sujeitos: exclusão da sociedade e perda de quota.

Caso o pagamento não seja efectuado, no prazo fixado no artigo 204.º, n.º 1, a sociedade pode deliberar excluir o sócio. Trata-se, a meu ver, de uma faculdade, podendo a gerência optar por propor uma acção executiva contra o sócio[24] – podendo a acta da deliberação servir de título executivo, nos termos do artigo 46.º, alínea c), do Código de Processo Civil.

Muitas vezes, a sociedade acabará por prosseguir o processo de exclusão dos sócios incumpridores, visto que será comum (e até compreensível) que outro(s) sócio(s) – que tendo assumido o sacrifício patrimonial correspondente à sua obrigação vê com maus olhos que um outro sócio que não assumiu tal sacrifício se mantenha na colectividade – exerça o seu direito (cfr. o artigo 248.º, n.º 2, do C.S.C.) de pedir aos gerentes a convocação de uma assembleia geral e a inclusão da deliberação de exclusão dos sócios incumpridores, na respectiva ordem do dia.

---

[24] Ou uma acção declarativa de condenação, caso o requerimento executivo vier a ser indeferido por algum dos motivos constantes do artigo 811.º-A, do C.P.C..

Será assim necessária a convocação de uma assembleia geral para deliberar sobre a exclusão dos sócios que não efectuaram as prestações suplementares deliberadas, não podendo estes sócios votar a referida deliberação (artigo 251.º, n.º 1, alínea d)), que deve ser aprovada por maioria dos votos emitidos (artigo 250.º, n.º 3).

O facto de a lei atribuir um direito de exoneração aos sócios que votarem favoravelmente a deliberação de exclusão, caso esta não venha a ser aprovada (artigo 240.º, n.º 1, alínea b)), com a correspondente obrigação de a sociedade amortizar as respectivas quotas, poderá contribuir para que alguns sócios viabilizem a aprovação da deliberação de exclusão (ponderando entre os custos da exclusão do sócio incumpridor e os custos normalmente superiores da amortização da quota dos sócios que exerçam o seu direito de exoneração).

Deliberando a sociedade excluir o sócio, deve comunicar-lhe, por carta registada, a sua exclusão, com a consequente perda a favor da sociedade da sua quota (artigo 204.º, n.º 2) e pagamentos já realizados, ficando assim a quota submetida ao regime das quotas próprias (v. os artigos 220.º, n.ºs 1 e 3, e 324.º).

Note-se que o regime da exclusão por não realização de prestações suplementares (submetendo-se ao regime da exclusão por não realização das entradas) é bem mais severo que o regime geral da exclusão (artigo 241.º, n.º 2) ou da amortização compulsiva (artigo 233.º, n.º 1), em que o sócio tem direito ao valor de liquidação da quota correspondente a uma parte dos capitais próprios proporcional à sua participação na sociedade.

De facto, neste regime, o sócio é sancionado pelo seu incumprimento, podendo a sociedade vender a sua quota a terceiros ou aos restantes sócios, desde que o preço oferecido seja suficiente para cobrir as prestações suplementares em dívida e para devolver ao sócio a entrada efectuada por conta da quota.

Deliberada a exclusão, a lei permite as seguintes vias:

– A sociedade (através da gerência) pode fazer vender a quota em hasta pública (artigo 205.º, n.º 1, 1ª parte), caso os sócios não decidam de outro modo, o que estes normalmente farão, quer para evitar que possa entrar um estranho no grémio social, quer para impedir que o sócio excluído (por exemplo, através da interposição fictícia de um terceiro) pudesse readquirir a quota;

– Os sócios podem deliberar a venda da quota a um terceiro (artigo 205.º, n.º 1, 2ª parte);

– Os sócios podem deliberar que a quota perdida a favor da sociedade seja dividida proporcionalmente às dos restantes sócios, vendendo-se a cada um deles a parte que lhe couber (artigo 205.º, n.º 2, alínea a);

– Os sócios podem deliberar que a quota seja vendida a todos ou alguns dos sócios, podendo, contudo, qualquer sócio exigir que lhe seja atribuída uma parte proporcional à sua quota (artigo 205.º, n.º 2, alínea b).

Desde que o preço ajustado seja superior ao valor das prestações suplementares em dívida e das entradas já efectuadas pelo sócio, este não se pode opor à venda, tendo apenas direito à entrega deste valor. Do valor pago pela venda do sócio excluído, a sociedade deve reter o valor das prestações suplementares em dívida, pagar ao sócio o montante das (entradas por conta das) quotas já efectuadas e ficar com o valor remanescente.

5. As prestações suplementares como capital próprio da sociedade

Do regime das prestações suplementares resulta, sem margem para dúvidas, que estas constituem capital próprio das sociedades.

As prestações suplementares, que têm sempre dinheiro por objecto, estão vinculadas à protecção do capital social, não podendo ser restituídas se o património líquido da sociedade se tornar inferior à soma do capital social e da reserva legal (artigo 213.º, n.º 1).

Por outro lado, as prestações suplementares são responsáveis pelas dívidas sociais, uma vez que não podem ser restituídas depois de declarada a falência da sociedade (artigo 213.º, n.º 3)[25]. Portanto, estas prestações constituem capital vinculado e responsável pelas dívidas sociais, as duas características essenciais do capital próprio.

Por último, as prestações suplementares não podem ser retribuídas de forma certa, uma vez que *"não vencem juros"* (artigo 210.º, n.º 5). e o respectivo incumprimento segue o regime consagrado para o incumprimento das obrigações de entrada (artigo 212.º, n.º 1). O que reforça a conclusão de que as prestações suplementares constituem capital próprio da sociedade[26].

Neste aspecto, há uma total coincidência entre a contabilidade e o Direito, uma vez que o Plano Oficial de Contabilidade inclui as prestações suplementares, no capital próprio (na conta n.º 53).

---

[25] Um dos motivos que contribuiu para o grande desenvolvimento dos suprimentos, em Portugal, foi o *insucesso* das prestações suplementares, o que se ficou decisivamente a dever, sem dúvida, ao facto de estas, ao contrário dos empréstimos dos sócios, constituírem capital próprio vinculado à conservação do capital social e responsável pelas dívidas sociais.

[26] De acordo com S. Eilers/ J. Sieger, *Die Finanzierung...*, cit., pág. 4, as prestações suplementares constituem a forma mais flexível de financiar a sociedade com capital próprio.

Resumo: O regime previsto no Código Cooperativo português para o capital social e para a reserva legal é manifestamente incipiente face às exigências que o mercado coloca às cooperativas em matéria de financiamento e face às novas orientações contabilísticas. Assim, este estudo propõe-se repensar o regime jurídico daquelas figuras no ordenamento português, na linha do que foi seguido noutros ordenamentos.

Abstract: Since the treatment provided in the Portuguese Cooperative Law, as to the legal capital and the legal reserve, is clearly incipient, when confronted both with what the market asks from the cooperatives in terms of funding and with the new accounting guidelines, this study proposes to rethink the legal regime of those concepts in the Portuguese legislation, in line with the path followed in other legal systems.

DEOLINDA APARÍCIO MEIRA*

As insuficiências do regime legal do capital social e das reservas na cooperativa

1. Preliminar

A exposição subsequente centrar-se-á na análise das insuficiências do regime legal do capital social e das reservas na cooperativa, previsto no Código Cooperativo Português (*CCoop*)[1], as quais se traduzem numa clara desvantagem competitiva para a cooperativa, face às exigências que o mercado lhe coloca, e que importa suprimir ou, quando muito, atenuar.

Note-se que esta temática, relacionada com o regime económico das cooperativas no Direito Português, não tem estado entre as prioridades da doutrina pátria. Ora, este desinteresse doutrinal, face a uma realidade que esteve sempre presente no mercado e que tem vindo a ser redescoberta pelas organizações internacionais como alternativa a um sector económico capitalista em crise[2], terá de ser ultrapassado com estudos doutrinais que permitam uma melhor compreensão da natureza e funcionamento da cooperativa.

* Professora Adjunta da área científica do Direito do Instituto Superior de Contabilidade e Administração do Instituto Politécnico do Porto

---

[1] Aprovado pela L. n.º 51/96, de 7 de Setembro.
[2] Apontem-se: a *Comunicação relativa à promoção das cooperativas na Europa* – COM(2004)18, de 23 de Fevereiro (eur.lex.europa.eu/smartapi/cgi/sga_doc?); a *Recomendação sobre a promoção das cooperativas* pela Organização Internacional do Trabalho (OIT), em 2002 (www.ilo.org/dyn/empent.portal?p_prog=C&p_lang=EN); e a Resolução do Parlamento Europeu, de 19 de Fevereiro de 2009, sobre a economia social [2008/2250(INI)] (publicada no *Jornal Oficial da União Europeia*, de 25/03/2010, pp. 16 e ss.).

É neste contexto que me proponho analisar a forma limitada como o capital social e as reservas desempenham as funções que tradicionalmente lhes são imputadas – com particular destaque para a função de garantia –, análise esta que terá de ser vista no quadro mais abrangente da notória crise destas funções nas sociedades em geral[3], crise que, no caso das cooperativas, se verá agravada pelas especificidades deste ente jurídico.

De facto, como bem lembra Francesco Galgano[4], o conceito de «empresa cooperativa» é composto por duas vertentes: em primeiro lugar, a vertente empresarial, uma vez que a cooperativa surge como uma unidade de produção ou de troca, operando no mercado; em segundo lugar, a vertente cooperativa, ou seja, a cooperativa surge como entidade caracterizada por um *escopo mutualístico*. Para ser «empresa» a cooperativa deverá estar em condições de competir com outras empresas presentes no mercado e, sobretudo, com a empresa lucrativa. Para ser «cooperativa» deverá apresentar características específicas que se subsumem no conceito de mutualidade. De facto, a cooperativa surgirá como intérprete das necessidades sócio-económicas dos seus membros, tendo por objecto a promoção dos interesses económicos e sociais dos mesmos[5]. Neste sentido, o n.º 1 do art. 2.º do *CCoop* dispôs que as cooperativas visarão «a satisfação das necessidades e aspirações económicas, sociais ou culturais» dos seus membros.

Ora, a necessária conciliação das vertentes empresarial e mutualista tem colocado particulares dificuldades à cooperativa em matéria de financiamento, uma vez que esta se caracteriza por um conjunto de singularidades, com particular destaque para o carácter variável do seu capital social e para a necessária dotação de determinadas reservas de carácter irrepartível. Daremos conta de que tais dificuldades têm conduzido, noutros ordenamentos, a uma tendência liberalizadora do regime jurídico das cooperativas. Todavia, verificaremos que, no ordenamento português, essa tendência se tem produzido com menor intensidade, o que significa que as cooperativas portuguesas se apresentam menos competitivas perante os outros entes jurídicos presentes no mercado, quando comparadas com as cooperativas de outros ordenamentos.

---

[3] V., sobre esta questão, PAULO DE TARSO DOMINGUES, *Variações sobre o capital social*, Almedina, Coimbra, 2009, pp. 72 e ss..

[4] FRANCESCO GALGANO, *Diritto commerciale. Le società. Contratto di società. Società di persone. Società per azioni. Altre società di capitali. Società cooperative*, Quattordicesima edizione, aggiornata al febbraio 2004, Zanichelli, Bologna, p. 489.

[5] A doutrina italiana fala, a este propósito, de uma *gestione di servizio*, nela residindo a essência da mutualidade. V., neste sentido, GIOVANNI CAPO, «Le società cooperative e lo spoco mutualistico», in *Società Cooperative e Mutue Assicuratrici* (a cura di AMEDEO BASSI), UTET, Torino, 1999, páginas 36-39.

Analisemos, então, essas singularidades e o regime previsto para as mesmas no ordenamento jurídico português.

2. A *ratio* e os efeitos da *variabilidade do capital social* cooperativo

A cooperativa, diversamente da sociedade comercial, apresenta-se como uma entidade de capital variável (n.º 1 do art. 2.º e n.º 1 do art. 18.º, ambos do *CCoop*), em consequência do *Princípio da adesão voluntária e livre*, princípio este que corresponde ao tradicional *Princípio da porta aberta* (art. 3.º do *CCoop*).

Este *Princípio da adesão voluntária e livre* incorpora duas vertentes: a voluntariedade na adesão e a liberdade na saída. De facto, dado o fim mutualista e o carácter social da cooperativa, qualquer pessoa interessada – e que cumpra os requisitos de admissão exigidos – deverá poder ingressar como sócio[6] da cooperativa e beneficiar dos serviços que esta lhe oferece. Ao mesmo tempo, a permanência do sócio na cooperativa, uma vez que não necessite de satisfazer esses interesses comuns, converter-se-á em supérflua e pouco rentável, pelo que deverá facilitar-se-lhe a saída, devolvendo-lhe as entradas para o capital social que tenha realizado. Isto significa que: para poder ingressar como sócio na cooperativa não será necessário adquirir a participação social de outro sócio ou esperar que a cooperativa realize um aumento de capital; para sair, o sócio não terá que transmitir a outra pessoa a sua participação social, como é regra nas sociedades comerciais (chamemos-lhes «de portas fechadas»)[7].

---

[6] Usaremos, no presente estudo, as expressões «cooperador», «sócio cooperador» ou apenas «sócio», para designar os sócios que colaboram na consecução do fim social através de uma contribuição financeira para a cooperativa (entrada para o capital social) e que participam na actividade cooperativizada. Para além destes, falaremos dos «sócios de capital» que serão aqueles que reduzem o seu compromisso obrigacional à mera entrada para o capital social. Acresce que consideramos as cooperativas verdadeiras sociedades (na base de uma concepção ampla de lucro), ainda que, dentro do universo societário, as diferenciemos quer das sociedades civis quer das sociedades comerciais, atendendo aos fins especiais por elas prosseguidos. V., sobre esta questão, DEOLINDA APARÍCIO MEIRA, «A natureza jurídica da cooperativa. Comentário ao Acórdão do Supremo Tribunal de Justiça de 5 de Fevereiro de 2002», *RCEJ*, Porto, ISCAP, n.º 7, 2006, pp. 147-180; e «A natureza jurídica da cooperativa (anotação ao Acórdão do Tribunal da Relação do Porto de 12 de Novembro de 2008)», *Revista Cooperativismo e Economia Social*, n.º 31, Curso 2008/2009, Universidade de Vigo, pp. 285-290.

[7] Aponte-se como excepção a esta regra, no domínio societário, o DL n.º 71/2010, de 18 de Junho, que veio consagrar, no ordenamento português, as sociedades de investimento de capital variável.

Para efeitos da análise da *variabilidade do capital social* relevará, sobretudo, a segunda vertente, a liberdade na saída, a que Sérvulo Correia chamou a «liberdade de exoneração»[8]. Efectivamente, os sócios cooperadores terão um verdadeiro direito de saída ou direito de demissão, tal como resulta do n.º 1 do art. 36.º do *CCoop*[9-10]. Ora, esta saída do sócio da cooperativa terá como consequência o reembolso da sua entrada de capital. Efectivamente, no n.º 4 do art. 36.º do *CCoop* dispôs-se que «ao cooperador que se demitir será restituído [...] o montante dos títulos de capital realizados segundo o seu valor nominal».

A cooperativa caracterizar-se-á, então, por uma variabilidade estrutural, quer no plano dos cooperadores quer no plano do capital social. A cifra do capital dependerá do número de sócios (uma vez que a dita cifra resulta da soma das entradas dos sócios) e sendo variável o número de sócios também o será o capital social. A principal consequência desta variabilidade consistirá na diminuição das qualidades financeiras do capital social, designadamente da segurança económica e financeira que o mesmo poderia representar perante os terceiros credores, dificultando o financiamento externo das cooperativas[11] e podendo conduzir as mesmas a uma situação de subcapitalização[12].

---

[8] SÉRVULO CORREIA, «Elementos de um regime jurídico da cooperação», *Estudos Sociais e Cooperativos*, n.º 17, Ano V, Março 1966, p. 127.

[9] O n.º 1 do art. 36.º do *CCoop* estabeleceu que «os cooperadores podem solicitar a sua demissão nas condições estabelecidas nos estatutos ou, no caso de estes serem omissos, no fim de um exercício social, com pré-aviso de 30 dias, sem prejuízo da responsabilidade pelo cumprimento das suas obrigações como membros da cooperativa».

[10] Refira-se, contudo, que o legislador previu situações de demissão compulsiva ou de caducidade do vínculo de cooperador. Aponte-se, neste sentido, os diplomas complementares aplicáveis às cooperativas agrícolas (DL n.º 335/99, de 20 de Agosto) e às cooperativas de comercialização (DL n.º 523/99, de 10 de Dezembro). Assim, o art. 10.º do primeiro diploma referido dispôs, no seu n.º 1, que «perdem a qualidade de associados os membros das cooperativas agrícolas que deixem de preencher os requisitos exigidos para a sua admissão nos termos do art. 7.º», acrescentando no n.º 2 que «os estatutos podem prever a qualidade de associado honorário, nomeadamente destinada a agricultores reformados que optem por continuar associados». Por sua vez, o n.º 2 do art. 7.º do segundo diploma estabeleceu que «perde a qualidade de membro quem deixar de reunir os requisitos previstos no n.º 1, se, no prazo de dois anos, a actividade não for retomada».

[11] V., neste sentido, WALTER SOMMERHOFF R., *El financiamiento cooperativo*, Centro de Estudios Cooperativos, Pontificia Universidad Católica de Chile, Documento de Trabajo, 1978, Santiago, pp. 8-9.

[12] Não devemos, contudo, estabelecer uma relação de causa-efeito entre a *variabilidade do capital social* e a subcapitalização da cooperativa. Convém não esquecer que, para verificar a eventual subcapitalização da cooperativa, deveremos ter em conta, não apenas o seu capital social, mas todo o seu capital próprio. Assim, não poderemos considerar sub-

3. As repercussões da *variabilidade do capital social* na função de garantia do capital social cooperativo

Abordemos agora as repercussões da *variabilidade do capital social* cooperativo na função de garantia desempenhada pelo mesmo.

Refira-se, desde logo, que não há unanimidade, entre os vários autores, quanto ao desempenho da função de garantia pelo capital social cooperativo.

Tendo presentes as observações feitas, a doutrina maioritária considera que, na cooperativa, não se identifica a função garantística do capital social, argumentando-se que a variabilidade do capital, motivada pela liberdade de saída dos cooperadores, torna este mesmo capital num valor indefinível para os potenciais credores da cooperativa[13].

Contudo, deparamos com teses doutrinais que defendem que será possível atribuir uma função garantística ao capital social cooperativo, ainda que com carácter relativo – dado que esta função não poderá ser atribuída a todo o capital social, mas apenas ao capital social mínimo cooperativo. Este terá sido o correctivo ou contrapeso encontrado pelo legislador para a *variabilidade do capital social* cooperativo.

Ora, também no ordenamento português se consagrou expressamente a figura do capital social mínimo. Assim, nos termos do n.º 2 do art. 18.º do *CCoop* serão os estatutos a estabelecer o capital social mínimo da coo-

---

capitalizada uma cooperativa dotada de pouco capital social, mas com bastante capital próprio sob a forma de fundos de reserva. É claro que quanto maior for a parte do capital próprio no conjunto dos meios de financiamento da cooperativa, maior será a capacidade da mesma para absorver perdas e menor será o risco de a cooperativa se vir a encontrar insolvente.

[13] Neste sentido aponte-se, na doutrina portuguesa, RUI NAMORADO, *Cooperatividade e Direito Cooperativo. Estudos e pareceres*, Almedina, Coimbra, 2005, p. 160. Na doutrina espanhola, esta questão tem sido objecto de um amplo debate. Considerando que o capital social não desempenha qualquer função de garantia, sendo inclusivamente considerado não como um recurso próprio mas como um recurso alheio, v.: ADRIÁN CELAYA ULIBARRI, *Capital y sociedad cooperativa*, Tecnos, Madrid, 1992, p. 28; CARLOS GARCÍA-GUTIÉRREZ FERNÁNDEZ, «La estructura financiera de la Sociedad Cooperativa y su valoración», in *La Sociedad Cooperativa: un análisis de sus características societarias y empresariales* (coord. de JOSÉ MOYANO FUENTES), Universidad de Jaén, 2001, pp. 226-227; PALOMA BEL DURÁN/JOSEFINA FERNÁNDEZ GUADAÑO, «La financiación propia y ajena de las sociedades cooperativas», *CIRIEC españa – Revista de Economía Pública, Social y Cooperativa*, n.º 42, noviembre 2002, pp. 114-115; e PILAR GÓMEZ APARÍCIO, «El capital social en las sociedades cooperativas. Las Normas sobre los aspectos contables de las sociedades cooperativas a la luz de los principios cooperativos», in *El futuro de la contabilidad de cooperativas y de la contabilidad pública* (coord. de JUAN FCO. JULIÁ IGUAL/MANUEL CUBEDO TORTONDA), *CIRIEC españa – Revista de Economía Pública, Social y Cooperativa*, n.º 45, agosto 2003, p. 70.

perativa, capital que não poderá ser inferior a 2 500 euros, podendo a legislação complementar que regula cada um dos ramos fixar um mínimo diferente[14].

O capital social mínimo cooperativo constitui-se como uma cifra que deverá constar dos estatutos da cooperativa e que funcionará, segundo alguns sectores doutrinais, como um limite mínimo à *variabilidade do capital social*, de forma a evitar a subcapitalização da empresa cooperativa, representando, assim, uma garantia dos interesses dos credores[15].

Enquanto que o capital social real da cooperativa é variável, o capital social mínimo é estável, sendo do conhecimento público, uma vez que aparece inscrito no *Registo Comercial*[16]. Desta forma, a cooperativa garante aos terceiros que, independentemente de qual seja a sua cifra de capital social em cada momento, será sempre pelo menos igual ou superior à que aparece inscrita no *Registo Comercial*.

Todavia, para que o capital social mínimo desempenhe uma adequada função de garantia, como defende alguma doutrina, tornar-se-á necessário

---

[14] O capital social mínimo das cooperativas agrícolas será de 5 000 euros (n.º 1 do art. 6.º do DL n.º 335/99, de 20 de Agosto, com a redacção dada pelo DL n.º 23/2001, de 30 de Janeiro). O capital social mínimo das cooperativas de ensino superior será de um milhão de escudos (n.º 1 do art. 17.º do DL n.º 441-A/82, de 6 de Novembro). O capital social mínimo das cooperativas de produção operária, artesanato, cultura e serviços regular-se-á pelo disposto no n.º 5 do art. 91.º do CCoop, no qual se diz que, «enquanto, nos termos do n.º 2 do art. 18.º, não for fixado outro valor mínimo pela legislação complementar aplicável aos ramos de produção operária, artesanato, cultura e serviços, mantém-se para as cooperativas destes ramos o valor mínimo de 250 euros». No caso das cooperativas de crédito agrícola mútuo, o art. 14.º do DL n.º 24/91, de 11 de Janeiro, dispôs que o capital social não poderá «ser inferior a um mínimo fixado por portaria do Ministro das Finanças». Ora, por força da Portaria n.º 312/2010, de 5 de Maio, este capital social mínimo será de 5 000 000 euros ou 7 500 000 euros, conforme as caixas de crédito agrícola mútuo façam ou não parte do sistema integrado de crédito agrícola mútuo.

[15] A doutrina não é consensual quanto ao reconhecimento da função de garantia do capital social mínimo. A favor de tal função, destacam-se Isabel-Gemma Fajardo García, *La gestión económica de la cooperativa: responsabilidad de los socios*, Tecnos, Madrid, 1977, pp. 46 e ss.; María del Carmen Pastor Sempere, *Los recursos propios en las sociedades cooperativas*, Cuadernos Mercantiles, Editoriales de Derecho Reunidas, S.A., Madrid, 2002, p. 121 e ss.; e María-José Morillas Jarillo/Manuel Ignacio Feliú Rey, *Curso de Cooperativas*, 2.ª ed., Tecnos, Madrid, 2002, p. 359. Negando que a cifra de capital social mínimo constitua uma garantia para os credores, destacam-se Adrián Celaya Ulibarri, *Capital y sociedad cooperativa*, cit., p. 87; Anxo Tato Plaza, «Conceito e características da Sociedade Cooperativa (com especial referência à Sociedade Cooperativa Galega)», *Cooperativismo e Economia Social*, n.º 23 (2000/2001), Universidade de Vigo, pp. 39-53; e Rui Namorado, *Cooperatividade e Direito Cooperativo. Estudos e pareceres*, cit., pp. 160-161.

[16] Trata-se de uma menção estatutária obrigatória, nos termos do art. 15.º, n.º 1, al. e), do CCoop.

dotá-lo de um determinado regime jurídico, omisso na legislação cooperativa portuguesa, regime jurídico esse que teria que assentar nos seguintes três pressupostos.

Em primeiro lugar, o reembolso das entradas não poderá afectar o capital social mínimo. Nesta linha, o *Estatuto da Sociedade Cooperativa Europeia (ESCE)*[17]estabeleceu que o prazo durante o qual os sócios terão direito ao reembolso das suas entradas, quando deixam de fazer parte da cooperativa, será suspenso, enquanto esse reembolso implicar a redução do capital subscrito para um montante inferior ao capital social mínimo (art. 3.º, n.º 4). Na mesma linha, no ordenamento português, o art. 17.º do *Regime Jurídico do Crédito Agrícola Mútuo e das Cooperativas de Crédito Agrícola Mútuo*[18], dispôs, na al. c) do n.º 3, que «o reembolso não pode implicar a redução do capital social para valor inferior ao capital mínimo previsto nos estatutos».

Em segundo lugar, a redução do capital social mínimo poderá ser causa da dissolução e posterior liquidação da cooperativa[19]. No entanto, o *CCoop* não prevê, de forma expressa, esta causa de dissolução[20].

Finalmente, para uma adequada protecção dos interesses dos terceiros credores, tornar-se-á necessário o reconhecimento de um direito de oposição dos credores sociais perante a redução do capital social mínimo, tal como o prevêem algumas leis cooperativas[21].

---

[17] Regulamento (CE) n.º 1 435/2003, do Conselho, de 22 de Julho de 2003, relativo ao *Estatuto da Sociedade Cooperativa Europeia (ESCE)*.
[18] O *Regime Jurídico do Crédito Agrícola Mútuo e das Cooperativas de Crédito Agrícola Mútuo* foi aprovado em 1991 pelo DL n.º 24/91, de 11 de Janeiro e posteriormente alterado pelos DL n.os 230/95, de 12 de Setembro, 320/97, de 25 de Novembro, 102/99, de 31 de Março, 201/2002, de 26 de Setembro, 76-A/2006, de 29 de Março e 142/2009 de 16 de Junho.
[19] É essa a solução consagrada, expressamente, no ordenamento espanhol, no art. 70.º, al. d), da *Ley Estatal de Cooperativas (Ley 27/1999, de 16 de Julio, de Cooperativas, BOE núm 170, de 17 de Julio)*, o qual estabeleceu que a sociedade cooperativa se dissolverá por redução do capital social abaixo do mínimo estabelecido estatutariamente e sem que se restabeleça no prazo de um ano. No mesmo sentido, no ordenamento francês, o art. 27 *bis* do *Statut de la Coopération [Portant statut de la coopération (Journal officiel du 11 septembre 1947)]* estabeleceu que as sociedades cooperativas cujo capital social seja inferior ao capital mínimo fixado no art. 27 poderão ser dissolvidas a pedido de qualquer interessado ou do Ministério Público, podendo o tribunal conceder um prazo máximo de seis meses para regularizar a situação.
[20] Não se compreende que o legislador cooperativo português tenha consagrado, como causa de dissolução, a falta de registo da actualização do capital social (n.º 3 do art. 91.º do *CCoop*) e não tenha expressamente previsto, igualmente como causa de dissolução, a redução do capital social mínimo.
[21] Cite-se, como lei cooperativa que reconheceu o direito de oposição dos credores sociais perante a redução do capital social mínimo, a *Ley Estatal de Cooperativas* espanhola que,

Resulta, assim, evidente que a tutela dispensada ao capital social mínimo noutros ordenamentos jurídicos não existe no ordenamento português, com excepção da referida norma do *Regime Jurídico do Crédito Agrícola Mútuo e das Cooperativas de Crédito Agrícola Mútuo*, o que faz com que a eventual função de garantia do capital social mínimo não tenha, entre nós, praticamente, qualquer relevo.

Em suma, a função de garantia do capital social cooperativo carece de qualquer relevância numa perspectiva estática de informação aos terceiros, já que, em virtude do *Princípio da adesão voluntária e livre*, só será fiável em relação ao capital social mínimo estatutário[22] e, como acabamos de constatar, no ordenamento português esta figura carece de um adequado regime de protecção. Já numa perspectiva dinâmica, consideramos que o capital social (no sentido de cifra existente em cada momento e não apenas o capital mínimo estatutário) será uma cifra de garantia, desde logo porque as entradas dos sócios não serão reembolsadas integralmente, mas restituídas após serem liquidadas as perdas «acusadas no balanço do exercício, no decurso do qual surgiu o direito ao reembolso», na parte que corresponde ao sócio que se retira da cooperativa (n.º 4 do art. 36.º do *CCoop*). Além disso, na cooperativa não será possível distribuir retornos num exercício com perdas. Não esqueçamos que o legislador, no n.º 2 do art. 73.º do *CCoop*, proibiu a distribuição de excedentes entre os cooperadores, antes de se terem compensado as perdas de exercícios anteriores ou, caso se tenha utilizado a reserva legal para a compensação das perdas, antes de se ter «reconstituído a reserva ao nível anterior ao da sua utilização», o que se relaciona com a função de garantia atribuída à reserva legal, como daremos conta mais adiante. Acresce que, nas cooperativas de responsabilidade ilimitada, os terceiros terão como garantia, para além do património da cooperativa, o património dos sócios (art. 35.º do *CCoop*).

---

no seu art. 45.º, n.º 8, parágrafo 7.º, dispôs que «os credores ordinários poderão opor-se à execução do acordo de redução, se os seus créditos não forem satisfeitos ou se a sociedade não prestar garantia». V., sobre esta questão, Anxo Tato Plaza, «Concepto e características da Sociedade Cooperativa (com especial referência à Sociedade Cooperativa Galega)», cit., p.44; e Antonio José Macías Ruano, «Modificaciones estatutarias en las cooperativas y sociedades agrarias de transformación», in *Cooperativas agrarias y Sociedades agrarias de transformación* (dir. de Juana Ezquerra; coord. de Carlos Vargas Vasserot), Dykinson S.L., Madrid, 2006, pp. 644-645.

[22] Neste sentido, v.: Francisco Vicent Chuliá, *Ley General de Cooperativas*, Tomo XX, Vol. 3.º, Editorial Revista de Derecho Privado/Editoriales de Derecho Reunidas, Madrid, 1994, pp. 219-220; e Enrique Gadea, *Derecho de las Cooperativas. Análisis de la Ley 4/1993, de 24 de junio, de Cooperativas del País Vasco*, 2.ª ed., Universidad de Deusto, Bilbao, 2001, pp. 206-209.

Ainda assim, esta função de garantia do capital social, numa perspectiva dinâmica, apresentar-se-á como muito débil.

4. Os mecanismos de atenuação dos efeitos da demissão do cooperador

Do que ficou dito resulta que na cooperativa deparamos com dois interesses que, pelo menos tendencialmente, se apresentam contrapostos: o interesse da cooperativa em não ver diminuído o seu número de sócios (e, consequentemente, o capital social, com toda a potencialidade operativa que dele deriva); e a liberdade de o cooperador abandonar a cooperativa quando esta já não responder aos objectivos que justificaram, inicialmente, a sua adesão[23]. Assim, haverá que encontrar um ponto de equilíbrio entre estes dois interesses.

Neste contexto, a doutrina tem vindo a defender a legitimidade de mecanismos que atenuem os efeitos da demissão do cooperador resultantes do reembolso da sua entrada[24]. Apontem-se, neste sentido, certas soluções legais constantes do *CCoop*, tais como a possibilidade de diferir o reembolso durante um certo período de tempo (n.º 3 do art. 36.º); a possibilidade de estabelecer deduções ao direito ao reembolso (n.º 4 do art. 36.º); o estabelecimento de prazos mínimos de permanência e de regras que condicionem a saída a um aviso prévio (n.º 2 do art. 36.º); o regime de responsabilidade externa dos cooperadores (art. 35.º); o recurso a outros instrumentos financeiros (arts. 26.º a 29.º e art. 30.º); a fixação de um número mínimo de cooperadores (art. 32.º); a fixação de um capital social mínimo (n.º 2 do art. 18.º); o regime jurídico-legal definido para as reservas, designadamente para as reservas obrigatórias (arts. 69.º e ss.)[25].

Estas soluções visam evitar uma subcapitalização inicial ou superveniente da cooperativa. Mas serão suficientes? Cremos que não, desde logo

---

[23] Destacando estes dois interesses contrapostos e a necessidade de os conciliar, v. Patrizia Grosso, «I controlli interni nelle società cooperative», *Quaderni di Giurisprudenza Commerciale*, 117, Guiffrè Editore, Milano, 1990. pp. 76 e ss..

[24] Neste sentido, Rui Namorado (*Os Princípios Cooperativos*, Fora do Texto, Coimbra, 1995, p. 64) defende, como legítima, «a existência de mecanismos estatutários que desencoragem abandonos, envolvendo-os de alguma onerosidade». Na mesma linha, v. Jorge Manuel Coutinho de Abreu, *Da empresarialidade. As empresas no Direito*, Almedina, Coimbra, 1999, pp. 167 e ss.; e Deolinda Aparício Meira, *O regime económico das cooperativas no Direito Português: o capital social*, Vida Económica, Porto, 2009, pp. 117 e ss..

[25] Para uma análise desenvolvida destes mecanismos, v. Deolinda Aparício Meira, *O regime económico das cooperativas no Direito Português: o capital social*, cit., pp. 117 e ss..

porque, no ordenamento português, estes mecanismos não poderão em caso algum limitar e muito menos suprimir o direito de demissão. Nesta decorrência, o n.º 2 do art. 36.º do *CCoop* estabeleceu que «os estatutos não suprimirão ou limitarão o direito de demissão, podendo, todavia, estabelecer regras e condições para o seu exercício». Diversamente, noutros ordenamentos previu-se a possibilidade do estabelecimento de limites ao exercício do direito ao reembolso: fixando *ratios* financeiros que façam depender o reembolso de uma certa proporção entre o património e os capitais alheios (como é o caso do ordenamento italiano[26]); estipulando que o reembolso só poderá ocorrer se não implicar a redução do capital social abaixo de determinado montante (é o caso dos ordenamentos francês[27], espanhol[28] e comunitário[29]); ou admitindo que, estatutariamente, se preveja (ao lado das tradicionais entradas com direito de reembolso automático, em caso de demissão) a existência de entradas cujo reembolso possa ser recusado incondicionalmente por parte do órgão de administração da cooperativa – sendo que esta última limitação resultou da necessidade de adaptação da legislação cooperativa às Normas Internacionais

---

[26] Do art. 2 545 *quinques*, parágrafo 2.º, do *CCit* resulta que a devolução dos excedentes (*dividendi*), a aquisição de quotas ao sócio cessante e a repartição das reservas só poderá ocorrer quando a relação entre o património líquido e o endividamento total da sociedade cooperativa for superior a um quarto. Segundo ETTORE ROCCHI [«La nuova disciplina dei ristorni», in *Atti del Convegno di Bologna di 7 febbraio 2003 «Gli statuti delle imprese cooperative dopo la riforma del diritto societario»* (www.associazionepreite.it), p. 16] esta norma representará uma importação de uma cautela típica de algumas soluções do direito norte-americano (*balance sheet test*) contra a saída de recursos da sociedade a favor dos sócios.

[27] O art. 13.º do *Statut de la Coopération*, norma relativa à modernização das empresas cooperativas – na redacção que lhe foi dada pela L. de 13 de Julho de 1992 –, dispôs que o capital social, quando reduzido em virtude do reembolso das entradas dos sócios, não poderá tornar-se inferior a um quarto da cifra de capital mais elevada alcançada desde a constituição da sociedade.

[28] O art. 45.º da *Ley Estatal de Cooperativas* dispôs que os estatutos poderão prever que, quando num exercício económico o montante da devolução das entradas supere a percentagem de capital social que neles se estabeleça, os novos reembolsos fiquem condicionados a uma decisão favorável do *Consejo Rector*. As cooperativas poderão, por isso, estabelecer estatutariamente uma determinada percentagem de capital fixo que terá a natureza de recurso próprio.

[29] O n.º 4 do art. 3.º do *ESCE* dispôs que os Estatutos poderão estabelecer o montante abaixo do qual o capital subscrito não poderá ser reduzido pelo reembolso de títulos de membros que deixem de fazer parte da *SCE*, montante esse que não poderá ser inferior a 30 000 €, sendo o prazo de reembolso suspenso enquanto esse reembolso implicar a redução do capital subscrito para um montante inferior ao montante referido. Contudo, segundo a doutrina, esta solução não está isenta de críticas.

de Contabilidade, mais conhecidas por *International Accounting Standards (IAS)*, designadamente, à *IAS 32*[30].

Todas estas soluções têm como consequência a constituição na cooperativa de fundos de capital fixo. Trata-se, todavia, de soluções controversas, uma vez que ao assentarem numa limitação, total ou parcial, do direito ao reembolso, levantam o problema de saber se não se estará a pôr em causa a autenticidade da cooperativa, designadamente um dos vectores tradicionalmente mais marcantes dessa autenticidade que é o *Princípio da adesão voluntária e livre* e a consequente *variabilidade do capital social* (decorrente do direito ao reembolso). Ainda que alguns sectores doutrinais considerem que tais limitações não afectarão nenhum dos aspectos essenciais dos princípios ideológicos do cooperativismo, devendo ser consideradas como meros mecanismos de carácter técnico[31], o nosso entendimento vai no sentido de que as limitações ao exercício do direito ao reembolso, a existirem, por um lado, terão que fundar-se em razões objectivas, excluindo-se qualquer restrição que radique no mero arbítrio dos

---

[30] No ordenamento espanhol, o art. 45.º da *Ley Estatal* (na redacção que lhe foi dada pela *Ley n.º 16/2007, de 4 de julio, de reforma y adaptación de la legislación mercantil en materia contable para su armonización internacional con base en la normativa de la Unión Europea*) passou a permitir às cooperativas a possibilidade de preverem nos seus estatutos duas categorias de entradas dos sócios para o capital social: as tradicionais entradas com direito de reembolso automático, em caso de demissão; e as entradas cujo reembolso pode ser recusado incondicionalmente por parte do órgão de administração da cooperativa (o *Consejo Rector*). Prevê-se, igualmente, a possibilidade de transformação das entradas com direito ao reembolso em caso de demissão em entradas cujo direito ao reembolso possa ser recusado incondicionalmente pelo *Consejo Rector*, ou vice-versa, transformação esta que exigirá uma deliberação da Assembleia geral, adoptada pela maioria exigida para a modificação dos estatutos, sendo que o sócio que não concorde com esta transformação poderá demitir-se, qualificando-se esta demissão como justificada. Para uma análise desenvolvida desta questão, v: Deolinda Meira/Ana Maria Bandeira, «A IAS 32 e os novos critérios de contabilização das entradas para o capital social das cooperativas. Uma análise contabilística e jurídica», *RCEJ*, Porto, ISCAP, n.º 16, 2009, pp. 145-164.

[31] V., neste sentido, Adrián Celaya Ulibarri [*Acceso de las cooperativas al mercado de capitales*, INFES (Instituto Nacional de Fomento da la Economía Social), Mondragón, 1995, p. 46], o qual destaca que a *variabilidade* não poderá ser considerada como um *Princípio Cooperativo* e que nem sequer se deduzirá directamente de nenhum *Princípio Cooperativo*. Acrescenta, igualmente, que essencial ao sistema cooperativo será a *variabilidade dos sócios* e não a *variabilidade do capital*, pelo que esta não será mais do que uma técnica derivada da identificação entre as duas variabilidades e plasmada no reconhecimento do direito dos sócios ao reembolso da sua *aportación en caso de baja*. No mesmo sentido, Carlos Vargas Vasserot («La NIC 32 y el capital social cooperativo», *RdS*, n.º 28, 2007-1, Editorial Aranzadi, pp. 109-110) sustenta que o direito ao reembolso não é co-natural ao cooperativismo, já que se pode garantir a livre entrada e saída dos sócios sem que se tenha de reconhecer aquele direito.

dirigentes da cooperativa ou num excesso de valorização relativa dos interesses da cooperativa e, por outro lado, não poderão ir além de um nível razoável e justo de protecção dos interesses da cooperativa – neste caso, da sua solvência financeira.

Esta questão da constituição de fundos de capital fixo na cooperativa tem sido objecto de um amplo debate, impulsionado pelas orientações contabilísticas actualmente dominantes e acolhidas no seio da União Europeia, e que têm determinado alterações relevantes dos documentos contabilísticos. Em Portugal, com a entrada em vigor, em 1 de Janeiro de 2010, do *Sistema de Normalização Contabilística (SNC)*[32], as cooperativas viram-se confrontadas com a inevitabilidade de o seu capital social ser qualificado, contabilisticamente, como um recurso alheio e não como um recurso próprio. Efectivamente, a *Norma Contabilística de Relato Financeiro n.º 27 (NCRF 27)*, que corresponde à *IAS 32*, dispôs que um instrumento financeiro, qualquer que seja a sua forma, se puder ser reembolsado a pedido do subscritor, será considerado como um recurso alheio, o que determinará, no caso da cooperativa, e por força do que dispôs o n.º 2 do art. 36.º do *CCoop*, que o capital social seja qualificado como passivo. É certo que, em virtude de fortes pressões do movimento cooperativo junto da União Europeia e do *International Accountig Standards Board (IASB)*, este último organismo acabou por publicar uma interpretação, a «IFRIC 2 – Acções dos membros em entidades cooperativas e instrumentos semelhantes»[33], nos termos da qual as partes sociais da cooperativa poderão ser consideradas como capital (entenda-se capital próprio), desde que a cooperativa tenha um direito incondicional de recusar o reembolso da parte social do cooperador e os estatutos ou a legislação definam um limite a partir do qual o capital social não poderá ser reduzido. No ordenamento espanhol, e tal como acima referido, assistimos já a alterações da legislação cooperativa no sentido de se adaptar a esta norma internacional de contabilidade e, especificamente, a esta interpretação do *IASB*.

Na economia da presente comunicação, não interessará tanto o debate sobre a questão de saber se o capital social das cooperativas, porque susceptível de ser reembolsado em caso de demissão, será um recurso próprio ou alheio[34]. O que é certo é que o legislador cooperativo não se poderá

---

[32] Aprovado pelo DL n.º 158/2009, de 13 de Julho.
[33] A mencionada interpretação consta do Regulamento (CE) n.º 1073/2005 da Comissão (o texto pode ler-se em http://eur-lex.europa.eu/samartapi/cgi).
[34] O nosso entendimento vai no sentido de considerar o capital social como recurso próprio. Sobre esta questão, v. DEOLINDA MEIRA/ANA MARIA BANDEIRA, «A IAS 32 e os novos critérios de contabilização das entradas para o capital social das cooperativas. Uma análise contabilística e jurídica», cit., pp. 151-158.

manter à margem do processo de reforma contabilística a que se assistiu em Portugal, o qual, ao não contemplar as especificidades das cooperativas, designadamente o carácter variável do seu capital social, poderá acentuar as dificuldades de acesso das mesmas ao financiamento externo. De facto, qualificar contabilisticamente o capital social como passivo terá graves repercussões na imagem de solvência da cooperativa perante terceiros, com as consequências negativas que daí resultam para a sua actividade económica. A manter-se a actual redacção da *NCFR 27*, haverá que encontrar soluções legais tendentes a criar medidas complementares, de forma a minorar os efeitos da aplicação daquela norma contabilística às cooperativas. O reconhecimento da possibilidade de estabelecer limites ao direito de demissão, com a consequente alteração do n.º 2 do art. 36.º do *CCoop*, será um dos caminhos para conferir alguma estabilidade ao capital social cooperativo.

Neste contexto, causará ainda maior perplexidade que o legislador cooperativo português, não obstante prever a emissão de títulos de investimento e de obrigações (nos arts. 26.º a 30.º do *CCoop*), não tenha ainda consagrado a possibilidade de transformar os detentores de títulos de investimento em sócios de capital, o que, para além de tornar estes títulos de investimento pouco aliciantes para os seus potenciais adquirentes, dificulta a possibilidade de constituição na cooperativa de fundos de capital fixo. Impõe-se, por isso, uma evolução legislativa no sentido de tal previsão, o que contribuirá, segundo o nosso entendimento, para que a cooperativa portuguesa possa obter meios de financiamento, tornando-se mais competitiva no mercado.

Refira-se que a constituição de fundos de capital fixo na cooperativa – mediante a admissão, ao lado dos tradicionais sócios cooperadores, de sócios de capital, ou seja, de sócios que colaboram na consecução do fim social apenas através de uma contribuição financeira para a cooperativa, não participando na actividade cooperativizada –, se encontra prevista noutros ordenamentos[35]. Nestes casos, a estrutura do capital social da

---

[35] No ordenamento espanhol, a *Ley Estatal de Cooperativas* previu, no art. 14.º, os chamados «sócios colaboradores», sócios que não participam no desenvolvimento da actividade cooperativizada de maneira directa, mas apenas indirectamente através da sua participação no capital social. O ordenamento italiano previu a figura do sócio «*sovventore*», a qual permite a obtenção de capital de risco, mesmo entre sujeitos desprovidos dos específicos requisitos subjectivos requeridos para participar na actividade mutualista. As entradas do sócio «*sovventore*» são representadas por acções (ou quotas) nominativas livremente transmissíveis, excepto se o acto constitutivo estabelecer limites à sua circulação. Para evitar que a participação destes sócios seja motivada por uma finalidade exclusivamente especulativa, estabelece-se que a taxa de remuneração daqueles não poderá ser superior a

cooperativa passará a ser composta por uma parte fixa (correspondente às entradas dos sócios de capital) e por outra variável (correspondente às entradas dos sócios cooperadores).

Cremos que o receio de que estes sócios de capital possam pôr em causa a essência da cooperativa, enquanto entidade não lucrativa, será excessivo. Efectivamente, consideramos que a mutualidade como exclusividade não pertence à essência da cooperativa, não sendo, por isso, necessário que toda a actividade social se desenvolva com os cooperadores, ainda que deva realizar-se prevalentemente com eles[36]. Claro que, em nome da necessária conciliação do fim mutualista com as exigências de financiamento da empresa, haverá que limitar quantitativamente o fim lucrativo, o qual apresentará sempre um carácter secundário face ao prevalecente fim mutualista, devendo ser os cooperadores os sócios de referência da cooperativa, aos quais se atribuirá a maioria dos votos de forma a assegurar-lhes a gestão da mesma e a impossibilitar o controlo capitalista da cooperativa. Neste sentido, a doutrina considera que quando na cooperativa se admitem sócios de capital, quer a sua admissão quer a sua retribuição deverão ser decididas pelos cooperadores e, caso aqueles participem nos órgãos sociais, deverá garantir-se que, em qualquer destes órgãos, o controlo dos mesmos estará em poder dos cooperadores[37].

2%, relativamente à prevista para os outros sócios. O n.º 1 do art. 14.º do *ESCE* também acolheu a figura do «sócio de capital», dispondo que «quando a legislação do Estado-Membro da sede da *SCE* o permita, os estatutos podem prever que pessoas não vocacionadas para utilizar ou fornecer os bens e serviços da *SCE* possam ser admitidas na qualidade de membros investidores (não utilizadores). Nesse caso, a aquisição da qualidade de membro estará sujeita a aprovação da assembleia-geral ou de qualquer órgão mandatado para o fazer pela assembleia-geral ou pelos estatutos».

[36] Não obstante o legislador cooperativo ter estabelecido a ausência de fim lucrativo na cooperativa (art. 2.º do *CCoop*), a verdade é que o lucro está presente na cooperativa, ainda que moderadamente. Pense-se na remuneração dos títulos de capital prevista no n.º 3 do art. 73.º do *CCoop*, a qual se apresenta como um rendimento de capital, como um lucro [para uma análise desenvolvida do regime jurídico da remuneração dos títulos de capital, v. Deolinda Aparício Meira, *O regime económico das cooperativas no direito português: o capital social*, cit., pp. 201 e ss.]. Por sua vez, os benefícios resultantes das operações com terceiros são autênticos benefícios resultantes de uma actividade lucrativa. Estamos perante vantagens económicas obtidas no mercado, à custa de terceiros, fora do universo dos sócios cooperadores [para uma análise desenvolvida desta questão, v. Deolinda Aparício Meira, «As operações com terceiros no Direito Cooperativo Português (Comentário ao Acórdão do Supremo Tribunal de Justiça de 18 de Dezembro de 2007)», *RCEJ*, Porto, ISCAP, n.º 17, 2010, pp. 93-111].

[37] A este propósito, Massimo Bione [«Le categorie dei soci finanziatori», in *La Società Cooperative: aspetti civilistici e tributari* (a cura di Giorgio Schiano di Pepe/Fabio Graziano), *Il Diritto Tributario* (coordinato da Antonio Uckmar/Victor Uckmar), Serie I, Vol. LXXXIV,

Em suma, em nome da abertura do capital social cooperativo a investidores externos, será de defender a polivalência da estrutura da cooperativa, permitindo-se a consecução de fins quer mutualistas quer lucrativos, impondo-se, contudo, a definição de regras idóneas que permitam conciliar as exigências de rentabilidade da empresa, e a expectativa de ganho que daí decorre, com a inevitável vocação mutualista da cooperativa.

5. A reserva legal como contra-peso à *variabilidade do capital social cooperativo*

5.1. Noções introdutórias

Poderemos sempre afirmar que, na disciplina prevista actualmente na legislação cooperativa portuguesa, encontramos já um importante mecanismo de atenuação dos efeitos da *variabilidade do capital social* cooperativo e que corresponderá às reservas obrigatórias, designadamente à reserva legal. Efectivamente, serão principalmente as reservas, enquanto contas de

---

CEDAM, Padova, 1997, pp. 28 e ss.] fala da sujeição dos «sócios de capital» a um «vínculo de minoria», traduzido em limitações quantitativas quanto ao direito de voto e à presença nos órgãos de administração da sociedade. Sensível a estas preocupações doutrinais, a *Ley Estatal de Cooperativas* (art. 14.º) estabeleceu que as entradas realizadas pelos sócios colaboradores não poderão exceder 45% do total do capital social, nem o conjunto dos votos a eles correspondentes, somados entre si, poderão superar 30% dos votos nos órgãos sociais da cooperativa. Nas cooperativas mistas (art. 107.º), em caso algum a soma dos votos atribuídos às partes sociais com voto e aos sócios colaboradores poderá superar 49% do total de votos da cooperativa. Por sua vez, o *CCit* consagrou um conjunto de regras com vista a evitar que os sócios *sovventori* possam assumir o domínio na gestão da sociedade: os votos atribuídos aos sócios *sovventori* não poderão ser superiores a um terço dos votos atribuídos a todos os outros sócios (art. 2 526, parágrafo 2.º); e os sócios *sovventori* poderão ser nomeados administradores, mas a maioria dos administradores deverá ser constituída por sócios cooperadores. Para uma análise desenvolvida destes limites no direito italiano, designadamente quanto à *governance* da cooperativa, v. Gaetano Presti, «Gli strumenti finanziari delle società cooperative», in *Le cooperative dopo la riforma del Diritto Societário* (a cura di Michele Sandulli/Paolo Valensise), Collana del Dipartimento di Scienze aziendali ed económico-guiridiche, Università degli Studi Roma Tre, FrancoAngeli, Milano, 2005, pp. 139-142. Quanto aos direitos dos sócios *sovventori* e seus limites, v. Andrea Zopini/Daniela Boggiali/Antonio Ruotolo, «Coordinamento tra la disciplina dei soci sovventori e le norme sui soci finanziatori», in *Studi e materiali in tema di riforma delle Società Cooperative*, Consiglio Nazionale del Notariato, Guiffrè Editore, Milano, 2005, pp. 621-631. No ordenamento francês, o art. 19.º *tervicies* do *Statut de la Coopération* consagrou um limite para todos os instrumentos financeiros, estabelecendo que os mesmos não poderão representar, no seu conjunto, mais do que 50% do capital.

capital próprio, que surgirão, na cooperativa, como mecanismos de protecção dos credores, atenuando, então, as debilidades da função de garantia do capital social cooperativo acima referidas. As reservas obrigatórias, e de entre estas a reserva legal surgirão, assim e como veremos, como um dos componentes mais importantes da estrutura financeira da cooperativa, afirmando-se, no património da cooperativa, como o recurso próprio de melhor qualidade, funcionando como um contrapeso à *variabilidade do capital social*[38]. Vejamos como.

A reserva legal será uma reserva de constituição obrigatória na cooperativa[39], do mesmo modo que o será no regime das sociedades comerciais.

Contudo, na cooperativa, deparamos com outra reserva de constituição obrigatória[40]: a *reserva para educação e formação cooperativas*, regulada pelo art. 70.º do *CCoop*, e que constitui uma das mais relevantes especificidades da cooperativa face à sociedade comercial. Estamos perante um fundo patrimonial cuja finalidade transcende os interesses puramente individuais dos sócios, promovendo os fins gerais da cooperação. De facto, nos termos do n.º 1 do art. 70.º, esta reserva terá como finalidade «a educação cooperativa e a formação cultural e técnica dos cooperadores, dos trabalhadores da cooperativa e da comunidade».

Note-se, porém, que esta reserva não desempenhará uma função garantística, pois, não obstante, no ordenamento português, não ter sido configurada como um património autónomo[41], mas apenas como uma

---

[38] Neste sentido, v. CARLOS VARGAS VASSEROT/MARINA AGUILAR RUBIO, «Régimen económico y fiscal de las cooperativas agrarias y de las SAT. El capital social, determinación de resultados, distribución de excedentes y obligación de auditoría», in *Cooperativas agrarias y Sociedades agrarias de transformación* (dir. de JUANA PULGAR EZQUERRA; coord. de CARLOS VARGAS VASSEROT), Dykinson S.L., Madrid, 2006, p. 178.

[39] O *CCoop*, no seu Capítulo VI, previu a existência de cinco tipos de reservas: a reserva legal; a reserva para educação e formação cooperativas; as reservas previstas na legislação complementar aplicável a cada um dos ramos do sector cooperativo; as reservas previstas pelos estatutos; e as reservas constituídas por deliberação da Assembleia geral. As reservas dos dois primeiros tipos serão obrigatórias. As do terceiro tipo sê-lo-ão ou não, de acordo com o que dispuser o preceito do qual resultam. As duas últimas reservas serão livres, pois dependerão da vontade colectiva dos sócios cooperadores, vontade consubstanciada nos estatutos ou numa deliberação da Assembleia geral.

[40] Note-se que, para além destas, poderão existir outras reservas obrigatórias, resultantes da legislação cooperativa aplicável aos diferentes ramos cooperativos. Neste sentido, v. Deolinda Meira, *O regime económico das cooperativas no direito português: o capital social*, cit., pp. 167-168.

[41] É o que acontece, no ordenamento espanhol, com algumas leis autonómicas. Neste sentido, o art. 4.º da *Ley 8/2003, de 24 de marzo, de Cooperativas de la Comunidad Valenciana* dispôs que «a cooperativa responderá pelas suas dívidas com todo o seu património presente e futuro, excepto o correspondente ao fundo de formação e promoção cooperativas,

conta (em sentido contabilístico) de capitais próprios, tal não permitirá, segundo o nosso entendimento, que os bens afectados a esta reserva possam responder por dívidas contraídas fora da actividade a que este fundo está adstrito. Consideramos, de facto, que o interesse público subjacente a esta reserva, evidenciado no estímulo e apoio à actividade das cooperativas, quando em confronto com os interesses dos credores da cooperativa, sobrepor-se-lhes-á[42].

Tal significa que será sobretudo a reserva legal que representará uma garantia adicional para os credores, impondo-se a análise de algumas vertentes do seu regime jurídico, de modo a percebermos se e como tal reserva funcionará como primeira linha de defesa do capital social.

5.2. O especial e incipiente regime da reserva legal nas cooperativas

O art. 69.º do *CCoop* constituiu-se sede do regime jurídico da reserva legal cooperativa.

O n.º 1 da norma é claro ao dispor que esta reserva se destina, em exclusivo, à cobertura de eventuais perdas de exercício. Assim sendo, o destino da reserva legal será mais restrito na cooperativa do que na sociedade comercial. Com efeito, nesta, de acordo com o art. 296.º do *CSC*, as reservas poderão ser utilizadas na cobertura de perdas, tal como nas cooperativas, mas também para incorporação no capital, o que já não acontece nas cooperativas.

De facto, no caso das cooperativas, entendemos que o aumento do capital por incorporação de reservas só poderá ser feito utilizando reservas não obrigatórias e cuja dotação não resulte de excedentes provenientes de operações com terceiros.

Em apoio da nossa opinião, invocamos, desde logo, o art. 72.º do *CCoop*, o qual estabelece, como daremos conta mais adiante, a irrepartibilidade, pelos sócios cooperadores, quer das reservas obrigatórias quer das reservas que resultem de excedentes provenientes de operações com terceiros. Constata-se que, se ocorresse um aumento de capital por incorporação

---

que só responderá pelas obrigações estipuladas para o cumprimento dos seus fins»; e o n.º 1 do art. 5.º da *Ley 4/1999, de 30 de marzo, de Cooperativas de la Comunidad de Madrid* estabeleceu que a cooperativa responderá pelas suas dívidas sociais perante terceiros com todo o seu património presente e futuro, excepto o correspondente ao *Fondo de formación y promoción cooperativa* que «só responderá pelas obrigações estipuladas para o cumprimento dos seus fins».

[42] Para uma análise desenvolvida desta questão, v. DEOLINDA APARÍCIO MEIRA, *O regime económico das cooperativas no Direito Português: o capital social*, cit., pp. 162-167.

de alguma dessas reservas, os sócios cooperadores ficariam ou com mais títulos de capital ou com os mesmos títulos, mas de superior valor nominal (art. 92.º do *CSC*). Ora, o cooperador que se retira da cooperativa (por demissão ou exclusão) terá direito ao «montante dos títulos de capital realizados segundo o seu valor nominal» (arts. 36.º e 37.º do *CCoop*). Torna-se, deste modo, evidente que um eventual aumento do capital social por incorporação de reservas obrigatórias, implicaria uma violação do disposto no art. 72.º e ainda do art. 79.º, ambos do *CCoop*, consagrando este último preceito a regra da *devolução desinteressada de reservas* da cooperativa dissolvida. Acresce que, mesmo não tendo em conta essas regras, não poderemos esquecer que a reserva legal tem um preciso destino fixado na lei, o qual não contempla a possibilidade de poder ser integrada no capital social[43].

Por remissão do art. 9.º do *CCoop*[44], as deliberações que determinem a utilização da reserva legal fora dos casos permitidos por lei terão como consequência a nulidade das mesmas, dado estarmos perante regras imperativas [al. d) do n.º 1 do art. 56.º do *CSC*], podendo configurar igualmente uma distribuição ilícita de bens da cooperativa por força do art.

---

[43] V., neste sentido, Jorge Manuel Coutinho de Abreu, *Da empresarialidade. As empresas no Direito*, cit., pp. 186-187; José António Rodrigues, *Código Cooperativo, anotado e comentado e Legislação Cooperativa*, QUID JURIS, Lisboa, 2001, p. 155; e A. Raposo Subtil/Matos Esteves/ Manuel Ilhéu/Luís M. Martins, *Legislação Cooperativa anotada* (coord. de Raposo Subtil), Vida Económica, 2.ª ed., Porto, 2006, pp. 91-92. Refira-se, no entanto, que o n.º 4 do art. 44.º do *Regime Jurídico do Crédito Agrícola Mútuo e das Cooperativas de Crédito Agrícola Mútuo* (na redacção que lhe foi dada pelo DL. n.º 142/2009, de 16 de Junho) vem permitir que a reserva legal possa «ainda ser utilizada para incorporação no capital social», mas estabelecendo uma restrição, dado que os títulos de capital que forem emitidos em representação do aumento deverão «ser atribuídos exclusivamente à caixa agrícola».

[44] O art. 9.º do *CCoop*, relativo ao direito subsidiário aplicável a situações não previstas no *CCoop*, determinou o recurso à «legislação complementar aplicável aos diversos ramos do sector cooperativo» e, se esta via não se mostrar satisfatória, estabeleceu a possibilidade do recurso, «na medida em que se não desrespeitem os princípios cooperativos, ao *CSC*, nomeadamente aos preceitos aplicáveis às sociedades anónimas». Esta remissão para o *CSC* deverá, contudo, preencher duas condições: por um lado, a solução a que se chegue não poderá desrespeitar os princípios cooperativos; e, por outro, dentro do espaço constituído pelo *CSC*, deverá dar-se prioridade aos preceitos aplicáveis às sociedades anónimas. Esta norma levanta algumas questões complexas sobre a problemática da relação entre o Direito Cooperativo e o Direito das Sociedades Comerciais. Para uma análise desenvolvida desta questão, v. Manuel Carneiro da Frada/Diogo Costa Gonçalves, «A acção *ut singuli* (de responsabilidade civil) e a relação do Direito Cooperativo com o Direito das Sociedades Comerciais», *RDS*, Ano I (2009) – Número 4, Almedina, pp. 888-904.

514.º do *CSC*, com o consequente dever de restituição nas condições previstas no art. 34.º do *CSC*[45].

Ora, esta utilização da reserva legal exclusivamente para cobertura das perdas do exercício evidencia a principal finalidade – e no caso das cooperativas, a única – da figura da reserva legal: a de funcionar como primeira linha de defesa do capital social, evitando que as perdas decorrentes da actividade empresarial da cooperativa incidam directamente sobre o capital social e determinem a sua redução. De facto, existindo a reserva legal, essas perdas serão cobertas, em primeira linha, pelos bens que no activo lhe correspondem.

Todavia, para que a reserva legal desempenhe adequadamente esta função, impor-se-á o estabelecimento de uma hierarquia entre as reservas, colocando-se a reserva legal no último degrau da escala, ou seja, para efeitos de cobertura de prejuízos ela só será movimentada depois de esgotadas as outras reservas. Não é este, no entanto, o regime que parece resultar do art. 69.º do *CCoop*. A redacção actual dos números 1 e 4 do preceito permite que as perdas sejam imputadas, em primeiro lugar e integralmente, à reserva legal, em vez de, como seria mais adequado – atendendo à função garantística desempenhada por tal reserva –, se determinar, tal como ocorre noutros ordenamentos, que a imputação de perdas fosse feita, em primeiro lugar, aos fundos de reservas livres, se existirem, admitindo-se a imputação à reserva legal apenas com carácter subsidiário e mediante a fixação de limites[46].

Acresce que o *CCoop* não estabeleceu uma imputação em função da origem das perdas. Limitou-se a consagrar uma imputação de perdas à reserva legal, na proporção da actividade cooperativizada[47], de perdas que poderão não ter a sua origem nesta actividade, mas em operações com terceiros ou mesmo em operações de carácter extraordinário, como a alienação de activos do imobilizado ou a participação ou investimento em

---

[45] V., neste sentido, ANTÓNIO MENEZES CORDEIRO, *Código das Sociedades Comerciais Anotado*, Almedina, 2009, p. 766.
[46] V., neste sentido, ANXO TATO PLAZA (*A Lei de Cooperativas e a sua incidência nas cooperativas de ensino*, Unión de Cooperativas do Ensino de trabalho associado de Galicia, Pontevedra, 1999, pp. 16 e ss.) que formula esta crítica à L. de Cooperativas da Galiza, destacando a solução acolhida na *Ley Estatal de Cooperativas*, no seu art. 59.º, n.º 2.
[47] A actividade cooperativizada será a actividade económica que abrange: quer os actos realizados entre as cooperativas e os seus membros; quer as operações com terceiros desde que inseridas na prossecução do objecto social, pelo menos do lado da cooperativa; quer, ainda e finalmente, as operações entre cooperativas, mesmo sem prévio vínculo entre elas, desde que inseridas na prossecução do seu objecto social. V., sobre este conceito, MARÍA--JOSÉ MORILLAS JARILLO/MANUEL IGNACIO FELIÚ REY, *Curso de Cooperativas*, cit., p. 54.

outras sociedades de natureza não cooperativa[48]. Refira-se mesmo que, quanto às perdas resultantes das operações com os sócios cooperadores, em muitos casos elas têm uma origem muito concreta: a sobrevalorização dos levantamentos antecipados ou a subvalorização da importância a pagar pelo cooperador, pelo que nessa situação tais perdas deverão ser imputadas aos próprios cooperadores, sob pena de estarmos a retribuir a participação daqueles sócios na actividade cooperativizada acima dos resultados obtidos, como veremos mais adiante.

No que respeita às fontes desta reserva (jóias e excedentes anuais líquidos), o legislador fixou uma percentagem que «não poderá ser inferior a 5%» (n.º 2 do art. 69.º do *CCoop*[49]), ficando, portanto, a lei satisfeita se for utilizada aquela percentagem. Todavia, esta percentagem foi referida como «não inferior», compreendendo-se, então, que os estatutos da cooperativa ou a Assembleia geral possam estipular uma percentagem superior a essa[50]. É, aliás, nosso entendimento que uma mais rápida constituição da reserva legal, decorrente de uma mais elevada percentagem de excedentes a ela destinada, terá o efeito benéfico de reforçar a situação patrimonial da cooperativa.

Quanto à constituição da reserva, esta deixará de ser obrigatória a partir do momento em que atinja «um montante igual ao máximo do capital social atingido pela cooperativa» (n.º 3 do art. 69.º do *CCoop*)[51].

Defendemos, contudo, porque mais acertada, a postura dos legisladores italiano e espanhol que não impõem um limite quantitativo à dotação

---

[48] No mesmo sentido, a L. de Cooperativas da Galiza, no seu art. 69.º. V., sobre esta questão, ANXO TATO PLAZA, *A Lei de Cooperativas e a sua incidência nas cooperativas de ensino*, cit., p. 17; ISABEL-GEMMA FAJARDO GARCÍA, «O rexime económico da sociedade», in *Estudos sobre a Lei de Cooperativas de Galicia*, Escola Galega de Administración Pública (EGAP), Santiago de Compostela, 1999, pp. 114-115.

[49] Nas *Caixas de Crédito Agrícola Mútuo*, a percentagem mínima de reversão para a reserva legal é de 20% [art. 44.º, n.º 2, al. a), do DL n.º 24/91, de 12 de Janeiro].

[50] Neste sentido, v. GIOVANNI TATARANO [«L' impresa cooperativa», in *Trattato di Diritto Civile e Commerciale* (dir. da ANTONIO CICU/FRANCESCO MESSINEO), XXX, t. 3, Giuffrè Editore, Milano, 2002, p. 374], o qual sustenta que a Assembleia geral tomará esta decisão em sede de aprovação do balanço anual.

[51] No entanto, o texto da norma não esclarece que capital social é este: se é o capital social real ou se é o estatutário. Entendemos que, uma vez que o capital social das cooperativas é variável, o legislador se estará a referir ao capital social expresso no balanço (que deverá ser confirmado anualmente) e não ao capital mínimo estatutário. De outro modo, e porque o capital social mínimo legal é muito baixo – em muitos casos, meramente simbólico –, as cooperativas ver-se-iam facilmente liberadas da sua obrigação de dotação da reserva legal. V. neste sentido, DEOLINDA APARÍCIO MEIRA, *Algumas considerações a propósito da reserva legal nas cooperativas*, «Actas del XIV Encuentro AECA» (ISBN 978-84-96648-43-2) www.aeca.es/pub/on_line/comunicaciones_xivencuentroaeca/cd/37i.pdf.

desta reserva. Efectivamente, durante toda a vida da cooperativa subsistirá a obrigação legal de dotação, independentemente da sua quantia ou do tempo decorrido[52]. Esta regulamentação será a mais adequada, uma vez que só a contínua dotação da reserva legal poderá suprir a diminuição de garantias face a terceiros derivadas do regime do capital social, designadamente da sua característica da *variabilidade*, decorrente do *Princípio da adesão voluntária e livre*.

Acresce que é nosso entendimento que este montante, estabelecido pelo legislador cooperativo português – «um montante igual ao máximo do capital social atingido pela cooperativa» –, será um montante mínimo, no sentido de que os estatutos poderão estipular um montante superior, mas nunca inferior. O legislador não emprega a expressão «limite máximo», limitando-se a dizer que as reversões deixarão de ser obrigatórias a partir do momento em que a reserva atinja aquele montante.

5.3. A irrepartibilidade da reserva legal

5.3.1. Regime

Caberá agora abordar o regime da irrepartibilidade das reservas obrigatórias da cooperativa pelos sócios quer durante a vida social quer no momento da liquidação da cooperativa. Neste sentido, o art. 72.º do

---

[52] No ordenamento espanhol, a reserva legal denomina-se «Fundo de reserva obrigatório», estando prevista no art. 55.º da *Ley Estatal de Cooperativas*. Trata-se, nas palavras do legislador, de um fundo de reserva irrepartível entre os sócios, mesmo quando estes se demitam (art. 51.º) ou se separem da cooperativa (artigos 65.º, 68.º, n.º 5, e 69.º, n.º 2), assim como nos casos de liquidação e adjudicação do património social (art. 75.º), nos casos de fusão ou cisão (art. 67.º, parágrafo final) e de transformação (art. 69.º, n.º 6). A lei não impõe um limite quantitativo à dotação desta reserva. A dotação do «Fundo de reserva obrigatório» não se limita às percentagens sobre os resultados líquidos do exercício, abrangendo, igualmente: os montantes deduzidos sobre as entregas (*aportaciones*) obrigatórias, em caso de demissão (*baja*) não justificada dos sócios; e os montantes trazidos pelos novos sócios como *cuotas de ingreso*. Ao longo da *Ley Estatal de Cooperativas* espanhola encontramos outras formas, facultativas e obrigatórias, de dotação desta reserva, a saber: o art. 49.º, n.º 2, sobre o destino da mais valia resultante da actualização do balanço; o art. 52.º, n.º 1, sobre as *cuotas* periódicas; o art. 63.º, n.º 3, sobre fusões; o art. 68.º, n.º 5, sobre cisões; e o art. 75.º, n.º 2, al. d), sobre a adjudicação do património social resultante da liquidação. Por último, destinam-se a esta reserva os montantes que estabeleçam os estatutos ou decida a Assembleia em cada exercício económico por conta dos excedentes disponíveis (art. 58.º, n.º 3). No direito italiano, a reserva legal foi prevista no art. 2 545 *quater* do CCit, estabelecendo--se que, ao fundo de reserva legal, deverá ser destinado «pelo menos 30% *del utili netti annuali*», não impondo o legislador limite quantitativo para a dotação.

CCoop consagrou que «todas as reservas obrigatórias, bem como as que resultem de operações com terceiros, são insusceptíveis de qualquer tipo de repartição entre os cooperadores»[53].

Por sua vez, o n.º 4 do art. 23.º dispôs que, no caso de não se poder operar a transmissão *mortis causa*, os sucessores terão direito a receber o montante dos títulos do autor da sucessão, segundo o valor nominal, «corrigido em função da quota-parte dos excedentes ou dos prejuízos e das reservas não obrigatórias», excluindo-se de forma clara as reservas obrigatórias.

Destes preceitos resulta a irrepartibilidade quer das reservas obrigatórias quer das reservas resultantes de operações com terceiros, independentemente do facto destas últimas serem livres ou obrigatórias.

No momento da liquidação do património da cooperativa, o art. 79.º dispôs, no seu n.º 1, que o montante da reserva legal – não afectado à cobertura das perdas de exercício e que não seja susceptível de aplicação diversa – «pode transitar com idêntica finalidade para a nova entidade cooperativa que se formar na sequência de fusão ou cisão da cooperativa em liquidação». Mas, nos termos do n.º 3 do mesmo artigo do *CCoop* estabeleceu-se que «quando à cooperativa em liquidação não suceder nenhuma entidade cooperativa nova, a aplicação do saldo de reservas obrigatórias reverte para outra cooperativa, preferencialmente do mesmo município, a determinar pela federação ou confederação representativa da actividade principal da cooperativa». O n.º 4 foi ainda mais longe ao dispor que «às reservas constituídas nos termos do art. 71.º deste Código é aplicável, em matéria de liquidação e no caso de os estatutos nada dizerem, o estabelecido nos números 2 e 3 deste artigo», o que significa que este regime poderá abranger, igualmente, as reservas livres, caso os estatutos sejam omissos.

5.3.2. A fundamentação do regime

Esta impossibilidade de distribuir o património residual, em caso de liquidação, deriva, desde logo, da função social que a cooperativa é

---

[53] Diferentemente, podemos afirmar que, nas sociedades comerciais, as reservas são na realidade lucros não distribuídos entre os sócios e relativamente aos quais os sócios conservam uma expectativa de direito que, com a constituição das reservas, fica simplesmente adiada para um momento posterior: o momento da dissolução da sociedade em que se produzirá ope legis a liquidação do património social. Miguel Pupo Correia (Direito Comercial. Direito da empresa, 11.ª Edição, Ediforum, Lisboa, 2009, pp. 227-228) fala, a este propósito, de «lucros finais ou de liquidação», ou seja, aqueles que resultam de se apurar, no termo da liquidação da sociedade, um excesso do activo sobre o passivo (arts. 156.º e ss. do CSC). Quando tal sucede, as reservas convertem-se em dividendos.

chamada a cumprir e que implica que o seu destino, após a liquidação, seja a promoção do cooperativismo (o chamado *Princípio da distribuição desinteressada*)[54].

Acresce que a eventual distribuição das reservas entre os sócios seria incompatível com o *Princípio da adesão voluntária e livre*. De facto, este princípio só se poderia praticar nos casos em que todos os membros da cooperativa renunciassem a uma parte dos excedentes líquidos do activo. De contrário, os sócios que permanecessem na cooperativa até ao momento da liquidação seriam os únicos a beneficiar das reservas obrigatórias geradas com o esforço dos sócios que entretanto saíram da cooperativa. Mesmo, no pressuposto de que nenhum sócio se tenha separado da cooperativa até ao momento da liquidação, qualquer distribuição destas reservas obrigatórias pelos sócios, na ausência de uma contabilidade analítica que evidenciasse o contributo de cada um deles para a formação destas reservas, causaria prejuízos aos sócios fundadores relativamente àqueles que ingressaram em momento posterior na cooperativa. Daí que, da mesma maneira que os sócios não disporão, no momento em que se separarem da cooperativa, do direito de reclamar uma quota-parte das reservas obrigatórias, haverá da mesma forma que impedir, chegada a fase da dissolução da cooperativa, a repartição entre aqueles do activo líquido desta última.

Um outro argumento contra a possibilidade de repartição assenta na particular natureza das reservas e, sobretudo, no facto de que estas são integradas, igualmente, por fundos procedentes de operações com terceiros, isto é, por rendimentos que procedem da gestão não mutualística da cooperativa, rendimentos que se fossem distribuídos entre os sócios constituiriam um dividendo e destruiriam a natureza não lucrativa da cooperativa[55].

Finalmente, considera-se que, se as reservas obrigatórias fossem objecto de repartição, esvaziar-se-ia o sentido útil da exigência legal da remuneração com juros dos títulos de capital social (n.º 3 do art. 73.º do *CCoop*)[56]. Afirma, a este propósito, Rui Namorado que «uma repartição pelos cooperadores do saldo líquido de um processo de liquidação podia tornar irrelevante o pagamento de juros limitados, pois assim podia ser mais

---

[54] Para uma análise desenvolvida deste princípio, v. María Luísa Llobregat Hurtado, *Mutualidad y empresas cooperativas*, Bosch, Barcelona, 1990, pp. 374 e ss..
[55] Sobre estes dois argumentos, v. María Luísa Llobregat Hurtado, *Mutualidad y empresas cooperativas*, cit., pp. 379-381; e Libero Mario Mari, *Impresa Cooperativa. Mutualità e bilancio sociale*, G. Giappichelli Editore, Torino, 1994, pp. 122-124.
[56] Para uma análise desenvolvida do regime jurídico da remuneração dos títulos de capital nas cooperativas, v. Deolinda Aparício Meira, *O regime económico das cooperativas no Direito Português: o capital social*, cit., pp. 201-207.

vantajoso para um cooperador participar na repartição de um saldo final do que poder usufruir juros mais altos, durante a vida da cooperativa»[57].

5.3.3. As repercussões da irrepartibilidade: a crise da função garantística desempenhada pela reserva legal

Note-se que esta característica da irrepartibilidade da reserva legal tem sido objecto de críticas, sobretudo por parte de alguma doutrina económica, que – considerando este regime extremamente penalizador para os cooperadores uma vez que estes não se poderão apropriar de um saldo patrimonial que geraram, com o consequente desencorajamento da procura da forma cooperativa –, tem proposto, como «paliativo» ao carácter irrepartível da reserva legal, o mecanismo financeiro de sobrevalorização dos levantamentos antecipados (por exemplo, aumentando a importância que é paga aos cooperadores pela prestação do seu trabalho; aumentando o preço a que a cooperativa paga, aos sócios fornecedores, os seus produtos), ou a subvalorização da importância a pagar pelo sócio cooperador pelos bens ou serviços objecto da gestão cooperativa (por exemplo, reduzindo o preço de venda dos produtos nas cooperativas de consumo). Deste modo, o sócio receberá a totalidade da prestação pela sua actividade cooperativizada de forma antecipada, sem ter que esperar pelo fim do exercício para receber o retorno cooperativo. A consecução desta política económico-financeira teria como objectivo um excedente nulo, de forma a evitar a dotação de fundos de reserva obrigatórios, designadamente da reserva legal[58].

Outros autores vão mais longe, advogando a adopção destes mecanismos financeiros «para transferir as reservas legalmente irrepartíveis sem sair da legalidade»[59]. Assim, através das práticas acima mencionadas, criar-se-iam perdas contabilísticas (não reais), «perdas fictícias», que seriam depois compensadas pelo fundo de reserva legal. Através desta «programa-

---

[57] RUI NAMORADO, *Introdução ao Direito Cooperativo. Para uma expressão jurídica da cooperatividade*, Almedina, Coimbra, 2000, p. 235 (nota 328).

[58] Como defensor deste mecanismo, v. JAVIER ITURRIOZ DEL CAMPO, «La distribución del resultado en las Sociedades Cooperativas: la importancia de la distribución anticipada», in *La Sociedad Cooperativa: un análisis de sus características societarias y empresariales* (coord. de JOSÉ MOYANO FUENTES), Universidad de Jaén, 2001, pp. 212-215.

[59] ENRIQUE BALLESTERO, Economía social y empresas cooperativas, Alianza Editorial, Madrid, 1990. p. 116.

ção de perdas»[60], ir-se-iam reembolsando parcialmente os sócios e, assim, convertendo os fundos de reserva legal em figuras meramente simbólicas[61].

Sem pretendermos avançar pela apreciação crítica destas posições, não queremos, todavia, deixar de frisar três notas importantes.

A primeira é a de que, no direito português, se os resultados negativos forem superiores ao montante da reserva legal, poderão ser exigidos pagamentos aos sócios cooperadores, proporcionais às operações realizadas por cada um deles – e, por isso, proporcionais ao montante dos levantamentos por conta efectuados ou dos pagamentos das entregas. Contudo, o n.º 4 do art. 69.º do *CCoop* fez depender tal possibilidade da vontade dos sócios cooperadores manifestada em Assembleia geral, uma vez que dispôs que, «se os prejuízos forem superiores ao montante da reserva legal, a diferença, poderá, por deliberação da Assembleia geral, ser exigida aos cooperadores proporcionalmente às operações realizadas por cada um deles, sendo a reserva legal reconstituída até ao nível anterior em que se encontrava». Daqui resulta que o legislador cooperativo não estabeleceu a obrigatoriedade da reconstituição da reserva, ficando esta dependente de uma deliberação da Assembleia geral. Ora, dificilmente os sócios cooperadores deliberarão em tal sentido, uma vez que tal deliberação lhes seria prejudicial, do ponto de vista financeiro. Entendemos, por isso, e atendendo à função garantística desempenhada pela reserva legal, que se impõe a alteração do n.º 4 do art. 69.º do *CCoop*, de forma que a imputação de perdas de exercício aos sócios não seja deixada à discricionariedade da Assembleia geral[62].

A segunda nota diz respeito ao facto de que todas estas práticas configuram uma violação do *Princípio da participação económica dos cooperadores* (art. 3.º do *CCoop*), uma vez que este dispôs que um dos destinos possíveis

---

[60] Expressão utilizada por Carlos García-Gutiérrez Fernández, «Economía financiera de las sociedades cooperativas (y de las organizaciones de participación)», in *Sociedades Cooperativas: régimen jurídico y gestión económica* (coord. de José Antonio Prieto Juárez), Ibidem Ediciones, Madrid, 1999, p. 256.

[61] Como defensores destes mecanismos destacam-se: Enrique Ballestero, *Economía social y empresas cooperativas*, cit., pp. 116 e ss.; Carlos García-Gutiérrez Fernández, «La estructura financiera de la Sociedad Cooperativa y su valoración», cit., p. 256; e em «Economía financiera de las sociedades cooperativas (y de las organizaciones de participación)», cit., pp. 255-256; Paloma Bel Durán/Josefina Fernández Guadaño, «La financiación propia y ajena de las sociedades cooperativas», cit., pp. 110-111; e Inmaculada Buendía Martínez, *La integráción comercial de las Sociedades Cooperativas*, Consejo Económico y Social, Madrid, 1999, p. 101.

[62] V., neste sentido, Francisco Vicent Chuliá, *Ley General de Cooperativas*, Tomo XX, Vol. 3.º, cit., p. 373.

dos excedentes seria o desenvolvimento da cooperativa, designadamente, através da criação de reservas – parte das quais será irrepartível.

A terceira nota reportar-se-á ao facto de que, sendo a reserva legal constituída, essencialmente, como protecção dos credores, a violação dos preceitos legais relativos à sua constituição, reforço ou utilização, determinará nulidade – e não apenas anulabilidade –, da deliberação (n.º 3 do art. 69.º do *CSC*, aplicável por remissão do art. 9.º do *CCoop*[63]), podendo ainda, segundo a doutrina, determinar a responsabilidade civil e, eventualmente, penal dos membros da direcção e de todos os que tenham intervindo conscientemente nestes mecanismos de «fraude à lei»[64].

6. Reflexões Finais

Chegados aqui, resta-nos concluir que urge repensar o regime jurídico do capital social e da reserva legal na cooperativa, uma vez que o quadro jurídico não pode ser um peso inibidor do desenvolvimento cooperativo.

Assim, em primeiro lugar, julgo que será conveniente a previsão da possibilidade do estabelecimento de limites ao direito ao reembolso, designadamente a suspensão do reembolso quando este implique a redução do capital social para um valor inferior ao mínimo previsto nos estatutos e, a manter-se a actual redacção da *NCRF 27*, a previsão, ao lado das tradicionais entradas com direito de reembolso automático em caso de demissão, de entradas cujo reembolso possa ser recusado incondicionalmente pelo órgão de administração da cooperativa.

Em segundo lugar, a previsão da possibilidade de transformar os detentores de títulos de investimento e de obrigações em sócios de capital, sujeitando-os a limites quanto ao exercício do direito de voto e de participação nos órgãos de administração da cooperativa.

Em terceiro lugar, e no que tange à reserva legal, a alteração do n.º 1 do art. 69.º do *CCoop*, no sentido da previsão de um regime de imputação de perdas à reserva legal, com carácter subsidiário e do n.º 3 da mesma

---

[63] O n.º 3 do art. 69.º do *CSC* dispôs que produzirá nulidade «a violação dos preceitos legais relativos à constituição, reforço ou utilização da reserva legal, bem como de preceitos cuja finalidade, exclusiva ou principal, seja a protecção dos credores ou do interesse público».

[64] V. Francisco Vicent Chuliá, *Ley General de Cooperativas*, Tomo XX, Vol. 3.º, cit., p. 373. No mesmo sentido e a propósito das sociedades comerciais, v. Raúl Ventura, *Sociedade por quotas. Comentário ao Código das Sociedades Comerciais*, Vol. I, 2.ª ed., Almedina, Coimbra, 1989, p. 370.

norma, no sentido da não imposição de limites quantitativos e temporais à dotação da reserva legal.

Em quarto lugar, a alteração do n.º 4 do art. 69.º, tornando obrigatória a reintegração da reserva legal por parte dos sócios.

Resumo: A modificação do artigo 64.º do Código das Sociedades Comerciais foi uma das mais importantes inovações da Reforma de 2006. Regula os deveres gerais fiduciários de cuidado e de lealdade dos administradores das sociedades e a sua relação com a diligência de um "gestor criterioso e ordenado". O objectivo do texto é apresentar uma leitura dessa relação enquanto modelo essencial de actuação em concreto dos membros dos órgãos de administração.

Abstract: The change of section 64 of the Portuguese Companies Code was one of the most important innovations of the reform occurred in 2006. It rules the general and fiduciary duties of the companies' directors (care and loyalty) towards the company and its relationship with the diligence required by a "director with criterion and orderliness". The target of the text is to offer enlightenment over that relationship, as essential pattern of the directors' concrete behaviour.

RICARDO COSTA[*]

Deveres gerais dos administradores e "gestor criterioso e ordenado"[1]

1. A modificação do art. 64.º promovida pela Reforma de 2006 do CSC

Uma das modificações mais notadas na Reforma de 2006 do CSC foi a alteração da epígrafe e do corpo do art. 64.º.

A versão originária do art. 64.º[2], sob a epígrafe «Dever de diligência», rezava: "Os gerentes, administradores ou directores de uma sociedade devem actuar com a diligência de um gestor criterioso e ordenado, no interesse da sociedade, tendo em conta os interesses dos sócios e dos trabalhadores".

Depois das alterações promovidas pelo art. 2.º do DL 76-A/2006, de 29 de Março, o art. 64.º ganhou uma nova epígrafe – «Deveres fundamentais» – e passou, em dois números, a determinar assim: "1. Os gerentes ou administradores da sociedade devem observar: *a)* Deveres de cuidado, relevando a disponibilidade, a competência técnica e o conhecimento da

[*] Docente da Faculdade de Direito da Universidade de Coimbra

---

[1] O texto é uma versão desenvolvida da conferência apresentada no Congresso. Corresponde no essencial a uma parcela significativa do comentário ao art. 64.º do CSC, constante do volume I (Arts. 1.º a 84.º) do *Código das Sociedades Comerciais em Comentário* (Almedina, Coimbra, 2010).
[2] Referem-se ao CSC as disposições legais sem qualquer outra indicação.

actividade da sociedade adequados às suas funções e empregando nesse âmbito a diligência de um gestor criterioso e ordenado; e *b)* Deveres de lealdade, no interesse da sociedade, atendendo aos interesses de longo prazo dos sócios e ponderando os interesses dos outros sujeitos relevantes para a sustentabilidade da sociedade, tais como os seus trabalhadores, clientes e credores./ 2. Os titulares de órgãos sociais com funções de fiscalização devem observar deveres de cuidado, empregando para o efeito elevados padrões de diligência profissional e deveres de lealdade, no interesse da sociedade."

No que aqui interessa – os deveres dos membros do órgão de administração da sociedade comercial –, isto é, o disciplinado pelo n.º 1 do art. 64.º, a lei reconheceu e individualizou *ex professo* os dois deveres gerais (ou fundamentais) que recaem no estatuto jurídico dos administradores e gerentes das sociedades. Para isso, continuou a admitir que a respectiva actuação se norteasse pela bitola de "diligência de um gestor criterioso e ordenado", ainda que esta apenas se inscreva *literalmente* na relação com os "deveres de cuidado".

Tal modificação foi colocada pelo legislador no âmbito da necessidade de empreender "o afinamento das práticas de governo das sociedades", em benefício da "competitividade das empresas nacionais"[3]. O que se alinhava com o objectivo confesso da CMVM, para quem, no estudo que antecedeu e fundou, nesta parte, as modificações do DL 76-A/2006, "a lei deve recortar um núcleo mínimo dos deveres dos administradores", "não só para fornecer modelos de decisão claros mas também para permitir a efectivação aplicativa de precisões normativas decorrentes do incumprimento dos deveres societários"[4].

A versão final da alteração do art. 64.º, hoje em vigor, acabou por ficar manifestamente mais complexa do que uma mera explicitação dos deveres gerais dos administradores implicava – "amplia, em termos macroscópicos, a versão primitiva do artigo 64.º, resultando num preceito mais

---

[3] Preâmbulo do DL 76-A/2006.
[4] *Governo das sociedades anónimas: propostas de alteração ao Código das Sociedades Comerciais*, Processo de consulta pública n.º 1/2006, de 1/2006, www.cmvm.pt, p. 16. Porém, a redacção do art. 64.º proposta neste estudo mantinha a redacção original do CSC e acrescentava a "lealdade" à "diligência", já que se revelava necessário explicitar o dever de lealdade, "porquanto complementa a vinculação a deveres de diligência (*duties of care*) e permite concretizações aplicativas mais amplas" – *Governo das sociedades anónimas: proposta de articulado modificativo do Código das Sociedades Comerciais*, Complemento ao processo de consulta pública n.º 1/2006, de 2/2006, www.cmvm.pt, pp. 4-5.

rico e prenhe de implicações"[5]. A doutrina sublinhou a necessidade de reformular o art. 64.º, o "preceito emblemático" na regulação dos "deveres emergentes da especial relação de confiança depositada nos membros dos órgãos sociais": em síntese, "mostrava-se excessivamente breve", era de censurar "o silêncio legislativo" quanto ao dever de lealdade, "acumulava ambiguidades", evidenciava "inaptidão para um tratamento cabal dos deveres fiduciários dos administradores"; "havia que o renovar", atenta "a ampla vocação aplicativa do art. 64.º e o seu elevado potencial poder conformador de comportamentos dos titulares de órgãos de administração"; "o art. 64.º deveria tornar-se numa regra popular"[6]. Mas nem todos aceitaram a bondade da almejada "popularização" do art. 64.º: "o preceito resultou muito complexo", em função de uma redacção "bastante mais complicada"[7]; constitui uma "justaposição de massas jurídicas de origens e tempos diversos"[8], que reclama interpretação com o fim de alcançar um "preceito harmónico e funcional"[9]. Na verdade, "preceitos deste tipo, de tão grande generalidade, exigem esforços de precisão por parte da jurisprudência e da doutrina para uma mais segura aplicação aos casos concretos"[10].

2. Os deveres previstos pelo art. 64.º, 1, no contexto do catálogo de deveres dos administradores e gerentes e âmbito subjectivo de aplicação

Como assinala Coutinho de Abreu, "os administradores têm 'poderes-função', poderes-deveres, gerem no interesse da sociedade, têm os poderes necessários para promover este interesse"[11]. Na parcela obrigacional,

---

[5] PAULO CÂMARA, "O governo das sociedades e os deveres fiduciários", *Jornadas «Sociedades abertas, valores mobiliários e intermediação financeira»* (coord. de Maria Fátima Ribeiro), Almedina, Coimbra, 2007, pág. 167.
[6] Refiro-me a PAULO CÂMARA, págs. 164-165.
[7] MENEZES CORDEIRO, *Código das Sociedades Comerciais anotado* (coord. de A. Menezes Cordeiro), Almedina, Coimbra, 2009, *sub* art. 64.º, pág. 243.
[8] MENEZES CORDEIRO, *Manual de direito das sociedades*, I volume, *Das sociedades em geral*, 2.ª ed., Almedina, Coimbra, 2007, pág. 837.
[9] MENEZES CORDEIRO, *últ. ob. cit.*, pp. 802-803.
[10] COUTINHO DE ABREU, *Responsabilidade civil dos administradores de sociedades*, 2.ª ed., IDET/*Cadernos* n.º 5, Almedina, Coimbra, 2010, p. 15.
[11] *Responsabilidade civil...* cit., n. 38 – p. 25; antes, RAÚL VENTURA/BRITO CORREIA, *Responsabilidade civil dos administradores de sociedades anónimas e dos gerentes de sociedades por quotas*, Separata do BMJ n.os 192, 193, 194 e 195, Lisboa, 1970, p. 101, VASCO LOBO XAVIER, *Anulação de deliberação social e deliberações conexas*, Atlântida Editora, Coimbra, 1976 (reimpr.

os deveres dos administradores e gerentes são orientados pela relação *fiduciária* que a gestão de bens e interesses alheios do ente jurídico social implica[12]. Por natureza, essa gestão implica a assunção de riscos para tornar possível a obtenção de lucros. O risco, que se associa à inovação e à criatividade, é um elemento natural e intrínseco das decisões empresariais, que favoreçam o interesse social e, assim, beneficiam a sociedade e os sócios (as possibilidades de ganho derivadas de uma escolha arriscada são quase sempre mais consideráveis do que as derivadas de uma escolha menos arriscada)[13]. Mas essa assunção deve estar balizada desde logo pelo quadro de obrigações que devem nortear a actuação dos administradores[14]. Por isso, esses deveres emergem fundamentalmente da relação *interna* do administrador com a sociedade, ainda que possam ter reflexos (nomeadamente a sua omissão ou cumprimento defeituoso) na rela-

---

1998, Almedina), pp. 341-342 e n. 90. Sobre este "poder-dever de desenvolver a actividade genérica de gerir a empresa social", v. Elisabete Ramos, *Responsabilidade civil dos administradores e directores de sociedades anónimas perante os credores sociais*, Studia Iuridica 67, Coimbra Editora, Coimbra, 2002, pp. 65-66, 77 e ss.

[12] Particularmente elucidativos, Caetano Nunes, "Concorrência e oportunidades de negócio societárias – Estudo comparativo sobre o dever de lealdade dos administradores de sociedades anónimas", *Corporate governance*, Almedina, Coimbra, 2006, p. 89, Calvão da Silva, "'Corporate governance'. Responsabilidade civil de administradores não executivos, da comissão de auditoria e do conselho geral e de supervisão", *RLJ* n.º 3940, 2006, p. 53, Carneiro da Frada, "A *business judgment rule* no quadro dos deveres gerais dos administradores", *Jornadas «Sociedades abertas, valores mobiliários e intermediação financeira»* (coord. de Maria Fátima Ribeiro), Almedina, Coimbra, 2007, pp. 207, 209, ss., Menezes Cordeiro, *Código das Sociedades Comerciais anotado* cit., sub art. 64.º, p. 243 ("especialistas fiduciários, que gerem bens alheios"), Pais de Vasconcelos, "Responsabilidade civil dos gestores das sociedades comerciais", *DSR*, vol. 1, 2009, p. 12, ss. (frisando a relação de *agency* entre os administradores e a sociedade *principal*), pp. 31-32, Id., "*Business judgment rule*, deveres de cuidado e de lealdade, ilicitude e culpa e o artigo 64.º do Código das Sociedades Comerciais", *DSR*, vol. 2, 2009, pp. 61, 63, Vânia Magalhães, "A conduta dos administradores das sociedades anónimas: deveres gerais e interesse social", *RDS* n.º 2, 2009, p. 395, sousa gião, "Conflitos de interesses entre administradores e os accionistas na sociedade anónima: os negócios com a sociedade e a remuneração dos administradores", *Conflito de interesses no direito societário e financeiro. Um balanço a partir da crise financeira*, Almedina, Coimbra, 2010, pp. 217-218, 223, ss.

[13] V. Raúl Ventura/Brito Correia, pp. 94-95 e n. 169, Caetano Nunes, *Responsabilidade civil dos administradores perante os accionistas*, Almedina, Coimbra, 2001, p. 92, Calvão da Silva, p. 55, Pais de Vasconcelos, "*Business judgment rule*, deveres de cuidado...", *loc. cit.*, pp. 61-62, Coutinho de Abreu, *Responsabilidade civil...* cit., pp. 22 e 39.

[14] V. Carneiro da Frada, *Direito civil. Responsabilidade civil. O método do caso*, Almedina, Coimbra, 2006, p. 121.

ção *externa* com outros sujeitos (credores, Estado, sócios, trabalhadores e outros terceiros especialmente interessados).[15]

Os deveres impostos aos administradores para o *exercício correcto* da administração começam por ser, como actividade, o dever *típico e principal* de administrar e representar a sociedade – correspectivo passivo dos poderes típicos, e normativizados, da função de administrador, previstos nos arts. 192.º, 1, 252.º, 1, 405.º, 431.º, 1 e 2[16]. Este dever genérico, porém, apenas encontra densidade, pela sua indeterminação e amplitude, com a identificação de deveres *gerais de conduta, indeterminados e fiduciários*[17], que, ainda que *sem conteúdo específico*, concretizam o dever típico nas *esco-*

---

[15] Para desenvolvimento destas relações, v. por todos PAIS DE VASCONCELOS, "*Business judgment rule*, deveres de cuidado...", *loc. cit.*, pp. 60-61.

[16] Recusando transportar para aqui a classificação dos deveres em que se analisa civilisticamente a "relação obrigacional complexa" e, por isso, desde logo, conceber um "dever principal de prestação" na tarefa de "administrar", COUTINHO DE ABREU, "Deveres de cuidado e de lealdade dos administradores e interesse social", *Reformas do Código das Sociedades*, IDET/*Colóquios* n.º 3, Almedina, Coimbra, 2007, n. 44 – p. 29-30 (= *Responsabilidade civil...* cit., n. 69 – p. 35-36): entre outra argumentação, "os deveres de cuidado e de lealdade não jogam bem, parece, num esquema radial de dever principal-deveres acessórios, secundários, laterais, etc. ..."; este esquema é adoptado por ANA PERESTRELO DE OLIVEIRA, *A responsabilidade civil dos administradores nas sociedades em relação de grupo*, Almedina, Coimbra, 2007, p. 105, VÂNIA MAGALHÃES, n. 78 – p. 398, TRIGO DOS REIS, "Os deveres de lealdade dos administradores de sociedades comerciais", CadOD, 2009, n. 106 – pp. 314, 344-345, 414. No sentido do texto, DUARTE RODRIGUES, *A administração das sociedades por quotas e anónimas – Organização e estatuto dos administradores*, Livraria Petrony, Lisboa, 1990, pp. 173-174, GABRIELA FIGUEIREDO DIAS, *Fiscalização de sociedades e responsabilidade civil (após a Reforma do Código das Sociedades Comerciais)*, Coimbra Editora, Coimbra, 2006, p. 44, CARNEIRO DA FRADA, "A business judgment rule...", *loc. cit.*, pp. 206-207, no contexto de os poderes dos administradores serem funcionais e ordenarem-se ao cumprimento da obrigação de administrar, PEREIRA DE ALMEIDA, *Sociedades comerciais e valores mobiliários*, 5ª ed., Coimbra Editora, Coimbra, 2008, p. 234, ss., BRUNO FERREIRA, "Os deveres de cuidado dos administradores e gerentes (Análise dos deveres de cuidado em Portugal e nos Estados Unidos da América fora das situações de disputa sobre controlo societário)", *RDS* n.º 3, 2009, p. 707, ss., FERREIRA GOMES, "Conflitos de interesses entre accionistas nos negócios celebrados entre a sociedade anónima e o seu accionista controlador", *Conflito de interesses no direito societário e financeiro. Um balanço a partir da crise financeira*, Almedina, Coimbra, 2010, pp. 159-160.

[17] Etiqueta dogmática dominante entre nós: entre outros, CALVÃO DA SILVA, p. 51, ss., GABRIELA FIGUEIREDO DIAS, p. 43, ss., PAULO CÂMARA, p. 163, ss., FÁTIMA GOMES, "Reflexões em torno dos deveres fundamentais dos membros dos órgãos de gestão (e fiscalização) das sociedades comerciais à luz da nova redacção do artigo 64.º do CSC", *Nos 20 anos do Código das Sociedades Comerciais. Homenagem aos Profs. Doutores A. Ferrer Correia, Orlando de Carvalho e Vasco Lobo Xavier*, Volume II, *Vária*, Coimbra Editora, Coimbra, 2007, p. 568, FAIS DE VASCONCELOS, "*Business judgment rule*, deveres de cuidado...", *loc. cit.*, pp. 63, 65.

lhas de gestão e asseguram a sua realização no *modo de empreender a gestão*[18]. São dois estes deveres *fundamentais*[19], elencados agora nas alíneas *a)* e *b)* do art. 64.º, 1: o *dever de cuidado* (ou *diligência em sentido estrito*[20]) e o *dever de lealdade*. Produto dos direitos anglo-saxónicos (*duty of care*, *duty of loyalty*)[21], representam *padrões abstractos de comportamento* que conformam caso a caso, como *normação da conduta devida*, a actuação dos administradores e gerentes *no exercício das suas funções*[22]. Da sua concretização resultarão (sub)deveres mais específicos, que, como veremos, recortam *o espaço de (i)licitude da conduta dos administradores*.

Em segundo lugar, destacam-se os deveres que resultam *de forma específica e imediata* da lei (não só societária), os chamados deveres *legais espe-*

---

[18] ENGRÁCIA ANTUNES, *Direito das sociedades. Parte Geral*, ed. do A., 2010, p. 325.

[19] Assim são denominados na epígrafe do art. 64.º e por alguma doutrina: entre outros, GABRIELA FIGUEIREDO DIAS, p. 42, ss., MENEZES CORDEIRO, *Manual de direito das sociedades*, I volume cit., p. 798, ss., TRIGO DOS REIS, p. 312, n. 106 – p. 314, p. 316, PAIS DE VASCONCELOS, *Business judgment rule*, deveres de cuidado...", *loc. cit.*, p. 57, ss.

[20] COUTINHO DE ABREU, "Deveres de cuidado e de lealdade...", *loc. cit.*, p. 18 (= *Responsabilidade civil*... cit., p. 16).

[21] Por todos, v. as resenhas de ELISABETE RAMOS, "Debates actuais em torno da responsabilidade e da protecção dos administradores. Surtos de influência anglo-saxónica", BFD, 2008, p. 597, ss., TRIGO DOS REIS, p. 282, ss., 312, ss.

[22] V., também com notícia sobre a história e as influências do art. 64.º, cuja origem se encontra entre nós no art. 17.º, 1, do DL n.º 49 381, de 15/11/1969 (fiscalização e administração da sociedade anónima), MENEZES CORDEIRO, *Manual de direito das sociedades*, I volume cit., p. 799, ss., pp. 809, 810-811, 820, ss., COUTINHO DE ABREU, "Deveres de cuidado e de lealdade...", *loc. cit.*, p. 17, ss., ID., *Responsabilidade civil*... cit., p. 14, ss., ENGRÁCIA ANTUNES, *Direito das sociedades*...cit., p. 325. Para que conste, o aludido art. 17.º, 1, estatuía: "Os administradores da sociedade são obrigados a empregar a diligência de um gestor criterioso e ordenado".

Do dever de diligência (em sentido amplo) constante do originário art. 64.º desprendiam-se já os dois mencionados deveres gerais, isto é, juntar-se-ia pelo menos o dever de lealdade ao dever de diligência em sentido estrito: DUARTE RODRIGUES, p. 187, ss. ("dever de não actuar em conflito de interesses" com a sociedade, implicado pelo dever de actuar no interesse da sociedade), RAÚL VENTURA, *Comentário ao Código das Sociedades Comerciais. Sociedades por quotas*, vol. III – Artigos 252.º a 264.º, Almedina, Coimbra, 1991, p. 150, SOARES DA SILVA, "Responsabilidade civil dos administradores de sociedades: os deveres gerais e os princípios da *corporate governance*", ROA, 1997, p. 616, VAZ PINTO/KEEL PEREIRA, *A responsabilidade civil dos administradores de sociedades comerciais*, FDUNL/*Working Papers*, Lisboa, 2001, p. 14, GABRIELA FIGUEIREDO DIAS, p. 43, COUTINHO DE ABREU, *Responsabilidade civil*... cit., p. 16 e n. 39 – p. 25; na jurisprudência, v. a sentença da 3.ª Vara Cível de Lisboa (1.ª Secção), de 27/10/2003 (proc. n.º 208/99) – o "caso Multidifusão" (uma síntese em RICARDO COSTA, "Responsabilidade dos administradores e *business judgment rule*", *Reformas do Código das Sociedades*, IDET/*Colóquios* n.º 3, Almedina, Coimbra, 2007, p. 61) –, n. 49 (in CAETANO NUNES, *Corporate Governance*, Almedina, Coimbra, 2006, p. 9, ss., a p. 37), e o Ac. da RP de 5/2/2009 (*www.dgsi.pt*, processo 0835545, ponto III do Sumário).

cíficos ou vinculados. Este é o espaço da administração em que não existe *discricionariedade* na acção administrativa, pois é imposta uma actuação ou uma omissão concreta[23]. Alguns exemplos (respeitando à sua actuação individual e/ou actuando colegialmente): não celebrar actos e negócios jurídicos que desrespeitem o intuito lucrativo da sociedade (art. 6.º, 1 a 3); não ultrapassar o objecto da sociedade (art. 6.º, 4); não distribuir aos sócios bens que não possam ser distribuídos ou, sendo, não tenha sido autorizada (em princípio, pelos sócios): arts. 31.º, ss., 514.º; convocar ou requerer a convocação de assembleia geral na hipótese de perda de metade do capital social (art. 35.º); promover a realização das entradas em dinheiro diferidas (arts. 203.º, ss., 285.º e 286.º, 509.º); não adquirir para a sociedade acções ou quotas próprias (nos termos dos arts. 316.º, 319.º, 2, 323.º, 4, 325.º, 2, 220.º, 510.º); não dar execução a deliberações nulas (ou até anuláveis, em determinadas circunstâncias) do órgão de administração (para a nulidade, arts. 412.º, 4, 433.º, 1; v. ainda o art. 24.º, 3, do CVM); proceder à substituição dos administradores que "faltem definitivamente" no seio do órgão plural de administração (art. 393.º); informar as autorizações concedidas para a celebração de negócios entre a sociedade e os seus administradores (art. 397.º, 4); requerer a declaração de insolvência da sociedade (nos termos dos arts. 18.º e 19.º do CIRE); providenciar actos de registo, publicações, comunicações, informações e relatórios respeitantes às sociedades (v. art. 29.º, 1, do CRCom, e várias actuações no relacionamento com a CMVM: p. ex., para as "sociedades abertas", v. arts. 16.º e 17.º do CVM); elaborar e subscrever declarações e (outros) relatórios (para o aumento de capital, a fusão, a cisão e a transformação, v. arts. 93.º, 98.º, 99.º, 102.º, 107.º, 119.º, 120.º, 132.º); elaborar e submeter à apreciação dos sócios o relatório de gestão, as contas do exercício e demais documentos de prestação de contas (arts. 65.º, 1, 263.º, 451.º); efectuar o registo em acta das deliberações por voto escrito (art. 247.º, 6); não praticar actos que traduzam o preenchimento de crimes não societários (em especial, os previstos e punidos pelos arts. 227.º, 227.º-A, 228.º e 229.º do CPen); cumprir as obrigações de que a sociedade é devedora em relação à Administração Fiscal e à Segurança Social (nomeadamente, v. arts. 22.º e 24.º da LGT e 8.º do RGIT).[24]

---

[23] CARNEIRO DA FRADA, *Direito civil*...cit., p. 121, COUTINHO DE ABREU, *Responsabilidade civil*... cit., pág. 12, ENGRÁCIA ANTUNES, *Direito das sociedades*... cit., pp. 324-325.
[24] V., entre outros, SOARES DA SILVA, pp. 613-614, MENEZES CORDEIRO, *Manual de direito das sociedades*, I volume cit., pp. 925-926, COUTINHO DE ABREU, *Responsabilidade civil*... cit., p. 12, ss., PAIS DE VASCONCELOS, *"Business judgment rule*, deveres de cuidado...", *loc. cit.*, p. 65, ss., ENGRÁCIA ANTUNES, *Direito das sociedades*... cit., pp. 323-324. Como veremos, há deveres específicos legais que se incluem na valência do dever geral de lealdade: cfr. *infra*, 4.1.

Finalmente, cabe ainda fazer referência a deveres específicos *não legais*. Neles encontramos os deveres "contratuais" a que alude o art. 72.º, 1: incluem-se os deveres encontrados nos estatutos da sociedade (*estatutários*) e nos contratos "de administração ou de gerência" (se os houver). Não podemos ignorar ainda o dever (estatutário ou legal) de cumprir as deliberações de outros órgãos (a começar pelas deliberações da colectividade de sócios ou do sócio), nos termos, desde logo, dos arts. 259.º e 405.º, 1 (e v. também os arts. 72.º, 5, 412.º, 4, e 24.º, 3, do CVM). Assim como, eventualmente, a obrigação de cumprir as condutas consignadas no "regulamento interno" da administração, desde que elas não se sobreponham nem desrespeitem os deveres desentranhados da lei e/ou dos estatutos sociais[25].

Os deveres *legais gerais* vinculam como *sujeitos passivos* os administradores e gerentes (administrador ou gerente único, gerência, conselho de administração, conselho de administração executivo) designados de acordo com *as formas previstas na lei*: designação pela simples qualidade de sócio ou estatutária, nomeação e/ou eleição deliberativa (pelos sócios, por minorias especiais ou pelo órgão de fiscalização), indicação pelo sócio estadual (ou entidade pública equiparada ao Estado), substituição, cooptação, nomeação pelo tribunal[26]. Mas não só ao administrador *de direito* se aplicam os deveres expressos pelo art. 64.º, 1. Também os administradores *de facto*, caracterizados pela *falta*, pela *irregularidade* ou pela *cessação de efeitos da investidura formal como titular do órgão de administração e representação*[27], se encontram vinculados, *desde que se possam qualificar como tal em razão, desde logo, da prática de actos próprios do desempenho de funções de administração e na medida da compatibilidade das manifestações em causa dos deveres de cuidado e de lealdade*[28].

---

[25] V. por todos ENGRÁCIA ANTUNES, "O regimento do órgão de administração", *DSR*, volume 2, 2009, p. 81, ss., em esp. pp. 93-94.
[26] V. RICARDO COSTA, "Responsabilidade civil societária dos administradores de facto", *Temas societários*, IDET/*Colóquios* n.º 2, Almedina, Coimbra, 2006, p. 28, COUTINHO DE ABREU, *Curso de direito comercial*, vol. II, *Das sociedades*, 3.ª ed., Almedina, Coimbra, 2009, pp. 534-535 (com indicação das normas pertinentes).
[27] V. RICARDO COSTA, "Responsabilidade civil societária dos administradores de facto", *loc. cit.*, p. 28, ss.
[28] Neste sentido, RICARDO COSTA, *últ. est. e loc. cits.*, p. 40-41. Favoráveis: COUTINHO DE ABREU/ELISABETE RAMOS, "Responsabilidade civil de administradores e de sócios controladores", IDET/*Miscelâneas* n.º 3, Almedina, Coimbra, 2004, p. 43 (= COUTINHO DE ABREU, *Responsabilidade civil...* cit., p. 104) – "... eles administram; devem por isso igualmente cumprir as regras da boa administração..." –, PAIS DE VASCONCELOS, *D&O insurance: o seguro de responsabilidade civil dos administradores e outros dirigentes da sociedade anónima*, ed. digital, Almedina, Coimbra, 2007, p. 33, VÂNIA MAGALHÃES, p. 384 e n. 18, ADELAIDE MENEZES LEITÃO,

3. O dever geral de cuidado (art. 64.º, 1, *a*)) e o "gestor criterioso e ordenado"

3.1. Conceito e manifestações

O dever de cuidado consiste na obrigação de os administradores cumprirem com diligência as obrigações derivadas do seu ofício-função, de acordo com o máximo interesse da sociedade e com o cuidado que se espera de uma pessoa medianamente prudente em circunstâncias e situações similares[29]. Tal obrigação implica que "os administradores hão-de aplicar nas actividades de organização, decisão e controlo societários o tempo, esforço e conhecimento requeridos pela natureza das funções, as competências específicas e as circunstâncias"[30].

Como genérico que é, este dever necessita de ser explicitado. Para o cumprimento do dever de cuidado, a lei manda atender à "disponibilidade", à "competência técnica" e ao "conhecimento da actividade" *adequados às suas funções*. Em rigor, essas não são as verdadeiras manifestações autonomizáveis do dever de cuidado[31] ou, se assim se admitem, são imperfeitas e insuficientes[32]. Melhor será entendermos que a lei avança algumas das *circunstâncias exigíveis* – verdadeiramente *qualidades* – *ao modo como as verdadeiras manifestações do dever de cuidado devem ser realizadas, contribuindo (também subjectivamente) para a avaliação das decisões dos admi-*

"Responsabilidade dos administradores para com a sociedade e os credores sociais pela violação de normas de protecção", *RDS* n.º 3, 2009, p. 660, Ferreira Gomes, p. 155.

[29] Ricardo Costa, "Responsabilidade dos administradores e *business judgment rule*", *loc. cit.*, pp. 58-59.

[30] Coutinho de Abreu, "Deveres de cuidado e de lealdade...", *loc. cit.*, p. 19 (= *Responsabilidade civil...* cit., p. 18); o conceito foi seguido pelo Ac. da RP de 5/2/2009 (cit. a n. 22). Outras considerações pertinentes sobre o dever geral de cuidado em Calvão da Silva, p. 53, Gabriela Figueiredo Dias, pp. 45-46, Carneiro da Frada, "A *business judgment rule*...", *loc. cit.*, pp. 207-208, Paulo Câmara, pp. 167-168.

[31] Nem podem ser, por isso, verdadeiros deveres (ou subdeveres) próprios do estatuto do administrador, como sustentam Carneiro da Frada, "A *business judgment rule*...", *loc. cit.*, p. 208 (enquanto "descrições do comportamento objectivamente exigível do administrador"), Paulo Câmara, pp. 167, 169, Menezes Cordeiro, *Manual de direito das sociedades*, I volume cit., pp. 835, 838, 931, Id. *Código das Sociedades Comerciais anotado* cit., *sub* art. 64.º, p. 244, Elisabete Ramos, "Debates actuais...", *loc. cit.*, p. 629, Bruno Ferreira, pp. 711, 719-720 (só para o "dever de disponibilidade"), Trigo dos Reis, pp. 314-315 (também para o "dever de disponibilidade", ainda que o associe à lealdade, e ainda para um "dever mínimo de perícia").

[32] Coutinho de Abreu, "Deveres de cuidado e de lealdade...", *loc. cit.*, p. 20 (=*Responsabilidade civil...* cit., p. 19).

nistradores[33]. A *qualificação* destas *qualidades* previstas na lei residem no facto de serem *essenciais na densificação do padrão do "gestor criterioso e ordenado"* – veja-se que o art. 64.º, 1, *a)*, localiza tal padrão *no âmbito dessas qualidades legalmente reivindicadas*[34].

Na concretização do dever de cuidado, interessa, todavia e para além delas, outras *circunstâncias*, que *assistirão a análise em concreto do comportamento do administrador*: o tipo, objecto e dimensão da sociedade, o sector económico da actividade social, a natureza e a importância(-amplitude) da decisão e/ou negócio e o seu enquadramento na gestão corrente ou na gestão extraordinária, o tempo disponível para obter a informação e para tomar a decisão, os custos de obtenção da informação, a confiança dos administradores naqueles que examinaram o assunto e o apresentaram no conselho, o estado da actividade da empresa social naquele momento, o número de decisões que foi necessário tomar naquele período, os tipos de comportamento normalmente adoptados naquele tipo de situações, a experiência do administrador, as funções do administrador (executivas ou não, delegadas ou não) e a sua especialidade técnica, etc.[35]

As principais *manifestações* (ou *subdeveres*) do dever de cuidado consistem no (i) dever de controlar, ou vigiar, a organização e a condução da actividade da sociedade, as suas políticas, práticas, etc.; no (ii) dever de se informar e de realizar uma investigação sobre a atendibilidade das informações que são adquiridas e que podem ser causa de danos, seja por via

---

[33] Em sentido próximo, Pais de Vasconcelos, "Responsabilidade civil...", *loc. cit.*, p. 18, Id., "*Business judgment rule*, deveres de cuidado...", *loc. cit.*, p. 63, Fátima Gomes, p. 562, ss., referindo-se neste traço dogmático a "pressupostos de verificação" do dever de cuidado e a "situações que podem desencadear a verificação do incumprimento do dever de cuidado", Bruno Ferreira, p. 712 ("elementos que auxiliam a determinação do grau de cuidado a que estão sujeitos os administradores", "como critérios de determinação da actuação negligente em concreto"), Fernandes de Oliveira, "Responsabilidade civil dos administradores", *Código das Sociedades Comerciais e governo das sociedades*, Almedina, Coimbra, 2008, pp. 273-274. De todo o modo, sobre as circunstâncias indicadas pela lei, v. Paulo Câmara, p. 168, ss., Vânia Magalhães, p. 387, ss., Bruno Ferreira, p. 718, ss.

[34] V. *infra*, 3.2., 5.

[35] V. Raúl Ventura/Brito Correia, pp. 95, 99-100, Duarte Rodrigues, p. 176, Caetano Nunes, *Responsabilidade civil...* cit., p. 91, Elisabete Ramos, *Responsabilidade civil...* cit., n. 165 – p. 83, p. 88-89, Coutinho de Abreu, "Deveres de cuidado e de lealdade...", *loc. cit.*, pp. 20, 22 (=*Responsabilidade civil...* cit., pp. 19, 24), Ricardo Costa, "Responsabilidade dos administradores e *business judgment rule*", *loc. cit.*, p. 83, Pereira de Almeida, p. 235, Menezes Cordeiro, *Código das Sociedades Comerciais anotado* cit., *sub* art. 64.º, p. 244, Bruno Ferreira, p. 731, ss., Trigo dos Reis, pp. 333-334 (que se refere a "tipos sociais intermédios" entre a bitola legal e as circunstâncias concretas do agente), Pais de Vasconcelos, "*Business judgment rule*, deveres de cuidado...", *loc. cit.*, pp. 63-64, Engrácia Antunes, *Direito das sociedades...* cit., p. 326.

dos normais sistemas de vigilância, seja por vias ocasionais (produzindo informação ou solicitando-a por sua iniciativa) – estes dois subdeveres podem muitas vezes conjugar-se de uma forma muito estrita e até absorverem-se em hipóteses concretas enquanto subdever (global e uno) de *controlar e vigiar a evolução económico-financeira da sociedade e o desempenho dos gestores* (não só administradores)[36], *em geral* sobre a actuação dos restantes administradores[37], trabalhadores e colaboradores com funções de gestão, *em especial* na relação entre administradores não executivos e administradores executivos[38]; no (iii) dever de se comportar razoavelmente no *iter* de formação de uma decisão, obtendo a informação suficiente para o habilitar a tomar uma boa decisão (*obtenção razoável de informação no processo de tomada de decisão*); no (iv) dever de *tomar decisões substancialmente razoáveis*,

---

[36] Daqui podem resultar obrigações relevantes: p. ex., nos órgãos plurais de administração, a de preparar e participar nas reuniões (assim, COUTINHO DE ABREU, *Responsabilidade civil*... cit., p. 20). O seu alcance, depois, será fulcral para acertar a interpretação de outros normativos: no caso, a ausência do administrador como causa de exclusão de responsabilidade do administrador, nos termos do art. 72.º, 3.

[37] V., antes do CSC, o Ac. do STJ de 19/11/1987, *BMJ* n.º 371, 1987, p. 473, s., a p. 478 e 479.

[38] V. o art. 407.º, 8, 2.ª parte. Nesta sede, como dever *instrumental* que incumbe ao presidente da comissão executiva para o cumprimento do subdever de controlo e vigilância dos administradores não executivos, note-se a obrigação de "assegurar que seja prestada toda a informação aos demais membros do conselho de administração relativamente à actividade e às deliberações da comissão executiva" (art. 407.º, 6, *a*)).
Quando há essa relação e delegação de poderes administrativos, nomeadamente através de comissão executiva, SOARES DA SILVA, pp. 623-624, avançou que o dever de vigilância ("acompanhar e vigiar a gestão da sociedade") constituiria o "conteúdo mínimo" do dever de cuidado(-diligência). Em sentido próximo, antes, DUARTE RODRIGUES, p. 180, defendeu que o dever de administrar com diligência se atenuava para os administradores delegantes, "reduzindo-se ao dever de vigilância geral e de intervenção". Especificamente sobre essas duas facetas do dever de vigilância, entre outros, v. RAÚL VENTURA/BRITO CORREIA, p. 417, RAÚL VENTURA, pp. 151-152, NOGUEIRA SERENS, *Notas sobre a sociedade anónima*, Studia Iuridica 14, Coimbra Editora, Coimbra, 1995, p. 66, ELISABETE RAMOS, *Responsabilidade civil*... cit., pp. 89, 115, ss., 120, ss., PEDRO MAIA, *Função e funcionamento do conselho de administração da sociedade anónima*, Studia Iuridica 62, Coimbra Editora, Coimbra, 2002, p. 273, ss., SOVERAL MARTINS, "A responsabilidade dos membros do conselho de administração por actos ou omissões dos administradores delegados ou dos membros da comissão executiva", *BFD*, 2002, p. 375, ss., BRUNO FERREIRA, p. 714, ss., FERNANDES DE OLIVEIRA, p. 274.

dentro de um catálogo mais ou menos discricionário de alternativas possíveis e adequadas[39, 40-41]

3.2. O padrão da "diligência de um gestor criterioso e ordenado"

Nas palavras da CMVM, a al. *a)* divide-se em duas partes: na primeira temos uma "cláusula geral de actuação cuidadosa"[42]; na segunda dispõe-se o "critério de actuação diligente que serve de bitola do cumprimento

---

[39] Gabriela Figueiredo Dias, pp. 43-44, parece equivaler estas duas últimas manifestações a um "dever de diligência" reservado para o cumprimento da função administrativa de acordo com as *legis artis*, fundado no lastro normativo do anterior art. 64.º e com perímetro menos amplo que o dever de cuidado, que aspira a uma actuação em conformidade com os vários interesses, nomeadamente os de terceiros, susceptíveis de serem lesados pela conduta do administrador. Em sentido próximo, Vânia Magalhães, p. 392.

[40] V., essencialmente e com mais desenvolvimentos, Coutinho de Abreu, "Deveres de cuidado e de lealdade...", *loc. cit.*, p. 20, s. (=*Responsabilidade civil...* cit., p. 19, ss.), Ricardo Costa, "Responsabilidade dos administradores e *business judgment rule*", *loc. cit.*, pp. 59-60, 84, Bruno Ferreira, pp. 711, 712 e ss. (que classifica os deveres de cuidado em duas categorias: a) os que dizem respeito à tomada de decisões; b) os que estão desligados da tomada de decisões de gestão, relacionados com o acompanhamento da actividade da sociedade). Nesta linha, ainda que não integralmente, Vaz Pinto/Keel Pereira, p. 14, Elisabete Ramos, "Debates actuais...", *loc. cit.*, p. 630, Pereira de Almeida, p. 235, Vânia Magalhães, p. 390, Engrácia Antunes, *Direito das sociedades...* cit., p. 325; com mais variações, Pais de Vasconcelos, "*Business judgment rule*, deveres de cuidado...", *loc. cit.*, p. 65, ss., que leva a cabo uma distinção entre os "deveres fundamentais de gestão" e os "deveres operacionais de gestão" (que podem ocupar o lugar dos nossos subdeveres), destacando aqui, depois de uma enumeração de possíveis decisões discricionárias e propícias à "prossecução do lucro dentro do objecto social", o "dever de razoabilidade" e o "dever de controlo" da actividade e funcionamento da sociedade (em esp. 69, ss.).
Destaque-se a precisão de Coutinho de Abreu no que tange ao último dos subdeveres: "os administradores estão obrigados a: (a) *não dissipar (ou esbanjar) o património social*; (b) *evitar riscos desmedidos*" "(riscos que, se concretizados, conduzirão à insolvência da sociedade)" (com exemplos).
Para uma avaliação do dever de razoabilidade na tomada de decisões, v. o Ac. da RP de 5/2/2009 (cit. a n. 22).

[41] Pereira de Almeida, pp. 234-235, defende que o dever de cuidado manifesta-se "logo no momento da aceitação das funções de administração": "as pessoas nomeadas para o cargo de administrador devem verificar, antes da aceitação, se reúnem a competência técnica e disponibilidade para assegurar as funções para que foram designados", sob pena de se verificar culpa *in acceptando*. Em sentido próximo, Carneiro da Frada, *Direito civil...* cit., p. 120, Vaz Trigo/Keel Pereira, p. 13, Trigo dos Reis, p. 315; contra: Paulo Câmara, p. 172 ("uma exigência a ser sindicada no exercício do mandato, em função do desempenho manifestado", ao invés da "avaliação prévia ao início do mandato" associada ao art. 414.º, 3).

[42] Cfr., para a anterior redacção, Coutinho de Abreu, *Responsabilidade civil...* cit., p. 17.

daquela"[43]. Esse é a "diligência de um gestor criterioso e ordenado": é à luz deste parâmetro de *esforço* e *procedimento*[44] que, *imediatamente*, as *manifestações* do dever de cuidado – mormente, o dever de tomar decisões razoáveis – se realizam, com o fito de verificar se um administrador foi *cuidadoso em concreto na gestão social*[45].

Na anterior formulação do art. 64.º, o critério do "gestor criterioso e ordenado" surgia, parece, como uma bitola *objectiva* de esforço e diligência sobre *como fazer* na execução (ou omissão) de tarefas concretas de administração[46]. Assim continuará para a medida de *exigência* no cumprimento do dever geral de cuidado imposto ao administrador e, se for o caso, de uma corresponde *ilicitude* por incumprimento do dever[47].

Simultaneamente, fornecia o padrão geral para ajuizar da *culpa (em abstracto*[48]*)* relativa ao comportamento do administrador, imputando censura ou reprovação à possibilidade de poder ter actuado de maneira diferente, de acordo com as circunstâncias concretas e em função desse critério mais exigente do «gestor criterioso e ordenado». Mais exigente porque, em vez do critério comum civilístico da diligência de "um bom pai de família", homem normal e medianamente cuidadoso e prudente, temos no

---

[43] *Respostas à consulta pública n.º 1/2006 sobre alterações ao Código das Sociedades Comerciais*, www.cmvm.pt, ponto 2.º, A – Temas gerais/Deveres e responsabilidade dos titulares dos órgãos sociais.

[44] RAÚL VENTURA/BRITO CORREIA, p. 95, DUARTE RODRIGUES, p. 174, ELISABETE RAMOS, *Responsabilidade civil*... cit., p. 80, MENEZES CORDEIRO, *Manual de direito das sociedades*, I volume cit., pp. 810-811.

[45] Portanto, uma diligência em sentido *normativo*: "o grau de esforço exigível para determinar e executar a conduta que representa o cumprimento de um dever" (PESSOA JORGE, *Ensaio sobre os pressupostos da responsabilidade civil*, Cadernos de Ciência e Técnica Fiscal, CEF/DGCI, Ministério das Finanças, Lisboa, 1968, p. 76). Todavia, o art. 64.º, 1, *a)*, cruza essa diligência com "qualidades ou estados subjectivos" (como é assinalado por TRIGO DOS REIS, n. 150 – p. 331) e não deixa de atender às circunstâncias concretas em que se move o administrador.

[46] RICARDO COSTA, "Responsabilidade dos administradores e *business judgment rule*", loc. cit., p. 78; em complemento, MENEZES CORDEIRO, *Manual de direito das sociedades*, I volume cit., pp. 811, 839, *Código das Sociedades Comerciais anotado* cit., *sub* art. 64.º, p. 243.

[47] Este mesmo critério geral de diligência surge no regime da responsabilidade dos administradores emergente da fusão de sociedades: art. 114.º, 1, do CSC. Repare-se que a lei estabelece um comportamento devido em relação às variáveis de "verificação da situação patrimonial das sociedades" e de "conclusão da fusão": um sinal demonstrativo do desempenho da bitola em sede de ilicitude.

[48] Cfr. arts. 487.º, 2, e 799.º, 2, do CCiv. Na doutrina, por todos, ELISABETE RAMOS, "Aspectos substantivos da responsabilidade civil dos membros do órgão de administração perante a sociedade", BFD, 1997, pp. 230-231, COUTINHO DE ABREU, *Responsabilidade civil*... cit., p. 24 e n. 36.

art. 64.º – agora: 1, *a)* –, quanto à imputação *subjectiva* do acto ao agente, uma bitola que nos remete para, nas palavras de Raúl Ventura, "um gestor dotado de certas qualidades"[49].[50]

Apesar do *aggiornamento* da lei[51], esta *duplicidade* deve continuar a ser aceite com o actual preceito.[52]

---

[49] *Comentário...*, vol. III cit., p. 149. Neste afastamento do padrão geral civilístico, Fátima Gomes, p. 563, fala do "modelo de um comerciante experiente". Em sentido adverso, fazendo corresponder, na anterior redacção do art. 64.º, o "gestor criterioso e ordenado" ao modelo correspondente ao "bom pai de família" em sede de direito societário, Vaz Pinto/Keel Pereira, pp. 12, 16.

[50] Ricardo Costa, "Responsabilidade dos administradores e *business judgment rule*", *loc. cit.*, p. 78.

[51] Pais de Vasconcelos, "Responsabilidade civil...", *loc. cit.*, p. 18.

[52] Evoluindo contra os tradicionais (e actuais) entendimentos de se ver o art. 64.º como reflexivo de ilicitude *ou* de culpa, v. as posições *cumulativas* de Carneiro da Frada, *Direito civil...* cit., p. 119 – "(...) o art. 64 contém um critério, não apenas de culpa, mas, desde logo, de *ilicitude*" –, "A *business judgment rule*...", *loc. cit.*, pp. 204-205, Tània Meireles da Cunha, *Da responsabilidade dos gestores de sociedades perante os credores sociais – A culpa nas responsabilidades civil e tributária*, Almedina, Coimbra, 2004, pp. 43-44, Coutinho de Abreu, "Deveres de cuidado e de lealdade...", *loc. cit.*, p. 30 (=*Responsabilidade civil...* cit., p. 24), Ricardo Costa, "Responsabilidade dos administradores e *business judgment rule*", *loc. cit.*, pp. 78-79, Fátima Gomes, n. 24 – p. 563-564 (aparentemente), Fernandes de Oliveira, p. 290 (também aparentemente). No mesmo sentido, a sentença da 3.ª Vara Cível de Lisboa, cit. a n. 22, que, em relação à concretização operada pelo art. 64.º, afirmou ser esta "uma matéria que respeita igualmente ao juízo de ilicitude e não uma matéria relativa apenas à culpa", "uma bitola de diligência, relativa à concretização da ilicitude e à culpa" (Caetano Nunes, *Corporate governance* cit., pp. 32, 34-35). O critério do "gestor criterioso e ordenado" foi importado pelo DL n.º 49 381, de 1969 (art. 17.º, 1: v. *supra*, n. 22), da fórmula legal do § 93 (1) da *AktG* alemã, que remete para a diligência de um "gerente de negócios ordenado e consciencioso" (Raúl Ventura/Brito Correia, pp. 97, 411). Na doutrina desse país, é dominante considerar que o padrão legal de diligência fornece um critério objectivo de ilicitude e um critério subjectivo de culpa: como exemplos, Hans-Joachim Mertens, *Kölner Kommentar zum Aktiengesetz*, Band 2, 1. Lieferung, §§ 76-94, 2. Auflage, Carl Heymanns Verlag KG, Köln-Berlin-Bonn-München, 1992, § 93, pp. 289-290, Thomas Raiser/Rüdiger Veil, *Recht der Kapitalgesellschaften. Ein Handbuch für Praxis umd Wissenschaft*, 4., neubearbeitete Auflage, Verlag Franz Vahlen, München, 2006, pp. 159-169, Uwe Hüffer, *Aktiengesetz*, 8. Auflage, Verlag C. H. Beck, München, 2008, § 93, pp. 464-465. Entre nós, no campo da (i)licitude do gestor, v., em esp., Raúl Ventura /Brito Correia, pp. 96-97, Brito Correia, *Os administradores de sociedades anónimas*, Almedina, Coimbra, 1993, pp. 596-597, Caetano Nunes, *Responsabilidade civil...* cit., pp. 90-91, Pais de Vasconcelos, "Responsabilidade civil...", *loc. cit.*, pp. 19-20, Id., "*Business judgment rule*, deveres de cuidado...", *loc. cit.*, p. 57; no campo da circunscrição de culpa, v. Antunes Varela, "Ac. de 31/3/93 – Anotação", *RLJ* n.os 3829-3836, Ano 126.º, 1993-1994, p. 315, Elisabete Ramos, "Aspectos substantivos...", *loc. cit.*, p. 228, ss., Vaz Pinto/Keel Pereira, p. 12, s., em esp. 15-16, Calvão da Silva, pp. 53-54, Pereira de Almeida, p. 237 – que, para o efeito da "culpa-

Seja para a ilicitude, seja para o juízo de culpa, o administrador *qualificado* apontado pela lei pressupõe uma certa profissionalização e especialização próprias da classe dos gestores, uma competência assente em habilitações técnicas e profissionais (ainda que a lei não exija qualquer capacidade técnica ou académica particular ou experiência profissional para o exercício do cargo, excepto para certas categorias de sociedades)[53].[54]

Para esses juízos de conformidade com o "padrão de diligência especialmente reforçado"[55] do "gestor criterioso e ordenado" devem ser consideradas as *qualidades legais* e as *circunstâncias*[56] que são mobilizáveis para *determinar e densificar em concreto* o cumprimento de cada uma das manifestações do dever de cuidado[57]. A começar, portanto, pelos "critérios de concretização" (como são denominados por Pais de Vasconcelos[58]) expressamente fornecidos pelo CSC; a saber, a disponibilidade, a competência técnica e o conhecimento da actividade social adequados às funções[59]. Neste sentido, o "gestor criterioso e ordenado" será, em primeira linha, o administrador *qualificado e medianamente* disponível, competente

bilidade", autonomiza um dever de diligência no seio dos deveres de cuidado –, ARMANDO TRIUNFANTE, *Código das Sociedades Comerciais anotado*, Coimbra Editora, Coimbra, 2007, sub art. 64.º, pp. 60-61, PAULO CÂMARA, p. 171, ADELAIDE MENEZES LEITÃO, pp. 664, 667, ss. MENEZES CORDEIRO, *Manual de direito das sociedades*, I volume cit., apesar de, a pp. 809, s., 839, configurar a "bitola de diligência" como regra de conduta (ainda que incompleta, porque o seu conteúdo útil preciso necessita da conjugação com outras normas; logo, "parte de uma regra de conduta") que, violada, dá azo a ilicitude, sem que se refira a uma bitola de culpa – no que é seguido por TRIGO DOS REIS, p. 331, ss. –, conclui *a final* pela dupla função do critério legal: a bitola de diligência "reporta-se ao conjunto" em que, no que toca à responsabilidade obrigacional do art. 72.º, 1, "'culpa' e 'ilicitude' surgem incindíveis" (pp. 926-927 e, ainda, n. 2600 – p. 928).
[53] V. RAÚL VENTURA, pp. 149-150, ELISABETE RAMOS, *Responsabilidade civil...* cit., pp. 82 e ss., COUTINHO DE ABREU/ELISABETE RAMOS, pp. 26-27 (e n. 31), RICARDO COSTA, "Responsabilidade dos administradores e *business judgment rule*", *loc. cit.*, p. 78.
[54] O mesmo para o administrador da insolvência: cfr. art. 59.º, 1, do CIRE.
[55] ENGRÁCIA ANTUNES, *Direito das sociedades...* cit., p. 326.
[56] Aludidas exemplificativamente *supra*, 3.1.
[57] Assim, ENGRÁCIA ANTUNES, *últ. ob. cit.*, p. 326. Antes do CSC, RAÚL VENTURA/BRITO CORREIA, pp. 99-100, consideravam que o modelo de diligência pode ser "matizado com a consideração de mais ou menos circunstâncias exteriores ao agente".
[58] "Responsabilidade civil...", *loc. cit.*, p. 18. No mesmo trilho, BRUNO FERREIRA, pp. 731, 736, 737 ("critérios adicionais de determinação do padrão de actuação" ou do "padrão de conduta" do administrador).
[59] Que se pode entender que relevarão mais para o pressuposto da culpa: neste sentido, no que respeita à "competência técnica", v. COUTINHO DE ABREU, *Responsabilidade civil...* cit., pp. 23-24. Sobre esta circunstância, v., ademais, ELISABETE RAMOS, *Responsabilidade civil...* cit., p. 92, ss. ("perícia" *vs* "imperícia"), VÂNIA MAGALHÃES, pp. 388-389, BRUNO FERREIRA, pp. 732-733, TRIGO DOS REIS, p. 315.

tecnicamente (o que acentua a ideia de profissionalização[60]) e conhecedor da actividade[61], *mediado* pelas *circunstâncias* em que uma certa decisão foi tomada[62].[63] Isto é, a avaliação *objectiva* e *subjectiva* do acto (ou omissão) do administrador é feita de acordo com *a diligência exigível a um "gestor criterioso e ordenado" colocado nas circunstâncias concretas em que actuou e confrontado com as qualidades que revelou de acordo com o exigível* – a administração lícita e não culposa é aquela que *um administrador "criterioso e ordenado", colocado na posição concreta do administrador real, realizaria*.[64]

Todavia, não pode o administrador exonerar-se de se balizar pelo *interesse social* (interesse comum a todos os sócios enquanto tais na realização do máximo lucro através da actividade da sociedade[65]) e pelos "interesses dos outros sujeitos relevantes para a sustentabilidade da sociedade, tais como os seus trabalhadores, clientes e credores", delineados na al. *b)* do art. 64.º, 1 – que hoje desembocam no "interesse da sociedade" (mais extenso[66]

---

[60] Vânia Magalhães, p. 388.
[61] Uma expressa *refracção normativa* destas qualidades encontra-se hoje no art. 423.º-B, 4, 1.ª parte, para os administradores-auditores da comissão de auditoria de sociedades anónimas com estrutura monística (art. 278.º, 1, *c)*) cotadas em bolsa – "um membro que tenha curso superior adequado ao exercício das suas funções e conhecimentos em auditoria ou contabilidade".
[62] V., neste contexto, o Ac. da RP de 5/2/2009 (cit. a n. 22).
[63] V. desenvolvimentos em Duarte Rodrigues, p. 177, s., Elisabete Ramos, *Responsabilidade civil*... cit., p. 87, ss.
[64] Por todos, v. Elisabete Ramos, "Aspectos substantivos...", *loc. cit.*, p. 230. Na jurisprudência, v. os Acs. da RP de 10/10/2005 (*CJ*, 2005, IV, p. 210, ss.), a p. 213, do STJ de 9/5/2006 (*CJ/STJ*, 2006, II, p. 73, ss.), ponto II do Sumário e p. 75, da RL de 2/10/2008 (*www.dgsi.pt*, processo 2254/2008-2, ponto 4 do Sumário), do STJ de 28/4/2009 (*www.dgsi.pt*, processo 09A0346), e da RL de 18/3/2010 (*www.dgsi.pt*, processo 10309/08-2).
[65] Raúl Ventura/Brito Correia, p. 102, Vasco Lobo Xavier, *Anulação de deliberação social*... cit., n. 116 – p. 242, Raúl Ventura, pp. 150-151, Coutinho de Abreu, *Da empresarialidade (As empresas no direito)*, Almedina, Coimbra, 1996, pp. 226, 228. Para desenvolvimentos sobre o complexo tema, v. Brito Correia *Direito comercial*, 2.º volume, *Sociedades comerciais*, AAFDL, Lisboa, 1989 (3.ª tiragem 1997), p. 32, ss., Pais de Vasconcelos, *A participação social nas sociedades comerciais*, 2.ª ed., Almedina, Coimbra, 2006, p. 315, ss., Cassiano dos Santos, *Estrutura associativa e participação societária capitalística. Contrato de sociedade, estrutura societária e participação do sócio nas sociedades capitalísticas*, Coimbra Editora, Coimbra, 2006, p. 372, ss., Coutinho de Abreu, "Deveres de cuidado e de lealdade...", *loc. cit.*, p. 31, ss. (=*Responsabilidade civil*... cit., p. 288, ss.).
[66] Gabriela Figueiredo Dias, p. 45, Coutinho de Abreu, "Deveres de cuidado e de lealdade...", *loc. cit.*, p. 35 (= *Responsabilidade civil*... cit., p. 293), Fátima Gomes, p. 565-566, Paulo Olavo Cunha, *Direito das sociedades comerciais*, 4ª ed., Almedina, Coimbra, 2010, pp. 572 e 573. A doutrina divide-se: numa concepção diversa, v. Cassiano dos Santos, n. 631 – p. 375, p. 394 e n. 675, n. 678 – p. 396, Soveral Martins *Cláusulas do contrato de sociedade que limitam a transmissibilidade das acções. Sobre os arts. 328.º e 329.º do CSC*, Alme-

e, por isso, de pendor *institucionalista*[67]) que orienta a actuação dos administradores. De modo que a deslocação normativa da pauta para a *órbita do dever geral de lealdade* não obsta a esse compromisso *essencial da actuação fiduciária* do administrador no campo dos deveres de cuidado[68].

3.3. A articulação do dever geral de cuidado com o art. 72.º, 2

O *conteúdo responsabilizador* do dever geral de cuidado é hoje determinado em razão da causa de exclusão de responsabilidade que o art. 72.º, 2, prevê.

É relativamente a este dever que a actuação dos administradores acaba por estar mais exposta à *incerteza* e à *insegurança*, já que é nele que se envolve a *autonomia de julgamento* que assiste ao administrador[69]. As decisões empresariais são peculiares porque, quase sempre ou muitas vezes, são tomadas em situação de risco e debaixo de uma grande pressão temporal. Por isso, tomam-se frequentemente sem que seja possível ter em conta todos os factores que importavam para o sucesso da decisão. Ao contrário de outros sujeitos que desenvolvem uma actividade *profissional* ou *técnica*, os administradores não podem contar com modelos de comportamento *consensualmente aceites pela colectividade* – ensinamentos inequívocos, práticas ou *leges artis* generalizadamente aceites, modelos profissionais de competência –, a fim de os poder invocar para proteger as próprias escolhas e demonstrar a razoabilidade das decisões. Não há *guide*

---

dina, Coimbra, 2006, p. 636, ARMANDO TRIUNFANTE, p. 62, ss., PAULO CÂMARA, p. 174, VÂNIA MAGALHÃES, p. 408, ss.

[67] COUTINHO DE ABREU, "Deveres de cuidado e de lealdade...", *loc. cit.*, pp. 34-35 (= *Responsabilidade civil...* cit., pp. 292-293), PEREIRA DE ALMEIDA, p. 102.

[68] GABRIELA FIGUEIREDO DIAS, p. 44, CARNEIRO DA FRADA, "A *business judgment rule...*", *loc. cit.*, pp. 207-208, 216-217, MENEZES CORDEIRO, *Manual de direito das sociedades*, I volume cit., p. 839, PAULO CÂMARA, p. 178, VÂNIA MAGALHÃES, p. 392, ADELAIDE MENEZES LEITÃO, p. 665-666 (no âmbito de uma "interpretação conjunta" de ambas as alíneas do art. 64.º, 1), TRIGO DOS REIS, p. 334, FERREIRA GOMES, pp. 161-162, 162-163, Ac. da RP de 5/2/2009 (cit. a n. 22). Carneiro da Frada, a p. 212, ss., vai mais longe: como o dever de lealdade "não é graduável", "não é passível de ponderações" de acordo com os interesses da al. *b)* do art. 64.º, 1; logo, a ponderação desses interesses diz respeito somente aos deveres de cuidado aludidos na al. *a)* do preceito. Nesse mesmo sentido crítico e interpretativo, MENEZES CORDEIRO, *ibid.*, pp. 822-823, 831.

[69] CARNEIRO DA FRADA, *Direito civil...* cit., p. 121.

lines, cada decisão é única, na maior parte dos casos há *várias alternativas*, não há *a priori* uma decisão óptima.[70]

Seria prejudicial para a própria sociedade que as decisões tomadas pelos administradores pudessem ser constantemente questionadas em tribunal com o desiderato de obter a consequente responsabilidade por actuação ilícita decorrente do incumprimento do dever de cuidado. Tal acabaria por transferir a *autoridade* decisória, típica dos administradores, do órgão de administração para os sujeitos que lhes podem pedir responsabilidade. Se assim é, assume-se a tomada de decisões arriscadas como algo de economicamente salutar, de tal maneira que um controlo judicial *ex post* do mérito das decisões empresariais, influenciada pelas consequências(-resultados) da decisão, inibiria os administradores de tomarem decisões arriscadas. Este interesse torna-se prevalecente em face dos perigos de iniciativas excessivamente arriscadas e pouco ponderadas ou inoportunas, de erros de avaliação e julgamento, do desleixo na prognose dos efeitos da decisão para a subsistência da sociedade. Desta ponderação resulta que o legislador permite que os administradores possam *respirar* em relação à sua responsabilidade e não percam a necessária tendência para a inovação e para a disponibilidade para o *risco empresarial*[71]. E, antes disso, deve estimular-se a aceitação do cargo de administrador por pessoas competentes.[72]

Neste contexto de *sindicação do dever de cuidado*, a lei societária prevê que a eventual responsabilidade dos administradores (em regra, para com a sociedade) seja excluída no campo das suas decisões de *gestão discricionária e autónoma* – ou *actos propriamente de gestão*[73] – se o gerente ou o administrador (i) "actuou em termos informados" e (ii) "segundo critérios de racionalidade empresarial" (art. 72.º, 2, tradução da regra da

---

[70] Sobre este assunto, v. Gabriela Figueiredo Dias, p. 76, Coutinho de Abreu, "Deveres de cuidado e de lealdade...", *loc. cit.*, p. 21 (=*Responsabilidade civil...* cit., p. 22), Ricardo Costa, "Responsabilidade dos administradores e *business judgment rule*", *loc. cit.*, pp. 54-55.

[71] No sentido de que os administradores não deverão ser responsabilizados pelos prejuízos imputáveis ao chamado "risco da empresa" – "todos os resultados que dependam de factores ou eventos que escapam ao domínio ou, pelo menos, à previsão de quem dirige a empresa"; "todo o conjunto de actuações que são tomadas tendo em conta um certo grau de racionalidade" –, Elisabete Ramos, *Responsabilidade civil...* cit., pp. 91-92; mais recentes, Bruno Ferreira, p. 711 ("não incluindo, portanto, os deveres de cuidado uma obrigação de gerir de forma a evitar o risco de empresa"), Trigo dos Reis, p. 334; menos recentes, Duarte Rodrigues, pp. 176-177, Caetano Nunes, *Responsabilidade civil...* cit., pp. 92-93.

[72] V. Ricardo Costa, "Responsabilidade dos administradores e *business judgment rule*", *loc. cit.*, pp. 54-55.

[73] Na dogmática de Pais de Vasconcelos, "*Business judgment rule*, deveres de cuidado...", *loc. cit.*, pp. 61-62.

business judgment rule[74]). Deve entender-se que, se assim for, os administradores respeitaram as suas obrigações legais e a sua conduta, no que respeita ao mérito das suas escolhas, é insindicável pelo juiz. É ao administrador que cabe provar os factos extintivos do direito indemnizatório invocado. Mesmo que se trate de erros consideráveis de gestão e evitáveis por outros administradores, mas justificados por *escolhas imprudentes* ou por *deficiências de juízo* (valorações incorrectas, equívocos técnicos, etc.), terá ao seu alcance a demonstração que, não obstante o mau resultado, o erro cometido, protagonizou um exercício *minimamente* cuidadoso dos seus poderes discricionários, seja quanto ao dever de obtenção *razoável de informação* no processo de tomada de decisão, seja quanto ao dever de tomar decisões *razoáveis e adequadas* (só não podem ser *irracionais*, isto é, incompreensíveis, sem explicação coerente ou fundamento plausível).[75] Numa outra perspectiva, terá o administrador a possibilidade de demonstrar que cumpriu a obrigação *de meios* para com a sociedade e que *o resultado (consequência final da sua acção)* – a cujo êxito não está obrigado – não lhe trará responsabilidade[76].

Assim, o art. 72.º, 2, fiscaliza o dever geral de cuidado nas suas seguintes *manifestações*: a) dever de tomar decisões *razoáveis e adequadas*[77]; b) dever de obtenção *razoável* de *informação* no processo de tomada de decisão[78].[79] O julgador estará legitimado para aferir da responsabilidade pela violação dos outros subdeveres (ou subdever) compreendidos no dever de cuidado que façam parte do seu conteúdo integral, sem que seja possível

---

[74] Sobre a aplicação em sentido restritivo do art. 72.º, 2, à responsabilidade em face de credores sociais, sócios e (outros) terceiros, perante a remissão operada pelos arts. 78.º, 5, e 79.º, 2, v. Coutinho de Abreu, *Responsabilidade civil...* cit., n. 98 – p. 48, Ricardo Costa, "Responsabilidade dos administradores e *business judgment rule*", loc. cit., p. 72.

[75] V. Ricardo Costa, "Responsabilidade dos administradores e *business judgment rule*", loc. cit., pp. 67-68. Concordante: Engrácia Antunes, *Direito das sociedades...* cit., n. 680 – p. 326.

[76] Neste prisma, v. Duarte Rodrigues, p. 177, Caetano Nunes, *Responsabilidade civil...* cit., p. 93, Carneiro da Frada, *Direito civil...* cit., p. 121, Elisabete Ramos, *Responsabilidade civil...* cit., pp. 85-87, Gabriela Figueiredo Dias, p. 46, Pereira de Almeida, p. 236, Armando Triunfante, p. 61, Vânia Magalhães, p. 392, 393, Trigo dos Reis, p. 333. Por ser assim, Adelaide Menezes Leitão, p. 668, denomina o art. 64.º, 1, como uma "disposição de perigo abstracto".

[77] Coutinho de Abreu, *Responsabilidade civil...* cit., p. 47.

[78] Neste âmbito, Bruno Ferreira, p. 724, restringe a apreciação ao "cumprimento dos deveres de cuidado decisionais".

[79] E também parece que é legítimo abarcar o "dever de *controlo e vigilância*" da sociedade, sempre que ele implique *a decisão* de adoptar procedimentos de controlo da actividade de gestão social e a escolha desses procedimentos dependa da obtenção de *informação* relevante: Ricardo Costa, "Responsabilidade dos administradores e *business judgment rule*", loc. cit., n. 47 – p. 70 (sobre o ponto, v. ainda Bruno Ferreira, p. 714).

afastar a responsabilidade decorrente da violação dos subdeveres de cuidado *não integrados no âmbito de aplicação* do art. 72.º, 2, por *invocação das circunstâncias previstas no art. 72.º, 2*. O art. 72.º, 2, estabelece, portanto, um *regime especial da responsabilidade pela administração discricionária*[80], que delimita o *perímetro relevante* do dever geral de cuidado *no momento de avaliar a conduta do administrador*[81].[82]

E como se controlam as manifestações do dever de cuidado abrangidas pelo art. 72.º, 2?

Em rigor, a única manifestação do dever de cuidado que é sindicada é *a primeira*, o dever (principal) de tomar decisões materialmente razoáveis. Todavia, com a *nuance* de o mérito da decisão não ser julgado pelo critério societário comum (mais qualificado) mas por um critério mais limitado, mesmo para as decisões irrazoáveis (se a decisão não for considerada irracional).

A restante manifestação é *verdadeiramente* um requisito *procedimental* para se concluir que o dever de tomar decisões razoáveis foi perseguido pelo administrador (mesmo que essa razoabilidade não chegue a ser obtida)[83]. Continua a ser uma manifestação do dever de cuidado con-

---

[80] Ricardo Costa, "Responsabilidade dos administradores e *business judgment rule*", *loc. cit.*, p. 71.

[81] Este é um pormenor decisivo: essa delimitação só se verifica se o administrador se fizer prevalecer da regra de exclusão prevista no art. 72.º, 2. De modo que este preceito não veio eliminar, isentando o administrador, o cumprimento dos subdeveres de cuidado pertinentes – não é de aceitar o juízo da sentença de 2003 da 3.ª Vara Cível de Lisboa (cit. a n. 22), p. 36-37, 40, 41: "o dever de gestão [correspondente ao dever de cuidado] não compreende o dever de tomar decisões adequadas", substituído pelo dever de "não tomar decisões irracionais" (Ricardo Costa, "Responsabilidade dos administradores e *business judgment rule*", *loc. cit.*, n. 48 – p. 70). É, neste sentido, uma delimitação "eventual" no momento de aferir a responsabilidade do administrador – em sentido próximo, Carneiro da Frada, "A *business judgment rule*...", *loc. cit.*, p. 231 –, que, ainda que decaída a ilicitude (que existe) por estar "justificada" (Ricardo Costa, "Responsabilidade dos administradores e *business judgment rule*", *loc. cit.*, pp. 75-76), não esconde a violação *primária* do dever de cuidado.

[82] Noutros termos (análogos ou confinantes), v. Coutinho de Abreu, *Responsabilidade civil...* cit., pp. 38, 43 e n. 89: com o regime do art. 72.º, 2, o administrador demonstrará "a não violação *(relevante)* dos deveres de cuidado" (sublinhei), porque "não é considerada anti-jurídica ou contra o direito uma decisão 'racional', apesar de 'irrazoável'"; Calvão da Silva, p. 56, aludindo à não responsabilização por desrespeito do dever de cuidado se houver observância do *modus operandi* ou *modus deliberandi* previstos no art. 72.º, 2; Carneiro da Frada, "A *business judgment rule*...", *loc. cit.*, p. 232, quando sublinha que a norma do art. 72.º, 2, "recorta também o próprio espaço da sindicabilidade jurídica da actividade da administração para efeito de responsabilidade"; Fernandes de Oliveira, pp. 290-291.

[83] Antes do actual art. 72.º, 2, v. Soares da Silva, p. 626 ("o cumprimento do dever de diligência" transforma-se "na necessidade de observância de um processo (...), mais do

siderada no âmbito de aplicação da norma, mas não para saber da sua violação *autónoma*, antes para saber do seu cumprimento enquanto *pressuposto de aplicação da regra de exclusão de responsabilidade*, assente na dispensa da razoabilidade como critério do mérito da decisão[84]. Assim se atingirá o pressuposto legal de o administrador actuar "em termos informados".

Deste modo, a regra da *business judgment* precipitada no art. 72.º, 2, conduz a uma não imputação de responsabilidade pelos danos causados à sociedade por actos e omissões verificados no exercício do cargo desde que, no exercício da sua função, o administrador respeite o conteúdo *mínimo* e *suficiente* do dever geral de cuidado – obrigação de tomar uma decisão *informada* e *não irracional*. Ainda que aquele dever seja mais rico, só o seu conteúdo *essencial*, traduzido nas *manifestações-condições* vistas, será fiscalizado, *por esta via*, para o *efeito último* de responsabilizar o administrador da sociedade.[85]

Por outras palavras[86]. Na *pauta suficiente* de *comportamento exigido* ao administrador pelo art. 72.º, 2, poderá ver-se ainda um dever jurídico *mínimo* do administrador, que surge como *sucedâneo* do dever de tomar decisões razoáveis para o efeito de ser julgada a sua responsabilidade pela inobservância dessa obrigação: o dever de actuação *procedimentalmente* correcta e razoável em termos informativos *e* de tomar decisões *não irracionais*[87].

Dois exemplos para tornar operativo o cenário proporcionado pelo CSC.

A administração de uma sociedade dedicada à instalação e actualização de *software* de gestão a profissionais liberais aprova um contrato exclusivo

---

que num juízo sobre a decisão em si"), e, sobre o controlo "procedimental" em termos de informação obtida da decisão do administrador (ou "regularidade procedimental"), CARNEIRO DA FRADA, *Direito civil...* cit., pp. 121-122. Depois, entre outros, CALVÃO DA SILVA, p. 56, colocou o enfoque nos "requisitos do processo decisório", e PEREIRA DE ALMEIDA, p. 257, frisou a sindicabilidade "não propriamente quanto ao mérito, mas quanto ao *processo de decisão*". Em consequência, numa perspectiva isolada, ADELAIDE MENEZES LEITÃO, p. 671, ss., defende que o art. 72.º, 2, actua no requisito da causalidade adequada ao dano.
84 A esta luz se poderá ler COUTINHO DE ABREU, *Responsabilidade civil...* cit., p. 47, quando, na sua interpretação restritiva do preceito, julga a norma do art. 72.º, 2, inaplicável ao dever de tomar decisões procedimentalmente razoáveis. Em sentido diferente, BRUNO FERREIRA, pp. 727-728.
85 V., ainda com outras explicitações, RICARDO COSTA, "Responsabilidade dos administradores e *business judgment rule*", *loc. cit.*, pp. 70-71, 73-74, 75-76.
86 Já plasmadas em RICARDO COSTA, *últ. est. e loc. cits.*, p. 75.
87 Aparentemente próximo: BRUNO FERREIRA, pp. 725-726 ("o dever de preparar adequadamente as decisões de gestão e o dever de tomar decisões de gestão racionais são deveres instrumentais, cujo cumprimento impede a consideração (...) do cumprimento do dever de cuidado principal: o dever de tomar decisões de gestão razoáveis").

de três anos com o fornecedor de programas a profissionais liberais *A*, quando o fornecedor *B* lhe apresentava o mesmo produto mais barato 40%, só porque, e sem mais nenhum argumento, os sócios da sociedade fornecedora *A* eram antigos colegas da Universidade de Coimbra (sem que daí, todavia, se retire qualquer vantagem pessoal). Esta decisão não é explicável em relação ao interesse lucrativo da sociedade.

Em contraponto, não será o caso de os administradores da sociedade de metalomecânica *C* adquirirem grandes quantidades de ferro (matéria-prima essencial para a actividade empresarial), tendo em conta a escassez anunciada do produto e o consequente aumento de preço. Depois de obterem várias informações junto do mercado, apelando à sua experiência no sector e intuição, adquiriram quantidades para um ano de produção. Passados dois meses, o preço do ferro reduz-se drasticamente por causa de um súbito aumento da oferta. A sociedade perdeu competitividade em face dos concorrentes que não adquiriram quantidades para além das necessidades previstas para a continuidade do processo produtivo. Mas a decisão, ainda que produtora de prejuízos, não foi irracional – até, pelo contrário, foi adequada ao contexto e zelosa no tempo em que foi adoptada.

Não parece que esta não irracionalidade não possa ser igualmente suportada na convicção subjectiva de que a decisão é correcta e se conforma com o interesse da sociedade – assim, o administrador alegaria a sua boa fé[88]. Mas a racionalidade de uma decisão não pode ser sustentada *com base tão-só na boa fé*. P. ex., os administradores avançam com uma campanha publicitária maciça e muito dispendiosa em face dos recursos disponíveis, que põe em causa projectos de investimento muito avançados e importantes, como medida defensiva em relação a uma "oferta pública de aquisição" hostil, crentes de que a mudança de accionistas é prejudicial para a sociedade (e subsequente alteração dos lugares na administração). A lei segue um critério *standard* de racionalidade *objectiva*, menos maleável e indiferente à crença da administração no acerto da decisão.[89]

4. O dever geral de lealdade: art. 64.º, 1, *b)*

4.1. Conceito e manifestações

Segundo o outro dever geral – o de lealdade –, os administradores, no exercício das suas funções, devem considerar e intentar em exclusivo o

---

[88] Neste sentido, Vânia Magalhães, p. 395.
[89] Sobre o *duty of good faith*, v. Pais de Vasconcelos, "*Business judgment rule*, deveres de cuidado...", *loc. cit.*, p. 46, ss.

interesse da sociedade, com a correspectiva obrigação de omitirem comportamentos que visem a realização de outros interesses, próprios e/ou alheios[90]. Conduta desleal é aquela que promove ou potencia, de forma directa ou indirecta, situações de benefício ou proveito próprio dos administradores (ou de terceiros, por si influenciados, ou de familiares), em prejuízo ou sem consideração pelo conjunto dos interesses diversos atinentes à sociedade, neles englobando-se desde logo os interesses comuns de sócios enquanto tais, e também os de trabalhadores e (particularmente com a actual versão do art. 64.º, 1) demais *stakeholders* relacionados com a sociedade[91].

Reconduzir o dever de lealdade dos administradores e gerentes ao princípio geral da boa fé (art. 762.º, 2, do CCiv.)[92] não será a via mais completa, vista a sua extensão e manifestações em que se precipita. Antes se pode configurar a já vista relação fiduciária – e *a confiança especial que lhe subjaz* – que se estabelece entre a sociedade e o administrador como o fundamento adequado: gera o imperativo de prosseguir (como regra e em primeira linha) o fim (lucrativo) que os sócios perseguem quando constituem a sociedade, enquanto instrumento que esta é para a consecução desse fim e a correspondente satisfação do interesse social.[93]

---

[90] Sigo a definição de teor *positivo* de COUTINHO DE ABREU, "Deveres de cuidado e de lealdade…", *loc. cit.*, p. 22, ID., *Responsabilidade civil*… cit., p. 25 (já seguido pelo Ac. da RP de 5/2/2009, cit. a n. 22), não obstante o dever comportar, "pela negativa", "uma proibição geral de actuação em conflito de interesses" (ENGRÁCIA ANTUNES, *Direito das Sociedades*… cit., p. 327); realçando este conteúdo, CAETANO NUNES, "Concorrência e oportunidades de negócio societárias…", *loc. cit.*, p. 90, MENEZES CORDEIRO, *Manual de direito das sociedades*, I volume cit., p. 826, PAULO CÂMARA, pp. 172-173, VÂNIA MAGALHÃES, p. 399.
[91] Sigo desta feita o enunciado da lealdade, concentrado no *comportamento violador da lealdade*, que se pode encontrar em FÁTIMA GOMES, p. 566.
[92] CALVÃO DA SILVA, pp. 53 e 57 (e com a confiança ou *fiducia* exigida), GABRIELA FIGUEIREDO DIAS, p. 43, MENEZES CORDEIRO, *Manual de direito das sociedades*, I volume cit., pp. 828, 831 (mas atente-se, a pp. 829 e 830, na alusão simultânea à confiança e à relação fiduciária), ID., *Código das Sociedades Comerciais anotado* cit., sub art. 64.º, p. 244, ANA PERESTRELO DE OLIVEIRA, p. 127, e – o mais desenvolvido – TRIGO DOS REIS, pp. 342, ss. (em esp., n. 199 – p. 346), também com recurso à confiança e à relação especial de fidúcia, 378, ss., 412, ss.
[93] V., em esp., CARNEIRO DA FRADA, "A *business judgment rule*…", *loc. cit.*, pp. 209-210, que distingue o dever de lealdade do dever de cuidado por aquele representar "um efeito imediato e directo da natureza da relação" fiduciária e, portanto, como "consequência de uma valoração heterónoma (*ex lege*) da ordem jurídica"), 211-212, COUTINHO DE ABREU, "Deveres de cuidado e de lealdade…", *loc. cit.*, n. 16 – p. 23, VÂNIA MAGALHÃES, p. 397-398, n. 133 – p. 413. CAETANO NUNES, "Concorrência e oportunidades de negócio societárias…", *loc. cit.*, p. 87, ss., parece perfilhar uma posição heterogénea: parte da boa fé, considera a tutela da confiança e sedimenta-a na relação fiduciária entre administrador e sociedade; nesta linha também estará ADELAIDE MENEZES LEITÃO, pp. 664-665.

Algumas das suas manifestações encontram *correspondência na lei* e traduzem *deveres específicos(-vinculados)*[94]: pelo menos, (i) não realizar certos negócios com a sociedade (arts. 397.º, 1, 428º) ou, afora estes, sem consentimento da sociedade (arts. 397.º, 2 e 5, 428.º), (ii) não exercer actividade concorrente com a da sociedade, desde que não haja autorização da sociedade (arts. 254.º, 1, 398.º, 3, 428º), (iii) não votar nas deliberações do órgão de administração sobre assuntos em que tenha, por conta própria ou de terceiro, interesse em conflito com o da sociedade (art. 410.º, 6), (iv) não "abusar" de informação "não pública" e privilegiada da sociedade (arts. 449.º e 450.º do CSC, 378.º do CVM), e (v) ser neutral perante ofertas públicas de aquisição (arts. 181.º, 2, *d)*, e 182.º, 1, do CVM)[95].

Mas outras manifestações são delineadas por mor da lealdade exigida aos administradores: (vi) não usufruir vantagens de terceiros ligadas à celebração de negócios da sociedade com esses terceiros (as conhecidas "luvas", "comissões" ou "gratificações"), (vii) não aproveitar as oportunidades negociais da sociedade para seu proveito ou de outras pessoas, especialmente a si ligadas, salvo consentimento válido da sociedade, (viii) não utilizar meios ou informações próprios da sociedade para daí retirar proveitos, sem contrapartida para a sociedade, e (ix) guardar sigilo das informações e documentos reservados da sociedade.[96-97]

---

[94] Deveres de lealdade "em sentido impróprio", assim são designados por Trigo dos Reis, pp. 369-370.
[95] Desenvolvidamente, também para o alcance do regime jurídico destas matérias e aplicação em outros tipos sociais, Duarte Rodrigues, p. 187, ss., Caetano Nunes, "Concorrência e oportunidades de negócio societárias...", *loc. cit.*, p. 92, ss., Coutinho de Abreu, *Responsabilidade civil...* cit., p. 27, ss., Trigo dos Reis, p. 369, ss., 373, ss., 395, ss.
[96] Grande parte dos comportamentos de administradores previstos pelo n.º 2 do art. 186.º, 2, do CIRE ("insolvência culposa") correspondem a manifestações do dever de lealdade.
[97] Desenvolvidamente, v. Caetano Nunes, "Concorrência e oportunidades de negócio societárias...", *loc. cit.*, p. 100, ss., Coutinho de Abreu, *Responsabilidade civil...* cit., p. 31, ss. Para outras "listagens", Gabriela Figueiredo Dias, p. 50, Carneiro da Frada, "A *business judgment rule*...", *loc. cit.*, p. 215, Menezes Cordeiro, *Manual de direito das sociedades*, I volume cit., p. 827, ss., p. 831, Id., *Código das Sociedades Comerciais anotado* cit., *sub* art. 64.º, p. 244, Armando Triunfante, p. 60, Pereira de Almeida, p. 239, ss., Vânia Magalhães, p. 399, Trigo dos Reis, p. 378, ss., 403, ss. (após extinta a relação de administração com a sociedade). O Ac. da RL de 16/7/2009 (*www.dgsi.pt*, processo 977/06.2TYLSB.L1-2), por seu turno, considerou que o único gerente de uma sociedade por quotas, ao atribuir a si próprio (sem deliberação social: art. 255.º, 1, CSC) aumento de remuneração pelo exercício da gerência e dos prémios de gerência, viola o dever de lealdade decorrente do art. 64.º.

4.2. Os interesses atendíveis pelo administrador

Para o cumprimento do dever geral de lealdade para com o "interesse da sociedade", a lei manda *atender* aos "interesses de longo prazo dos sócios" e *ponderar* "os interesses de outros sujeitos relevantes para a sustentabilidade da sociedade, tais como os seus trabalhadores, clientes e credores"[98]. Esta ponderação é essencialmente relevante nas manifestações *não legais* do dever de lealdade (como é nos subdeveres de cuidado[99]).

Trata-se de uma norma com uma *extensão considerável de interesses*. Daqui resulta que o "interesse da sociedade" previsto no art. 64.º, 1, inscreve-se na *conjugação dos interesses dos sócios enquanto tais (comuns a todos eles, não extrassociais nem de ordem conjuntural) com os de outros sujeitos ligados à sociedade*[100].

No entanto, a doutrina dominante tem pugnado pela *hierarquização* destes interesses quando o administrador-"gestor criterioso e ordenado" avalia o "interesse da sociedade"[101]: em plano *principal ou prevalecente*, os interesses dos sócios, que não se esgotem no curto prazo (numa perspectiva de "investimento não especulativo"[102]); em plano *secundário*, os interesses dos restantes sujeitos[103], ainda que a sua sobrevalorização indevida

---

[98] Para o exame (crítico) de cada um destas categorias de interesses particulares, v. COUTINHO DE ABREU, "Deveres de cuidado e de lealdade...", loc. cit., p. 39, ss. (=*Responsabilidade civil...* cit., p. 299, ss.).

[99] Cfr. *supra*, 3.2.

[100] COUTINHO DE ABREU, "Deveres de cuidado e de lealdade...", loc. cit., p. 43 (= *Responsabilidade civil...* cit., p. 304).

[101] Contrários: CARNEIRO DA FRADA, "A business judgment rule...", loc. cit., pp. 212-213, MENEZES CORDEIRO, *Manual de direito das sociedades*, I volume cit., p. 822 (v. *supra*, n. 68, e *infra*, nn. 110 e 125).

[102] PAIS DE VASCONCELOS, "Responsabilidade civil...", loc. cit., p. 20. V. ainda ARMANDO TRIUNFANTE, p. 64, PAULO CÂMARA, p. 175-176, PEREIRA DE ALMEIDA, p. 103, TRIGO DOS REIS, pp. 339-340.

[103] CALVÃO DA SILVA, p. 57, COUTINHO DE ABREU, "Deveres de cuidado e de lealdade...", loc. cit., p. 43, s. (= *Curso de direito comercial*, vol. II cit., p. 304, ss.), com exemplos de resolução de antagonismo de interesses e sua fundamentação, MENEZES CORDEIRO, *Manual de direito das sociedades*, I volume cit., pp. 822-823 (aparentemente), ARMANDO TRIUNFANTE, p. 65, PAULO CÂMARA, p. 174, CARNEIRO DA FRADA, "A business judgment rule...", loc. cit., p. 216 (só para os deveres de cuidado), FERNANDES DE OLIVEIRA, p. 264, VÂNIA MAGALHÃES, p. 412, ss., PAIS DE VASCONCELOS, "Business judgment rule, deveres de cuidado...", loc. cit., p. 75, SOUSA GIÃO, p. 230, ss. Para a anterior redacção, BRITO CORREIA, *Direito comercial*, 2.º volume cit., p. 54, ss.

e prejudicial para a sociedade possa permitir a exclusão ou limitação da responsabilidade dos administradores perante a sociedade[104].

4.3. O padrão do "gestor criterioso e ordenado" no cumprimento do dever de lealdade

A doutrina tem opinado que o padrão do "gestor criterioso e ordenado" é de convocar para a avaliação do cumprimento de todos os deveres dos administradores – neles incluindo o dever de lealdade, "explicando a intensidade requerida na sua execução"[105]. Porém, é de julgar que esse padrão tem menor espaço e relevo no cumprimento do dever que o art. 64.º, 1, *b)*, nos fornece – se quisermos, melhor, tem *um outro recheio* no que respeita ao dever de lealdade.

Em primeiro lugar, nas manifestações *legais*, em rigor não estamos necessitados do "gestor criterioso e ordenado"; estamos perante deveres *vinculados* e não cláusulas gerais demandantes de concretização.

Em segundo lugar, o dever de lealdade, nas suas manifestações *não legais*, pode implicar escolhas (desde logo, agir ou não agir num cenário de *conflito de interesses*), mesmo de alcance *relativo*, que podem ainda ser *balizadas* pelo "tipo" de administrador concebido pela lei[106]: p. ex., perante uma "oportunidade de negócio" o "administrador-tipo"[107] deve informar-se sobre a existência de interesse objectivo e efectivo da sociedade nela ou se a sociedade já está envolvida em negociações para a conclusão do negócio respectivo; ou conhecer necessariamente que a maquinaria que utiliza gratuitamente numa obra própria pertence à sociedade. Nestas hipóteses, a convocação das *qualidades* inerentes ao "gestor criterioso e ordenado" e das *circunstâncias* em que ele deve ser examinado em

---

[104] COUTINHO DE ABREU, "Deveres de cuidado e de lealdade…", *loc. cit.*, pp. 45-46 (= *Curso de direito comercial*, vol. II cit., p. 307), com crítica ao regime legal: institucionalismo *moderado* e *inconsequente*, "os interesses dos sócios pesam muito mais, a falta de (ou deficiente) ponderação dos interesses dos não-sócios praticamente não tem sanção"; CARNEIRO DA FRADA, "A business judgment rule…", *loc. cit.*, p. 217. Antes: VASCO LOBO XAVIER, *Relatório sobre o programa, os conteúdos e os métodos do ensino de uma disciplina de direito comercial (Curso complementar)*, Separata do vol. LXII do BFD, Coimbra, 1986, n. 26 – p. 29.

[105] MENEZES CORDEIRO, *Manual de direito das sociedades*, I volume cit., p. 839, ID., *Código das Sociedades Comerciais anotado* cit., sub art. 64.º, p. 243, ADELAIDE MENEZES LEITÃO, pp. 665--666, 668-669, BRUNO FERREIRA, p. 736.

[106] TRIGO DOS REIS, p. 334.

[107] ELISABETE RAMOS, "Aspectos substantivos…", *loc. cit.*, p. 230.

concreto[108] (p. ex., a dimensão da sociedade, ser administrador executivo ou não executivo[109], ser administrador em exclusividade ou não, etc.) fazem (o seu) sentido[110].

De todo o modo, não podemos deixar de empreender a seguinte *precisão(-limitação)*: o dever de lealdade não admite ponderações, enquanto não está disponível para fragmentações derivadas de escolhas do administrador, entre o "interesse da sociedade" e o interesse próprio e/ou de terceiros – aqui, é um dever absoluto[111]. Não se pode falar aqui de autonomia e discricionariedade *próprias* do administrador, que sempre seriam *assaz relativas (ou inexistentes)*[112], ou, em alternativa, remetidas tão--só para a *escolha* da decisão entre os interesses oponíveis. O que deixa pouco (residual ou nenhum) lugar para a diligência *qualificada* do *tipo legal de administrador*, particularmente nas manifestações *omissivas ou proibidoras* do dever de lealdade (p. ex., quando se analisa a percepção de "comissões negociais" indevidas)[113].

Seja como for, a sua transposição para o campo da lealdade envolve, *no mínimo e como diferencial*, que o administrador "criterioso e ordenado" da sociedade é aquele que *a gere para o fim correspondente à maximização do interesse social*[114] *e à concordância possível com os interesses dos* stakeholders

---

[108] Neste sentido, Trigo dos Reis, p. 366, ss.
[109] Para uma diferente extensão do dever de lealdade de acordo com esta circunstância, Caetano Nunes, "Concorrência e oportunidades de negócio societárias...", *loc. cit.*, pp. 91-92, Trigo dos Reis, p. 367.
[110] Trigo dos Reis, p. 334.
[111] Ricardo Costa, "Responsabilidade dos administradores e *business judgment rule*", *loc. cit.*, p. 69. É aqui que poderemos ver substancialmente (ainda que não tão rigidamente) a doutrina de Carneiro da Frada, *Direito civil...* cit., pp. 120-121 (dever de cumprimento estrito), Id., "A business judgment rule...", *loc. cit.*, pp. 212-213 (v. *supra*, n. 68); neste sentido, Ferreira Gomes, pp. 167-168.
[112] Pelo menos assim deveria ser. Porém, com tantos interesses a considerar, difusos e conflituantes, frisa com perspicácia Coutinho de Abreu, *Curso de direito comercial*, vol. II cit., p. 299, que "*maior será a discricionariedade* dos administradores" e "*menor a controlabilidade* da sua actuação". O que significa que mais difícil será densificar a bitola do "gestor criterioso e ordenado" no campo da lealdade devida.
[113] Em sentido próximo, Trigo dos Reis, pp. 334-335: a "relevância será (...) maior no caso dos deveres de agir do que nos deveres de omissão"; perante "as situações de comportamentos proibidos (...), o conceito de diligência em sentido normativo assume menor relevância argumentativa"; consequentemente, nestes casos, "à diligência será reservada a função de bitola de culpa".
[114] Era esta a concepção (adaptada ao dever de lealdade) de Raúl Ventura, p. 150.

(particularmente, credores, trabalhadores, clientes e outros especialmente interessados[115] – a lista não é taxativa[116])[117].

4.4. A (não) articulação com o art. 72.º, 2

Não entra no âmbito de aplicação do referido art. 72.º, n.º 2, sindicar se o administrador cumpre ou não cumpre com o dever geral de lealdade[118]. Se estamos perante manifestações *legais*, os deveres são *específicos* e não entram, enquanto tal, na tutela do preceito. Se estamos perante manifestações *não legais*, já vimos que se configura como um dever que exige sem mais a consecução em exclusivo do "interesse da sociedade" (em que se ponderam os outros interesses elencados na al. *b)* do art. 64.º, 1) e a abstenção de decisões em benefício próprio ou de terceiros, proporcionadas pela posição e estatuto de administrador. É esta ausência de discricionariedade – e não (a) outra (ou outras), que, sendo *imprópria*, realmente propicia somente decisões em nome da prevalência de um interesse(s) – que afasta o art. 72.º, 2.

Fosse como fosse, o próprio art. 72º, 2, indica que um terceiro requisito de exclusão de responsabilidade do art. 72.º, n.º 2, é a inexistência de interesse pessoal no que toca à decisão (*independência*: o administra-

---

[115] Defendendo o alargamento do elenco dos "sujeitos relevantes para a sustentabilidade da sociedade", com recurso ao conceito de *interesse especial* na sociedade – "ou porque a afectam, ou porque são por ela afectadas" –, PAIS DE VASCONCELOS, "Responsabilidade civil...", *loc. cit.*, pp. 20-21. Neste entendimento, v. igualmente CARNEIRO DA FRADA, "A business judgment rule...", *loc. cit.*, pp. 217-218, PAULO OLAVO CUNHA, p. 572. Antes, FÁTIMA GOMES, p. 566, aludia a "potenciais interessados no desenvolvimento da actividade societária para além dos seus sócios e trabalhadores", aos "demais sujeitos potencialmente afectados pelas decisões societárias".

[116] PEREIRA DE ALMEIDA, p. 238, pugna por outros interesses *difusos* socialmente reconhecidos, como a protecção do ambiente; assim também CARNEIRO DA FRADA, "A business judgment rule...", *loc. cit.*, p. 217, PAULO OLAVO CUNHA, p. 572 (refere-se à "conduta ambiental da sociedade").

[117] Neste sentido podemos compreender PAIS DE VASCONCELOS, "Business judgment rule, deveres de cuidado...", *loc. cit.*, p. 64, quando vê a menção aos interesses da al. *b)* do n.º 1 como a "explicitação do modo como o dever de lealdade deve ser cumprido".

[118] Que se fez linha doutrinal dominante: CALVÃO DA SILVA, p. 57, PÉREZ CARILLO/ELISABETE RAMOS, "Responsabilidade civil e seguro dos administradores (reflexões em torno das experiências portuguesa e espanhola)", *BFD*, 2006, p. 307, COUTINHO DE ABREU, *Responsabilidade civil...* cit., p. 47, RICARDO COSTA, "Responsabilidade dos administradores e *business judgment rule*", *loc. cit.*, p. 69, CARNEIRO DA FRADA, "A business judgment rule...", *loc. cit.*, pp. 221-222, VÂNIA MAGALHÃES, p. 394. Contra: ADELAIDE MENEZES LEITÃO, p. 670.

dor actuou "livre de qualquer interesse pessoal"[119]). Assim, fora do dever de cuidado, a lei salvaguarda a ausência de conflito de interesses e, nessa medida, abrange desde logo a conformação com *algumas* das manifestações mais relevantes do dever de lealdade (em particular: não aproveitamento próprio de oportunidades negociais decorrentes da actividade societária, não utilização em benefício próprio de meios e/ou informações da titularidade e/ou na disponibilidade da sociedade).[120]

5. O art. 64.º, 1, como fonte de ilicitude e culpa e a diligência do «gestor criterioso e ordenado»

Se se verificarem os requisitos demandados – facto ilícito, culpa, dano e nexo de causalidade entre o facto e o dano –, os administradores e gerentes respondem civilmente em face da sociedade pela violação dos deveres gerais, nos termos do art. 72.º, 1, do CSC (mas a culpa presume-se), desde que não se aplique o n.º 2 do art. 72.º.

Em que medida o art. 64.º é operativo para essa responsabilidade?

O art. 64.º, 1, contém os "critérios gerais de acção" dos administradores, ocupando assim "a posição central na concretização da responsabilidade dos gestores das sociedades comerciais"[121]. Ao fornecer os *deveres-quadro*, não podemos deixar de ver no art. 64.º, 1, fonte da *conduta normativamente exigível* aos administradores. Ora, se a *ilicitude* considera a conduta *em termos objectivos*, como infracção de deveres jurídicos que exibem contrariedade por parte do infractor em relação aos valores tutelados pela ordem jurídica, violar o dever geral de cuidado e/ou o dever geral de lealdade, nas suas manifestações (particularmente) não vinculadas, é facto que reveste um carácter de *ilicitude*.

Se assim é, pode sustentar-se ainda que a ilicitude acarreta a formulação do "juízo de reprovabilidade pessoal da conduta" que a *culpa* exprime[122].

---

[119] Sobre este ponto, v., desenvolvidamente, Trigo dos Reis, p. 319, ss.
[120] Não obstante, a responsabilidade do administrador pode decair pela ausência de qualquer um dos pressupostos constitutivos dessa responsabilidade. Veja-se o exemplo de Coutinho de Abreu, "Deveres de cuidado e de lealdade...", *loc. cit.*, p. 30: "a propósito do dever de o administrador não abusar da sua posição, também não haverá responsabilidade – *por falta de dano* para a sociedade – se as 'luvas' não se repercutirem negativamente no património social" (sublinhei).
[121] Pais de Vasconcelos, "Responsabilidade civil...", *loc. cit.*, p. 20.
[122] Antunes Varela, *Das obrigações em geral*, vol. I, 10.ª ed., Almedina, Coimbra, 2005 (reimp. ed. 2000), pp. 562-563, 566-567, Id., *Das obrigações em geral*, vol. II, 6.ª ed. Almedina, Coimbra, 1995, pp. 95-96.

O que significa, parece, que, no momento de aferir da responsabilidade do administrador, o *modo ilícito como foi desempenhada a gestão* implica consequencialmente a *censura subjectiva* ao administrador, na medida em que, de entre as opções possíveis, podia ter actuado de maneira diferente – como se exigiria a um "gestor criterioso e ordenado" – e não o fez, merecendo a reprovação do direito.

Esta *dupla função* do art. 64.º – concretização da ilicitude dos comportamentos através da indicação de deveres objectivos de conduta *e* imputabilidade a título de culpa (em abstracto) do acto ilícito ao agente[123] – permite ver que a ilicitude e a culpa, sendo pressupostos distintos, não deixam de ser pressupostos *complementares* (e até *indissociáveis*) na apreciação do comportamento do administrador e na verificação da *indemnizabilidade* do incumprimento dos seus deveres.

Assim, o art. 64.º, 1, é *fundamento autónomo* de responsabilidade[124,125]

A apreciação desses requisitos faz-se em razão da diligência integrada no padrão mais exigente do "gestor criterioso e ordenado", com as diferenças de *intensidade* e de *conteúdo* assinaladas entre o dever de cuidado – aqui

---

[123] Cfr. *supra*, n. 52.

[124] Nogueira Serens, p. 80, Soares da Silva, pp. 615-616, Caetano Nunes, *Responsabilidade civil...* cit., p. 86, ss., e n. 86, Carneiro da Frada, *Direito civil...* cit., pp. 119-120, Id., "A business judgment rule...", *loc. cit.*, pp. 204-205, 218-219, Elisabete Ramos, *Responsabilidade civil...* cit., p. 87, Coutinho de Abreu, "Deveres de cuidado e de lealdade...", *loc. cit.*, p. 30, Id., *Responsabilidade civil...* cit., p. 17, Ricardo Costa, "Responsabilidade dos administradores e *business judgment rule*", *loc. cit.*, pp. 78-79, Fátima Gomes, n. 24 – pp. 563-564, País de Vasconcelos, "Responsabilidade civil...", *loc. cit.*, p. 20, Adelaide Menezes Leitão, pp. 660-661 (não obstante considerar-se que o art. 64.º, 1, cuja relevância "ultrapassa a matéria da responsabilidade", é "disposição incompleta" por não ter sanção estatuída nela própria, afirma-se peremptoriamente que é "através dela que se procede a um recorte da ilicitude pela formulação normativa da densificação dos deveres que caracterizam a situação jurídica do administrador"); nos tribunais, cfr. novamente a sentença de 2003 da 3.ª Vara Cível de Lisboa, p. 35 (cit. a n. 22). Em sentido contrário, porque o art. 64.º, 1, compreende tão-só "normas de conduta" incompletas em face da presença de "deveres incompletos", que, violadas, implica o apelo a outras regras para determinar uma eventual responsabilidade civil, Menezes Cordeiro, *Manual de direito das sociedades*, I volume cit., pp. 810, 837-838, 931-932, 933-934, e, na anterior redacção do art. 64.º, *Da responsabilidade civil dos administradores das sociedades comerciais*, Lex, Lisboa, 1997, n. 21 – p. 40, p. 496-497, 522-523; também contra o art. 64.º como fundamento autónomo de ilicitude, Vaz Pinto//Keel Pereira, p. 15-16.

[125] Sobre os deveres de cuidado e de lealdade nas sociedades integradas em relações de grupo (de direito ou de facto), v. Coutinho de Abreu, *Responsabilidade civil...* cit., n. 68 – p. 35, Ana Perestrelo de Oliveira, p. 106, ss.

valem primordialmente as qualidades do "tipo legal" de administrador (2.ª parte da al. *a)* do n.º 1) e as circunstâncias *não legais* de determinação de "bom cumprimento" – e o dever de lealdade – aqui convoca-se, essencialmente, o multiforme e hierarquizado "interesse da sociedade"[126].

---

[126] Contra: CARNEIRO DA FRADA, "A *business judgment rule...*", *loc. cit.*, pp. 212-213, 215.

Resumo: O princípio maioritário nas deliberações das sociedades comerciais implica a submissão da minoria divergente. Esta submissão de pessoas a pessoas em direito privado exige uma fundamentação que vá além do simples hábito ou da infundada analogia com o funcionamento do binómio maioria/minoria nos parlamentos. O domínio do consenso e da maioria tem campos materiais de aplicação distintos, que estão consagrados na lei e nos estatutos. Em geral a regra é a da maioria, simples ou qualificada. Sempre que nada determine o contrário, a minoria deve submeter-se à maioria e não deve institucionalizar-se como nos parlamentos. Em caso de divergência profunda e persistente, é melhor para a sociedade que a minoria possa sair ou ser excluída, recebendo o valor justo da sua parte social. Mas o Código das Sociedades Comerciais é muito pouco permissivo no regime da exoneração e da exclusão, e as partes ao redigirem os estatutos são pouco imaginativas na estipulação de cláusulas que o permitam, o que tem o efeito perverso de provocar o aprisionamento na sociedade de sócios divergentes, o que gera uma conflitualidade perniciosa. Os Tribunais não devem fomentar as minorias guerrilheiras.

Abstract: This paper is about the majority principle in company law, its foundations and the legal status of minority shareholders. Why should the minority shareholders submit to majority voting, why abandon the contractual system of consensus? The answer depends on methodological, legal and contractual issues. Methodologically a company, as a collective body but only one legal entity shall thus have only one will. Besides, on a pragmatic point of view, it would be very difficult or even impossible to run a company by consensus. The law and contract establish which matters are decided by majority vote and by unanimity. In principle, the resolutions by collective bodies of the company, i.e. general assembly, are taken by majority, and all the shareholders know – or should know – about that when founding or joining the company. It is natural to loose a vote now and then, but it may be very unhealthy for the company to have organised or long lasting minorities, permanently antagonising the management, year after year, and challenging the company in Court systematically. These minorities, which self-assume the status of parliamentary minorities are bad for the company and should leave. But the Portuguese company law is very strict on *squeeze* and *sell out* of shares and this makes it difficult for unhappy minorities to leave or to be forced out of the company.

PEDRO PAIS DE VASCONCELOS[*]

Vinculação dos sócios às deliberações da Assembleia Geral

I. Introdução

[*] Professor da Faculdade de Direito da Universidade de Lisboa

1. Este estudo tem por conteúdo uma interrogação: nas tomadas de decisão em assembleias gerais de sociedades (circunstancialmente de sociedades anónimas), qual o âmbito material da submissão da vontade da minoria à vontade da maioria. Mais concretamente, até onde, ou em que matérias, uma maioria pode forçar uma minoria, em que matérias uma minoria pode deixar de seguir a maioria.

A questão pode colocar-se com muita acuidade em praticamente todas as deliberações das sociedades anónimas. Quer se trate de simples aprovação das contas do exercício, da fixação e distribuição do dividendo, ou da eleição dos órgãos sociais, até às deliberações estruturais de modificação dos estatutos, fusões, cisões, transformações, aumento e redução do capital, dissolução, etc., sem o recurso às maiorias, seria praticamente impossível o funcionamento da sociedade. Mesmo na estrutura mais simples da compropriedade e da comunhão, as deliberações maioritárias são necessárias e, até mesmo em estruturas puramente contratuais, como por exemplo, em certos acordos parassociais, estão estipulados órgãos coletivos e deliberações maioritárias. O que justifica, então a ultrapassagem do princípio contratual do mútuo consenso? Será apenas a necessidade prática?

II. O consenso como critério

2. Partimos do princípio do consenso. O consenso aparece hoje – naturalmente – como um critério de verdade e de correção. Quando todos concordam que isto é verdade, ou que aquilo está certo, que aquele comportamento foi bom ou que aquele é devido, não há mais nada a discutir. Há consenso.

O princípio do consenso como critério de verdade e como critério de bem, nasce de, ou assenta numa construção subjetiva do ser, do bem e do mal, de um subjetivismo ontológico e ético. Em vez de se procurar a verdade objetiva e real, na natureza das coisas ou na fé religiosa, em vez de se procurar o critério do bem e do mal, na natureza, nas coisas ou na vontade de Deus, é com o critério dos homens e com o relativismo das opiniões que se vai trabalhar.

Há como que uma desistência da possibilidade de encontrar a verdade e o bem absolutos, reais, objetivos. A verdade real, o bem objetivo são alcançáveis pelos mortais, ou são privilégio de Deus? É da tradição que Lúcifer, o mais brilhante dos anjos (daí o seu nome), foi precipitado no Inferno por tentar alcançar a verdade. A procura da verdade pode arrastar à loucura. A verdade do ser, a verdade do bem, a verdade do belo são verdadeiramente alcançáveis? Ou temos de nos conformar e de nos bastar com convicções, com convicções suficientemente fortes, suficientemente sólidas, suficientemente fundadas para nos conseguirem persuadir a nós próprios e aos outros, de que algo é, ou é bom, ou é belo?

A procura da verdade objetiva e do bem objetivo gera perplexidade, desentendimento e controvérsia. O critério objetivo de verdade só é verdadeiramente operacional quando não suscita desentendimento, quando os seus resultados merecem consenso. Sem consenso toda a conclusão sobre a verdade objetiva é frágil. Mesmo numa perspetiva objetiva, o consenso traz a paz à procura da verdade e põe termo, ou evita a controvérsia e a insegurança.

A partir da constatação da indispensabilidade do consenso para a consolidação do critério objectivo de verdade, foi apenas um passo para que o consenso passasse a funcionar como critério de verdade, para que o critério do verdadeiro e do bem passasse a ser o consenso. Sempre que há consenso sobre o verdadeiro e o falso, que há consenso sobre o bem e o mal, esse consenso deixa de ser uma resultante da excelência dos critérios utilizados na busca da verdade e do bem objetivo, para passar, ele mesmo, a ser o próprio critério do verdadeiro e do falso, do bem e do mal.

Passa, então, a ser verdadeiro ou falso, a ser bom ou mau, aquilo que se convencionar sê-lo. O consenso passa a ser o critério e o fundamento da verdade também do bem e do mal. O consenso passa a funcionar como critério subjetivo de verdade, de verdade do ser, de verdade do bem e do mal, do correto e do incorreto, do justo e do injusto.

III. A maioria como critério

3. Mas o consenso é muitas vezes difícil de obter. Se é verdade que surge espontaneamente, em matérias que por isso mesmo são chamadas consensuais, também o é que muitas vezes necessita de cedências e acertos e também muitas vezes, simplesmente o consenso não se alcança... fica o dissenso.

Na falta de consenso de todos, há outras soluções de segunda linha, não tão boas, mas ainda aceitáveis, que se afiguram possíveis e que foram historicamente muito exploradas.

Uma delas foi a limitação do consenso a um âmbito restrito de pessoas escolhidas. Foi o que sucedeu na Idade Média com a *"communis oppinio doctorum"* e sucede hoje com as comissões de ética ou as comissões de sábios, no domínio da Bioética e noutros. Na impraticabilidade de encontrar o consenso de todos, recorre-se ao consenso dos mais sábios, ou dos mais velhos (p. ex., conselhos de anciãos) ou dos melhores. Esta solução é influenciada pelo princípio aristocrático.

Uma alternativa à solução aristocrática é a solução democrática. Nesta, em vez de se trabalhar com um consenso restrito a um menor número de pessoas que, com este ou aquele critério, são consideradas melhores, recorre-se antes ao consenso mais alargado possível. Nesta solução é preferida a opinião que maior consenso obtiver, isto é, a opinião da maioria.

Na solução aristocrática, a falta da totalidade e de generalidade do consenso é suprida pela qualidade daqueles que o formam; na solução democrática, o reforço é dado pela quantidade. Ambas têm as suas vantagens e inconvenientes: a solução aristocrática tem a vantagem de uma maior garantia de qualidade de decisão e a desvantagem do seu carácter redutor; a solução democrática, ao invés, tem o perigo de uma pior qualidade de decisão e a vantagem de uma maior abrangência. A primeira consegue obter o reconhecimento da elite; a segunda a da maioria dos comuns.

A História tem conhecido a alternância entre estas duas soluções em ambientes muitas vezes politicamente turbulentos, como a '*volonté générale*' da Revolução Francesa ou os Sovietes da Revolução Bolchevique, mas também pacíficos como a atual democracia representativa ou a Curia Papal.

IV. Fundamentação jurídica da maioria

4. O princípio da maioria é hoje pacificamente aceite como natural. Mas não é tão natural como pode parecer. A sua fundamentação não é evidente nem se impõe sem mais. Historicamente, perde-se na noite dos tempos o recurso à maioria para a tomada de decisões em comunidades ou situações plurais como a comunhão. Galgano[1] distingue a maioria em direito público, que considera garantia de democraticidade, e em direito privado, que considera prejudicial às minorias.

---

[1] GALGANO, *Principio di magioranza*, Enciclopedia del diritto, XXXV, pp. 547 s.

Na história política o princípio da maioria contrapôs-se ao da autoridade e acabou por fundar-se no "contrato social" (Rousseau).[2] O contrato social é um argumento mítico e não propriamente histórico. Nem Hobbes nem Rousseau pretendem que tenha sucedido em certo dia e local. Mas é um argumento legitimador. O "contrato social" permite fundar na vontade de todos – que, referida ao grupo, se convola em "vontade geral" – a submissão da minoria, dos discrepantes, à vontade da maioria. Na mais pura versão rousseauniana, a minoria é simplesmente desconsiderada na unitariedade da sociedade que, como tal, só pode ter uma vontade. Mas as minorias existem e fazem sentir a sua presença, a sua vontade e a sua resistência.

No direito privado, também o domínio da maioria significa a submissão e desconsideração das vontades discrepantes minoritárias. Qual o fundamento para submeter vontades privadas a vontades privadas, sem violar o princípio da autonomia privada. O fundamento pode ser encontrado no recurso à autonomia do contrato e à heteronomia da lei.

5. No direito das sociedades comerciais a questão coloca-se com acuidade.

A heteronomia legal funda o princípio da maioria ao permitir e mesmo impor no Código das Sociedades Comerciais a sobreposição da maioria à minoria, embora lhe estabeleça limites e consagre também a protecção das minorias.

No ato da constituição da sociedade, a autonomia exige o consenso: o contrato social é celebrado por unanimidade e não admite manifestações de vontade divergentes nem reservas. Os sócios não fundadores, que não subscreveram inicialmente o ato de constituição, entram posteriormente na sociedade e adquirem supervenientemente o estatuto de sócios sempre por sua vontade: ou compram ou herdam ou subscrevem novas emissões de capital. Ninguém é sócio de uma sociedade comercial sem a sua vontade inicial.

Da constituição da sociedade em diante, o consenso praticamente é perdido de vista. Tudo se faz por maioria. Por maioria simples, por maioria qualificada e, em casos especiais, com o consentimento de certos sócios (direitos especiais).

A dispensa do consenso decorre, em termos práticos, da necessidade de admitir alguma dose de dissenso. A exigência do consenso corresponderia a um poder de veto por parte de todos e cada um dos sócios e conduziria a sociedade à paralisia ou à necessidade de permanente negociação e con-

---

[2] ROUSSEAU, *Contrat Social*, IV.

temporização, à procura do consenso. A sociedade seria regida pelo menor denominador comum. Só sociedades com um número muito limitado de sócios, dois, três, pouco mais, conseguiriam funcionar.

Qual a margem de dissenso que pode ser tolerada é questão de resposta muito variada. As deliberações estruturais, que envolvem modificações estatutárias, aumentos e reduções do capital, fusões, cisões e transformações e, finalmente dissoluções, exigem maioria qualificada. Nas sociedades por quotas, maiorias de 3/4 do capital social (art. 265 CSC) e, nas sociedades anónimas, maiorias de 2/3 dos votos emitidos (art. 386.3 CSC). Nas deliberações sobre distribuição de dividendos, não pode deixar de ser atribuída aos acionistas, pelo menos, metade dos lucros, salvo diferente cláusula contratual ou 3/4 dos votos correspondentes ao capital social.

Nos estatutos ou pactos sociais podem ser estipuladas outras maiorias diferentes. Em geral, as deliberações são tomadas por maioria simples dos votos exercidos em cada deliberação, não se contando as abstenções.

É muito claro o sentido do sistema: as deliberações sobre assuntos comuns e correntes são tomadas por maioria simples; aquelas que ultrapassam a banalidade são tomadas por maiorias qualificadas; os sócios podem estipular outros casos de maiorias qualificadas, se acharem que a importância dos assuntos o justifica, assim como podem desagravar essas maiorias (p. ex., no caso da deliberação de distribuição de dividendos) se assim o entenderem.

O sistema também é influenciado pelos tipos de sociedades. Nas sociedades de pessoas, por exemplo, nas sociedades em nome colectivo, é maior a área de vigência da unanimidade e o princípio da maioria vai ganhando força e espaço à medida que a sociedade vai sendo menos de pessoas e mais de capitais.

V. Situação jurídica da minoria

6. O princípio da maioria é considerado pacificamente inerente à socialidade. Mas a admissão da maioria envolve a admissão do dissenso. Os protagonistas do dissenso são os sócios discrepantes.[3] Funda-se objetivamente no próprio ato colegial, na comunidade do interesse e do fim social, o que é particularmente conspícuo no caso das sociedades com personalidade jurídica e subjetivamente na contratualidade do ato constitutivo da

---

[3] É mais adequada a designação de sócios discrepantes do que a de sócios vencidos para aqueles sócios que votaram contra e que não fizeram parte da maioria que votou a deliberação.

sociedade e no consentimento dos sócios em relação ao regime maioritário no ato de ingresso na sociedade, seja ele funcional, se superveniente.[4]

Qual, então, a situação jurídica dos sócios discrepantes? Os sócios que votam contra as deliberações que são maioritariamente aprovadas, submetem-se.

Mas, a discrepância, a divergência, dos sócios que votaram contra pode ser mais ou menos intensa, e mais ou menos duradora. Pode certo sócio ter votado contra numa, mas não em mais ou muitas deliberações, e pode estar numa situação de divergência mais ou menos frequente, mesmo permanente ou até sistemática. Assim como a sua divergência, mesmo que pouco frequente pode ser mais ou menos intensa.

O regime de submissão dos sócios discrepantes pode ser violento. A submissão duradoura, permanente ou mesmo sistemática das minorias discrepantes pode ser pouco saudável para a sociedade e o mesmo pode suceder com divergências que, ainda que limitadas a um caso só, sejam muito intensas. A paz interna da sociedade é um bem inestimável e não é desejável a sisânia interna entre os sócios.

7. A lei prevê casos em que os sócios discrepantes se podem exonerar. São vários os casos:

– Em caso de deliberação de transferência da sede social efetiva para o estrangeiro, o art. 3.5 permite aos sócios discrepantes que se exonerem da sociedade;
– Nas sociedades por quotas, o art. 240 permite a exoneração dos sócios discrepantes quando for deliberado, contra o seu voto, um aumento do capital a subscrever total ou parcialmente por terceiros, mudança do objeto social, prorrogação da sociedade, transferência de sede para o estrangeiro, regresso à atividade social da sociedade dissolvida, e ainda quando, havendo justa causa, não for deliberada exclusão dum sócio;
– Em caso de fusão ou cisão, o sócio discrepante poderá exonerar-se se a lei ou o pacto social o permitirem (art.105, 120);
– O art. 137 permite algo de sucedâneo à exoneração, ao sócio que seja discrepante, na deliberação de transformação;
– Também se pode exonerar o sócio discrepante na deliberação de regresso à atividade da sociedade dissolvida e que já tenha iniciado a partilha, desde que a sua participação fique relevantemente reduzida em relação à que, no conjunto anteriormente detinha, caso em que recebe o que lhe caberia na partilha (art. 161.5).

---

[4] VENDITTI, *Collegialità e magioranza nelle società di persone*, Jovene, 1955.

Em todos estes casos, os sócios discrepantes podem deixar de se submeter à maioria e podem exonerar-se da sociedade levando consigo o valor correspondente à sua parte social.

8. Há também a considerar os casos dos direitos especiais. Estes encontram a sua razão de ser na necessidade de se não submeterem à maioria para que não fiquem totalmente privados de êxito. Na verdade, um direito especial que deve ceder perante a maioria não serve para nada. E, por isso, segundo o art. 24, só podem ser instituídos por estipulação contratual e não podem ser suprimidos ou coartados sem o consentimento do seu titular.

9. Fora destes casos, ou doutros que existam na lei, os sócios discrepantes não têm outro remédio senão aceitar e submeter-se à deliberação maioritária em que tenham sido vencidos.

Esta submissão da vontade negocial dos sócios discrepantes aos sócios dominantes não viola a autonomia daqueles. Respeita o princípio da liberdade de associação porque, como se disse já *supra*, nenhum dos sócios pertence à sociedade contra a sua vontade. A sua autonomia e o princípio contratual exigiram o seu consenso, ou no ato de constituição da sociedade ou, após a constituição, quando nela ingressaram, ou por aumento do capital ou por aquisição da participação social, seja por ato entre vivos, seja por sucessão 'mortis causa'. Todos os sócios ingressam voluntariamente na sociedade e, ao fazê-lo, aceitam as 'regras do jogo', entre as quais a da vinculação da minoria à maioria.[5]

VI. Matérias de maioria e de consenso

10. É indubitável a necessidade da submissão da minoria à maioria. Mas é necessário estabelecer limites de aplicação da regra da maioria assentes em critérios materiais. Para além dos critérios tipológicos e estruturais, a inclusão ou exclusão de assuntos na área das deliberações maioritárias, deve depender ainda da natureza das próprias matérias em questão e da sua relação com o fim e o objeto social da sociedade. Trata-se no fundo de delimitar o campo da socialidade. O princípio da maioria é próprio da socialidade e a socialidade relaciona-se com a participação social.

---

[5] Venditi, *Collegialità e magioranza nelle società di persone*, Jovene, Napoli, 1955, p. 93.

A participação social exprime a ligação do sócio com a sociedade, enquanto sócio dela.[6] Só se justifica que o sócio fique sujeito à maioridade, contra a sua vontade, em matérias da sua participação social, naquelas questões em que ele é chamado a votar enquanto sócio e não enquanto terceiro.

O âmbito das matérias da participação social – portanto, da socialidade – determinam-se em duas áreas: no objeto social e no vínculo entre a sociedade e o sócio.

11. Na constituição da participação social, a participação ainda não existe e vai ser constituída. Em todos os tipos de sociedades comerciais a constituição exige a unanimidade em moldes, em princípio, contratuais. As divergências em relação à regra do consenso são meramente aparentes. No caso de sociedades constituídas por fusão, é admitida a deliberação, por maioria qualificada, em cada uma das sociedades fundidas (artigo 103 CSC), mas o ato de fusão propriamente dito, é praticado por unanimidade de todas e cada uma das sociedades fundidas, como decorre do artigo 98, ao exigir que o projeto de fusão seja elaborado "em conjunto". Também na cisão, a sociedade cindida pode deliberar por maioria qualificada (artigo 120 CSC), mas o ato de cisão propriamente dito é um negócio jurídico unilateral.

No que respeita às sociedades em nome coletivo, a lei exige a unanimidade para os atos estruturais: para a transmissão entre vivos da parte sócia (artigo 182 CSC), para as alterações do contrato e para a admissão de novos sócios (artigo 194º CSC). É ainda necessária unanimidade em outras matérias, como a designação de gerentes não sócios (artigo 191.2 CSC) e a continuação da sociedade com o sucessor herdeiro do sócio não pode ocorrer sem consenso (artigo 184 CSC). As deliberações sociais em geral, todavia, seguem o regime maioritário (artigo 189.2) e também no funcionamento da gerência, a maioria acaba por ter a última palavra em caso de divergência.

Nas sociedades por quotas, a regra da maioria avança francamente sobre a da unanimidade. Há uma mudança de natureza da sociedade em nome coletivo para a sociedade por quotas: embora mantenha ainda algo de pessoal, este tipo de sociedade tem já características francamente capitalistas, o que justifica um avanço do princípio da maioria sobre o do consenso. Nas sociedades por quotas a regra é a da maioria, quer na assembleia geral, quer na gerência (artigos 246 e 261), quer ainda nas alterações de estatutos

---

[6] PAIS DE VASCONCELOS. *A Participação Social nas Sociedades Comerciais*, 2.ª ed., Almedina, Coimbra, p. 398 s.

(artigo 265) e na dissolução (artigo 270), embora se mantenham vestígios de contratualismo, por exemplo, no regime da retenção de lucros, quando se prevê que o contrato possa estipular diversamente (artigo 217).

Nas sociedades anónimas, a componente capitalista acentua-se ainda mais, o que tem consequências num ainda maior afastamento do contratualismo. Para além do ato de constituição que tem natureza contratual, tudo o mais funciona por maioria, por maioria simples ou por maioria qualificada. Há leves aproximações ao regime contratual, por exemplo, no regime da retenção de dividendos que só pode ser afastado por preceito contratual (artigo 294) e no regime de obrigação de prestações acessórias que só pode ser estabelecido nos estatutos (artigo 287); tudo o mais funciona maioritariamente.

Nas sociedades em comandita, atenta a sua natureza e regime, nada há que possa acrescentar algo com interesse, nesta matéria, ao que ficou exposto sobre as sociedades em nome coletivo, por quotas e anónimas.

12. Resta ainda mencionar os chamados poderes especiais dos sócios. Consagrados no texto legal no artigo 24 sob a epígrafe "direitos especiais"[7], só podem ser criados por estipulação contratual; não podem sê-lo por maioria. Têm um regime jurídico característico consistente em não poderem "ser suprimidos ou coartados sem o consentimento do respetivo titular, salvo regra legal ou estipulação contratual expressa em contrário". Têm de contratual a sua génese, mas não a sua supressão ou coartação que exige apenas o consentimento do seu titular e não de todos os sócios. Estão a meio caminho entre a contratualidade e a maioria.

13. Outro campo de eleição da socialidade é a prossecução do fim social. O objeto social enuncia o campo de atuação da sociedade. As deliberações devem, em princípio, restringir-se às matérias que lhe são inerentes; fora desse âmbito falta à sociedade legitimidade para agir. Dentro do âmbito do objeto social, nos assuntos que sejam necessários, convenientes ou apenas úteis para a sua prossecução, o sócio não se relaciona com a sociedade como um terceiro, mas antes como um membro, como uma pessoa que faz parte de outra. O sócio faz parte da sociedade, pertence-lhe, e a sua relação com ela não é de terceiro com terceiro. A pertença do sócio à sociedade justifica o argumento de Rousseau no seu célebre "Contrato

---

[7] Usualmente denominados 'direitos especiais'. Evito esta expressão, não obstante ser praticamente generalizado o seu uso, por não se tratar de direitos subjetivos, mas antes de poderes que integram o direito subjetivo do sócio e que estão funcionalmente afetos ao êxito da sua realização.

Social"[8]: aquela coletividade é um ser único que, enquanto tal tem uma só vontade, a vontade geral, que corresponde à vontade da maioria e na qual a minoria não tem expressão. Sempre que a sociedade delibera em matérias do seu objeto social, está a agir no campo da socialidade e a sua vontade é una: é a vontade da maioria; os sócios minoritários devem submeter-se ao que for deliberado, mesmo que discrepantes.

Embora se não aplique diretamente às deliberações da assembleia geral, o art. 64 exprime bem o sentido da superioridade do interesse da sociedade sobre o dos sócios. Transposto para o domínio das deliberações dos sócios, significa que os interesses dos sócios devem ceder perante o interesse da sociedade. É esta superioridade do interesse social, do interesse coletivo, do interesse geral, do bem comum – as designações variam consoante as escolas – que funda e justifica, como bem observa Rousseau, que haja uma só vontade e não uma pluralidade delas, e que essa única vontade seja a vontade da maioria.

14. Constitui finalmente matéria de socialidade a relação jurídica entre a sociedade e o sócio. Sempre que esteja em causa uma deliberação que tenha por conteúdo ou objeto o vínculo jurídico entre a sociedade e o sócio, na sua componente pessoal ou patrimonial, é de socialidade que se trata e a regra vigente é a da maioria. Quais são estas matérias? Desde logo as de constituição, modificação extinção da relação de participação social.

Estão aqui incluídas as deliberações que autorizam cessão e aquisição de quotas, aumento e redução de capital, que são sempre, salvo nas sociedades em nome coletivo, tomadas por maioria.

Nas deliberações dos sócios de sociedades por quotas que aprovam a cessão e correspondente aquisição de quotas, previstas no art. 230.2, os sócios que votarem contra a deliberação maioritária têm de se submeter.

Na deliberação de aumento do capital, a determinação de quem subscreve o aumento era, no velho Código Comercial, fixada pela assembleia geral. Não estava ainda consagrado na lei o poder de preferência dos sócios. O mapa de subscrição era fixado pela própria assembleia, por maioria. Hoje, embora o art. 87.1.g) determine que da deliberação da assembleia geral conste também «as pessoas que participarão desse aumento», o art. 458, para as sociedades anónimas, confere aos acionistas um poder de preferir na subscrição na proporção das ações de que sejam titulares, mas o art. 460 admite que, por deliberação maioritária, se assim for do interesse da sociedade, seja deliberado por maioria que o aumento do capital seja subscrito, no todo ou em parte, por não-sócios, que assim ingressam

[8] ROUSSEAU, *Le Contrat Social*, VI.

na sociedade, não obstante os votos discordantes de sócios discordantes minoritários.

Também na reconstituição do capital perdido (artigo 35), as minorias vencidas não podem escusar-se às prestações suplementares que forem deliberadas de acordo com os estatutos (artigo 210).

É interessante, nesta perspetiva, estudar a posição dos sócios discrepantes nas deliberações de redução do capital, direta e indireta.

Na convocatória da assembleia que a irá deliberar, devem constar várias matérias importantes (artigos 94):

- a finalidade da redução, indicando, pelo menos, se se destina à cobertura de prejuízos, à libertação de excesso de capital ou a finalidade especial;
- a forma da redução, mencionando se será reduzido o valor nominal das participações ou se haverá reagrupamento ou extinção de participações; e
- as participações sobre as quais a operação incidirá, no caso de não coincidir igualmente sobre todas.

É particularmente interessante a possibilidade, prevista no art. 94.2, de a redução do capital não incidir igualmente sobre todas as participações. Poderão ser reduzidas ou mesmo extintas umas participações e não outras. Daqui decorrer que é possível e lícito desigualar entre sócios, mantendo-se o regime de deliberação maioritária. A redução do capital é uma "alteração do contrato" inserida no Capítulo VIII do CSC e a respetiva deliberação exige unanimidade na sociedade em nome coletivo, 3/4 do capital social na sociedade por quotas e 2/3 dos votos emitidos nas sociedades anónimas (artigos 85.2, 194, 265.1, 383.2 e 386.3). Tanto nas sociedades por quotas como nas sociedades anónimas pode ser deliberada a redução do capital social contra o voto de um ou mais sócios que têm de se conformar com o que for deliberado. A possibilidade de desigualar as participações sociais na redução do capital por deliberação maioritária, mesmo que por maioria qualificada, pode colocar alguns sócios em situação precária decorrente da sujeição (em sentido técnico) em que se encontram de ver a sua participação ser atingida pela redução mais intensamente ou apenas, diversamente da dos seus consócios.

A redução do capital para libertação do excesso do capital implica a entrega de fundos aos sócios cujas participações sejam reduzidas. A entrega de fundos tem de ser feita a pronto e em contado, por transferência bancária para a conta do sócio? ou pode ser diferida no tempo? A lei nada diz sobre o assunto e pode ser conveniente para a sociedade o diferimento do pagamento. A redução para libertação do excesso do capital não significa, só por si, que haja liquidez para o pagamento aos sócios. Excesso de capital não é sinónimo de excesso de liquidez e pode até ocorrer em situações de liquidez limitada ou em que não haja suficiente liquidez para proceder desde logo ao pagamento aos sócios da totalidade da redução. A lei só exige que, após a redução, a situação líquida fique a exceder a nova verba do capital em 20% e nada determina quanto à liquidez e ao tempo e modalidades do pagamento. Se a sociedade não dispuser de liquidez para proceder ao pagamento a pronto, nada impede que delibere que o pagamento aos sócios seja feito a prazo.

15. A redução do capital pode ocorrer, de um modo indireto, através da anulação ou da declaração de nulidade de um anterior aumento do capital. O seu regime varia consoante a sociedade estiver, ou não, cotada em Bolsa.

Se a sociedade for fechada, uma vez transitada em julgado a respetiva decisão judicial, a situação é análoga à da redução do capital. O capital regressa ao valor anterior ao trânsito em julgado e o seu valor deve ser restituído aos sócios que o realizaram. Não se aplica aqui de pleno o regime de anulação do aumento do capital estatuido pelo art. 26 do CVM para as sociedades cotadas, porque assim o aconselha a diferença que as afasta, principalmente no que tange à proteção do público acionista. Porém, no que respeita à defesa da integridade do capital (melhor se diria do património) da sociedade, já nos parece de aproveitar da remissão para o regime da amortização de ações o limite estabelecido na parte final do artigo 346.1, de modo a impedir a descapitalização da sociedade, o que poderia prejudicar gravemente os seus credores. A restituição de capital aos acionistas não pode prevalecer sobre os créditos dos seus credores comuns, nem prejudicar o seu pagamento. Pode suceder que a sociedade não disponha de liquidez suficiente para proceder ao seu pagamento a pronto da restituição do capital emergente da anulação. Quando assim acontecer, poderá deliberar fazê-lo a prazo. O interesse da sociedade deve aqui prevalecer sobre o interesse dos sócios e estes não devem pressionar a sociedade ao pagamento imediato, se com isso lhe criarem dificuldades financeiras, principalmente se essas dificuldades financeiras forem de tal modo graves que possam pôr em risco a sua solvência e a sua subsistência. Ao subscreverem e realizarem o aumento do capital posteriormente invalidado, em sociedades fechadas, os sócios cometeram-se num investimento de longo prazo, em princípio, sem expetativa de retorno imediato. Não é lícito que aproveitem a anulação do capital para recuperar em tempo imediato um investimento cuja expectativa de recuperação era de longo tempo.

Se a sociedade estiver cotada na Bolsa, o interesse de ordem pública de tutela do público acionista impõe um regime diferente e a anulação do aumento do capital determina a amortização das ações nele emitidas (art. 26 CVM). A sociedade não procede à devolução das entradas já efectuadas, mas antes ao pagamento da amortização das ações. O valor a pagar pela amortização das ações é apurado por avaliação por perito designado pela CMVM e deve corresponder ao "valor real das ações" que pode ser superior ou inferior ao valor de subscrição. Os credores cujos créditos sejam anteriores à anulação podem exigir da sociedade o seu caucionamento no prazo de seis meses, e o pagamento da amortização só pode ser efetuado depois de, decorrido aquele prazo de seis meses, estarem pagos ou garantidos os credores que dentro daquele prazo se tenham dirigido à sociedade.

Dificilmente não constituirá abuso do direito a exigência por parte do sócio credor à sociedade, da restituição da parte de capital que lhe cabe em virtude da redução do capital ou da anulação ou declaração de nulidade do aumento do capital em prejuízo dos credores comuns ou quando a sociedade não dispuser de liquidez para proceder ao seu pagamento e a sua cobrança coerciva puser em perigo a sua solvência.

VII. Minorias guerrilheiras

16. A proteção das minorias no direito das sociedades comerciais é um tema comum e banal. Num paralelismo mimético são frequentes e mesmo impensadamente postas par a par as assembleias gerais com os parlamentos e as minorias societárias com as minorias parlamentares.

A tutela das minorias contra o poder das maiorias surge, neste modo de ver, como uma exigência natural da saúde democrática. Nos parlamentos há partidos que não têm qualquer perspetiva ou mesmo esperança de algum dia virem a ser maioria e que adaptam a sua ação política a esse estatuto permanentemente minoritário. Nessa posição adotam posturas de contrapoder e o próprio sistema precisa deles para a crítica do poder, a denúncia dos abusos e o veículo da participação política das minorias sociais. São imprescindíveis para o funcionamento saudável do sistema político e estão nele bem integradas.

O paralelismo com as minorias nas sociedades comerciais constituiu uma tentação irreprimível. Tanto nas grandes sociedades anónimas como nas sociedades por quotas se foram institucionalizando minorias mais ou menos minoritárias que reclamaram para si um estatuto semelhante ao das minorias parlamentares e que, sem grande dificuldade vieram a conseguir ser tratadas como tais. É um erro grave.

O enquistamento de minorias de caráter permanente que se assumem como tal e funcionam sistematicamente em contrapoder é muito pouco saudável para as sociedades em questão. Dificulta-lhe a gestão quando não a torna mesmo impossível. As sociedades comerciais não têm de funcionar por consenso, nem devem fazê-lo. As suas decisões não podem ser negociadas caso a caso entre maioria e minoria, até ao consenso, principalmente quando as minorias assumem atitudes sindicais ou mesmo guerrilheiras.

É claro que as minorias societárias merecem proteção e encontram-na na lei e nos estatutos. Na lei, sempre que exige maiorias qualificadas e até – raramente – a unanimidade; nos estatutos, sempre que são estipuladas maiorias qualificadas, poderes especiais e até poder de veto. A tutela das minorias societárias e até dos sócios individuais estão também presentes no poder de obter informações (direito à informação). Mas não podem ir além do que lhes é conferido pela lei e pelos estatutos.

A situação das minorias políticas e das minorias societárias é muito diferente. Ao contrário do que sucede com as minorias políticas, as minorias societárias podem sair da sociedade. Não é democrática nem constitucionalmente exigível a uma minoria política que se mude, que se vá embora, que emigre. Mas assim já não sucede com as minorias societárias. Aqui já não está em questão a cidadania, mas tão só a socialidade. São apenas interesses materiais, económicos, comerciais que estão em jogo. Não há questões de dignidade humana, nem cívica, nem política: só se trata de dinheiro.

17. Na vida, por vezes atribulada, das sociedades comerciais em Portugal, não são raras as longas pugnas entre maiorias e minorias, que se arrastam anos e anos, sempre as mesmas, sem mudar de trincheiras, com impugnações de deliberações sociais todos os anos, longas sessões de assembleias cheias de agressividade, incidentes processuais e até pessoais.

O regime processual da suspensão e da anulação/declaração de nulidade das deliberações sociais está construído de tal modo que uma minoria dotada de meios suficientes consegue, na prática, quase paralisar a sociedade. E daí a frequente estratégia de "comprar a guerra para vender a paz". Adquirida uma participação social, pequena mas suficiente, a minoria flagela a maioria incessantemente até que esta aceda a comprá-la para se ver livre dela. Já escrevi limitadamente sobre isso, a propósito do "sócio corsário".[9] A situação agrava-se quando se lê escritos em que se propõe a

---

[9] PAIS DE VASCONCELOS. *A Participação Social nas Sociedades Comerciais*, 2.ª ed., Amedina, Coimbra, p. 358.

aplicação deste sistema de suspensão e impugnação às próprias deliberações do Conselho de Administração ou, em geral, aos órgãos de gestão. Se uma sociedade que veja assim impugnadas deliberações das suas assembleias gerais pode subsistir com o seu órgão de gestão em funcionamento, já o mesmo não sucede perante a paralisia deste: a sociedade tem de se render e pagar... ou morrer. Nem sequer conseguirá deliberar a dissolução ou a transferência da sede para o estrangeiro. A solução que a minha experiência tem encontrado consiste em "deixar cair" a sociedade em Portugal e constituir outra no estrangeiro. Não há economia privada liberal que resista a este "statu quo", principalmente com o Tribunal do Comércio de Lisboa paralisado.

Seja-nos permitido um argumento "ad terrorem": o que seria se a lei constitucional permitisse a suspensão e impugnação das deliberações da Assembleia da República perante o Tribunal Constitucional, nos precisos moldes que vigoram para as sociedades comerciais, com o efeito paralisante da citação e tudo o resto. Só uma ruptura constitucional poderia salvar o País. Este argumento demonstra bem como não é aceitável o paralelismo tão comum entre tutela das minorias parlamentares e a das minorias societárias.

18. Uma grande parte da litigiosidade societária é causada pelo artificial aprisionamento das minorias nas sociedade comerciais. O CSC torna difícil a saída dos sócios insatisfeitos. Nas sociedades em nome coletivo, a exoneração e a exclusão, no arts. 185 e 186, são difíceis e de processamento pesado. Nas sociedades por quotas, nos arts. 240 ss não são muito mais operacionais. Nas sociedades anónimas, nem estão sequer previstas a exoneração e a exclusão. Nas sociedades anónimas o CSC parece ter partido do pressuposto ingénuo de que é sempre possível vender as ações, esquecendo que é preciso que haja quem as compre. Se nas sociedades anónimas abertas a venda é sempre possível, mesmo que em perda, nas sociedades fechadas já assim não é e o acionista descontente vê-se frequentemente aprisionado. Este aprisionamento das minorias é um dos grandes responsáveis pelas minorias guerrilheiras.

19. Bem melhor teria sido agilizar o regime de saída dos sócios da sociedade, em caso de divergência ou litígio permanente, persistente ou tendencialmente insanável. Bastaria prever a exoneração e a exclusão do sócio, conforme quem tivesse a inciativa, em caso de divergência persistente.[10] A divergência persistente poderia ser qualificada como aquela que

---

[10] GOWER AND DAVIDS, *Principles of Modern Company Law*, 8 ed., Thomson, 2008, p. 652.

perdurasse por mais de seis meses (ou, no máximo dois exercícios) e que se traduzisse em atos externos reconhecíveis como votações contrárias repetidas ou num certo número delas[11]. A exoneração e a exclusão implicariam o pagamento do valor da parte social avaliado nos moldes do art. 105 e poderiam, por decisão judicial, ser pagas em prazos mais ou menos alongados em caso de comprovada dificuldade de liquidez da sociedade. É verdade que esta agilização pode ser feita nos estatutos das sociedades e já a tenho visto. Mas é raríssima. A tradicional falta de imaginação dos profissionais juristas portugueses, que quase sempre copiam uns estatutos dos outros sem quase inovar, não os tem levado a enfrentar este problema e, depois, quando ele surge, já é tarde de mais.

20. As minorias guerrilheiras não devem ser acarinhadas pelos Tribunais. Nos casos que lhes são submetidos, os Tribunais devem ter um especial cuidado em discernir o que são pretensões verdadeiramente fundadas, o que são reações de sócios aprisionados, o que é "comprar a guerra para vender a paz" e o que é pura guerrilha, e devem ter sempre presente que é próprio das sociedades comerciais que as minorias se sujeitem às maiorias sempre que a lei e os estatutos não imponham o contrário. Nenhum sócio está na sociedade sem nela ter entrado de livre vontade sem ter aceitado expressa ou tacitamente o regime da lei e dos estatutos, e sem ter aceitado o regime de domínio da maioria sobre a minoria.

Estas palavras não vão na linha dominante, nem correspondem ao que se costuma pensar. Representam uma chamada de atenção para um exagero de tutela das minorias, assente numa nem sempre consciente analogia com o regime das minorias parlamentares que é de todo infundada e tem sido gravemente perniciosa para o funcionamento saudável das sociedades comerciais em Portugal.

---

[11] PAULO OLAVO CUNHA, *Direito das Sociedades Comerciais*, 4.ª ed., Almedina, Coimbra, 2010, p. 260, aborda o problema na perspetiva do abuso da minoria e da possível desconsideração do seu voto como abusivo. É uma pista a explorar com atenção.

J. M. COUTINHO DE ABREU*

Impugnação de Deliberações Sociais
(Teses e antíteses, sem sínteses)

1. As acções de declaração de nulidade das deliberações dos sócios podem ser propostas a todo o tempo.

* Professor da Faculdade de Direito da Universidade de Coimbra

Bom seria que, para favorecer a certeza e segurança na vida societária, o CSC se afastasse também aqui do regime comum da nulidade dos negócios jurídicos e previsse prazos de caducidade. A exemplo, aliás, do que fazem leis estrangeiras e do que faz o próprio CSC a outros propósitos (arts. 44.º, 1 – nulidade do contrato de sociedade –, 412.º, 1 – deliberações do conselho de administração nulas).

2. A anulabilidade de deliberação dos sócios é arguível por qualquer sócio que não tenha votado no sentido que fez vencimento. Não obstante, é possível que sujeitos que adquirem o estatuto de sócio depois de adoptada deliberação anulável tenham legitimidade para propor acção anulatória.

Será assim nos casos de sucessão *mortis causa* (os herdeiros de quem era sócio ao tempo da deliberação e tinha o direito de impugná-la continuam com este direito). Mas também em casos de aquisição derivada de participação social: quem adquire de quem estava legitimado para a acção anulatória tem o direito de, no prazo que valia para o alienante, impugnar a deliberação.

3. A anulabilidade das deliberações dos sócios pode ser arguida também, diz a lei (art. 59.º, 1, do CSC), pelo órgão de fiscalização (conselho fiscal ou fiscal único, comissão de auditoria, conselho geral e de supervisão).

Este poder é muitas vezes dever também. Poder-dever exercitável, inclusive, relativamente a deliberações anuláveis aprovadas por todos os sócios. Se nenhum deles tem legitimidade para impugnar, há-de tê-la um órgão a quem compete "vigiar pela observância da lei e do contrato de sociedade" (p. ex., art. 420.º, 1, b)), e cujos titulares devem lealdade à sociedade, devem actuar no interesse da sociedade (art. 64.º, 2) – sendo certo que este interesse não se confunde com um interesse comum dos sócios mas extra-social, ou prosseguível de modo ilegal, anti-estatutário ou abusivo (o interesse social não fica na inteira disponibilidade dos sócios).

4. Nas sociedades sem órgão de fiscalização, a anulabilidade é arguível por gerentes (aplicação do art. 57.º, 4, por analogia). Principalmente

quando em causa estiverem deliberações anuláveis por vício de conteúdo prejudiciais para a sociedade e executáveis pela gerência. Cumprindo o dever de lealdade (art. 64.º, 1, b)), eles hão-de ter legitimidade para pedir a anulação.

5. É admissível cumular com o pedido de anulação de deliberação proclamada como negativa (de não aprovação de proposta) o pedido de declaração da deliberação positiva realmente adoptada. Assim mandam a economia (processual, também) e a verdade substancial.

6. Contra a banalização-abuso das acções anulatórias (1). Nem todos os vícios de procedimento relevam para a anulação de deliberações – há vícios relevantes e vícios irrelevantes.
São relevantes os vícios que determinam apuramento irregular ou inexacto do resultado da votação e, consequentemente, uma deliberação não correspondente à maioria dos votos exigida, bem como os vícios que ofendem de modo essencial o direito de participação livre e informada de sócios nas deliberações.

7. Contra a banalização-abuso das acções anulatórias (2). O direito de impugnação é propenso a abusos. Abusa do direito o sócio que propõe acção anulatória, não ou não tanto para repor a legalidade ou juridicidade e satisfazer consequentemente interesses pessoais de que aquele direito é instrumento, mas para ou principalmente para, por exemplo, prejudicar especialmente outros sócios, ou beneficiar-se especialmente à custa da sociedade ou de sócios maioritários.
Este abuso, enquanto forma de antijuridicidade, tem as consequências da actuação sem direito. Deve, pois, a acção anulatória ser julgada improcedente; e pode o impugnante ser obrigado a indemnizar a sociedade e/ou outros sócios.

8. A declaração de nulidade ou a anulação de deliberação do órgão de administração pode ser requerida por qualquer administrador, pelo órgão fiscalizador ou por qualquer sócio com direito de voto no prazo de um ano após o conhecimento da irregularidade, mas não depois de decorridos três anos a contar da data da deliberação (art. 412.º, 1, do CSC).
Faz pouco sentido: (a) serem os mesmos os prazos de caducidade tanto para o pedido de declaração de nulidade como para o pedido de anulação; (b) serem tão longos os prazos para o pedido de anulação; (c) os administradores e o órgão fiscalizador disporem de um ano após o conhecimento da irregularidade para peticionarem; (d) qualquer sócio com direito de

voto – independentemente de ter sido lesado nos seus direitos – poder arguir invalidades das deliberações do órgão administrador.

9. É admissível o recurso directo ao tribunal para pedir a declaração de nulidade ou a anulação de deliberação do órgão administrador – independentemente dos recursos intra-societários previstos no art. 412.º, ou em simultâneo com estes.

10. A respeito do procedimento cautelar especificado da suspensão de deliberações sociais: apesar de o art. 396º do CPC referir somente a legitimidade de sócios, ela deve ser reconhecida igualmente a quem tem o direito de, na acção principal, pedir a declaração de nulidade ou a anulação da deliberação cuja suspensão se pretende.

11. "Execução", para efeitos do procedimento cautelar da suspensão, significa eficácia ou produção de efeitos jurídicos. É pois possível serem suspensas (porque não inteiramente "executadas") deliberações de designação ou de destituição de administradores; de aumento do capital social; de amortização de quota; de fixação da remuneração dos membros dos órgãos sociais.

Já não são susceptíveis de suspensão (porque inteiramente "executadas") deliberações de fixação de indemnização a ex-administrador (já paga); de distribuição de lucros pelos sócios (já pagos); de autorização de negócio a realizar pela sociedade (já celebrado).

12. Requerida a suspensão de deliberação, não é lícito a sociedade, depois de citada, executar a deliberação impugnada (art. 397.º, 2, do CPC).

A citação não tem, ainda que provisoriamente, os efeitos da suspensão de deliberação, isto é, a suspensão da eficácia desta, a privação dos efeitos a que tendia.

Por exemplo: (a) suspensa a deliberação de eleição de administradores, estes perdem legitimidade para exercer os cargos respectivos – esta perda não ocorre por efeito somente da citação; (b) suspensa a deliberação de destituição de administrador, ele readquire legitimidade para exercer o cargo – esta reaquisição não acontece quando há só citação; (c) suspensa a deliberação de amortização da (única) quota, esta renasce até que na acção principal seja decidido o seu destino, devendo o titular da mesma ser considerado sócio para todos os efeitos – o renascimento referido não se verifica logo por efeito da citação.

13. A acta não é condição de existência, nem de validade das deliberações; e também não é – ao invés do que se entende dominantemente

entre nós – condição de eficácia. É meio, e meio substituível, de prova das deliberações.

Isto mesmo pode ser ilustrado no campo em que a presente comunicação se move. Requerida a suspensão de deliberação, ou intentada acção de declaração de nulidade ou ineficácia ou de anulação, a falta de apresentação da acta pela sociedade não impede o prosseguimento (depois da suspensão da instância, no caso de acção) dos processos respectivos. Conjugando os arts. 519.º, 1, 2, e 529.º do CPC e o art. 344.º, 2, do CCiv., o tribunal considerará em princípio existente a deliberação nos termos apresentados pelo autor, porquanto, além do mais, o ónus da prova é invertido.

Tenho dito. Lance-se o dito em acta do congresso. Sem prejuízo de o darmos como provado antes e independentemente do lançamento.

Resumo: Uma das alterações mais relevantes ao Código das Sociedades Comerciais foi a introdução, na norma que consagra o dever de lealdade dos administradores, de uma referência aos interesses dos *stakeholders*. A medida constitui, de certa forma, um sinal da integração da Responsabilidade Social das Empresas na *corporate governance* e vem impor uma cultura de ética no universo empresarial. Os administradores devem, a partir de agora, subordinar-se ao dever de realizar o 'interesse social iluminado', o que significa a obrigação de evitar prejuízos desproporcionados para os *stakeholders* e um conjunto alargado de deveres procedimentais relacionados com a apresentação de informação.

Abstract: Portuguese Company Law has recently made a reference to stakeholders in the provision concerning the duty of loyalty of directors. The change represents, to some extent, the inclusion of Corporate Social Responsibility in corporate governance matters and the integration of ethical concerns in the company's decisions. From now on directors must promote an 'enlightened shareholder value', which means a duty to avoid decisions likely to impose severe or widespread costs on stakeholders and a group of procedural duties concerning mainly disclosure of information.

CATARINA SERRA*

Entre *Corporate Governance* e *Corporate Responsibility*: Deveres fiduciários e 'interesse social iluminado'

1. Introdução

À imagem do que havia sucedido no âmbito de outros ordenamentos europeus, a legislação portuguesa sobre sociedades comerciais sofreu recentemente uma profunda reforma[1]. Uma das normas alteradas foi a do art. 64.º do CSC: onde antes simplesmente se dizia que «[os] gerentes, administradores ou directores de uma sociedade devem actuar [...] no interesse da sociedade, tendo em conta os interesses dos sócios e

* Professora da Escola de Direito da Universidade do Minho

---

[1] Sobre os aspectos fundamentais da reforma cfr. CATARINA SERRA, «A recente reforma do Direito português das Sociedades Comerciais – breves notas», in: *Scientia Ivridica*, 2008, 315, pp. 467-482.

dos trabalhadores»[2] diz-se hoje, por força do DL n.º 76-A/2006, de 29 de Março, naquela que é a al. *b)* do seu n.º 1, que eles devem observar «[d]everes de lealdade, no interesse da sociedade, atendendo aos interesses de longo prazo dos sócios e ponderando os interesses dos outros sujeitos relevantes para a sustentabilidade da sociedade, tais como os seus trabalhadores, clientes e credores»[3].

A norma consagra aquilo que já se chamou sugestivamente – decerto com o intuito de insinuar as dificuldades da sua aplicação prática – «uma enigmática noção pluridimensional ou proteiforme»[4]. É que, assim definido – com tal amplitude e tal ambiguidade –, o dever de lealdade parece carecer de suficiente determinação para ser um dever jurídico[5].

Já antes da alteração do DL n.º 76-A/2006, de 29 de Março, o tema do interesse social era discutido pela doutrina portuguesa. Dominavam as chamadas «teorias contratualistas», que, com algumas variações de por-

---

[2] Sobre o conceito de «interesse da sociedade» contido na norma antes e depois do DL n.º 76-A/2006, de 29 de Março, cfr. JORGE COUTINHO DE ABREU, *Da empresarialidade – As empresas no Direito* [reimpressão], Coimbra, Almedina, 1999, pp. 227-243, e *Curso de Direito Comercial*, volume II *(Das sociedades)* [3.ª ed.], Coimbra, Almedina, 2009, pp. 296-309.

[3] Para uma análise histórica do art. 64.º do CSC, na parte em que a norma se refere ao interesse social e aos deveres de lealdade cfr. ANTÓNIO MENEZES CORDEIRO, «Os deveres fundamentais dos administradores das sociedades (artigo 64.º/1 do CSC)», in: AA.VV., *Jornadas em Homenagem ao Professor Doutor Raul Ventura – A Reforma do Código das Sociedades Comerciais*, Coimbra, Almedina, 2007, pp. 30-49.

[4] Cfr. JOSÉ ENGRÁCIA ANTUNES, *Direito das Sociedades – Parte Geral*, 2010, p. 326.

[5] ANTÓNIO MENEZES CORDEIRO [«A lealdade no Direito das Sociedades», in: *Revista da Ordem dos Advogados*, 2006, III, pp. 1033-1065] defende que os deveres de lealdade, enquanto deveres acessórios das obrigações, se apoiam no artigo 762.º, n.º 2, do CC e que a natureza específica dos vínculos constitui um especial apelo à boa fé; em particular no que toca aos deveres de lealdade dos administradores afirma o A. [«Os deveres fundamentais dos administradores das sociedades (artigo 64.º/1 do CSC)», cit., pp. 47-48, 49 e 57] que a boa fé lhes impõe uma actuação com lealdade porque eles exercem gestão de bem alheios. Entendimento idêntico parecem ter MANUEL CARNEIRO DA FRADA («A *business judgement rule* no quadro dos deveres gerais dos administradores», in: AA.VV., *Jornadas em Homenagem ao Professor Doutor Raul Ventura – A Reforma do Código das Sociedades Comerciais*, Coimbra, Almedina, 2007, pp. 69-78), ANA PERESTRELO DE OLIVEIRA («Os credores e o governo societário: deveres de lealdade para os credores controladores», in: *Revista de Direito das Sociedades*, 2009, 1, pp. 119-121) e ADELAIDE MENEZES LEITÃO («Responsabilidade dos administradores para com a sociedade e os credores sociais por violação de normas de protecção», in: *Revista de Direito das Sociedades*, 2009, 3, pp. 664-665). Aludindo à tese e criticando-a com base na ideia de que aquilo que justifica o dever de lealdade é a relação fiduciária VÂNIA MAGALHÃES («A conduta dos administradores das sociedades anónimas: deveres gerais e interesse social», in: *Revista de Direito das Sociedades*, 2009, 2, p. 398).

menor, reconduziam o interesse social ao interesse dos sócios[6]. A reforma não teve o desejado efeito pacificador[7].

É visível que houve um alargamento da esfera de interesses que os gestores[8] devem ter em consideração: actualmente, eles são, além dos interesses dos sócios e dos trabalhadores, também os interesses dos clientes, dos fornecedores, dos credores e de quaisquer outros sujeitos que sejam susceptíveis de influenciar ou afectar a actividade da sociedade e / ou de ser afectados por ela, ou seja, dos *stakeholders*[9].

A expressão «*stakeholders*» (geralmente traduzida por «partes interessadas») designa, segundo o Livro Verde da Comissão «Promover um quadro europeu para a responsabilidade social das empresas»[10], os indivíduos ou as organizações que afectam as operações de uma empresa ou são afectados por ela[11]: por

---

[6] Sobre as teorias contratualistas e as teorias que se lhes opõem – as teorias institucionalistas – (a sua génese, os seus fundamentos e os seus adeptos na doutrina portuguesa) cfr., por exemplo, TÂNIA MEIRELES DA CUNHA, *Da responsabilidade dos gestores perante os credores sociais: a culpa nas responsabilidades civil e tributária*, Coimbra, Almedina, 2009, pp. 42-49, e VÂNIA MAGALHÃES, «A conduta dos administradores das sociedades anónimas: deveres gerais e interesse social», cit., pp. 403-410.

[7] Dá conta (brevemente) da persistência do debate ELISABETE GOMES RAMOS [«Gobierno corporativo y deberes fiduciarios. Cuestiones actuales y reformas pendientes», in: ELENA PÉREZ CARRILLO (coord.), *Gobierno corporativo y responsabilidad social de las empresas*, Madrid / Barcelona / Buenos Aires, Marcial Pons, 2009, p. 146].

[8] Por razões de comodidade expositiva, usa-se alternadamente o termo «gestores» e o termo «administradores» para designar os titulares dos órgãos de administração das sociedades comerciais, ou seja, os gerentes das sociedades em nome colectivo, das sociedades em comandita e das sociedades por quotas e os administradores das sociedades anónimas.

[9] Alguns autores sublinham que a norma omite outros interesses relevantes, como, por exemplo, os interesses relacionados com o ambiente [cfr., neste sentido, explicitamente, MANUEL CARNEIRO DA FRADA, «A business judgement rule no quadro dos deveres gerais dos administradores», cit., p. 77, ANTÓNIO PEREIRA DE ALMEIDA, *Sociedades comerciais e valores mobiliários* [5.ª ed.], Coimbra, Coimbra Editora, 2008, p. 238, e, implicitamente, PAULO OLAVO CUNHA, *Direito das Sociedades Comerciais* [4.ª ed.], Coimbra, Almedina, 2010, p. 572]. Dado o carácter meramente exemplificativo da norma, a falta de referência expressa a estes interesses não parece, contudo, comprometer a sua tutela, que deve ser em grau idêntico à dos interesses expressamente referidos. Trata também a norma ignorando a função exemplificativa da referência ARMANDO MANUEL TRIUNFANTE (*Código das Sociedades Comerciais Anotado*, Coimbra, Coimbra Editora, 2007, p. 64).

[10] Cfr. Livro Verde «Promover um quadro europeu para a responsabilidade social das empresas», Comissão das Comunidades Europeias, Bruxelas, 18.07.2001, COM (2001) 366 final (Anexo – Conceitos) (acedido por último a 13 de Maio de 2010, em http://eur-lex.europa.eu/LexUriServ/LexUriServ.do?uri=COM:2001:0366:FIN:PT:PDF /).

[11] Por razões de comodidade expositiva, usam-se os termos «empresa» e «sociedade» como sinónimos ou equivalentes.

um lado, os *shareholders*, os trabalhadores, os parceiros comerciais, os fornecedores, os clientes e os credores – *stakeholders* contratuais – e, por outro lado, a comunidade local, as associações de cidadãos, as entidades reguladoras e o Governo – *stakeholders* colectivos[12]. Existem, evidentemente, outras classificações, como, por exemplo, aquela distingue entre os grupos primários de *stakeholders*, compreendendo os sujeitos determinantes para a empresa, sem os quais a empresa não poderia funcionar (clientes, trabalhadores, sócios e fornecedores), e os grupos secundários, que podem simplesmente vir a exercer alguma influência sobre a empresa (como os meios de comunicação social, o Governo, a comunidade e o ambiente)[13-14].

Mas estarão, na realidade, os administradores constituídos num dever de lealdade para com todas essas pessoas / todos esses grupos de pessoas? «With directors accountable to everyone, they would become accountable to no one»[15]. Corresponderá este alargamento do interesse social a um novo

---

[12] É a classificação adoptada desde o primeiro momento (CATARINA SERRA, «A Responsabilidade Social das Empresas – Sinais de um instituto jurídico iminente?», in: *Questões Laborais*, 2005, 25, pp. 53-54).

[13] Cfr. JANICE DEAN, «Stakeholding and Company Law», in: *Company Lawyer*, 2001, 22 (3), p. 70.

[14] Segundo ERIC PICHET («Enlightened Shareholder Theory: whose interests should be served by the supporters of Corporate Governance?», 2008. Acedido por último em 19 de Julho de 2010, em http://ssrn.com/abstract=1262879), o conceito de «*stakeholders*» surgiu num *memorandum* interno do *Stanford Research Institute* em 1963. O A. refere-se a uma acepção ampla (que foi cronologicamente a primeira), compreendendo *shareholders*, trabalhadores, clientes, fornecedores, credores e a sociedade em sentido lato, e a uma acepção mais restrita do termo, compreendendo apenas os sujeitos que participam voluntariamente numa relação com a empresa, isto é, os parceiros voluntários da empresa.

[15] Cfr. VIRGINIA HARPER HO, «'Enlightened shareholder value': Corporate Governance behind the Shareholder-Stakeholder Divide», in: *Journal of Corporate Law*, 2010, 36. Acedido por último a 19 de Julho de 2010 em http://ssrn.com/abstract=1476116. Também GAIL HENDERSON («*The Possible Impacts of 'Enlightened Shareholder Value' on Corporations' Environmental Performance*», 2009, p. 25. Acedido por último a 4 de Julho de 2010, em https://tspace.library.utoronto.ca) entende que a lealdade é um bem escasso (*a finite good*): quanto maior for o número de pessoas a quem se deve lealdade menor é o valor que ela tem para cada uma. Nas palavras de ANTÓNIO MENEZES CORDEIRO [«Os deveres fundamentais dos administradores das sociedades (artigo 64.º/1 do CSC)», cit., p. 41], «[e]xigir 'lealdade' no interesse da sociedade e, ainda, atentando aos interesses (a longo prazo) dos sócios, e ponderando os de outros sujeitos, entre os quais os trabalhadores, os clientes e os credores, é permitir deslealdades sucessivas. Quem é 'leal' a todos, particularmente havendo sujeitos em conflito, acaba desleal perante toda a gente». Expressa opinião semelhante ANTÓNIO FERNANDES DE OLIVEIRA («Responsabilidade civil dos administradores», in: AA. VV., *Código das Sociedades Comerciais e governo das sociedades*, Coimbra, Almedina, 2008, p. 264).

Já para MANUEL CARNEIRO DA FRADA («A *business judgement rule* no quadro dos deveres gerais

dever de lealdade[16]? Que interesse social é este aludido na lei: (ainda) o clássico interesse de maximização do lucro – o interesse dos sócios como um todo (como membros de uma associação) – ou algo distinto?

A resposta depende do entendimento que se tenha sobre a *corporate governance*. Não existindo uma definição consensual[17] e nem – muito menos – um único regime de *corporate governance* aplicável em todos os países, bem se compreende que o comportamento das empresas varie consoante as regras sociais de conduta e os valores culturais vigentes em cada um[18].

Veja-se, por exemplo, o chamado «sistema anglo-americano de *corporate governance*» (associado, fundamentalmente, à Inglaterra, aos Estados Unidos da América e à Austrália)[19], que, dando, tradicionalmente, prioridade absoluta aos interesses dos sócios, tende a identificar o interesse social com o interesse dos sócios (*shareholder value*), ou seja, com o interesse na maximização do lucro (*profit* ou *wealth maximisation*)[20-21].

---

dos administradores», cit., p. 73), «os administradores devem ser leais a todos: à sociedade, aos sócios, aos credores, aos trabalhadores e aos clientes. Não podem ser 'mais leais a uns do que a outros'. Se o são, já são desleais». Estão aqui em causa, evidentemente, duas concepções diferentes de lealdade: uma (de MENEZES CORDEIRO), mais restrita, que valoriza o enquadramento na relação de administração estabelecida entre os administradores e a sociedade e configura a lealdade como um dever de servir com fidelidade os interesses da sociedade; outra (de CARNEIRO DA FRADA), mais ampla, que configura a lealdade como um dever de coerência nas condutas adoptadas pelo administrador.

16 Cfr., neste sentido, PAULO OLAVO CUNHA, *Direito das Sociedades Comerciais*, cit., pp. 571-572, e «Corporate & Public Governance nas sociedades anónimas: primeira reflexão», in: *Direito das Sociedades em Revista*, 2010, 4, p. 163.

17 Cfr., neste sentido, MANFRED GRÜNANGER, «Current Corporate Governance Developments in Austria», in: *European Business Law Review*, 2010, 21 (3), p. 245.

18 Cfr. DANIEL ATTENBOROUGH, «Corporate Governance and the Importance of Societal and Cultural Factors: An Argument Against Calling Time on UK Boardroom Rules», in: *European Business Law Review*, 2010, 21 (4), p. 562.

19 É duvidoso que ele exista (cfr. *infra*).

20 LEE ROACH [«The paradox of the traditional justifications for exclusive shareholder governance protection: expanding the pluralist approach», in: *Company Lawyer*, 2001, 22 (1), pp. 9-15] chama a este sistema «*exclusive shareholder corporate governance*» e analisa criticamente a validade dos argumentos em seu favor.

21 ANDREW KEAY («Shareholder Primacy in Corporate Law : Can it Survive? Should it Survive?», 2009, p. 54. Acedido por último a 19 de Julho de 2010, em http://ssrn.com/abstract=1498065) diz que a perspectiva pró-*shareholder value* se fixou nos ordenamentos do círculo anglo-americano por força de quatro circunstâncias: a concepção da empresa como agente da economia; o contributo do Direito para a promoção da liberdade económica; a política de estímulos à concorrência; e o desenvolvimento do mercado de controlo das empresas e a emergência das operações hostis de aquisição.

Algumas decisões dos tribunais ingleses ilustram a coincidência entre o interesse social e os interesses dos sócios. No caso *Greenhalgh v Ardene Cinemas Ltd.*[22], o *Court of Appeal* inglês veio esclarecer que a referência ao interesse social em caso algum deve ser entendida como uma referência ao interesse da sociedade enquanto pessoa jurídica distinta dos sócios; deve ser considerada uma alusão ao interesse dos sócios como um todo [«*the phrase 'the company as a whole' does not [...] mean a company as a commercial entity, distinct from the [shareholders]; it means the [shareholders] as a general body*»].

Em contrapartida, na generalidade dos países da Europa continental (como, por exemplo, a Alemanha) e no Japão foi marcante a abordagem oposta[23].

A verdade é que, por mais que a adopção de um único modelo normativo fosse desejável, os aspectos culturais e político-sociais tornam inviável uma uniformização absoluta[24] e impedem, designadamente, a harmonização das leis europeias em matéria de deveres dos administradores[25].

---

[22] [1951] Ch. 286 e [1950] 2 All E.R. 1120. A sentença é analisada por DANIEL ATTENBOROUGH («Corporate Governance and the Importance of Societal and Cultural Factors: An Argument Against Calling Time on UK Boardroom Rules», cit., pp. 340-346). O A. critica a decisão ou, pelo menos, a sua evocação para o efeito de sustentar que o interesse social *deve* ser o interesse na maximização do lucro.

[23] De acordo com SARAH KIARIE («At crossroads: shareholder value, stakeholder value and Enlightened Shareholder Value: Which road should the United Kingdom take?», in: *International Company and Commercial Law Review*, 2006, 17 (11), pp. 329-331), *shareholder* e *stakeholder values* foram durante muito tempo objectivos rivais da empresa. O *shareholder value* vê os *shareholders* como proprietários da empresa e erige a maximização do lucro no fim, por excelência, da empresa. O *stakeholder value*, por outro lado, procura que a empresa abranja os interesses daqueles que são afectados pelas suas actividades e sublinha os valores da sustentabilidade e da inclusão – inclusão (*inclusion*) e não igualdade formal (*artificial equality*), como sublinha JANICE DEAN («Stakeholding and Company Law», cit., p. 66). Os sistemas anglo-americanos adoptaram o primeiro enquanto os sistemas europeus continentais e asiáticos acolheram o segundo. Ambos os modelos, porém, têm os seus prós e contras e a escolha entre os dois depende de inúmeros factores.

[24] Cfr., neste sentido, DANIEL ATTENBOROUGH, «The Company Law Reform Bill: an analysis of directors' duties and the objective of the company», in: *Company Lawyer*, 2006, 27 (6), p. 569, e SARAH KIARIE, «At crossroads: shareholder value, stakeholder value and Enlightened Shareholder Value: Which road should the United Kingdom take?», cit., p. 339.

[25] Cfr., neste sentido, PAUL DAVIES, «Enlightened Shareholder Value and the New Responsibilities of Directors», *Lecture delivered at the University of Melbourne Law School (the inaugural WE Hearn Lecture)* 4 October 2005, p. 3. Acedido por último a 19 de Julho de 2010, em http://cclsr.law.unimelb.edu.au/.

2. O conceito e as teorias de *corporate governance*

Uma das definições mais conhecidas de *corporate governance* é a da *Cadbury Commission*, que, em 1992, definiu a *corporate governance* como o sistema por meio do qual as empresas são administradas e fiscalizadas [«*[c]orporate governance is the system by which companies are directed and controlled*»][26] [27].

Como é óbvio, há muitas outras definições, de diversas origens. Cada uma delas reflecte o interesse especial do seu autor na área da *corporate governance*. Os juristas têm, tradicionalmente, uma definição mais restritiva de *corporate governance* do que os economistas ou os sociólogos: centrada, quase em exclusivo, na estrutura interna e nos processos de tomada de decisão da empresa e deixando de fora os factores externos como os mercados de capital e de trabalho, o regime da insolvência e a política de não concorrência.

Uma das mais importantes teorias da *corporate governance* utiliza como critério os interesses que a empresa persegue ou deve perseguir. Nos termos de uma primeira corrente, os administradores devem realizar o interesse dos sócios (*shareholder primacy* ou *shareholder value principle*), o que equivale a dizer: a maximização do lucro (*shareholder wealth maximisation* ou *shareholder value here and now*)[28]. Maximizar o lucro serve, alegadamente, o duplo propósito da responsabilidade e da eficiência (*accountability and efficiency*): assegura que os administradores são responsáveis perante os sócios na gestão dos bens sociais e evita a dispersão numa multiplicidade de objectivos que seria perniciosa para a eficiência da administração[29]. Reflecte a concepção de que os sócios são os proprietários da empresa e suportam os riscos inerentes a ela (são *residual claimants*, ou seja, repartem

---

[26] Cfr. *Cadbury Report – Committee on the Financial Aspects of Corporate Governance* (Chair: Sir Adrian Cadbury), *Final Report* (December 1992) (o texto do documento foi acedido por último a 22 de Outubro de 2010, em http://www.ecgi.org/codes/documents/cadbury.pdf).
[27] As Recomendações da Comissão do Mercado de Valores Mobiliários sobre o Governo das Sociedades Cotadas (hoje convertidas no Código de Governo das Sociedades de 2010) seguiram de perto a definição: «[p]or governo das sociedades quer-se referir o sistema de regras e condutas relativo ao exercício da direcção e do controlo das sociedades» (o texto do documento foi acedido por último a 20 de Novembro de 2010, em http://www.cmvm.pt/CMVM/Recomendacao/Recomendacoes/Soccot/Soccot_Nov2005/Documents/43d10 4c4a8434d1ea100c3565316970erecomendacoesNov2005.pdf).
[28] ADEYEYE ADEFOLAKE [«The limitations of corporate governance in the CSR agenda», in: *Company Lawyer*, 2010, 31 (4), p. 115] chama «modelos gémeos» à *shareholder primacy* e à *shareholder maximisation*.
[29] Cfr., neste sentido, ANDREW GAMBLE e GAVIN KELLY, «Shareholder Value and the Stakeholder Debate in the UK», in: *Corporate Governance*, 2001, 9 (2), p. 110.

entre si o remanescente da liquidação dos bens da sociedade depois de pagos os credores sociais)[30].

É emblemática, nos Estados Unidos, a decisão do *Michigan Supreme Court* no caso *Dodge v Ford Motor Co.*[31]. Henry Ford havia adoptado uma política de não distribuição de lucros, de redução de preços, de melhoria da qualidade e de expansão da produção. Alguns dos sócios, os irmãos Dodge, recorreram ao tribunal, alegando que o tratamento dos trabalhadores e dos clientes era excessivamente generoso. O tribunal concordou e censurou firmemente a conduta de Ford. De acordo com o tribunal, uma empresa está vocacionada para a realização de lucros e os poderes dos administradores devem ser utilizados para esse fim; eles podem escolher os meios para o realizar mas nunca alterar o próprio fim, retendo os lucros realizados ou não procedendo à sua distribuição pelos sócios para os canalizar para outras finalidades. Consequentemente – afirma-se na sentença –, não é legítimo que o administrador conduza os negócios da empresa como se o benefício dos sócios fosse um fim secundário e o benefício de outros sujeitos o fim principal («*It is not within the lawful powers of a board of directors to shape and conduct the affairs of a corporation for the merely incidental benefit of shareholders, and for the primary purpose of benefiting others*»). A teoria da *shareholder wealth maximisation* foi largamente difundida e comummente aceite por toda a jurisprudência. Muitos anos depois, o *Delaware Chancery Court* reafirmava no caso *Katz v Oak Industries, Inc.*[32] que os administradores têm o dever de procurar realizar, de forma lícita, os interesses de longo prazo dos sócios («*It is the obligation for directors to attempt, within the Law, to maximize the long-run interests of the corporation›s stockholders*»).

Apesar da aparente simplicidade da tese, não existe um fundamento universal para a sustentar – para sustentar que o *shareholder value* é o objectivo mais adequado à governação das sociedades modernas[33]. O primado

---

[30] Cfr., neste sentido, Deryn Fisher, «The Enlightened Shareholder – leaving Stakeholders in the dark: will Section 172 (1) of the Companies Act 2006 make directors consider the impact of their decisions on third parties?», in: *International Company and Commercial Law Review*, 2009, 20 (1), p. 11.
[31] 204 Mich. 459, 170 N.W. 668 (Mich. 1919).
[32] 508 A.2d 873 (Del. Ch. 1986).
[33] Cfr., neste sentido, Andrew Gamble e Gavin Kelly, «Shareholder Value and the Stakeholder Debate in the UK», cit., p. 110. O primado do *shareholder value* está menos fortemente institucionalizado em Inglaterra do que se imagina, por ser uma referência essencialmente cultural e nem tanto uma referência normativa ou jurídica [cfr., neste sentido, Simon Deakin, «The Coming Transformation of Shareholder Value», in: *Corporate Governance: An International Review*, 2005, 13 (1), p. 11. Acedido por último a 4 de Julho de

do *shareholder value* tão-pouco corresponde a um comando legal [«*[t]he law does not mandate shareholder primacy*»³⁴].

De acordo com uma segunda corrente (*stakeholderism*), os sócios não são os únicos sujeitos determinantes para a empresa nem os únicos que suportam os riscos inerentes a ela. Sempre a empresa não «internaliza» os custos da sua actividade, está a criar «externalidades negativas»³⁵ (*negative externalities*), ou seja, custos suportados por terceiros (*stakeholders* ou *constituencies*), como os trabalhadores, os credores, os clientes, os fornecedores ou a comunidade. Os administradores deverão, por isso, ter em conta (também) os interesses destes sujeitos.

2010, em http://ssrn.com/abstract=645424]. Também nos Estados Unidos a *shareholder wealth maximization* é, na sua essência, mais uma regra de conduta da empresa do que um comando legal (cfr., neste sentido, Virginia Harper Ho, «'Enlightened shareholder value': Corporate Governance behind the Shareholder-Stakeholder Divide», cit.). Mesmo no Estado do Delaware, onde a legislação é, tradicionalmente, menos receptiva aos interesses dos *stakeholders* do que a legislação de qualquer outro Estado, em nenhum ponto se exige que o processo de decisão dos administradores se oriente pela maximização dos lucros ou seja justificada exclusivamente com base nos interesses dos sócios. Na realidade, os tribunais do Delaware têm entendido que os administradores têm um *fiduciary duty* no sentido de que devem agir no melhor interesse da empresa e não exclusivamente nos interesses dos sócios. O processo de decisão empresarial («*business judgment*») que assente em preocupações com os interesses dos trabalhadores, da comunidade ou de outros sujeitos que não sejam sócios não põe em causa o *fiduciary duty* e não pode ser controlado pelos tribunais. Tais decisões cabem no quadro da discricionariedade ampla de que gozam os administradores ao abrigo da *business judgment rule*, mesmo no caso das chamadas «decisões sacrificadoras do lucro» (*profit-sacrificing decisions*).

34 Cfr. David Millon, «Enlightened Shareholder Value, Social Responsibility, and the Redefinition of Corporate Purpose Without Law», in: *Washington & Lee Legal Studies Paper*, 2010. Acedido por último em 19 de Julho de 2010, em http://ssrn.com/abstract=1625750. Acrescenta o A. que, por outro lado, tão-pouco se exige a assunção de responsabilidade social (a lei norte-americana é surpreendentemente indiferente à questão dos deveres fundamentais dos administradores).

35 A poluição é o exemplo clássico de uma externalidade negativa mas há outras, como ilustra o caso Enron. Sobre o impacto do caso Enron cfr. Simon Deakin e Suzanne Konzelman, «After Enron: An Age of Enlightenment?», in: *Organization*, 2003, 10 (3), pp. 583-587. Os AA. consideram que ele exemplifica a patologia do *shareholder value* e por isso reclama uma reponderação fundamental das práticas e dos processos de *corporate governance*. Acima de tudo, a *corporate governance* não pode continuar a confinar a sua análise às relações entre os administradores e os sócios. À estreiteza desta visão são imputáveis a maioria dos escândalos de que o caso Enron é paradigmático.

A dualidade reflecte a divisão entre aqueles que defendem que a empresa é matéria de interesses privados – de Direito Privado – e aqueles que defendem que é matéria de interesse público – de Direito Público – e, por isso, defendem que os sócios não devem ser os únicos beneficiários dos deveres dos administradores e propugnam uma maior regulação[36].

A visão pró-*stakeholder* tem, pelo menos, dois méritos: a consciência de que as pessoas estão muito mais empenhadas num processo quando ele envolve um risco para elas, seja ele económico seja de outra natureza (o que constitui um estímulo para os administradores e os trabalhadores da empresa) e a consciência de que as relações que se estabelecem no seio de uma organização são complexas e transcendem o mero confronto directo entre a organização e os seus *stakeholders*[37]. No fundo, trata-se de restituir ou devolver à empresa (de não ignorar) uma das suas (incontornáveis) dimensões – a dimensão organizacional[38], orgânica[39] ou simplesmente social[40].

Mas também tem as suas fraquezas. Exige, desde logo, que os administradores ponderem um largo espectro de interesses, naquilo que, por ser um processo necessariamente subjectivo, pode levá-los a orientar-se por critérios duvidosos – optando, por exemplo, por aquilo que for mais

---

[36] Cfr., neste sentido, STEPHEN BAINBRIDGE, *The New Corporate Governance in Theory and Practice*, Oxford, Oxford University Press, 2008, pp. 8-9.

[37] Cfr., entre outros, ERIC PICHET, «Enlightened Shareholder Theory: whose interests should be served by the supporters of Corporate Governance?», cit.

[38] A norma do art. 11.º do Código do Trabalho é um argumento sistemático neste sentido, ao definir o contrato de trabalho como «aquele pelo qual uma pessoa singular se obriga, mediante retribuição, a prestar a sua actividade a outra ou outras pessoas, *no âmbito de organização* e sob a autoridade destas» (itálicos nossos).

[39] O modelo orgânico (*organic model*) vê a empresa, não como propriedade privada dos sócios, mas como uma instituição social independente. Além de haver uma separação entre a titularidade das participações sociais e a gestão da sociedade, existe um interesse público no exercício da empresa, que, por isso, deverá ser socialmente responsável [cfr. DERYN FISHER, «The Enlightened Shareholder – leaving Stakeholders in the dark: will Section 172 (1) of the Companies Act 2006 make directors consider the impact of their decisions on third parties?», cit., p. 12].

[40] Referem-se a esta dimensão ou função social da empresa, entre outros, ANTÓNIO MENEZES CORDEIRO [«Os deveres fundamentais dos administradores das sociedades (artigo 64.º/1 do CSC)», cit., p. 41, e *Manual de Direito das Sociedades*, I – *Das sociedades em geral* [2.ª ed.], Coimbra, Almedina, 2007, p. 821) e FÁTIMA GOMES [«Reflexões em torno dos deveres fundamentais dos membros dos órgãos de gestão (e fiscalização) das sociedades comerciais à luz da nova redacção do artigo 64.º do CSC», in: AA. VV., *Nos 20 Anos do Código das Sociedades Comerciais – Homenagem aos Profs. Doutores A. Ferrer Correia, Orlando de Carvalho e Vasco Lobo Xavier*, vol. II – *Vária*, Coimbra, Coimbra Editora, 2007, p. 566].

vantajoso para eles próprios ou lhes garanta uma maior remuneração[41]. Desviar a atenção dos administradores da empresa para os interesses conflituantes dos *stakeholders*, por outro lado, tende a reduzir a eficiência e também pode conduzir a más decisões, especialmente porque, sendo o número de sujeitos susceptíveis de afectar e de ser afectados pela empresa potencialmente infinito[42], os administradores não têm (nem é de esperar que tenham) os conhecimentos necessários sobre os interesses em causa para tomar melhores decisões[43]. Em suma: a concepção pró-*stakeholder* não fornece critérios para a orientação dos gestores nem para a avaliação as suas decisões.

3. A evolução do Direito inglês

3.1. O *Companies Act 2006* e o *'enlightened shareholder value'*

Em Inglaterra, por força de vários factores (nomeadamente do enquadramento cultural e sócio-político), é tradicional identificar-se o interesse

---

[41] BRADLEY W. BENSON e WALLACE N. DAVIDSON III [«The Relation between Stakeholder Management, Firm Value, and CEO Compensation: A Test of Enlightened Value Maximization», in: *Financial Management*, 2009. Acedido por último a 19 de Julho de 2010, em http://ssrn.com/abstract=1208403)] analisam a teoria da *enlightened value maximisation* [cfr. MICHAEL C. JENSEN, «Value Maximization, Stakeholder Theory, and the Corporate Objective Function», in: *Business Ethics Quarterly*, 2002, 12 (2), pp. 235-256] e mostram a curiosa relação que existe entre a realização do interesse social – seja ele a pura maximização do lucro, seja ele a maximização do bem-estar dos *stakeholders* – e a remuneração dos administradores. Em princípio, o sistema remuneratório de uma empresa está orientado para os objectivos que esta se propõe atingir e, sendo assim, os administradores não são directamente compensados por estabelecer e manter boas relações com os *stakeholders* (*stakeholder management*) mas apenas por atingir a maximização do lucro. Apesar disso, os administradores devem procurar favorecer as relações com os *stakeholders* pois este é um meio de atingir aquele objectivo.
[42] Cfr., neste sentido, SARAH KIARIE, «At crossroads: shareholder value, stakeholder value and Enlightened Shareholder Value: Which road should the United Kingdom take?», cit., p. 338.
[43] Cfr., neste sentido, DERYN FISHER, «The Enlightened Shareholder – leaving Stakeholders in the dark: will Section 172 (1) of the Companies Act 2006 make directors consider the impact of their decisions on third parties?», cit., p. 13.

social com o interesse de maximização do lucro[44] e dizer-se que as empresas são *shareholder centered*[45].

O *Companies Act 2006*, em vigor desde 1 de Outubro de 2007, dá a entender que existem alguns movimentos em sentido diverso[46].

O diploma vem regular, pela primeira vez, os deveres dos administradores, que até então estavam confinados à *Case Law*. Entre eles, surge, na Secção 172, o dever de realizar o interesse social (*duty to promote the sucess of the company*)[47]. Não se trata exactamente de um dever novo mas sim de um dever conhecido[48] – aquilo que já se chamava desde há algum tempo

---

[44] Na Inglaterra, os anos setenta trouxeram a privatização de grande parte das empresas públicas e uma tendência generalizada para a desregulação na maioria dos sectores económicos. Os instrumentos de controlo das empresas por parte do Estado foram sendo gradualmente substituídos pelos mecanismos do mercado, reforçando o sistema capitalista. Registaram-se na altura uma série de operações hostis sobre empresas (*hostile takeovers*) que permitiam uma aplicação mais eficaz do capital e dos recursos e asseguravam a sobrevivência apenas das empresas mais lucrativas e eficientes. Foram disponibilizados aos sócios meios de fiscalização e reacção contra os administradores menos eficazes. Os *takeovers* foram facilitados pelas regras sobre *takeovers* e fusões, introduzidas em 1968 para assegurar maior transparência e responsabilidade nas operações sobre a empresa. Por forças delas, a administração ficou obrigada a esclarecer os sócios quanto aos méritos económicos de uma oferta pública. Tudo isto resultou na indevida concentração nos benefícios económicos de curto prazo por oposição à sustentabilidade de longa duração da empresa e determinou o percurso da *corporate governance*, forçando os administradores a perseguir a maximização de lucros para os sócios em prejuízo dos outros *stakeholders*. Cfr., sobre isto, Sarah Kiarie, «At crossroads: shareholder value, stakeholder value and Enlightened Shareholder Value: Which road should the United Kingdom take?», cit., pp. 329-330.

[45] Cfr., neste sentido, Dan Mace, «The purpose of Company Law and company lawyers in a global arena», in: *Company Lawyer*, 2000, 21 (2), p. 56.

[46] O documento foi acedido por último a 13 de Maio de 2010, em http://www.opsi.gov.uk/acts/acts2006/pdf/ukpga_20060046_en.pdf. Sobre o processo legislativo (e as suas dificuldades) cfr. Philip Bovey, «A damn close run thing – the Companies Act 2006», in: *Statute Law Review*, 2008, 29 (1), pp. 11-25.

[47] Tomado à letra, o termo «sucesso» significa «resultado desejado». Cabe aos administradores definir em que consiste este resultado, não sendo admissível o controlo judicial da convicção dos administradores quanto aos meios para o atingir senão em casos muito contados [cfr., neste sentido, Davy Ka Chee Wu, «Managerial Behaviour, Company Law, and the Problem of Enlightened Shareholder Value», in: *Company Lawyer*, 2010, 31 (2), p. 56].

[48] De acordo com a exposição de motivos do *Companies Act 2006*, trata-se da codificação de *Common Law rules* e *equity principles* mas esta não é uma mera questão de transposição das decisões da jurisprudência para o direito positivo (cfr. ponto 305 das *Explanatory Notes*. O documento foi acedido por último a 13 de Maio de 2010, em http://www.legislation.gov.uk/ukpga/2006/46/pdfs/ukpgaen_20060046_en.pdf). As sentenças – diz-se aí – são necessariamente casuísticas e, mesmo quando aparentemente contêm a enunciação de princípios gerais, raramente são exaustivas. No âmbito da *Company Law*, os princípios

o dever de realizar o 'interesse social iluminado' ou 'interesse social esclarecido'[49] (*'enlightened shareholder value'*).

A Subsecção (1) determina que o administrador tem o dever de agir em conformidade com aquilo que, em boa fé, ele acredite ser o comportamento mais adequado à prossecução do interesse social para proveito dos sócios como um todo e, ao fazê-lo, deve ter em consideração, entre outras coisas [*a director of a company must act in the way he considers, in good faith, would be most likely to promote the success of the company for the benefit of its members as a whole, and in doing so have regard (amongst other matters) to*[50]]: os efeitos prováveis a longo prazo das suas decisões (*the likely consequences of any decision in the long term*)[51]; os interesses dos trabalhadores (*the interests of the company's employees*); a necessidade de favorecer as relações da sociedade com os seus fornecedores, clientes e outros (*the need to foster the company's business relationships with suppliers, customers and others*); o impacto das actividades da empresa na comunidade e no ambiente (*the impact of the company's operations on the community and the environment*); a conveniência de que a sociedade seja conhecida pelos seus critérios de exigência quanto ao comportamento empresarial (*the desirability of the company maintaining a reputation for high standards of business conduct*); e a

---

aplicáveis são geralmente retiradas de outras áreas do Direito, sobretudo do Direito relativo ao *trust* e à *agency*. É importante que estas relações não se percam e que a *Company Law* continue a reflectir os desenvolvimentos ocorridos no contexto das outras áreas. É usual a mesma ideia ser formulada de forma diversa em duas sentenças; a lei, pelo contrário, é formal. Não é fácil conciliar estas duas dimensões mas as várias secções do *Companies Act 2006* tentam satisfazer a necessidade de precisão e a necessidade de flexibilidade, mais particularmente aquelas que respeitam aos deveres gerais dos administradores (*statutory duties*).

[49] Prefere-se a palavra «iluminado» por ser mais sugestiva a qualificar uma mudança geral (cultural ou de mentalidades).

[50] Diz ANDREW KEAY («Tackling the Issue of Corporate Objective: An Analysis of the United Kingdom's 'Enlightened Shareholder Value Approach'», in: *Sidney Law Review*, 2007, 29, p. 597. Acedido por último a 4 de Julho de 2010, em http://www.law.usyd.edu.au/slr/slr29_4/Keay.pdf) que, segundo o *New Oxford Dictionary of English*, a expressão «have regard to» sugere ter em atenção (*pay attention*) ou preocupar-se com alguma coisa (*be concerned about something*) mas que o seu significado no contexto da Secção 172 (1) é incerto.

[51] Isto na sequência do *White Paper, Company Law Reform*, apresentado pelo *Department of Trade and Industry* em Março de 2005, contendo propostas para a reforma da *Company Law* e estabelecendo como um dos objectivos-chave o desenvolvimento de uma cultura de investimento de longo prazo (*long-term investment culture*) [SALEEM SHEIKH, «Company Law Reform: Part 1», in: *International Company and Commercial Law Review*, 2006, 17 (1), pp. 14 e 15-18]. Sobre o *White Paper* cfr. CLAIRE HOWELL, «The Company White Paper: a descriptive overview», in: *Company Lawyer*, 2005, 26 (7), pp. 203-210.

necessidade de agir com correcção para com os sócios (*the need to act fairly as between members of the company*).

Antes, a Secção 309 do *Companies Act 1985*[52] dispunha, na Subsecção (1), que, no desempenho das suas funções, os administradores deviam dar atenção inclusivamente aos interesses dos trabalhadores em geral bem como aos interesses dos sócios («*the matters to which the directors of a company are to have regard in the performance of their functions include the interests of the company's employees in general, as well as the interests of its members*») e, na Subsecção (2), que, em conformidade com isso, o dever imposto sobre os administradores era um dever para com a sociedade (e apenas para com a sociedade) e era susceptível de execução forçada pelos mesmos meios por que o era qualquer outro *fiduciary duty* dos administradores para com a sociedade [«*accordingly, the duty imposed by this section on the directors is owed by them to the company (and the company alone) and is enforceable in the same way as any other fiduciary duty owed to a company by its directors*»]. Eram possíveis duas interpretações: que os dois grupos de interesses tinham o mesmo peso e os interesses dos trabalhadores podiam prevalecer sobre os dos sócios ou que o administrador tinha o mero dever de considerar os interesses dos trabalhadores. A última interpretação reduzia a disposição a uma formalidade procedimental mas havia muitos argumentos a sustentá-la: primeiro, o dever do administrador dependia de uma avaliação subjectiva e isto determinava a falta de vontade dos tribunais em sindicar esta decisão; depois, quando os trabalhadores suspeitavam que o dever tinha sido violado não dispunham de meios para reagir judicialmente[53].

---

[52] O documento foi acedido por último a 13 de Maio de 2010, em http://britlaw.free.fr/company/companies_act_1985.htm.

[53] Cfr. Sophia Wesley-Key, «Companies Act 2006: are cracks showing in the glass ceiling?», in: *International Company and Commercial Law Review*, 2007, 18 (12), p. 426. Para Alistair Alcock [«An accidental change to directors› duties?», in: *Company Lawyer*, 2009, 30 (12), p. 364], apesar de a Subsecção (1) parecer criar um dever de considerar os interesses dos trabalhadores, paralelo ao dever de considerar os interesses dos sócios, a Subsecção (2) excluía qualquer possibilidade de execução forçada por parte dos trabalhadores. Na verdade, o disposto constituía apenas uma via de defesa para os administradores que dessem, num caso concreto, preferência aos interesses dos trabalhadores em detrimento dos interesses dos sócios. Comparando a Secção 309 do *Companies Act 1985* com a Secção 172 do *Companies Act 2006*, Demetra Arsalidou [«Shareholder primacy in cl.173 of the Company Law Bill 2006», in: *Company Lawyer*, 2007, 28 (3), pp. 68-69] defende que a nova disciplina não melhorou a posição dos trabalhadores (bem pelo contrário) nem tão-pouco a dos outros *stakeholders*, acabando por não modificar substancialmente a forma como os administradores tomam as suas decisões. Cfr., sobre a tutela dos interesses dos trabalhadores no *Companies Act 2006*, Charles Wynn-Evans, «The Companies Act 2006 and the interests of employees», in: *Industrial Law Journal*, 2007, 36 (2), pp. 188-193.

De acordo com a exposição de motivos do *Companies Act 2006*, esta lista não é exaustiva mas compreende as áreas mais relevantes, que concentram as expectativas de um comportamento socialmente responsável das empresas, tais como a tutela dos interesses dos trabalhadores e o impacto da actividade da empresa na comunidade em que ela se integra e no ambiente[54-55]. A decisão sobre o que é o interesse social e sobre o comportamento mais adequado para o realizar deve resultar da convicção honesta ou em boa fé do administrador. Isto significa que a decisão compete ao administrador e não está sujeita a sindicância pelos tribunais, excepto no que respeita à boa fé do juízo[56] (que, segundo o entendimento dominante, não deve ser considerada um conceito puramente subjectivo[57]).

Neste contexto, tem plena aplicação o dever de cuidado (*duty to exercise reasonable care, skill and diligence*) previsto na Secção 174[58], o que significa que a conduta do administrador, no que toca aos factores que concretamente teve em consideração e à importância que lhes atribuiu, deve ser comparada com aquela que teria adoptado um administrador com a diligência e a capacidade normais[59]. Em contrapartida, não se exige mais do que aquilo que a boa fé e o dever de cuidado impõem, isto é, não será possível responsabilizar um administrador que agiu de boa fé pelo incumprimento do dever de ter em consideração algum factor se a omissão não

---

[54] Cfr. ponto 326 das *Explanatory Notes*.
[55] Como é de calcular, na maioria das empresas de grande dimensão ou sujeitas ao escrutínio público os interesses elencados já eram objecto de atenção por parte da administração muito antes da entrada em vigor da Secção 172 [cfr., neste sentido, ALISTAIR ALCOCK, «An accidental change to directors' duties?», cit., p. 368].
[56] Cfr. ponto 327 das *Explanatory Notes*.
[57] Cfr., neste sentido, por todos, DAVY KA CHEE WU, «Managerial Behaviour, Company Law, and the Problem of Enlightened Shareholder Value», cit., p. 57.
[58] É de salientar que, no que toca ao *duty to exercise reasonable care, skill and diligence*, o Direito inglês assenta num sistema duplo, usando o critério objectivo (da culpa em abstracto) e o critério subjectivo (da culpa em concreto). A conduta do administrador é apreciada à luz da diligência que teria usado um administrador com os conhecimentos, a experiência e a capacidade normais e à luz da diligência que teria usado um administrador com os conhecimentos, a experiência e a capacidade que tem, em concreto, aquele director [cfr. Subsecção (2) da Secção 174 do *Companies Act 2006*]. O segundo critério funciona, assim, para elevar o grau de exigência a que está sujeito o administrador. Cfr., sobre isto, PAUL DAVIES, *Gower and Davies' Principles of Modern Company Law*, [8th ed.], London, Sweet & Maxwell, 2008, pp. 488 e s.
[59] Segundo DAVY KA CHEE WU («Managerial Behaviour, Company Law, and the Problem of Enlightened Shareholder Value», cit., p. 59), o administrador deve ter em consideração os interesses que um administrador com diligência e capacidade normais considerasse relevantes para o cumprimento do dever de agir em conformidade com o interesse social.

tiver afectado o seu juízo sobre o comportamento mais adequado a realizar o interesse social[60-61].

Na Subsecção (3) admite-se que o dever de realizar o interesse social enquanto interesse dos sócios seja postergado em certas circunstâncias [«*[t]he duty imposed by this section has effect subject to any enactment or rule of law requiring directors, in certain circumstances, to consider or act in the interests of creditors of the company*]. A norma está consonância com a ideia comum de que, por vezes, os credores se substituem aos sócios, convertendo-se em proprietários económicos da empresa[62]. É evidente a remissão implícita para a disciplina do *wrongful trading* prevista no *Insolvency Act 1986*.

A Secção 214 do *Insolvency Act 1986* determina que os administradores devem contribuir com o seu património pessoal para a massa insolvente sempre que, devendo ter tido consciência de que não havia perspectiva razoável de evitar o processo de insolvência, não tomaram as medidas necessárias para minimizar as perdas para os credores[63]. A acção só pode ser proposta no momento da liquidação, através do liquidatário ou administrador de insolvência (*liquidator*). A situação poderá ainda dar origem à inibição dos administradores para o exercício de certos cargos durante determinado período (*disqualification order*), ao abrigo do *Company Directors Disqualification Act 1986*.

---

[60] Cfr. ponto 328 das *Explanatory Notes*.
[61] Na prática, adverte ALISTAIR ALCOCK («An accidental change to directors› duties?», cit., p. 368), os interesses enumerados na lista podem muito bem redundar num beco sem saída (mais precisamente, naquilo que o A. chama um *«catch-22»*, em alusão implícita ao famoso romance de Joseph Heller): se os administradores derem demasiada atenção a algum dos interesses podem ser responsabilizados por violação do seu dever de lealdade para com a sociedade (do seu dever primário de agir no interesse social); se ignorarem qualquer destes interesses e isso vier a demonstrar-se desfavorável ao interesse social podem ser responsabilizados por violação do seu dever de cuidado.
[62] Cfr., neste sentido, JI LIAN YAP, «Considering the Enlightened Shareholder Value Principle», in: *Company Lawyer*, 2010, 31 (2), p. 35.
[63] Aprecia esta disciplina PAUL DAVIES («**Enlightened Shareholder Value and the New Responsibilities** of Directors», cit., pp. 13-14). Segundo o A., ela é reflexo da *Case Law* desenvolvida originariamente na Austrália e depois nos Direitos de *Common Law* (incluindo a Inglaterra); assenta na ideia de que os credores são constituintes da empresa mas apenas no caso de a empresa estar insolvente ou em risco de insolvência. Generalizar a protecção, estendendo-a a todos os casos, obrigaria os administradores a restringir-se no risco que comportam as suas decisões. De facto, os credores são menos entusiásticos quanto ao risco do que os sócios (estes estão protegidos, em regra, pela responsabilidade limitada), costumando dizer-se que são avessos ao risco (*risk averse*).

Por outras palavras: a Subsecção (3) abre uma brecha que permitirá à jurisprudência concretizar a solução do *Insolvency Act 1986*[64].

A remissão pode deparar, a princípio, com algumas resistências. Perguntar-se-á, por exemplo, o que acontece ao dever de realizar o interesse social nestes casos[65]. Segundo a melhor doutrina, isto não é, na realidade, um problema. A lei não afirma que, nestas situações, os credores se transformam nos únicos titulares dos únicos interesses de que os administradores se devem ocupar, o que significa que os administradores continuam subordinados ao interesse social. O dever dos administradores para com os credores é, na realidade, uma espécie de «dever delitual» (*tort-like duty*) – de evitar lesões dos interesses dos credores – e não qualquer tipo de dever fiduciário (*fiduciary-like duty*)[66].

No caso *Brady v Brady*[67] os tribunais ingleses reconheceram pela primeira vez que sempre que a empresa estivesse insolvente ou em risco de insolvência os administradores tinham o dever de tomar em consideração os interesses dos credores («*where the company is insolvent, or even doubtfullly solvent, the interests of the company are in reality the interest of existing creditors alone*»). Na sentença afirmou-se ainda que os interesses da sociedade como pessoa colectiva ou jurídica mais não são do que os interesses de todas as pessoas humanas que têm interesse nela («*the interests of the company as an artificial person cannot be distinguished from the interests of the persons who are interested in it*»).

---

[64] Cfr. pontos 331 e 332 das *Explanatory Notes*.
[65] Cfr., neste sentido, Davy Ka Chee Wu, «Managerial Behaviour, Company Law, and the Problem of Enlightened Shareholder Value», cit., p. 57.
[66] Cfr. Paul Davies, «**Enlightened Shareholder Value and the New Responsibilities** of Directors», cit., pp. 10-11. Segundo o A., o disposto na Subsecção (3) é uma medida bem-vinda porque, na sua ausência, a responsabilidade limitada levaria a que os administradores tomassem decisões mais arriscadas, na ânsia de salvar a empresa (e a si próprios), sendo certo que quem sofreria os riscos seriam não os sócios mas os credores (sobretudo os credores comuns).
[67] [1987] 3 B.C.C. 535 CA (Civ Div) e [1988] B.C.L.C. 20.

3.2. A reacção da doutrina e da jurisprudência inglesas

A doutrina inglesa foi apanhada de surpresa pelo teor da Secção 172 do *Companies Act 2006*[68] mas logo se recompôs, acabando por desvalorizar a novidade[69].

---

[68] Ji Lian Yap («Considering the Enlightened Shareholder Value Principle», cit., p. 35) diz, por exemplo, que ela introduziu aquilo que parecia ser uma «dramática viragem» (*dramatic shift*) em relação à *Common Law*.

[69] Assim, claramente, Davy Ka Chee Wu («Managerial Behaviour, Company Law, and the Problem of Enlightened Shareholder Value», cit., p. 59), concluindo que tudo funciona exactamente como funcionava antes da reforma e ainda Andrew Keay («Tackling the Issue of Corporate Objective: An Analysis of the United Kingdom's 'Enlightened Shareholder Value Approach'», cit., pp. 610-612), sustentando que a nova disciplina radica, afinal, no velho modelo do *shareholder value*. A maioria dos autores qualifica o princípio do *'enlightened shareholder value'* como híbrido (*hybrid*) (cfr., neste sentido, Sarah Kiarie, «At crossroads: shareholder value, stakeholder value and Enlightened Shareholder Value: Which road should the United Kingdom take?», cit., p. 342) e situa-o a meio caminho (*midway point*) ou como uma terceira via (*third way*) ou via intermédia (*middle path*) entre a (segurança da) *shareholder value primacy* e a (sensibilidade da) tese pró-*stakeholders* (cfr., neste sentido, respectivamente, Sophia Wesley-Key, «Companies Act 2006: are cracks showing in the glass ceiling?», cit. p. 428, e Gail Henderson, «The Possible Impacts of 'Enlightened Shareholder Value' on Corporations' Environmental Performance», cit., pp. 18-27). Alguns afirmam – em tom mais crítico – que a lei quis acolher o novo sem abdicar do velho (cfr. Ji Lian Yap, «Considering the Enlightened Shareholder Value Principle», cit., p. 36). Para Paul Davies [*Gower and Davies' Principles of Modern Company Law*, cit., pp. 506-508], o dever não passa de uma versão moderna do dever de lealdade (do tradicional dever de prosseguir o interesse social enquanto interesse dos sócios como um todo); a perspectiva do *'enlightened shareholder value'* reafirma o primado do *shareholder value*, embora de uma forma sofisticada ou moderna. Ir mais longe – tinha afirmado, em momento anterior, o último A. («Enlightened Shareholder Value and the New Responsibilities of Directors», cit., p. 5) – seria uma medida insusceptível de execução forçada e paradoxalmente daria à administração maior poder do que aquele ela tinha antes. Pondo a questão em termos políticos ou de política económica, Lorraine E. Talbot [«A Contextual Analysis of the Demise of the Doctrine of *ultra vires* in English Company Law and the Rhetoric and Reality of Enlightened Shareholders», in: *Company Lawyer*, 2009, 30 (11), p. 327] diz que o *'enlightened shareholder value'* é uma abordagem neo-liberal moderada pelas primeiras noções trabalhistas de *stakeholding*. Segundo esta A., as regras que favorecem o interesse social enquanto interesse dos sócios podem simultaneamente proteger os interesses de outros *stakeholders* se os sócios tiverem os poderes adequados, estiverem devidamente informados e forem iluminados («*enlightened*»); a ideologia daí resultante é um compromisso entre a face inaceitável do neo-liberalismo (a maximização do lucro) e o entendimento dos partidos de esquerda sobre o que é a empresa. Para Alan Dignam e John Lowry (*Company Law*, Oxford, Oxford University Press, 2008, p. 312), os interesses dos *stakeholders* devem ser atendidos, sim, mas apenas na medida do adequado a realizar o interesse da sociedade em benefício dos sócios. É verdade que os interesses dos sócios não estão a ser favorecidos quando os órgãos de administração conduzem a empresa de tal modo que os trabalhadores se recu-

A questão fundamental consistia em saber se o primado do *shareholder value* se mantinha ou se tinha sido substituído no âmbito de uma concepção pluralista de *corporate governance*. No centro da interrogação estava a noção de «interesse social» («*interests of the company*»), usada na *Case Law* para determinar os beneficiários dos deveres dos administradores. Não passou despercebido que, curiosamente, a expressão havia sido omitida na fórmula legal[70].

A maioria da doutrina acabou por entender que o dever fundamental dos administradores é – continua a ser – a satisfação dos interesses dos *shareholders*, ficando a obrigação de considerar outros interesses subordinada a ele. A lei ter-se-á limitado, então, a codificar os deveres da *Common Law*, com a única diferença de que, enquanto a regra de *Common Law permitia*, a regra de *Statutory Law obriga* o administrador a atender aos interesses dos *stakeholders* sempre que tal seja vantajoso para os sócios. Referindo-se de forma genérica aos (melhores) interesses da sociedade (*best interests of the company*), a regra de *Common Law* era insatisfatória por falta de clareza e precisão; com a lei ter-se-á tornado claro aquele que (já) era o entendimento dominante.

> O entendimento é recorrentemente ilustrado com o caso *Hutton v West Cork Railway*[71], em que o tribunal afirmou: «*[t]he Law does not say that there are to be no cakes and ale, but there are to be no cakes and ale except such as required for the benefit of the company*»[72].

sam a trabalhar ou não têm rendimento, os fornecedores e os clientes preferem contratar com outras empresas, a empresa está em conflito com a comunidade em que se integra e as práticas da empresa nos planos ético e ambiental são consideradas deploráveis; o interesse social depende de uma gestão bem sucedida das relações da empresa com os *stakeholders* mas os interesses destes não podem constituir um valor de *per se* no processo de decisão dos administradores. Em resumo, e como diz ROBERT GODDARD [«Directors' duties», in: *Edinburgh Law Review*, 2008, 12 (3), p. 471], o '*enlightened shareholder value*' é a convicção de que os interesses dos sócios são favorecidos sempre que os administradores tomam em consideração os interesses dos outros *stakeholders*.

[70] Cfr., por exemplo, JOHN LOWRY, «The duty of loyalty of company directors: bridging the accountability gap through efficient disclosure», in: *Cambridge Law Journal*, 2009, 68 (3), p. 615.
[71] [1883] 23 Ch. D 654.
[72] Quer dizer: a lei não diz que não devem ser distribuídos bolos e refrigerantes (aos trabalhadores) mas não devem ser distribuídos bolos e refrigerantes excepto quando isso beneficie a empresa (os sócios). Segundo ALISTAIR ALCOCK («An accidental change to directors› duties?», cit., p. 363), a frase é representativa da «iluminação» do *shareholder value*.

Também a jurisprudência comparou a fórmula nova com a antiga («*acting bona fide in the interests of the company*») e se pronunciou em sentido próximo.

No caso *Re Southern Counties v Fresh Foods Ltd*[73], o *High Court* inglês concluiu que ambas as fórmulas significam o mesmo, sendo certo que a primeira dá uma ideia mais clara sobre o objectivo do dever. Na sentença da *House of Lords* no âmbito do caso *Moore Stephens v Stone & Rolls Limited (in liquidation)*[74], salientou-se, por um lado, que o dever deriva expressamente das regras de *Common Law* e *equitable principles* [Secção 170 (3)] e, por outro, que os administradores estão, por vezes, expressamente sujeitos a considerar e a agir em benefício dos credores [Secção 172 (3)].

Directamente sobre a filosofia do '*enlightened shareholder value*' ainda não existem sentenças mas já vão surgindo afloramentos como o caso *Rolls-Royce PLC v Unite the Union*[75]. Aí se afirma, entre outras coisas, que um empregador sensato ou razoável deve ser motivado não só pelo estrito interesse individual mas por um interesse individual 'iluminado'; por isso, no desenvolvimento da sua actividade, ele deve guiar-se por factores como os interesses dos empregados em geral. Por enquanto, é ao empregador que cabe decidir o peso que dá a cada um dos factores.

Apesar de tudo, a medida não deixou de criar grande discussão[76]. Uma das questões mais importantes prende-se com os instrumentos para garantir a coercibilidade (*enforceability*) do dever de realizar o '*enlightened shareholder value*'[77] ou, por outras palavras, com os meios de reacção dos *stakeholders* perante a violação do disposto.

---

[73] [2008] EWHC 2810. O texto da decisão foi acedido a 3 de Novembro de 2010, em http://www.bailii.org/ew/cases/EWHC/Ch/2008/2810.html.

[74] [2009] UKHL 39. O texto da decisão foi acedido a 3 de Novembro de 2010, em http://www.bailii.org/uk/cases/UKHL/2009/39.html.

[75] [2009] EWCA Civ 387. O texto da decisão foi acedido a 3 de Novembro de 2010, em http://www.bailii.org/ew/cases/EWCA/Civ/2009/387.html.

[76] Cfr., por exemplo, JI LIAN YAP, «Considering the Enlightened Shareholder Value Principle», cit., pp. 36-37.

[77] Enfrenta a questão do *enforcement* do *enlightened shareholder value*, entre outros, ANDREW KEAY («Moving towards Stakeholderism? Constituency Statutes, Enlightened Shareholder Value, and all that: much ado about little?», 2010, pp. 37-41. Acedido por último a 19 de Julho de 2010, em http://ssrn.com/abstract=1530990). O A. equaciona a possibilidade de os *stakeholders* proporem providências cautelares sempre que os seus interesses não sejam tomados em consideração mas reconhece que é duvidoso que os tribunais venham a aceitá-las. Acresce que raramente os *stakeholders* que não sejam sócios estão a par das decisões da empresa.

Sobre as consequências do incumprimento dos deveres gerais dispõe a Secção 178: elas são exactamente as mesmas que as previstas para a violação dos deveres no âmbito da *Common Law rules* e dos *equity principles*; a Subsecção (2) prevê que os deveres sejam susceptíveis de execução forçada precisamente do mesmo modo que os *fiduciary duties* devidos pelo administrador à sociedade[78].

Mas a verdade é que, ao contrário dos sócios (que dispõem do instrumento das *derivative actions*[79]), os restantes *stakeholders* não dispõem

---

[78] No caso dos *fiduciary duties*, as consequências da violação (ou da iminente violação) compreendem a indemnização, quando a sociedade sofra danos, a reconstituição natural, a restituição de bens por parte do administrador e a resolução do negócio, quando o administrador tenha actuado sem a necessária imparcialidade. Como explica PAUL DAVIES (*Gower and Davies' Principles of Modern Company Law*, cit., p. 488), só os deveres de lealdade (*duties of loyalty*), por assentarem em princípios fiduciários, devem ser considerados *fiduciary duties*; os deveres de cuidado (*duties of care* ou *duties of skill and care*) fundam-se, diversamente, nos princípios da responsabilidade por negligência (*Law of negligence*).

[79] A *derivative action* é um instrumento muito semelhante à acção social de grupo – ou, como outros impropriamente lhe chamam, «acção social *ut singuli*» –, regulada no art. 77.º do CSC. Como esclarece ANTÓNIO MENEZES CORDEIRO (*Código das Sociedades Comerciais Anotado*, Coimbra, Almedina, 2009, p. 273), os sócios fazem aqui valer não um direito próprio mas um direito da sociedade, à qual se sub-rogam. Em conformidade com PAUL OMAR [«In the wake of the Companies Act 2006: an assessment of the potential impact of reforms to Company Law», in: *International Company and Commercial Law Review*, 2009, 20 (2), p. 49], a matéria do *Companies Act 2006* que, além dos deveres dos administradores, mais discussão tem suscitado é a dos meios judiciais ao dispor dos sócios e, em particular, a introdução das *statutory derivative actions*. Segundo BILL PERRY e LYNNE GREGORY («The European panorama: directors› economic and social responsibilities», in: *International Company and Commercial Law Review*, 2009, 20 (2), pp. 30-31), antes do *Companies Act 2006*, as *derivative actions* raramente eram propostas. Entendia-se que, sendo os ilícitos cometidos contra a sociedade, era ela quem deveria ter a iniciativa processual (*proper plaintiff rule*). Havia, naturalmente, excepções, que dependiam do preenchimento de certos requisitos, nomeadamente que, primeiro, a empresa fosse controlada pelos sujeitos que praticaram o ilícito ou as decisões da maioria fossem contrárias ao objecto definido nos estatutos sociais (*ultra vires*) ou os sócios tivessem sido pessoalmente lesados e, segundo, o ilícito não pudesse ser ratificado por uma decisão da maioria dos sócios (*principle of majority rule*). Este último constituía um verdadeiro obstáculo às *derivative actions*. Com as novas regras das Secções 260 a 264 do *Companies Act* 2006, as *derivative actions* parecem ter ficado facilitadas. Para que a acção possa prosseguir é necessária a autorização do tribunal, mas é vantajoso que o sócio a requeira mesmo quando é pouco provável que ela venha a ser concedida (poderá ser recusada, entre outras hipóteses, sempre que seja razoavelmente visível que a acção não favorece o interesse social), pois a acção é um precioso instrumento de pressão contra a sociedade. Isto pese embora também, por outro lado, exista a possibilidade de aproveitamentos abusivos por parte de sócios oportunistas. Dada a recente introdução das *statutory derivative actions*, nas Secções 260 a 264 do *Companies Act 2006*, será mais provável que os administradores preferiram correr o risco de uma violação técnica do dever de considerar

de um meio de acção próprio contra os administradores na hipótese de violação do disposto na Secção 172 – não têm ainda, para este efeito, uma voz no Direito das Sociedades[80]. Mesmo que não assim fosse, sempre seria muito difícil produzir a prova do incumprimento[81]: provar a violação de um dever tão subjectivamente formulado só é possível na hipótese de os administradores não conseguirem arranjar uma qualquer razão minimamente plausível para explicar o seu comportamento[82].

Perante as dificuldades, tem-se sustentado que a Secção 172 não obriga os administradores a atender aos interesses dos *stakeholders* – não corresponde à intenção de estender o poder de apreciação judicial das decisões

---

os interesses dos *stakeholders* do que deixar de atender aos interesses dos sócios [cfr., neste sentido, Deryn Fisher, «The Enlightened Shareholder – leaving Stakeholders in the dark: will Section 172 (1) of the Companies Act 2006 make directors consider the impact of their decisions on third parties?», cit., p. 16]. Sobre as *derivative actions* no quadro da *corporate governance* cfr. Arad Reisberg, *Corporate Governance and Derivative Actions*, Oxford, Oxford University Press, 2007, Joseph Lee, «Shareholders' derivative claims under the Companies Act 2006: market mechanism or asymmetric paternalism?», in: *International Company and Commercial Law Review*, 2007, 18 (11), pp. 378-392, Andrew Keay e Joan Loughrey, «Derivative proceedings in a brave new world for company management and shareholders», in: *Journal of Business Law*, 2010, 3, pp. 151-178, e J. Paul Sykes, «The Continuing Paradox: a Critique of Minority Shareholder and Derivative Claims under the Companies Act 2006», in: *Civil Justice Quarterly*, 2010, 29 (2), pp. 205-234. Sobre as *derivative actions* e outros meios possíveis de tutela dos interesses dos sócios cfr. ainda David Milman, «Shareholder rights: analysing the latest developments in UK Law», in: *Company Law Newsletter*, 2010, 266, pp. 1-4.

[80] Cfr., neste sentido, Daniel Attenborough, «Recent developments in Australian Corporate Law and their implications for directors' duties: lessons to be learned from the UK perspective», in: *International Company and Commercial Law Review*, 2007, 18 (9), p. 318. Especula sobre a hipótese de concepção e atribuição aos *stakeholders* de acções próprias contra os administradores (as suas vantagens e desvantagens) Janice Dean («Stakeholding and Company Law», cit., pp. 72-73).

[81] Cfr., neste sentido, Deryn Fisher, «The Enlightened Shareholder – leaving Stakeholders in the dark: will Section 172 (1) of the Companies Act 2006 make directors consider the impact of their decisions on third parties?», cit., pp. 15-16.

[82] Cfr., neste sentido, Paul Davies, «Enlightened Shareholder Value and the New Responsibilities of Directors», cit., p. 7. Em vez da alegação de violação dos deveres fiduciários, alguma jurisprudência favorecia, nestes casos, a alegação de contrariedade ao objecto, que, segundo a doutrina de *common law* conhecida como *ultra vires*, produziria a invalidade do acto (cfr. Alistair Alcock, «An accidental change to directors' duties?», cit., p. 365). Sobre o paradoxo entre o enfraquecimento da doutrina *ultra vires* e a consagração do 'enlightened shareholder value' (demonstrativo da natureza puramente ideológica deste) cfr. Lorraine E. Talbot, «A Contextual Analysis of the Demise of the Doctrine of *ultra vires* in English Company Law and the Rhetoric and Reality of Enlightened Shareholders», cit., pp. 323-327.

dos administradores[83] –, o que a transforma numa espécie de direito sem sanção (*right without remedy*) e lhe retira praticamente todo o efeito útil[84-85].

Outra questão fundamental relaciona-se com os conflitos de interesses: que critério devem seguir os administradores para estabelecer as prioridades? É admissível que os administradores encerrem um dos estabelecimentos da empresa por apresentar prejuízos quando ele seja vital para os membros da comunidade local? Podem, pelo contrário, os administradores dar preferência aos interesses dos credores ou dos clientes sobre os dos sócios sem incorrer em violação do dever? Se determinada operação beneficiar os trabalhadores mas prejudicar o ambiente por que devem optar os administradores: devem levar avante a operação ou abster-se de o fazer?

Quanto a isto, a lei não fornece orientação[86]. Por enquanto, a única coisa que (a)parece razoavelmente clara é que o administrador deve guiar-se pela necessidade de maximizar, a longo prazo, o valor da empresa[87]. Espera-se que as dúvidas sejam esclarecidas mais tarde, em resultado dos contributos da doutrina e, sobretudo, da jurisprudência[88]. Dependendo desta evolução, decisões benéficas para determinados *stakeholders* e prejudiciais para os sócios poderão, no futuro, ser consideradas justificadas, mas a verdade é que até lá, à falta de um critério legal, o risco para os administradores é demasiado grande: um administrador que promova os

---

[83] Cfr., neste sentido, PAUL DAVIES, *Gower and Davies' Principles of Modern Company Law*, cit., p. 513.
[84] Cfr., neste sentido, DERYN FISHER, «The Enlightened Shareholder – leaving Stakeholders in the dark: will Section 172 (1) of the Companies Act 2006 make directors consider the impact of their decisions on third parties?», cit., p. 15.
[85] Na época em que o *Companies Act 2006* estava ainda em discussão, houve um momento em que se duvidou da conveniência de introduzir o dever de os administradores levarem em conta interesses alheios aos sócios. O *Company Law Review Steering Group* (CLRSG) expressou, na altura, a sua convicção de que se os administradores tivessem o *poder* discricionário de dar prevalência a outros interesses sobre os dos sócios o poder seria insindicável; se tivessem o *dever* de tomar em consideração outros interesses seriam os tribunais a ter um poder demasiado amplo (cfr. ALISTAIR ALCOCK, «An accidental change to directors' duties?», cit., p. 362).
[86] Contrariando a opinião geral, JOHN KONG SHAN HO [«Is section 172 of the Companies Act 2006 the guidance for CSR?», in: *Company Lawyer*, 2010, 31 (7), pp. 207-213] considera que o disposto na Secção 172 é suficiente para orientar as decisões dos administradores.
[87] Cfr., neste sentido, SARAH KIARIE, «At crossroads: shareholder value, stakeholder value and Enlightened Shareholder Value: Which road should the United Kingdom take?», cit., p. 340.
[88] Cfr., neste sentido, PAUL DAVIES, «Enlightened Shareholder Value and the New Responsibilities of Directors», cit., p. 4, e PAUL OMAR, «In the wake of the Companies Act 2006: an assessment of the potential impact of reforms to Company Law», cit., p. 48.

interesses dos *stakeholders* em detrimento dos interesses dos sócios fá-lo por sua conta e risco, sendo provável que tenha de enfrentar acções de responsabilidade promovidas pelos sócios; assim, em vez de se abrirem às práticas de responsabilidade social, os administradores manterão e reforçarão as suas reservas[89].

Defende-se, por isso, que os administradores não devem sentir-se obrigados a atender aos interesses dos *stakeholders* ou então que, admitindo que existe uma obrigação, os administradores vão limitar-se a um cumprimento meramente formal, exonerando-se se, aquando da tomada de decisões, evocarem os factores simplesmente «de boca» (*pay a lip service to the factors listed*)[90].

Não passou despercebido que a Secção 172 do *Companies Act 2006* corresponde à tentativa de introduzir, a traços grossos, o conceito de Responsabilidade Social das Empresas (RSE) no Direito das Sociedades[91-92]. Louva-se o esforço[93] mas as expectativas quanto ao seu êxito são muito baixas[94].

A medida é considerada, em suma, um (mero) sinal de que o interesse social não é exclusivamente os interesses dos *shareholders*[95]. Segundo os mais optimistas, poderá conduzir, no futuro, a uma visão mais com-

---

[89] Cfr., neste sentido, ANDREW KEAY, «Moving towards Stakeholderism? Constituency Statutes, Enlightened Shareholder Value, and all that: much ado about little?», cit.

[90] Cfr., neste sentido, DANIEL ATTENBOROUGH, «The Company Law Reform Bill: an analysis of directors' duties and the objective of the company», cit., pp. 168, e «Recent developments in Australian Corporate Law and their implications for directors' duties: lessons to be learned from the UK perspective», cit., pp. 318 e 322, MARK STALLWORTHY, «Sustainability, the environment and the role of UK corporations», in: *International Company and Commercial Law Review*, 2006, 17 (6), p. 161, e DEMETRA ARSALIDOU, «Shareholder primacy in cl.173 of the Company Law Bill 2006», cit., p. 69.

[91] Sobre a relação entre a Secção 172 e a RSE e as expectativas criadas a propósito dela cfr., entre outros, LISA LINKLATER, «Promoting success: the Companies Act 2006», in: *Company Lawyer*, 2007, 28 (5), pp. 129-139.

[92] Afirmando mesmo alguns autores que o conceito foi formalmente codificado (cfr., por exemplo, RICHARD ALEXANDER, «BP: protection of the environment is now to be taken seriously in Company Law», in: *Company Lawyer*, 2010, p. 273).

[93] Cfr., neste sentido, JI LIAN YAP, «Considering the Enlightened Shareholder Value Principle», cit., p. 37.

[94] Na opinião de muitos, o Governo inglês terá desperdiçado aqui a oportunidade de ampliar o âmbito dos titulares de um direito face aos administradores (cfr., por todos, LISA LINKLATER, «Promoting success: the Companies Act 2006», cit., p. 129).

[95] Cfr., neste sentido, DANIEL ATTENBOROUGH, «Recent developments in Australian Corporate Law and their implications for directors' duties: lessons to be learned from the UK perspective», cit., p. 321.

preensiva ou integradora do interesse social[96]. Durante algum tempo, necessitará do contributo dos instrumentos de *corporate governance*[97]: os administradores devem ser obrigados a apresentar informação sobre as suas decisões (preparatória das decisões e sucessiva à sua execução)[98] e, eventualmente, os *stakeholders* devem ter o direito de participar, directa ou através de representantes, na administração da empresa, como já acontece na Alemanha[99].

---

[96] Cfr., neste sentido, Deryn Fisher, «The Enlightened Shareholder – leaving Stakeholders in the dark: will Section 172 (1) of the Companies Act 2006 make directors consider the impact of their decisions on third parties?», cit., p. 16.

[97] Adeyeye Adefolake («The limitations of corporate governance in the CSR agenda», cit., pp. 114-118) afirma que em algumas áreas da RSE, como os direitos humanos e a corrupção, a *corporate governance* desempenha actualmente um papel muito limitado. Isto deve-se, sobretudo, ao facto de as origens da *corporate governance* se relacionarem com a necessidade de responder aos problemas causados pela separação entre a propriedade e o controlo da empresa. A questão de saber se os modelos de *corporate governance* devem abranger outros *stakeholders* para lá dos sócios já foi directamente abordada num estudo comparativo dos modelos de *corporate governance* [Arthur R. Pinto, «Globalization and the Study of Comparative Corporate Governance», in: *Wisconsin International Law Journal*, 2005, 23 (3), pp. 477 e 479]. Segundo Adeyeye Adefolake («The limitations of corporate governance in the CSR agenda», cit., p. 116), a possibilidade de abranger outros *stakeholders* limitar-se-á aos credores e aos trabalhadores, únicos que podem ser considerados titulares de um interesse de longo prazo na empresa. A extensão da *corporate governance* directamente a *stakeholders* gerais, como a comunidade ou a sociedade, parece ser mais difícil (quem está em condições de ser qualificado?; que impacto teria isto no mundo empresarial?). A protecção dos interesses dos *stakeholders* gerais ultrapassa, em princípio, o objecto e os propósitos da *corporate governance*, sendo preferível uma solução que situe estes *stakeholders* no exterior da *corporate governance* e atribua à RSE a função de os proteger. A *corporate governance* não deixa, contudo, de ter um papel: assegura que os administradores e os sócios têm consciência dos interesses destes *stakeholders* e pode compreender mecanismos que permitam uma protecção indirecta destes interesses (através da actividade dos sócios, designadamente o uso, por estes, de *derivative actions* em casos de violação de interesses dos *stakeholders* gerais, relacionados, por exemplo, com os direitos humanos ou a corrupção).

[98] Enaltece as vantagens da *disclosure of information* a todos os *stakeholders* Saleem Sheikh [«Promoting Corporate Social Responsibilities within the European Union», in: *International Company and Commercial Law Review*, 2002, 13 (4), pp. 148-149].

[99] Como se sabe, na Alemanha existe aquilo que se chama um «sistema de co-gestão» (*Mitbestimmung*). Grosso modo, a lei alemã prevê que do conselho de supervisão (*Aufsichtsrat*) de certas sociedades com número igual ou superior a 1000 trabalhadores façam parte representantes destes, em número igual ao dos representantes dos sócios, e que do conselho de administração das restantes sociedades com mais de 2000 ou menos de 2000 mas mais 500 trabalhadores façam parte representantes destes, respectivamente em número quase igual ao dos representantes dos sócios ou correspondente a um terço dos representantes dos sócios [cfr., sobre isto, Daniel Komo e Charlotte Villiers, «Are trends in Euro-

O dever de apresentar informação (*mandatory disclosure*) já se encontra previsto, em certos termos, na lei inglesa vigente. O *Companies Act 2006* estabelece, na Secção 417, que do relatório anual das grandes empresas deve fazer parte um balanço empresarial (*business review*) contendo informação ambiental e social [«*information about environmental matters (including the impact of the company's business on the environment), the company's employees, and social and community issues*»].

Chegou a prever-se, em parte como uma reacção ao caso Enron, e depois de um longo processo de consultas públicas (que durou seis anos), uma obrigação especial de informação, aplicável às sociedades emitentes de valores mobiliários admitidos è negociação em mercado regulamentado (sociedades cotadas) – o *Operating and Financial Review* (*OFR*). De acordo com o *OFR*, as empresas deveriam apresentar informação sobre um conjunto de matérias diversificadas e qualificadas, que não constam, em regra, dos relatórios financeiros tradicionais. O *OFR* chegou a ser introduzido mas, em Novembro de 2005, foi inesperadamente retirado pelo *Chancellor of the Exchequer*, para ser substituído pelo (menos exigente e mais exíguo) *business review*. O recuo foi imputado às acusações e críticas a que foi sujeito o *OFR*. Dizia-se, entre outras coisas, que, sem instrumentos para o tratamento da informação, ele seria inútil; que, em vez de estender a informação a todos os *stakeholders*, a restringia aos sócios; e que, por si só, a disponibilização da informação não representava a atribuição aos *stakeholders* de um meio de pressão sobre a empresa; em suma: que a regulação era inútil e, por isso, excessiva[100].

Como se disse, a obrigação de apresentar balanços de informação social (*environmental, social and governance information*)[101] aplica-se ape-

pean Company Law threatening industrial democracy?», in: *European Law Review*, 2009, 34 (2), pp. 178-179].

[100] Sobre o *OFR* cfr., por exemplo, Paul Davies, «Enlightened Shareholder Value and the New Responsibilities of Directors», cit., pp. 7-9, Andrew Johnston, «After the OFR: Can UK Shareholder Value Still Be Enlightened?», in: *European Business Organization Law Review*, 2006, 7, pp. 817-843, Sarah Kiarie, «At crossroads: shareholder value, stakeholder value and Enlightened Shareholder Value: Which road should the United Kingdom take?», cit., pp. 340-341, e Mark Stallworthy, «Sustainability, the environment and the role of UK corporations», cit., pp. 161-164.

[101] Relativamente à informação ambiental, há numerosas propostas de criação de *duties to disclose* apresentadas por parte de grupos ambientais, investidores socialmente responsáveis, entidades reguladoras e outras (cfr., sobre isto, Thomas James, «Environmental Disclosures: Increasing SEC Disclosure Requirements Is Not The Answer», in: *Journal of Business & Securities Law*, 2005, 1, p. 13. Acedido por último a 17 de Setembro, em https://www.msu.edu/~jbsl/pdfs/2004-2005_James.pdf). Em algumas propostas sugere-se que se crie

nas às grandes empresas mas a previsão é que em breve se estenda a todas[102].

O movimento está de harmonia, em particular, com a Directiva 2003/51/CE do Parlamento Europeu e do Conselho, de 18 de Junho de 2003, que altera as Directivas 78/660/CEE, 83/349/CEE, 86/635/CEE e 91/674/CEE do Conselho relativas às contas anuais e às contas consolidadas de certas formas de sociedades, bancos e outras instituições financeiras e empresas de seguros. Aí se diz, a propósito do conteúdo dos relatórios anuais de gestão das empresas em causa: «[a] informação não deve circunscrever-se aos aspectos financeiros da actividade da empresa. Prevê-se que, quando adequado, tal deva conduzir a uma análise dos aspectos ambientais e sociais, necessária para a compreensão da evolução, do desempenho ou da posição da sociedade»[103]. A Directiva integra-se num quadro mais amplo, vindo na sequência da introdução de outras directivas em matéria de informação, consulta e direitos de participação que confirmam que a União Europeia tem sido activa na protecção de um mínimo de envolvimento dos trabalhadores em algumas decisões empresariais[104]: a Directiva 94/45/CE do Conselho, de 22 de Setembro de 1994, relativa à instituição de um conselho de empresa europeu ou de um procedimento de informação e consulta dos trabalhadores nas empresas ou grupos de empresas de dimensão comunitária[105]; a Directiva 98/59/CE do Conselho de 20 de Julho de 1998 relativa à aproximação das legislações dos Estados-membros respeitantes aos despedimentos colectivos; a Directiva 2001/23/CE do Conselho, de 12 de Março de 2001, relativa à aproximação das legislações dos Estados-Membros respeitantes à manutenção dos direitos dos trabalhadores em caso de transferência de empresas ou de estabelecimentos, ou de partes de empresas ou de estabelecimentos; a Directiva 2001/86/CE do Conselho, de 8 de Outubro de

---

grupos de auditoria ambiental para fiscalizar o comportamento das empresas e o cumprimento, por parte delas, das exigências de *disclosure*; ainda que não vinguem, as propostas funcionam, naturalmente, como um factor de pressão sobre as empresas, pelo que é discutível a necessidade desta regulação legal (IDEM, pp. 17-20).

102 Cfr., neste sentido, DAVY KA CHEE WU, «Managerial Behaviour, Company Law, and the Problem of Enlightened Shareholder Value», cit., p. 59.

103 A Directiva entrou em vigor em Janeiro de 2005. O texto da Directiva foi acedido por último a 13 de Maio de 2010, em http://eur-lex.europa.eu/LexUriServ/LexUriServ.do?uri=OJ:L:2003:178:0016:0022:pt:PDF.

104 Cfr. DANIEL KOMO E CHARLOTTE VILLIERS, «Are trends in European Company Law threatening industrial democracy?», cit., p. 182.

105 Adaptada pela Directiva 97/74/CE do Conselho de 15 de Dezembro de 1997 e pela Directiva 2006/109/CE do Conselho de 20 de Novembro de 2006 e alterada, de forma substancial, e revogada com efeitos a partir de 6 de Junho de 2011 pela Directiva 2009/38/CE do Conselho de 6 de Maio de 2009.

2001, que completa o estatuto da Sociedade Europeia no que respeita ao envolvimento dos trabalhadores; e a Directiva 2002/14/CE do Parlamento Europeu e do Conselho, de 11 de Março de 2002, que estabelece um quadro geral relativo à informação e à consulta dos trabalhadores na Comunidade Europeia – Declaração Conjunta do Parlamento Europeu, do Conselho e da Comissão sobre representação dos trabalhadores[106].

A França foi o primeiro país a tornar obrigatórios os balanços de informação ambiental e social – logo em 2001, portanto, antes da Directiva[107]. A obrigação manteve-se até hoje: o art. L. 225-102-1 do *Code de Commerce* (modificado por último pela *Loi n.º 2005-842 du 26 juillet 2005 pour la confiance et la modernisation de l'économie*) determina que o relatório anual das sociedades com acções emitentes de valores mobiliários admitidos à negociação em mercado regulamentado (sociedades cotadas) compreende informações sobre a forma como a empresa toma em consideração as consequências sociais e ambientais da sua actividade [«*des informations [...] sur la manière dont la société prend en compte les conséquences sociales et environnementales de son activité*»][108]. Já há esforços no sentido de alargar a obrigação a outras empresas – empresas que atinjam certa dimensão. Também na Suécia existe, desde o princípio de 2008, o dever de apresentação de um relatório anual de sustentabilidade baseado no *Global Reporting Initiative (G3) Guidelines*, embora circunscrito às empresas de capitais públicos. Mais recentemente, na Dinamarca, entrou em vigor no dia 1 de Janeiro de 2009 o *Act amending the Danish Financial Statements Act (Årsregnskabsloven) (Report on social responsibility for large businesses)*, de 16 de Dezembro de 2008, que obriga as grandes empresas a prestar contas anuais quanto às suas práticas sociais. A lei é minuciosa, exigindo que o relatório contenha informação sobre as políticas de responsabilidade social (princípios, orientações, parâmetros), os instrumentos de execução das políticas de responsabilidade social e uma avaliação da empresa sobre o que foi conseguido com as iniciati-

---

[106] O texto das Directivas pode ser acedido em http://eur-lex.europa.eu/SuiteLegislation.do?T1=V112&T2=V1&T3=V1&RechType=RECH_legislation&Submit=Pesquisar.
[107] Com a *Loi n.º 2001-420, du 15 mai 2001 relative aux nouvelles régulations économiques*, que aditou o art. L. 225-102-1 ao *Code de Commerce*. Cfr., para mais pormenores, CATARINA SERRA, «A Responsabilidade Social das Empresas – Sinais de um instituto jurídico iminente?», cit., pp. 66-67.
[108] O texto da norma foi acedido por último a 13 de Maio, em http://www.legifrance.gouv.fr/affichCodeArticle.do;jsessionid=A92002FA78C12CB3BE9E50917EE044AB.tpdjo14v_2?cidTexte=LEGITEXT000005634379&idArticle=LEGIARTI000006224812&dateTexte=20100513&categorieLien=id#LEGIARTI000006224812.

vas levadas a cabo no curso do ano económico e as expectativas relativamente às iniciativas futuras[109].

Finalmente, nos Estados de Unidos da América, o *Dodd-Frank Wall Street Reform and Consumer Protection Act* (*Dodd-Frank Act*), de 21 de Julho de 2010, veio sujeitar determinadas empresas a novos deveres de informação (*mandatory disclosure*): quando a sua actividade envolva o uso de minerais, petróleo ou gás natural, devem apresentar, no seu relatório anual à *Securities and Exchange Commission* (*SEC*), informação adicional sobre o seu relacionamento com os governos dos países de onde provém a matéria-prima, designadamente quanto aos pagamentos efectuados, sob pena de serem submetidas à aplicação de sanções pela *SEC* ou pelo *Department of Justice*. A intenção é a de promover uma maior transparências nas relações comerciais internacionais e uma maior sensibilidade aos direitos humanos por parte das empresas petrolíferas, de gás e mineiras bem como das empresas que exploram recursos minerais provindos da República Democrática do Congo e de áreas próximas.

Em síntese, de acordo com os dados da doutrina e da jurisprudência inglesas, o dever de prosseguir o 'interesse social iluminado' consagrado na Secção 172 não cria nenhum (novo) dever dos administradores directamente para com terceiros nem (muito menos) corresponde a uma abordagem pluralista no sentido de os interesses dos *stakeholders* ocuparem uma posição idêntica aos dos sócios[110-111]. A «parte iluminada» do dever reconduz-se, quando muito, a um conjunto de (novos) deveres de informação dos administradores a propósito do comportamento (aconselhável, programado ou efectivamente adoptado) da sociedade para com os *stakeholders*[112].

---

[109] Uma síntese da lei em língua inglesa foi acedida por último a 13 de Maio de 2010, em http://www.csrgov.dk/sw51190.asp.
[110] Cfr. BILL PERRY e LYNNE GREGORY, «The European panorama: directors› economic and social responsibilities», cit., p. 28.
[111] Na opinião de PAUL DAVIES («Enlightened Shareholder Value and the New Responsibilities of Directors», cit., p. 6, e *Gower and Davies' Principles of Modern Company Law* cit., p. 519), para que uma abordagem mais pluralista vingue teriam de ser desenvolvidos mecanismos de representação e participação dos grupos de *stakeholders* mais relevantes na vida da empresa e, em particular, no processo de decisão. E isso (ainda) não aconteceu. Não é por acaso que nem sequer na Alemanha, em que está prevista a participação de representantes dos trabalhadores nos órgãos sociais, foi alguma vez ponderada a extensão da participação a todos os grupos de *stakeholders*. Talvez porque a medida importaria, no mínimo, uma redução drástica de eficiência no processo de decisão.
[112] Segundo VIRGINIA HARPER HO («'Enlightened shareholder value': Corporate Governance behind the Shareholder-Stakeholder Divide», cit.), o que resultou, para já, da entrada em vigor da Secção 172 não foi a antecipada avalanche de acções judiciais mas a preocupação,

3.3. O impacto do *'enlightened shareholder value'* na prática

Os consultores e advogados das empresas inglesas não ignoraram a nova disciplina e apressaram-se a retirar consequências práticas. A opinião dominante é a de que, a partir de agora, deve haver lugar a uma informação individualizada a certas categorias de *stakeholders* (sobretudo os sócios) bem como a uma declaração de cumprimento do disposto na Secção 172 em certas situações[113].

No que toca às grandes empresas, e sempre que esteja em causa a tomada de decisões substanciais pelo conselho de administração, o dever previsto na Secção 172 (só) é cabalmente cumprido se os administradores fizerem incluir nos actos preparatórios das suas reuniões uma referência à necessidade de apreciação de cada uma das operações da sociedade à luz dos seis factores aí especificados. No que respeita às actas das reuniões do conselho de administração, será, em princípio, suficiente que na decisão sobre determinada operação se aluda a que, através dela, se visa a realização do interesse social, devendo os seis factores ser expressamente referidos apenas quando forem particularmente relevantes no âmbito do caso concreto. Sempre que as decisões respeitem a matérias de substância é ainda exigível que os administradores justifiquem as suas deliberações aos sócios devendo os administradores declarar ou registar o cumprimento do dever (*to record compliance*); quando, pelo contrário, respeitem a simples matéria administrativa, o procedimento é dispensável. Relativamente às pequenas e médias empresas, em que não é provável existirem actos preparatórios das reuniões da administração, bastará o respeito, nas respectivas actas, dos requisitos descritos.

Não sendo consensual que os procedimentos em causa correspondam a rigorosos deveres jurídicos, os consultores e advogados das empresas inglesas não têm dúvidas de que será mais seguro adoptá-los[114].

---

por parte das empresas, em documentar com mais cuidado a consideração do impacto das decisões sobre os *stakeholders*.

[113] Cfr. Hogan Lovells, «Company Law made easy – directors' duties» (August 2010). Acedido por último a 1 de Setembro de 2010, em http://ehoganlovells.com/ve/71311989 6V7262B296/VT=1/page=3#page=1.

[114] ALISTAIR ALCOCK («An accidental change to directors› duties?», cit., p. 368) é de opinião que seja o secretário da sociedade, quando exista, a encarregar-se da prática destes actos.

4. O impacto do *enlightened shareholder value* em outros países de influência anglo-saxónica (Estados Unidos da América, Austrália e Canadá)

Não obstante as alusões recorrentes a um «sistema anglo-americano de *corporate governance*», não é seguro que ele exista. Desde logo, nos Estados Unidos não há rigorosamente um Direito das Sociedades: as sociedades são reguladas, em primeiro lugar e fundamentalmente, ao nível dos Estados, representando a lei federal simplesmente um mecanismo adicional de tutela. É sobejamente conhecida a popularidade do Estado da Delaware, que, graças à sua lei favorável às grandes sociedades, é considerado como o Estado ideal para instalar a sede social. Além disso, enquanto o sistema inglês de *corporate governance* se orienta por princípios e assenta em códigos voluntários, no sistema norte-americano as regras são tendencialmente vinculativas e há incomparavelmente mais litigância[115].

Compare-se, para ilustrar, as reacções de ambos os países aos casos Enron, Worldcom, e outros: nos Estados Unidos adoptou-se, em 2002, o *Sarbanes-Oxley Act*[116], em que se prevê a aplicação de penas de multa e prisão para os administradores; na Inglaterra adoptou-se, em 2008, o *Combined Code on Cor-*

---

[115] Em Junho de 2005, o *Institute of Chartered Accountants in England and Wales (ICAEW)* iniciou um estudo chamado «Beyond the myth of Anglo-American corporate governance initiative», com o objectivo de gerar o debate sobre as diferenças entre os sistemas de *corporate governance* inglês e norte-americano e contribuir para o esclarecimento sobre as pressões e as oportunidades dos mercados de capitais que operam no plano internacional. Em Janeiro de 2007 foi publicado o documento «*Emerging Issues*» (o texto do documento foi acedido por último a 3 de Outubro de 2010, em http://www.icaew.com/index cfm/route/144475/icaew_ga/pdf), onde o *ICAEW* apresentava as conclusões da sua análise comparativa sobre os dois sistemas e se referia, inclusivamente, aos instrumentos de *non-financial disclosure* existentes na altura: o *Management Discussion and Analysis (MD&A)* nos Estados Unidos e o *Operating and Financial Report (OFR)* na Inglaterra. Apesar de poder pensar-se que o primeiro, sendo vinculativo, teria menor qualidade, a verdade é que não é necessariamente assim. De acordo com o estudo, a apresentação de informação a título voluntário tem vários limites: entre outras coisas, enquanto a apresentação obrigatória tem custos conhecidos, a apresentação voluntária está sempre sujeita ao cálculo individual de custos e benefícios, o que pode conduzir à retenção de alguma informação.
[116] O texto do documento foi acedido por último a 3 de Outubro de 2010, em http://frwebgate.access.gpo.gov/cgi-bin/getdoc.cgi?dbname=107_cong_bills&docid=f:h3763enr.tst.pdf.

porate Governance[117] –, um conjunto de princípios, baseado no regime de *comply or explain*[118], a que as grandes empresas têm a liberdade de aderir ou não.

Em particular no que respeita aos deveres dos administradores, não só existem assinaláveis diferenças entre os deveres de cuidado previstos no ordenamento inglês e no ordenamento norte-americano como também no que toca aos deveres de lealdade os regimes são tão diversos que comportamentos considerados ilícitos na Inglaterra passam por comportamentos conformes à lei nos Estados Unidos[119].

Para um exemplo ilustrativo compare-se o caso *O'Donnell v Shanahan and another*[120], decidido pelo *Court of Appeal* inglês, com o caso – ainda hoje emblemático – *Guth v Loft, Inc.*, decidido pelo *Delaware Chancery Court*, nos Estados Unidos[121]. Ambas as decisões versaram a matéria dos deveres de lealdade dos administradores: na primeira, o tribunal afirmou que o administrador está sujeito a um dever da mais absoluta ou exclusiva lealdade («*his duty is one of undivided loyalty*»); na segunda, o tribunal afirmou que não existe um padrão rígido para medir a lealdade e para qualificar, sem recursos a outros elementos, uma conduta como honesta, em boa fé e leal («*The occasions for the determination of honesty, good faith and loyal conduct are many and varied, and no hard and fast rule can be formulated. The standard of loyalty is measured by no fixed scale*»).

Nada disto impede, porém, que haja repercussões de um no outro. Segundo alguns autores, é perceptível que começa a insinuar-se nos Estados Unidos um paradigma de '*enlightened shareholder value*' semelhante ao inglês[122]. Para o movimento contribuiu decisivamente a acção de alguns investidores institucionais que, considerando que os interesses dos

---

[117] O texto do documento foi acedido por último a 3 de Outubro de 2010, em http://www.frc.org.uk/documents/pagemanager/frc/Combined_Code_June_2008/Combined%20Code%20Web%20Optimized%20June%202008%282%29.pdf.

[118] O regime de *comply or explain* será esclarecido adiante.

[119] Refere-se às singularidades do ambiente cultural e legal norte-americano ROBERT DRURY, («The 'Delaware syndrome': European fears and reactions», in: *Journal of Business Law*, 2005, pp. 732-738).

[120] [2009] EWCA Civ 751. O texto da decisão foi acedido a 3 de Novembro de 2010, em http://www.bailii.org/ew/cases/EWCA/Civ/2009/751.html.

[121] 5 A. 2d 503 (Del. Ch. 1939).

[122] Cfr., neste sentido, VIRGINIA HARPER HO, «'Enlightened shareholder value': Corporate Governance behind the Shareholder-Stakeholder Divide», cit. Menos afirmativos, também CYNTHIA A. WILLIAMS e JOHN M. CONLEY («An Emerging Third Way? The Erosion of the Anglo-American Shareholder Value Construct», in: *Cornell International Law Journal*, 2005, 38, pp. 493-551) se pronunciam sobre a questão de saber se o paradigma inglês será seguido nos Estados Unidos da América.

stakeholders são o instrumento para a obtenção dos melhores resultados a longo prazo e de um sistema de gestão do risco mais eficaz, se esforçam por consagrar o *'enlightened shareholder value'* como o fim da empresa.

Na Austrália, uma solução do tipo inglês foi discutida mas liminarmente rejeitada. Em 2006 localizaram-se dois inquéritos sobre o tema da RSE e do papel das empresas e apresentaram-se os respectivos relatórios finais – um, em Junho, da *Australian Parliamentary Joint Committee on Corporations and Financial Services* e outro, em Dezembro, da *Australia's Corporations and Markets Advisory Committee* (*CAMAC*). Entre outras coisas, alegou-se que uma disposição como a da Secção 172 do *Companies Act 2006* gera incerteza na expressão legal dos deveres dos administradores, uma vez que não lhes é fornecida orientação precisa sobre os titulares dos direitos e aquilo que se exige para que os deveres se considerem cumpridos. A disposição até pode vir a ser contraproducente: em vez de esclarecer, suscitar dúvidas quanto ao interesse a que os administradores estão subordinados; permitir fugas à responsabilidade perante os sócios sem aumentar, em contrapartida, a responsabilidade perante os restantes sujeitos[123].

Na sequência do seu relatório, a *CAMAC* tomou posição desfavorável à constituição de obrigações jurídicas neste contexto. Segundo ela, a lei das sociedades australiana dá suficiente flexibilidade aos administradores para agir de uma forma socialmente responsável[124]. O caminho deverá, pois, continuar a ser, mesmo no que respeita aos relatórios de informação social, o dos instrumentos voluntários, ou seja, a *Soft Law* e a auto-regulação. Afinal – conclui a *CAMAC* –, uma empresa bem administrada sabe, em princípio, que é no seu interesse antecipar e, eventualmente, reagir ao impacto das suas operações no ambiente e na comunidade em que se integra.

Por fim, no Canadá existe um consenso em torno do conceito de interesse social que o converte num conceito próximo do *'enlightened shareholder value'* inglês[125]. Segundo a lei das sociedades canadiana[126], os admi-

---

[123] Cfr. Daniel Attenborough, «Recent developments in Australian Corporate Law and their implications for directors' duties: lessons to be learned from the UK perspective», cit., p. 319.

[124] Refere, em particular, a Secção 181 do *Corporations Act 2001* (o texto do documento foi acedido por último a 22 de Outubro de 2010, em http://www.comlaw.gov.au/ComLaw/Legislation/ActCompilation1.nsf/0/CA1F0F9868473141CA256FB9002CA4B2/$file/Corps2001Vol1WD02.pdf).

[125] Cfr., neste sentido, Gail Henderson, «The Possible Impacts of 'Enlightened Shareholder Value' on Corporations' Environmental Performance», cit., pp. 13-15.

[126] Designadamente, a Secção 122 (1) (a) do *Canada Business Corporations Act* (o texto do documento foi acedido por último a 22 de Outubro de 2010, em http://www.canlii.org/en/ca/laws/stat/rsc-1985-c-c-44/latest/rsc-1985-c-c-44.html).

nistradores têm o dever (dever fiduciário) de agir honestamente e em boa fé, visando os melhores interesses da empresa («act honestly and in good faith with a view to the best interests of the corporation»).

> Na decisão *Peoples Department Stores Inc. (Trustee of) v. Wise*[127], o *Supreme Court* já deixou claro que os melhores interesses da empresa («*the best interests of the corporation*») não equivalem aos melhores interesses dos sócios («*the best interests of the shareholders*») ou de qualquer outro constituinte da empresa. Na determinação dos melhores interesses da empresa pode tornar-se necessário, dependendo das circunstâncias, que os administradores ponderem, entre outras coisas, os interesses dos sócios, dos trabalhadores, dos fornecedores, dos consumidores, do Governo e do ambiente («*it may be legitimate, given all the circumstances of a given case, for the board of directors to consider, inter alia, the interests of shareholders, employees, suppliers, creditors, consumers, governments and the environment*»).

5. O 'interesse social iluminado' (como deve ser entendido)

5.1. «Pluralismo moderado»?

Depois de tudo, como deverão ser entendidos a norma da al. *b)* do n.º 1 do art. 64.º do CSC e o 'interesse social iluminado' do Direito português?

Apesar da semelhança do disposto na norma portuguesa e na Secção 172 do *Companies Act 2006*[128], vai-se, a final, um pouco mais longe do que se atreveu a ir alguma doutrina inglesa. Poder-se-ia discutir se o que está em causa é um «pluralismo moderado» (*moderate corporate pluralism*)[129] mas esta não será, decerto, a questão mais importante.

Ousa-se dizer que a nova fórmula «insinua» – (re)introduz – uma dimensão ou um critério de eticidade, uma «cultura de ética» (para usar

---

[127] [2004] 3 S.C.R. 461. A decisão foi confirmada recentemente (cfr. Gail Henderson, «The Possible Impacts of 'Enlightened Shareholder Value' on Corporations' Environmental Performance», cit., pp. 13-14).

[128] Paulo Câmara («O Governo das Sociedades e a Reforma do Código das Sociedades Comerciais», in: AA. VV., *Código das Sociedades Comerciais e governo das sociedades*, Coimbra, Almedina, 2007, p. 38) e Pedro Pais de Vasconcelos («Responsabilidade civil dos gestores das sociedades comerciais», in: *Direito das Sociedades em Revista*, 2009, 1, pp. 17-21) aproximam a norma do art. 64.º do CSC da Secção 172 do *Companies Act 2006*, concluindo pela sua semelhança.

[129] A expressão é usada, por exemplo, por Andrew Gamble e Gavin Kelly, «Shareholder Value and the Stakeholder Debate in the UK», cit., p. 116.

a expressão do Livro Branco sobre *Corporate Governance*[130]) no universo empresarial[131] e que, nesta medida, a norma é um contributo relevante para a RSE se afirmar definitivamente enquanto pressuposto do exercício legítimo das actividades económicas[132].

Pressupõe-se, por um lado, que o interesse social tem como coeficiente os interesses de longo prazo dos sócios. Pressupõe-se, por outro lado, que entre o interesse social e os interesses dos *stakeholders* (sócios e outros) existe uma relação de instrumentalidade, ou seja, que a satisfação dos interesses dos *stakeholders* favorece a realização do interesse social. Nem sempre, porém, os interesses dos *stakeholders* estão alinhados ou é possível conciliá-los. Havendo absoluta incompatibilidade entre os interesses dos sócios e os interesses dos restantes *stakeholders* devem prevalecer, em princípio, os interesses dos sócios (dado que, como se disse, os administradores devem obediência ao interesse social e os interesses dos sócios são índices deste). Num único caso devem os administradores abster-se de realizar o interesse dos sócios: quando isso implique um sacrifício desproporcionado (eticamente intolerável) dos interesses dos outros *stakeholders*.

O comportamento é devido – devido não realmente por causa do Direito mas sim porque é *condição de legitimidade* para o exercício das actividades económicas. Utilizando recursos que são da colectividade,

---

[130] Cfr. Livro Branco sobre *Corporate Governance* (Artur Santos Silva / António Vitorino / Carlos Francisco Alves / Jorge Arriaga da Cunha / Manuel Alves Monteiro), Instituto Português de *Corporate Governance*, 2006, p. 143 (acedido por último a 1 de Setembro de 2010, http://www.ecgi.org/codes/documents/libro_bianco_cgov_pt.pdf).

[131] Diz-se «(re)introduz» porque se trata, com efeito, e como se disse noutra ocasião, de um regresso ao (bom) passado – o regresso à articulação entre a riqueza, o desenvolvimento económico, o progresso e a justiça social, entre a ordem económica e a ordem social [cfr. Catarina Serra, «A Responsabilidade Social das Empresas através do Direito (e o Direito à luz da Responsabilidade Social das Empresas)», in: AAVV, *Comunicações da I Conferência Ibero-Americana 'Responsabilidade Social das Empresas – Percursos em Portugal'*, Centro de Estudos Sociais (em curso de publicação)].

[132] É como, já em 2006, se recomendava no Livro Branco sobre *Corporate Governance* (cit., p. 141) a propósito das empresas cotadas: «devem ser geridas tendo em vista a maximização do seu valor a longo prazo, o mesmo é dizer que devem ter por missão a criação duradoura de riqueza para os seus accionistas. Não se ignora, porém, que além dos interesses dos detentores do capital próprio, gravitam em torno das empresas múltiplos outros interesses justos e legítimos. Estando esses outros interesses protegidos por lei, por contratos específicos ou por uma opinião pública atenta, as empresas devem promover o seu respeito de forma inequívoca, mesmo nas circunstâncias em que exista elevada probabilidade de prática diversa não ser objecto de sanção efectiva. Não existindo restrição externa que obrigue as empresas a respeitarem esses interesses, como condição para a maximização do seu valor, considera-se que ainda assim estas devem nortear a sua actuação por princípios de sustentabilidade e de responsabilidade social».

a empresa necessita de ter (obter e manter) o seu consentimento, o que equivale a tornar a sua actividade vantajosa para os membros da colectividade ou, pelo menos, a evitar que ela se torne indesejável (por excessivamente penosa) para eles ou alguns deles.

5.2. O «dever de realizar» o interesse social, o «dever de atender» aos interesses dos sócios e o «dever de ponderar» os interesses dos *stakeholders*

Por força do princípio da especialidade dos fins (cfr. art. 6.º, n.º 1, do CSC), os administradores estão necessariamente vinculados ao fim ou interesse social – nesta vinculação radicam, aliás, os deveres de lealdade do administrador[133].

Mas é manifesto, em primeiro lugar, que o 'interesse social iluminado' não pode sequer ser reconduzido aos interesses dos sócios. A letra da lei favorece, além do mais, esta interpretação ao autonomizar o interesse da sociedade e os interesses dos sócios. Em abstracto, o interesse da sociedade não coincide – e, portanto, em concreto, nem sempre coincide – com os interesses dos sujeitos que sejam seus sócios em dado momento[134-135].

É visível, em segundo lugar, que o 'interesse social iluminado' não pode ser reduzido à criação de valor em sentido económico: há casos em que os interesses dos *stakeholders* devem ser atendidos apesar de isso não se traduzir na imediata criação de mais-valias mas de custos. Alguns decorrem

---

[133] Tem um entendimento semelhante BRUNO FERREIRA [«Os deveres de cuidado dos administradores e gerentes (Análise dos deveres de cuidado em Portugal e nos Estados Unidos da América fora das situações de disputa sobre o controlo societário)», in: *Revista de Direito das Sociedades*, 2009, 3, pp. 708-709]. Segundo ANA PERESTRELO DE OLIVEIRA («Os credores e o governo societário: deveres de lealdade para os credores controladores», cit., p. 132), esta vinculação deriva da natureza da sociedade como associação finalística.

[134] Há mesmo casos em que o interesse social se opõe claramente aos interesses dos sócios. Assim no caso de alienação de participações sociais, se isso puser em causa o prosseguimento da sociedade, e também no caso de distribuição de lucros, se a sociedade necessitar de constituir reservas para certos fins.

[135] Reforçando esta interpretação, e como salienta KLAUS J. HOPT («Desenvolvimentos recentes da *Corporate Governance* na Europa. Perspectivas para o futuro», in: *Miscelâneas* n.º 5, Instituto de Direito das Empresas e do Trabalho, 2008, p. 16), a Directiva 2004/25/CE do Parlamento Europeu e do Conselho de 21 de Abril de 2004 relativa às ofertas públicas de aquisição refere-se ao dever de o administrador «agir tendo em conta os interesses da sociedade no seu conjunto e, em particular, a nível de emprego» (o texto da Directiva foi acedido por último a 3 de Novembro de 2010, em http://eur-lex.europa.eu/LexUriServ/LexUriServ.do?uri=OJ:L:2004:142:0012:0023:PT:PDF).

explícita ou implicitamente da própria lei (o dever de atender aos interesses dos credores nos casos de aquisição de quotas ou acções próprias, de redução de capital social, de liquidação do património social e, inequivocamente, de iminência da insolvência da sociedade[136]); outros, não sendo juridicamente exigíveis, são necessários por força de pressões exteriores[137].

Então, o que significa realizar o 'interesse social iluminado'?

Significa, evidentemente, realizar o fim ou interesse social, atendendo aos interesses de longo prazo dos sócios, mas sabendo que, em determinados casos, para atingir este objectivo é preciso que quem actua pela sociedade promova (estabeleça e proteja) um conjunto de relações estáveis e duradouras da empresa com os trabalhadores, credores, clientes e fornecedores – numa palavra: que invista em relações que aumentam o valor global da empresa.

Neste contexto, apesar de não ser um dever jurídico[138], a RSE surge como um imperativo da actuação dos administradores – não exactamente pelo seu valor intrínseco mas como um meio de maximizar a longo prazo (numa perspectiva de continuidade e tendo em conta o desenvolvimento sustentável) o interesse da sociedade[139-140].

---

[136] Para mais exemplos cfr., entre outros, ANTÓNIO FERNANDES DE OLIVEIRA, «Responsabilidade civil dos administradores», cit., p. 265.

[137] Um dos factores que tem contribuído para a adopção voluntária destes comportamentos é o Investimento Socialmente Responsável (ISR). Sobre o ISR cfr. BENJAMIN J. RICHARDSON, *Socially Responsible Investment Law: Regulating the Unseen Polluters*, Oxford, Oxford University Press, 2008.

[138] Salientando este aspecto JORGE COUTINHO DE ABREU («Deveres de cuidado e de lealdade dos administradores e interesse social», in: *Reformas do Código das Sociedades – Colóquios n.º 3*, Instituto de Direito das Empresas e do Trabalho, 2007, p. 47).

[139] É possível concitar várias teses para explicar e apoiar a prevalência de um tal interesse social. Salienta-se, sobretudo, a *'enlightened value maximisation theory* ou *'enlightened stakeholder theory'*, apresentada por MICHAEL C. JENSEN («Value Maximization, Stakeholder Theory, and the Corporate Objective Function», cit.) e desenvolvida por MICHAEL C. JENSEN, KEVIN J. MURPHY e ERIC G. WRICK («Remuneration: Where We've Been, How We Got Here, What Are the Problems and How to Fix Them», 2004, pp. 1-105. Acedido por último a 17 de Setembro, em http://papers.ssrn.com/sol3/papers.cfm?abstract_id=561305). Num extenso trabalho científico, os AA. apresentam trinta recomendações e princípios orientadores sobre remunerações dos administradores e *corporate governance*. A primeira recomendação da lista é para as empresas prosseguirem a maximização do valor da empresa (*'enlightened value maximisation'*). Reconhecendo que há muitos fins possíveis para a empresa (a maximização do lucro, a satisfação dos clientes e dos trabalhadores, a qualidade dos produtos ou outros), consideram, primeiro, que só deve haver um (múltiplos objectivos é igual a objectivo nenhum), segundo, que só há um que se concilia plenamente com a ideia de utilização eficiente dos recursos: o aumento de valor da empresa a longo prazo. É este interesse que deve iluminar a tomada de decisões por parte dos administradores e

Os administradores têm de compreender que a consideração dos interesses dos *stakeholders* é, muitas vezes, um passo necessário para realizar o interesse social[141]: devem, por isso, favorecer os interesses dos *stakeholders* sempre que (e na medida em que) estes favoreçam o interesse social. Por outras palavras: perante duas soluções com efeitos iguais (igualmente benéficas) para os interesses dos sócios, os administradores devem adoptar aquela que também seja benéfica (ou mais benéfica) para os interesses

funcionar como critério para a avaliação sobre o sucesso ou insucesso da empresa e da administração. A satisfação de outros interesses só deve ser promovida até ao ponto em que não resulte na diminuição do valor da empresa; caso contrário, haveria um desperdício de recursos da empresa e da comunidade (MICHAEL C. JENSEN, KEVIN J. MURPHY e ERIC G. WRICK, ob. cit., pp. 15-17). A tese deve distinguir-se da tese pró-*stakeholder* tradicional: esta última não fornece um critério para resolver os conflitos de interesses que inevitavelmente surgem, deixando os administradores a braços com o impossível encargo de definir e concretizar o interesse social em cada uma das suas decisões. Também ERIC PICHET («Enlightened Shareholder Theory: whose interests should be served by the supporters of Corporate Governance?», cit.) se inspirou na teoria de JENSEN para sustentar que, não obstante a impossibilidade lógica de a administração ser leal a todos, o interesse social não se reconduz necessariamente aos interesses dos sócios e que a administração deve ocupar-se, em certos termos, dos interesses sociais.

[140] Para alguns, mais pragmáticos, a RSE é uma pura estratégia de *marketing*, delineada para aumentar e optimizar a reputação da empresa, a identidade dos produtos e os canais de comunicação com os *stakeholders*. PETER SEELE («*Curating* Corporate Social Responsibility: The MoMA brought to Berlin by the Deutsche Bank as marketing strategy», in: *ImpresaProgetto*, 2007, 2, pp. 1-11. Acedido por último a 1 de Setembro de 2010 em http://www.impresaprogetto.it/servlets/resources?contentId=449474&resourceName=Allegato+non+immagine&border=false) dá um exemplo: o apoio do Deutsche Bank à organização de uma exposição do espólio do *Museum of Modern Art (MoMA)* em Berlim. O Deutsche Bank actua, por um lado, ao nível global, como banco dirigido às empresas e ao investimento e, por outro lado, ao nível local, como banco vocacionado para a gestão de produtos financeiros dos clientes alemães privados. O apoio do Deutsche Bank à organização da exposição do *Museum of Modern Art (MoMA)* em Berlim, um dos mais importantes museus de Nova Iorque e um dos maiores de arte moderna e contemporânea do mundo, foi um meio exemplar para reunir (reunificar) os interesses de ambos os pólos. O Deutsche Bank convidou um número considerável de clientes e ofereceu bilhetes aos seus trabalhadores e aos estudantes de belas-artes alemães e polacos. Na sua página na internet o Deutsche Bank publicitava o sucesso do evento em alemão e em inglês. Este é um exemplo de como uma prática social, além dos benefícios sociais inerentes (para os *stakeholders*), pode trazer benefícios para a empresa e, mediatamente, para os empresários (os *shareholders*). Qualquer estratégia que se preocupe em obter apenas benefícios para um dos grupos está votada ao fracasso.

[141] Cfr., neste sentido, JAMES MCCONVILL, «Inquiry into Corporate Responsibility», 2005. Acedido por último a 17 de Setembro de 2010, em http://www.aph.gov.au/senate/committee/corporations_ctte/completed_inquiries/2004-07/corporate_responsibility/submissions/sub01.pdf.

dos outros *stakeholders* – concretizando uma solução que, em linguagem técnica, se designa «*win-win*».

Os interesses de longo prazo dos sócios são (continuam a ser), em caso de conflito, os interesses dominantes. Mas isso não significa que eles tenham uma prioridade rígida ou absoluta. De certa forma, existe um «sistema móvel», em que o peso ou a importância de cada grupo de interesses é susceptível de variar consoante as circunstâncias do caso concreto[142-143].

Em concreto, isto significa que os administradores têm o dever de ponderar cuidadosamente os interesses envolvidos nas suas decisões de forma a que, não sendo possível uma solução compatível com todos, consigam, pelo menos, evitar que a satisfação dos interesses dos sócios seja perseguida para lá daquilo que é eticamente admissível ou razoável, isto é, seja obtida com o sacrifício intolerável ou desproporcionado de algum dos interesses dos outros grupos de sujeitos. Devem orientar-se, na sua actuação, pelo princípio as sociedades não devem causar (ou devem causar a mínima) perturbação («*corporations should do no harm*»).

As situações de «responsabilidade social sacrificadora do lucro» são, todavia, excepcionais («*profit-sacrificing social responsibility*»)[144]. O 'interesse social iluminado' deve ser entendido como um limite (intrínseco) à maxi-

---

[142] Como já foi sugerido por Manuel Carneiro da Frada («A *business judgement rule* no quadro dos deveres gerais dos administradores», cit., p. 76).
[143] Virginia Harper Ho («'Enlightened shareholder value': Corporate Governance behind the Shareholder-Stakeholder Divide», cit.) propugna um «*two-tier constrained optimization*» – um sistema em que as decisões são sujeitas a dois crivos: num primeiro momento seleccionam-se as decisões que maximizam o valor da empresa; num segundo momento, excluem-se aquelas que presumivelmente acarretem um prejuízo para os *stakeholders*. Mas o sistema depara com dificuldades: como antecipar os efeitos de longo prazo das decisões e resolver os inevitáveis conflitos entre os numerosos *stakeholders* afectados? Sugere, por isso, a A. que ele seja usado como um instrumento inicial, para excluir as decisões que imponham sacrifícios manifestamente desproporcionados ou a um número muito elevado de *stakeholders*.
[144] A *profit-sacrificing social responsibility* é admitida nos tribunais norte-americanos (cfr. Virginia Harper Ho, «'Enlightened shareholder value': Corporate Governance behind the Shareholder-Stakeholder Divide», cit.). E foi também admitida nos tribunais ingleses. Assim sucedeu no caso *Evans v. Brunner Mond & Co Ltd* [[1921] 1 Ch 359]: uma grande sociedade da indústria química decidiu, em assembleia geral de sócios, fazer doações a universidades e outras entidades para o desenvolvimento de investigação científica; apesar de ter ficado provado que, considerando o seu custo, os benefícios para a sociedade eram demasiado indirectos e que, em contrapartida, se produziriam benefícios imediatos para as concorrentes e benefícios só de uma forma muito geral para a comunidade, o tribunal rejeitou as alegações de que a decisão era *ultra vires*.

mização do lucro, não comportando qualquer alteração fundamental ao fim da sociedade[145].

Enfim, aquilo que a norma da al. *b)* do n.º 1 do art. 64.º do CSC acrescenta não é exactamente a obrigação de realizar cada um dos grupos de interesses ou de os tentar conciliar a todos – uma obrigação de «servir a dois amos», que seria manifestamente impossível de cumprir[146]. O único dever de lealdade do administrador – deve ficar absolutamente claro – é para com a sociedade (só uma relação contratual ou especial cria deveres de lealdade); reside, na sua dimensão positiva, no dever de prosseguir ou realizar a maximização do valor da empresa.

5.3. Os deveres procedimentais

Para lá disto, a lei portuguesa obriga os administradores a adoptarem rotinas e procedimentos de informação em matéria social, com alcance tanto no plano interno (obtenção e disponibilização de informação, sobretudo aos sócios) como no plano externo (apresentação de informação ao público – a *disclosure* propriamente dita)[147]. De facto, e como já foi afirmado, a coercibilidade da obrigação de realizar o 'interesse social ilu-

---

[145] Cfr., neste sentido, GAIL HENDERSON, «The Possible Impacts of 'Enlightened Shareholder Value' on Corporations' Environmental Performance», cit., pp. 25 e 27. Diz a A., embora referindo-se apenas ao ambiente. «*[d]irectors' decisions should be guided by the duty to avoid causing severe or irreparable environmental harm to future generations [...]. This approach focuses directors' attention on avoiding direct negative impacts, rather than requiring directors to have a general concern for the general well-being of the corporation's stakeholders, as stakeholder theory might demand*».

[146] Cfr. CATARINA SERRA, «O novo Direito das Sociedades: para uma governação socialmente responsável», in: *Scientia Juris – Revista do Curso de Mestrado em Direito Negocial da Universidade Estadual de Londrina*, 2010, n.º 14, p. 166. Acedido por último em 15 de Dezembro de 2010, em http://www.uel.br/revistas/uel/index.php/iuris/article/view/7655/6749

[147] IRIS H.-Y. CHIU [«The paradigms of mandatory non-financial disclosure: a conceptual analysis: Part 1», in: *Company Lawyer*, 27 (9), pp. 259-258 e «The paradigms of mandatory non-financial disclosure: a conceptual analysis: Part 2», in: *Company Lawyer*, 27 (10), pp. 291-296] distingue entre *Non-Financial Reporting*, excluding *Social Responsibility Disclosure (NFR)* e *Corporate Social Responsibility Disclosure (CSD)*. A primeira reflecte os valores de *short-term corporate performance*, tem por base em justificações descritivas e instrumentais e varia consoante a percepção sobre a sua utilidade (a procura deste tipo de informação), sendo um sistema incompletamente autopoiético; a segunda reflecte valores de *long-term sustainability of companies* e tem justificações normativas, assentando em modelos teóricos como as teses pró-*stakeholder* e a RSE. O A. sustenta que a regulação deve ser distinta para cada um dos tipos de *non-financial disclosure*.

minado' deve centrar-se menos no resultado e mais no *processo* de decisão (*decision-making process*)[148-149].

Na prática, para que o tribunal considere que a administração cumpriu o seu «dever de ponderar» os interesses dos *stakeholders* terá de dar por provado que eles possuíam a informação adequada e a tomaram em conta no momento da decisão. Assim, os administradores devem observar um conjunto de deveres procedimentais[150] (*procedural duties*)[151]. São eles o dever de *obter* informação sobre o impacto previsível das suas decisões sobre os *stakeholders*; o dever de *tomar em consideração* essa informação aquando da tomada das decisões (de decidir em conformidade com ela); e o dever de *justificar* as decisões que contendam significativamente com os interesses de alguns dos *stakeholders*[152].

Assim entendido, pode parecer que o «dever de ponderar» tem um fraco efeito útil. Mas a verdade é que se os administradores dispuserem de

---

[148] Cfr., neste sentido, GAIL HENDERSON, «The Possible Impacts of 'Enlightened Shareholder Value' on Corporations' Environmental Performance», cit., p. 28. Aproveitando o subtítulo do trabalho de JOHN LOWRY («The duty of loyalty of company directors: bridging the accountability gap through efficient disclosure», cit.), pode dizer-se, de outro modo, que a lacuna da responsabilidade social deve ser suprida por meio do desenvolvimento de canais de informação eficazes.

[149] Cfr. ADELAIDE MENEZES LEITÃO, «Responsabilidade dos administradores para com a sociedade e os credores sociais por violação de normas de protecção», cit., p. 670. Diz a A. que, «[c]omo no Direito Administrativo, a sindicabilidade na discricionariedade desloca-se do acto para a sua fundamentação, dada a necessidade de realização de determinadas ponderações».

[150] Ou «sub-deveres procedimentais», para usar a expressão final de ADELAIDE MENEZES LEITÃO («Responsabilidade dos administradores para com a sociedade e os credores sociais por violação de normas de protecção», cit., p. 670). Diz a A. que «[h]á [...] uma limitação dos poderes-deveres através do estabelecimento de deveres de conduta no plano decisório. Trata-se de deveres procedimentais no âmbito de poderes-deveres funcionais. Estes deveres, embora se relacionem com deveres de cuidado e de lealdade, podem ser autonomizados por se imporem essencialmente como *sub-deveres procedimentais*» (itálicos nossos).

[151] Interpretando em sentido próximo o 'enlightened shareholder value' do Direito inglês, GAIL HENDERSON («*The Possible Impacts of 'Enlightened Shareholder Value' on Corporations' Environmental Performance*», cit., pp. 1, 3 e 27) defende, embora no que respeita estritamente ao ambiente, que a obrigação de «tomar em consideração» deve ser interpretada como um dever procedimental (*procedural duty*), imposto aos administradores para se informarem e – acrescenta-se – para informarem sobre o impacto das operações da empresa («*management-based strategy*»).

[152] Os deveres procedimentais, nomeadamente o dever de preparar adequadamente as decisões (de recolher e tratar a informação razoavelmente disponível) constituem, em geral, uma manifestão do dever de cuidado (cfr. JORGE COUTINHO DE ABREU, «Responsabilidade civil dos administradores de sociedades», in: *Cadernos* n.º 5, Instituto de Direito das Empresas e do Trabalho, 2007, p. 21).

informação sobre as consequências dos seus actos tendem a considerá-la, nem que seja por motivos puramente defensivos[153].

Acresce que os deveres de disponibilização e de apresentação de informação reforçam os canais de comunicação entre a empresa e os *stakeholders*, permitindo a co-determinação da empresa por todos os sujeitos relevantes. No que toca aos *stakeholders* «sócios», a disponibilização de informação social ajuda, desde logo, a torná-los cientes da necessidade de assunção de compromissos em matéria de responsabilidade social e poderá conduzir a uma saudável partilha de responsabilidades entre eles e a administração. Seria desejável que, no futuro, fossem até os sócios a definir, em assembleia geral, a política de RSE da empresa[154].

O único risco é que o acréscimo de exigências (e burocracia) – o dever de reunir e apresentar informação – implique alguma perda de agilidade no funcionamento das empresas[155]. Em contrapartida, como já se insinuou, induz a que os administradores pensem duas vezes (seja por imperativo moral seja por receio das consequências) antes de tomar certas decisões. Numa apreciação do tipo «custo-benefício», tudo indica que o risco compensa.

A norma da al. *b)* do n.º 1 do art. 64.º do CSC é, pois, bem-vinda e, ao contrário do que alguns dizem, não é desprovida de utilidade[156] (nem muito menos perniciosa). Ao invés, ela modifica os deveres dos adminis-

---

[153] Cfr., neste sentido, GAIL HENDERSON, «The Possible Impacts of 'Enlightened Shareholder Value' on Corporations' Environmental Performance», cit., p. 29.

[154] CARLOS FRANCISCO ALVES [«Uma perspectiva económica sobre as (novas) regras de *corporate governance* do Código das Sociedades Comerciais», in: AA. VV., *Jornadas em Homenagem ao Professor Doutor Raul Ventura – A Reforma do Código das Sociedades Comerciais*, Coimbra, Almedina, 2007, pp. 175, 182, 188 e 190] sublinha a conveniência de os accionistas definirem, em assembleia geral, políticas de responsabilidade social e de desenvolvimento sustentável, que se constituam como restrições à maximização do valor das empresas, e exalta as virtualidades da informação, advertindo, contudo, para a necessidade de ela ser auditada de forma independente (de preferência por auditores externos). Também desde 2006 o Livro Branco sobre *Corporate Governance* (cit., pp. 141-142) recomenda às sociedades cotadas que, por um lado, aprovem em assembleia geral e enunciem a sua política de desenvolvimento sustentável e o seu entendimento quanto à responsabilidade social e prestem informação anual aos accionistas sobre a respectiva execução e que, por outro lado, prestem informação detalhada aos accionistas sobre as relações da empresa com as suas principais partes interessadas (*stakeholders*) no âmbito do relatório (anual) do conselho de administração.

[155] Cfr. BILL PERRY e LYNNE GREGORY, «The European panorama: directors› economic and social responsibilities», cit., p. 29.

[156] Cfr., por exemplo, CARLOS FRANCISCO ALVES, «Uma perspectiva económica sobre as (novas) regras de *corporate governance* do Código das Sociedades Comerciais», cit., p. 190.

tradores, reduz as assimetrias (nomeadamente de informação[157]) e altera o equilíbrio de poderes entre os sujeitos exteriores à empresa, repercutindo-se directamente nas (e transformando as) estruturas de governação de sociedades.

6. *Corporate Governance*, Responsabilidade Social das Empresas e 'interesse social iluminado' (considerações finais)

É visível que a noção de 'interesse social iluminado' está na intersecção da *corporate governance* e da RSE – no cruzamento de duas linhas conflituantes. Mas a verdade é que o conflito é mais aparente do que real: a RSE está desde o primeiro instante contida no movimento da *corporate governance*[158] (se não vejam-se as referências à participação dos *stakeholders* na governação da empresa, por exemplo, nos *Principles of Corporate Governance*[159]). Talvez seja altura de a *corporate governance* corresponder

---

[157] Como se diz no Livro Branco sobre *Corporate Governance* (cit., p. 15), «[o]s gestores e, em particular, os administradores executivos dispõem de mais informação sobre a empresa do que qualquer outra pessoa. Esta assimetria de informação permite-lhes esconder os verdadeiros objectivos com que as decisões são tomadas, havendo por isso o risco de os decisores procurarem atingir os seus próprios interesses em detrimento dos interesses da empresa. Dando-se o caso de estes interesses serem divergentes, tal atitude origina prejuízo para a empresa, e consequentemente dano para os seus accionistas, originando os chamados *custos de agência*» *(itálicos dos AA.).*

[158] Como diz Klaus J. Hopt («Desenvolvimentos recentes da *Corporate Governance* na Europa. Perspectivas para o futuro», cit., pp. 15-16), ao «nível geral e abstracto, não existe tensão entre a governação das sociedades e a responsabilidade social das empresas, uma vez que cabe ao órgão de administração encontrar uma 'concordância prática' entre ambas na sua tomada de decisão. Em muitos casos, na prática diária, não haverá sequer conflitos entre os dois princípios – pelo menos se o conceito de *shareholder value* não for compreendido no sentido da maximização de curto prazo do valor accionista. No médio e no longo prazo, não é do interesse dos accionistas desconsiderar inteiramente os interesses dos trabalhadores ou o bem público. De outro modo, a sociedade sofrerá danos no mercado laboral bem como na sua produtividade e ambiente de trabalho, e as autoridades públicas reagirão negativamente pondo termo a relações negociais e criando legislação».

[159] Cfr. *Principles of Corporate Governance*, aprovados pela OCDE em 1999 e revistos e desenvolvidos em 2004 (a versão do documento em língua portuguesa foi consultada a 22 de Setembro de 2010, http://www.oecd.org/dataoecd/1/42/33931148.pdf). No princípio IV, relativo ao papel dos outros sujeitos com interesses relevantes no governo das sociedades, determina-se que «[o] enquadramento do governo das sociedades deve acautelar os direitos legalmente consagrados, ou estabelecidos através de acordos mútuos, de outros sujeitos com interesses relevantes na empresa e deve encorajar uma cooperação activa entre as sociedades e esses sujeitos na criação de riqueza, de emprego e na manutenção sustentada de empresas financeiramente saudáveis». Explicita-se depois que: «[o]s direitos

à sua vocação inicial. Daqui a algum tempo talvez seja possível dizer que se concretizou a (prenunciada) fusão entre a *corporate governance* e a RSE (uma fusão do melhor de dois mundos), dando origem à «governação socialmente responsável» (*Responsible Corporate Governance*)[160].

O sistema actual deve abranger as relações da empresa com todos os *stakeholders* e dispor meios que tornem possível a consideração dos interesses destes na definição das decisões estratégicas da empresa *(stakeholder engagement)*[161]. A apresentação de informação (nos planos interno e externo) e a auto-regulação (através dos chamados «códigos de bom governo») prestam-se bem a este fim[162].

Em conformidade com isto, a definição clássica de *corporate governance* como sistema que regula o modo como as sociedades são administradas e fiscalizadas, contida, por exemplo, no relatório *Cadbury*, terá de ser revista. É especialmente feliz a recente definição de PAULO OLAVO CUNHA, que acres-

---

dos sujeitos cujos interesses relevantes nas sociedades estejam legalmente consagrados, ou estabelecidos através de acordos mútuos, devem ser respeitados; [n]a medida em que os interesses de outros sujeitos com interesses relevantes nas sociedades estejam protegidos por lei, estes devem ter a oportunidade de obter reparação efectiva pela violação dos seus direitos; [d]eve ser permitida a criação de mecanismos de optimização do desempenho destinados a reforçar a participação dos trabalhadores; [q]uando os sujeitos com interesses relevantes participem no processo de governo da sociedade, devem ter acesso a informações relevantes, suficientes e fiáveis de forma atempada e regular; [o]s sujeitos com interesses relevantes, incluindo os trabalhadores e seus órgãos representativos, devem poder comunicar livremente as suas preocupações sobre práticas ilegais ou contrárias aos princípios de ética ao órgão de administração, não devendo os seus direitos ser prejudicados por este facto; e [o] enquadramento do governo das sociedades deve ser complementado com um enquadramento eficaz e eficiente da insolvência e por mecanismos que possibilitem o exercício efectivo dos direitos dos credores».

[160] Cfr. BEATE SJÅFJELL, «Responsible Corporate Governance», in: *European Company Law*, 2010, 7 (1), p. 4.

[161] Não se trata de a empresa se transformar num sistema de gestão destas relações *(stakeholder relationship management)*, já que a empresa nunca terá pleno controlo sobre elas (cfr., neste sentido, STEFANIA ROMENTI, «Corporate Governance e reputazione: dallo stakeholder relationship management allo stakeholder engagement», in: *ImpresaProgetto*, 2008, 2, pp. 1-23. Acedido por último a 1 de Setembro de 2010, em http://www.impresaprogetto.it/servlets/resources?contentId=591831&resourceName=Allegato%20non%20immagine&border=false). Nem muito menos de os sócios exercem os seus poderes não como representantes do mercado mas como agentes da sociedade como um todo (como defende SIMON DEAKIN «The Coming Transformation of Shareholder Value», in: *Corporate Governance: An International Review*, 2005, 13 (1), pp. 11-18. Acedido por último a 4 de Julho de 2010, em http://ssrn.com/abstract=645424, p. 16).

[162] Como é óbvio, a auto-regulação e os códigos de bom governo em particular têm limites. Cfr., sobre eles, CATHERINE PEDAMON, «Corporate social responsibility: a new approach to promoting integrity and Responsibility», in: *Company Lawyer*, 2010, 31 (6), pp. 177-178.

centa que a administração e o controlo das sociedades deverão ser realizados «à luz dos diversos interesses das partes interessadas (*stakeholders*) e do relacionamento que entre todas deve existir»[163].

Em diversos ordenamentos jurídicos já começa a ser sensível a «adaptação» dos modelos normativos. Na Inglaterra e na Austrália, por exemplo, promove-se a criação de códigos de bom governo[164]. Os sistemas variam mas a sua qualificação como *Soft Law*[165] e o seu carácter voluntário ou facultativo são uma constante[166].

Na Inglaterra foi recentemente publicado o *UK Corporate Governance Code*[167]. Apresentado, em 28 de Maio de 2010, pelo *Financial Reporting Council (FRC)*, vem substituir o anterior *UK Combined Code on Corporate Governance*. Na Austrália está em aplicação o *Australian Securities*

---

[163] Cfr. PAULO OLAVO CUNHA, «*Corporate & Public Governance* nas sociedades anónimas primeira reflexão», cit., p. 159.

[164] Sobre os códigos de bom governo cfr. Livro Branco sobre *Corporate Governance*, cit., pp. 31-38.

[165] A *Soft Law* envolve normas sociais destituídas de sanção jurídica – normas deontológicas, recomendações e regras de boa conduta. Como diz PAULO CÂMARA («Códigos de governo de sociedades», *Cadernos do Mercado de Valores Mobiliários*, 2002, 15, p. 65. Acedido por último a 6 de Julho de 2010, em http://www.cmvm.pt/NR/rdonlyres/10E723CB-5CC3-4589-9464-C8550BCE0860/2015/PCamara.pdf), «[é] neste âmbito que encontramos os códigos de governo das sociedades (*corporate governance codes, corporate governance Kodex*), que podem definir-se, em sentido amplo, como os conjuntos sistematizados de normas de natureza recomendatória respeitantes ao bom governo das sociedades» (itálicos do A.).

[166] Como aponta PAULO CÂMARA, os códigos de governo são de origem anglo-saxónica. Segundo o A. («Códigos de governo de sociedades», cit., pp. 66-78), «os códigos de governo societário não são leis; limitam-se a enunciar um catálogo de comportamentos desejáveis, sem exprimirem comandos imperativos para os seus destinatários nem sendo forçosamente aprovados por autoridade pública – são, por isso, desprovidos de coercibilidade [...]; dirigem-se de ordinário a sociedades cotadas em bolsa, embora muitos facultem ou recomendem a sua observância por sociedades fechadas ao investimento do público». A propósito das suas funções gerais, o A. salienta que «os códigos de governo apresentam-se como instrumentos que, de facto, conduzem a um *reforço informativo* em áreas não cobertas por deveres de informação de fonte legal ou regulamentar. Tal sucede desde logo em códigos acompanhados do dever de prestar informação sobre o seu cumprimento [. .]. O reforço da informação prestada também se atinge, de resto, em códigos de pura auto-regulação, aprovados pelas sociedades a quem se dirigem. Uma das aplicações mais relevantes a este propósito prende-se com a informação respeitante à responsabilidade social das empresas ou à sua responsabilidade ambiental. Esta [...] tem vindo a merecer significativo desenvolvimento em códigos societários» (interpolação nossa; itálicos do A.).

[167] O texto do documento foi acedido por último a 3 de Outubro de 2010, em http://www.frc.org.uk/documents/pagemanager/Corporate_Governance/UK%20Corp%20Gov%20Code%20June%202010.pdf.

Exchange (ASX) *Corporate Governance Principles and Recommendations (with 2010 Ammendments)*[168]. Ambos assentam no regime de *comply or explain*: recomendam às sociedades que atendam aos interesses dos *stakeholders*; algumas delas (normalmente as grandes empresas, as empresas cotadas e as empresas públicas ou «de interesse público»[169]), quando não cumpram, têm, de facto, a obrigação de explicar aos sócios, nos seus relatórios anuais, os motivos por que não cumpriram[170].

O *comply or explain* é um princípio fundamental em matéria de *corporate governance*, permitindo uma maior flexibilidade na definição dos quadros legais e evitando as normas excessivamente detalhadas, susceptíveis de violação material. Na realidade, apesar do nome (traduzido à letra: cumpre ou explica), o que está em causa é um dever (constante e não alternativo) de prestar informação sobre o grau de cumprimento do código: as empresas devem declarar quais são as normas do código de boas práticas que cumprem e justificar a situações de não-cumprimento[171]. Não obstante as suas virtualidades, o *comply or explain* tem sido criticado[172]. Diz-se, por um lado, sendo a informação fornecida *ex post* aos sócios, não permite uma intervenção *ex ante* de forma a que os sócios

---

[168] O texto do documento foi acedido por último a 3 de Outubro de 2010, em http://www.asx.net.au/about/pdf/cg_principles_recommendations_with_2010_amendments.pdf.

[169] Em Portugal, e para efeitos de aplicação da Lei n.º 28/2009, de 19 de Junho (que, entre outras coisas, prevê a divulgação anual das remunerações dos administradores), são consideradas «entidades de interesse público» as sociedades cotadas, certas instituições de crédito, certos fundos investimento mobiliário e imobiliário, as empresas de seguros e de resseguros, certas sociedades gestoras de participações sociais, certas empresas públicas e as sociedades financeiras e as sociedades gestoras de fundos de capital de risco e de fundos de pensões, *etc.* (cfr. art. 2.º, n.º 2).

[170] Na prática, este regime transforma o código, no que respeita a estas empresas, num instrumento «quase-vinculativo» (*quasi-legal / mandatory*) (cfr., neste sentido, IRIS H.-Y. CHIU, «The role of a company›s constitution in corporate governance», in: *Journal of Business Law*, 2009, 7, p. 698).

[171] Segundo PAULO CÂMARA («Códigos de governo de sociedades», cit., pp. 65-90), «o dever de informação assim configurado desdobra-se por duas vertentes: de um lado, obriga a dar notícia sobre o grau de cumprimento das normas recomendatórias constantes do código; além disso, em relação às normas que não são observadas, postula um dever de apresentação do fundamento dessa preterição da indicação recomendatória. Percebe-se, assim, que a designação corrente de *comply or explain*, que se reporta a este duplo dever informativo, corresponda a uma simplificação. Com efeito, *a prestação de informação não corresponde a uma alternativa ao cumprimento do código*; mesmo as sociedades que cumprem as regras do código devem informar que o fazem. Por isso, numa formulação mais extensa, deveria dizer-se: *disclose if you comply with the code or explain why you don't*» *(itálicos do A.).*

[172] Sobre fraquezas da *Soft Law* e do *comply or explain* no quadro da *corporate governance* cfr. IRIS H.-Y. CHIU, «The role of a company›s constitution in corporate governance», cit., pp. 699-712 e 716.

possam ter alguma influência nas opções de *corporate governance* e, por outro lado, que as explicações tendem a ser padronizadas e meramente formais e isto transforma o *comply or explain* num instrumento sem grande utilidade ou fiabilidade. É pacífico que o princípio *comply or explain* só deverá funcionar se existirem instrumentos aptos a garantir o cumprimento, ou seja, um sistema eficaz de fiscalização e de aplicação de sanções nos casos de incumprimento. Mesmo aqui existem dificuldades: a auditoria externa, que seria o modelo mais indicado para a fiscalização, tem custos elevados e isso pode levar a que a actividade dos auditores se transforme numa actividade meramente formal, ou seja, se reduza à verificação da emissão de uma declaração sobre o cumprimento[173].

Em Portugal, o Código de Governo de Sociedades da CMVM de 2010[174] não aborda directamente os interesses dos *stakeholders*. A propósito dos deveres gerais de informação, dispõe apenas que «[a]s sociedades devem assegurar a existência de um permanente contacto com o mercado, respeitando o princípio da igualdade dos accionistas e prevenindo as assimetrias no acesso à informação por parte dos investidores».

Isso não impede que alguns especialistas comecem a ver na referência legal da norma da al. *b)* do n.º 1 do art. 64.º do CSC «um novo apelo aos códigos de *corporate governance*»[175], e afirmem que existe «espaço para que *códigos de bom governo*, completando com o plano recomendatório o plano normativo, definam o modelo adequado ao perfil de cada empresa, e estas, na lógica do «*comply or explain*», expliquem em que medida as suas opções defendem melhor o interesse dos seus accionistas, sempre que adoptem soluções distintas das recomendadas»[176].

Está, assim, criado um quadro normativo propício.

O movimento não deve causar surpresa. Integra-se no processo de (r)evolução no Direito, que está em curso desde há algum tempo e envolve a passagem de um Direito impositivo e sancionatório para um Direito regulatório ou com uma função promocional[177], de um Direito reactivo

---

173 Cfr. Paulo Câmara, «Códigos de governo de sociedades», cit., p. 83.
174 O texto do documento foi acedido por último a 20 de Novembro de 2010, em http://www.novabase.pt/conteudosHTML/CodigodeGovernodasSociedadesCMVM2010.pdf.
175 Cfr. António Menezes Cordeiro, «Os deveres fundamentais dos administradores das sociedades (artigo 64.º/1 do CSC)», cit., p. 58 (itálicos do A.).
176 Cfr., repetidamente, Carlos Francisco Alves [«Uma perspectiva económica sobre as (novas) regras de *corporate governance* do Código das Sociedades Comerciais», cit., pp. 191 (itálicos do A., interpolação nossa) e ainda pp. 173, 175-176 e 193].
177 Cfr., respectivamente, Gunther Teubner, «Juridificação – Noções, características, limites, soluções», in: *Revista de Direito e Economia*, 1988, XIV, pp. 17-100, e Norberto Bobbio, *Dalla struttura alla funzione*, Milano, Edizioni di Comunità, 1977.

(com intervenções *ex post*) para um Direito proactivo (com intervenções *ex ante*)[178] e todo um conjunto de novas exigências relacionadas com o interesse público e os interesses colectivos[179], como a necessidade de cumprir deveres procedimentais no Direito Privado.

---

[178] Esta iminente (r)evolução do Direito é (bem) descrita no Parecer de iniciativa do Comité Económico e Social Europeu «A abordagem proactiva do direito: um passo para legislar melhor a nível da EU», de 3 de Dezembro de 2008. Cfr., sobre isto, CATARINA SERRA, «A Responsabilidade Social das Empresas através do Direito (e o Direito à luz da Responsabilidade Social das Empresas)», cit.
[179] Cfr., sobre isto, HUGH COLLINS, «The voice of the community in Private Law Discourse», in: *European Law Journal*, 1997, 3 (4), pp. 407-421.

Resumo: A independência do membro do órgão social para o exercício de determinados cargos sociais é um novo conceito de Direito Societário que vem reforçar a clássica exigência de inexistência de incompatibilidades para o desempenho de certas funções sociais, que visa assegurar a isenção, imparcialidade e objectividade dos respectivos titulares.

Começa-se por abordar o critério para definir a independência, caracteriza-se o regime legal a que este requisito se encontra sujeito e sugere-se cláusulas contratuais em que se pode projectar. Em seguida, analisa-se as incompatibilidades para o desempenho de funções em órgãos sociais e confronta-se a inexistência destes impedimentos com a independência. Conclui-se, enunciando problemas ainda em aberto e apreciando a crescente influência da *soft law* nesta matéria.

Abstract: The independence of a member of a governing body for the exercise of certain corporate duties is a new concept in corporate law that reinforces the common requirement of non existing incompatibilities to perform certain duties, which aims to ensure freedom, impartiality and objectivity of their holders.

We begin by addressing the criteria that defines independence, characterizing the legal framework to which it is subjected to and suggest applicable contractual provisions. It is then analyzed the incompatibilities for the performance of corporate bodies and confronted the absence of these impediments with independence. We conclude by enunciating some pending issues and appreciating the growing influence of soft law in this area.

PAULO OLAVO CUNHA[*]

Independência e inexistência de incompatibilidades para o desempenho de cargos sociais[1]

Introdução: Enquadramento

A independência do membro de órgãos social para o exercício de determinados cargos sociais corresponde a uma imposição recente do nosso sistema jurídico-societário e vem completar os requisitos que desde o final

[*] Professor da Faculdade de Direito da Universidade Católica Portuguesa

[1] O presente texto corresponde a um desenvolvimento da intervenção que sobre o tema fizemos no *I Congresso de Direito das Sociedades em Revista* (no dia 8 de Outubro de 2010, no Hotel Altis, em Lisboa), no painel sobre "Problemas do Governo das Sociedades II", cons-

da década de sessenta[2] (do século XX) são exigidos para o desempenho de funções de controlo (interno) societário.

Com a crescente complexidade da fiscalização societária, a lei veio a limitar o acesso de certas pessoas ao conselho fiscal[3], criando uma lista de incompatibilidades que, verificando-se, as impediriam de assumir o cargo.

tituindo também uma reformulação do estudo (ainda inédito) elaborado para os *Estudos em Memória do Prof. Paulo Sendim* e, à semelhança do que sucede com os demais trabalhos publicados sobre sociedades comerciais, retoma pontualmente a doutrina das nossas lições (*Direito das Sociedades Comerciais*, 4ª ed., Almedina, Coimbra, 2010, em especial pp. 584-601) – que, em algumas das suas passagens, acompanha de perto –, sendo também resultado da nossa prática quotidiana na assessoria de grandes empresas.

Tratando-se de um tema relativamente recente, a **bibliografia** nacional é escassa.

De entre as **referências gerais**, e para além das nossas lições, saliente-se (por ordem alfabética do último apelido) os manuais de ANTÓNIO PEREIRA DE ALMEIDA, *Sociedades Comerciais e Valores Mobiliários*, 5ª ed., Coimbra Editora, 2008, pp. 182-183, e de ANTÓNIO MENEZES CORDEIRO, *Manual de Direito das Sociedades*, I - *Das Sociedades em Geral*, 2ª ed., Almedina, Coimbra, 2007, pp. 131-137, e *Manual de Direito das Sociedades*, II - *Das Sociedades em Especial*, 2ª ed., Almedina, Coimbra, 2007, pp. 742-744 e 793-794.

No que respeita a **estudos específicos**, importa enunciar os seguintes: PEDRO DE ALBUQUERQUE, *Os limites à pluriocupação dos membros do conselho fiscal e de supervisão e do conselho fiscal*, Almedina, Coimbra, 2007, ANTÓNIO PEREIRA DE ALMEIDA, «Os administradores independentes», AA.VV., *A Reforma do Código das Sociedades Comerciais. Jornadas em Homenagem ao Professor Doutor Raúl Ventura*, coord. por António Menezes Cordeiro e Paulo Câmara, Almedina, Coimbra, 2007 (pp. 153-172), GABRIELA FIGUEIREDO DIAS, «A fiscalização societária redesenhada: independência, exclusão de responsabilidade e caução obrigatória dos fiscalizadores», AA.VV., *Reformas do Código das Sociedades*, IDET, Colóquios n.º 3, Almedina, Coimbra, 2007 (pp. 277-334), em especial pp. 297-309, RUI OLIVEIRA NEVES, «O Administrador Independente», AA.VV., *Código das Sociedades Comerciais e Governo das Sociedades*, Almedina, Coimbra, 2008 (pp. 143-194), em especial pp. 144-152 e 161-194.

Com contributos relevantes, cfr. ainda os **comentários** de ANTÓNIO MENEZES CORDEIRO, *Código das Sociedades Comerciais Anotado* (coord. por António Menezes Cordeiro), Almedina, Coimbra, 2009, em especial pp. 928-929 (art. 374-A), 1000-1009 (arts. 413.º a 414.º-A) e 474-479 (art. 434.º), e de ARMANDO MANUEL TRIUNFANTE, *Código das Sociedades Comerciais Anotado*, Coimbra Editora, 2007, em especial pp. 348-351 (art. 374-A), 405-419 (arts. 413.º a 414.º-A) e 474-479 (art. 434.º).

[2] Referimo-nos ao regime aprovado pelo Decreto-Lei n.º 49 381, de 15 de Novembro de 1969, que representou a primeira intervenção legislativa de fundo sobre a matéria da fiscalização societária, e que sucedeu a tentativas goradas. Nesse sentido, vd., por todos, ANTÓNIO MENEZES CORDEIRO, *Manual de Direito das Sociedades*, I - *Das Sociedades em Geral*, 2ª ed., cit., 2007, pp. 132-136.

Sobre a fiscalização da sociedade anónima no domínio do DL 49 381, de 15 de Novembro de 1969, vd. ASSIS TAVARES, *As sociedades anónimas*, 3ª ed., Livraria Clássica Editora, Lisboa, s/d (mas prefácio de 1982), pp. 219-224, reproduzindo esse diploma a pp. 318-338.

[3] Recorda-se que, nesta época, no Direito português existia uma estrutura única de administração e de fiscalização da sociedade anónima.

A aprovação e entrada em vigor do Código das Sociedades Comerciais[4], em 1986, veio fixar os impedimentos à participação no órgão de fiscalização. Este sofreria, na década de noventa, uma desvalorização – com a generalização da figura do fiscal único[5] – e só no presente século, com a reforma societária e a reformulação dos modelos de governação das sociedades anónimas conheceria uma adequada e necessária revitalização.

Com efeito, e como veremos adiante, a reforma introduziu na nossa ordem jurídica um novo conceito de Direito societário – o de membro independente de órgão social –, a que se seguiria a sua adopção no quadro das regras de governação societária, com a natureza de *soft law*[6]. Neste âmbito, a independência estendeu-se também aos membros do órgão de administração, como também veremos neste estudo.

Actualmente, regista-se, por efeito das novas exigências em matéria de governação societária, uma manifesta clivagem entre a disciplina das sociedades por quotas e as regras aplicáveis às sociedades anónimas. E, mesmo entre estas, verifica-se existirem diferenças assinaláveis consoante a estrutura e a dimensão da sociedade.

Iremos concentrar a nossa atenção nas sociedades anónimas, dissecando e confrontando os regimes da independência e de (inexistência de) incompatibilidades e cruzando as exigências do Direito positivo (dotado de coactividade) e das normas que integram a *soft law*.

1. O membro independente de órgãos sociais

1.1. A independência: um novo conceito de Direito Societário

Como é do domínio geral, estamos perante um novo conceito de Direito Societário. Contudo, antes de o abordarmos, vejamos como surgiu, tendo em conta que esta nova qualidade ("a independência") revela um contra-senso do sistema.

Com efeito, os titulares dos órgãos sociais são designados consensualmente (senão por unanimidade, pelo menos por maioria) pelos sócios,

---

[4] A que se reportam todas as disposições legais que não forem especialmente referenciadas neste texto, salvo quando for evidente referirem-se a um diferente diploma legal.
[5] Sobre este fenómeno, no nosso País, cf. as nossas lições (*Direito das Sociedades Comerciais*, 4ª ed., cit., 2010, em especial pp. 556-557, em especial nota 764).
[6] Por *soft law* entendemos o conjunto de regras que, constituindo modelos de adopção aconselhada, não são impostos aos agentes económicos a que se destinam, ficando a respectiva observância ao seu critério. A *soft law* concretiza-se, assim, na auto-regulação das entidades a que as regras se destinam.

sendo normalmente pessoas com as quais estes têm afinidades e se identificam, em quem confiam e com quem, pelo menos os maioritários, se relacionam estreitamente.

Aliás, convém não esquecer que, classicamente – isto é, nos primeiros tempos de desenvolvimento dos tipos societários (que estendemos até ao século XX) –, os cargos sociais tinham de ser todos (obrigatoriamente) ocupados por sócios, correspondendo à ideia de que estes exerciam a actividade económica da sociedade através das funções que nela desempenhavam.

A crescente complexidade do mundo dos negócios e da gestão das empresas e os conhecimentos técnicos e especializados que era necessário ter para assegurar, com relativo êxito, a respectiva direcção viriam a revelar-se incompatíveis com tais exigências (de que só os sócios pudessem aceder aos órgãos sociais), assistindo-se, gradualmente, à dissociação entre o risco do capital e a direcção efectiva das grandes sociedades comerciais (ditas "de capitais"). Paralelamente, para se garantir a correcção da gestão societária e a sua adequação aos princípios e regras de natureza económico-financeira viria a impor-se que, no controlo das grandes sociedades de capitais, participassem técnicos independentes e especializados: os revisores oficiais de contas, dotados de sólida formação económico-financeira e de especiais conhecimentos de contabilidade, os quais passaram a integrar os órgãos de fiscalização das maiores sociedades.

Foi por esta altura (final da década de sessenta), no que respeitava ao desempenho de determinados cargos sociais, nomeadamente de membro do conselho fiscal, que a lei estabeleceu uma lista de incompatibilidades, procurando assegurar que o desempenho de funções, no órgão de fiscalização, se efectuasse com isenção, profissionalismo e objectividade.

Decorridas quatro décadas, com o reconhecimento de que os interesses da sociedade já não se confinam aos respectivos sócios (accionistas) e trabalhadores, mas se alargam a todos os que gravitam em sua volta, como os clientes, fornecedores e credores – e, relativamente, a certos riscos, como o ambiental, os cidadãos em geral –, o legislador ampliou a lista de incompatibilidades – que havia inicialmente fixado no Decreto-Lei n.º 49381, de 15 de Novembro de 1969 (cfr. art. art. 2.º) e desenvolvido na redacção originária do Código das Sociedades Comerciais [cfr. art. 414.º (actual art. 414.º-A, com modificações)] – e, ao mesmo tempo que a aumentava, exigia em acréscimo que, nas *grandes* sociedades anónimas e nas sociedades cotadas, certas funções passassem obrigatoriamente a ser desempenhadas por pessoas *independentes* dos interesses estabelecidos e da influência accionista que reputava de significativa. Surgia, assim – com a reforma societária de 2006 –, a figura do membro **independente** de órgão social, complementarmente com o regime (da inexistência) das incompatibilidades já existente e ao qual os membros do órgão de fiscalização (já) se encontravam sujeitos. Vejamos, primeiro, o significado e alcance do novo conceito, que se aplica a diversos membros dos órgãos sociais que, para desempenharem funções em certas sociedades anónimas (as cotadas e as *grandes*) e nalguns dos seus órgãos (mesa da assembleia geral e órgão de fiscalização), devem ser independentes.

O Código das Sociedades Comerciais exige desde 2006 que, nas *grandes* sociedades anónimas (e nas cotadas), determinados cargos sociais sejam desempenhados por pessoas **independentes.** É o que acontece relativamente a certos membros do conselho fiscal (cfr. art. 414.º, n.os 4 e 5) ou do conselho geral e de supervisão (cfr. art. 414.º, n.os 4 e 5 *ex vi* art. 434.º, n.º 3), a um ou alguns dos administradores que integram a comissão de auditoria (cfr. arts. 423.º-B, n.os 4 e 5, e 414.º, n.º 5), quando o modelo de governação adoptado for o anglo-saxónico[7], ou aos membros da mesa da assembleia geral, em qualquer dos modelos de governação (cfr. arts. 374.º-A e 414.º, n.º 5)[8].

Ao formular esta nova exigência, a lei procura assegurar que, no exercício dessas funções, os titulares dos órgãos sociais não estejam sujeitos à influência de accionistas de referência ou de outros membros desses órgãos, atendendo exclusivamente ao interesse social e actuando de forma autónoma, imparcial, isenta e objectiva.

1.2. Critério legal

Vejamos então o que é um independente para efeitos de qualificação como titular de alguns órgãos sociais.

A lei estabelece no artigo 414.º, n.º 5 o conceito e critério de **membro independente** que, tendo sido criado a propósito dos membros do conselho fiscal, é também aplicável, por expressa remissão, aos membros independentes dos demais órgãos de fiscalização – conselho geral e de supervisão (cfr. art. 434.º, n.º 3) e comissão de auditoria (cfr. art. 423.º-B,

---

[7] Retomamos nesta passagem, sem alterações, o nosso *Direito das Sociedades Comerciais*, 4ª ed., Almedina, Coimbra, 2010, em especial pp. 585-586.
[8] Sob a epígrafe «*Independência dos membros da mesa da assembleia geral*», o número 1 do artigo 374.º-A exige que os membros da mesa das sociedades emitentes de valores mobiliários admitidos à negociação em mercado regulamentado e das *grandes* sociedades anónimas cumpram, «*com as necessárias adaptações, os requisitos de independência do n.º 5 do artigo 414.º*», aplicando-se-lhes também «*o regime das incompatibilidades previsto no n.º 1 do artigo 414.º-A*».

n.º 4) – e da mesa da assembleia geral (cfr. art. 374.º-A, n.º 1) sempre que a lei exigir que os mesmos reúnam esse requisito.

Nos termos do referido número 5, é «*independente a pessoa que não esteja associada a qualquer grupo de interesses específicos na sociedade, nem se encontre em alguma circunstância susceptível de afectar a sua isenção de análise ou de decisão*».

Em seguida, o mesmo preceito exemplifica, em duas alíneas, situações em que se entende existir associação a interesses específicos ou em que a isenção do presidente da mesa (ou de qualquer dos seus membros) pode ser questionada. Nos termos dessas alíneas, **não é independente** quem for titular de acções correspondentes a, pelo menos, 2% do capital social, ou *actuar em nome ou por conta* de accionistas com, pelo menos, essa participação (cfr. *alínea a)*). Em qualquer destas circunstâncias presume-se existir uma ligação a interesses significativos na sociedade, que prejudica uma actuação isenta. Assim, quem detiver uma participação de 2% na sociedade – o que corresponde, hoje, numa sociedade cotada a uma participação qualificada (cfr. art. 16.º do CVM)[9] – ou, por alguma forma representar um accionista nessas condições não reúne a aptidão para ser designado para um órgão social como independente.

Também deixa de reunir condições de isenção para desempenhar certos cargos sociais quem exercer funções em três ou mais mandatos, sucessivos ou interpolados (cfr. *alínea b)*), em qualquer órgão societário, ainda que não se trate daquele para o qual pretenderia qualificar-se como independente. A lei, aparentemente, não isola o desempenho de mandatos num mesmo órgão social do exercício em diferentes órgãos. Cremos que a *ratio* do preceito não permite a distinção. A ideia subjacente é, neste caso, a de que a convivência prolongada com os demais membros dos órgãos sociais e os accionistas retira isenção em termos de capacidade de análise e imparcialidade ao membro do órgão social em causa. É como se a respectiva designação para um quarto mandato significasse necessariamente que para ser reconduzido teria de ser alinhada com os principais accionistas.

O requisito da independência só se suscita na reeleição para o quarto mandato, porque a eleição para um terceiro mandato corresponde à segunda reeleição e a lei considera que perde a capacidade crítica a pessoa que «*for reeleita por mais de dois mandatos*». Por isso, mesmo que o legisla-

---

[9] A lei refere-se a «*participação qualificada igual ou superior a 2%*», quando o Código das Sociedades Comerciais até à Reforma de 2006 nunca se havia referido a esse conceito, nem tão pouco reportando exigências de informação, comunicação ou simples conduta a um limite percentual tão reduzido e claramente inspirado no art. 16.º do Código dos Valores Mobiliários.

dor tivesse dito «a pessoa eleita para mais de dois mandatos» – como quis e nos parece que teria sido mais correcto –, só com a designação para um terceiro mandato o membro do órgão social perde a *independência*, pelo que a falta desta só se repercute na eleição para o quarto mandato[10].

A disposição legal em apreço – o artigo 414.º, n.º 5 –, aplicada, por exemplo, aos membros da mesa da assembleia geral, nomeadamente de sociedades anónimas cotadas, significa que a lei pretende agora que os accionistas designem para a mesa da assembleia geral pessoas que não tenham ligações, nem compromissos, com quaisquer grupos de interesses sociais, nem participem, directa ou indirectamente, numa percentagem de capital de, pelo menos, 2%, de modo que possam desempenhar as suas funções de forma isenta e imparcial, sem constrangimentos de qualquer espécie. A lei considera também, na mesma regra, que a pessoa que exercer funções no decurso de três ou mais mandatos em qualquer órgão social já não reúne condições para ser considerado independente. Na base desta limitação está muito provavelmente a ideia de que, pelo convívio durante três mandatos, se gera entre os accionistas, os membros não independentes e os *independentes* uma relação de familiaridade que compromete a imparcialidade (e isenção) dos últimos.

A este propósito, saliente-se que fazia mais sentido que a lei tomasse como referência um determinado número mínimo de exercícios sociais, e não se limitasse a fazer uma referência aos mandatos, independentemente da respectiva duração, o que não deixa de retirar coerência ao critério. Na realidade, tanto perde a independência quem desempenhar três mandatos de um ano cada, num total de três exercícios sociais, como quem exercer funções durante três mandatos com duração máxima (de quatro anos), perfazendo doze anos como independente.

1.3. Regime específico

No que respeita ao regime legal a que os independentes estão sujeitos, refira-se que os candidatos a membros de órgão sociais que pretenderem revestir essa qualidade – para serem validamente designados – estão também sujeitos ao rigoroso regime de incompatibilidades estabelecido no

---

[10] Admitimos que conviria também, aqui, rectificar a redacção do preceito legal, de modo a evitar concluir-se que apenas estaria em causa a eleição para o quinto mandato, visto que, em rigor, a reeleição *por* dois mandatos equivaleria ao desempenho em três mandatos, pelo que a reeleição «*por mais de dois mandatos*» conduziria ao quarto mandato e só então o designado perderia a independência, para futuros desempenhos.

artigo 414.º-A. Mas a longa lista das incompatibilidades não constitui um exclusivo dos membros independentes, sendo genericamente aplicável a todos os titulares dos órgãos de fiscalização das sociedades anónimas (membros do conselho fiscal, da comissão de auditoria e do conselho geral e de supervisão), ainda que não sejam independentes, visto que a lei não exige que todos os membros desses órgãos sejam independentes (cfr., por exemplo, o n.º 6 do art. 414.º). Por isso, a **independência** não se pode confundir com tais incompatibilidades, que visam também assegurar que aqueles que a estas estão sujeitos sejam impermeáveis a influências nefastas a um desempenho imparcial de funções; requer adicionalmente que a pessoa elegível não esteja ligada a *interesses específicos* (titularidade ou representação, directa ou indirecta, de participação de 2%) e esteja em condições de desempenhar funções com *isenção de análise ou de decisão*.

Em acréscimo à exigência de incompatibilidades, o regime de membro *independente* tem algumas particularidades que importa salientar, em matéria de estatuto e exercício do cargo, as quais visam, por um lado, assegurar-lhe a necessária autonomia no desempenho das suas funções e, por outro lado, subtraí-lo ao poder discricionário dos accionistas.

Assim, uma dos efeitos legais[11] da independência projecta-se na remuneração daquele que deve ter essa qualidade, a qual deve ser em quantia fixa (cfr. art. 422.º-A, n.º 1 – para o qual também remete o n.º 3 do art. 374.º-A – e art. 423.º-D), evitando-se, desse modo, uma relação directa entre os resultados da actividade societária e os proventos dos membros **independentes**; outro prende-se com a cessação de funções, estabelecendo a lei que tais titulares dos órgãos sociais só possam ser destituídos com justa causa (cfr. arts. 419.º, n.º 1, 423.º-E, n.º 1 e 374.º-A, n.º 2).

Impondo que, em certas sociedades, alguns candidatos a membros de órgãos sociais reúnam a qualidade de independentes, a lei algo paradoxalmente não comina sanção específica para a infracção das previsões que requerem a designação de independentes para o exercício de certas funções, pelo que caberá às autoridades de supervisão do desempenho de tais sociedades – nomeadamente à CMVM, no mercado nacional, no que respeita às sociedades cotadas – apreciar a situação e agir em conformidade.

---

[11] Referimos **legais**, porque se nos afigura que um dos efeitos lógicos da independência dos membros dos órgãos sociais que devem revestir essa qualidade é serem remunerados. De outra forma dificilmente se compreenderia que se disponibilizassem para desempenhar funções que podem acarretar responsabilidade. A falta de remuneração pode, assim, indiciar um interesse (oculto) na assunção e desempenho do cargo.

Se a designação ocorrer por acordo dos accionistas em instrumento societário escrito, afigura-se-nos que a designação do membro do órgão social será nula, por ser feita com violação de regra imperativa (cfr. art. 294.º do CC); se a infracção se verificar no plano de uma deliberação de eleição, inclinar-nos-emos para considerar estarmos perante uma deliberação nula, por ser formada contra um preceito imperativo que não admite derrogação nem por unanimidade dos accionistas.

A nulidade é, pois, a sanção adequada por ser, em geral, a aplicável à falta de legitimidade para a prática de actos jurídicos.

A lei é totalmente omissa sobre a possibilidade de o contrato de sociedade alargar o critério de independência e a listagem das incompatibilidades aplicáveis ao desempenho de cargos sociais, por um lado, e sobre a faculdade de os estatutos estender tais impedimentos a titulares do órgão de administração, que em regra não se encontram sujeitos a tais limitações.

A ampliação estatutária dos casos de incompatibilidade e dos requisitos de independência parece ser compatível com a autonomia privada que rege o Direito Societário, não repugnando que o contrato de sociedade estabeleça sanções específicas para a inobservância desses impedimentos.

Mas haverá nessa sede que discutir qual a possibilidade de variação dos requisitos e situações em apreço. Não se encontrando os membros dos órgãos de uma sociedade legalmente sujeitos a tais impedimentos, importa debater se estes podem ser transpostos sem mais para o contrato de sociedade – por mera referência às disposições legais aplicáveis ou por repetição do conteúdo destas – e se é possível criar impedimentos que sejam mais ligeiros que os previstos na lei ou mais exigentes do que os que resultam desta.

Por sua vez, no que se refere às *grandes* sociedades anónimas e às cotadas – sujeitas às exigências da lei nesta matéria (cfr. art. 374.º-A, 414.º, 423.º-B, n.ºs 4 e 5) – coloca-se a questão, legítima, aliás, de saber se tais requisitos são mínimos, podendo ser alargados, ou se o contrato de sociedade pode reduzir ou esbater as imposições da lei ou, pelo menos, intervir nos aspectos em que ela é omissa. Assim, reduzir a exigência da lei seria fazer variar, por exemplo, a participação na sociedade de 2% para 3%. Já fixar soluções nos casos em que a lei é omissa, corresponderia, por exemplo, a admitir que a independência se recupera decorridos que sejam x mandatos ou y exercícios (ou anos) sobre a data em que se perdeu. Sem prejuízo de estarmos perante questões a que procuraremos responder adiante, afigura-se que as normas do Código das Sociedades Comerciais revestem, nesta matéria, um conteúdo mínimo imperativo.

Iremos apreciar em seguida algumas cláusulas estatutárias que aumentam os casos e situações de exigência de qualidades (pessoais) específicas para o desempenho de cargos sociais e ponderar a sua legitimidade.

1.4. Projecção em cláusulas estatutárias

A aplicação do sistema de independência e de inexistência de incompatibilidades nas diversas sociedades não carece de previsão estatutária específica, sendo suficiente que resulte da lei. Contudo, num domínio em que a autonomia privada revela um poder manifestamente excessivo, é preferível ponderar caso a caso.

Se reflectirmos sobre cláusulas estatutárias que possam representar um desenvolvimento e ampliação do regime legal nesta matéria, diríamos que são inúmeros os cenários e as possibilidades que se nos deparam e se colocam, importando proceder a uma correcta avaliação casuística do seu significado e alcance. Vamos procurar, nas que se seguem, enunciar aquelas que podem contribuir para a melhoria da governação das sociedades que as adoptarem[12].

1.4.1. Aproveitamento e desenvolvimento do regime vigente

São diversas as cláusulas que podem constituir mero aproveitamento ou desenvolvimento do regime legal introduzido, com obrigatoriedade, para as *grandes* sociedades anónimas e para aquelas que forem cotadas. Tais preceitos estatutários podem agrupar-se em diversas categorias.

1.4.1.1. *Qualificação e critério*

À cabeça das cláusulas relativas aos membros independentes temos aquela que exige que os membros da mesa tenham de ser independentes e que pode ser utilizada também facultativamente.

Cláusula Nona
(Mesa da assembleia geral)

Um. *A mesa da assembleia geral será constituída por um presidente e por um secretário, podendo eventualmente ser eleito um vice-presidente.*
Dois. *Os membros da mesa da assembleia geral devem ser independentes.*

---

[12] Procuraremos evitar enunciar regras estatutárias que se limitem a transcrever literalmente, ou com diferentes palavras e expressões, as normas legais aplicáveis.

Mas o contrato de sociedade pode delimitar, eventualmente de forma negativa – que é sempre menos rigorosa –, o conceito de membro independente, ainda que se limite a esclarecer o critério constante da lei.

Cláusula Vigésima Segunda
(Conceito de membro de órgão social independente)

Um.   *Não tem aptidão para desempenhar funções como membro independente de órgãos sociais quem tiver desempenhado, pelo menos, três mandatos seguidos ou interpolados em qualquer órgão social ou for, directa ou indirectamente, titular de, pelo menos, 2% do respectivo capital social com direito de voto.*

Dois.   (…)

Outras cláusulas serão possíveis, nesta linha, contribuindo para tornar claro aos olhos dos accionistas e de terceiros que, naquela sociedade, alguns membros dos órgãos sociais têm de ser independentes.

1.4.1.2. *Perda de independência (superveniente) no decurso do mandato*

Se o membro do órgão social perde a independência por ter desempenhado três mandatos, deixa de ser elegível como independente. Esta situação não suscita particulares questões, para além da (falta de) sanção que seja (ou fosse) eventualmente aplicável.

Questão diferente e interessante consiste em procurar saber o que acontece se a perda de independência ocorrer no decurso do mandato. Quais os efeitos que tal vicissitude acarreta e que actos devem ser praticados?

Neste caso, cremos que o contrato de sociedade poderia dar resposta a esta questão, com uma cláusula com o seguinte teor:

Cláusula Vigésima Quarta
(Perda de independência)

Um.   *Em caso de perda de independência, no decurso do mandato, designadamente por excesso de participação social ou pela qualidade de representante de accionista que exceda os 2%, o membro do órgão social deverá informar o Secretário da sociedade ou, na falta deste, o Presidente do órgão de fiscalização e, subsequentemente, mas no prazo de trinta dias contado da data em que ocorreu o facto que o desqualificou como independente, apresentar a renúncia às funções que exerce.*

Dois.   *Em caso de dúvida sobre a eventual perda da qualidade de independente indispensável para o desempenho do cargo social, o respectivo titular poderá consultar o órgão de fiscalização, o qual se deverá pronunciar no prazo de quinze dias.*

Três. *Verificando-se a situação prevista no número um sem que o membro que perdeu a independência apresente a sua renúncia, poderá o Secretário da sociedade ou o Presidente do órgão de fiscalização requerer que seja convocada a assembleia geral para deliberar sobre a respectiva destituição com justa causa.*

Quatro. *Em acréscimo à sanção prevista no número anterior, o membro do órgão social incumpridor incorre na obrigação de indemnizar a sociedade pelo montante diário de cem euros, a contar do dia seguinte ao último de que dispunha para apresentar a sua renúncia.*

1.4.1.3. *Exigibilidade contratual de previsões características de regras da soft law*

Constituirá também o aproveitamento do regime vigente, a adopção pelos estatutos de uma sociedade anónima aberta cotada de regras da *soft law* resultantes de recomendações da CMVM.

Com efeito, recorde-se que o modelo de Código proposto pela CMVM sugere que, pelo menos, um quarto dos membros do órgão de administração, que se encontrarão entre os "não-executivos" – pressupondo naturalmente que os membros executivos não são independentes –, sejam independentes (cfr. Código de Governo das Sociedades da CMVM, n.º II.1.2).

Estas previsões, típicas de regras da *soft law*, destituídas de coactividade – apesar dos reflexos sociais (e económicos) que o respectivo incumprimento pode acarretar, em especial nos países desenvolvidos e de tradição anglo-saxónica, nos quais a efectividade social das regras é incontroversa –, podem ser retomadas no plano estatutário.

Assim, e exemplificando, os estatutos poderão incluir as seguintes previsões:

Cláusula Décima Terceira
(Composição do conselho de administração)

Um. *A sociedade é administrada e representada por um conselho de administração composto por um mínimo de sete e um máximo de treze membros, designados para um mandato de três exercícios sociais e sendo reelegíveis.*

Dois. *O conselho de administração poderá delegar as suas funções numa comissão executiva composta por um mínimo de três e um máximo de cinco membros.*

Três. *O presidente do conselho de administração, a ser eleito pelos accionistas, não poderá integrar a comissão executiva, se a mesma for constituída.*

Quatro. *Um terço dos membros do conselho de administração, incluindo o presidente, deverá ser composto por (pessoas) independentes.*

1.4.1.4. *Adopção voluntária de requisitos mínimos de independência*

Um outro aspecto suscitado pelo regime em análise respeita a saber se é possível introduzir voluntariamente no contrato social regras que imponham o requisito da independência, ainda que este *não* seja, no caso, legalmente obrigatório.

Tais cláusulas podem surgir em duas situações totalmente distintas, consoante se trate, ou não, de sociedade cujos titulares de órgãos sociais possam estar sujeitos à verificação desse requisito.

Assim, para além do exemplo acima dado – com um terço dos membros da administração de uma sociedade cotada –, podemos imaginar uma cláusula que exija que todos os membros do órgão de fiscalização sejam independentes.

Cláusula Vigésima
(Composição do conselho fiscal)

Um. *O conselho fiscal é composto por três membros efectivos e um suplente, designados para um mandato de três exercícios sociais e sendo reelegíveis, e à sua margem, com autonomia, funcionará um revisor oficial de contas.*

Dois. *Os membros do conselho fiscal serão todos, incluindo o suplente, independentes, devendo um deles reunir especiais qualificações em matéria contabilística.*

Ou simplesmente uma regra estatutária que, em sociedade anónima cujos membros dos órgãos sociais não se encontrem sujeitos ao requisito da independência, diminua para o patamar de 1% esse requisito. Por exemplo:

Cláusula Vigésima Segunda
(Conceito de membro de órgão social independente)

Um. *Não tem aptidão para desempenhar funções como membro independente de órgãos sociais quem tiver desempenhado, pelo menos, três mandatos seguidos ou interpolados em qualquer órgão social ou for, directa ou indirectamente, titular de, pelo menos, 1% do respectivo capital social com direito de voto.*

Dois. (...)

Noutros casos, nas sociedades anónimas em que nenhum dos titulares dos órgãos sociais tem de ser independente, os accionistas podem voluntariamente acolher o regime (legal) imperativamente aplicável às grandes sociedades ou, em alternativa, acolherem as regras de independência que reputarem adequadas ao bom funcionamento da sociedade. Tal opção poderá ser manifestada numa única cláusula ou fraccionada em diversos preceitos estatutários. Exemplifique-se, começando pela cláusula única.

Cláusula Vigésima Quinta
(Membros independentes de órgãos sociais)

Um. *Os membros dos órgãos sociais deverão reunir os requisitos de independência estabelecidos para os titulares de órgãos sociais de sociedades cujas participações se encontrem admitidas à negociação em mercado regulamentado.*

Dois. *Para efeitos do disposto no número anterior, deverão ser observadas as normas legais aplicáveis às sociedades cotadas em matéria de independência.*

Em alternativa, é possível imaginar um contrato de sociedade no qual, simultaneamente, se exijam requisitos de independência para certos órgãos e se prescinda de o fazer para outros ou se exija apenas que um dos membros seja independente. Por exemplo, impondo-se a independência (apenas) do presidente da mesa da assembleia geral e de um terço dos administradores e nada se exigindo relativamente aos membros do órgão de fiscalização que ficarão, nesse caso, sujeitos exclusivamente à lista (legal) de incompatibilidades para o desempenho das suas funções.

1.4.1.5. *Exigibilidade da qualidade em situações de substituição de membro independente*

Uma outra questão mais complexa que se pode colocar a propósito da independência tem a ver com a forma como se poderá processar a substituição de um membro independente, quando accionistas minoritários tiverem direito a promover a eleição em separado de um membro de órgão social para substituição de outro que tenha sido eleito pela maioria. A questão complica-se se este tiver de ser independente. Situemo-nos no ambiente de uma sociedade anónima de modelo anglo-saxónico e gizemos duas cláusulas que pretendem acautelar o funcionamento do artigo 392.º do Código das Sociedades Comerciais.

Cláusula Oitava
(Estrutura orgânica)

Um. *A sociedade tem os seguintes órgãos sociais:*
   (a) *Assembleia geral;*
   (b) *Conselho de administração,*
   (c) *Comissão de auditoria; e*
   (d) *Revisor oficial de contas.*

Dois. *Os membros da comissão de auditoria são administradores não executivos, integrando o conselho de administração, sem prejuízo de funcionarem e deliberarem em separado.*

Cláusula Décima Quarta
(Composição do conselho de administração)

Um. *A sociedade é administrada e representada por um conselho de administração composto por um mínimo de sete e um máximo de treze membros, designados para um mandato de três exercícios sociais e sendo reelegíveis, do qual faz parte a comissão de auditoria, composta por três elementos.*

Dois. *Na lista candidata ao conselho de administração aqueles que se destinarem a integrar a comissão de auditoria devem ser identificados como tal.*

Três. *Os accionistas minoritários que, isolada ou conjuntamente, sejam titulares de, pelo menos, dez porcento do capital social e que tenham votado contra a lista apoiada pela maioria dos accionistas poderão deliberar em separado a eleição de um administrador, o qual substituirá o membro da lista vencedora menos votado e, em igualdade de circunstâncias o que se encontrar indicado em último lugar.*

Quatro. *Caso o administrador a substituir, nos termos do número anterior, seja independente, os accionistas que propuserem um substituto poderão optar entre eleger outro independente para substituir o menos votado ou, elegendo um não independente, deverá este substituir o administrador não independente que tenha sido indicado em último lugar da lista.*

Esta questão já foi objecto de apreciação, em anterior estudo[13] e é adiante reapreciada (cfr., *supra*, n.º 3.4). Está em causa saber como é substituído um membro de órgão *social ao abrigo de regra, legal ou contratual, de designação de administrador por accionistas minoritários e discordantes dos administradores eleitos.*

1.4.1.6. *Independência nas sociedades por quotas*

Por fim, avente-se a possibilidade de estender contratualmente às sociedades por quotas a exigência de que parte dos seus gerentes seja independente. Para o efeito, poderíamos aventar a seguinte regra:

---

[13] Referimo-nos ao artigo sobre «*Corporate & Public Governance* nas Sociedades Anónimas: primeira reflexão», *DSR*, ano 2, vol. 4, 2010 (pp. 159-179).

Artigo Oitavo

A sociedade é administrada e representada por três gerentes, devendo um deles ser independente, nos termos e para os efeitos do disposto no artigo 414.º, n.º 5 do Código das Sociedades Comerciais.

Trata-se de uma regra compatível com a autonomia privada que deve reger a actuação dos agentes económicos neste domínio. As maiores dificuldades resultarão da sua imposição e das situações em que, de facto, o comando contratual não seja observado. Contudo, nada impede que o contrato de sociedade estabeleça uma sanção para esse efeito.

1.4.2. Cláusulas à margem do regime vigente; a recuperação da qualidade (de independente)

Noutros casos podemos admitir que há cláusulas que, sendo criadas à margem do sistema legal vigente, nomeadamente porque o mesmo não contém previsão sobre uma determinada hipótese – como acontece com a "recuperação" da qualidade de independente –, podem fazer sentido contratualmente.

Exemplifiquemos:

Cláusula Vigésima Segunda
(Conceito de membro de órgão social independente)

Um. (...).
Dois. *Recupera a qualidade de membro independente quem, durante o prazo mínimo de um ano, deixar de possuir ou representar uma participação social de 2% ou quem, tendo desempenhado três mandatos em órgãos sociais, tenha cessado as suas funções na sociedade há, pelo menos, dez anos.*

Está em causa, nesta cláusula, regular a cessação do impedimento, admitindo-se que um membro não independente de órgão social possa adquirir ou recuperar a qualidade de independente.

Embora a lei não pareça fazer concessões a esta possibilidade, sobretudo no que respeita a readquirir a *independência* (perdida) decorridos alguns anos sobre o termo do relacionamento com a sociedade, não repugna aceitar que cláusula contratual expressa limite esse período de nojo, contanto que o prazo em causa seja adequado a assegurar que os efeitos que o critério legal pretende prevenir não são susceptíveis de contaminar um novo desempenho de cargo social.

1.4.3. (Inadmissibilidade de) Cláusulas que restrinjam o regime legal (vigente)

Finalmente, se ponderarmos a possibilidade de limitar o alcance das regras legais que, com referência a certas sociedades anónimas (cotadas e *grandes*) e a determinados órgãos sociais *às* mesmas pertencentes, impõem um mínimo imperativo, podemos ser levados a concluir pela respectiva inadmissibilidade.

Admita-se que estava em causa em causa procurar aumentar os limites mínimos estabelecidos pela lei para que um membro de um órgão social não fosse independente, considerando que apenas estaria nessa situação quem detivesse (ou representasse), pelo menos, 5% do capital. Exemplificando:

Cláusula Vigésima Segunda
(Conceito de membro de órgão social independente)

Um. *Não tem aptidão para desempenhar funções como membro independente de órgãos sociais quem tiver desempenhado, pelo menos, três mandatos seguidos ou interpolados em qualquer órgão social ou for, directa ou indirectamente, titular de, pelo menos, 5% do respectivo capital social com direito de voto.*
Dois. (…)

A cláusula transcrita afigura-se nula, porquanto representa uma absoluta inobservância da regra legal imperativa – destinada a proteger os accionistas e outros *stakeholders* –, no que respeita ao critério enunciado para caracterizar a falta de independência.

Reforça este entendimento as sérias reservas que temos de que a autonomia privada possa impor-se a regras imperativas com conteúdo mínimo, devendo concluir forçosamente pela rejeição de cláusula(s) com o teor da acima enunciada ou que dela seja(m) análoga(s).

1.4.4. Situações de domínio total

Nos casos em que a sociedade é totalmente dominada, já temos legítimas dúvidas se não será de admitir restrições contratuais estabelecidas por não se justificar preservar na sua plenitude a tutela dispensada com a imposição (legal) de membros independentes, sobretudo se não estiverem em risco interesses de terceiros, isto é, de outros *stakeholders*.

Assim, estando em causa uma sociedade totalmente dominada, admitimos a inclusão de que uma regra que, pura e simplesmente afaste a totalidade dos requisitos da independência. Vejamos um exemplo:

Cláusula Vigésima Terceira
**(Inaplicabilidade do regime da independência
de membros de órgãos sociais)**

Sendo a sociedade totalmente dominada por uma única entidade, não se aplicam aos titulares dos seus órgãos os requisitos de independência legalmente estabelecidos para o exercício de cargos sociais.

Nesta hipótese não repugna admitir que os interesses em jogo, substancialmente distintos – por se tratar de uma sociedade totalmente dominada –, justifiquem uma restrição na aplicação do regime legal, como sucede de resto em situação análoga (de domínio total) no caso do modelo clássico de governação no que respeita à imperatividade de fiscalização complexa (cfr. art. 413.º, n.º 2, *alínea a)*). Trata-se de questão que voltaremos a abordar adiante (cfr., *infra*, n.º 3.3).

Contudo, antes de passarmos a caracterizar as incompatibilidades legalmente estabelecidas para o desempenho de cargos sociais, podemos concluir, pelos exemplos avançados, que este novo conceito do Direito Societário nacional ("a independência") deveria ser repensado, tal como a sua natureza e critério definidor.

2. Incompatibilidades para o desempenho de cargos sociais[14]

2.1. Caracterização

A lei estabelece uma longa lista de incompatibilidades para o exercício de cargos sociais, que haviam sido introduzidas no nosso ordenamento pelo Decreto-Lei n.º 49 381, e que tinham sido transpostas, com desenvolvimento, para o Código das Sociedades Comerciais (na redacção originária do art. 414.º), embora sem a extensão das actuais medidas previstas no artigo 414.º-A.

Tal lista – que se mantém não obstante o (novo) requisito da independência – tem por finalidade assegurar que o exercício de funções em órgãos de controlo ou nas assembleias gerais das *grandes sociedades anónimas* (incluindo as cotadas) se processa de forma isenta, imparcial e objectiva, atendendo unicamente ao interesse da sociedade que os mesmos integram.

---

[14] Retomamos, no texto, embora de modo mais resumido e com modificações, a análise que fazemos no nosso livro *Direito das Sociedades Comerciais*, 4ª ed., Almedina, Coimbra, 2010, pp. 591-601.

A incompatibilidade caracteriza essencialmente uma situação relativa, que se estabelece, em regra – mas não necessariamente (cfr. art. 414.º-A, n.º 1, *alínea j*)) –, com referência a outros sujeitos, nomeadamente por efeito do respectivo desempenho de funções noutros órgãos, de diferente ou igual natureza, da mesma sociedade, de sociedade pertencente ao mesmo grupo económico ou jurídico ou de sociedade totalmente alheia, reconduzindo-se esta situação, nalguns casos, à impossibilidade de desenvolver, directa ou indirectamente, actividades fora da sociedade. O elemento comum a todas as situações enunciadas é a sociedade de que faz parte o órgão que se pretende integrar e que a eventual existência de uma incompatibilidade pode constituir factor impeditivo.

Há uma incompatibilidade quando se verifica existir algum facto legalmente fixado que a lei reputa constituir impedimento significativo para o adequado desempenho de certas funções em determinados órgãos sociais, designadamente de fiscalização.

Nessa linha, o artigo 414.º-A estabelece, no seu número 1, uma exaustiva lista de incompatibilidades – aplicáveis directamente aos membros de órgãos de fiscalização [conselho fiscal, comissão de auditoria (*ex vi* art. 423.º-B, n.º 3) ou conselho geral e de supervisão (*ex vi* art. 434.º, n.º 4)] – que também serão extensíveis ao presidente e demais membros da mesa da assembleia geral das *grandes* sociedades anónimas e das cotadas, por expressa remissão do disposto no artigo 374.º-A.

Tais impedimentos, legalmente estabelecidos, não são exclusivos dos membros independentes dos órgãos sociais; são aplicáveis também a membros não independentes. Isto é, um titular de órgão social pode não ser independente e encontrar-se sujeito à inexistência de incompatibilidade para desempenhar as suas funções. Tal acontece, por exemplo, com a maioria dos membros do órgão de fiscalização em situação normal.

Contudo, o membro *independente* está sempre sujeito a essas limitações, sobre ele recaindo todas as incompatibilidades legalmente enunciadas, pelo que se lhe aplicam a par da inexistência destas os requisitos de independência legal ou estatutariamente estabelecidos.

Vamos sistematizar e analisar, autonomamente, as limitações relativas à participação em órgãos da mesma sociedade ou de entidade do mesmo grupo – em função das pessoas que neles (também) participam ou do desempenho de funções noutros órgãos – e as situações que correspondem a uma proibição de exercício de actividade concorrente que se suscitam, essencialmente, no plano da gestão e representação da sociedade.

Como iremos ver, nem todos os cargos sociais estão sujeitos às incompatibilidades legalmente estabelecidas, embora o exercício de funções executivas não seja facilmente coadunável com a participação em órgãos de diferentes sociedades. Com efeito, a lei apenas sujeita a essa lista aqueles que pretendem desempenhar funções em órgãos de controlo (conselho fiscal, conselho geral e de supervisão e comissão de auditoria de quaisquer sociedades anónimas) e na mesa da assembleia geral (das *grandes* sociedades anónimas e das cotadas).

2.2. Incompatibilidades absolutas e relativas para o exercício de funções em órgãos sociais; exemplificação

As incompatibilidades correspondem, assim, a impedimentos para o exercício de funções em determinados órgãos societários, sendo objecto de uma (extensa) listagem legalmente fixada a propósito da composição do conselho fiscal, no artigo 414.º-A, e extensível ao desempenho de outros cargos sociais, não devendo ser confundidas, sublinhe-se, com os requisitos de independência

Se percorrermos as incompatibilidades enunciadas na lei, podemos agrupá-las em diversas categorias, consoante elas se suscitem em absoluto ou dependam de uma relação entre a sociedade e o designado ou entre este e um terceiro. Em todas encontramos um denominador comum: a inaptidão que geram para o candidato ao órgão social (ou para p respectivo titular, quando ocorram supervenientemente).

Contudo, algumas incompatibilidades impedem o candidato ao órgão social de desempenhar funções em qualquer sociedade comercial; e por isso qualificamo-las como **absolutas**. Constituem exemplos as situações de incapacidade (de exercício) ou de insolvência ou o desempenho de funções de administração ou de fiscalização em, pelo menos, cinco sociedades[15] (cfr. art. 414.º-A, *alíneas j)* e *h)*), não estando em causa um revisor oficial de contas.

Por sua vez, as situações intersubjectivas são aquelas em que importa indagar o relacionamento do (candidato a) membro do órgão social e outra realidade, sejam pessoas que lhe são próximas, seja a própria sociedade. Enquadram-se nestas as relações familiares conjugais, de parentesco

---

[15] Desde que as mesmas não pertençam todas a um grupo, caso em que este releva, para efeitos de incompatibilidade, como uma única sociedade. Neste sentido, cfr. PEDRO DE ALBUQUERQUE, *Os limites à pluriocupação dos membros do conselho geral e de supervisão e do conselho fiscal*, Almedina, Coimbra, 2007, em especial pp. 26-28 e 77-89.

ou de afinidade até ao 3.º grau da linha colateral (cfr. art. 414.º-A, n.º 1, alínea g)).

Outras situações – que correspondem, aliás, ao número mais significativo de impedimentos – respeitam à relação do designado com a sociedade – cujos órgãos ele pretende integrar –, quer a mesma implique terceiros, por efeito de funções sociais desempenhadas noutros órgãos ou em sociedades relacionadas ou concorrentes (cfr. art. 414.º-A, n.º 1, alíneas c), d) e f)), quer a mesma envolva apenas a sociedade e o designado, por este ser administrador ou *beneficiário de vantagens particulares da própria sociedade* ou ter com esta uma *relação comercial significativa* (cfr. art. 414.º-A, n.º 1, alíneas b)[16], a) e e)).

Entre todas, importa precisar o alcance desta última incompatibilidade, que impede que sejam eleitos ou designados membros da mesa da assembleia geral de uma sociedade cotada e do órgão de fiscalização de qualquer sociedade anónima (do conselho fiscal, da comissão de auditoria ou do conselho geral e de supervisão), as pessoas que, «*de modo directo ou indirecto, prestem serviços ou estabeleçam relação comercial significativa com*» essa sociedade ou com sociedade que com ela «*se encontre em relação de domínio ou de grupo*» (art. 414.º-A, n.º 1, alínea e))[17].

Não se afigura que a lei tenha querido diferenciar a prestação de serviços de uma qualquer relação comercial, à qual aquela também se reconduz. A lei foi omissa sobre o fornecimento de bens e não pretende distinguir os prestadores de serviços dos fornecedores ou distribuidores de bens.

Por isso, ao afastar aqueles que são contraparte da sociedade numa relação com expressão na respectiva actividade – rejeitando quem possa sofrer influência por se encontrar dependente da sociedade, perdendo a objectividade de análise da situação em que esta se encontra e não se encontrando apto a desempenhar funções tão relevantes –, a lei apenas pretende garantir que os membros do órgão de controlo são livres e isentos na sua apreciação.

Não basta, assim, que haja uma relação comercial entre o designado e a sociedade, é fundamental que tal relacionamento seja significativo para o prestador de serviços ou fornecedor de bens e candidato a membro de órgão social.

---

[16] A alteração ocorrida no plano (da inexistência) das incompatibilidades, em 2005, deixou de fora a transição directa de órgãos, nomeadamente do órgão de direcção para o de controlo, viabilizando em algumas das sociedades cotadas do nosso mercado mudanças da administração para a fiscalização.

[17] Desenvolvemos esta questão nas nossas lições de *Direito das Sociedades Comerciais*, 4ª ed., cit., 2010, pp. 593-597, para onde remetemos. Limitamo-nos agora a apresentar a solução.

Mas importa procurar fixar um critério, que deverá ser apreciado e quiçá precisado pela jurisprudência. A prestação de serviços ou fornecimento de bens deve assumir uma dimensão tal no âmbito da actividade da empresa do candidato a membro de órgão social que gere dependência da prestadora de serviços[18], numa base constante e permanente, pelo peso que represente da facturação global desta. Ela deverá ser regular – nesta regularidade se enquadrando relações de avença ou de fornecimento contínuo – e, sobretudo, assumir uma dimensão razoável relativamente ao conjunto dos serviços de idêntica natureza que são prestados à sociedade. Nestes termos – que haverá, contudo, que concretizar –, diríamos que se encontra em situação de incompatibilidade para desempenhar funções como membro da mesa da assembleia geral ou do órgão de fiscalização de uma sociedade cotada, por exemplo, quem prestar serviços que, num determinado período (coincidente, eventualmente, com um ano civil ou um exercício social), correspondam a 10% do total de serviços da mesma natureza prestados directamente pelo designado ou através de sociedade que este integre. Não releva, pois, o peso que tais serviços têm na sociedade que deles é beneficiária, uma vez que a norma não pretende acautelar o eventual monopólio ou oligopólio na prestação de serviços, mas apenas que o prestador perca, ou veja reduzida, a sua independência considerando o volume dos serviços que presta à sua contraparte para cujo órgão de fiscalização é designado. Por isso, em princípio, se o prestador de serviços é único, nos serviços que presta à sociedade, não haverá qualquer incompatibilidade se esses serviços forem pouco significativos para ele, pois o que a lei pretende evitar, com esta incompatibilidade, é que o designado se encontre dependente da sociedade; e não o contrário[19].

Recorde-se ainda que a lista de incompatibilidades estabelecida no artigo 414.º-A não tem por finalidade assegurar a independência dos membros dos órgãos sociais; impõe limitações adicionais ao desempenho

---

[18] Em princípio, tendemos hoje para considerar irrelevante a dependência da beneficiária dos serviços.

[19] Contudo, dizemos em princípio porque se o prestador de serviços for "único", pode ter um peso efectivo, uma influência real, na sociedade, condicionando pela sua relevância os respectivos órgãos. Nesse caso, a avaliar em concreto, tenderíamos a considerar incompatível o desempenho de funções sociais com a prestação de serviços ou fornecimento de bens, ainda que relativamente insignificante para o prestador (ou fornecedor). Nesta situação não estaria, contudo, em causa a falta de isenção deste, mas a pressão que o mesmo pudesse exercer sobre os demais membros dos órgãos sociais, dada a relação de dependência da própria sociedade beneficiária dos serviços ou dos bens. Trata-se, contudo, de hipótese remota que não corresponde à *ratio* da norma que impõe a incompatibilidade, pelo que na generalidade dos casos é de afastar.

de certos cargos sociais. Importa sublinhar, a este propósito, que, na *alínea e)* do artigo 414.º-A, diferentemente do que acontece no preenchimento do conceito de independência (cfr. art. 414.º, n.º 5), o que está em causa é um conceito relacional que se traduz na legitimidade, ou falta dela, para desempenhar certas funções, atendendo à ocorrência de certos factores. Trata-se de uma incompatibilidade que não se verifica em termos absolutos, mas que deverá ser apurada casuisticamente[20].

2.3. Efeitos (sanções)

Verificando-se uma incompatibilidade subjacente à designação de um membro de órgão social, esta é nula (cfr. art. 414.º-A, n.º 3), pelo que não se tem por produzida; é como se não tivesse ocorrido.

Contudo, a incompatibilidade pode surgir supervenientemente, isto é, no decurso do mandato para o qual o titular do órgão social foi oportunamente designado sem qualquer vicissitude. Caso tal aconteça, isto é, sobrevindo uma incompatibilidade, a mesma provoca a imediata cessação de funções da pessoa a que respeita, sem prejuízo da responsabilidade que lhe seja imputada por actos praticados posteriormente (cfr. art. 414.º-A, n.º 2).

Estas regras são válidas para todas as situações em que o impedimento se verifica em termos absolutos, relativamente à sociedade em que o designado pretende exercer funções ou à sua própria pessoa (cfr., a título exemplificativo, *alíneas h), j), b), c), e)* e *f)* do n.º 1 do art. 414.º-A). Nestas circunstâncias, tratando-se, por exemplo, da designação para um cargo, relativamente ao qual exista impedimento por efeito do desempenho de outros cargos (cfr. art. 414.º-A, n.º 1, *alínea b)*), então a (nova) designação não será válida, se for ela que se encontrar sujeita à incompatibilidade.

Se a incompatibilidade respeitar a uma relação intersubjectiva (cfr. o disposto na *alínea g)* do n.º 1 do art. 414.º-A do CSC) e for aplicável aos dois sujeitos envolvidos relativamente aos quais existe, importa, no silêncio da lei[21], fazer a seguinte distinção, com a finalidade de apurarmos qual a designação social afectada:

– Ocorrendo simultaneamente, ambas as designações são nulas se nenhum dos designados prescindir do cargo e se a incompatibilidade for comum aos dois. Assim, se estiverem em causa as designa-

---

[20] Sobre casos concretos, cfr. as nossas lições citadas, pp. 595-597.
[21] Cremos que o contrato de sociedade não poderá regular esta situação de modo diferente ao exposto.

ções dos presidentes da mesa da assembleia geral e do conselho fiscal de uma *grande* sociedade anónima ou cotada, e estes tiverem um laço de parentesco ou de afinidade impeditivo (por exemplo, serem irmãos ou tio e sobrinho), ambas são inválidas. Se a incompatibilidade for relativa apenas a um dos sujeitos, só obsta ao desempenho de funções do membro do órgão social em relação ao qual se verifica. Exemplificando, se estiver em causa uma relação familiar entre um membro do conselho fiscal e um administrador da sociedade, a incompatibilidade apenas afecta o membro do conselho fiscal e não o administrador (cfr. art. 414.º-A, n.º 1, *alíneas g)* e *b)*).
- Quando um dos sujeitos já se encontra em funções, eventual incompatibilidade só se aplica à indicação do novo titular de um órgão social – que é nula –, não interferindo com as funções do membro de órgão social já em exercício.

Noutros casos, o impedimento pode surgir posteriormente e ser provocada por uma designação incompatível. Assim, por exemplo, se for designado administrador um afim no 3.º grau da linha colateral de um vogal do conselho fiscal, este fica em situação de incompatibilidade, cessando as suas funções.

2.4. Inexistência de incompatibilidades *versus* independência

Ser independente não significa necessariamente não ter incompatibilidades para exercer direitos sociais. Os titulares de órgãos sociais aos quais a lei exige *independência* não devem encontrar-se em situação de incompatibilidade por tal ser legalmente estabelecido, ao passo que há vários casos de sujeição a incompatibilidades sem que se tenha, simultaneamente, de verificar a independência do titular do órgão social. Tal sucede, designadamente, com os membros do conselho fiscal que não tenham de ser independentes (cfr. arts. 414.º-A e 414.º, n.º 4 *a contrario*).

A *inexistência de incompatibilidades*, embora realize, de certo modo, as mesmas finalidades que os requisitos de independência, assegurando que o exercício de funções de controlo da actividade societária são desempenhadas de forma imparcial, livre de pressões e, consequentemente, isenta, não se confunde com a exigência de *independência*, que se exprime na relação directa de um titular de um órgão social com a respectiva sociedade, procurando garantir que aquele exerça as suas funções de forma objectiva, pessoalmente desinteressada e livre de influência que possa fazer perigar a atitude de distanciamento em relação aos accionistas que o (adequado) desempenho do cargo requer.

Independência e inexistência de incompatibilidades não são, pois, conceitos ou realidades coincidentes. Apesar deste segundo requisito acrescer sempre que a lei impuser que o titular de um órgão social seja *independente*, o inverso já não se verifica necessariamente. Por isso, estão também sujeitos ao regime das incompatibilidades membros de órgãos sociais que não forem, nem tiverem de ser, independentes, como sucede em todas as sociedades anónimas (não cotadas ou que não sejam *grandes*) de modelo de governação clássico ou anglo-saxónico com os membros do conselho fiscal e da comissão de auditoria, respectivamente, que não exercerem funções específicas de revisor oficial de contas.

2.5. Limitações ao exercício de actividade concorrente

De entre as diversas incompatibilidades legalmente previstas, devemos autonomizar, pela sua relevância e projecção, as que resultam do exercício de actividades concorrentes às da sociedade para a qual o candidato a titular de órgão social se pretende qualificar. Com efeito, as incompatibilidades não se cingem, nesta matéria, à previsão da *alínea f)* do número 1 do artigo 414.º-A.

Na realidade, a lei estabelece outras incompatibilidades que não se restringem ao domínio das sociedades anónimas, mas que, pela sua importância, se estendem às sociedades por quotas, por respeitarem ao desempenho de funções de administração, impedindo que uma mesma pessoa seja gestor e representante de sociedade(s) que, prosseguindo uma actividade análoga, não integrem o mesmo grupo jurídico ou económico daquela em que desempenha a sua actividade habitual.

Estas incompatibilidades não são, contudo, absolutas, podendo ser dispensadas pelos sócios e accionistas nas sociedades por quotas e anónimas, que podem consentir no exercício simultâneo de actividades concorrentes[22]. O consentimento a prestar para o exercício de actividades concor-

---

[22] Importa esclarecer que a concorrência deve ser apreciada em relação ao objecto social (cfr. art. 254.º, n.º 2) e não apenas quanto à actividade que a sociedade exerce efectivamente no momento em que se pondera o eventual consentimento, sobretudo se esta puder vir a ampliar autorizadamente os negócios que se propõe realizar.
Mas a concorrência também não é admissível relativamente a actividades que a sociedade desenvolve à margem do seu objecto social, uma vez que o administrador ou gerente não as pode ignorar, como não pode desconhecer o objecto contratual da sociedade que administra.

rentes deve ser expresso, mediante deliberação dos sócios nesse sentido, sendo imprescindível nas sociedades anónimas (cfr. art. 398.º, n.º 3), ou pode ser também tácito, nas sociedades por quotas, presumindo-se sempre que o gerente já exercia anteriormente a actividade prosseguida pela sociedade para a qual foi designado (cfr. art. 254.º, em especial n.º 4).

2.6. Incompatibilidades legais e contratuais (estatutárias)

Questão interessante consiste em saber se, para além das incompatibilidades legalmente estabelecidas, é possível acrescentar contratualmente outros impedimentos ao desempenho de cargos sociais.

Creio que nada obsta ao alargamento, por via estatutária, de tais incompatibilidades, sendo legítimo enquadrar nas mesmas impedimentos que anteriormente já constaram da lei.

Nesse sentido, veja-se o seguinte exemplo, em especial o disposto no número 2.

Cláusula Vigésima Terceira
(Incompatibilidades estatutárias)

Um. *Encontra-se, originária ou supervenientemente, impossibilitado de exercer funções num órgão social quem desempenhar funções em sociedade concorrente.*
Dois. *Não pode exercer funções no órgão de fiscalização quem desempenhou num dos últimos quatro exercícios funções no órgão de gestão.*
Três. *As limitações estabelecidas nos números anteriores não são passíveis de dispensa.*

Contudo, afigura-se possível, em acréscimo à ampliação da lista de incompatibilidades fixada na lei, e diversamente do disposto no número 3 da cláusula acima transcrita, dispensar a aplicação de impedimentos que sejam meramente contratuais.

Questão crucial na apreciação deste impedimento consiste em apurar se as actividades desempenhadas pelas sociedades que o administrador ou gerente integram são concorrentes. O critério determinante para o efeito concretiza-se na verificação do universo da respectiva **clientela**. Assim, haverá concorrência quando a clientela for idêntica e as actividades coincidirem totalmente, se sobrepuserem em grande parte ou forem afins. Por isso, em sectores produtivos diferentes – ainda que estejam em causa produtos da mesma natureza – não há concorrência; quando muito ocorrerá complementaridade. Desse modo, afigura-se inquestionável que os retalhistas não concorrem com grandes distribuidores que apenas vendam por grosso.

Uma outra cláusula pode consistir na aplicação ao órgão de fiscalização de uma sociedade por quotas (facultativo) da lista legalmente estabelecida para as sociedades anónimas ou de parte dos impedimentos que a integram.

3. Problemas (ainda) em aberto

Da previsão contratual de requisitos adicionais para a independência e de situações de alargamento de casos de incompatibilidade resultam alguns problemas que permanecem em aberto e que importa agora analisar *à luz de alguns dos exemplos* anteriormente avançados.

O conceito de independência concretiza-se por aplicação de critério legal meramente indicativo, embora estabelecendo limites mínimos imperativos.

3.1. Perda de independência (superveniente)

O conceito introduzido pela reforma societária de 2006 suscita diversas questões, devendo ser ponderado e podendo ser objecto de aperfeiçoamentos.

O primeiro problema a equacionar tem a ver com a solução aplicável aos casos em que durante o mandato sobrevenha uma circunstância que afecte supervenientemente a independência do membro do órgão social, como uma variação positiva da titularidade do capital social, de modo a atingir os 2%[23]. O que fazer então?

Cremos que, verificada essa situação, a designação caduca e o membro cessa imediatamente as suas funções, uma vez que deixa de ser independente, situação que deverá registar-se aquando da eleição e manter-se durante o mandato. Em termos puramente técnicos ocorrerá, pois, a caducidade da designação, com efeitos semelhantes aos que resultam da superveniência de uma incompatibilidade para o desempenho de funções (cfr. art. 414.º-A, n.º 2) ou da falta de prestação de caução, quando a mesma for devida (cfr. art. 396.º, n.º 4).

---

[23] Recorde-se que o requisito exemplificativamente mencionado na *alínea b)* do n.º 5 do art. 414.º deverá ser sempre, e necessariamente, aferido aquando da designação do membro do órgão social a que respeita.

3.2. A duração do impedimento (independência)

Na sua formulação, geral e abstracta, a lei – nomeadamente nos prazos que aplica aos critérios de isenção – é demasiadamente exigente. Porquê limitar em absoluto, *ad aeternum*, o desempenho de certos cargos sociais, como independente, a quem no passado, numa certa sociedade ou no âmbito de um determinado grupo societário, desempenhou funções durante três mandatos?

E será que o titular do órgão social que perdeu a independência por ter exercido três mandatos vai poder recuperar essa qualidade na mesma sociedade decorridas duas décadas (vinte anos), termo correspondente ao prazo de prescrição ordinária?

Repare-se, ainda, que quem tinha uma incompatibilidade para o exercício de um cargo social, eventualmente por ter uma relação comercial significativa com a sociedade, se encontra apto a ser designado como independente, não obstante tal relacionamento poder ter sido muito duradouro.

3.3. Independência e domínio total

Como vimos acima (*supra*, n.º 1.4.4), a propósito das cláusulas contratuais possíveis, afigura-se não fazer muito sentido a exigência do requisito da *independência* nas sociedades que são totalmente dominadas por outras ou que estão sujeitas a relação de absoluta subordinação, com todas as implicações legais que essas situações acarretam, por não haver interesses dignos de protecção, nomeadamente isenção a salvaguardar, mesmo que a sociedade seja emitente de valores mobiliários (obrigações) admitidos à negociação em mercado regulamentado.

3.4. Exigibilidade do requisito (de independência)

A exigibilidade de independência pode colocar-se quando estiver em causa a substituição compulsória de um membro de órgão social, designadamente por efeito de uma regra que a tutele a designação de titular(es) de órgão social.

Represente-se a situação (que aflorámos já em estudo anterior[24]): no modelo de governação anglo-saxónico – em que o órgão de fiscalização

---

[24] Cfr. «*Corporate & Public Governance* nas Sociedades Anónimas: primeira reflexão», *DSR*, ano 2, vol. 4, 2010 (pp. 159-179), nota 25 (pp. 171-172), que seguimos quase *ipsis verbis*.

(a comissão de auditoria) integra o conselho de administração e os seus membros são administradores, sendo designados conjuntamente com os demais administradores (cfr. art. 423.º-C, n.º 1, in fine), executivos e não executivos, embora devam ser referenciados, na lista em que são propostos, como candidatos ao órgão de fiscalização (cfr. art. 423.º-C, n.º 2) –, os candidatos à comissão de auditoria (que integram a lista dos candidatos ao conselho de administração, embora com a referida menção) são frequentemente enunciados em último lugar. Nesta circunstância, importa saber se, sendo eleito um administrador em separado – ao abrigo do disposto no artigo 392.º – pela minoria que votou contra a lista candidata aos órgãos sociais, e recolhendo todos os candidatos da lista vencedora o mesmo número de votos (até porque a mesma foi colocada globalmente à votação), o administrador eleito autonomamente irá (ou não) ocupar o lugar do último administrador proposto e que o havia sido para integrar o órgão de fiscalização.

Admitindo-se que a resposta seria afirmativa, importaria ainda saber se, pelo facto de substituir um candidato à comissão de auditoria, o administrador eleito pela minoria num processo deliberativo autónomo vai integrar esse órgão e adquirir a qualidade de membro da comissão de auditoria, com os poderes inerentes[25].

Não repugna aceitar que o administrador eleito ao abrigo das regras de tutela das minorias venha, por substituição do último que consta (em absoluto) da lista, a integrar a comissão de auditoria e a exercer funções não executivas. É, porventura, nesse órgão que ele melhor poderá representar os interesses que estão na base da sua eleição em separado, fiscalizando activa e eficazmente a actividade da sociedade.

Subsiste, contudo, a dúvida sobre se o mecanismo (contratual e legal) de substituição se deve aplicar relativamente a administradores que são realmente membros do órgão de fiscalização e não do órgão executivo. Cremos que esta ordem de considerações não procede. Com efeito, no modelo de inspiração germânica, o regime do artigo 392.º aplica-se no âmbito do conselho geral e de supervisão, que é um órgão essencialmente de fiscalização, e tal acontece por expressa previsão legal (cfr. art. 435.º, n.º 3 do CSC).

Ultrapassada esta dificuldade, podemos deparar com outra que tem a ver com o facto de a comissão de auditoria numa sociedade cotada dever

---

[25] Realce-se que não está em causa uma substituição de administrador, não sendo, por isso, aplicável qualquer dos métodos previsto no artigo 393.º, uma vez que, na realidade, o "administrador" substituído – aquando da eleição – nunca chega a efectivar-se no cargo; ele não passou de (mero) candidato. Não se regista, pois, qualquer falta para esse efeito.

ser maioritariamente composta por independentes (cfr. art. 423.º-B, n.º 5). Considerando essa exigência legal, e admitindo que um dos membros (já) eleitos – que não o último da lista – seria não independente, o administrador a eleger pela minoria deveria ser independente; exigência que não parece resultar da lei (do art. 392.º, nomeadamente). Não o sendo, porque se afigura que não podem resultar limitações para a faculdade que a lei (e o contrato de sociedade) reconhece(m) à minoria para designar em separado um administrador, como se irá compor a comissão de auditoria? E como deverá o presidente da mesa da assembleia geral, na condução dos trabalhos da reunião magna electiva decidir neste caso? Como resolver a questão?

No silêncio da lei e do contrato, inclinamo-nos para uma solução casuística.

Uma vez eleito, em separado – de entre os accionistas que votaram contra a lista de candidatos aprovada (pela maioria) –, o administrador proposto pelos accionistas minoritários, importa averiguar:

- se o (candidato a) administrador substituído era independente (i.e., reunia os requisitos de independente); e, ou,
- se o administrador eleito preenche os requisitos de independência.

Se o candidato a substituir não era independente, o presidente da mesa da assembleia geral – no silêncio da lei – poderá optar entre prover o administrador eleito como membro da comissão de auditoria ou devolver a competência aos accionistas. Neste caso, serão eles que, sem restrições (com um universo votante absoluto), deverão escolher entre:

- preencher uma das vagas da comissão de auditoria à custa de um dos demais administradores que esteja em condições para o efeito, caso em que o administrador eleito ocupará um lugar no conselho de administração ou
- confirmar a designação do novo administrador para o órgão de fiscalização.

Se o candidato a substituir for independente, a opção acima referida fica condicionada ao facto de o administrador eleito pela minoria ser também independente. Não o sendo, ele deverá ocupar um lugar na administração, mas não na comissão de auditoria.

Em qualquer caso, admite-se – sem prejuízo de reflexão mais cuidada – que o presidente da mesa tem competência para, por si só, tomar uma decisão nesta matéria sem consultar os accionistas.

Nesse caso, ele poderá – após reflectir sobre a questão – tomar essa decisão, que poderá passar por prover a própria comissão de auditoria, e se o entender colocar essa decisão ao dispor dos accionistas. Se estes a revogarem, deverão indicar um dos administradores eleitos (que não se destinasse a integrar o órgão de fiscalização) para a comissão de auditoria.

3.5. Incompatibilidade superveniente causada por terceiro

Vimos já que, surgindo supervenientemente uma incompatibilidade, esta provoca a caducidade da designação do titular do órgão social, relativamente ao qual se verifica (cfr. art. 414.º-A, n.º 2). Assim, se uma vogal do conselho fiscal contrair casamento com um(a) vogal do conselho de administração, deverá cessar imediatamente as suas funções pela superveniência da incompatibilidade estabelecida nas *alíneas g)* e *b)* do n.º 1 do artigo 414.º-A.

Trata-se de medida cujo alcance se explica facilmente. A lei pretende impedir que uma pessoa que desempenhe funções num órgão de controlo exerça a fiscalização sobre um outro órgão social do qual faça parte alguém que lhe seja familiarmente muito próximo – no exemplo avançado, cônjuge – e que, por essa razão possa exercer uma pressão inadmissível e intolerável sobre o órgão de controlo.

Contudo, ao mesmo tempo estamos perante uma regra legal de alcance discutível, visto que impede inúmeras pessoas de desempenhar simultaneamente cargos sociais em órgãos diferentes, pelo facto de terem um relacionamento que, nalgumas circunstâncias, pode ser ténue, como sucede com certas ligações entre tio e sobrinho por afinidade[26].

Acresce que a limitação é incompleta, porque não inclui a união de facto, situação de vida em comum que desencadeia laços mais profundos que os que ligam determinados parentes ou afins.

A questão que importa aqui abordar diz respeito à superveniência de uma incompatibilidade por acto de terceiro e, consequentemente, incontrolável pelo titular do órgão social cujo cargo irá inapelável e automaticamente cessar. Basta pensar num caso em que um administrador contraia casamento com um parente ou afim até ao 3.º grau da linha colateral do membro do órgão de fiscalização. A lei não prevê solução para este caso, não estabelecendo regime diferente do que resultaria de situação provocada pelo próprio membro do órgão social, pelo que a subsistência deste em funções ficará irremediavelmente comprometida.

---

[26] A cessação da afinidade com a dissolução do casamento por divórcio (cfr. art. 1585.º do CC, red. da Lei n.º 61/2008, de 31 de Outubro) veio recentemente a restringir os efeitos da limitação legal em apreço.

3.6. Aplicação no tempo do (novo) requisito da "independência"

Finalmente, revisitemos um tema que abordámos já autonomamente aquando da reforma do Direito Societário[27], o da aplicação no tempo da (nova) exigência legal respeitante à independência de certos titulares de órgãos sociais de determinadas sociedades[28]. Trata-se de questão naturalmente transitória que oportunamente deixará de fazer sentido.

Cremos, contudo, que na actualidade ainda tem sentido falar nessa questão, sobretudo no que respeita às *grandes* sociedades anónimas. Recorde-se, em síntese, o que então afirmámos.

Em primeiro lugar, o Decreto-Lei n.º 76-A/2006, de 29 de Março – que aprovou a reforma –, continha uma única norma transitória (o art. 63.º) que, limitando-se a regular pontualmente a aplicação das novas regras, não cobriu esta situação.

Na falta de norma transitória especial, haverá que recorrer à regra transitória geral do Direito português: o artigo 12.º do Código Civil.

Segunda esta regra geral, da mesma decorre que, não sendo prevista em norma especial qualquer grau de retroactividade, a lei nova só se deve aplicar para o futuro, sendo de aplicação imediata às situações que ocorram após a sua entrada em vigor, de modo a salvaguardar os factos praticados anteriormente.

No entanto, no que respeita a efeitos futuros de factos passados, haverá que distinguir se estão em causa condições de validade substancial ou formal dos factos que foram objecto de alteração ou apenas o conteúdo de situações ou relações jurídicas existentes na sociedade, como, por exemplo, o conteúdo dos deveres fundamentais dos gestores e membros dos órgãos de fiscalização estabelecidos no artigo 64.º. No que respeita a estes casos a lei nova é imediatamente aplicável.

Havendo dúvidas sobre a qualificação da situação ou estando em causa um requisito de validade substancial, como sucede com o requisito de independência, a nova lei só será aplicável aos factos futuros, isto é, às designações que venham a ocorrer depois da sua entrada em vigor, que ocorreu em 30 de Junho de 2006. Por isso, os mandatos então em curso

---

[27] «A aplicação no tempo da reforma de 2006 do Direito Societário português», *ROA*, ano 67, I, 2007 (pp. 207-221), análise que preparámos para os Estudos em Homenagem ao Prof. José de Oliveira Ascensão, mas que estranhamente – por razões que ainda hoje desconhecemos – não seria incluído nos volumes publicados.

[28] Esta questão seria, aliás, suscitada no debate ocorrido no Congresso, pela voz da Dra. Teresa Negreiros.

não podiam validamente ser postos em causa, sem inobservância da regra transitória geral do Direito português[29].

Ora, no final de Junho de 2006 os titulares dos órgãos social já se encontravam designados nas assembleias gerais anuais que ocorreram até ao fim do mês anterior (Maio).

O novo requisito aplicou-se essencialmente às eleições ocorridas nas sociedades cotadas a partir de 2007 e quanto às *grandes* sociedades anónimas a partir de 2008, porque só então as mesmas se qualificaram como tais, pelo preenchimento dos requisitos necessários para o efeito em 2006 e 2007.

Mas naturalmente que as designações anteriores são contabilizadas na verificação do requisito de independência, não ficando este «pendente do cumprimento de três mandatos sociais a partir da entrada em vigor da nova lei», sendo o «critério imediatamente aplicável» às designações posteriores à entrada em vigor da nova lei, «por respeitar à caracterização do estatuto do membro do órgão social»[30].

Deste modo, e exemplificando, se, em 30 de Junho de 2006, o titular do órgão social se encontrasse a cumprir o seu terceiro mandato, poderia concluí-lo, mas já não poderia ser reconduzido para o mesmo órgão ou outro que pressupusesse a sua independência; se estivesse a desempenhar apenas o segundo mandato, poderia ainda vir a ser designado para um terceiro (e último) mandato na qualidade de independente.

---

[29] Afirmámos no nosso estudo citado [«A aplicação no tempo da reforma de 2006 do Direito Societário português», *ROA*, ano 67, I, 2007 (pp. 207-221)] que «entendíamos, e continuamos a entender, que a entrada em vigor do novo quadro normativo, em 30 de Junho de 2006, não determinou, só por si, a suspensão ou cessação dos cargos em exercício, para os quais os respectivos titulares haviam sido adequadamente eleitos». E acrescentámos: «Aplicar o novo regime aos mandatos em curso – fazendo-os cessar pela verificação de condições inexistentes aquando da designação – equivaleria a aplicar a nova lei a factos passados, exigindo retroactivamente condições de validade substancial da designação de tais membros dos órgãos sociais, imprevisíveis ao tempo da respectiva designação e início de funções». E concluíamos: «Consequentemente, os requisitos exigidos pela lei nova são aplicáveis apenas às novas designações» (p. 219).
Ao que parece a posição da entidade de supervisão do mercado de capitais (a CMVM) era diferente, entendendo mal, por um lado, que a independência se perdia quando se completassem dois (?!) mandatos completos – e não três, como demonstramos resultar da lei – e, por outro lado, ao considerar que a (nova) lei era de aplicação imediata aos mandatos então em curso.

[30] PAULO OLAVO CUNHA, «A aplicação no tempo da reforma de 2006 do Direito Societário português», *ROA*, ano 67, I, 2007 (pp. 207-221), pp. 219-220.

4. A influência da governação societária na independência dos membros dos órgãos sociais; a crescente influência da *soft law*

A acrescer às exigências da lei, em matéria de independência de membros de órgãos sociais, temos também de considerar as recomendações constantes de directivas emanadas da entidade de regulação e de supervisão do mercado de valores mobiliários – a Comissão do Mercado de Valores Mobiliários (CMVM) –, nomeadamente as que acompanham ou decorrem de regulamentos por esta aprovados, como seja o Regulamento n.º 1/2010, de 8 de Janeiro (publ. no DR II Série, n.º 21, de 1 de Fevereiro de 2010)[31], vigente desde 2 de Fevereiro de 2010. Quer dizer, importa considerar a par das recomendações da CMVM – que incluem um (modelo de) Código de Governo das Sociedades, que se traduz numa série de directivas ou instruções sobre as boas práticas de governação societária a adoptar pelas sociedades abertas –, um (novo) Regulamento sobre o Governo das Sociedades Cotadas: o Reg. CMVM n.º 1/2010, de 8 de Janeiro (publ. no DR II Série, n.º 21, de 1 de Fevereiro de 2010).

Este diploma, para além da adopção do Código do governo das sociedades (cfr. art. 1.º) por parte das entidades cotadas, impõe que estas sociedades informem o mercado sobre a estrutura e as práticas de governo da sociedade (cfr. art. 2.º e Anexo I), procedam à divulgação da remuneração dos titulares dos órgãos sociais (cfr. art. 3.º), publicitem, no respectivo sítio da *Internet*, informação mínima (cfr. art. 5.º) e submetam à apreciação da CMVM os planos de atribuição de acções e de opções de aquisição de acções (cfr. art. 4.º).

Nos termos do número II.1.2 do Código de Governo da CMVM, também os órgãos de administração de uma empresa cotada (i.e., com as respectivas acções admitidas à negociação em mercado regulamentado) devem integrar elementos independentes. Assim, partindo do pressuposto que os administradores executivos não são, por natureza[32], independentes, a CMVM recomenda que alguns administradores não executivos, per-

---

[31] Que substituiu o Regulamento da CMVM n.º 1/2007, de 21 de Setembro, sobre o Governo das Sociedades Cotadas (publ. no DR n.º 224, II Série, de 21 de Novembro de 2007).

Sobre esta matéria (da governação societária), elaborámos um estudo, sob o título «*Corporate & Public Governance* nas Sociedades Anónimas», *DSR*, ano 2, vol. 4, 2010 (pp. 159-179), divulgado após a publicação da última edição das nossas lições sobre *Direito das Sociedades Comerciais* (4ª ed., cit., 2010, pp. 573-578).

[32] Por se encontrarem dependentes dos accionistas, o que nos merece reservas, designadamente quando são (altos) quadros da empresa, com reingresso assegurado no quadro (de onde saíram). Trata-se de aspecto que, por escassez de espaço, apenas enunciamos.

fazendo um mínimo correspondente a um quarto do total, sejam independentes, nos termos que são legalmente exigidos para outros membros dos órgãos sociais.

Estamos perante *soft law*, mas nem por isso devemos deixar de retirar as ilações destas recomendações que ampliam, ainda que num sector restrito – o mercado de capitais –, as exigências gradualmente acrescidas da lei (positiva).

O desrespeito de tais comandos é, por agora, sancionado pela reacção do mercado (e de todos os seus agentes, incluindo os consumidores), que, num sistema como o nosso, não se sente com a mesma intensidade com que se projecta nos grandes mercados mundiais, em que a inobservância de regras de governação societária pode implicar a rejeição da empresa pelos agentes económicos que com ela se cruzam.

5. A perversão da estrutura e composição dos órgãos societários

Aqui chegados, importa chamar a atenção para um aspecto inequívoco do Direito Societário actual, ao qual fomos conduzidos por força das novas exigências. Reportamo-nos à obrigatoriedade legal de determinados órgãos serem maioritariamente, ou parcialmente, preenchidos por membros independentes, em claro desvirtuamento da sua composição natural.

Senão vejamos.

O órgão de fiscalização – conselho fiscal, conselho geral e de supervisão ou comissão de auditoria – foi concebido originariamente como um órgão interno intermédio entre as assembleias gerais de accionistas e a administração da sociedade com a finalidade de exercer um controlo regular e permanente da actividade desta, por contraposição às intervenções espaçadas dos accionistas, essencialmente no âmbito das assembleias gerais anuais, de aprovação de contas.

Nesse órgão deveriam caber os accionistas mais relevantes, com maior interesse no acompanhamento da gestão societária e no escrutínio oportuno dos seus actos mais relevantes. Entre as competências que caracterizam o estatuto dos seus membros, descortinamos o dever de participar na reunião da administração que aprove (internamente) o relatório de gestão e as contas a submeter aos accionistas e o direito de estar presente em qualquer reunião do conselho de administração (cfr. arts. 422.º, n.º 1, *alínea a)* e 421.º, n.º 1, *alínea d)* do CSC).

Os maiores interessados em integrar este órgão societário intermédio eram, pois, os principais accionistas.

A sofisticação da actividade de controlo, traduzida num primeiro momento na inclusão de peritos em matéria contabilística – os revisores oficiais de contas –, e na exigência de independência dos membros do órgão de fiscalização relativamente àqueles que integram o órgão de fiscalização, viria a impor, numa segunda fase, recente, a necessidade de a maioria ou parte dos membros deste órgão não terem interesses relevantes na sociedade, no sentido de não coincidirem com os seus principais accionistas. Esta modificação é particularmente visível na evolução do órgão de fiscalização do modelo germânico – o Conselho Geral (e de Supervisão) –, inicialmente (em 1986, com a aprovação e entrada em vigor do Código das Sociedades Comerciais) necessariamente composto por accionistas (cfr. art. 434.º, n.º 2 da redacção originária do CSC) e actualmente (depois da Reforma de 2006) obrigatoriamente participado por membros *independentes* se a sociedade se encontrar cotada (cfr. arts. 434.º, n.º 4 e 414.º, n.º 6 do CSC, na redacção do DL 79-A/2006, de 29 de Março, que é a actual).

A evolução verificada, pervertendo o objectivo originário – de assegurar aos maiores accionistas o controlo da actividade da gestão – da constituição e funcionamento deste órgão, viria a corresponder ao reconhecimento de que, hoje, devemos descortinar nas empresas, sobretudo naquelas que têm maior peso na economia de uma nação – diversos interesses, que estão para além da mera satisfação das necessidades dos seus promotores (e investidores), e que exigem, no século XXI, uma participação activa de elementos *independentes*, de preferência com conhecimentos técnicos relevantes (cfr. art. 414.º, n.º 4), que assegura um efectivo e rigoroso controlo da actividade desenvolvida pela administração da sociedade.

As acrescidas e renovadas exigências de *independência* e de *inexistência de incompatibilidades* para o exercício de cargos sociais têm vindo a reforçar esta tendência, contribuindo decisivamente para a separação das empresas de controlo (bem) definido por pertencerem a um ou mais accionistas bem individualizados, e que se mantêm fechadas, relativamente aquelas que, posicionando-se no mercado – e pretendendo colher os benefícios daí resultantes –, correspondem já a entidades em que os interesses egoísticos dos seus promotores e investidores (os accionistas) cedem perante o interesse social e os interesses dos demais *stakeholders* que hoje se confundem, amiúde, com o interesse da própria sociedade.

6. Epílogo

É cedo para efectuar um balanço sobre a bondade das novas exigências da lei, mas importa deixar claro que, em nosso entender, a *independência*, isenção e objectividade no exercício de cargos sociais não decorrem da lei – embora esta possa contribuir para assegurar que tais qualidades se verifiquem nos titulares dos órgãos sociais –, visto que todos os membros de órgãos de uma sociedade são designados por outras pessoas e a estas devem a sua eleição ou apenas a indicação do respectivo nome para integrar uma lista candidata. Essencial, é que tais pessoas tenham princípios e valores que não soçobrem perante desígnios menos claros e saibam resistir a pressões indevidas, ainda que a sua postura lhes custe a continuidade no cargo. A independência não é, pois, uma questão de dever ser, mas simplesmente de *ser*, não supõe, ou admite, sequer graduação. Ou se é ou se não é, independentemente – passe a redundância – de imposição (legal ou estatutária) externa.

Por isso, melhor seria que à inobservância dessa qualidade intrínseca correspondesse uma sanção grave. Em função desta, os que nunca são independentes, embora reúnam requisitos de forma para serem (legalmente) reconhecidos como tais, certamente hesitariam em desempenhar determinados cargos e assumir certas responsabilidades.

Lisboa, Outubro de 2010

RESUMO: Na última década pudemos assistir a duas crises com repercussões financeiras envolvendo, directa ou indirectamente, a problemática das remunerações dos dirigentes das sociedades. Neste texto, procuramos descrever os principais esforços desenvolvidos ao nível internacional e interno no sentido de fixar princípios gerais de ampla aceitação no que toca à política remuneratória, centrando-nos especialmente no regime português dos mercados bancário, segurador e dos instrumentos financeiros mobiliários.

ABSTRACT: It has been generally recognized that excessive remuneration, specially, in financial sector can be appointed as an indirect cause of the last financial crisis, 2007-2010. Since 2009, several international organizations have worked very hard on remuneration policies and standards, aiming to set general accepted principles, some as recommendations and others as hard law. This text pretends to give notice of such evolution on an international and national perspective, focused on Portuguese measures adopted in financial sector as banking, securities and insurance.

FÁTIMA GOMES*

Remuneração de administradores de sociedades anónimas "cotadas", em geral, e no sector financeiro, em particular

Introdução

Na última década pudemos assistir a duas crises com repercussões financeiras envolvendo, directa ou indirectamente, a problemática das remunerações dos dirigentes das sociedades: a primeira, com as grandes falências internacionais encabeçadas pela *Enron*; a segunda com a crise financeira global de 2007-2010.

Na era *post-Enron*, o debate sobre a remuneração dos dirigentes, nas suas multi-facetas, foi focalizado no problema dos custos de agência na relação entre accionistas e gestores, considerado como problema de insuficiência regulatória e de política pública, identificando-se como principais falhas do sistema: a remuneração pelo insucesso, a assunção excessiva de riscos, a prevalência pela *performance* de curto prazo, a prossecução do interesse dos accionistas e gestores sem consideração de outros valores, a promiscuidade na análise financeira e contabilística e a falta de independência

* Professora da Faculdade de Direito da Universidade Católica Portuguesa

dos profissionais envolvidos, a deficiente informação prestada aos mercados e consequente capacidade de influenciar os resultados apresentados[1].

A globalização dos mercados conduziu ao debate multi-jurisdicional, na Europa, nos EUA e ainda em outros Estados. Em resposta, ao nível da União Europeia, assistimos a várias iniciativas das quais destacamos a emissão de duas Recomendações, uma em 2004[2] e outra em 2005[3], enquanto nos EUA foram adoptadas medidas específicas ao nível do *Sarbannes-Oxley Act*.

A crise financeira de 2007-2010 veio suscitar novo interesse sobre o tema das remunerações, tendo aquelas sido apontadas como uma das causas das falhas verificadas ao nível do funcionamento do sistema financeiro[4].

As principais críticas e falhas identificadas mantém-se face à situação anterior, com ressalva das relativas à independência e responsabilidade dos auditores, salientando-se como principal preocupação a confirmação da existência de sistemas de remuneração que promovem o falhanço (em vez de o desincentivar), que não aproximam os efectivos interesses dos *stakeholders* dos interesses dos gestores e não motivam ao exercício dos direitos sociais dos accionistas (nomeadamente o *say on pay*).

Considerando que as causas são comuns aos vários sistemas, com as devidas diferenças entre eles, e que não se deve optar por um sistema regulatório do tipo *"one size fits all"*, assiste-se a um movimento generalizado de procura de soluções, quase todas conducentes à criação de um modelo

---

[1] HILL, Jennifer G., «The Rising Tension between Shareholder and Director Power in the Common Law World», ECGI Law Working Paper n°.152/2010, disponível em http://ssrn.com/abstract=1582258; GIÃO, João Sousa, «*Conflito de Interesses entre Administradores e Accionistas*», in CÂMARA, Paulo (coord.), *Conflito de Interesses no Direito Societário e Financeiro*, Almedina, Coimbra, 2010, pp. 268-291; COFFEE, John, "What Caused Enron?: A Capsule Social and Economic History of the 1990s", in *Cornell L. Rev., n.º* 89, 2004, p. 269. FERRARINI, Guido/ MOLONEY, Niamh, «Executive Remuneration and Corporate Governance in the EU: Convergence, Divergence and Reform Perspectives», in FERRARINI, Guido/ HOPT, Klaus/ WINTER, Jaap/ WYMEERSCH, Eddy, *Reforming Company and Takeover Law in Europe*, OUP, Oxford, 2004, pp. 332-337.

[2] Recomendação da Comissão de 14 de Dezembro de 2004 (2004/913/EC).

[3] Recomendação da Comissão de 15 de Fevereiro de 2005 (2005/162/EC). Cf. o estudo de FERRARINI, Guido/ MOLONEY, Niamh/ UNGUREANU, Maria-Cristina, «Understanding Directors' Pay in Europe: A Comparative and Empirical Analysis», 2009, ECGI Law Working Paper n.º 126/2009, disponível em http://ssrn.com/abstract=1418463, p. 24-29.

[4] COFFEE, John, "What Caused Enron?: A Capsule Social and Economic History of the 1990s", in *Cornell L. Rev., n.º* 89, 2004, p. 269; HILL, Jennifer G., «New Trends in the Regulation of Executive Remuneration, ECGI Law Working Paper n.º.142/2010, disponível em http://ssrn.com/abstract= 1549429, p. 10.

de estruturação óptima da remuneração e de imposição de *disclosure* sobre o sistema adoptado.

Por outro prisma, intensificam-se as discussões em torno da necessidade de a remuneração dos dirigentes ser justa, na sua comparação com a retribuição de outros profissionais, o que é significativo ao nível de países como os EUA, em que o padrão de condução da *public corporation* tem sido o da maximização do valor para o accionista, parecendo estar a surgir uma tendência fortíssima no sentido de o substituir por um modelo que reconhece a importância dos *stakeholders* e do interesse público, nomeadamente quando este esteja ligado à prevenção do risco sistémico[5].

Fazendo agora um pequeno excurso sobre a situação internacional, verificamos a tendencial aproximação das soluções propugnadas.

1. O problema remuneratório à luz dos desenvolvimentos ocorridos em e após 2009

1.1. Desenvolvimentos ao nível internacional

O *Financial Stability Board (FSB)* adoptou, em 2 de Abril de 2009, na reunião do G20 – Cimeira de Londres – os *Principles for Sound Compensation Practices*[6], sugerindo a sua aplicação urgente ao nível dos Estados[7]. Porém, face à constante evolução dos sistemas e mercados, em Setembro de 2009, na Reunião do G20 de Pittsburg, os princípios em causa foram reforçados[8] e o *Board* elaborou *specific Implementation Standards*[9] para ajudar na implementação dos princípios definidos.

---

[5] Sobre este tema cf. a nossa dissertação de doutoramento, em curso de publicação, sob a denominação «O Direito aos lucros e o dever de participar nas perdas nsa sociedades anónimas», Título I, Capítulo II, ponto 5., a bibliografia aí citada e ainda GELTER, Martin, «Taming or Protecting the Modern Corporation? Shareholder-Stakeholder Debates in a Comparative Light», 2010, Working Paper n°.165/2010, disponível em http://ssrn.com/abstract=1669444.
[6] Financial Stability Forum, *FSF Principles for Sound Compensation Practices*, 2 Abril 2009, disponível em http://www.financialstabilityboard.org/publications/r_0904b.pdf e G20 Working Group 1, *Enhancing Sound Regulation and Strengthening Transparency: Final Report*, Março 2009, disponível em http://www.g20.org/Documents/g20_wg1_010409.pdf.
[7] In http://www.financialstabilityboard.org/publications/r_0904b.pdf. As medidas propostas pelo *FSB* são, em larga medida, semelhantes às que vieram a ser adoptadas no Reino Unido pela *Finantial Securities Autority*, em Agosto de 2009, para entrarem em vigor em 1 de Janeiro de 2010.
[8] In http://www.financialstabilityboard.org/publications/r_090925c.pdf.
[9] In http://www.financialstabilityboard.org/publications/r_090925c.pdf.

Recentemente, o *FSB* elaborou um relatório de progresso sobre *Implementation of the G20 Recommendations for Strengthening Financial Stability* após a Cimeira do G20 de Washington[10].

1.2. Desenvolvimentos ao nível Europeu (institucional)

1.2.1. Comité de Autoridades Europeias de Supervisão Bancária (CEBS ou CAESB)

Em 20 de Abril de 2009, o Comité de Autoridades Europeias de Supervisão Bancária publicou a versão final dos *High-level Principles on Remuneration Policies*[11], requerendo a sua aplicação aos reguladores financeiros dos Estados-membros e às entidades reguladas, incluindo as pessoas com a categoria de empregados[12].

Em 11 de Junho de 2010, este mesmo organismo fez sair o relatório sobre a aplicação dos Princípios de Alto Nível e, em 1 de Setembro de 2010, apresentou os seus comentários ao *Green Paper* da Comissão Europeia, a que aludiremos *infra*.

---

[10] In http://www.financialstabilityboard.org/publications/r_101111b.pdf, no qual se afirma: "Most G20 members have taken or announced action to implement the FSB *Principles* and *Implementation Standards* issued at the Pittsburgh Summit in September 2009."

[11] Committee of European Banking Supervisors, *High-level Principles for Remuneration Policies*, 20 April 2009 (disponível em http://www.c-ebs.org/getdoc/34beb2e0-bdff-4b8e-979a-5115a482a7ba/High-level-principles-for-remuneration-policies.aspx), pela EBA a partir de 1/1/2011.

[12] Podem resumir-se assim as grandes linhas de orientação do documento em causa: as entidades devem adoptar uma política remuneratória que esteja em linha com a estratégia do negócio e risco tolerado, objectivos, valores e interesses de longo prazo, não devendo encorajar a excessiva assunção de risco; as politicas devem abranger a instituição como um todo e conter previsão específica que tome em consideração os papeis dos gestores seniores, aqueles que têm funções na assunção de riscos e os que controlam essas funções; as funções de controlo têm de ser adequadamente retribuídas para poderem atrair pessoas com competência para o cargo (funções de controlo de risco, *compliance* e controlo interno); deve haver transparência interna e adequada divulgação externa da política; a política deve ser aprovada por uma Comissão de Remuneração independente, que reporte a órgão de supervisão, e sujeita a revisão independente; a remuneração variável deve combinar *performance* individual e colectiva; na *performance* individual devem considerar-se elementos não financeiros; a remuneração dos não executivos não deve estar associada a resultados de curto prazo, mas deve tomar em consideração outros factores como o tempo dispendido e as responsabilidades inerentes ao cargo; deve haver uma proporção entre a remuneração base e os bónus; estes quando sejam de montante considerável, não devem ser pagos de imediato, mas ter uma parte diferida no tempo.

Em Outubro de 2010, colocou em consulta pública novas linhas de actuação em matéria de remuneração e suas práticas, visando criar guias de actuação de supervisores e instituições e facilitar a implementação da nova filosofia de assunção de risco em matéria remuneratória, exigida pela CRD III, aplicável ao nível dos Estados a partir de 1 de Janeiro de 2011.

1.2.2. Comissão Europeia e Parlamento

Em 29 de Abril de 2009, a Comissão Europeia publicou duas Recomendações[13], sem carácter vinculativo, uma delas destinada a actualizar a Recomendação 2004/913/CE, de 14 de Dezembro de 2004[14], no que concerne à divulgação de informações relativas à remuneração dos dirigentes de sociedades cotadas, e outra dirigida especificamente às remunerações de entidades do sector financeiro.

A ideia principal que perpassa nos textos em questão consiste em recomendar que a politica remuneratória seja consistente com e promova uma assunção de risco ponderado e não excessivo.

A recomendação dirigida ao sector financeiro, indo mais ao pormenor, fixa linhas de entendimento sobre a estrutura adequada da remuneração, processo de adopção e implementação da política remuneratória e do papel das autoridades de supervisão na revisão das políticas definidas por cada instituição.

Ainda no ano de 2009, em 13 de Julho, foi publicada uma proposta de alteração da Directiva relativa aos requisitos de capital das instituições financeiras (proposta conhecida pela abreviatura CRD3), que contém propostas concretas em matéria de remuneração, destacando-se o disposto no Anexo V, secção 11[15]. A proposta referida foi aprovada pelas instâncias

---

[13] In http://www.ec.europa.eu/internal_market/company/docs/directors-remun/directorspay_290409 _en -pdf. Trata-se das Recomendações 2009/384/CE e 2009/385/CE da Comissão Europeia de 30 de Abril, publicadas no JO L 120, de 15/2/2009, p. 22 e ss, respectivamente sobre remunerações no sector financeiro e remunerações de dirigentes de sociedades cotadas.
Sobre o tema vd. FERRARINI, Guido/ MOLONEY, Niamh/ UNGUREANU, Maria-Cristina, «Understanding Directors' Pay in Europe: A Comparative and Empirical Analysis», 2009, ECGI Law Working Paper n.º 126/2009, disponível em http://ssrn.com/abstract=1418463, p.24-29.
[14] JO L 385 de 29/12/2004, p. 55. Em 2005 a Comissão também emitira a Recomendação 2005/162/CE, publicada no JO L 52, de 25 /2/2005, p. 51, relativa ao papel dos administradores não executivos ou membros do conselho de supervisão das sociedades cotadas e aos comités do conselho de administração ou de supervisão.
[15] A proposta foi então enviada ao Conselho Europeu e ao Parlamento para discussão e possível alteração. Ao nível remuneratório, trata-se de impor às instituições de crédito e

comunitárias, esperando-se em Outubro, na data da apresentação desta exposição e elaboração do correspondente texto, a apresentação pública do texto final.

Em 2 de Junho de 2010, a Comissão publicou o *Green Paper* sobre *Corporate Governance* nas instituições financeiras e política remuneratória[16], e apresentou um Relatório de aplicação pelos Estados-membros, relativo das Recomendações de 2009, ao Parlamento Europeu, ao Conselho e ao Comité Económico e Social.

sociedades financeiras que definam políticas consistentes com a efectiva assunção de risco de gestão, em linha com o que consta das Recomendações da Comissão de 2009, mas agora numa base imperativa, atribuindo poderes às entidades de supervisão para mandar rectificar as políticas adoptadas que não cumpram as regras, podendo impor penalidades aos infractores.

O conteúdo dessa secção afirma: "11. REMUNERATION POLICIES

22. When establishing and applying the remuneration policies for those categories of staff whose professional activities have a material impact on their risk profile, credit institutions shall comply with the following principles in a way that is appropriate to their size, internal organisation and the nature, the scope and the complexity of their activities:

(a) the remuneration policy is consistent with and promotes sound and effective risk management and does not encourage risk-taking that exceeds the level of tolerated risk of the credit institution;

(b) the remuneration policy is in line with the business strategy, objectives, values and long-term interests of the credit institution;

(c) the management body (supervisory function) of the credit institution establishes the general principles of the remuneration policy and is responsible for its implementation;

(d) the implementation of the remuneration policy is, at least annually, subject to central and independent internal review for compliance with policies and procedures for remuneration defined by the management body (supervisory function);

(e) Where remuneration is performance related, the total amount of remuneration is based on a combination of the assessment of the performance of the individual and of the business unit concerned and of the overall results of the credit institution;

(f) Fixed and variable components of total remuneration are appropriately balanced; the fixed component represents a sufficiently high proportion of the total remuneration to allow the operation of a fully flexible bonus policy, including the possibility to pay no bonus;

(g) payments related to the early termination of a contract reflect performance achieved over time and are designed in a way that does not reward failure;

(h) the measurement of performance used to calculate bonuses or bonus pools includes an adjustment for current and future risks and takes into account the cost of the capital and the liquidity required;

(i) payment of the major part of a significant bonus is deferred for an appropriate period and is linked to the future performance of the firm."

[16] GREEN PAPER «Corporate governance in financial institutions and remuneration policies» da Comissão Europeia, COM(2010) 284 final, de 2 Julho de 2010.

Em 7 de Julho de 2010, o Parlamento Europeu aprovou uma Resolução sobre a remuneração dos administradores das sociedades cotadas e política de remuneração no sector dos serviços financeiros, sem carácter vinculativo.

As iniciativas comunitárias vão, no entanto, mais além do que o descrito, prevendo-se novas medidas em 2011.

1.2.3. Outras instituições

Outras instituições Europeias como o Comité de Autoridades de Supervisão de Instrumentos Financeiros da Europa (CESR, actual ESMA) e o Comité de Supervisão de Seguros e Pensões Europeu (CEIOPS, actual EEIOPS) têm estado a ponderar os caminhos que devem seguir as entidades supervisionadas na matéria da política remuneratória.

1.3. Desenvolvimentos ao nível do Reino Unido

A *Financial Services Authority (FSA)* aprovou regras sobre a política remuneratória, em Agosto de 2009, através do documento denominado *Remuneration Practices in Financial Services*, que integrou o *Handbook* e passou a vigorar em 1 de Janeiro de 2010[17]. Naquele documento foram definidos dez princípios, como *evidential provisions*, e uma regra geral, que abrange matéria de *governance*, medição de *performance* e composição de remuneração. Os objectivos visados consistem em estabelecer, implementar e manter politicas remuneratórias, processos e práticas que sejam consistentes com e promovam um efectivo risco de gestão, e ainda proteger o consumidor.

---

[17] In http://www.fsa.gov.uk/pubs/policy/ps09_15pdf. Para a Austrália cf. http://www.apra.gov.au/Policy/upload/Draft-PPG-511-Remuneration.pdf. Para a França vd. www.fbf.fr/Web/internet/content_presse.nsf/(WebPageList)/Remuneration+des+professionnels+des+marches+financiers+++la+FBF+adopte+des+principes+communs?Open. Relativamente à Holanda vd. www.afm.nl /corporate/default.ashx?documentid=12334 e Suíça vd. www.finma.ch/d/regulierung/anhoerungen/Documents/rsverguetungssysteme-2009 0524-d.pdf.
Vd., ainda, HILL, Jennifer G., «New Trends in the Regulation of Executive Remuneration, ECGI Law Working Paper n.º.142/2010, disponível em http://ssrn.com/abstract= 1549429.

Neste território são ainda de referir as iniciativas propostas ao nível do *Turner Review*[18] (Março de 2009) e do *Walker Review*[19] (Julho de 2009), com as suas propostas de resolução da crise financeira 2007-2010.

Após a aprovação do novo *Financial Services Act*, em 8 de Abril de 2010, a *FSA* colocou em discussão pública uma proposta de alteração ao regime de remuneração integrante do *Handbook* (em Julho de 2010), visando a sua aplicação a partir de 1de Janeiro de 2011, e comportando uma maior integração dos princípios do *Financial Stability Board* (*FSB*) e das exigências que irão decorrer da alteração da Directiva de Requisitos de capital modificada (CRD3).

1.4. Desenvolvimentos ao nível de outras praças financeiras que adoptaram os princípios do *FSB*

Vários centros financeiros têm adoptado planos de implementação dos princípios definidos pelo *FSB*. Estão nestas circunstâncias a Austrália, França, Holanda e Suíça [20].

1.5. Desenvolvimentos ao nível dos EUA

Nos EUA as medidas relativas à remuneração de dirigentes têm sido adoptadas ao longo de vários anos, através de documentos que propõem que os incentivos remuneratórios que promovam a assunção de riscos excessivos e desnecessários sejam banidos[21]. Assim sucedeu logo em 2008, através do *Emergency Economic Stabilization Act* (TARP *bill*), cujo primeiro programa, denominado *Capital Purchase*, veio introduzir novas regras sobre a remuneração dos executivos das instituições participantes. De seguida, em 2009, o Tesouro americano anunciou a sua intenção de fazer uma reforma das práticas compensatórias, em linha com os princípios acordados no *FSB*, traduzindo-se na criação de regras e guias de imple-

---

[18] In http://www.fsa.gov.uk/pages/Library/Communication/Speeches/2009/0318_at.shtml; Financial Services Authority (FSA), *The Turner Review: A Regulatory Response to the Global Banking Crisis* (March 2009).
[19] In http://www.hmtreasury.gov.uk/d/walker_review_consultation_160709.pdf.
[20] HILL, Jennifer G., «New Trends in the Regulation of Executive Remuneration, ECGI Law Working Paper n.º.142/2010, disponível em http://ssrn.com/abstract= 1549429.
[21] HILL, Jennifer G., «New Trends in the Regulation of Executive Remuneration, ECGI Law Working Paper n.º.142/2010, disponível em http://ssrn.com/abstract= 1549429.

mentação[22]. No mesmo ano de 2009, em Fevereiro, o Tesouro anunciou novas linhas de actuação no âmbito do Programa TARP *bill*, restringindo a remuneração dos executivos das sociedades que tenham recebido apoio do Estado (em geral, limitando-a ao máximo de 500.000 USD/ano) e, ainda no mesmo sentido, através do *American Recovery and Reinvestment Act* (*Stimulus bill*), veio limitar o bónus a pagar aos executivos, fixando o seu limite em 1/3 do valor total anual da compensação.

Outros desenvolvimentos relevantes ocorreram, destacando-se a reforma dos direitos dos accionistas, ao nível da legislação Federal, com a iniciativa legislativa *Shareholders Bill of Rights*, introduzida em Maio de 2009, que procura incrementar os poderes dos accionistas e refrear a excessiva assunção de risco e remuneração dos executivos[23]. Desta lei consta a necessidade de os accionistas se pronunciarem obrigatoriamente, numa base anual, mas sem carácter vinculativo, sobre a remuneração dos executivos das *public companies*, e um acréscimo dos poderes de participação dos accionistas na nomeação dos *directors*. Em Julho de 2009 foi ainda aprovada uma nova lei que trata especificamente da remuneração dos executivos – *Corporate and Financial Institution Compensation Fairness Act*, provinda da Câmara dos Representantes, propondo a alteração do *Securities Exchange Act* de 1934, de forma a permitir um voto dos accionistas, anual, não vinculativo, sobre a compensação dos executivos e sobre os *golden--parachutes*. Estas propostas vieram a integrar o *Dodd-Frank Act*, que na sua qualidade de lei federal PL 11-203, foi aprovada em 21 de Julho de 2010, procedendo a grandes reformas no sistema financeiro. Na sua *section* 951 e ss inclui-se a alteração ao SEC de 1934, com o aditamento da *sec.* 14-A, onde se consagram as medidas relativas à compensação e ao voto dos accionistas sobre a matéria. Mas porque se trata de um diploma muito abrangente destacamos ainda a exigência que se faz às várias entidades reguladoras do sistema financeiro federal no sentido de realizarem uma actuação conjunta para estabelecer regras e linhas de actuação de certas instituições financeiras, nomeadamente, para divulgação dos sistemas de incentivo e compensação aplicáveis, proibindo a excessiva assunção de risco e impondo a sua observância até Abril de 2011.

---

[22] Cf. www.treas.gov/press/releases/tg163.htm.
[23] In http://schumer.senate.gov/new_website/record.cfm?id=313468 e http://law.du.edu/documents/ corporate-governance/legislation/bill-text-shareholders-bill-of-rights-act-of-2009.pdf.

1.6. Desenvolvimentos a outros níveis

O *FSB* propôs que o trabalho de implementação dos princípios por si definidos fosse levado a cabo pelo *Basel Committee* de Supervisão Bancária (BCBS), para os bancos, e pela Organização Internacional de Autoridades de Instrumentos Financeiros (IOSCO).

O *Basel Committee* instituiu assim um grupo de trabalho, com essa finalidade, no qual estão representados os centros financeiros dos EUA, Canadá, Japão e Europa (principais). O Comité de Basileia apresentou, em Janeiro de 2010, os seus "Princípios de Remuneração"[24].

Ao nível da IOSCO a grande questão que tem sido colocada consiste em determinar se devem ser criados novos deveres informativos para política remuneratória, em relatórios anuais e declarações públicas. Por isso, a IOSCO apresentou, em Fevereiro de 2010, um documento intitulado *Principles for Periodic Disclosure by Listed Entities*[25].

1.7. Conclusão preliminar

Em linha com a exposição apresentada, podem referir-se algumas conclusões preliminares sobre a evolução internacional[26]:

1. Assiste-se a um movimento de coordenação de sistemas jurídicos com base em princípios semelhantes, mas ainda não se atingiu o alinhamento desejado, sendo de prever a sua adopção a curto prazo, dado o largo consenso obtido ao nível dos princípios adoptados pelo *FSB*;

2. Os temas centrais são os seguintes pontos[27]:

a) Ligação entre o nível de remuneração e o risco de gestão – a remuneração dos executivos é vista não apenas como um instrumento de governo societário, mas como geradora de um problema de risco de gestão, na

---

[24] In http://www.bis.org/publ/bcbs166.pdf.
[25] In http://www.iosco.org/library/pubdocs/pdf/IOSCOPD317.pdf.
[26] HILL, Jennifer G., «New Trends in the Regulation of Executive Remuneration, ECGI Law Working Paper n.º.142/2010, disponível em http://ssrn.com/abstract= 1549429; FERRARINI, Guido /UNGUREANU, Maria Cristina, «Fixing Directors' Remuneration in Europe Governance, Regulation and Disclosure», resumo da exposição apresentada na *Roundtable on Directors' Remuneration organizada pela Comissão Europeia* em 23 Março 2009; BEBCHUK, Lucian A. / SPAMANN, Holger, «Regulating Bankers's Pay», Discussion Paper No. 641, Junho de 2009 (revisto em Setembto 2009), disponível em http://ssrn.com/abstract=1410072.
[27] Em conformidade com a síntese de JENNIFER G. HILL, *New Trends in the Regulation of Executive Remuneration*, in www.ssrs.com/abstract=1549429, p. 25 e ss.

medida em que pode fomentar uma excessiva assunção de risco, que é mais agravado no caso das instituições financeiras;

b) Necessidade de consideração da sustentabilidade da empresa no longo prazo, em alternativa ao curto prazo;

c) Reavaliação do conceito de "alinhamento dos interesses" na estruturação da remuneração, que nas últimas duas décadas foi considerado como instrumento adequado para resolver o problema de agência na relação dos dirigentes com os accionistas, face ao novo "paradigma", que obriga a considerar um conjunto de interesses mais vastos, como os dos contribuintes ou outras partes interessadas (*stakeholders*)[28];

d) Reavaliação das medidas de *performance* da sociedade, como a consideração dos resultados no longo prazo, a sustentabilidade e outras variáveis não financeiras;

e) Problema do rendimento desigual, que acentua a diferença entre os executivos e os trabalhadores em geral, e que tem surgido como preocupação na generalidade dos Estados considerados.

f) Alargamento dos regimes de remuneração a certos trabalhadores das empresas com funções ao nível do perfil de risco e controlo, bem como a gestores seniores.

3. Os modos de procurar solucionar os problemas surgidos com a remuneração dos dirigentes, e à qual se associam imputações de responsabilidade na origem da crise financeira 2007-2010, são semelhantes:

a) Intervenção ao nível da estruturação da remuneração, em alternativa à fixação legal de limites, que passa por atender a elementos como:

1.1. Remuneração variável com montantes diferidos, por períodos mínimos, fixados por lei, e cláusulas de reversão (*clawbacks provisions*[29]), em certas circunstâncias[30];

---

[28] HILL, Jennifer G., «Then and Now: Professor Berle and the Unpredictable Shareholder», ECGI Law Working Paper No. 163/2010, disponível em http://ssrn.com/abstract= 1631605 (também publicado em Seattle University Law Review, Vol. 33, No. 4, pp. 1005-1023, 2010) e GELTER, Martin, «Taming or Protecting the ....», *op. cit.*.

[29] Consiste na previsão de reversão de pagamentos efectuados quando os resultados obtidos pela empresa demonstre que os pressupostos da sua atribuição não estavam correctos ou que houve uma degradação posterior da situação financeira devida a erros, más práticas de gestão, etc, apurados apenas após a decisão de pagar. Para melhor possibilitar o retorno dos pagamentos pode utilizar-se o mecanismo de sujeitar os pagamentos em dinheiro ou valores mobiliários a um depósito do tipo *"escrow account"*. O pedido de reversão é feito pelos directores não executivos e independentes a quem incumbe, em regra, a avaliação da *performance* dos executivos.

[30] Neste ponto surgem algumas iniciativas no sentido de apurar a justiça de uma remuneração acordada face aos resultados alcançados posteriormente e que demonstrem poder

1.2. Definição da remuneração por pessoas independentes e avaliação dos gestores igualmente assegurada por independentes, evitando o *"rewards for failure"*;

1.3. Remuneração em *stock options* com exercício de direitos impossibilitado antes de certo período mínimo e obrigação de manutenção das acções adquiridas até termo do mandato;

1.4. Limitação dos *"golden parachutes"* quando a cessação das funções é motivada ou da iniciativa do gestor[31];

1.5. Imposição de aprovação prévia pelos accionistas de remunerações do tipo *stock options, stock appreciation rights* ou atribuição de acções;

b) Intervenção ao nível da divulgação da remuneração, para os accionistas e para o público, seja pela apresentação de uma declaração anual sobre remunerações, objecto de voto (*non binding*), implementando o princípio *say on pay*, seja por divulgação aos mercados. O modelo inglês introduzido em 2002 é a base de transposição/uniformização seguida, acentuando-se os requisitos de independência dos membros dos comités de remuneração (nomeadamente exigindo que não sejam membros com funções de administração executiva), a sua responsabilização perante a sociedade pela observância das regras e princípios aplicáveis, a sujeição da remuneração aprovada a divulgação anual em assembleia geral de accionistas e possibilidade destes manifestarem o seu repúdio pelo sistema aprovado, sem que daí resultem consequências jurídicas (ficando-se pela influência político-social junto do órgão competente)[32].

---

aquela ser excessiva. A título de exemplo, vd. a situação na Holanda ao admitir que os não executivos possam alterar a remuneração anteriormente fixada.

[31] A matéria da cessação do contrato com o administrador é fundamental devendo prever--se aí a duração das funções, a antecedência de pré-aviso para cessação e a retribuição devida nessa hipótese, salientando-se que quando a iniciativa de cessação antecipada, sem justa causa, é do administrador ou sempre que se utilize o acordo de cessação de contrato para dar cobertura a situações de inadaptação, falta de competência ou outros factores sem que a sociedade pretenda utilizar a faculdade de fazer cessar o acordo por justa causa, não deve haver indemnização pelo facto de o contrato terminar antecipadamente.

[32] GORDON, Jeffrey, «'Say on Pay': Cautionary Notes on the UK Experience and the Case for Shareholder Opt-In», in *Harvard Journal on Legislation*, Vol. 46, 2009, pp. 340-354.

2. A situação em Portugal

2.1. Enquadramento jurídico no CSC

2.1.1. O regime da remuneração dos dirigentes das sociedades comerciais encontra-se previsto genericamente no CSC na parte relativa às sociedades anónimas e assenta nos seguintes princípios e regras[33].

A remuneração dos membros do conselho de administração, incluindo os membros da comissão de auditoria, do conselho fiscal e do conselho geral e de supervisão compete à assembleia geral de accionistas ou a uma comissão por aquela nomeada (Artigos 399.º e 422.º-A CSC).

A remuneração dos membros do conselho de administração executivo compete ao conselho geral e de supervisão ou a uma sua comissão de remuneração ou, no caso em que o contrato de sociedade assim o determine, à assembleia geral de accionistas ou a uma comissão por esta nomeada (Artigo 429.º CSC).

Caso a remuneração dos membros do conselho de administração ou do conselho de administração executivo consista parcialmente numa percentagem dos lucros do exercício, o valor máximo dessa percentagem tem de se encontrar fixado no contrato de sociedade (Artigos 399.º e 429.º CSC).

A remuneração dos membros do conselho geral e de supervisão, conselho fiscal e da comissão de auditoria é exclusivamente constituída por uma quantia fixa (Artigos 422.º-A e 423.º-D CSC).

A remuneração do Presidente da assembleia geral é exclusivamente constituída por uma quantia fixa (artigo 374.º-A, n.º 3 e 422.º-A).

2.1.2. No conceito de remuneração que as sociedades utilizam nas suas práticas consideram-se incluídos vários sistemas retributivos, nomeadamente os que se indicam a seguir com carácter meramente exemplificativo:

a) Retribuição fixa – componente de remuneração não dependente do desempenho e devida numa base mensal geralmente correspondente a 12 meses por ano;

b) Retribuição variável – componente de remuneração calculada com base em critérios de desempenho;

c) Pagamentos iniciais, aquando da contratação (*golden hellos*);

d) Indemnização em caso de destituição, incluindo-se nesta qualquer pagamento causado pela rescisão antecipada de contratos celebrados por

---

[33] CUNHA, Paulo Olavo, *Direito das Sociedades Comerciais*, 4ª ed., Almedina, 2010. p. 311, 605 e ss e 779 e ss.

membros do órgão de administração, incluindo pagamentos relacionados com a duração de um período de pré-aviso ou cláusula de não concorrência incluída no contrato (*golden parachutes*);

    e) Utilização de bens sociais, como viatura, telemóvel, casa;

    f) Senhas de combustível, refeições, *plafond* de cartão de crédito (*perks*);

    g) Participação na distribuição de lucros através de recebimentos de quantias pecuniárias;

    h) Participação em planos de *stock options* ou *stock appreciation rights* ou equivalentes;

    i) Contribuições para planos de reforma e previdência;

    j) Concessão de empréstimos.

É por isso habitual que as sociedades façam reduzir a escrito um acordo com os respectivos dirigentes no qual se indicam os elementos remuneratórios acordados individualmente.

2.2. Regime constante da Lei 28/2009, de 19 de Junho e do DL 225//2008, de 20 de Novembro, que criaram as Entidades de Interesse Público (EIP)

O DL 225/2008 introduziu em Portugal a categoria das Entidades de Interesse Público (EIP), criando para elas um determinado regime de obrigações, facto que a Lei 28/2009 veio reforçar, introduzindo a obrigação destas entidades de apresentarem uma Declaração sobre Política de Remunerações.

Nos termos das disposições conjugadas destes dois diplomas, são entidades de interesse público os emitentes de valores mobiliários admitidos à negociação em mercado regulamentado, as instituições de crédito que estejam obrigadas à revisão legal de contas, as sociedades gestoras de participações sociais, quando as participações detidas, directa ou indirectamente, lhes confiram a maioria dos direitos de voto nestas últimas, as empresas de seguros, as sociedades gestoras de participações sociais no sector dos seguros, os fundos de pensões, as sociedades gestoras de fundos de pensões, as sociedades financeira e as sociedades gestoras de fundos de capital de risco.

Para efeitos da Lei 28/2009, o órgão de administração ou a comissão de remuneração, caso exista, das entidades de interesse público passa a ter a obrigação de, anualmente, elaborar, e submeter a aprovação da assembleia geral, uma declaração sobre política de remuneração dos respectivos órgãos de administração e fiscalização, com o conteúdo definido pela lei (artigo 2.º da Lei 28/2009), e que abarca: *a)* mecanismos que permitam o alinhamento dos interesses dos membros do órgão de administração com os interesses da sociedade; *b)* critérios de definição da componente variável da remuneração; *c)* existência de planos de atribuição de acções ou de opções de aquisição de acções por parte de membros dos órgãos de administração e de fiscalização; *d)* possibilidade de o pagamento da componente variável da remuneração, se existir, ter lugar, no todo ou em parte, após o apuramento das contas de exercício correspondentes a todo o mandato; *e)* mecanismos de limitação da remuneração variável, no caso de os resultados evidenciarem uma deterioração relevante do desempenho da empresa no último exercício apurado ou quando esta seja expectável no exercício em curso.

A declaração sobre a política de remuneração aprovada pela assembleia geral das entidades de interesse público está sujeita a divulgação (artigo 3.º da Lei 28/2009) nos documentos de prestação de contas anuais (artigo 3.º da Lei 28/2009)[34]. No entanto, se forem emitentes de acções admitidas à negociação em mercado regulamentado, procedem a essa divulgação no próprio relatório anual de governo da sociedade, a que se refere o artigo 245.º-A do CVM, no qual terão de incluir o montante anual da remuneração auferida pelos membros dos referidos órgãos, de forma agregada e individual (artigo 3.º da Lei 28/2009).

A violação das obrigações descritas constitui um ilícito contra-ordenacional, punível pelos diplomas aplicáveis às entidades de interesse público,

---

[34] Face a este diploma sobressai a distinção entre Política de Remuneração e Declaração sobre Política, sem que o legislador defina claramente o que pretende com a distinção!!!! Os estudos sobre esta problemática mais actualizados são os de CÂMARA, Paulo: «"*Say on Pay*": O dever de apreciação da política remuneratória pela assembleia geral», in *Revista de Concorrência e Regulação*, n.º 2, 2010, pp. 321-344; «El Say On Pay *Português*», *Revista de Derecho de Mercado de Valores*, n.º 6 , 2010, pp. 83-96; CÂMARA, Paulo, *Conflito de Interesses no Direito Societário e Financeiro* (coord.), Almedina, Coimbra, 2010.
Uma definição de política de remuneração constante da Circular do ISP (*infra*) considera-a como o «conjunto dos princípios e dos procedimentos destinados a fixar os critérios, a periodicidade e os responsáveis pela avaliação do desempenho dos colaboradores d(e um)a instituição, bem como a forma, a estrutura e as condições de pagamento da remuneração devida a esses colaboradores, incluindo a decorrente do processo de avaliação de desempenho».
Esta circular ajuda o intérprete a perceber claramente a diferença entre estas duas realidades. Assim, ao afirmar que a declaração sobre a política de remuneração é submetida à aprovação da assembleia de accionistas, a Circular do ISP deixa claro que a política em causa será anteriormente aprovada. Ora essa aprovação prévia será da competência da Comissão de Remunerações ou da Assembleia Geral /CGS, tratando-se de remuneração dos membros dos órgãos de administração/fiscalização, ou do órgão de administração, tratando-se de outros colaboradores da sociedade visada. Mas já a aprovação da declaração sobre a política será sempre e só de aprovar (ou não) pelos accionistas!

consoante a sua natureza, sendo aplicáveis as coimas correspondentes às contra-ordenações de maior gravidade (artigo 4.º da Lei 28/2009).

Considerando ainda que algumas destas EIP são simultaneamente classificadas por outro critério, as mesmas podem ficar sujeitas a regimes adicionais, como o decorrente da actuação no mercado bancário, segurador ou de valores mobiliários. Esses regimes foram instituídos pelas respectivas autoridades de supervisão dos segmentos de mercado financeiro em causa – banca, seguros e mercado de capitais – na sequência da reconhecida necessidade de intervenção no âmbito das políticas de remuneração, em linha com as recomendações e princípios internacionais divulgados realizada pelo Conselho Nacional de Supervisores Financeiros (CNSF), que promoveu uma iniciativa destinada a assegurar, numa perspectiva de *better regulation*, uma actuação concertada entre as autoridades de supervisão nacionais, visando garantir um cumprimento adequado e consistente pelas instituições financeiras de práticas remuneratórias sãs e prudentes.

Nos próximos pontos iremos descrever o sistema constante da iniciativa das três autoridades do mercado financeiro nacional – CMVM, BP e ISP – ficando aqui, desde já, uma nota de síntese no sentido de concluir pela maior exigência das regras constantes dos diplomas do BP e do ISP comparativamente aos da CMVM, sendo de notar que aqueles apresentam entre si grandes semelhanças. Em nenhum dos casos se *instituem clawback provisions*, embora existisse essa possibilidade ao nível das recomendações europeias.

2.3. Regime do Mercado de Valores Mobiliários

Ao nível das sociedades abertas, em particular relativamente àquelas que têm valores mobiliários admitidos à negociação em mercado regulamentado, outras disposições legais, regulamentares e recomendatórias devem ser tidas em consideração, atento o âmbito de aplicação do CVM.

Estão especialmente em causa as disposições regulamentares e recomendatórias emitidas pela CMVM, enquanto autoridade com poderes de supervisionar, regulamentar e fiscalizar, poderes que foram usados recentemente no âmbito do Regulamento 1/2010 e das Recomendações sobre *corporate governance* de Janeiro de 2010.

Faremos, em seguida, uma análise destes materiais jurídicos, procurando dar uma visão integrada dos dois documentos, que distinga entre o plano regulamentar e o recomendatório, a propósito de cada tema.

2.3.1. Em matéria de competência e estruturação, cumpre referir que as recomendações sugerem que a remuneração dos membros do órgão de administração deve ser estruturada de forma a: 1) permitir o alinhamento dos interesses daqueles com os interesses de longo prazo da sociedade; 2) basear-se em avaliação de desempenho; 3) desincentivar a assunção excessiva de riscos. Para este efeito, as remunerações devem ser estruturadas, nomeadamente, da seguinte forma:

2.3.1.1. Tratando-se de administradores com funções executivas [Código de Governo das Sociedades da CMVM n.º II.1.5.1. (2010)]: *(i)* A remuneração deve integrar uma componente variável cuja determinação dependa de uma avaliação de desempenho, realizada pelos órgãos competentes da sociedade, de acordo com critérios mensuráveis pré-determinados, que considere o real crescimento da empresa e a riqueza efectivamente criada para os accionistas, a sua sustentabilidade a longo prazo e os riscos assumidos, bem como o cumprimento das regras aplicáveis à actividade da empresa; *(ii)* A componente variável da remuneração deve ser globalmente razoável em relação à componente fixa da remuneração, e devem ser fixados limites máximos para todas as componentes; *(iii)* Uma parte significativa da remuneração variável deve ser diferida por um período não inferior a três anos, e o seu pagamento deve ficar dependente da continuação do desempenho positivo da sociedade ao longo desse período; *(iv)* Os membros do órgão de administração não devem celebrar contratos, quer com a sociedade, quer com terceiros, que tenham por efeito mitigar o risco inerente à variabilidade da remuneração que lhes for fixada pela sociedade; *(v)* Até ao termo do seu mandato, devem os administradores executivos manter as acções da sociedade a que tenham acedido por força de esquemas de remuneração variável, até ao limite de duas vezes o valor da remuneração total anual, com excepção daquelas que necessitem ser alienadas com vista ao pagamento de impostos resultantes do benefício dessas mesmas acções; *(vi)* Quando a remuneração variável compreender a atribuição de opções, o início do período de exercício deve ser diferido por um prazo não inferior a três anos; *(vii)* Devem ser estabelecidos os instrumentos jurídicos adequados para que a compensação estabelecida para qualquer forma de destituição sem justa causa de administrador não seja paga se a destituição ou cessação por acordo é devida a desadequado desempenho do administrador.

2.3.1.2. Tratando-se de administradores com funções executivas [Código de Governo das Sociedades da CMVM n.º II.1.5.1. (2010)], a remuneração dos membros não executivos do órgão de administração não deverá incluir nenhuma componente cujo valor dependa do desempenho ou do valor da sociedade.

2.3.2. Ao nível das recomendações sugere-se ainda que deve ser submetida à assembleia geral a proposta relativa à aprovação de planos de atribuição de acções, e/ou de opções de aquisição de acções ou com base nas variações do preço das acções, a membros dos órgãos de administração, fiscalização e demais dirigentes, na acepção do n.º 3 do artigo 248.º-B do Código dos Valores Mobiliários. A proposta deve conter todos os elementos necessários para uma avaliação correcta do plano. A proposta deve ser acompanhada do regulamento do plano ou, caso o mesmo ainda não tenha sido elaborado, das condições a que o mesmo deverá obedecer [Código de Governo das Sociedades da CMVM n.º II.1.5.4. (2010)].

2.3.3. Ao nível das recomendações incluem-se igualmente referências ao sistema de benefícios de reforma, sugerindo-se que devem ser aprovadas em assembleia geral as principais características do sistema de benefícios de reforma estabelecidos a favor dos órgãos de administração, fiscalização e demais dirigentes, na acepção do n.º 3 do artigo 248.º-B do Código dos Valores Mobiliários – Código de Governo das Sociedades da CMVM n.º II.1.5.5. (2010).

2.3.4. Para efeitos de prestação de informação aos sócios, sugere-se que pelo menos um representante da comissão de remunerações deve estar presente nas assembleias gerais de accionistas – Código de Governo das Sociedades da CMVM n.º II.1.5.6. (2010).

2.3.5. No que concerne à composição da Comissão de Remunerações, sugere-se que os membros da comissão de remunerações ou equivalente devem ser independentes relativamente aos membros do órgão de administração e incluir pelo menos um membro com conhecimentos e experiência em matérias de política de remuneração [Código de Governo das Sociedades da CMVM (2010) n.º II.5.2. e n.º II.5.3., relativamente a quem não deve ser contratado para integrar tais comissões].

Também se protagoniza a criação de outras comissões, de natureza e funções variadas, por decisão do conselho de administração e do conselho geral e de supervisão, consoante o modelo adoptado, salvo se por força da reduzida dimensão da sociedade, elas não se mostrarem necessárias.

Tais comissões devem respeitar aos seguintes assuntos: 1) assegurar uma competente e independente avaliação do desempenho dos administradores executivos e para a avaliação do seu próprio desempenho global, bem assim como das diversas comissões existentes; 2) reflectir sobre o sistema de governo adoptado, verificar a sua eficácia e propor aos órgãos competentes as medidas a executar tendo em vista a sua melhoria; 3) identificar atempadamente potenciais candidatos com o elevado perfil necessário ao desempenho de funções de administrador [Código de Governo das Sociedades da CMVM n.º II.5.1. (2010)].

2.3.6. Ao nível recomendatório, sugere-se que a Declaração sobre Política de Remuneração contenha contém, além da informação constante das alíneas *a)* a *e)* do artigo 2.º da Lei 28/2009, informação suficiente sobre os grupos de sociedades cuja política e práticas remuneratórias foram tomadas como elemento comparativo para a fixação da remuneração [Código de Governo das Sociedades da CMVM n.º II.1.5.2. (2010)] e os pagamentos relativos à destituição ou cessação por acordo de funções de administradores [Código de Governo das Sociedades da CMVM n.º II.1.5.2. (2010)].

A declaração sobre a política de remuneração referida abrange igualmente as remunerações dos dirigentes na acepção do n.º 3 do artigo 248.º-B do Código dos Valores Mobiliários e cuja remuneração contenha uma componente variável importante [Código de Governo das Sociedades da CMVM n.º II.1.5.3. (2010)]. A declaração deve ser detalhada e a política apresentada deve ter em conta, nomeadamente, o desempenho de longo prazo da sociedade, o cumprimento das normas aplicáveis à actividade da empresa e a contenção na tomada de riscos [Código de Governo das Sociedades da CMVM n.º II.1.5.3. (2010)].

2.3.7. Olhando agora para o aspecto da divulgação da informação, de nível obrigatório, em especial, no Relatório Anual de Governo Corporativo, há que atender ao facto de as sociedades emitentes de valores mobiliários admitidos à negociação em mercado regulamentado situado ou a funcionar em Portugal terem a obrigação de assegurar a divulgação, em capítulo do relatório anual de gestão especialmente elaborado para o efeito ou em anexo a este, um conjunto de informação sobre a estrutura e práticas de governo societário (Artigo 245.º-A, n.º 4, CVM). Caso se trate de sociedades emitentes de acções admitidas à negociação em mercado regulamentado situado ou a funcionar em Portugal, a informação a prestar sobre a estrutura e práticas de governo societário é mais completa e estão ainda sujeitas ao Código de Governo das Sociedades da CMVM ou a um código equivalente (Artigo 245.º-A, n.º 1, CVM e artigo 1.º do Regulamento da CMVM 1/2010), numa base *comply or explain*. E caso se trate de sociedades emitentes de acções admitidas à negociação em mercado regulamentado sujeitas a lei pessoal portuguesa, estão ademais sujeitas ao dever de divulgar a informação sobre a estrutura e práticas de governo societário nos termos definidos no Regulamento da CMVM n.º 1/2010. De acordo com este Regulamento, a informação sobre a estrutura e práticas de governo societário a divulgar deve ser apresentada de acordo com o modelo constante do anexo que do mesmo faz parte integrante (Artigo 245.º-A, n.º 2, CVM e artigo 2.º do Regulamento da CMVM 1/2010). Nas sociedades emitentes de acções admitidas à negociação em mercado regulamentado sujeitas a lei pessoal portuguesa, o órgão de administração encontra-se, ademais, sujeito ao dever anual de apresentação à assembleia geral de um relatório explicativo relativo os elementos incluídos no Relatório sobre o Governo da Sociedade (artigo 245.º-A, n.º3 CVM)

Não despicienda é a obrigação das sociedades emitentes de acções admitidas à negociação em mercado regulamentado sujeitas a lei pessoal portuguesa de divulgar no relatório anual sobre o Governo da Sociedade: *a)* A declaração sobre a política de remuneração dos membros dos órgãos de administração e de fiscalização referida, bem como o montante anual da remuneração auferida pelos membros dos órgãos de administração e fiscalização, de forma agregada e individual (Artigo 3.º da Lei n.º 28/2009, de 19 de Junho e Artigo 3.º do Regulamento da CMVM n.º 1/2010)); *b)* A remuneração fixa e a remuneração variável e, quanto a esta última, as diferentes componentes que lhe deram origem, a parcela que se encontra diferida e a parcela que já foi paga (Artigo 3.º do Regulamento da CMVM n.º 1/2010); *c)* A remuneração recebida em outras empresas do grupo, de forma agregada e individual (Artigo 3.º do Regulamento da CMVM n.º 1/2010, a partir de 1 de Janeiro de 2011); *d)* Os direitos de pensão adquiridos no exercício em causa (Artigo 3.º do Regulamento da CMVM n.º 1/2010, a partir de 1 de Janeiro de 2011); *e)* Descrição das principais características dos planos de atribuição de acções e dos planos de atribuição de opções de aquisição de acções adoptados ou vigentes no exercício em causa (Regulamento da CMVM n.º 1/2010, Anexo I, n.º III.10).

A informação relativa à remuneração dos administradores executivos abrange (Regulamento da CMVM n.º 1/2010, Anexo I, n.º III.33): *a)* Referência ao facto de a remuneração dos administradores executivos integrar uma componente variável e informação sobre o modo como esta componente depende da avaliação de desempenho; *b)* Indicação dos órgãos da sociedade competentes para realizar a avaliação de desempenho dos administradores executivos; *c)* Indicação dos critérios pré-determinados para a avaliação de desempenho dos administradores executivos; *d)* Explicitação da importância relativa das componentes variáveis e fixas da remuneração dos administradores, assim como indicação acerca dos limites máximos para cada componente; *e)* Indicação sobre o diferimento do pagamento da componente variável da remuneração, com menção do período de diferimento; *f)* Explicação sobre o modo como o pagamento da remuneração variável está sujeito à continuação do desempenho positivo da sociedade ao longo do período de diferimento; *g)* Informação suficiente sobre os critérios em que se baseia a atribuição de remuneração variável em acções bem como sobre a manutenção, pelos administradores executivos, das acções da sociedade a que tenham acedido, sobre eventual celebração de contrato relativos a essas acções, designadamente contratos de cobertura (*hedging*) ou de transferência de risco, respectivo limite, e sua relação face ao valor da remuneração total anual; *h)* Informação suficiente sobre os critérios em que se baseia a atribuição de remuneração variável em opções e indicação do período de diferimento e do preço de exercício; *i)* Identificação dos principais parâmetros e fundamentos de qualquer sistema de prémios anuais e de quaisquer outros benefícios não pecuniários; *j)* Remuneração paga sob a forma de participação nos lucros e/ou de pagamento de prémios e os motivos por que tais prémios e ou participação nos lucros foram concedidos; *l)* Indemnizações pagas ou devidas a ex--administradores executivos relativamente à cessação das suas funções durante o exercício; *m)* Referência à limitação contratual prevista para a compensação a pagar por destituição sem justa causa de administrador e sua relação com a componente variável da remuneração; *n)* Montantes a qualquer título pagos por outras sociedades em relação de domínio ou de grupo; *o)* Descrição das principais características dos regimes complementares de pensões ou de reforma antecipada para os administradores, indicando se foram, ou não, sujeitas a apreciação pela assembleia-geral; *p)* Estimativa do valor dos benefícios não pecuniários relevantes considerados como remuneração não abrangidos nas situações anteriores; *q)* Existência de mecanismos que impeçam os administradores executivos de celebrar contratos que ponham em causa a razão de ser da remuneração variável.

As sociedades têm de publicar o montante da remuneração anual paga ao auditor externo e a outras pessoas pertencentes à mesma rede, bem assim como a discriminação da percentagem respeitante aos serviços de revisão legal das contas, a outros serviços de garantia de fiabilidade, a serviços de consultoria fiscal e a outros serviços que não de revisão legal das contas. Caso o auditor preste serviços de consultoria fiscal ou outros serviços que não de revisão legal de contas, devem ser divulgados os meios de salvaguarda da independência do auditor que tenham sido implementados (Regulamento da CMVM n.º 1/2010, Anexo I, n.º III.17.)

2.3.8. No plano das recomendações, deve ser divulgado, no relatório anual sobre o Governo da Sociedade, o montante da remuneração recebida, de forma agregada e individual, em outras empresas do grupo e os direitos de pensão adquiridos no exercício em causa [esta recomendação manter-se-á até à entrada em vigor dos deveres de prestação de informação previstos nas alíneas c) e d) do artigo 3.º e 4.º do Regulamento da CMVM n.º 1/2010, prevista para 1 de Janeiro de 2011; cf. Código de Governo das Sociedades da CMVM n.º II.1.5.7. (2010)], e a remuneração do Presidente da mesa da AG [Código de Governo das Sociedades da CMVM n.º I.1.1. (2010)].

2.3.9. A *disclosure* compreende ainda a comunicação de certas informações à CMVM, o que, no plano normativo, obriga as sociedades emitentes de acções admitidas à negociação em mercado regulamentado situado ou a funcionar em Portugal a comunicar à CMVM informação relativa a planos de atribuição de acções e/ou de opções de aquisição de acções a trabalhadores, nos sete dias úteis posteriores à respectiva aprovação (artigo 4.º do Regulamento da CMVM n.º 1/2010).

Esta informação deve indicar, nomeadamente, a justificação para a adopção do plano, a categoria e número de destinatários do plano, as condições de atribuição, os critérios relativos ao preço das acções e o preço de exercício das opções, o período durante o qual as opções podem ser exercidas, o número e as características das acções a atribuir, a existência de incentivos para a aquisição de acções e/ou o exercício de opções e a competência do órgão de administração para a execução e/ou modificação do plano (Artigo 4.º do Regulamento da CMVM n.º 1/2010).

As sociedades emitentes de acções admitidas à negociação em mercado regulamentado situado ou a funcionar em Portugal têm de tornar acessível em sítio da internet, em termos claramente identificados e actualizados várias informações de carácter mínimo (Artigo 5.º do Regulamento da CMVM n.º 1/2010).

2.4. Regime do Mercado Bancário

Tratando-se de instituições de crédito (IC) e sociedades financeiras (SF) acrescem às obrigações previstas na Lei 28/2009 outras imposições da autoria do Banco de Portugal, das quais se destacam as que constam do Aviso do Banco de Portugal n.º 1/2010 e da Carta-Circular do BP n.º 2/2010/DSB, de 1 de Fevereiro, aplicáveis aos exercício iniciados em ou após 1/1/2010.

2.4.1. O regime do Aviso 1/2010 destaca a necessidade de dar cumprimento a recomendações externas como as da UE/Comissão, do Comité de Autoridades Europeias de Supervisão Bancária (CEBS) e do *Financial*

Stability Board (FSB), as quais prevêem uma prestação de informação mais extensa e detalhada do que a imposta ao nível interno pela Lei 28/2009, mas salienta a necessidade de não duplicar instrumentos de cumprimento de obrigações, permitindo às sociedades que tenham de elaborar *Relatório de Corporate Governance*, imposto pelo CVM, que não tenham de elaborar outro documento autónomo, inserindo toda a informação no mesmo relatório.

2.4.2. Nos termos do citado aviso, é obrigatório divulgar informação adicional, face ao teor da imposição constante da Lei 28/2009. O cumprimento do dever ocorre por inclusão da informação na "Declaração sobre política de remuneração dos membros dos órgãos de administração, certos colaboradores[35] e órgãos de fiscalização das IC e SF visadas" (aquelas que exerçam actividade de recepção do público de depósitos ou de outros fundos reembolsáveis, para utilização por conta própria ou a actividade de gestão discricionária de carteiras de instrumentos financeiros por conta de clientes).

O conteúdo informativo adicional obedece à seguinte lógica: 1) conteúdo informativo adicional para membros de órgão de administração, com e sem funções executivas, ou fiscalização [artigo 2.º, n.º1, al. a) a c)]; 2) conteúdo informativo adicional para membros de órgão de administração, com funções executivas [artigo 2.º, n.º2, al. a) a o)]; 3) conteúdo informativo adicional para membros de órgão de administração, sem funções executivas (artigo 2.º, n.º3).

A divulgação deve constar da Declaração sobre Política de Remunerações, contida no Relatório sobre a Estrutura e Práticas de Governo Societário (artigo 70.º, n.º2, al. b) CSC, em conjugação com o artigo 2.º, n.º4 deste aviso) e ser disponibilizada no sítio da Internet durante 5 anos.

Sempre que a informação requerida respeite aos colaboradores, nos termos do artigo 1.º, n.º2 [artigo 3.º, n.º1, al. a) a d)], deve ser inserida no mesmo documento e sujeita a idêntica regras de divulgação (artigo 3.º, n.º2 e 3).

2.4.3. Além da divulgação obrigatória de informação, o Banco de Portugal emitiu recomendações, sujeitas ao regime *comply or explain*, que constam da Carta-Circular 2/10/DSBDR (artigo 4.º do aviso 1/2010), onde se

---

[35] Não sejam membros dos órgãos e que aufiram remuneração variável, exercendo actividade profissional no âmbito das funções de controlo ou com impacto material no perfil de risco da instituição.

reforça a informação adicional a divulgar, obedecendo à mesma lógica já acima referida a propósito do Aviso 1/2010.

Tomando em consideração o conteúdo informativo adicional para membros de órgão de administração, com e sem funções executivas, ou fiscalização [artigo 2.º, n.º 1, al. a) a c)], exigem-se agora referências: 1) ao processo de decisão utilizado na definição da política, com referência ao mandato e composição da comissão de remuneração, identificação dos consultores externos utilizados na determinação da política e dos serviços adicionais prestados por estes à sociedade e aos membros dos órgãos; 2) Quanto à componente variável da remuneração, indicando as componentes que lhe deram origem, a parcela diferida e a parcela que já foi paga; 3) informação sobre o modo como a remuneração é estruturada de forma a permitir o alinhamento dos interesses dos membros dos órgãos de administração com os interesses de longo prazo da sociedade, bem como é baseada na avaliação de desempenho e desincentiva a assunção excessiva de riscos.

Tomando em consideração o conteúdo informativo adicional para membros de órgão de administração, com funções executivas [artigo 2.º, n.º 2, al. a) a o)], exigem-se agora referências: 1) Aos órgãos competentes para avaliação do desempenho; 2) Aos critérios predeterminados para avaliação do desempenho; 3) À importância relativa das componentes fixa e variáveis e limites máximos para cada uma; 4) À informação sobre o diferimento do pagamento da componente variável, com indicação do período do diferimento; 5) Ao modo como o pagamento da remuneração variável está sujeito à continuação do desempenho positivo ao longo do período de diferimento; 6) Aos critérios em que se baseia a remuneração variável em acções, bem como a manutenção das acções a que tenham acedido, regras sobre eventual celebração de contratos relativos a essas acções (cobertura ou transferência de riscos), respectivo limite e relação com o valor total da remuneração anual; 7) Aos critérios em que se baseia a remuneração variável em opções e indicação do período de diferimento e do preço de exercício; 8) Aos principais parâmetros e fundamentos de qualquer sistema de prémios anuais e de quaisquer outros benefícios não pecuniários; 9) À remuneração paga sob a forma de participação nos lucros e/ou pagamento de prémios e os motivos por que tais prémios ou aquela participação foram concedidos; 10) Às indemnizações pagas ou devidas a ex-membros relativamente à cessação das suas funções durante o exercício; 11) Às limitações contratuais previstas para destituição sem justa causa e sua relação com componente variável da remuneração; 12) Aos montantes pagos a qualquer título por sociedades em relação de domínio ou grupo; 13) Às principais características dos regimes complementares de pensões ou de reforma antecipada, indicando se foram sujeitos a apreciação pela AG; 14) À estimativa do valor dos benefícios não pecuniários relevantes considerados como remuneração não abrangidos nas alíneas anteriores; 15) À existência de mecanismos que impeçam a celebração de contratos que ponham em causa a razão de ser da remuneração variável.

Tomando em consideração o conteúdo informativo adicional para membros de órgão de administração, sem funções executivas, exige-se agora referência ao facto de a remuneração incluir alguma componente variável.

2.4.4. Já a Carta-Circular estabelece várias recomendações aplicáveis à Política de Remuneração dos Membros dos órgãos de Administração e Fiscalização e colaboradores, em linha de conformidade com o Aviso 1/2010, definidas a partir dos seguintes princípios gerais: princípio da consistência entre a política de remuneração e uma gestão e controlo dos riscos eficaz; princípio da adequação entre a política de remuneração e a dimensão, natureza e complexidade da actividade desenvolvida ou a desenvolver; princípio da clareza, transparência e adequação da estrutura das instituições relativamente à definição, implementação e monitorização da política de remuneração.

Ao tratar da questão da competência para a definição da política de remuneração, em termos semelhantes aos efectuados na Lei 28/2009, vem, no entanto, em nossa opinião a permitir compreender melhor a alternativa colocada de a política em causa ser aprovada ou por uma Comissão de Remunerações, ou, pela Assembleia Geral/ Conselho Geral e de Supervisão, na medida em que deixa claro que a intervenção do órgão de administração terá sempre de ocorrer quando toque à definição da política de remuneração dos colaboradores da sociedade[36].

A importância da carta-circular manifesta-se ainda ao definir as características da política como devendo ser transparente, acessível a todos os colaboradores e objecto de revisão periódica e em que o processo de avaliação e critérios usados para determinar a remuneração variável deva ser comunicado antes de começar o período de tempo sujeito a avaliação.

---

[36] Vd. CÂMARA, Paulo: «"*Say on Pay*": O dever de apreciação da política remuneratória pela assembleia geral», in *Revista de Concorrência e Regulação*, n.º 2, 2010, pp. 321-344; «*El Say On Pay Português*», *Revista de Derecho de Mercado de Valores*, n.º 6 , 2010, pp. 83-96, ao questionar o sentido do disposto no art.º2.º da Lei 28/2009, sugestionando que o legislador tivesse pretendido alterar o regime instituído de repartição de competência entre assembleia e órgão de gestão, em matéria de definição de política remuneratória.

No que respeita à comissão de remunerações, recomenda-se que este órgão proceda a uma revisão anual, pelo menos, da política remuneratória e da sua implementação, que seja constituído por membros com características de independência face ao órgão de administração, reunindo requisitos de idoneidade e qualificações profissionais adequados ao desempenho das funções e com os deveres de reporte anual aos accionistas sobre o exercício das suas funções e presença nas Assembleias Gerais em que a política de remuneração conste da ordem do dia.

Sendo a comissão de remunerações o órgão competente para a definição da remuneração dos executivos, recomenda-se que: essa definição integre uma componente variável dependente do desempenho e de acordo com critérios mensuráveis; que se verifique um equilíbrio adequado entre componente fixa e variável; que a componente variável paga em instrumentos financeiros emitidos pela própria instituição considere o desempenho de médio e longo prazo e que haja um diferimento do pagamento da componente variável por período não inferior a 3 anos, dependendo do desempenho durante esse período.

Sendo ainda a comissão de remunerações o órgão competente para a definição da remuneração dos não executivos, recomenda-se que não se incluam componentes cujo valor dependa do desempenho ou valor da instituição.

2.4.5. Há recomendações específicas para o caso da cessação de funções antecipada e sem justa causa, procurando evitar-se a obtenção de vantagens associadas a *golden-parachutes*, e que assentam no estabelecimento de instrumento jurídicos adequados de modo a que a destituição sem justa causa de um membro da administração não seja paga se a destituição ou cessação por acordo resultar de um inadequado desempenho do membro do órgão de administração.

2.4.6. Como se deixou já dito, há um alargamento do regime informativo e de definição de remunerações a outras pessoas, designadas "colaboradores", que partem das seguintes recomendações: 1) equilíbrio entre remuneração fixa e variável; 2) remuneração variável paga em instrumentos financeiros emitidos pela própria sociedade deve depender do desempenho a médio e longo prazo; 3) remuneração variável tem como critério de avaliação a unidade de estrutura onde o colaborador se insere, devendo incluir elementos não financeiros; 4) remuneração variável deve ser reduzida fortemente em caso de regressão do desempenho ou desempenho negativo da instituição; 5) diferimento do pagamento da componente variável por período não inferior a 3 anos, dependendo do desempenho durante esse período; 6) quanto mais alto o nível hierárquico maior deve ser a percentagem da remuneração variável diferida no tempo; 7) colaboradores com funções de controlo devem ser remunerados em função da prossecução dos objectivos associados às funções e não às áreas sob controlo.

2.4.7. Finalmente, a carta-circular trata ainda da avaliação interna da própria política de remuneração, recomendando que seja efectuada internamente por independentes, pelo menos uma vez por ano, olhando para os princípios da carta-circular e suas recomendações.

2.5. Regime do Mercado Segurador

2.5.1. Através da Norma Regulamentar N.º 5/2010-R, de 1 de Abril, o ISP veio estabelecer regras sobre a divulgação de informação relativa à política de remuneração das empresas de seguros ou de resseguros e das sociedades gestoras de fundos de pensões sujeitas à supervisão do Instituto de Seguros de Portugal, incluindo-se ainda regras sobre deveres de divulgação de informação da política de remuneração dos colaboradores das instituições referidas que, não sendo membros dos respectivos órgãos de administração ou de fiscalização, auferem uma remuneração variável e exercem a sua actividade profissional no âmbito de funções-chave, ou seja, das funções que sejam estabelecidas no âmbito dos sistemas de gestão de riscos e de controlo interno, ou exercem uma outra actividade profissional que possa ter impacto material no perfil de risco da instituição. Esses colaboradores são aqueles que possuem um acesso regular a informação privilegiada e participam nas decisões sobre a gestão e estratégia negocial da instituição desenvolvem uma actividade profissional com impacto material no perfil de risco da instituição.

2.5.2. Assim, a divulgação sobre a política de remuneração dos membros dos órgãos de administração e de fiscalização deve incluir, pelo menos, informação sobre: a) o processo de decisão utilizado na definição da política de remuneração, incluindo, se for caso disso, a indicação do mandato e da composição da comissão de remuneração, a identificação dos consultores externos cujos serviços foram utilizados para determinar a política de remuneração e dos serviços adicionais prestados por estes consultores à sociedade ou aos membros dos órgãos de administração e de fiscalização; b) Relativamente à componente variável da remuneração, as diferentes componentes que lhe deram origem, a parcela que se encontra diferida e a parcela que já foi paga; *c)* Informação sobre o modo como a remuneração é estruturada de forma a permitir o alinhamento dos interesses dos membros do órgão de administração com os interesses de longo prazo da sociedade bem como sobre o modo como é baseada na avaliação do desempenho e desincentiva a assunção excessiva de riscos.

2.5.3. Relativamente à remuneração dos administradores executivos, a divulgação sobre política de remuneração deve incluir, pelo menos, informação sobre: *a)* Os órgãos competentes da instituição para realizar a avaliação de desempenho dos administradores executivos; *b)* Os critérios predeterminados para a avaliação de desempenho dos administradores executivos; *c)* A importância relativa das componentes variáveis e fixas da remuneração dos administradores executivos, assim como os limites máximos para cada componente; *d)* Informação sobre o diferimento do pagamento da componente variável da remuneração, com menção do período de diferimento; *e)* O modo como o pagamento da remuneração variável está sujeito à continuação do desempenho positivo da instituição ao longo do período de diferimento; *f)* Os critérios em que se baseia a atribuição de remuneração variável em acções, bem como sobre a manutenção, pelos administradores executivos, das acções da instituição a que tenham acedido, sobre a eventual celebração de contratos relativos a essas acções, designadamente contratos de cobertura (*hedging*) ou de transferência de risco, respectivo limite, e sua relação face ao valor da remuneração total anual; *g)* Os critérios em que se baseia a atribuição de remuneração variável em opções e indicação do período de diferimento e do preço de exercício *h)* Os principais parâmetros e fundamentos de qualquer sistema de prémios anuais e de quaisquer outros benefícios não pecuniários; *i)* A remuneração paga sob a forma de participação nos lucros e/ou de pagamento de prémios e os motivos por que tais prémios e ou participação nos lucros foram concedidos; *j)* As indemnizações pagas ou devidas a ex-membros executivos do órgão de administração relativamente à cessação das suas funções durante o exercício; *k)* As limitações contratuais previstas para a compensação a pagar por destituição sem justa causa do administrador e sua relação com a componente variável da remuneração; *l)* Os montantes pagos a qualquer título por outras sociedades em relação de domínio ou de grupo; *m)* As principais características dos regimes complementares de pensões ou de reforma antecipada, com indicação se foram sujeitas a apreciação pela assembleia geral; *n)* A estimativa do valor dos benefícios não pecuniários relevantes considerados como remuneração não abrangidos nas situações anteriores; *o)* A existência de mecanismos que impeçam a celebração de contratos que ponham em causa a razão de ser da remuneração variável.

2.5.4. Relativamente à remuneração dos administradores não executivos, a divulgação sobre política de remuneração deve referir se a respectiva remuneração inclui alguma componente que dependa do desempenho ou do valor da instituição.

2.5.5. A informação referida deve ser divulgada no relatório sobre a estrutura e as práticas de governo societário previsto na alínea b) do n.º 2 do artigo 70.º do Código das Sociedades Comerciais, nos termos do disposto no artigo 3.º da Lei n.º 28/2009, sem prejuízo das demais disposições aplicáveis, e deve estar acessível no sítio na Internet da instituição ou do grupo a que pertença, pelo menos durante cinco anos.

2.5.6. As instituições divulgam ainda a política de remuneração dos colaboradores que deve incluir, pelo menos, informação sobre: a) O modo como a remuneração é estruturada de forma a permitir o alinhamento dos interesses dos colaboradores com os interesses de longo prazo da sociedade bem como sobre o modo como é baseada na avaliação do desempenho e desincentiva a assunção excessiva de riscos; b) O processo de decisão utilizado na definição da política de remuneração; c) A relação entre a remuneração fixa e variável e limites à remuneração variável; d) Os critérios de definição da remuneração variável, bem como os critérios para diferimento do respectivo pagamento e o período de diferimento mínimo.

A informação deve ser divulgada em conjunto com a declaração sobre a política de remuneração dos membros dos órgãos de administração e de fiscalização, nos termos do disposto no artigo 3.º da Lei n.º 28/2009, sem prejuízo das demais disposições aplicáveis, e deve estar acessível no sítio na Internet da instituição ou do grupo a que pertença, pelo menos durante cinco anos.

2.5.7. Através da Circular N.º 6/2010, de 1 de Abril, o ISP recomendou que as instituições supervisionadas adoptem políticas de remuneração em conformidade com os princípios elaborados, os quais deveriam ser acolhidos, nos termos do artigo 4.º da Norma Regulamentar n.º 5/2010-R, de 1 de Abril, numa base *comply or explain*.

Nessa medida, o ISP pressupõe que as instituições visadas definam uma política de remuneração assente em princípios-chave: política consistente com uma gestão e controlo de riscos eficaz que evite uma excessiva exposição ao risco, que evite potenciais conflitos de interesses e que seja coerente com os objectivos, valores e interesses a longo prazo da instituição, designadamente com as perspectivas de crescimento e rendibilidade sustentáveis e a protecção dos interesses dos tomadores de seguros, segurados, participantes, beneficiários e contribuintes; política que seja adequada à dimensão, natureza e complexidade da actividade desenvolvida ou a desenvolver pela instituição e, em especial, no que se refere aos riscos assumidos ou a assumir; política que adopte uma estrutura clara, transparente e adequada relativamente à definição, implementação e monitorização da política de remuneração, que identifique, de forma objectiva, os colaboradores envolvidos em cada processo, bem como as respectivas responsabilidades e competências.

São especificamente destinatários das recomendações em causa as instituições abrangidas pelo número 1 do artigo 1.º da Norma Regulamentar n.º 5/2010-R, de 1 de Abril, visando-se os membros dos seus órgãos de administração e fiscalização, assim como os colaboradores que, não sendo membros dos respectivos órgãos de administração ou de fiscalização, aufiram uma remuneração variável e exerçam a sua actividade profissional no âmbito das funções-chave ou exerçam uma outra actividade profissional que possa ter impacto material no perfil de risco da instituição.

Mas também estão abrangidas todas as suas filiais, incluindo as filiais no estrangeiro da empresa-mãe de um grupo segurador ou conglomerado financeiro sujeito à supervisão do Instituto de Seguros de Portugal com base na sua situação em base consolidada, ficando esta obrigada a assegurar que aquelas implementem políticas de remuneração consistentes entre si, tendo por referência as recomendações do ISP. As recomendações elaboradas destinam-se à totalidade das remunerações auferidas relativamente a cada visado enquanto colaborador do conjunto das instituições que integram o mesmo grupo segurador ou conglomerado financeiro.

2.5.8. Distinguindo claramente a questão da competência para a definição e aprovação da política de remunerações, face às disposições da Lei 28/2009, que mandam submeter uma declaração sobre essa política à apreciação da assembleia geral, a Circular procura reportar-se à definição de elementos importantes relativamente à própria definição e aprovação da política de remunerações.

No que concerne à definição da política, determina-se que ela seja feita com a participação de pessoas com independência funcional e capacidade técnica adequada, incluindo pessoas que integrem as unidades de estrutura responsáveis pelas funções-chave e, sempre que necessário, de recursos humanos, assim como peritos externos, de forma a evitar conflitos de interesses e a permitir a formação de um juízo de valor independente sobre a adequação da política de remuneração, incluindo os seus efeitos sobre a gestão de riscos e de capital da instituição.

No que respeita ao seu conteúdo, determina-se que ela deve ser transparente e acessível a todos os colaboradores da instituição, objecto de revisão periódica e estar formalizada em documento(s) autónomo(s), devidamente actualizado(s), com indicação da data das alterações introduzidas e respectiva justificação, devendo ser mantido um arquivo das versões anteriores.

Considerando que a remuneração variável é aquela que depende do desempenho, e que este terá de ser avaliado, preconiza-se a transparência através de divulgação aos interessados no processo de avaliação dos critérios utilizados para determinar a remuneração variável, previamente ao período de tempo abrangido pelo processo de avaliação.

2.5.9. Entrando na temática da Comissão de Remunerações, a circular do ISP reafirma a ideia corrente nos mercados internacionais de que a sua existência não é imperativa, deixando-se aos accionistas a opção pela sua criação. Mas sendo criada, impõe-se definir claramente os moldes da sua actuação, em complemento das recomendações anteriormente referidas.

Desde logo, a primeira recomendação consiste em ser feita uma revisão anual, pelo menos, da política de remuneração da instituição e da sua implementação, em particular, no que se refere à remuneração dos membros executivos do órgão de administração, incluindo a respectiva remuneração com base em acções ou opções, de forma a permitir a formulação de um juízo de valor fundamentado e independente sobre a adequação da política de remuneração, à luz das recomendações da Circular, em especial sobre o respectivo efeito na gestão de riscos e de capital da instituição.

Relativamente aos membros desta comissão, afirma-se que devem ser independentes relativamente aos membros do órgão de administração e cumprir requisitos de idoneidade e qualificação profissional adequados ao exercício das suas funções, em particular possuir conhecimentos e/ou experiência profissional em matéria de política de remuneração.

No caso de a comissão de remuneração recorrer, no exercício das suas funções, à prestação de serviços externos em matéria de remunerações, não deve contratar pessoa singular ou colectiva que preste ou tenha prestado, nos três anos anteriores, serviços a qualquer estrutura na dependência do órgão de administração, ao próprio órgão de administração ou que tenha relação actual com consultora da instituição, sendo esta recomendação igualmente aplicável a qualquer pessoa singular ou colectiva que com aqueles se encontre relacionada por contrato de trabalho ou prestação de serviços.

A comissão de remuneração deve informar anualmente os accionistas sobre o exercício das suas funções e deve estar presente nas assembleias gerais em que a política de remuneração conste da ordem de trabalhos e deve reunir-se com uma periodicidade mínima anual, devendo elaborar actas de todas as reuniões que realize.

2.5.10. Na definição da política de remuneração e sua aprovação, deve o órgão competente ter em consideração as funções exercidas pelo remunerado, em particular distinguindo administradores com e sem funções executivas.

Para os administradores com funções executivas propugna-se que seja estabelecida uma remuneração que integre uma componente variável, cuja determinação dependa de uma avaliação do desempenho, realizada pelos órgãos competentes da instituição, de acordo com critérios mensuráveis predeterminados, incluindo critérios não financeiros, que considere, para além do desempenho individual, o real crescimento da instituição e a riqueza efectivamente criada para os accionistas, a protecção dos interesses dos tomadores de seguros, segurados, participantes, beneficiários e contribuintes, a sua sustentabilidade a longo prazo e os riscos assumidos, bem como o cumprimento das regras aplicáveis à actividade da instituição.

As componentes fixa e variável da remuneração total devem estar adequadamente equilibradas. A componente fixa deve representar uma proporção suficientemente elevada da remuneração total, a fim de permitir a aplicação de uma política plenamente flexível sobre a componente variável da remuneração, incluindo a possibilidade de não pagamento de qualquer componente variável da remuneração. A componente variável deve estar sujeita a um limite máximo.

Uma parte substancial da componente variável da remuneração deve ser paga em instrumentos financeiros emitidos pela instituição e cuja valorização dependa do desempenho de médio e longo prazos da instituição. Esses instrumentos financeiros devem estar sujeitos a uma política de retenção adequada destinada a alinhar os incentivos pelos interesses a longo prazo da instituição e ser, quando não cotados em bolsa, avaliados, para o efeito, pelo seu justo valor.

Uma parte significativa da remuneração variável deve ser diferida por um período não inferior a três anos e o seu pagamento deve ficar dependente da continuação do desempenho positivo da instituição ao longo desse período. A parte da componente variável sujeita a diferimento deve ser determinada em função crescente do seu peso relativo face à componente fixa da remuneração.

Os membros do órgão de administração não devem celebrar contratos, quer com a instituição, quer com terceiros, que tenham por efeito mitigar o risco inerente à variabilidade da remuneração que lhes for fixada pela instituição.

Até ao termo do seu mandato, devem os membros executivos do órgão de administração manter as acções da instituição a que tenham acedido por força de esquemas de remuneração variável, até ao limite de duas vezes o valor da remuneração total anual, com excepção daquelas que necessitem ser alienadas com vista ao pagamento de impostos resultantes do benefício dessas mesmas acções. Quando a remuneração variável compreender a atribuição de opções, o início do período de exercício deve ser diferido por um prazo não inferior a três anos. Após o exercício referido no ponto anterior, os membros executivos do órgão de administração devem conservar um certo número de acções, até ao fim do seu mandato, sujeito à necessidade de financiar quaisquer custos relacionados com a aquisição de acções, sendo que o número de acções a conservar deve ser fixado.

2.5.11. Relativamente à remuneração dos membros não executivos do órgão de administração, ela não deve incluir nenhuma componente cujo valor dependa do desempenho ou do valor da instituição.

2.5.12. Para todos os administradores devem ainda fixar-se regras sobre a destituição sem justa causa e devem ser estabelecidos os instrumentos jurídicos adequados para que a compensação estabelecida para qualquer forma de destituição sem justa causa de um membro do órgão de administração não seja paga se a destituição ou cessação por acordo resultar de um inadequado desempenho do membro do órgão de administração.

2.5.13. Quanto aos colaboradores da instituição, se a remuneração dos colaboradores da instituição incluir uma componente variável, esta deve ser adequadamente equilibrada face à componente fixa da remuneração, atendendo, designadamente, ao desempenho, às responsabilidades e às funções de cada colaborador, bem como à actividade exercida pela instituição. A componente fixa deve representar uma proporção suficientemente elevada da remuneração total, a fim de permitir a aplicação de uma política plenamente flexível sobre a componente variável da remuneração, incluindo a possibilidade de não pagamento de qualquer componente variável da remuneração. A componente variável deve estar sujeita a um limite máximo. Uma parte substancial da componente variável da remuneração deve ser paga em instrumentos financeiros emitidos pela instituição e cuja valorização dependa do desempenho de médio e longo prazos da instituição. Esses instrumentos financeiros devem estar sujeitos a uma política de retenção adequada destinada a alinhar os incentivos pelos interesses a longo prazo da instituição e ser, quando não cotados em bolsa, avaliados, para o efeito, pelo seu justo valor.

A avaliação de desempenho deve atender não apenas ao desempenho individual mas também ao desempenho colectivo da unidade de estrutura onde o colaborador se integra e da própria instituição, devendo incluir critérios não financeiros relevantes, como o respeito pelas regras e procedimentos aplicáveis à actividade desenvolvida, designadamente as regras de controlo interno e as relativas às relações com tomadores de seguros, segurados, participantes, beneficiários e contribuintes, de modo a promover a sustentabilidade da instituição e a criação de valor a longo prazo. Os critérios de atribuição da remuneração variável em função do desempenho devem ser predeterminados e mensuráveis, devendo ter por referência um quadro plurianual, de três a cinco anos, a fim de assegurar que o processo de avaliação se baseia num desempenho de longo prazo. A remuneração variável, incluindo a parte diferida dessa remuneração, só deve ser paga ou constituir um direito adquirido se for sustentável à luz da situação financeira da instituição no seu todo e se se justificar à luz do desempenho do colaborador em causa e da unidade de estrutura onde este se integra. O total da remuneração variável deve, de um modo geral, ser fortemente reduzido em caso de regressão do desempenho ou desempenho negativo da instituição.

Uma parte significativa da remuneração variável deve ser diferida por um período não inferior a três anos e o seu pagamento deve ficar dependente de critérios de desempenho futuro, medidos com base em critérios ajustados ao risco, que atendam aos riscos associados à actividade da qual resulta a sua atribuição. A parte da remuneração variável sujeita a diferimento nos termos do número anterior deve ser determinada em função crescente do seu peso relativo face à componente fixa da remuneração, devendo a percentagem diferida aumentar significativamente em função do nível hierárquico ou responsabilidade do colaborador.

Os colaboradores envolvidos na realização das tarefas associadas às funções-chave devem ser remunerados em função da prossecução dos objectivos associados às respectivas funções, independentemente do desempenho das áreas sob o seu controlo, devendo a remuneração proporcionar uma recompensa adequada à relevância do exercício das suas funções. Em particular, a função actuarial e o actuário responsável devem ser remunerados de forma consentânea com o seu papel na instituição e não em relação ao desempenho desta.

2.5.14. A política de remunerações deve ela própria ser avaliada, nos seguintes termos: deve ser submetida a uma avaliação interna indepen-

dente, com uma periodicidade mínima anual, executada pelas funções-
-chave da instituição, em articulação entre si. A avaliação deve incluir,
designadamente, uma análise da política de remuneração da instituição e
da sua implementação, à luz das recomendações da presente Circular, em
especial sobre o respectivo efeito na gestão de riscos e de capital da instituição. As funções-chave devem apresentar ao órgão de administração e à
assembleia geral ou, caso exista, à comissão de remuneração, um relatório
com os resultados da análise interna independente, que, designadamente,
identifique as medidas necessárias para corrigir eventuais insuficiências à
luz das presentes recomendações.

6. Intervenção do Estado

A intervenção do Estado no funcionamento das sociedades comerciais
em geral decorrente da detenção de participações sociais, com ou sem
direitos especiais (*golden shares*), permite-lhe definir políticas e estratégias
que influenciam a remuneração dos dirigentes.

Nessa medida através do Despacho n.º 11420/2009, do Secretário de
Estado do Tesouro e Finanças, datado de 11 de Maio de 2009, 2.ª série do
DR, e do Despacho n.º 56906-A/2010, do Ministro de Estado e das Finanças, de 29 de Março, 2.ª série DR, o Estado determinou a orientação geral,
decorrente dos seus poderes de superintendência e tutela, para o sector
empresarial do Estado, no sentido da contenção no que toca à remuneração dos membros dos respectivos órgãos de administração traduzida,
designadamente, na não atribuição de qualquer componente variável de
remuneração nos anos de 2010 e 2011, orientação esta que será válida também para empresas públicas, entidades públicas empresariais e entidades
participadas[37].

Já ao nível da intervenção financeira do Estado em operações de capi-
talização de instituições de crédito, ao abrigo da Lei 63-A/2008, de 24 de
Novembro e da Portaria 493-A/2009, de 8 de Maio, veio a optar-se por
limitar o montante máximo das remunerações dos membros dos órgãos

---

[37] Relativamente às entidades participadas o Estado não está em condições de garantir o
resultado a que se propõe, uma vez que a política remuneratória será definida pelos órgãos
próprios da entidade em causa, em que o Estado participará em regra como accionista,
dependendo da percentagem de capital e votos que detém a influência que pode produzir
na tomada de decisões. Veja-se a este propósito a posição do Estado na assembleia geral
anual da EDP de 2010, quanto ao pagamento das remunerações dos membros dos órgãos
de administração, em que apesar de votar contra, o seu voto foi insuficiente para impedir
a adopção da deliberação (extracto da acta no sitio da internet da EDP, SA).

de administração e fiscalização, abrangendo a remuneração fixa e variável, ao montante de 50% da remuneração média dos anos de 2007 e 2008 (artigo 9, n.º 1 e ss da Portaria e artigo 14.º da Lei).

Estas mesmas instituições estavam já obrigadas a submeter à Assembleia Geral uma declaração anual sobre a política de remuneração.

No que concerne à estruturação determina-se que a remuneração deve: 1) não incentivar práticas incompatíveis com uma gestão sã e prudente, nomeadamente pela via da excessiva assunção de riscos ou maximização de lucros de curto prazo; 2) relativamente a 50%, pelo menos, da componente variável, diferir-se o seu pagamento para o prazo mínimo de um ano após o termo do mandato, e mediante deliberação favorável dos accionistas.

Determina-se ainda que a remuneração de outras pessoas que exerçam cargos de direcção, gerência, chefia ou similares devem obedecer aos mesmos critérios quanto à componente variável.

Ao nível da divulgação da remuneração impõe-se a divulgação individual, nas diversas componentes.

7. Algumas questões jurídicas em torno da remuneração dos dirigentes

7.1. Feita a análise que antecede é chegado o momento de suscitar algumas questões jurídicas que nos parecem interessantes e para as quais não haverá eventualmente uma resposta única ou definitiva[38].

Num primeiro momento, podemos indagar que mecanismos de reacção são conferidos pelo sistema jurídico no caso de a remuneração dos dirigentes de certa sociedade ter sido determinada pelos órgãos legais e estatutários competentes, em conformidade com os princípios imperativos e de bom governo, mas vindo a revelar-se excessiva, já no decurso da sua vigência.

É que a este propósito já a nossa doutrina expressou opiniões divergentes. Assim, Paulo Olavo Cunha sugere que se recorra ao mecanismo previsto no artigo 440.º, n.º 3, por via analógica, aplicando-o à remuneração de membros de outros órgãos, por entender que é a solução que concilia a competência para fixar com a competência para alterar, juntando-a no mesmo órgão – a Assembleia Geral.

---

[38] Muitas delas prendem-se com o tema desenvolvido na nossa dissertação de doutoramento, referenciada na nota 5, para onde remetemos o leitor, por impossibilidade de desenvolvimento do tema neste trabalho.

Diferentemente, JORGE COUTINHO DE ABREU admite o recurso à analogia com o disposto no artigo 255.º (SQ) e consequente inquérito judicial (artigo 1479.º CPC) para redução de remuneração excessiva. Em abono deste entendimento recorda que o artigo 255.º se inspirou no §87.º da *AktG*, o qual é aplicável a qualquer membro da Direcção, seja ou não accionista, permitindo questionar a remuneração fixada anteriormente à luz de factos posteriores à fixação e esse questionar dá-se dentro do conselho de vigilância.

Associada à questão da redução da remuneração pode indagar-se se os tribunais poder tomar partido "na aferição material desse excesso", considerando por exemplo que ocorre um "esbanjamento de bens sociais". De algum modo, a questão está associada à problemática *business judgement rule* sendo de referir o exemplo recolhido da prática alemã no caso MANNESMANN, ou a norte-americana no processo DISNEY.

Também por esclarecer está a questão de saber se a participação dos administradores nos lucros da sociedade que administram está condicionada por outras definições estatutárias, para além do limite máximo da participação em causa, como seja o critério de repartição de lucros entre diferentes administradores.

Não definida está a posição do legislador sobre a questão de saber se a regra estatutária sobre a participação dos administradores nos lucros deve ser igualmente aplicável (como limite!) quando se utilizem outros critérios de definição da retribuição variável, como sucede frequentemente com referências a *performance* da sociedade.

Não despicienda será ainda a questão de como interpretar a lei nacional quando esta permite que os administradores possam participar nos lucros da sociedade, nos termos do contrato de sociedade, à luz da distinção entre administradores com e sem funções executivas e a recomendação generalizada no sentido de aqueles que não assumem funções executivas não poderem ter remunerações indexadas a *performance* da sociedade.

Não sendo possível neste momento analisar muitas destas questões, remete-se o seu esclarecimento para o nosso estudo relativo à participação nos lucros e perdas nas sociedades anónimas, em curso de publicação.

7.2. Finalmente, a terminar esta apresentação, gostaria de chamar a atenção dos interessados para componente fiscal associada ao tema, quer pela importância que ela assume em geral, quer pelo impulso que daí pode decorrer para a implementação de novas práticas ou modelos de estruturação de remuneração, relegando-se o desenvolvimento da componente jurídico-fiscal para outro momento.

RUI DE OLIVEIRA NEVES*

Fiscalização e Protecção do Investidor. Alguns problemas de governo societário[1]

1. Considerações gerais

I. A estrutura societária, enquanto modo organizativo de meios e recursos afectos à prossecução de uma actividade económica com escopo lucrativo, realiza os fins a que se dirige através de uma orgânica interna determinada por dois vectores fundamentais: a promoção do funcionamento empresarial e a necessidade de superação das tensões conflituantes entre as categorias subjectivas que exercem influência, em maior ou menor grau, sobre o desenvolvimento da actividade social[2].

Em qualquer dos tipos societários vigentes[3], independentemente do respectivo grau de «*complexidade e sofisticação*»[4], a formação da vontade decisória que orienta a actividade social é conformada, de modo decisivo, pelos órgãos de funcionamento continuado que têm a seu cargo a administração e a fiscalização dos negócios sociais. Estes órgãos e o seu funcionamento são dirigidos à satisfação do interesse social, mediante a atribuição de competências e funções que servem propósitos diferenciados e que, por isso, operam sobre dimensões distintas, embora complementares, das actuações societárias.

O foco da nossa atenção centra-se no órgão fiscalizador da actividade societária, entendido, numa acepção restrita de fiscalização societária, como centro decisório, eleito pelos titulares de participações sociais,

* Advogado
Mestre em Direito

---

[1] O presente artigo foi elaborado com base e corresponde, no essencial, à exposição subordinada ao mesmo tema apresentada no "I Congresso Direito das Sociedades em Revista", organizado pela Almedina em colaboração com a Direito das Sociedades em Revista, que teve lugar, no Hotel Altis, em Lisboa, nos dias 8 e 9 de Outubro de 2010. São devidos agradecimentos, com sincera admiração e estima, ao Director da revista, Professor Doutor Pedro Pais de Vasconcelos, pelo convite dirigido para participação nesta dinâmica e bem sucedida iniciativa, bem como ao Professor Doutor Rui Pinto Duarte, Director Adjunto da revista, pelo estímulo e compreensão durante a fase de preparação do artigo agora publicado.
[2] Cf. JOHN ARMOUR, HENRY HANSMANN, REINIER KRAAKMAN, *Agency Problems and Legal Strategies*, The Anatomy of Corporate Law – A Comparative and Functional Approach, pp. 35 e ss.
[3] Cf. sobre os tipos societários, PEDRO PAIS DE VASCONCELOS, *A participação social nas sociedades comerciais*, pp. 30 e ss.
[4] Na expressão de PEDRO PAIS DE VASCONCELOS, *ob. cit.*, p. 41.

encarregado da supervisão e controlo da actividade da administração e gestão dos negócios sociais[5].

A existência deste órgão no direito societário moderno resulta de uma típica estrutura dicotómica de governo societário assente na separação funcional e institucional entre o órgão de administração e o órgão de fiscalização. Em linguagem económica, esta estrutura reflecte a segregação entre capital e gestão e as tensões e efeitos dela advenientes, que são designados por problemas ou custos de agência[6].

A introdução de um órgão de fiscalização permite criar um equilíbrio na tensão existente entre os interesses dos titulares de participações sociais e os interesses dos gestores, na medida em que a actuação da administração e da gestão passa a estar sujeita a um controlo permanente de uma entidade seleccionada por aqueles titulares de participações sociais.

O exercício dessa fiscalização societária pode ser distinguido entre fiscalização preventiva e fiscalização reactiva, consoante o momento em que ocorra. Na fiscalização reactiva, procura-se que, após a detecção de determinada irregularidade ou ilegalidade, seja reposta a situação existente antes da ocorrência da actuação societária normativamente desconforme. Porém, a importância societária da fiscalização interna reside na predominância do seu carácter preventivo e na sua capacidade actuante para impedir a consumação de actos lesivos do património social e dos diversos *stakeholders* societários, pois a intervenção do fiscalizador é, nestes casos, conformadora da decisão ou actuação da sociedade.

---

[5] Numa acepção ampla, a fiscalização societária abrange qualquer actividade realizada por entidades externas ou internas que tenha por objecto vigiar a actuação dos órgãos e estruturas de funcionamento de uma sociedade. É o que se usa designar, no direito de influência anglo-saxónica, por *gatekeepers*, abrangendo, para além da fiscalização societária interna, a auditoria (externa e interna), a actividade de notação de risco, determinadas actividades dos bancos de investimentos, a prestação de certos serviços jurídicos por firmas de advocacia, entre outros. Numa fórmula sintéctica, os *gatekeepers* são entidades com capital reputacional que os agentes económicos valorizam, enquanto elemento gerador de confiança, o qual resulta, nomeadamente, do facto de actuarem para diferentes entidades, sem vinculação a um interesse específico. É de destacar sobre o tema a obra exemplar relativa às problemáticas dos *gatekeepers*, publicada no rescaldo dos escândalos financeiros estadunidenses de 2001, de JOHN COFFEE, *Gatekeepers – The professions and corporate governance*, pp. 103 e ss.

[6] Cf. a propósito da aplicação da doutrina económica dos *agency costs* no âmbito da fiscalização societária interna, o nosso *Conflito de interesses no exercício de funções de fiscalização*, Conflito de Interesses no Direito Societário e Financeiro – Um balanço a partir da crise financeira, pp. 294-295.

II. É considerando as (sucintamente) aludidas características da função fiscalizadora interna que assume relevo apreciar as relações que se estabelecem entre a prossecução dessa função e a protecção do interesse dos investidores[7].

A noção de investidor traduz uma ideia ampla que gira em torno dos instrumentos financeiros enquanto objecto susceptível de permitir a aplicação de riqueza, de capital. Trata-se, por isso, de uma noção característica dos sistemas financeiros, marcadamente originária dos ordenamentos anglo-saxónicos.

Numa perspectiva subjectiva, o investidor é a entidade que realiza uma aplicação de disponibilidades, de recursos económicos, de capital em instrumentos financeiros. Colocando o foco no negócio jurídico, o investidor é o sujeito que intervém num acto ou negócio jurídico cujo objecto imediato consiste num instrumento financeiro.

O âmbito subjectivo desta noção pode ainda ser ampliado para abranger os sujeitos que potencialmente pretendam vir a participar em actos ou negócios jurídicos que tenham por objecto instrumentos financeiros. Esta dimensão da noção de investidor convoca o carácter público ou generalizado do acesso aos mercados de capitais, nomeadamente através dos mercados de bolsa.

Como é sabido, a tutela da posição jurídica de determinados sujeitos constitui um princípio enformador de diversas áreas do Direito, desde logo no domínio do direito privado, com manifestações no direito das obrigações quanto aos meios de protecção do devedor e do credor, no direito do consumo em relação ao contraente-consumidor e no direito societário a respeito, por exemplo, da protecção do accionista minoritário.

No domínio financeiro, a protecção do investidor traduz a ideia de tutela do sujeito que aporta capital às entidades que dele necessitam para a satisfação de necessidades económicas ou para a prossecução de actividades económicas. Do ponto de vista do investidor, essa aplicação de capitais é realizada com propósitos económicos ligados à obtenção de riqueza. Ainda que esse não seja o resultado, pelo menos é o escopo.

---

[7] Acerca de perspectivas gerais respeitantes à protecção dos investidores, no direito português, cf. OLIVEIRA ASCENSÃO, *A protecção do investidor*, Direito dos Valores Mobiliários, IV, pp. 13 e ss., JOSÉ NUNES PEREIRA, *O novo Código dos Valores Mobiliários e a protecção dos investidores*, Cadernos do Mercado de Valores Mobiliários, n.º 7, pp. 75 e ss., PAULO CÂMARA, *Manual de Direito dos Valores Mobiliários*, pp. 234-236 e SOFIA NASCIMENTO RODRIGUES, *A protecção dos investidores em valores mobiliários*, pp. 23 e ss.; para perspectivas de direito comparado, cf. NURIA FERNÁNDEZ PÉREZ, *La protección jurídica del accionista inversor*, pp. 33 e ss., e Karsten Schmidt, Desanallos en la normativa alemana del mercado de valores relativa a la protección del inversor, Revista del Derecho del Mercado de Valores, n.º 8, 2011, pp. 9 e ss.

Ora, considerado nesta dúplice perspectiva, o funcionamento do mercado de capitais depende da existência de princípios e regras jurídicas que protejam o encontro entre a oferta e a procura de capitais. A protecção do investidor reflecte, nesta medida, a necessidade de preservação do mercado de capitais como instrumento de circulação de riqueza e elemento mobilizador dos meios de capital necessários ao desenvolvimento de actividades económicas.

No presente artigo não nos debruçaremos sobre as necessidades de protecção do investidor nas diferentes modalidades de instrumentos financeiros, mas dedicaremos algumas considerações exclusivamente ao investidor que realiza aplicações financeiras em partes representativas do capital de uma sociedade comercial sob a forma anónima.

E mesmo assim apenas na perspectiva da capacidade actuante do órgão de fiscalização interna para prover à satisfação de algumas das necessidades de tutela do investidor. Por outras palavras, o accionista-investidor constitui um elemento de análise jurídica enquanto beneficiário da tutela que para si pode derivar da fiscalização interna no domínio societário.

III. Não tendo a pretensão de, num artigo com características de reflexão crítica sobre a problemática do governo societário, tratar de forma exaustiva a fiscalização societária, centrámos a nossa atenção em alguns problemas que surgem associados a esta função de relevo para a vida empresarial, com vista a identificar a sua relevância no contexto da actividade fiscalizadora e os efeitos que dela se projectam para a protecção dos investidores. Embora as conclusões apresentadas sejam generalizáveis ao sub-tipo das sociedades anónimas, a reflexão tem tendencialmente subjacente a aplicação da matéria tratada às sociedades emitentes de acções admitidas à negociação em mercado regulamentado, como entidades em que a articulação entre fiscalização e protecção dos investidores assumem maior importância e acuidade.

2. Problemas seleccionados da fiscalização societária interna

2.1. Enquadramento

I. O modelo de dualismo orgânico no desempenho das funções societárias associadas à condução e fiscalização dos negócios sociais constitui uma tradição secular no direito nacional, que surgia já na Lei das Sociedades Anónimas de 22 de Junho de 1867[8].

---

[8] Cf. COUTINHO DE ABREU, *Governação das Sociedades Comerciais*, pp. 176-178.

A aludida lei incluía dois princípios fundamentais em matéria de fiscalização societária interna que, apesar de um deles ter sido desconsiderado durante cerca de quatro décadas, no período que medeia desde aquela data, ainda hoje subsistem como esteios da sua configuração característica, a saber:

a) o princípio da atribuição funcional de poderes fiscalizadores a um órgão societário;
b) o princípio da colegialidade do órgão fiscalizador.

A existência de um órgão interno encarregado de prosseguir a fiscalização societária vigora desde a referida Lei das Sociedades Anónimas de 1867, tendo sido sucessivamente preservado pelo legislador português e, aliás, extendido a outro tipo societário pela Lei das Sociedades por Quotas de 1901. Porém, o mesmo não sucedeu com o princípio da colegialidade do órgão de fiscalização que esteve obnubilado a partir de 1943.

O princípio da colegialidade foi colocado em causa em 1943[9] com a instituição da Câmara dos Verificadores das Sociedades por Acções, a qual nomeava peritos juramentados para fiscalizar as sociedades anónimas e, de forma mais severa, em 1969[10] com o surgimento da possibilidade de exercício de funções de controlo societário por um fiscal único, que veio consentir na atribuição da fiscalização a um revisor oficial de contas. Acresce que o próprio conselho fiscal, quando existisse ou devesse existir, incluía imperativamente um ROC.

II. A situação foi, de um modo geral, mantida em 1986, com a entrada em vigor do Código das Sociedades Comerciais, embora se tivesse passado a permitir o modelo germânico de governo societário, com a criação da figura do conselho geral. Mas, na verdade, só em 2006, com a Reforma desta codificação societária, se registou uma significativa evolução normativa em matéria de fiscalização interna.

Esta evolução é caracterizável por seis traços morfológicos do actual sistema português de fiscalização societária interna nas sociedades anónimas:

a) a prevalência do princípio da colegialidade orgânica;
b) a tendencial exclusão do revisor oficial de contas do seio do órgão de fiscalização;
c) o reforço das atribuições do órgão de fiscalização interna;
d) a manutenção do princípio da legitimidade accionista;

---

[9] Através da Lei n.º 1995, de 17 de Maio de 1943.
[10] Pelo Decreto-Lei n.º 49.381, de 15 de Novembro de 1969.

e) a manutenção do princípio da incompatibilidade do exercício de funções; e
f) a livre escolha do modelo organizacional da fiscalização interna e a respectiva equivalência orgânica funcional.

III. O princípio da colegialidade orgânica traduz-se na exigência de uma composição plural do órgão fiscalizador e representa um reforço da estrutura de controlo societário por efeito da mitigação dos riscos de conflito de interesses adveniente da pluralidade de intervenientes.

Este princípio vigora nos três modelos de fiscalização consentidos pelo artigo 276.º, n.º 2 do Código das Sociedades Comerciais, apenas com uma excepção: a estrutura latina é a única que permite o afastamento deste princípio, desde que a dimensão do balanço, das vendas líquidas e/ou dos trabalhadores o permita, pois caso alguns desses factores atinjam os limites legais[11] o princípio da colegialidade mantém a sua aplicabilidade.

O propósito normativo desta excepção consiste na simplificação orgânica e celeridade decisória das estruturas societárias, com a inerente diminuição dos custos organizativos, enquanto modo de fomentar o desenvolvimento empresarial, atendendo à menor dimensão relativa das sociedades que se encontram nas circunstâncias relevantes para a sua aplicação.

IV. Associado, de algum modo, ao princípio da colegialidade orgânica apresenta-se o princípio da tendencial exclusão do revisor oficial de contas do seio do órgão de fiscalização. O reforço da fiscalização societária passa por uma maior amplitude de intervenção do órgão responsável pela monitorização da actividade gestória, o que se revela sobretudo na maior extensão das competências funcionais que lhe estão associadas, como veremos de seguida.

A evolução regulatória da fiscalização societária tem vindo no sentido – correcto – do tratamento da informação financeira como um elemento crescentemente relevante para o controlo da vida empresarial, pelo que o seu escrutínio e verificação passam a ser desenvolvidos em dois níveis paralelos (um mais de cariz técnico e outro de cariz mais estratégico--empresarial) mediante estruturas de fiscalização reforçada.

---

[11] Os três critérios alternativos, dos quais dois se devem verificar de forma conjugada e durante dois anos consecutivos (e, ainda, desde que a sociedade relevante não esteja submetida a uma relação de domínio total com uma sociedade que disponha do modelo em apreço) são os seguintes: (i) balanço no montante total de 100 milhões de euros, (ii) vendas líquidas e outros proveitos no montante total de 150 milhões de euros e (iii) número médio de empregados durante o exercício igual a 150.

É o que explica que o modelo latino seja o único a permitir que o revisor oficial de contas integre o conselho fiscal ou tenha a função de fiscal único, sendo que, na modalidade de fiscalização reforçada do modelo latino, obrigatória para as grandes sociedades e para as sociedades com valores mobiliários admitidos à negociação em mercado regulamentado (ou cotadas), o revisor oficial de contas não é membro do conselho fiscal.

Tanto no modelo anglo-saxónico como no modelo germânico não se prevê sequer a inclusão de um revisor oficial de contas no órgão de fiscalização, dado tratar-se de modelos que pressupõem ou uma composição mais alargada do próprio órgão de administração ou uma maior complexidade societária (seja por via da estrutura accionista, seja pela dimensão empresarial), os quais são mais característicos das grandes sociedades e das sociedades cotadas.

V. O reforço das atribuições do órgão de fiscalização interna constitui outro dos traços caracterizadores da actual morfologia da actividade de monitorização societária, como havíamos já antecipado. Não obstante o cuidado colocado pelo legislador do Código das Sociedades Comerciais em atribuir ao órgão de fiscalização poderes que viabilizassem uma efectiva fiscalização da actividade societária, o panorama societário nacional anterior à Reforma de 2006 não era pautado, em geral e salvo os casos das empresas cotadas ou com elevada dimensão, por uma forte intervenção fiscalizadora. Um prenúncio do reforço da função fiscalizadora tinha já sido anunciado aquando dos desaires financeiros de sociedades cotadas estadunidenses e da exposição mediática que foi associada à inoperância dos respectivos sistemas de fiscalização.

Neste contexto, o órgão de fiscalização societária recebeu novos poderes relevantes que respeitam essencialmente ao controlo da informação financeira, em particular no que respeita aos processos e sistemas internos para a preparação da informação financeira, à selecção do revisor oficial de contas e à fiscalização da sua actuação e da sua independência. Estas são as matérias que assumem uma importância crítica para a credibilidade de uma organização empresarial no mercado de crédito e mesmo nos mercados sectoriais em que desenvolvem as suas actividades, justificando-se, portanto, um adequado reforço da função fiscalizadora neste domínio.

O reforço de poderes fiscalizadores nas áreas assinaladas traduz a elevação ao estatuto de norma legal de práticas de *corporate governance* cuja aplicação reúne um alargado consenso nos meios empresarial, económico e jurídico. Os processos e sistemas de controlo interno pela função que desempenham para a formação dos elementos de reporte financeiro e o processo de designação, destituição e relação funcional com o revisor oficial de contas pelos riscos de falta de independência em relação ao órgão de administração são duas matérias que justificam uma intervenção efectiva do órgão de fiscalização, seja no seu controlo e na apresentação de propostas quanto ao seu funcionamento, seja na condução do relacionamento com o responsável pela certificação legal de contas.

Em face da evolução registada e ainda que com ligeiras nuances entre cada um dos modelos, pode concluir-se que o núcleo central de competências do órgão de fiscalização se concentra nas seguintes matérias:

(i) supervisão da actividade social;
(ii) controlo da informação financeira da sociedade;
(iii) fiscalização dos sistemas internos de gestão de risco, controlo e auditoria interna;
(iv) recepção e tratamento de denúncias de irregularidades.

O actual espectro funcional do órgão de fiscalização revela uma maior abrangência dos domínios da vida societária que se encontram sujeitos à monitorização actuante deste órgão, sendo certo que a tónica dominante se centra no relato financeiro, ou seja, na informação societária com maior relevo para o tráfego jurídico das sociedades comerciais, tanto para os respectivos accionistas como para terceiros.

VI. O quarto princípio que identificamos como elemento estruturante do sistema de fiscalização societária corresponde ao princípio da legitimidade accionista do órgão encarregado da monitorização dos negócios sociais.

Este princípio revela-se numa dupla vertente:

– Competência exclusiva dos accionistas para eleger e destituir (com justa causa) os membros do órgão de fiscalização;

– Dever de *reporting* dos membros do órgão de fiscalização perante os accionistas.

O princípio da legitimidade accionista promove a autonomia de actuação e a efectividade do exercício da função por efeito da *accountability* do fiscalizador exclusivamente perante os accionistas.

Com efeito, não existe subordinação jurídica do órgão de fiscalização em relação ao órgão de administração, seja por efeito de delegação de poderes ou por outra via. Cada um dos órgãos dispõe de competências próprias e esferas de actuação diferenciadas, não sendo permitido a qualquer deles exercer as competências que estão adstritas às funções que cada um desempenha. Assim e exemplificando, ainda que os membros não executivos do conselho de administração devam exercer vigilância sobre a actividade dos administradores executivos, tal não se confunde nem afasta ou prejudica a competência do conselho fiscal ou da comissão de auditoria para monitorizar toda a actividade de administração da sociedade.

De igual modo, os membros do órgão de fiscalização assumem deveres de reporte da actividade exercida perante os accionistas, estando, nesta medida, numa situação de paridade com o órgão de administração. Mas diferentemente dos membros da administração, a sua manutenção em funções não depende da vontade discricionária dos accionistas, pois apenas com justa causa será legítimo ao colégio de accionistas destituir algum dos responsáveis pela fiscalização da sociedade[12].

VII. O princípio da incompatibilidade de funções respeita à composição qualitativa do órgão de fiscalização, acerca da qual é dada nota em artigo constante da presente obra colectiva. Não nos deteremos, por esse motivo, nas regras de incompatibilidade que se aplicam aos membros do órgão de fiscalização, tanto na sua selecção como na sua manutenção em efectividade de funções.

Diremos apenas, de uma perspectiva de análise das tensões definidoras do modelo adoptado, que a inclusão de restrições qualitativas no acesso à função fiscalizadora visa a prevenção de conflitos de interesses.

Justifica-se, deste modo, que a estratégia legal utilizada para prevenir conflitos de interesse no exercício da função fiscalizadora se materialize na restrição do respectivo acesso com base em critérios de cumulação de funções, dependência ou antagonia económica, relações familiares e pluriocupação.

A prevenção dos conflitos de interesse opera, por esta via, nas dimensões inter-orgânica e extra-orgânica.

VIII. Finalmente e a par das características assinaladas registou-se ainda a criação de um princípio de livre escolha do modelo organizacional, reconhecendo-se a faculdade dos accionistas decidirem sobre o modelo de administração e fiscalização societária que pretendem adoptar.

Sendo três os modelos à disposição, o princípio da liberdade de escolha do modelo organizacional acaba por ter como corolário o princípio

---

[12] Esta restrição cria para os membros do órgão de fiscalização um nível adicional de protecção em relação aos accionistas, em especial o(s) accionista(s) maioritário(s), ao não consentir que os accionistas possam pôr termo à intervenção de determinado membro fiscalizador por razões de conveniência. Esta condicionante releva um propósito de protecção dos accionistas em geral e, como tal, também dos investidores, bem como dos terceiros que se relacionam com a sociedade, dado que, como assinalámos, o âmago funcional da fiscalização é a matéria da monitorização do reporte financeiro.

da equivalência funcional dos modelos de governo societário previstos legalmente. Essa conclusão é ainda reforçada quando se atenta nas competências atribuídas ao órgão de fiscalização em cada um dos modelos e nos deveres funcionais a que os seus membros se encontram adstritos[13].

A assinalada tendencial indiferenciação e equivalência funcional dos modelos de fiscalização, suscita uma primeira reflexão – antes de afrontarmos os problemas seleccionados – em torno de uma problemática que interessa abordar do ponto de vista de *corporate governance* e que respeita à utilidade ou vantagem em existirem três modelos de governo societário.

Embora possa ser criticável a complexificação introduzida com o reconhecimento de modelos organizativos alternativos que acabam por resultar na criação de órgãos funcionalmente equivalentes, devemos ter presente que em outros países europeus esta tendência também tem sido seguida, nomeadamente em Itália e França.

A nossa reflexão aponta no sentido de esta opção legislativa ser justificável à luz de dois grupos de considerações:

- Permitir aos accionistas escolher o equilíbrio que pretendem alcançar entre ritmo dos processos decisórios, custos de transacção e confiança intra-societária; e
- Permitir adaptar o modelo de fiscalização ao perfil societário, em função da estrutura de propriedade, da captação de fundos do público, das práticas dos mercados em que actua e da participação de outros sujeitos com interesses relevantes na sociedade (trabalhadores, investidores institucionais).

Efectuado este excurso enquadrador, passamos a dedicar a nossa atenção a duas áreas problemáticas da fiscalização societária interna, tratando, em primeiro lugar, três aspectos dos problemas associados às funções fiscalizadoras e, de seguida, algumas questões ligadas à responsabilidade civil pelo exercício dessas funções.

2.2. Os problemas das funções

I. Conforme explicitámos já, as competências atribuídas ao órgão de fiscalização são substancialmente equivalentes em cada um dos modelos reconhecidos pela legislação societária.

---

[13] Acerca da equivalência funcional dos modelos de organização societária, cf. PAULO CÂMARA, *O Governo das Sociedades e a Reforma do Código das Sociedades Comerciais*, pp. 127-133.

Porém colocam-se três ordens principais de questões nesta matéria.

Em primeiro lugar, a existência de certas diferenças nos poderes-deveres conferidos aos membros do órgão de fiscalização. Com efeito, apesar da evidente intencionalidade uniformizadora da regulamentação societária aplicável à fiscalização, é possível identificar aspectos em que se podem colocar dúvidas quanto à efectiva aplicabilidade do princípio da equivalência funcional dos modelos de fiscalização societária.

Centremo-nos em dois exemplos:

1. Os membros do conselho fiscal, o revisor oficial de contas e o fiscal único do modelo latino devem participar ao Ministério Público os factos delituosos de que tenham tomado conhecimento e que constituam crimes públicos (artigo 422.º, n.º 3 do CSC). O mesmo sucede no caso da comissão de auditoria, embora tal dever esteja concentrado no respectivo presidente, ao contrário do que sucede no conselho fiscal (artigo 423.º-G, n.º 3 do CSC).

Já, porém, no modelo germânico não se encontra prevista qualquer norma a este respeito que imponha aos membros de um conselho geral e de supervisão um dever funcional de participação de factos ilícitos que constituam crimes públicos.

Esta competência é relevante como elemento disuasor da prática de crimes económicos, mas a ausência de norma expressa quanto à legitimidade dos membros do órgão de fiscalização do modelo germânico para denunciarem factos com relevância penal identificados no exercício das respectivas funções não coloca dificuldades práticas, pois no caso de crimes públicos vigora o princípio da denúncia facultativa por qualquer pessoa que tenha conhecimento de um crime (artigo 244.º do Código de Processo Penal). Em todo o caso e por razões de harmonização de regimes, justifica-se uma revisão clarificadora desta matéria pelo legislador.

2. O segundo exemplo respeita à diferença entre modelos quanto à possibilidade de exercício individual dos poderes funcionais. Na verdade, o artigo 421.º, n.º 1 do CSC reconhece a possibilidade de qualquer membro do conselho fiscal, conjunta ou separadamente, obter informações de qualquer administrador ou de mandatários da sociedade para o desempenho das suas competências fiscalizadoras.

O mesmo não sucede, contudo, no modelo da comissão de auditoria em que não se consagra uma norma atributiva de poderes funcionais para qualquer dos membros mas apenas para o respectivo presidente. Conforme tivemos oportunidade de nos pronunciar anteriormente a este respeito em artigo subordinado ao tema do administrador independente, a ausência de uma tal disposição legal poderia prejudicar o funcionamento do modelo de influência anglo-saxónica, dado que seria susceptível de diminuir a capacidade de actuação operante do *independent and outside director*[14].

Não obstante, por se tratar de um mecanismo fundamental para a operacionalização da actividade fiscalizadora, deve ponderar-se a existência de algum tipo de enquadramento para a actuação independente e isolada dos membros da comissão de auditoria. Pode admitir-se que a qualidade de administrador, que consente o exercício individual de poderes, é susceptível de solucionar interpretativamente a dificuldade apresentada. O administrador pode solicitar a informação que entenda apropriada para o exercício das respectivas funções e como as combina com as de fiscalizador, acaba por ter acesso ao que entenda necessário sobre a vida societária.

Ainda que existam formas alternativas de interpretação e aplicação legal que coloquem no membro da comissão de auditoria um conjunto de mecanismos de intervenção, parece-nos justificar-se uma revisão legislativa clarificadora e harmonizante.

II. Em segundo lugar, a natureza das funções dos membros do órgão de fiscalização constitui uma problemática com interessante valor jurídico. No modelo latino, os membros são exclusivamente fiscalizadores, sem qualquer intervenção na administração societária.

Contudo, nos outros dois modelos verifica-se que os membros do órgão de fiscalização não assumem uma função puramente fiscalizadora, mas também política:

a) no caso da comissão de auditoria porque são membros do Conselho de Administração, exercendo, por natureza, funções não executivas;

b) no caso do conselho geral e de supervisão, dado que os membros deste órgão podem ter competência para emitir consentimento prévio para a realização de actos e negócios jurídicos pelo conselho de administração executivo, debruçando-se, por essa via, em matérias de conteúdo reservado à administração da sociedade.

A participação dos membros da comissão de auditoria nas discussões e deliberações sobre matérias de administração constitui um elemento potencialmente prejudicial para um efectivo exercício com isenção e objectividade das funções de fiscalização, nomeadamente em virtude do seu envolvimento directo na tomada de decisões quanto à condução dos negócios sociais. O administrador-auditor poderia estar a acabar por se fiscalizar a si mesmo, para além de fiscalizar os seus pares em conselho

---

[14] Cf. o nosso, *O administrador independente*, pp. 149-151.

de administração. É a natureza bicéfala das suas funções, na expressão de GABRIELA FIGUEIREDO DIAS, que gera esta problemática[15].

Ora, não sendo essa a função do membro fiscalizador, não deve a mesma ser afectada no exercício da fiscalização pelas opiniões que, de um ponto de vista de racionalidade económica ou financeira ("*business judgement*"), tenham sido emitidas em relação à actividade da sociedade.

A nosso ver, os óbices indicados não procedem, na medida em que a possibilidade de um controlo efectivo da administração sai reforçada pelo facto de o administrador-auditor não ser um mero assistente das reuniões do órgão de administração, mas poder influenciar o processo de formação da vontade societária e intervir na tomada das deliberações da administração.

Por outro lado, a natureza das deliberações em cuja formação o administrador-auditor participa é essencialmente de orientação estratégica, não intervindo nos negócios correntes da sociedade. Com efeito, o artigo 423.º-B, n.º 3 do CSC veda o exercício de funções executivas e esse é o elemento axial para justificar a possibilidade de cumulação de funções de administração e de fiscalização. Na verdade, no modelo anglo-saxónico, a separação de funções, que vigora como princípio fundamental para os restantes modelos, não é exigida como critério para assegurar a independência do membro do órgão fiscalizador em relação ao órgão de administração. Pode afirmar-se que o regime legal desconsidera uma situação de potencial conflito de interesses inibidor do desempenho de uma função de controlo em virtude da separação que deve inevitavelmente existir entre gestão (actividades correntes) e administração (actividades estratégicas). Ora, a intervenção no domínio decisório estratégico não coloca em risco a isenção, objectividade e idoneidade do administrador-fiscalizador.

O último aspecto fundamental para assegurar o funcionamento deste modelo reside, contudo, na selecção dos *outsiders* que participam no órgão de administração como administradores-auditores. Se não se estiver efectivamente perante *outsiders*, os pressupostos de independência no exercício do controlo e supervisão societária esboroam-se. É esse o objectivo prosseguido com a aplicação das regras de incompatibilidade e de independência estabelecidas no artigo 423.º-B, n.os 3 a 6 do CSC.

A doutrina estrangeira que se dedica aos temas do governo societário tem vindo a colocar crescentemente a ênfase nesta questão. O *corporate governance* não trata só de regras e procedimentos destinados a prevenir conflitos de interesse e a optimizar a qualidade da organização e funcionamento das sociedades com vista à protecção dos interesses dos investido-

---

[15] Cf. *aut. cit.*, *Fiscalização de sociedades e responsabilidade civil*, pp. 84 e ss.

res. A saúde do governo das organizações joga-se no plano da adequação dos comportamentos aos padrões normativos estabelecidos.

2.3. O problema da responsabilidade

I. A última problemática que vamos abordar concerne a responsabilidade civil dos membros do órgão de fiscalização.

O princípio geral que decorre do n.º 1 do artigo 81.º do CSC é o de que os membros dos órgãos de fiscalização respondem pelos danos causados nos mesmos termos aplicáveis aos membros do órgão de administração. Assim, no caso da responsabilidade dos fiscalizadores perante a sociedade aplica-se, à semelhança do que sucede para os administradores, o artigo 72.º do CSC[16].

Existe, contudo, uma especificidade de regime que importa tomar em consideração e que decorre do disposto no n.º 2 do já citado artigo 81.º do CSC, que preceitua: «*os membros de órgãos de fiscalização respondem solidariamente com os gerentes ou administradores da sociedade por actos ou omissões destes no desempenho dos respectivos cargos quando o dano se não teria produzido se houvessem cumprido as suas obrigações de fiscalização*».

Esta norma amplia a responsabilidade dos membros do órgão de fiscalização para os casos de actos ou omissões dos administradores que gerem danos a terceiros por ausência de exercício dos poderes funcionais a que o fiscalizador se encontrava vinculado. Trata-se de uma manifestação do princípio da responsabilidade *in vigilando*, embora com uma disciplina menos gravosa do que o regime geral, estatuído no artigo 491.º do Código Civil. No caso societário, determina-se a concorrência de responsabilidade dos membros dos órgãos societários que exercem maior influência sobre a direcção da sociedade, de acordo com um regime de solidariedade passiva pelo cumprimento da obrigação ressarcitória que venha a ser determinada.

O regime de responsabilidade dos membros de órgão de fiscalização societária consagra, portanto, dois grandes grupos de casos, revestindo essa responsabilidade a natureza de responsabilidade contratual: aqueles em que o facto ilícito gerador do dano reside numa actuação ou omissão

---

[16] A remissão normativa para o citado preceito deve ter-se como determinando a aplicação da globalidade do regime do artigo 72.º, incluindo a possibilidade de exclusão da ilicitude ao abrigo do n.º 2 desse artigo. Com efeito, o padrão de rigor, diligência e independência de actuação que está ínsito nessa disposição é de aplicação indistinta a administradores e fiscalizadores, enquanto elementos activos dos processos decisórios societários. Cf. neste sentido, GABRIELA FIGUEIREDO DIAS, *ob. cit.*, pp. 80-81 e *Código das Sociedades Comerciais em Comentário*, Volume I, pp. 935-940.

do próprio membro do órgão de fiscalização no exercício das suas funções e aqueles em que tal é imputável a uma actuação ou omissão do membro do órgão de administração, à qual se associa a ausência de exercício das funções de monitorização a que o membro do órgão de fiscalização se encontra adstrito.

II. A mesma equiparação de regimes vigora nos casos de responsabilidade perante terceiros, perante os credores sociais e perante os sócios, embora nestes casos se esteja perante responsabilidade civil de natureza extra-contratual ou aquiliana. A responsabilidade depende da existência de uma violação de normas legais de protecção e que os danos gerados se inscrevam no círculo de interesses que a norma visa tutelar.

A diferença estrutural entre estes dois grupos de situações de responsabilidade dos fiscalizadores reside na existência ou não de presunção de culpa e na aplicação do ónus probatório.

O que se verifica é que sendo a responsabilidade perante a sociedade de natureza contratual, o elemento subjectivo da responsabilidade presume-se, cabendo ao fiscalizador demonstrar os factos que permitem a sua exclusão.

Nos demais casos de responsabilidade civil, o ónus probatório recai sobre o lesado. É a si que cabe demonstrar a culpa do fiscalizador.

Estes elementos permitem concluir que o direito societário português reconhece um certo *favor societas* no tratamento dispensado à responsabilidade dos administradores e fiscalizadores, o que demonstra a efectividade dos deveres funcionais e a sua ordenação com vista à realização do interesse social. As normas de responsabilidade civil dos fiscalizadores constituem nesta medida um instrumento de protecção reflexa ou indirecta dos interesses dos investidores, pois o escopo da tutela das referidas normas é o interesse social.

III. Para além das conclusões já alcançadas, cumpre ainda abordar um caso especial de responsabilidade civil que é o dos administradores-fiscalizadores. Como já vimos, a sua actuação está sujeita a responsabilidade civil ao abrigo de uma disciplina idêntica, podendo o administrador-fiscalizador beneficiar da aplicação de dois regime de exclusão da ilicitude.

Ora, uma das questões que se pode suscitar precisamente nesta matéria respeita à articulação entre os regimes de exclusão de ilicitude estabelecidos no n.º 2 do artigo 81.º e no n.º 2 do artigo 72.º, ambos do CSC, nos casos de responsabilidade dos membros da comissão de auditoria.

Essa articulação depende da função prevalecente que foi objecto de exercício ou de omissão em relação a determinado acto gerador de prejuízos. Dado que o administrador-fiscalizador está vinculado a respeitar deveres funcionais relativos à prossecução de actividades diferenciadas, o critério de responsabilidade deverá ser funcional, atendendo para o efeito aos elementos concretos e às circunstâncias do caso. A participação de um membro da comissão de auditoria numa deliberação do conselho de administração da sociedade pode visar duas diferentes finalidades e será por essa via que se determinará o âmbito funcional em que esse membro actuou.

É que, de facto, não existem elementos no sistema jus-societário que consintam formular uma perspectiva apodíctica quanto à dedicação permanente dos membros da comissão de auditoria a funções de fiscalização. Tanto mais que na sua intervenção em matérias de administração (como, por exemplo, a aprovação dos planos de actividades) o membro da comissão de fiscalização não está subordinado ao cumprimento dos deveres de fiscalização, mas antes dos deveres fiduciários dos administradores.

3. Fiscalização e protecção dos investidores

I. Os domínios mais relevantes em que a fiscalização societária e a protecção dos investidores se intersectam respeitam, no plano preventivo, à informação societária e, no plano repressivo, à responsabilidade dos fiscalizadores.

O funcionamento actual dos mercados de capitais determina a necessidade de disponibilização de informação fidedigna sobre a situação financeira da sociedade.

O acesso ao crédito, a captação de capitais junto do público ou de investidores qualificados e, em diversos casos, mesmo a prossecução da actividade comercial dependem da disponibilização de informação financeira credível.

Nas sociedades cotadas, as exigências de transparência da informação determinaram mesmo a evolução do conceito de direito à informação de um direito individual dos accionistas para um novo conceito influenciado pelas necessidades de tutela dos interesses dos investidores e do mercado em que as empresas actuam.

O acesso a informação financeira de qualidade passou a constituir um interesse público decisivo para assegurar a liberdade empresarial, possibilitando o acesso a recursos financeiros a quem se encontra em melhores condições para a sua utilização produtiva.

As responsabilidades atribuídas ao órgão de fiscalização societária em matéria de (i) verificação das políticas contabilísticas e dos critérios valorimétricos de apresentação do património e dos resultados, de (ii) fiscalização do sistema de gestão de riscos, de controlo interno e de auditoria interna, e de (iii) fiscalização do processo de preparação e divulgação de informação financeira, tornam este órgão num elemento decisivo para conferir credibilidade à informação financeira divulgada pela sociedade ao mercado.

Os problemas que se suscitam em matéria de governo societário, no domínio da fiscalização dos negócios sociais, revelam precisamente um efeito reflexo de protecção dos interesses dos investidores enquanto destinatários dos elementos informativos da sociedade.

II. Na dimensão repressiva de comportamentos violadores dos deveres funcionais dos membros do órgão de fiscalização coloca-se a responsabilidade civil adveniente da ausência de uma conduta adequada ao exercício efectivo das competências legalmente conferidas.

Os investidores podem, por conseguinte, beneficiar do direito de serem indemnizados pelos prejuízos causados pelas violações de deveres funcionais dos membros do órgão de fiscalização, as quais decorrem principalmente de omissões ou outras violações de deveres funcionais. Neste caso, a tutela dos investidores manifesta-se no direito ao ressarcimento dos prejuízos causados pelo incumprimento das obrigações de fiscalização.

Este mesmo princípio de responsabilidade do órgão de fiscalização manifesta-se no âmbito do direito mobiliário na responsabilidade pelo conteúdo do prospecto de oferta pública de valores mobiliários (artigo 149.º, n.º 1, alínea f) do Cód.VM).

O exercício da função de fiscalização é, assim, caracterizada pela *accountability* dos membros do órgão de controlo interno, com vista a promover não apenas a protecção de interesses de um núcleo restrito de pessoas ou entidades, mas também, e sobretudo por via do relevo da informação societária e do papel desempenhado pelos membros do órgão de fiscalização na sua verificação, a protecção dos interesses dos investidores que actuam e tomam as suas decisões de investimento com base nas informações disponíveis nos mercados de capitais.

Resumo: Além da responsabilidade civil a que pode haver lugar em caso de violação, pelos administradores, dos deveres que lhes cabem, há que questionar a possibilidade de os demandar para os obrigar a restituir à sociedade tudo aquilo que possam ter obtido à custa da infracção de tais deveres. A justificação do dever de restituição, não genericamente previsto no Código das Sociedades Comerciais, implica o recurso a institutos e princípios gerais de direito comum. Sobretudo se compreendido a essa luz, o art. 253 do Código Comercial proporciona contudo, entre nós, uma base positiva, tão consistente e geral quanto esquecida, para o problema central posto. Com vista à tutela do dever de restituir propõe--se ainda a adaptação dos mecanismos das acções *ut universi* e *ut singuli* previstas nos arts. 75 e seguintes do CSC para o fazer valer de pretensões indemnizatórias da sociedade contra o administrador, pois o âmbito destas acções é, na realidade, mais largo do que aquele que *apertis verbis* a lei lhes reconheceu e a doutrina ordinariamente lhes atribui.

Abstract: Beyond the question of the directors' civil liability due to violation of fiduciary duties, another question arises concerning the possibility of suing them as to return to the company what may have been obtained as a result of such violation. The rationale behind this duty, not generally regulated in the Companies Act, convokes institutes and general principles of law. Particularly when thus read, article 253 of the Commercial Code provides a positive basis to address the issue, a basis that is as consistent and general as it is overlooked. In regard to the legal protection of this duty, we suggest an adaption of the *ut universi* and *ut singuli* procedural mechanisms, regulated in articles 75 and following of the Companies Act, to the enforcement of indemnity claims by the company against the director, given that the scope of those procedural *formulae* is, in reality, wider than the one recognized by statutory law, *apertis verbis*, or the one commonly attributed to it by legal scholarship.

MANUEL A. CARNEIRO DA FRADA*

Sobre a obrigação de restituir dos administradores[1]

O tema dos deveres fundamentais dos administradores tem indiscutivelmente actualidade. Certamente porque, entre outros motivos, a crise que vivemos se encarregou de sublinhar a importância do seu respeito.

* Professor da Faculdade de Direito da Universidade do Porto

[1] O presente texto destina-se a um volume de homenagem ao Prof. Doutor Heinrich Ewald Hörster. Corresponde a uma súmula da intervenção do autor no I Congresso de Direito das Sociedades que decorreu em Lisboa nos dias 8 e 9 de Outubro de 2010.

Muito embora, no fundo, não se trate de nada – esta conjuntura doutrinária favorável – que atinja especifica e unicamente os administradores das sociedades comerciais.

Como hoje se percebe melhor, a um tempo que enfatizou em excesso a autodeterminação e a liberdade, desacoplando-a da referência aos valores que lhe dão sentido e asseguram a sua densidade ética e, mais do que isso, ético-jurídica, está e vai suceder uma época que prestará maior atenção à responsabilidade de cada um, e de todos, relativamente a interesses alheios, individuais ou colectivos. E isto no seio do próprio direito privado; apesar de a crença, ingénua ou interesseira, nas virtualidades do "privado" estar progressivamente a sofrer uma "dura cura de realidade", é ainda e sempre no seio do direito privado – o direito comum dos cidadãos – que o reequilíbrio entre autonomia e responsabilidade se terá de fazer e em primeira linha sentir.

Não é, por isso, de estranhar um florescimento recente da doutrina lusa em torno dos deveres dos administradores, tão grande se apresenta a importância das sociedades comerciais para o equilíbrio social geral[2].

Contudo, esse tema tem sido perspectivado entre nós, principalmente, do prisma da responsabilidade civil dos administradores pela violação dos deveres que sobre eles impendem.

De fora tem ficado entre os autores a questão de saber se, independentemente da responsabilidade civil (e/ou da destituição) a que possa haver lugar por violação de tais deveres, é possível demandar os administradores para os obrigar a restituir à sociedade tudo aquilo que possam ter obtido à custa da infracção de tais deveres[3].

---

[2] Nós próprios lhe dedicamos atenção em dois estudos nossos: *A business judgment rule no quadro dos deveres gerais dos administradores*, ROA, 67, I (Janeiro 2007), 159 ss, e *A responsabilidade dos administradores na insolvência*, ROA, 66, II (Setembro 2006), 653 ss.
A literatura disponível sobre o tema tornou-se entretanto muito extensa.

[3] Muito embora com menção e aprofundamento de algumas situações ou noções que, além da responsabilidade civil, podem levantar a questão posta (referimo-nos, em particular, à violação da proibição de não concorrência e ao aproveitamento de oportunidades societárias).
Assim, cingindo-se, no essencial, à responsabilidade (e/ou à destituição), veja-se, por exemplo, MENEZES CORDEIRO, *Da Responsabilidade dos Administradores das Sociedades Comerciais*, Lisboa, 1996, *passim*, bem como *Manual de Direito das Sociedades, I (Das Sociedades em Geral)*, 2.ª edição, Coimbra, 2007, 905 ss; PEDRO PAIS DE VASCONCELOS, *Responsabilidade Civil dos gestores das sociedades comerciais*, DSR I/1 (Março 2009), 11 ss, e *Business judgment rule, deveres de cuidado e de lealdade, ilicitude e culpa e o art. 64 do Código das Sociedades Comerciais*, DSR I/2 (Outubro 2009), 41 ss; COUTINHO DE ABREU, *v.g., Deveres de cuidado e de lealdade dos administradores e interesse social*, in *Reformas do Código das Sociedades*, IDET, Coimbra, 2007, 17 ss, e, desenvolvidamente, em *Responsabilidade civil dos administradores de sociedades*, IDET,

A esse problema dedicaremos algumas reflexões, na esperança aliás de a ele voltarmos com mais pormenor.

O interesse do tema é manifesto. Um administrador pode ter obtido com a infracção um proveito superior ao dano que infligiu à sociedade. Por vezes, ocorrerá mesmo que esta não sofreu nenhum prejuízo e, ainda assim, o proveito do administrador surgiu.

A tutela oferecida pela responsabilidade civil parece que claudica então, ao vigorar nela o princípio de que a indemnização se mede pelo dano, o que significa que a indemnização não pode (portanto) ser superior a este. Esta ideia-motriz da responsabilidade civil não é evidentemente abalada pelo primado da reconstituição natural.

O espírito do jurista convoca assim, facilmente, o quadrante dogmático do enriquecimento sem causa.

O sentido da nossa resposta à questão posta é o seguinte: cremos que deve admitir-se, ao lado, ou para além, da responsabilidade civil sofrida pela sociedade com o não cumprimento dos deveres do administrador, que esse mesmo administrador possa ter de restituir, em determinadas circunstâncias, os proveitos que obteve da sua conduta ilícita. Esta (nossa) resposta é apenas genérica; não tem, nem pode, afirmar-se de modo indiferenciado, em qualquer situação.

Coimbra, 2007, 25 ss, 31 ss, e *passim*; Paulo Olavo Cunha, *Direito das Sociedades Comerciais*, 4.ª edição, Coimbra, 2010, 734 ss, 806 ss; Maria Elisabete Ramos, *A responsabilidade de membros da administração*, in Problemas do Direito das Sociedades, IDET, Coimbra, 2002, 71 ss; Catarina Pires Cordeiro, *Algumas considerações críticas sobre a responsabilidade civil dos administradores perante os accionistas no ordenamento jurídico português*, in O Direito 137 (2005), I, 81 ss; Gabriela Figueiredo Dias, *Fiscalização de sociedades e responsabilidade civil*, Coimbra, 2006, especialmente 41 ss, Pereira de Almeida, *Sociedades Comerciais e Valores Mobiliários*, 5.ª edição, Coimbra, 2008, 254 ss; Ricardo Costa, *Responsabilidade dos administradores e business judgment rule*, in Reformas do Código das Sociedades, IDET, Coimbra, 2007, 49 ss; Paulo Câmara, *O governo das sociedades e os deveres fiduciários dos administradores*, in "Jornadas Sociedades Abertas, Valores Mobiliários e Intermediação Financeira" (coord. Maria de Fátima Ribeiro), Coimbra, 2007, 163 (e ss); Ana Perestrelo de Oliveira, *A Responsabilidade Civil dos Administradores nas Sociedades em Relação de Grupo*, Coimbra, 2007, passim.

Mas há excepções dignas de nota. Assim, precursoramente, a de Pedro Caetano Nunes, *Corporate Governance*, Coimbra, 2006, 84 e 110, bem como, hoje, especialmente, a de Nuno Trigo dos Reis, *Os deveres de lealdade dos administradores de sociedades comerciais*, in Temas de Direito Comercial/Cadernos O Direito, n.º 4, Coimbra, 2009, 383 ss, e 410-411.

No plano da responsabilidade civil se centraram igualmente os nossos anteriores estudos, acima referidos (embora, no primeiro, com considerações que já procuram justificar a obrigação de restituir a que se alude; algumas considerações sobre esta última ainda, por fim, em Luís Valdemar Vaz Bravo, *A proibição dos administradores de exercerem actividade concorrente com a sociedade*, dissertação de mestrado que orientámos, não publicada, Porto, 2010, n.º 6).

Entre os deveres fundamentais dos administradores cuja violação pode dar lugar a esta restituição dos proveitos por ele obtidos, está em causa, sobretudo, o dever de lealdade[4].

Tomem-se por base duas constelações que costumam apresentar-se como violações paradigmáticas de tal dever: a proibição de concorrer com a sociedade e a de aproveitar oportunidades societárias para si ou para terceiros em detrimento da sociedade[5]. Das infracções a estas proibições podem derivar vantagens para os administradores.

Quid iuris quanto a elas? Devem – e quando – ser entregues à sociedade?

O Código das Sociedades Comerciais silencia a questão na parte geral.

Por outro lado, o art. 254/5[6], relativo à infracção do dever de não concorrência pelo gerente da sociedade por quotas, prevê apenas a obrigação de indemnizar (sendo esse preceito aplicável, em certos termos, no campo das sociedades anónimas: cfr. o art. 398/5)[7].

Já nas sociedades em nome colectivo dispõe-se – no art. 180/2 – que "em vez de indemnização [...], a sociedade pode exigir que os negócios efectuados pelo sócio, de conta própria, sejam considerados como efectuados por conta da sociedade e que o sócio lhe entregue os proventos próprios resultantes dos negócios efectuados por ele, de conta alheia, ou lhe ceda os seus direitos a tais proventos".

Interessa-nos sobretudo a segunda parte da disposição.

Cremos que a regulamentação do art. 180/2 – aplicável a um número amplo de hipóteses – aproveita, também, às demais sociedades (socieda-

---

[4] Assim já o nosso escrito *A business judgment rule no quadro dos deveres gerais dos administradores*, cit., 168 ss, onde se ensaiaram algumas justificações para a obrigação de restituição dos lucros por deslealdade e se procurou colorir e explicitar essa noção de modo a tornar juridicamente operativa a menção genérica ao dever de lealdade constante do art. 64.º, n.º 1 b) do CSC; mostrando que os interesses referidos nesse preceito (a que o administrador deve ater-se) não dizem respeito à lealdade, mas ao (impropriamente chamado) dever de cuidado.

[5] Em geral sobre a lealdade e as suas manifestações na vida das sociedades, merecem ainda destaque, na doutrina mais recente, *v.g.*, os desenvolvidos estudos de José Ferreira Gomes, *Conflito de interesses entre accionistas nos negócios celebrados entre a sociedade anónima e o seu accionista controlador*, in Conflito de interesses no direito societário e financeiro/ Um balanço a partir da crise financeira (autores vários), Coimbra, 2010, 75 ss, e de João de Sousa Gião, *Conflitos de interesses entre administradores e os accionistas na sociedade anónima: os negócios com a sociedade e a remuneração dos administradores*, ibidem, 215 ss.

[6] Na falta de outra indicação ou do que possa resultar do contexto, os preceitos citados pertencem ao Código das Sociedades Comerciais.

[7] Também nas sociedades civis, se bem que relativamente aos sócios, se prevê apenas a obrigação de indemnizar em caso de infracção da proibição de concorrência (recordando--se todavia, a possibilidade de exclusão do sócio com esse fundamento).

des de capitais) – no que toca à situação dos respectivos administradores – estendendo-se a estas, nomeadamente, por analogia, por isso que não é menor a lealdade devida pelo administrador de uma sociedade de capitais do que a de um qualquer sócio de uma sociedade em nome colectivo[8].

O ponto implica algumas considerações metodológicas.

Bastar-nos-á contudo dizer agora que, perante este panorama da lei, a resposta à questão geral que foi colocada (da obrigação de restituir dos administradores) convoca ponderações gerais e o recurso a institutos ou princípios jurídicos fundamentais, já que outras normas atinentes ao problema – como o art. 449 – têm um âmbito muito limitado e também não o resolvem inequivocamente.

Desta forma, há que lembrar principalmente o enriquecimento sem causa, que se impõe associar em particular à doutrina do conteúdo da destinação dos direitos, sendo todavia que esta apresenta também, no que toca à sua amplitude, algumas dificuldades e limitações.

Por outro lado, importa equacionar aquilo que, na tradição doutrinária, se chama muitas vezes a "gestão de negócios imprópria". O sujeito que intervém num negócio alheio conhecendo que ele é alheio tem de entregar tudo o que obteve. Entre nós, joga a favor um argumento *a fortiori* do art. 472 do CC, muito embora a conformação severa da obrigação de restituir só possa alicerçar-se dentro de uma correcta ordenação dogmática da aludida figura. De todo o modo, o intérprete-aplicador não pode fugir a exigências de congruência valorativa.

Importa ainda considerar que nas relações fiduciárias (como a que liga o administrador à sociedade) se justifica, em nome da (adequada) curadoria de interesses que interessa promover, assim como por causa da dependência que por via dela se cria em favor do administrador (com os inerentes perigos de abusos), uma intervenção cautelar/preventiva do ordenamento, a reclamar do administrador desleal a obrigação de restituir a totalidade do que recebeu.

A fluidez e a dificuldade que, neste plano de cume, apresenta a elaboração jurídica por que passa a realização prática do Direito são, contudo, felizmente compensadas pelo facto de, entre nós, se descobrir, surpreendentemente, no velho Código Comercial, um preceito de inestimável préstimo: o art. 253 e o seu § único[9], onde se comina que, no caso de o gerente

---

[8] Cfr. também Nuno Trigo dos Reis, *op. cit.*, 410.

[9] O Código Comercial é hoje, amiúde, negligenciado, quando o facto é que se encontram nele, ainda, preceitos de grande interesse mas injustamente esquecidos. Este é mais um que, entre eles, "descobrimos".

infringir alguns deveres próprios da sua função, o proponente pode reclamar para ele a operação.

Devidamente interpretado – sem constranger nem forçar o princípio da relatividade dos contratos –, e enquadrado pelas dimensões dogmáticas (mais amplas) a que se aludiu, ele proporciona uma base suficientemente ampla para justificar a nossa resposta (se bem que genérica e sem prejuízo de ulteriores diferenciações) no sentido da admissão *de lege lata* da obrigação do administrador de restituir os lucros obtidos com a infracção aos seus deveres.

Há, de resto, dados do regime do mandato – desde logo, as valorações subjacentes ao art. 1181 – que confortam esta opinião.

No final, observa-se que, apesar de poder ser curta a acção de responsabilidade civil para reagir à violação de deveres por parte dos administradores, o nosso sistema está dotado de meios bastante suficientes para alicerçar a obrigação de restituir.

Conclua-se com duas considerações finais.

Credora da obrigação de restituição de que falamos é, antes de mais, a sociedade. Naturalmente: havendo em simultâneo dano da sociedade e proveito do administrador a restituir, requer-se a articulação destas (duas) pretensões, cujo concurso não pode ser bem resolvido sem uma análise aprofundada da sua natureza.

Com vista à efectivação da obrigação de restituir propomos uma adaptação dos mecanismos das acções *ut universi* e *ut singuli* previstas nos arts. 75 e seguintes do CSC para o fazer valer de pretensões indemnizatórias da sociedade contra o administrador (aplicando-se também o disposto no art. 74, com as necessárias adaptações). Este tipo de acções – fica registada a nossa firme convicção – têm um âmbito bem mais alargado, afinal, do que aquele que *apertis verbis* a lei lhes reconheceu e a doutrina ordinariamente lhe atribui[10].

Lisboa, 9 de Outubro de 2010

---

[10] A doutrina portuguesa tem-se até aqui referido todavia unicamente, que saibamos, a estes meios no contexto da responsabilidade civil. Vejam-se exemplificativamente os autores e locais citados nas primeiras notas do presente estudo.
A nossa asserção vai aliás no sentido também de que este tipo de acções vale para todas as pessoas colectivas (ao menos de base pessoal), incluindo, portanto, as associações e as cooperativas. Quanto ao alargamento a estas últimas, *vide* MANUEL CARNEIRO DA FRADA//DIOGO COSTA GONÇALVES, *A acção ut singuli (de responsabilidade civil) e a relação do direito cooperativo com o direito das sociedades comerciais*, RDS I (2009), 4, 885 ss, com considerações centradas embora na responsabilidade civil.

Resumo: A reforma de 2006 do CSC alterou o art. 72.º com a inclusão de um n.º 2, que tem sido entendido como uma causa de exclusão da responsabilidade, invertendo o ónus da prova, nomeadamente da racionalidade das decisões, que fica a cargo dos administradores, em sentido contrário aos princípios da *businesss judgment rule*. Neste estudo, procura-se demonstrar que a referida disposição está em consonância com a *business judgment rule* e apenas explicita os critérios dos deveres gerais para efeitos de responsabilidade civil dos administradores perante a sociedade, ficando o ónus da prova a cargo dos demandantes.

Abstract: The 2006 reform in the Portuguese Company Code modified art. 72, which has been understood as cause of exclusion of responsibility. The directors have the burden of proof particularly the rationality of decisions. This interpretation is in opposition to the basic principles of *business judgment rule*. This study tries to demonstrate that the said article can be interpreted in the sense that it just expresses the criteria of the general duties of the directors in order to be held responsible towards the company. So the plaintiffs have the burden of proof, in accordance with *business judgment rule*.

ANTÓNIO PEREIRA DE ALMEIDA

A *Business Judgment Rule*[1]

1) A origem e concepções da *business judgment rule*

A *business judgment rule* (*bjr*) é uma doutrina derivada da jurisprudência dos tribunais americanos de Estado de *Delaware*[2] baseada na seguinte *presumption*: «*The directors of a corporation acted on an informed basis, in good faith and in the honest belief that the action taken was in the best interests of the company*».

Por conseguinte, o *plaintiff*, o demandante, tem o ónus da prova de que os administradores violaram os seus deveres de cuidado, lealdade ou boa fé. Nada que seja estranho à jurisprudência portuguesa. Contudo, a *presumption* não é uma verdadeira presunção, em sentido técnico, mas algo

---

[1] Todos os artigos indicados sem menção de diploma referem-se ao *Código das Sociedades Comerciais (CSC)*.
[2] No Estado de *Delaware* sediam-se cerca de metade das sociedades comerciais americanas, pelo avanço da sua *corporate law*, mas, também pelo prestígio e experiência dos tribunais na área comercial.

semelhante ao nosso princípio de que o arguido se presume inocente até ao trânsito em julgado da sentença condenatória.

A *bjr* ainda pode revestir três concepções:

a) *Abstention doctrine;*
b) *Standard of liability;*
c) *Caremark claims.*

a) Abstention doctrine

A *abstention doctrine* tem como referência doutrinária os escritos de *Stephen Bainbridge*[3] e baseia-se no princípio de que a autoridade da administração e eficiência do processo decisório devem ser preservadas com a abstenção dos tribunais sindicarem o mérito das decisões dos administradores, excepto em casos de fraude ou conflito de interesses (*intentional misconduct*), ficando a cargo dos demandante o ónus de prova.

Esta doutrina baseia-se no modelo da primazia da administração – (*director primacy model*) – por contraposição ao modelo clássico da primazia dos accionistas – (*shareholder primacy model*) – no pressuposto da separação entre a propriedade do capital e a direcção da empresa, a qual não é mandatária dos accionistas, mas um veículo que agrega os vários factores de produção.

Esta doutrina ancora-se nomeadamente no processo *Schlenski* v. *Wrigley*. Neste processo, *Schlenski* responsabilizava o Director *Wrigley* dos prejuízos que o clube de basebol de *Chicago Cubs* teria sofrido por falta de assistência aos jogos, alegadamente em resultado da recusa do primeiro em instalar iluminação nocturna.

O tribunal rejeitou a pretensão dizendo que não é função dos tribunais resolverem questões de «*policy and business management*», concluindo que: «*The directors are chosen to pass upon such questions and their judgment unless shown to be tainted with fraud is accepted as final*».

Mas, esclarecendo: «*By these thoughts we do not mean to say that we have decided that the decision of the directors was a correct one. That is beyond our jurisdiction and ability. We are merely saying that the decision is one properly before directors and the motives alleged in the amended complaint showed no fraud, illegality or conflict of interest in their making of that decision*».

Por conseguinte, nesta concepção da bjr, os tribunais só apreciam a conduta dos administradores em caso de fraude ou conflito de interesses, cujo ónus da prova fica a cargo dos demandantes.

---

[3] v. *The Business Judgment Rule as Abstention Doctrine.*

b) Standard of liability

A concepção da *bjr* como um s*tandard of liability* é a que colhe mais adeptos e permite alguma sindicância das decisões dos administradores pelos tribunais, contanto que os demandantes provem que aqueles violaram o dever de cuidado (*duty of care*) ou, segundo alguns, actuaram com má fé ou grosseira negligência.

Os casos clássicos representativos desta concepção são nomeadamente *Smith v. Gorkon* e *Cede & Co v. Technicolor, Inc.*. Em ambos os casos estava em causa o dever de cuidado na aprovação de uma fusão.

Conforme entendeu o tribunal no primeiro caso «*Directors who fail to act in an informed and deliberate manner may not assert the business judgement rule as a defence to care claims*».

No segundo caso, o accionista minoritário *Cinerama* veio sustentar que a administração da *Technicolor* tinha violado o dever de cuidado ao aprovar o preço por acção na fusão. O tribunal entendeu que «*Cinerama clearly met its burden of proof for the defendant directors of Technicolor failed to inform themselves fully concerning all material information reasonably available prior to approving the merger agreement*».

Em suma, o tribunal identificou 5 falhas no processo decisório da fusão, reveladoras de grave negligência e violação do dever de cuidado, acabando por condenar os administradores, que não puderam beneficiar da *bjr*.

Por conseguinte, enquanto a *abstention doctrine* se abstém sequer de questionar se os administradores violaram o dever de cuidado, a *standard of liability* entende que os administradores que violaram o dever de cuidado não merecem a protecção da *bjr*, ficando a cargo dos demandantes o ónus da prova dessa violação, a qual se deve, todavia, circunscrever a vícios procedimentais que revelem grave negligência, e não propriamente ao mérito da decisão.

c) As *Caremark claims*

As *Caremark claims* constituem um conjunto de decisões recentes do tribunal de *Delaware* respeitantes a falhas nos procedimentos de *compliance* (prevenção de ilegalidades) e de *risk management* (controlo de riscos), na sequência da crise financeira de 2008.

Em 1994, a *Caremark International, Inc.*, com objecto social na área dos serviços de saúde, foi perseguida pelas autoridades federais dos Estados Unidos por ter efectuado pagamentos ilegais, cujos processos foram encerrados através do pagamento negociado de 250 milhões de Dólares. Em consequência, 5 accionistas instauraram uma acção de responsabilidade (*derivative action*) contra os Administradores para indemnização desse prejuízo, a qual terminou com uma transacção em que a empresa não pagou nenhuma indemnização, mas comprometeu-se a implementar procedimentos adequados de *compliance*.

Neste processo, o Chancellor Allen[4] concluiu que as obrigações dos Administradores incluem «*a duty to attempt in good faith to assure that a corporate information and reporting system, which the board concludes is adequate, exists, and that failure to do so under some circumstances may, in theory at least, render a director liable for losses caused by non-compliance with applicable legal standards*».

No entanto, também se entendeu que uma falha no cumprimento desta obrigação, ainda que com negligência, não é suficiente para determinar responsabilidade dos Administradores, e que só uma «*sustained or systematic failure of the board to exercise oversight – such as an utter failure to attempt to assure a reasonable information and reporting system exists – will establish the lack of good faith that is a necessary condition to liability*».

Não obstante o processo *Caremark* respeitar apenas a uma falha do sistema de *compliance*, a doutrina e jurisprudência vieram a entender que os mesmos pressupostos se verificavam em situações em que os prejuízos resultavam de falhas no sistema de controlo de riscos (*risk management*), sobretudo após a crise financeira de 2008.

Por controlo de riscos entende-se o processo através do qual os Administradores têm acesso a uma informação completa e em tempo útil, que permita prever e antecipar decisões para responder a incertezas e planear estratégias e objectivos com uma adequada ponderação entre o crescimento dos lucros e os riscos relacionados.

O recente processo *Citigroup* ilustra como se adaptam as *Caremark claims* aos casos de falhas de controlo de riscos. A instituição financeira multinacional *Citigroup*, no período que antecedeu a crise financeira de 2008, através da negociação de CDO,s (*collaterized debt obligations*)[5], designadamente com «*liquidity puts*», que permitiam aos compradores a sua revenda ao *Citigroup* ao preço original, atingiu uma exposição a «activos tóxicos» da ordem dos 55 biliões de dólares.

Em consequência, alguns accionistas intentaram uma acção de responsabilidade contra os Administradores (*derivative action*) alegando falhas graves no sistema de *risk management*. No entanto, a responsabilidade foi afastada pelo tribunal, por não se ter demonstrado falta de procedimentos

---

[4] V. STEPHEN M. BAINBRIDGE, in *Caremark and Enterprise Risk Management*, pág. 10
[5] Os CDOs são produtos derivados e estruturados (*asset-backed securities* – ABS) que consistem no agrupamento de créditos titularizados – incluindo *subprime mortgages* – com diversos graus de risco, maturidade e retorno.

de avaliação de riscos, mas decisões quanto à tomada de riscos, o que cai na alçada da *bjr*.

A doutrina, baseada nas *Caremark claims,* tem discutido se a inerente responsabilidade tem por fundamento a violação dos deveres de cuidado ou de lealdade.

O Vice Chancellor Leo Strine, no caso *Guttman,* entendeu que o «*standard for liability for failures of oversight that requires a showing that the directors breached their duty of loyalty by failing to attend to their duties in good faith*»[6].

Por seu lado, *Bainbridge,* na perspective da violação do dever de cuidado, sustenta que a *bjr* não tem aplicação nos casos em que se verifica uma consciente e sistemática omissão substancial de procedimentos ou de seu controlo[7]. Mas, distingue estes casos de *risk management* daqueles de *risk taking,* em que os sistemas de controlo estão implantados e controlados, mas, não obstante, os Administradores tomaram decisões com risco consciente, as quais já beneficiam da protecção da *bjr*. Contudo, não admite que os tribunais avaliem a própria bondade, em concreto, do sistema de controlo de riscos implantando, por tratar-se de decisões empresariais, cuja avaliação substancial a *bjr* não admite[8].

2) Fundamento da *business judgment rule*

A *bjr* fundamenta-se no interesse dos accionistas em que os administradores não se abstenham de tomar decisões que envolvam riscos com receio de virem a ser responsabilizados pelos prejuízos em caso de maus resultados (administração defensiva). Prevalece o entendimento que os accionistas têm maiores lucros quando os administradores sabem que podem tomar decisões mais arriscadas sem receio de virem a ser alvo de acções judiciais.

Na verdade, no mercado altamente competitivo da vida empresarial, os bons resultados alcançam-se, muitas vezes, através de decisões tomadas sob pressão, sujeitas a vários factores concorrenciais, com elevado grau de risco e cujos resultados podem ser incertos. Raramente as decisões empresariais são preto no branco; envolvem ponderação entre diversas alternativas plausíveis, que podem correr mal, contra as expectativas iniciais.

---

[6] V. STEPHEN M. BAINBRIDGE, in *Caremark and Enterprise Risk Management*, pág. 12.
[7] V. Ob. cit. pág. 13 e segs.
[8] V. Ob. cit. pág. 24 e segs.

Enquanto os administradores respondem ilimitadamente, os accionistas podem controlar o risco diversificando os seus investimentos em várias sociedades, para além da limitação da sua responsabilidade.

Como resulta do art. 64.º, n.º 1 al. a), os administradores não devem actuar propriamente como um *bonus pater familiae*, mas como um «gestor criterioso e ordenado».

Com a *bjr* os administradores sentem-se mais libertos e motivados para satisfazerem o legítimo interesse dos accionistas em obter maiores lucros, ainda que com riscos, constituindo a *bjr* um *safe harbour* para eles, como se tem vindo a dizer, porque sabem que não podem ser responsabilizados por perdas, salvo se tiverem actuado com violação dos deveres procedimentais de cuidado, de lealdade ou com má fé.

Por outro lado, os tribunais – mesmo os de *Delaware* – não são especialistas em *management*, nem estão suficientemente preparados para avaliarem actos e estratégias de gestão empresarial, com toda a sua complexidade e envolvência macro-económica. Acresce que *a posteriori* é, por vezes, fácil culpabilizar os administradores por maus resultados, quando, na altura em que as decisões foram tomadas, não se conheciam todas as externalidades, nem as reacções do mercado e da concorrência.

Os accionistas preferem que as decisões dos administradores sejam escrutinadas pelos investidores, pelos analistas e pelo mercado do que pelos tribunais. Se não servirem devem ser destituídos.

Em suma, a *bjr* foi concebida para promover o pleno e livre exercício da *corporate governance*, protegendo os administradores que cometam erros de julgamento, mesmo em casos de negligência, mas não estendendo a protecção àqueles que praticaram fraudes ou que actuaram em proveito próprio ou com má fé.

3) A responsabilidade dos administradores segundo a *business judgment rule*

Como resulta do atrás exposto, a *bjr* não escrutina a substância das decisões de administração, excepto em circunstâncias extraordinárias, como seja a violação do dever de lealdade ou a má fé. Não se trata de uma regra ética ou moral, mas de mero utilitarismo economicista.

Porém, existe um consenso em que a *bjr* não tem aplicação e os Administradores podem ser responsabilizados quando violam o dever de lealdade e actuam em proveito próprio.

No entanto, não existe consenso quanto à qualificação da boa fé como um terceiro dever dos administradores, para além dos deveres de cuidado e de lealdade, cuja violação também afastaria a *bjr*. Para uns, os administradores actuam com má fé e podem ser responsabilizados, independentemente de agirem com *self interest*, quando tomam decisões completamente irracionais[9], sendo usadas as expressões como «*inexplicable behavior, egregious decisionmaking, gross abuse of discretion, action that is beyond the realm of human comprhension, sustained inattention, galactic stupidity*». Ou, numa visão mais restritiva, quando os administradores agem conscientemente e intencionalmente sem se preocuparem com os riscos: «*we don't care about the risks*».

Mas, acompanhamos David Rosenberg[10], que qualifica a boa fé como um requisito subsidiário subsumido nos deveres de cuidado e lealdade.

Por outro lado, fora dos casos de proveito próprio, tem-se questionado se a falta de *substantive due care* (dever substantivo de cuidado) pode ser fundamento para responsabilização dos administradores dentro dos parâmetros da *bjr*. Como o tribunal de *Delaware* decidiu no caso *Disney II* – na esteira do caso *Brehnn v. Eisner* – em que se acusava a administração de ter negociado com o administrador cessante Michael Ovitz – afastado após 4 meses de má administração – um *golden parachute* de 140 milhões de dólares: «*As for the plaintiff's contention that the directors failed to exercise "substantive due care," we should note that such a concept is foreign to the business judgment rule. Courts do not measure or quantify directors' judgments. We do not even decide if they are reasonable in this context. Due care in the decision-making context is process due care only. Irrationality is the outer limit of the business judgment rule. Irrationality may be the functional equivalent of the waste test or it may tend to show that the decision is not made in good faith, which is a key ingredient of the business judgment rule*».

Na mesma decisão, foi também entendido que para responsabilizar os administradores não basta a mera negligência, ou mesmo grosseira negligência, mas é necessário provar uma actuação *consciente* e *intencional* de que tomaram a decisão sem a informação adequada e sem se importarem com os prejuízos que essa decisão pudesse acarretar para a sociedade e accionistas. Feita essa prova pelos demandantes, os administradores não poderiam beneficiar da *bjr*, porque havia má fé conjugada com a violação do dever de cuidado[11].

Contudo, o que está aqui em causa não é o mérito da decisão – mesmo que para qualquer observador fosse óbvio, na altura, que era uma errada

---

[9] Não se deve confundir a irracionalidade das decisões com a não razoabilidade. Uma decisão pode não ser razoável sem ser irracional, designadamente se for arriscada.
[10] V. David Rosenberg, in *Galactic Stupidity and the Business Judgment Rule*, pág. 8 e segs.
[11] Repare-se que no caso Disney II, o tribunal decidiu que essa prova não foi feita.

ou má decisão – e, muito menos, que ela fosse contrária às *best practices*, mas apenas o procedimento que levou à sua aprovação.

4) A *business judgment rule* no direito europeu

Conforme resulta do exposto, a *bjr* é uma corrente baseada no *case law*, com origem nos tribunais do Estado de *Delaware*, mas rapidamente seguida por outros Estado norte-americanos e países europeus.

Não obstante nos Estado Unidos não se ter sentido a necessidade de transpor essa corrente jurisprudencial para a legislação (*Acts*), alguns países europeus fizeram-na repercutir na legislação ordinária.

Assim, no Reino Unido, o art. 178.º do *Companies Act* 2006 manda aplicar à violação dos deveres dos administradores os princípios da *Commoun Law* «*with the exception of section 174 (duty to exercise resonable care, skill and diligence)*».

Na Alemanha, o § 93, I, 2, 1ª parte da *Aktiengesetz* dispõe que: «*Não há violação do dever [de actuar na direcção da empresa com a diligência de um gestor criterioso e ordenado] quando o membro da direcção, ao tomar uma decisão empresarial, podia razoavelmente supor que, na base de uma informação adequada, agia em benefício da sociedade*».

Entre nós, o art. 72.º, n.º 2, com a redacção dada pelo Dec.-Lei n.º 76-A/2006, é geralmente conotado com a bjr: «*A responsabilidade é excluída se alguma das pessoas referidas no número anterior provar que actuou em termos informados, livre de qualquer interesse pessoal e segundo critérios de racionalidade empresarial*».

Não encontramos disposições semelhantes, nem na lei das sociedades francesa – ou integrada no *Code de Commerce* – nem no *Codice Civile* Italiano, com a redacção dada pelo Decreto legislativo de 17 de Janeiro de 2003, nem na *Ley de Sociedades de capital* espanhola de 3 de Julho de 2010.

Todavia, a não previsão expressa na lei, não significa que os princípios da *bjr* não sejam adoptados pelos tribunais, como acontece nos Estados Unidos, tratando-se de uma corrente jurisprudencial. O regime geral da responsabilidade civil, conjugado com uma interpretação dos deveres gerais dos administradores, tendo em atenção uma adequada ponderação dos interesses em conflito, poderá levar a tal entendimento, como, aliás, de certa forma, vem ocorrendo nos tribunais portugueses, que têm sido avessos a sindicar *a posteriori* o mérito das decisões empresariais[12].

---

[12] CARNEIRO DA FRADA já antevia, face à primitiva redacção do art. 64.º, a aplicação da regra *business judgment rule* à responsabilidade civil dos administradores, como regra de

5) A *business judgment rule* no direito português

O citado art. 72.º, n.º 2 é geralmente referenciado pela doutrina portuguesa como transposição da *bjr* para o direito societário português, não obstante a sua redacção ambígua, quer como causa de exclusão de ilicitude[13], quer como causa da exclusão da culpabilidade[14], quer para afastar a violação do dever de cuidado[15], quer relacionando-se com a tensão entre os deveres de cuidado e diligência[16], quer como causa de exclusão da responsabilidade[17], quer como causa de exclusão da culpa e da ilicitude simultaneamente[18].

A redacção ambígua do preceito levou mesmo Pedro Pais Vasconcelos a ver nele uma "presunção de ilicitude"[19], que acresceria à presunção de culpabilidade do art. 72.º, n.º 1. Interpretação esta que é afastada por Coutinho da Abreu: «*uma presunção de ilicitude da actuação do administrador implicaria uma factura sistemática no nosso sistema de imputação de danos, com consequências práticas indesejáveis*»[20]

Como já tivemos oportunidade de sustentar[21]: «*no nosso sistema jurídico, compete ao demandante provar os factos em que assenta a ilicitude da conduta do agente (art. 342.º, n.º 1, do C. Civ.) – para além dos outros requisitos – e não nos parece que o art. 72.º, n.º 1, sequer, estabeleça a inversão do ónus da prova da ilicitude, para além da inversão do ónus da prova da culpabilidade (art. 72.º, n.º 1, «in fine»). Se assim fosse, isso iria ao arrepio da nossa tradição jurídica e consistia num desmesurado agravamento da responsabilidade dos administradores, ao contrário do que foi a intenção do legislador*».

---

avaliação da responsabilidade, mesmo antes da introdução da actual redacção do art. 72.º, n.º 2. In *Responsabilidade Civil dos Administradores de Sociedade*, pág. 677 e segs.
[13] V. Gabriela Figueiredo Dias, in *Fiscalização de sociedades e responsabilidade civil*, pág. 75 e segs; Pedro Pais Vasconcelos, in *Business judgment rule, deveres de cuidado e de lealdade ilicitude e culpa e o artigo 64.º do Código das Sociedades Comerciais*, pág. 58.
[14] Menezes Cordeiro, in *Manual de Direito das Sociedades*, I, pág. 928 e 929; José Vasques, in *Estruturas e Conflitos de Poderes nas Sociedades Anónimas*, pág. 207
[15] Coutinho de Abreu, in *Responsabilidade Civil dos Administradores de Sociedades*, pág 36 e segs.
[16] J. Calvão da Silva, in *Responsabilidade Civil dos Administradores não Executivos*, pág. 147
[17] Carneiro da Frada, in *A Business judgment rule no quadro dos deveres gerais dos administradores*, pág. 231.
[18] Ricardo Costa, in *Responsabilidade dos Administradores e Business judgmente rule*, pág. 63 e segs.
[19] In Ob. cit., pág. 54
[20] In Ob. cit. pág. 41
[21] V. António Pereira de Almeida, in *Sociedades Comerciais e Valores Mobiliários*, pág. 260

Na verdade, o art. 72.º, n.º 2 limita-se a explicitar, para efeitos de responsabilidade civil, o conteúdo de deveres gerais que já estavam enunciados no art. 64.º, n.º 1, como melhor veremos, de seguida.

a) **Os deveres gerais dos administradores**

Numa breve resenha, pode dizer-se que o art. 64.º, n.º 1 enuncia expressamente os dois deveres gerais fundamentais dos administradores: o *dever de cuidado* e o *dever de lealdade*.

Esta disposição não autonomiza o *dever de administrar* – que é o principal dever dos administradores – porque representa um conceito síntese (I*nbegriff*), decomponível nos diversos deveres gerais e específicos[22]. Aliás, o *dever de administrar* constitui a essência funcional da administração – que se desdobra em actos de gestão e representação (art. 405.º) – tendo como padrão subjectivo de referência *"o gestor criterioso e ordenado"*, com a *"competência técnica"* adequada à sociedade e como objectivo a realização do *"interesse da sociedade, atendendo aos interesses de longo prazo dos sócios e de outros stakeholders."*

Por seu lado, a *boa fé* também é um dever transversal relativamente a todos os outros, como decorre do art. 762.º, n.º 2/CC.

A actividade de administração constitui um poder/dever (art. 406.º) a ser exercido com discricionariedade, com respeito por aqueles parâmetros e objectivos, não estando os administradores sujeitos às deliberações dos accionistas quanto a actos de gestão – pelo menos nas sociedades anónimas (art. 373.º, n.º 3 e 405.º, n.º 1) – nem sendo propriamente delegados destes (*Director Primacy*).

Neste contexto, o *standard of conduct* dos administradores rege-se pelas *best practices*, tendo em atenção a actividade e a dimensão da empresa. Estes *benchmarks* servem, por um lado, para cálculo de remuneração variável e, por outro, eventualmente, para fundamentar justa causa de destituição.

Mas, o *standard of review*, para efeitos de responsabilidade civil, é menos exigente, como tem sido geralmente reconhecido pela doutrina e jurisprudência relativas à *bjr*.

b) **A responsabilidade dos administradores perante a sociedade**

O art. 72.º, n.º 1 dispõe que «*Os gerentes ou administradores respondem para com a sociedade pelos danos a esta causados por actos ou omissões praticados com preterição dos deveres legais ou contratuais, salvo se provarem que procederam sem culpa*».

---

[22] Em sentido idêntico, CARNEIRO DA FRADA, in Ob. Cit., pág. 212.

Trata-se de responsabilidade contratual, ao abrigo da relação de administração, como é reconhecido geralmente pela doutrina e jurisprudência.

Nesta conformidade, verificando-se os restantes pressupostos da responsabilidade civil, presume-se a culpa, como resulta expressamente da citada disposição e é regra geral na responsabilidade contratual (art. 799.º/CC).

Os restantes pressupostos de responsabilidade civil subjectiva, como é doutrina e jurisprudência pacíficas, são o *facto ilícito*, os *prejuízos* e o *nexo de causalidade*[23].

Por outro lado, segundo o princípio geral do ónus da prova, compete àquele que invocar um direito o ónus da prova dos factos constitutivos do direito alegado (art. 342.º, n.º 1/CC).

Nesta conformidade, competirá aos demandantes fazer a prova dos factos ilícitos constitutivos da responsabilidade civil.

Porém, parte da doutrina tem interpretado o citado art. 72.º, n.º 2 como contendo (implicitamente) uma presunção de ilicitude.

Ora, salvo o devido respeito, não podemos concordar com essa interpretação, que corresponderia a uma subversão total do regime da responsabilidade civil. Mesmo na responsabilidade objectiva, o ónus da prova da ilicitude compete sempre ao demandante.

Na verdade, ainda que se entenda que o art. 72.º, n.º 2 contém uma causa de exclusão da responsabilidade/ilicitude, da letra do preceito não pode resultar aquela presunção. Aliás, se fosse essa a intenção do legislador, deveria tê-la expressado claramente, tanto mais que se tratava de um desvio anómalo, sem precedentes, ao regime geral. Acresce que tal interpretação seria aberrante e contraditória com a *bjr*, que o legislador anunciou pretender assimilar.

Por outro lado, não obstante a infeliz redacção do n.º 2 do art. 72.º, também é duvidoso que ela integre uma causa de exclusão da ilicitude, pelo menos, relativamente aos deveres gerais dos administradores, que se limita a decalcar e explicitar. Com efeito, as causas de exclusão da responsabilidade, em particular da ilicitude, são sempre circunstâncias exteriores aos factores constitutivos da responsabilidade e que justificam a conduta do agente – veja-se art. 31.º do Código Penal – ou que acrescem ao factos, entrando na sua estrutura[24].

Na verdade, o texto do art. 72.º, n.º 2 refere-se:

---

[23] V. Antunes Varela, in *Das Obrigações em Geral*, Vol I, pág. 525 e segs; António Pereira de Almeida, in *Sociedades Comerciais e Valores Imobiliários*, pág. 263 e segs.

[24] V. Cavaleiro Ferreira, in *Lições de Direito Penal I*, pág. 166.

- aos procedimentos (*monitoring procedures*) que devem integrar o dever de cuidado (*duty to monitor, process due care e duty of inquiry*), na linha do direito anglo-saxónico e da *bjr*;
- ao dever de lealdade – de não actuar em proveito próprio;
- ao dever de administrar como um gestor criterioso e ordenado, segundo critérios de racionalidade empresarial, no interesse da sociedade, atendendo aos interesses de longo prazo dos sócios e ponderando os interesses de outros *stakeholders*.

Da conjugação do art. 64.º, n.º 1 com o art. 72.º, n.º 2 podemos, pois, concluir que o primeiro enuncia os padrões mais exigentes para o exercício da administração (*standard of conduct*), enquanto o segundo contém os requisitos mínimos de actuação empresarial (*standard of review*) para efeitos de responsabilidade civil. Entre as *best practices* de gestão empresarial e uma actuação susceptível de gerar a responsabilidade civil existe um meio termo, que pode influir na remuneração variável dos administradores, na não renovação dos mandatos ou, mesmo, dar lugar à sua destituição por justos motivos.

Em ambos os casos, trata-se de padrões de referência com funções distintas. Mas, sempre se diga que os deveres gerais dos administradores são transversais a toda a actividade dos administradores e também padronizam os deveres específicos, nos quais também devem ser observados os referidos padrões de cuidado, diligência e lealdade.

Em suma, o que se pretende sustentar com esta interpretação é que o demandante – seja a própria sociedade, sejam os sócios em sua representação – para responsabilizar os administradores, tem o ónus da prova dos factos que integrem a violação de deveres gerais ou especiais, padronizados de acordo com os critérios explicitados no art. 72.º, n.º 2, presumindo-se a culpa, por força do art. 72.º, n.º 1 *in fine*. Ou seja, o art. 72.º, n.º 2 não contém propriamente uma causa de exclusão da responsabilidade, com o ónus da prova a cargo dos administradores demandados, mas a expressão normal da dialéctica da prova no foro judicial. A expressão utilizada «provar que actuou» deve ser interpretada como ilisão da prova contrária.

Por conseguinte, aos demandantes compete a prova dos factos integradores da ilicitude – quer se trate de violação de deveres gerais ou específicos – dos prejuízos e a demonstração do nexo de causalidade, com referência aos critérios de responsabilidade do art. 72.º, n.º 2; aos administradores demandados competirá a ilisão dessas provas.

Mas, repare-se que, tendo em atenção a letra do art. 72.º, n.º 2 e o espírito da *bjr*, os tribunais não devem, em princípio, sindicar o mérito das decisões de administração, mas apenas os procedimentos, ou sua omissão, bem como se os administradores actuaram com manifesta má fé ou tomaram decisões completamente irracionais (*galactic stupidity*), cuja prova compete aos demandantes.

Com este entendimento, alinham-se as citadas disposições com os princípios da *bjr*, como parece ter sido a intenção anunciada do legislador de 2006.

Pelo contrário, a interpretação que tem prevalecido na doutrina portuguesa mais recente, qualificando o art. 72.º, n.º 2 como uma causa de exclusão de responsabilidade, nomeadamente com o ónus da prova da racionalidade empresarial a cargo dos administradores demandados, equivaleria sempre ao escrutínio do mérito das decisões, contrariando os princípios fundamentais da *bjr* e provocando naturalmente uma administração defensiva, avessa ao risco empresarial, com prejuízo para os sócios, que se pretende evitar.

c) **A responsabilidade dos administradores perante sócios e terceiros**

O art. 79.º, n.º 2 com a actual redacção, manda aplicar o citado art. 72.º, n.º 2 à responsabilidade dos administradores perante sócios e terceiros.

Esta disposição pareceria inexplicável, se, com ela, se quisesse excluir a responsabilidade dos administradores perante terceiros com base no cumprimento de deveres fiduciários para com a sociedade, como já tem sido assinalado pela doutrina[25].

No entanto, procurando dar algum sentido a essa remissão, talvez ela possa servir para fundamentar a aplicação do princípio francês da *faute séparable* ao direito português, segundo o qual os administradores só respondem perante terceiros em circunstâncias excepcionais, quando o acto em causa extravasa as suas funções de administração e representação da sociedade[26].

Este princípio, muito criticado em França, tem sido geralmente rejeitado entre nós[27], dado o disposto no art. 79°, n.º 1: «*Os gerentes ou administradores respondem também, nos termos gerais, para com os sócios e terceiros pelos danos que directamente lhes causarem no exercício das suas funções*».

---

[25] V. CARNEIRO DA FRADA, in Ob cit, pág. 244 e segs.
[26] Como se pode ler num recente *arrêt* de 20-5-2003 da Chambre Commerciale: «*Attendu que la responsabilité personnelle d'un dirigeant à l'égard des tiers ne peut être retenue que s'il a commis une faute séparable de ses fonctions qu'il en est ainsi lorsque le dirigeant commet intentionnellement une faut d'une exceptionnelle gravité incompatible avec l'exercice normal des fonctions sociales*».
[27] V. ANTÓNIO PEREIRA DE ALMEIDA, in Ob. Cit, pág. 276.

De qualquer forma, esta responsabilidade só se verifica em caso de danos **directamente** provocados aos sócios ou terceiros e não indirectamente através da redução do património da sociedade[28].

Porém, dada a remissão para o art. 72.º, n.º 2 e a interpretação que sustentamos para este preceito, a responsabilidade directa dos administradores perante sócios e terceiros só terá lugar quando estes provem factos dos quais possa resultar que os administradores actuaram de modo totalmente irracional para os interesses da sociedade e em proveito próprio, portanto, cometendo uma «falta pessoal» separável do exercício das suas funções.

Na verdade, esta interpretação dá algum sentido à remissão, na óptica da teoria da *faute séparable*. Isto é, os administradores só são responsáveis perante sócios e terceiros pelos prejuízos que directamente lhes causem, quando agem para além do interesse social, embora no exercício das suas funções.

---

[28] Em caso de redução do património da sociedade, os credores dispõem dos meios de acção previstos no art. 78.º.

RESUMO: A acção social proposta por sócio(s) visa efectivar a responsabilidade civil dos administradores perante a sociedade. O CSC faz depender esta acção de dois requisitos: 2% ou 5% do capital social e inércia da sociedade lesada. Outras questões não estão resolvidas na lei. O CSC não identifica os factos reveladores da inércia da sociedade, não trata o dever de a sociedade reembolsar os administradores que tenham sido demandados sem fundamento nem prevê um adequado regime de distribuição de custos do processo. O presente artigo reflecte sobre estes e outros problemas.

ABSTRACT: The portuguese system of the liability of directors permits minority shareholders of private and public corporations to bring a derivative suit against directors for a wrong that affects the shareholder only indirectly. According to the Portuguese Companies Act, shareholders owing at least 5% or 2% (listed companies) of the share capital are entitled to sue the directors on behalf of the corporation. The right of the shareholders to sue derivatively the directors depends on the passitivity of the corporation. The portuguese regulation doesn't highlight the meaning of such passivity neither foresees the corporate indemnification. Besides, the are no specific economic incentives to bring a derivative suit – shareholders have to bear the litigation costs. This paper examines this and other questions related with the derivative suit in the portuguese regulation.

MARIA ELISABETE GOMES RAMOS[*]

Minorias e a acção social de responsabilidade

1. Governação de sociedades e activismo das minorias

Submeter as decisões empresariais dos administradores[1] de sociedades ao escrutínio realizado por sócios minoritários comporta *vantagens* conhecidas e *riscos* já diagnosticados. Sabendo que o *public enforcement* – exercido, nomeadamente, pelos reguladores económicos – pode não ser suficiente para garantir a governação cuidadosa e leal[2], o controlo interno

[*] Professora Auxiliar da Faculdade de Economia de Coimbra

---

[1] O signo administradores é usado em sentido amplo.
[2] V. THE AMERICAN LAW INSTITUTE, *Principles of Corporate Governance: Analysis and Recommendations*, vol. 2, Part VII, §§ 7.01-7.25, Tables and Index, *As adopted and promulgated by Ameri-*

pelos sócios pode estimular o alinhamento da actuação dos administradores pelo interesse social. No entanto, o direito de os sócios controlarem as decisões tomadas pelos administradores pode ser desviado do seu propósito virtuoso e ser degradado em manobras de desestabilização ou até de extorsão de rendosas transacções[3].

Sistemas de *civil law* e de *common law*[4] permitem que sócio(s) efective(m) a responsabilidade dos administradores perante a sociedade. A disparidade dos requisitos legais que rodeiam a acção social proposta por sócio(s) mostra que é dissemelhante a avaliação que cada sistema faz do binómio custo/benefício deste instrumento processual[5].

Na Europa, há quem considere desejável o reforço do *private enforcement* realizado pela acções de responsabilidade intentadas por sócios e, por isso, defenda a remoção de obstáculos procedimentais. Nos EUA ouvem-se vozes que lamentam a excessiva litigação contra os administradores e receiam que as «lawsuit-friendly rules» possam prejudicar a competitividade das empresas e mercados norte-americanos[6].

O que se retira destas experiências é um *movimento pendular* que há-de conseguir o adequado equilíbrio entre, por um lado, a responsabilização dos administradores e, por outro, a sua protecção destes contra litigância sem fundamento. Rompendo-se tal equilíbrio pela imposição de excessivos requisitos legais, a acção social proposta por sócios poderá tornar-se inútil, degradando-se numa «dull corporate governance sword»[7]; quebrando-se o equilíbrio pela generosa admissão de acções propostas por sócio(s), expõem-se os administradores à patológica «vexatious shareholder litigation»[8].

---

can *Law Institute at Washington, D. C., May 13, 1992*, American Law Institute Publishers, 1994, St.Paul, Minn., p. 5, ss..

[3] Cfr. The American Law Institute, *Principles...*, cit., p. 6.

[4] Sobre a consagração desta acção em diversos ordenamentos jurídicos europeus, v. J. M. Coutinho de Abreu, *Responsabilidade civil dos administradores de sociedades*, 2.ª ed., Almedina: Coimbra, 2010, p. 62; M. Elisabete Ramos, *O seguro de responsabilidade civil dos administradores (entre a exposição ao risco e a delimitação da cobertura)*, Almedina, Coimbra, 2010, p. 189, s..

[5] Cfr. Paul A. Carsten, «Derivative actions under english and german corporate law – shareholder participation between the tension filled areas of corporate governance and malicious shareholder interference», *ECFLR*, 7 (2010), p. 81, s

[6] Cfr. J. Armour/B. Black/B. Cheffins/R. Nolan, *Private enforcement of corporate law: an empirical comparison of the UK and US*, ECGI, Law Working Paper n.º 120/2009, February 2009, p. 1.

[7] Paul A. Carsten, «Derivative actions...», cit., p. 81.

[8] Cfr. Paul A. Carsten, «Derivative actions...», cit., p. 81.

Na ordem jurídica portuguesa, já o art. 47.º da Lei de 22 de Junho de 1867 determinava que «todo o accionista pode individual ou colectivamente intentar qualquer acção contra a gerência da sociedade pelos factos de que a julgue responsável»[9]. Acrescentava o art. 48.º, § 2, da mesma lei que «As acções, que os accionistas duma sociedade anónima queiram intentar contra os mandatários ou liquidatários, no caso em que a assembleia geral tiver aprovado os actos da gerência ou liquidação, prescrevem no fim de seis meses a contar da aprovação sem reserva dada pela assembleia». A partir destas normas a doutrina concluía que a lei de 1867 admitia a acção social *ut singuli*[10].

Perante o silêncio do CCom. de 1888 quanto à acção social proposta por sócio(s), a doutrina dividiu-se entre os que argumentavam no sentido de que ela tinha sido eliminada[11] e os que sustentavam que ela permanecia no sistema[12]. O art. 22.º do DL 49381, de 15 de Novembro de 1969, previu a acção social de responsabilidade intentada por sócio(s). Regime que, quase inalterado, transitou para o CSC.

Qual o relevo deste instrumento de *private enforcement*? Os administradores são normalmente pessoas da confiança dos sócios maioritários, que os designaram e/ou mantêm no cargo (além de que, muitas vezes, sócios maioritários são administradores)[13]. Naturais, portanto, as resistências que frequentemente se colocam à acção social da sociedade[14].

---

[9] Recorde-se que em França, sob o impulso do art. 17 da Lei sobre a sociedades de 24 de Julho de 1867, foi desenvolvida a acção social *ut singuli*. Como se vê, a lei portuguesa é anterior à lei francesa.

[10] VISCONDE DE CARNAXIDE, *Sociedades anonymas. Estudo theorico e pratico de direito interno e comparado*, F. França Amado, Editor, Coimbra, 1913, p. 273; L. CUNHA GONÇALVES, *Comentário ao Código Comercial português*, vol. I, Empreza Editora J.B., Lisboa, 1914, p. 431. Também é esta a opinião de RAÚL VENTURA/L. BRITO CORREIA, *Responsabilidade civil dos administradores de sociedades anónimas e dos gerentes de sociedades por quotas*, separata do *BMJ* n.os 192, 193, 194 e 195, Lisboa, 1970, p. 263; J. M. COUTINHO DE ABREU, *Responsabilidade civil...* cit., p. 62.

[11] VISCONDE DE CARNAXIDE, *Sociedades...*, cit., p. 269, refere expressamente que «a acção social individualmente intentada foi banida pelo cod. Com. Portuguez». V. tb. R. VENTURA/L. BRITO CORREIA, *Responsabilidade...*, cit., p. 265, s..

[12] Sobre os vários argumentos convocados, v. L. CUNHA GONÇALVES, *Comentário...*, cit., p. 320 e 431. O art. 35.º da LSQ dispunha expressamente que a propositura e desistência de acções dependiam de deliberação dos sócios, mas discutia-se se este preceito atribuía aos sócios o direito de exercer a acção social de responsabilidade.

[13] J. M. COUTINHO DE ABREU/M. ELISABETE RAMOS, *Artigo 77.º*, em *Código das Sociedades Comerciais em comentário* (coord. de J. M. Coutinho de Abreu), vol. I, Almedina, Coimbra, 2010, p. 962.

[14] J. M. COUTINHO DE ABREU/MARIA ELISABETE RAMOS, *Artigo 77.º...*, cit., p. 962.

Convém, por isso, possibilitar a um ou mais sócios a propositura de acção social de responsabilidade, com vista à reparação, *a favor da sociedade*, dos prejuízos a ela causados pelos administradores.

Centrando-nos na actual realidade portuguesa, importa não perder de vista os níveis de concentração do capital social, em particular nas sociedades cotadas. Refere a CMVM no *Relatório sobre o governo das sociedades cotadas*, relativo ao ano de 2009, que o «capital accionista continua a estar significativamente concentrado. (…). São, em média, 2,8 os accionistas que exercem influência significativa sobre a vida da empresa e detêm, igualmente, em média, 59,8% do capital social»[15].

2. Questões relativas à legitimidade para a propositura da acção social de sócio

2.1. Percentagens do capital social

Em sociedades emitentes de acções admitidas à negociação em mercado regulamentado[16], *sócios* que possuam, pelo menos, 2% do capital social[17] podem propor acção social de responsabilidade contra administradores, *com vista à reparação a favor da sociedade* do prejuízo que esta tenha sofrido. Nas restantes sociedades, sócios com, pelo menos, 5% do capital social[18] têm legitimidade para propor a acção social de responsabilidade (art. 77.º, n.º 1)[19].

---

[15] V. J. M. COUTINHO DE ABREU, *Corporate governance em Portugal*, IDET, Miscelâneas n.º 6, Almedina, Coimbra, 2010, p. 9, s..

[16] V. art. 199.º do CVM e Portaria 556/2005, de 27 de Junho, que aprova a lista dos mercados regulamentados.

[17] Para a noção de capital social nas sociedades anónimas que adoptem acções sem valor nominal, v. PAULO DE TARSO DOMINGUES, «As acções sem valor nominal», *DSR*, 2 (2010/4), p. 181, ss..

[18] Fracções de capital social demasiado elevadas, na opinião de J. M. COUTINHO DE ABREU, *Responsabilidade civil…*, cit., p. 63. Sobre requisitos de legitimidade consagrados em outros ordenamentos jurídicos, v. MARIA ELISABETE RAMOS, *O seguro…*, cit., p. 189, s..

[19] É tradicional a designação «acção social *ut singuli*». Rigorosamente, a acção prevista no art. 77.º não é a acção social *ut singuli* porque não basta a qualidade de sócio para a propor. A. MENEZES CORDEIRO, *Artigo 77.º*, em *Código das Sociedades Comerciais anotado* (coord. de A. Menezes Cordeiro), Almedina, Coimbra, 2.ª ed., 2011, p. 286, fala em «acção social de grupo». Certamente que nas sociedades de maior dimensão reunir 2% ou 5% do capital social implicará reunir um grupo de sócios; nas sociedades de menor dimensão facilmente um sócio *individualmente considerado* detém 5% (ou mais) do capital social. Portanto, a acção do art. 77.º não é intrinsecamente uma «acção social de grupo».

O art. 77.º dissocia a *titularidade do direito* à indemnização (encabeçado pela sociedade) da *legitimidade activa* para a efectivação processual do mesmo (a minoria legitimada surge como autora no processo). Se, do ponto de vista substantivo, a sociedade lesada é a *credora do direito à indemnização*, do ponto de vista processual, a legitimidade activa é (também) reconhecida aos sócios que *não são credores da indemnização devida*[20]. Do ponto de vista substantivo, os sócios, ao abrigo do art. 77.º, reclamam um *direito alheio* (o direito da sociedade à indemnização) e não um direito próprio. No entanto, é *direito próprio*, fundado na participação social, o de os sócios promoverem a acção social de responsabilidade (art. 77.º)[21].

Para efeitos do art. 77.º, é necessário que no momento da propositura da acção se encontrem presentes os limiares de capital social exigidos pela lei. Mas não é exigido: *a)* qualquer requisito de antiguidade[22]; *b)* que o(s) demandante(s) já fosse(m) sócio(s) à data da produção do dano cuja acção visa ressarcir[23]; *c)* que os sócios interpelem previamente o órgão de administração[24].

Proposta a acção social *ut singuli*, «deve a sociedade ser chamada à causa por intermédio dos seus representantes» (art. 77.º, 4). O chamamento da sociedade processa-se em incidente de *intervenção principal provocada* (art.

---

[20] Dissociação que é permitida pelo art. 26.º, n.º 3, do CPC: «*Na falta de indicação da lei em contrário*, são considerados titulares do interesse relevante para o efeito da legitimidade os sujeitos da relação controvertida, tal como é configurada pelo autor» (itálico nosso). Sobre o art. 26.º do CPC, v. J. Lebre de Freitas/R. Pinto/J. Redinha, *Código de Processo Civil anotado*, vol. 1.º, Coimbra Editora, Coimbra, 2008, p. 50, s.. Estes Autores consideram que «a acção de responsabilidade movida pelo sócio de sociedade comercial contra gerente, administrador ou director para fazer valer o direito da sociedade à indemnização» integra a figura da *substituição processual*.
[21] V. Maria Elisabete Ramos, *O seguro...*, cit., p. 191.
[22] O (já revogado) art. 129 do TUF exigia, como pré-requisito, que os sócios se encontrassem registados há, pelos menos, seis meses no livro de sócios. Sobre as dúvidas que este requisito suscitou, v. E. Sabatelli, «Questioni in tema di legitimazione all'esercizio dell'azione sociale di responsabilità da parte della minoranze», *BBTC*, 1 (2001), p. 93, s.. Aquele requisito não consta do art. 2393-*bis* do *Codice Civile*.
[23] Sobre este requisito em outros ordenamentos jurídicos, v. Maria Elisabete Ramos, *O seguro...*, cit., p. 192, s..
[24] Algumas jurisdições norte-americanas exigem que, previamente à interposição judicial da *derivative action*, o accionista formule o seu pedido ao *board of directors*. Sobre este requisito e a concretização judicial de excepções, v. R. Charles Clark, *Corporate law*, Little, Brown and Company, Boston/Toronto, 1986, p. 641. Sobre as diversas razões que suportam a *demand on directors*, v. E. M. Tabellini, «L'azione individuale del socio a tutela dell'interesse sociale secondo il diritto statunitense», *CeImp*, 2 (1998), p. 834, s.. V. tb. o § 7.03 dos *PCG* e a *section* 7.42 do *RMBCA*.

365.º, s., do CPC)[25]. Constitui-se, deste modo, um litisconsórcio necessário, *activo* (entre a minoria e a sociedade-credora do direito à indemnização) e sucessivo. Tendo esta acção sido posterior a uma deliberação dos sócios de não propositura da acção social, no litisconsórcio activo projectar-se-á o conflito entre a minoria-autora (empenhada em efectivar a responsabilidade dos administradores demandados) e a posição da sociedade contrária a tal responsabilização[26]. Sendo, portanto, de esperar que os litisconsortes (sociedade e minoria) assumam, neste caso, estratégias processuais divergentes[27].

Faz pouco sentido que a sociedade seja representada na acção de responsabilidade proposta por sócio pelo administrador (ou também por ele) contra quem é proposta a acção[28]. O CSC permite que, a requerimento do(s) sócio(s) que possuam participações correspondentes a pelo menos 5% do capital social, o tribunal nomeie *representantes especiais da sociedade* (art. 76.º, 1). Eles hão-de ser pessoas «diferentes daquelas a quem cabe normalmente a sua representação» (n.º 1 do art. 76.º). Por conseguinte, os membros do órgão de administração e representação (ainda que não sejam réus na acção social de responsabilidade) não podem ser nomeados

---

[25] Neste sentido, na vigência do DL 49 381, J. Pinto Furtado, *Código Comercial anotado*, vol. II. *Das sociedades em especial*, t. I, Almedina, Coimbra, 1986 (reimp.), p. 406. Na vigência do CSC, v. I. Duarte Rodrigues, *A administração das sociedades por quotas e anónimas – Organização e estatuto dos administradores*, Livraria Petrony, Lisboa, 1990, p. 213; T. Anselmo Vaz, *Contencioso societário*, Livraria Petrony, Lisboa, 2006, p. 81; J. M. Coutinho de Abreu, *Responsabilidade...*cit., p. 64; Maria Elisabete Ramos, *O seguro...*, cit., p. 195; J. M. Coutinho de Abreu/Maria Elisabete Ramos, *Artigo 77.º...*, cit., p. 964.

[26] Maria Elisabete Ramos, *O seguro...*, cit., p. 195; J. M. Coutinho de Abreu/Maria Elisabete Ramos, *Artigo 77.º...*, cit., p. 965.

[27] Maria Elisabete Ramos, *O seguro...*, cit., p. 195, s.; J. M. Coutinho de Abreu/Maria Elisabete Ramos, *Artigo 77.º...*, cit., p. 965. A doutrina fala em «litisconsórcio recíproco» – S. Menchini, *Il processo litisconsortile. Struttura e poteri delle parti*, Giuffrè, Milano, 1993, p. 86; M. Teixeira de Sousa, *Estudos sobre o novo processo civil*, 2.ª ed., Lex, Lisboa, 1997, p. 153 – para referir os casos em que os litisconsortes estão em litígio um com o outro; em que portanto há pluralidade de partes com autonomia de posições processuais. Exemplo deste conflito entre os litisconsortes é o caso decidido pelo Ac. do RP, de 16.10.2008, *CJ*, 2008, t. IV, pp. 200, s. (ainda que a factualidade diga respeito a uma cooperativa). Sobre este litígio, v. Maria Elisabete Ramos, «Acção *ut singuli* e cooperativas – Anotação ao Acórdão do Tribunal da Relação do Porto de 16 de Outubro de 2008», *CES*, 31 (2008-2009), p. 273, s.; M. Carneiro da Frada/D. Costa Gonçalves, «A acção *ut singuli* (de responsabilidade civil) e a relação do direito cooperativo com o direito das sociedades comerciais», *RDS*, 1 (2009/4), p. 885, s..

[28] V. J. M. Coutinho de Abreu/Maria Elisabete Ramos, *Artigo 76.º*, em *Código das Sociedades Comerciais em comentário* (coord. de J. M. Coutinho de Abreu), vol. I, Almedina, Coimbra, 2010, p. 958.

representantes judiciais[29].[30] Sócios (não membros de outros órgãos da sociedade) e não sócios poderão ser representantes especiais. Não se exige que o representante judicial esteja habilitado para exercer *mandato judicial*. Na verdade, o representante judicial referido no art. 76.º, 1, distingue-se do mandatário judicial (arts. 35.º, s., do CPC), escolhido pela sociedade para patrociná-la na acção social de responsabilidade[31]. Havendo representante judicial, parece que ele será competente para escolher o mandatário judicial da sociedade[32].

Faria sentido distinguir entre sociedades com acções admitidas à negociação em mercado regulamentado e outras – como faz o art. 77.º, 1. Permitindo-se, portanto, para as primeiras, que minorias com acções correspondentes a 2% do capital social pudessem requerer a designação/substituição de representante judicial[33].

Pode acontecer que os sócios que intentaram a acção percam tal qualidade na pendência do processo ou desistam da acção. Dispõe o art. 77.º, n.º 3, que tais factos não obstam ao prosseguimento da instância[34]. Prossegue a instância com a sociedade, ainda que a percentagem do capital social que permanece em juízo seja inferior à fracção prevista no art. 77.º, n.º 1[35].

2.2. A legitimidade activa dos sócios livres

Interessa analisar as particularidades do regime de responsabilidade dos administradores da sociedade directora perante a sociedade subordinada, em particular no que tange a legitimidade de sócios desta para

---

[29] J. M. COUTINHO DE ABREU/MARIA ELISABETE RAMOS, *Artigo 76.º*..., cit., p. 959.
[30] Atendendo às competências específicas dos órgãos de fiscalização, parece que também os seus membros não podem ser nomeados representantes especiais – J. M. COUTINHO DE ABREU/ MARIA ELISABETE RAMOS, *Artigo 76.º*..., cit., p. 959.
[31] Para esta distinção, v. J. M. COUTINHO DE ABREU/MARIA ELISABETE RAMOS, *Artigo 76.º*..., cit., p. 959.
[32] J. M. COUTINHO DE ABREU/ MARIA ELISABETE RAMOS, *Artigo 76.º*..., cit., p. 959.
[33] MARIA ELISABETE RAMOS, *O seguro*..., cit., p. 188; J. M. COUTINHO DE ABREU/ MARIA ELISABETE RAMOS, *Artigo 76.º*..., cit., p. 959.
[34] Veja-se a semelhança com a disciplina francesa constante do art. 200 do Decreto n.º 67-236 de 23.3.1967: «Le retrait en cours d'instance d'un ou plusieurs des actionnaires visés à l'alinéa précédent, soit qu'ils aient perdu la qualité d'actionnaire, soit qu'ils se soient volontairement désistés, est sans effet sur la poursuite de ladite instance».
[35] Em Itália, o tema já era discutido à luz do art. 129 do TUF. Sobre este debate, v. MARIA ELISABETE RAMOS, *O seguro*..., cit., p. 193.

propor a acção social de responsabilidade³⁶. Determina o art. 504.º, n.º 2, que «Os membros do órgão de administração da sociedade directora são responsáveis também para com a sociedade subordinada, nos termos dos artigos 72.º a 77.º desta lei, com as necessárias adaptações; a acção de responsabilidade pode ser proposta por qualquer sócio ou accionista livre da sociedade subordinada, em nome desta»³⁷.

Embora prevista legalmente (art. 504.º, n.º 1, 72.º), parece ser pouco provável que a sociedade subordinada – que se encontra sob a influência da sociedade directora – delibere propor uma acção de responsabilidade contra os administradores desta última³⁸.

Perante esta previsível inércia da sociedade subordinada para reclamar a indemnização destinada a reparar os danos causados ilicitamente pelos administradores da sociedade directora, havia que procurar outros caminhos. Uma das alternativas consiste em atribuir *legitimidade processual activa* a sócio(s) que reúna(m) a fracção do capital social exigida no art. 77.º.

Determina o art. 504.º, n.º 2, parte final, que «a acção de responsabilidade pode ser proposta por qualquer sócio ou accionista livre da sociedade subordinada, em nome desta»³⁹. Ao permitir-se, nos termos do art. 504.º, n.º 2, parte final, que cada sócio livre⁴⁰ possa propor a acção social da sociedade subordinada contra os administradores da sociedade direc-

---

³⁶ P. PAIS DE VASCONCELOS, *Contratos atípicos*, 2.ª ed., Almedina, Coimbra, 2009, p. 61, considera que o contrato de subordinação e de grupo paritário são tipos legais a que não corresponde um tipo social.

³⁷ Por força da norma remissiva do art. 491.º, os arts. 501.º a 504.º aplicam-se aos grupos constituídos por domínio total.

³⁸ Também neste sentido, J. ENGRÁCIA ANTUNES, *Os grupos de sociedades. Estrutura e organização jurídica da empresa plurissocietária*, 2.ª ed., Almedina, Coimbra, 2002 p. 751.

³⁹ O § 309, *Abs*. 4, *AktG* determina: «Der Erzatzanspruch der Gesellschaft kann auch von jedem Aktionär geltend gemacht werden». A opinião maioritária considera que este preceito contempla um caso de «gesetzliche Prozessstandschaft». Neste sentido, v. U. HÜFFER, *Aktiengesetz*, 8. Auflage, Verlag C. H. Beck, München, 2008, Rdn. 21, p. 1453; K. LAGENBUCHER, *§ 309*, in: K. SCHMIDT/M. LUTTER (Hrs), *Aktiengesetz Kommentar*, II. Band, §§ 150-410, Dr. Otto Schmidt, Köln, 2008, Rdn. 35, p. 2875.

⁴⁰ Para a identificação dos sócios livres, v. o art. 494.º, n.º 2. J. M. COUTINHO DE ABREU, «Grupos de sociedades e direito do trabalho», BFD, 66 (1990), p. 129, fala em sócios «minoritários» ou «externos» – de «aussenstehenden Aktionäre» fala o § 304 *AktG* que foi ao lado do § 305 *AktG* fonte inspiradora do art. 494.º – e anota a ironia que rodeia a designação «sócios livres». O art. 494.º, n.º 2, seguiu a técnica da «delimitação taxativa e pela negativa» (J. ENGRÁCIA ANTUNES, *Os grupos...*, cit., p. 764) ou por «exclusão de partes» (R. VENTURA, «O contrato de subordinação», *RB*, 25 (1993), p. 46). J. ENGRÁCIA ANTUNES, *Os grupos...*, cit., p. 764, caracteriza os sócios livres como «aquela categoria dos sócios da sociedade subordinada que não pertencem, directa ou indirectamente, ao círculo de con-

tora alarga-se generosamente o leque dos sujeitos legitimados para tal acção[41]. Esta solução facilita, de forma manifesta, a responsabilização dos administradores da sociedade directora, porque: *a)* dispensa a deliberação dos sócios tomada por maioria (arts. 504.º, n.º 2, 75.º, n.º 1); *b)* não exige as habilitantes fracções do capital social (arts. 504.º, n.º 2, 77.º, n.º 1); *c)* parece dispensar o requisito da inércia da sociedade subordinada[42]; *d)* entrega, segundo tem sido defendido na doutrina[43], a responsabilidade pelas custas processuais à sociedade subordinada.

2.3. Natureza subsidiária

A tutela consagrada no art. 77.º, n.º 1, reveste carácter *subsidiário*. Há vários argumentos que permitem pôr em crise a caracterização sub-rogatória que, por vezes, é emprestada à acção prevista no art. 77.º[44]. Assim *a)* a

---

trolo intersocietário protagonizado pela sociedade directora, e cujo estatuto jurídico se vê por isso irremediavelmente afectado pela instituição da relação de grupo».

[41] Aproximando esta tutela às norte-americanas *derivative actions*, v. J. ENGRÁCIA ANTUNES, *Os grupos...*, cit., p. 767.

[42] Se confrontado com o art. 77.º (que consagra uma tutela subsidiária), da parte final do art. 504.º, n.º 2, parece não resultar qualquer elemento que possa suportar o juízo de subsidiariedade a que se devesse submeter a acção social proposta pelo sócio livre. Acresce que a própria teleologia do artigo (reforçar a tutela de uma sociedade cujos destinos são traçados heteronomamente) parece apontar no sentido de a legitimidade activa do sócio não estar dependente do requisito de passividade previsto no art. 77.º, n.º 1 parte final. Com esta solução a sociedade não é prejudicada (a indemnização ingressará no seu património), é reforçado o património social, é potenciado o controlo do sócio livre sobre os deveres de lealdade e de cuidado dos administradores da sociedade directora relativamente à sociedade subordinada.

[43] V. J. ENGRÁCIA ANTUNES, *Os grupos...*, cit., p. 751; A. PERESTRELO OLIVEIRA, *Artigo 504.º, Código das Sociedades Comerciais anotado* (coord. de Menezes Cordeiro), 2.ª ed., Almedina, Coimbra, p. 1311.

[44] A favor da natureza sub-rogatória da acção prevista no art. 22.º do DL 49381 (que corresponde ao actual art. 77.º, n.º 1), v. R. VENTURA/L. BRITO CORREIA, *Responsabilidade ...*, cit., p. 428; I. DUARTE RODRIGUES, *A administração...*, cit., p. 213; J. DE OLIVEIRA ASCENSÃO, *Direito comercial*, vol. IV. *Sociedades comerciais. Parte Geral*, Lisboa, 2000, p. 459; T. ANSELMO VAZ, *Contencioso...*, cit., p. 81; A. MENEZES CORDEIRO, *Artigo 77.º...*, cit., p. 273. A qualificação como sub-rogatória enfrenta o problema de os sócios não serem credores da sociedade (R. VENTURA/L. BRITO CORREIA, *Responsabilidade...*, cit., p. 429, reconhecem este problema, mas defendem a qualificação da acção como sub-rogatória) e de não serem representantes da sociedade. Na jurisprudência, v. o Ac. do STJ, de 13/11/1987, *CJ*, 1988, I, p. 7. No sentido do carácter subsidiário da tutela do art. 77.º, v. M. NOGUEIRA SERENS, *Notas sobre a sociedade anónima*, 2.ª ed., Coimbra Editora, Coimbra, 1997, p. 95; J. M. COUTINHO DE ABREU, *Responsabilidade...*, cit., p. 58.

legitimidade dos sócios não assenta na qualidade de credores do devedor inactivo (a sociedade); *b)* não é exigido no art. 77.º, n.º 1 (como é no art. 78.º, n.º 2) o requisito da essencialidade; *c)* os sócios não são representantes da sociedade (esta é chamada à causa e aí é representada por intermédio dos seus representantes).

Questão não resolvida pelo CSC[45] e escassamente analisada pela doutrina[46] – mas suscitada pelo art. 77.º, n.º 1, *in fine* – é a do sentido a atribuir ao segmento normativo «quando a mesma a não haja solicitado». Resulta deste preceito que se a sociedade intentar a acção social de responsabilidade fica prejudicada idêntica iniciativa dos sócios[47].

Perante o teor do art. 77.º, n.º 1, há que recortar os casos em que a lei reconhece legitimidade activa a sócio(s) para a acção social de responsabilidade. Deve admitir-se aos sócios minoritários o exercício da acção social de responsabilidade quando a sociedade delibera propor a acção social de responsabilidade, mas, decorridos seis meses, esta *deliberação não foi executada*[48]. Tendo sido deliberado pela maioria não propor a acção social de responsabilidade, a minoria (que saiu vencida na deliberação sobre a proposição da acção social de responsabilidade) pode imediatamente propor a acção social de responsabilidade, sem necessidade de esperar que se esgote o prazo de seis meses[49]. O conflito endo-societário necessita de ser decidido por um terceiro imparcial.

A *ausência de deliberação da sociedade* sobre a acção social de responsabilidade associada a indícios de actos ilícitos e danosos praticados pelos administradores não são suficientes para fundar a legitimidade activa dos sócios minoritários. Estes hão-de solicitar a convocação da assembleia, ou

---

[45] No ordenamento jurídico espanhol, o art. 239 do Real Decreto Legislativo 1/2010, de 2 de Julho, que aprova o texto refundido das *Ley de Sociedades de Capital*, intitulado «Legitimación subsidiaria de la minoría», concretiza que a legitimidade subsidiária repousa em: *a)* os administradores não terem convocado a assembleia geral, quando tal foi solicitado pelos sócios que detenham, pelo menos, 5% do capital social; *b)* a sociedade não ter executado a deliberação no prazo de um mês; *c)* a deliberação tenha sido contrária à responsabilização dos administradores.

[46] Veja-se a análise desenvolvida por J. M. Coutinho de Abreu, *Responsabilidade...*, cit., p. 63; Maria Elisabete Ramos, *O seguro...*, cit., p. 194, s.; J. M. Coutinho de Abreu/ Maria Elisabete Ramos, *Artigo 77.º...*, cit., p. 963.

[47] Maria Elisabete Ramos, *O seguro...*, cit., p. 196; J. M. Coutinho de Abreu/ Maria Elisabete Ramos, *Artigo 77.º...*, cit., p. 963.

[48] Neste sentido, v. J. M. Coutinho de Abreu, *Responsabilidade...*, cit., p. 62; Maria Elisabete Ramos, *O seguro...*, cit., p. 194, s..

[49] Também neste sentido, J. M. Coutinho de Abreu, *Responsabilidade...*, cit., p. 59; Maria Elisabete Ramos, *O seguro...*, cit., p. 195; J. M. Coutinho de Abreu/Maria Elisabete Ramos, *Artigo 77.º...*, cit., p. 964.

a inclusão do assunto na ordem do dia de assembleia já convocada. Nas sociedades em nome colectivo, por quotas e em comandita simples qualquer sócio pode requerer a inclusão na ordem do dia e a convocatória da assembleia (arts. 248.º, n.º 2, 189.º, 1, 474.º). O art. 375.º, n.º 2, determina que «a assembleia geral deve ser convocada quando o requererem um ou mais accionistas que possuam acções correspondentes a, pelo menos, 5% do capital social». Accionista ou accionistas que satisfaçam os requisitos previstos pelo art. 375.º, n.º 2, «podem requerer que na ordem do dia de uma assembleia geral já convocada ou a convocar» seja incluído o assunto relativo à acção social de responsabilidade (art. 378.º, n.º 1). Parecia razoável, em razão da diferenciação constante do art. 77.º, 1, reconhecer, nas sociedades emitentes de acções admitidas à negociação em mercado regulamentado, a sócio(s) com 2% de capital social o direito de requerer as referidas convocação e inclusão[50]. Tal diferenciação está consagrada no art. 23.º-A do CVM (aditado pelo DL 49/2010, de 19 de Maio).

Convocada e realizada a assembleia, haverá espaço para a acção social proposta por sócio(s) se se verificar que: *a*) os sócios deliberam não propor a acção social de responsabilidade (art. 75.º, n.º 1); *b*) os sócios deliberam propor a acção, mas esta deliberação não é executada no prazo de seis meses (art. 75.º, n.º 1)[51].

2.4. Nulidade de cláusulas estatutárias relativas à acção social de sócio

Determina o art. 74.º, n.º 1, que é *nula* a cláusula que «subordine o exercício da acção social de responsabilidade, quando intentada nos termos do artigo 77.º, a prévio parecer ou deliberação dos sócios»[52]. No passado, a jurisprudência francesa considerou válidas as «clauses d'avis» e «clauses d'autorisation»[53]. A primeira subordinava o exercício de qualquer acção contra os administradores a parecer favorável emitido pela assembleia geral e a segunda exigia um parecer conforme da assembleia[54].

---

[50] J. M. COUTINHO DE ABREU, *Responsabilidade*..., cit., p. 64.
[51] Cfr. J. M. COUTINHO DE ABREU/ MARIA ELISABETE RAMOS, *Artigo 77.º*..., cit., p. 964.
[52] A. MENEZES CORDEIRO, *Artigo 74.º*, em *Código das Sociedades Comerciais anotado* (coord. de A. Menezes Cordeiro), Almedina, Coimbra, 2.ª ed., 2011, p. 283, defende que a «subordinação da acção ex 77.º a um parecer ou a uma deliberação dos sócios seria a própria negação dessa via, reservada ao grupo aí indicado: convolá-la-ia para uma acção social».
[53] Considerando que com estas cláusulas os administradores conseguiam «la préparation de l'impunité», v. J.-P. BERDAH, *Fonctions et responsabilité des dirigeants de sociétés par actions*, Sirey, Paris, 1947, p. 29, s., 151, s..
[54] Cfr. B. PIÉDELIÈVRE, *Situation juridique et responsabilités des dirigeants de sociétés anonymes*, Dunod, Paris, 1967, p. 87.

O Decreto-Lei de 31 de Agosto de 1937 pôs termo a tais práticas e o actual art. 225-253 do *Code de Commerce* determina que «Est réputée non écrite toute clause des statuts ayant pour effet de subordonner l'exercice de l'action sociale à l'avis préalable ou à l'autorisation de l'assemblée générale, ou qui comporterait par avance renonciation à l'exercice de cette action».

A proibição de tais cláusulas visa afastar barreiras que a maioria queira levantar à responsabilização dos administradores pela minoria[55].

Por razões idênticas – afastamento de escolhos processuais ao desenvolvimento da iniciativa processual de responsabilização liderada pela minoria –, pensamos que também devem ser consideradas nulas as cláusulas, insertas ou não no contrato de sociedade, que submetam o exercício da acção social *ut singuli* a parecer ou autorização emanados por outros órgãos societários (ainda que integrados por membros considerados independentes) ou por comités de administradores não executivos independentes[56]. Cláusulas que, de algum modo, reproduzam a prática norte-americana de subordinar a acção social de responsabilidade intentada por sócios a um prévio pedido dirigido ao órgão de administração ou a um independent comité de litigação serão nulas[57]. Tais cláusulas, por um lado, não respeitam a distribuição de competência quanto à decisão sobre a acção social de responsabilidade (v. art. 75.º) e, por outro lado, desencadeiam o efeito (proibido) de limitar a responsabilidade dos administradores[58].

Também devem ser consideradas *nulas* as cláusulas que façam depender a *acção social* de uma prévia decisão judicial sobre a existência da causa de responsabilidade (art. 74.º, n.º 1, *in fine*). São filtros ou barreiras que, a serem admitidos, tornariam mais difícil ou mais cara a efectivação da acção social de responsabilidade pelos sócios[59].

O CSC não prevê disposições que habilitem os sócios a alterar as percentagens de capital social previstas na lei[60].

Parece, no entanto, que aos sócios não é permitido proteger os administradores pela inserção de cláusula(s) que eleve(m) as percentagens legalmente fixadas. Na verdade, do art. 74.º, n.º 1, parece resultar a proibição de cláusula(s) que tenha(m) por efeito prático-jurídico erguer bar-

---

[55] MARIA ELISABETE RAMOS, *O seguro...*, cit., p. 209, s..
[56] MARIA ELISABETE RAMOS, *O seguro...*, cit., p. 210.
[57] MARIA ELISABETE RAMOS, *O seguro...*, cit., p. 210.
[58] MARIA ELISABETE RAMOS, *O seguro...*, cit., p. 210.
[59] Também neste sentido A. MENEZES CORDEIRO, *Artigo 74.º...*, cit., p. 270.
[60] É diferente a solução adoptada pelo art. 2393-*bis* do *Codice Civile* que permite que os estatutos fixem uma fracção diferente de um quinto, contanto que não seja superior a um terço.

reiras à responsabilização dos administradores. Já será discutível se os estatutos podem incluir cláusula(s) que baixe(m) as fracções do capital social, facilitando, assim, a responsabilização dos administradores por sócio(s) minoritário(s). Ainda que se admita a validade de tal cláusula, é preciso não perder de vista que ela pode representar um entrave ao recrutamento dos administradores ou que poderá tornar mais cara a contratação do *Directors' and Officers' Insurance*[61].

3. As «legal disputes» e o dever de divulgação de informação privilegiada

A propositura da acção social de responsabilidade por sócio(s) contra administrador(es) de sociedade emitente de acções admitidos à negociação em mercado regulamentado está sujeita às regras de divulgação de informação ao mercado.

Na sequência da transposição da Directiva 2003/6/CE[62], o art. 248.º do CVM consagra o *dever legal de divulgação ao mercado de informação privilegiada*. Impõe-se aos emitentes que, através de sistemas de acesso massificado, libertem para o mercado informação que seja *price sensitive*. Vale por dizer, informação que, por ser susceptível de influir a formação dos preços dos valores mobiliários, qualquer investidor razoável que a conheça poderá normalmente incorporá-la em decisões de investimento ou de desinvestimento (art. 248.º, n.º 2, do CVM). Ora, a iniciativa processual de sócio(s) minoritário(s) – porque indicia actuações *ilegais* e *lesivas do património social do emitente* de acções admitidas à cotação em mercado regulamentado – assume potencialmente relevância para as decisões de investimento ou de desinvestimento. A não divulgação potenciaria o risco de divulgação selectiva e de assimetrias informativas[63].

Não restam dúvidas de que a propositura da acção social *ut singuli* contra os administradores da sociedade emitente de acções admitidas à negociação em mercado regulamentado constitui uma informação que diz «directamente respeito» (art. 248, n.º 1, *a*), do CVM) à sociedade emitente.

---

[61] Sobre os previsíveis impactos das cláusulas de agravamento de responsabilidade nos custos do prémio do *Directors' and Officers' Insurance*, v. J. M. COUTINHO DE ABREU/ MARIA ELISABETE RAMOS, Artigo 74.º, em *Código das Sociedades Comerciais em comentário* (coord. de J. M. Coutinho de Abreu), vol. I, Almedina, Coimbra, 2010, p. 941.

[62] Sobre a transposição desta directiva, v. JOSÉ DE FARIA COSTA/MARIA ELISABETE RAMOS, *O crime de abuso de informação privilegiada (insider trading). A informação enquanto problema jurídico-penal*, Coimbra Editora, Coimbra, 2006, p. 29, s..

[63] PAULO CÂMARA, *Manual de direito dos valores mobiliários*, Almedina, Coimbra, 2009, p. 747.

Na verdade, a «fonte da informação»⁶⁴ é a sociedade. A acção de responsabilidade proposta por sócio(s) minoritário(s) visa efectivar a responsabilidade civil dos administradores perante a sociedade (art. 72.º, 1). Por conseguinte, os factos relativos à popositura desta acção dizem respeito à forma como a sociedade foi gerida pelos administradores demandados. Dito de outro modo, a proposituta desta acção escrutina e desafia as decisões tomadas pelos administradores demandado(s). E não deixa de imputar a estes a «preterição de deveres legais ou contratuais» (art. 72.º, n.º 1).

Também o CESR (Committee of European Securities Regulation) no documento «Market abuse directive. Level 3 – second set of CESR guidance and information on the common operation of the Directive to the market», de Julho de 2007, inclui as «legal disputes» no elenco (exemplificativo) dos factos que dizem directamente respeito ao emitente. Certamente que nem todas as «legal disputes» assumem relevância própria da informação privilegiada; mas esta acção proposta pelos sócios parece assumir tal relevância.

Para a divulgação da informação privilegiada relativa à propositura da acção pode ser usado o sistema de difusão de informação da CMVM, acessível através do site de Internet desta autoridade de supervisão (arts. 244.º, n.º 6, *b*), 367.º do CVM). Este sistema mantém ligações a agências noticiosas e a outros meios de comunicação social, dando cumprimento às exigências comunitárias sobre divulgação de informação⁶⁵.

4. Protecção do administrador demandado contra a litigância sem fundamento

Em Portugal, não é expressivo o risco de litigância fútil e infundada dirigida contra os administradores. Na experiência norte-americana, é conhecido o fenómeno das «strike suits» em que o autor, propondo uma acção derivada (*derivative action*)⁶⁶ destituída de fundamento, visa extrair

---

⁶⁴ PAULO CÂMARA, *Manual*..., cit., p. 749.
⁶⁵ PAULO CÂMARA, *Manual*..., cit., p. 752.
⁶⁶ Na *derivative action* «the shareholder sues on behalf of the corporation for harm done to it» – R. CHARLES CLARK, *Corporate*..., cit., p. 639. Para a caracterização da *derivative action*, v. G. BATTISTA BISOGNI, «La *derivative action* nel sistema di governo della *public corporation*», *RDC*, 94 (1996/I), p. 195. Sobre a distinção entre *derivative action* e *individual action*, v. J. SHUB, «Distinguishing individual and derivative claims in the context of battles for corporate control: *Lipton v. News International, PLC*», *DJCL*, 13 (1988), p. 579, ss..

(extorquir) uma transacção (*settlement*) que irá render (em particular, ao(s) advogado(s)) um importante benefício[67].

Subsiste, é certo, a possibilidade de o(s) sócio(s) visar(em) fins espúrios. Daí a necessidade de instrumentos de salvaguarda dos administradores. O n.º 5 do art. 77.º determina que: «Se o réu alegar que o autor propôs a acção prevista neste artigo para prosseguir fundamentalmente interesses diversos dos protegidos por lei, pode requerer que sobre a questão assim suscitada recaia decisão prévia ou que o autor preste caução».[68]

Ao invés do que fazia o art. 22.º, 5, *in fine*, do DL 49 381, nem o CSC nem o CPC regulamentam estas *decisão prévia e caução*. Mas, tal como antes, deverá entender-se que a decisão prévia favorável ao administrador implica absolvição da instância (art. 288.º, 1, *e*), do CPC) e, eventualmente, a condenação do(s) autor(es) como litigante(s) de má fé (arts. 456.º, s. do CPC)[69].

5. Reembolso de despesas de defesa do administrador

A actuação dos administradores conforme aos deveres não é, em si mesma, suficiente para os preservar de acções de responsabilidade infundadas[70].

Pese embora a imputação das custas à parte vencida (art. 446.º do CPC), haverá normalmente uma parte dos encargos de defesa do administrador cuidadoso e leal suportada por si[71].

Pergunta-se então se estes custos devem irremediável e definitivamente onerar o património do administrador ou se a este assiste o direito (legal ou convencional) de reclamar, junto da sociedade, o reembolso[72].

Apesar de não se encontrar expressamente admitido no ordenamento jurídico português, o *dever legal* de a sociedade reembolsar os administradores de despesas provocadas por infundadas imputações de factos ilí-

---

[67] Para a recensão das críticas dirigidas às *derivative actions*, v. THE AMERICAN LAW INSTITUTE, *Principles...*, vol. II., cit. p. 9, ss.
[68] Se o réu administrador requerer decisão prévia, não pode requerer também a caução – v. o Ac. do STJ de 14/1/1997, *BMJ* 463 (1997), p. 598.
[69] J. M. COUTINHO DE ABREU, *Responsabilidade...*, cit., p. 65; J. M. COUTINHO DE ABREU/ MARIA ELISABETE RAMOS, *Artigo 77.º...* cit., p. 965.
[70] MARIA ELISABETE RAMOS, *O seguro...*, cit., p. 348; J. M. COUTINHO DE ABREU/ MARIA ELISABETE RAMOS, *Artigo 77.º...* cit., p. 965.
[71] MARIA ELISABETE RAMOS, *O seguro...*, cit., p. 349.
[72] Sobre esta questão, v. MARIA ELISABETE RAMOS, *O seguro...*, cit., p. 348; J. M. COUTINHO DE ABREU/ MARIA ELISABETE RAMOS, *Artigo 77.º...* cit., p. 965.

citos pode ser ancorado[73]: *a*) no princípio geral de que quem se encontra legitimado para cuidar de negócios alheios deve ser reembolsado de despesas indispensáveis e compensado de prejuízos que essas funções lhe tenham provocado; *b*) na *analogia legis* com as normas do art. 1167.º, *c*) e *d*), do CC; *c*) em argumento orgânico-funcional – as despesas de defesa de actos juridicamente imputáveis à sociedade (porque praticados por quem é organicamente competente) devem constituir encargos da sociedade[74].

Por sua vez, é lícito o *negócio* pelo qual a sociedade, em momento posterior à actuação do administrador posta em causa, se vincula a reembolsar as despesas de defesa, desde que estas não tenham sido causadas por actos ilícitos e culposos[75].

Estes negócios relativos ao reembolso societário não configuram convenções de exclusão ou de limitação da responsabilidade dos administradores, pelo que não lhes é aplicável o art. 74.º, 1[76].

6. Responsabilidade pelas custas processuais

Do ponto de vista económico, o regime do art. 77.º *externaliza os benefícios* – a indemnização ingressa no património social – e, simultaneamente, *internaliza os custos*. Sendo bem sucedida a acção proposta pela minoria, esta não obtém qualquer benefício directo; decaindo a sociedade, a minoria terá de suportar os custos, de acordo com as regras gerais sobre a matéria (art. 446.º do CPC). Em Portugal, a acção social de responsabilidade proposta por sócio(s) não conhece qualquer regime específico de distribuição de custas processuais e de outros encargos[77].

A acção social de responsabilidade proposta pelos sócios proporciona-se ao vulgarmente designado *free riding*: os sócios que nada fizeram (e, por isso, não gastaram tempo nem suportaram custo algum) também são beneficiados pelo ingresso da indemnização no património social – a participação social fica valorizada. A efectividade que se queira emprestar à acção social interposta pelos sócios – enquanto instrumento de controlo

---

[73] MARIA ELISABETE RAMOS, *O seguro*..., cit., p. 350.
[74] MARIA ELISABETE RAMOS, *O seguro*..., cit., p. 350, s.; J. M. COUTINHO DE ABREU/ MARIA ELISABETE RAMOS, *Artigo 77.º*... cit., p. 965, s..
[75] MARIA ELISABETE RAMOS, *O seguro*..., cit., p. 427. Em geral, sobre negócios entre administrador e sociedade, J. M. COUTINHO DE ABREU, *Responsabilidade*..., cit., p. 27-28.
[76] MARIA ELISABETE RAMOS, *O seguro*..., cit., p. 362, s.; J. M. COUTINHO DE ABREU/ MARIA ELISABETE RAMOS, *Artigo 77.º*... cit., p. 966.
[77] Para soluções diversas adoptadas em outros ordenamentos jurídicos, v. MARIA ELISABETE RAMOS, *O seguro*... cit., p. 198, s..

privado da actividade dos administradores – dependerá, em significativa medida, do regime de distribuição de custos que seja escolhido. Uma lei que queira estimular estas acções e seja sensível a princípios de justiça deve reconhecer aos sócios proponentes o direito de receberem da sociedade ganhadora quanto despenderam na acção[78].

7. Tribunal competente

Aspecto de significativa importância prática e que tem merecido soluções desencontradas na jurisprudência portuguesa é a questão do *tribunal competente*, em razão da matéria, para julgar as acções de responsabilidade dos administradores[79]. No cerne do debate está, actualmente, o art. 121.º, n.º 1, c), da LOFTJ que determina competir aos *juízos de comércio* preparar e julgar «as acções relativas ao exercício de direitos sociais»[80]. Perante norma de teor idêntico, inscrita na LOFTJ de 1999, foram propostas várias soluções de enquadramento das acções de responsabilidade dos administradores: *a*) as referidas acções, porque dizem respeito «a direitos indemnizatórios que nascem de comportamentos ilícitos dos administradores» não competem aos tribunais de comércio[81]; *b*) os tribunais de comércio são competentes para julgar as acções propostas pelos sócios, ao abrigo do art. 77.º[82].

A expressão «direitos sociais», usada pelo art. 121.º, n.º 1, c), da LOTJ, convoca, imediatamente, os direitos dos sócios que se fundam na participação social. É *direito próprio dos sócios* (e não alheio) o *de propor a acção social de responsabilidade contra gerentes ou administradores*, nos termos pre-

---

[78] Maria Elisabete Ramos, *O seguro...*, cit., p. 200; J. M. Coutinho de Abreu/Maria Elisabete Ramos, *Artigo 77.º...* cit., p. 967. V. a este propósito o art. 2393-*bis* do *Codice Civile*.
[79] Para esta questão, v. Maria Elisabete Ramos, *O seguro...*, cit., p. 222, s..
[80] Aprovada pela L 52/2008, de 28 de Agosto.
[81] Cfr. T. Anselmo Vaz, *Contencioso...*, cit., p. 80 (aparentemente a Autora defende esta solução seja qual for a acção de responsabilidade em causa); Ac. do RP de 13/5/2008, www.dgsi.pt.
[82] Neste sentido, v. Ac. do RP, de 11/3/2000,www.dgsi.pt; Ac. do RP de 11/3/2003 www.dgsi.pt; Ac. do STJ de 18/12/2008, www.dgsi.pt que é proferido no Recurso interposto do Ac. do RP de 13/5/2008. Neste processo, o STJ confirmou a decisão de primeira instância. A acção em causa foi proposta na Vara Mista (Gaia). A. Menezes Cordeiro, *Artigo 77.º...*, cit., p. 274, defende a competência do tribunal de comércio.

vistos no art. 77.º[83]. Direito que radica na participação social[84]. O direito de propor a acção social de responsabilidade prevista no art. 77.º é um direito próprio dos sócios, que integra a sua participação social. Quando os sócios efectivam, por intermédio da acção prevista no art. 77.º, a responsabilidade dos administradores perante a sociedade, estão a exercer, pelas razões expostas, um *direito social*. O direito à indemnização devida pelos administradores é que pertence à sociedade[85]. Parece-nos, pois, que há fundadas razões para considerar que os tribunais de comércio são materialmente competentes para preparar e julgar a acção de responsabilidade proposta por sócio(s), ao abrigo do art. 77.º[86].

8. Palavras finais

A acção social proposta por sócio(s) é conhecida no ordenamento jurídico português desde o séc. XIX. As alterações legislativas no sentido de diferenciar sociedades cotadas e outras são, parece-nos, de louvar. Subsistem, no entanto, alguns bloqueios que podem comprometer a efectividade deste instrumento processual. Em ordem a removê-los, futura reforma legislativa deveria: *a*) permitir que, nas sociedades cotadas, sócios com 2% do capital social, pudessem requerer a nomeação de representante especial da sociedade; *b*) regular o dever de a sociedade ganhadora reembolsar os sócios proponentes de tudo quanto gastaram; *c*) clarificar a competência dos tribunais de comércio para preparar e julgar esta acção. Estas medidas, por um lado, promovem a efectividade desta acção e, por outro, não eliminam as desejáveis salvaguardas dos administradores.

---

[83] O Ac. do STJ de 18.12.2008 (Relator: Salvador da Costa), www.dgsi.pt, considerou que a «instauração desta acção corresponde ao exercício de um direito social».
[84] Repare-se que o art. 77.º, n.º, 2, caracteriza expressamente o direito previsto no n.º 1 como «direito social».
[85] O Ac. do TRP de 13.5.2008, embora considere que o direito de a minoria propor acção social de responsabilidade contra membros da administração (art. 77.º) é um direito social, nega competência aos tribunais de comércio para preparar e julgar esta acção.
[86] M. ELISABETE RAMOS, *O seguro...*, cit., p. 223.

Resumo: Na crise da empresa societária, impende sobre os administradores o dever de apresentação da sociedade à insolvência, nos termos dos artigos 18.º e 19.º do CIRE. O não cumprimento desta obrigação gera responsabilidade, quer relativamente aos credores que já o são no momento em que a sociedade deve ser apresentada à insolvência, quer relativamente àqueles cujos créditos apenas se constituem em momento ulterior. Existem, neste âmbito, as soluções mais díspares nos diversos países do espaço europeu; atento o fenómeno de *forum shopping*, é manifesto o interesse de harmonização legislativa na tutela dos interesses dos credores sociais.

Abstract: When a corporation is in crisis, the duty to place the corporation into liquidation falls upon the directors, in accordance with articles 18 and 19 of the Portuguese Insolvency Code (CIRE). Non-compliance with this legal obligation results in liability both towards the creditors (already so from the onset, when the corporation is required to be wound-up), and towards those whose claims are only formed at a later point in time. In this regard, solutions differ greatly among European countries; keeping in mind the phenomenon of forum shopping, there is a clear interest in legal harmonization as regards protection of creditors' claims.

> "El mayor daño que los administradores pueden infligir a la sociedad que administran es provocar o agravar su insolvencia"
>
> (VICENT CHULIÁ)[1]

MARIA DE FÁTIMA RIBEIRO*

A responsabilidade dos administradores na crise da empresa

1. A reacção dos administradores à crise da empresa societária e os interesses dos credores sociais

Na crise da empresa societária, sobretudo quando já está em causa a satisfação dos credores sociais e é muito duvidosa a eficácia de uma qualquer tentativa de recuperação[2], é desejável que o processo de insolvência

* Professora da Faculdade de Direito da UCP (Porto)

---

[1] Francisco Vicent Chuliá, «La responsabilidad de los administradores en el concurso», in *Revista de Derecho Concursal y Paraconcursal*, 2006, n.º 4, 15-64, p. 16.

[2] Não se ignora que, a partir do momento da apresentação da sociedade à insolvência ou do pedido de declaração desta, o valor da empresa societária no mercado se ressente (este é mais um custo do processo de insolvência. Cf. Hörst Eidenmüller, «Trading in times of

se inicie tão cedo quanto possível. Na verdade, só deste modo pode ser evitado o agravamento da situação patrimonial da sociedade[3] e ficar assegurado o respeito pelo princípio *par condicio creditorum*[4].

Na determinação do momento ideal para a apresentação da sociedade à insolvência, o papel principal cabe aos seus administradores: resulta do cumprimento dos deveres que sobre eles impendem que os administradores devem conhecer claramente, a cada passo, a situação financeira da sociedade[5].

Por esta razão, determina-se no artigo 19.º do Código da Insolvência e da Recuperação de Empresas (CIRE) que a iniciativa de apresentação da sociedade à insolvência – em cumprimento do dever, que impende sobre o devedor, de apresentação à insolvência dentro dos de sessenta dias seguintes à data do conhecimento da situação de insolvência, nos termos do disposto no artigo 18.º – cabe ao órgão social incumbido da sua administração. Mas ainda se prevê, na alínea a) do número 3 do artigo 186.º desse Código, que se presume a existência de culpa grave na insolvência quando os administradores (e aqui referem-se expressamente também os administradores de facto) não tenham cumprido o dever de requerer a declaração de insolvência[6].

---

crisis: formal insolvency proceedings, workouts and the incentives for shareholders/managers», in *European Business Organization Law Review*, 2006, 239-258, pp. 241 ss.). Em consequência, pode ficar comprometida a possibilidade de recuperação da mesma, dado que não deve confundir-se o estado de insolvência da sociedade com a inviabilidade económica da empresa societária (cf. Peter O. Mülbert, «A synthetic view of different concepts of creditor protection, or: a high-level framework for corporate creditor protection», in *European Business Organization Law Review*, 2006, 357-408, p. 383); para mais, será então menor o valor a repartir pelos credores sociais.

[3] Uma vez que está em risco a subsistência da empresa, é mais provável que aqueles que podem controlar a sociedade a exponham a iniciativas excessivamente arriscadas, cujo insucesso será, do ponto de vista financeiro, exclusivamente suportado pelo património da sociedade e, reflexamente, pelos credores sociais. Sobre o tema, cf. Maria de Fátima Ribeiro, «A responsabilidade de gerentes e administradores pela actuação na proximidade da insolvência de sociedade comercial», in *O Direito*, 2010, 142.º, I, 81-128, pp. 81 ss..

[4] Pelo que é comum que sejam bem sucedidas as tentativas das empresas para, à margem de um processo judicial de insolvência, negociarem com os seus credores (ou, pelo menos, com alguns deles, redundando esses acordos em prejuízo dos demais. Cf. Fernando Marín del la Bárcena Garcimartín, *La Acción Individual de Responsabilidad Frente a los Administradores de Sociedades de Capital (Art. 135 LSA)*, Marcial Pons, Madrid, 2005, p. 342), como se analisará *infra*, nota 14.

[5] Cf. Fernando Marín del la Bárcena Garcimartín, *La Acción Individual de Responsabilidad...*, cit., p. 345.

[6] Cf. Maria de Fátima Ribeiro, «A responsabilidade de gerentes e administradores pela actuação na proximidade da insolvência de sociedade comercial», cit., pp. 88 ss.

Todavia, nem sempre os administradores adoptam o comportamento devido na crise da empresa societária; é frequente não apresentarem a sociedade à insolvência no momento devido, ou não chegarem nunca a fazê-lo (casos em que o processo de insolvência pode ter lugar por iniciativa de credores sociais; mas também não poucas vezes se assiste simplesmente ao encerramento de facto da empresa societária)[7].

Neste contexto, em que os sócios (que não respondem pelas dívidas da sociedade) já nada têm a perder[8], o risco da continuação da exploração da empresa deficitária é totalmente transferido para os credores sociais[9], que vêem agravada ou mesmo impossibilitada a possibilidade de satisfação dos seus créditos. Logo, impõe-se uma cuidadosa análise dos meios que, no ordenamento jurídico português, permitem tutelar de modo eficiente os seus interesses quando os administradores não cumpriram, ou não cumpriram pontualmente, o dever de apresentação da sociedade à insolvência.

Também é certo que se impõe, neste âmbito, a distinção entre aqueles credores que já o eram no momento em que a sociedade deveria ter sido apresentada à insolvência e aqueles cujos créditos apenas foram constituí-

---

[7] Cf. JESÚS QUIJANO GONZÁLEZ, «Responsabilidad societaria y concursal de administradores: de nuevo sobre la coordinación y el marco de relaciones», in *Revista de Derecho Concursal e Paraconcursal*, 2009, n.º 10, 19-48, pp. 21 ss.; BENJAMÍN SALDAÑA VILLOLDO, «La acción individual de responsabilidad en el marco de la crisis disolutoria y concursal de la sociedad de capital. Especial referencia al cierre de hecho», in *Revista de Derecho Mercantil*, n.º 274, 2009, 1329-1368, pp. 1330 ss., sobretudo 1344 ss.. Este Autor define "encerramento de facto" como a cessação de operações por parte da empresa societária e a sua inércia no mercado sem que tenham sido observados os trâmites legais aplicáveis em tais circunstâncias, situando-o no momento a partir do qual a sociedade "deixa de ser um sujeito activo no tráfico jurídico-mercantil". Costuma acontecer que, nesta situação, a empresa seja encerrada e a sociedade, bem como a respectiva administração, deixe de poder ser contactada; também é frequente o simultâneo incumprimento das obrigações de elaboração das contas anuais e do seu depósito na conservatória do registo comercial.

[8] Note-se que os sócios, enquanto sócios, pouco podem fazer directamente para levar a sociedade a correr riscos excessivos. Mas o mesmo já não será de afirmar se, no caso, actuarem na sua qualidade de gerentes ou administradores (de direito ou de facto), ou através do poder que tenham para exercer, junto destes, a sua influência. Cf. a análise de MARIA DE FÁTIMA RIBEIRO, *A Tutela dos Interesses dos Credores da Sociedade por Quotas e a "Desconsideração da Personalidade Jurídica"*, Almedina, Coimbra, 2009, pp. 351 ss., e 457 ss..

[9] Os riscos para os credores sociais aumentam significativamente em consequência da responsabilidade limitada dos sócios nestes tipos societários, não só porque pelas dívidas da sociedade apenas responde o património social, mas ainda porque a ausência de responsabilidade pessoal constitui um poderoso incentivo para que os sócios levem a sociedade a empreender projectos mais arriscados. Cf. PETER O. MÜLBERT, «A synthetic view of different concepts of creditor protection ...», cit., pp. 364 e 369.

dos em momento ulterior[10]. Tal necessidade explica-se facilmente: no caso dos chamados "credores novos", a apresentação tempestiva da sociedade à insolvência teria geralmente podido evitar a constituição dos seus créditos[11]; e, se estes tiverem tido origem contratual, coloca-se ainda a questão de saber se era dever dos administradores informar adequadamente os co--contratantes da situação de insolvência da sociedade, ou se, mesmo nestas circunstâncias, prevalece o dever de actuar com lealdade para com a sociedade e guardar sigilo acerca da situação financeira da empresa societária.

2. Os comportamentos "oportunistas" dos administradores na crise da empresa e a tutela dos credores sociais; o não cumprimento do dever de apresentação tempestiva da sociedade à insolvência – especificidades

Como já ficou exposto, é na fase em que a sociedade deve ser apresentada à insolvência que a situação dos seus credores é exposta a mais e maiores riscos. A aversão dos administradores ao processo de insolvência está directamente ligada à sua situação pessoal e profissional no mercado de trabalho[12], pelo que é natural que tudo façam para tentar evitar ou, pelo menos, adiar o mais possível o momento em que ele se inicia[13] – comportamento que, como foi exposto, não encontrará normalmente oposição significativa por parte dos sócios.

---

[10] A exemplo do que já tem acontecido no âmbito do ordenamento jurídico alemão quanto à distinção, para este efeito, entre *Altgläubiger* e *Neugläubiger*. Cf. MARIA DE FÁTIMA RIBEIRO, *A Tutela dos Credores da Sociedade por Quotas e a "Desconsideração da Personalidade Jurídica"*, cit., pp. 218 ss., nota 219.

[11] A destrinça entre antigos e novos credores e a consideração da existência deste específico dever de informação foi, entre nós, particularmente tratada por MANUEL ANTÓNIO CARNEIRO DA FRADA, «A responsabilidade dos administradores na insolvência», in *Revista da Ordem dos Advogados*, 2006, ano 66, II, 653-702, pp. 699 ss. e 675 ss.. Em concreto, o Autor distingue (a exemplo do que acontece na doutrina e na jurisprudência alemãs), para apuramento dos danos, os credores novos (aqueles que contratam com a sociedade quando já existia violação da obrigação de apresentação da sociedade à insolvência) dos credores antigos (aqueles que já o eram nessa fase): para os credores novos, o dano é o que resulta do facto de terem contratado com sociedade insolvente sem que o respectivo administrador lhes tenha dado conhecimento da situação.

[12] Cf. HÖRST EIDENMÜLLER, «Trading in times of crisis…», cit., p. 243; PETER O. MÜLBERT, «A synthetic view of different concepts of creditor protection…», cit., p. 368.

[13] Até porque, para mais, a sua reputação só terá a perder com o início do processo de insolvência da sociedade que administram. Cf. MARIA DE FÁTIMA RIBEIRO, «A responsabilidade de gerentes e administradores pela actuação na proximidade da insolvência de sociedade comercial», cit., p. 82.

Entretanto, o momento é propício à adopção de supostas estratégias de recuperação, que normalmente são tão imprudentes como desesperadas[14]. Esta conjuntura é, pois, particularmente favorável aos chamados comportamentos "oportunistas" dos administradores, através dos quais o elevado risco da continuação da exploração da empresa é totalmente transferido para a esfera dos credores sociais[15].

A melhor política legislativa consistirá, então, em estabelecer com prudência e segurança o momento em que surge o dever de apresentação de

---

[14] Neste âmbito, é comum que as empresas tentem, à margem de um processo judicial de insolvência, negociar com os seus credores (ou, pelo menos, com alguns deles) uma qualquer forma de reestruturação que envolva a sua participação. Cf. Hörst Eidenmüller, «Trading in times of crisis ...», cit., 254 ss.; John Armour/Gérard Hertig/Hideki Kanda,«Transactions with creditors», in Reinier Kraakman/John Armour/Paul Davies/Luca Enriques/Henry Hansmann/Gérard Hertig/Klaus Hopt/Hideki Kanda/Edward Rock, *The Anatomy of Corporate Law. A Comparative and Functional Approach*, 2.ª ed., Oxford University Press, Oxford, 2009, 115-151, pp. 122 ss.; Fernando Marín del la Bárcena Garcimartín, *La Acción Individual de Responsabilidad ...*, cit., p. 342. Também Emilio Beltrán, «La reforma – inarmónica – de la Ley Concursal», in *Actualidad Jurídica Aranzadi*, n.º 775, 2009, 1-14, p. 8, afirma que a experiência demonstra que em Espanha as empresas insolventes e os seus credores recorrem frequentemente a "mecanismos alternativos", de entre os quais se destaca a celebração de acordos extra-judiciais estranhos à *Ley Concursal*; em resposta a esta realidade, o *Real Decreto-Ley 3/2009, de 27 de marzo*, veio prever e regular os chamados *acuerdos de refinanciación* (acordos pelos quais o devedor consiga proceder a um aumento significativo do crédito disponível ou à modificação das suas obrigações em termos que permitam adiar o respectivo vencimento, no âmbito de um plano de viabilidade que permita a continuação da sua actividade a curto e médio prazo), embora em termos muito criticados pela doutrina espanhola. Cf. Emilio Beltrán, últ. ob. cit., pp. 10 ss.. Note-se que a regulação deste tipo de mecanismos pode ter a vantagem de evitar que o recurso aos mesmos se faça à custa dos interesses dos chamados "credores fracos", embora também seja verdade que a concentração dos créditos num "credor forte", que possa assumir o controlo da sociedade insolvente, permite reduzir os chamados *agency costs*, impedindo que os respectivos gerentes e administradores cedam, nesta fase, à tentação de fazer a empresa societária correr riscos excessivos. Cf. John Armour/Audrey Hsu/Adrian Walters, «Corporate insolvency in the United Kingdom: the impact of the Enterprise Act 2002», in *European Company and Financial Law Review*, 2008, 148-171, pp. 152 ss.. Sobre a questão, cf. Maria de Fátima Ribeiro, «A responsabilidade de gerentes e administradores pela actuação na proximidade da insolvência de sociedade comercial», cit., pp. 83 ss..

[15] Cf Paul Davies, «Directors' creditor-regarding duties in respect of trading decisions taken in the vicinity of insolvency», in *European Business Organization Law Review*, 2006, 301-337 , pp. 306 ss.; John Armour/Gérard Hertig/Hideki Kanda,«Transactions with creditors», cit., pp. 119 ss.; Francesco Brizzi, «Responsabilità gestorie in prossimità dello stato di insolvenza e tutela dei creditori», in *Rivista del Diritto Commerciale e del Diritto Generale delle Obbligazioni*, 2008, 1027-1110, pp. 1027 ss.; Hörst Eidenmüller, «Trading in times of crisis ...», cit., p. 243; Maria de Fátima Ribeiro, «A responsabilidade de gerentes e administradores pela actuação na proximidade da insolvência de sociedade comercial», cit., pp. 84 ss..

sociedade à insolvência[16]; e em prever expressamente limites à actuação de gerentes e administradores que os impeçam de, quando esse momento se aproxima, adoptarem comportamentos "oportunistas", expondo o património social e, consequentemente, os credores sociais a riscos injustificados[17].

---

[16] Exemplo do que expomos é a *Finanzmarktstabilisierungsgesetz* ou *FMStG* (*Gesetz zur Umsetzung eines Massnahmenpakets zur Stabilisierung des Finanzmarktes*), de 17 de Outubro de 2008, cujo artigo 5.º veio alterar (transitoriamente) a redacção do § 19 da *Insolvenzordnung* até 31 de Dezembro de 2010, na parte em que esta norma define a situação de *Überschuldung* enquanto pressuposto da insolvência. Nos termos da redacção original, existe *Überschuldung* quando o património do devedor não é suficiente para pagar dívidas existentes, devendo na avaliação desse património atender-se à continuidade da empresa, sempre que esta seja altamente provável. Mas a crise que afecta o mundo ocidental veio dar ainda maior visibilidade ao risco de, assim, se apresentarem à insolvência empresas cuja continuidade não esteja comprometida e, desse modo, retirar do mercado empresas viáveis, agravando a situação económica. Pela *Finanzmarktstabilisierungsgesetz*, e durante a sua expressamente limitada vigência, existe *Überschuldung* quando o património do devedor não é suficiente para pagar as dívidas existentes, a menos que, nas circunstâncias concretas, a continuidade da actividade empresarial seja altamente provável. Note-se que o direito alemão adoptou ambos os critérios possíveis para a determinação da insolvência da sociedade: o da superioridade do passivo existente relativamente ao activo (também chamado *balance sheet test*) e o da impossibilidade de cumprimento das obrigações à medida que elas se vão vencendo (também chamado *cash flow test*). Mas como hoje se admite, nesse ordenamento, a constituição de sociedades comerciais com o capital social inicial de 1 euro (a *Unternehmergesellschaft*), o primeiro critério parece levar a que praticamente todas essas sociedades estejam insolventes a partir do momento em que iniciam a actividade empresarial. Sobre a relação entre o *balance sheet test*, neste domínio, e o abandono da exigência legal de um capital social mínimo, cf. PAUL DAVIES, «Directors' creditor--regarding duties...», cit., 311. Entre nós, problema semelhante pode causar o disposto no artigo 3.º, n.º 2, do CIRE: como nota JORGE MANUEL COUTINHO DE ABREU, *Curso de Direito Comercial. Volume I. Introdução, Actos de Comércio, Comerciantes, Empresas, Sinais Distintivos*, 7.ª ed.,Almedina, Coimbra, 2009, pp. 130 ss., no âmbito das sociedades de responsabilidade limitada pode existir disponibilidade de crédito, ou podem gerentes, administradores ou sócios garantir o cumprimento das obrigações sociais, o que assegurará sempre o cumprimento das obrigações vencidas. Deste modo, não será precipitado condenar à insolvência sociedades por quotas ou anónimas que exploram empresas viáveis e não insolventes nos termos do número 1 do mesmo artigo, quando nem está – ainda – posta em causa a tutela dos credores sociais? E – acrescentamos – não estarão, então, imediatamente insolventes inúmeras sociedades por quotas constituídas com o capital social mínimo exigido pelo CSC? Também não pode ignorar-se que o recurso exclusivo ao *cash flow test* poderia ter ainda uma importante vantagem, no âmbito da responsabilidade dos administradores da sociedade: se, na fase de liquidação da sociedade, ela estiver insolvente à luz da aplicação deste critério, mas "solvente" em termos de *balance sheet test*, pode não existir motivo para a responsabilização daqueles, uma vez que os credores poderão ser integralmente satisfeitos. Cf. PAUL DAVIES, «Directors' creditor-regarding duties...», cit., p. 319; HÖRST EIDENMÜLLER, «Trading in times of crisis ...», cit., pp. 241 ss.»

[17] HÖRST EIDENMÜLLER, «Trading in times of crisis ...», cit., p. 243.

Todavia, a eficiência destas soluções vai depender, naturalmente, da previsão de sanções[18] para o incumprimento das normas que as consagrem, pelo que o legislador deve procurar conciliar, na matéria em causa, regras de natureza preventiva com regras de natureza repressiva[19].

Em nosso entender, cabe neste âmbito um importante papel à consagração legislativa da responsabilidade civil dos administradores pelos danos causados, directa ou indirectamente, aos credores sociais[20], uma vez que se trata de uma medida na qual se pode reconhecer a coexistência de meios de tutela preventiva e de tutela reconstitutiva: os administradores sentir-se-ão incentivados a cumprir as obrigações legalmente consagradas, para não serem pessoalmente sujeitos à obrigação de reparação dos danos causados; por seu turno, caso aqueles deveres tenham sido violados, os credores terão a possibilidade de verem satisfeitos os seus créditos ou, pelo menos, de verem reduzida a percentagem desses créditos que não será satisfeita.

Entre nós, a tutela dos credores sociais quando exista incumprimento da obrigação de apresentação da sociedade à insolvência no prazo legal fixado no CIRE[21] passa pela responsabilização dos administradores à luz

---

[18] Ou seja, de "determinados efeitos jurídicos desfavoráveis ao infractor". Cf. A. Santos Justo, *Introdução ao Estudo do Direito*, 3.ª ed., Coimbra Editora, Coimbra, 2006, pág. 169. No caso, podem estabelecer-se sanções reconstitutivas, compensatórias e, até, punitivas.

[19] A afirmação da necessidade de existência de regras para tutelar os interesses dos credores sociais, nesta fase, não implica que não se reconheça aqui um importante papel aos mecanismos de auto-regulação que estão à disposição das partes. De facto, os credores sociais (aqueles que possam ser qualificados como "credores fortes", em termos que serão descritos adiante) poderão estar em condições de, previamente, criar condições que lhes permitam assegurar a satisfação dos seus créditos na eventualidade da insolvência da sociedade devedora. Todavia, a existência de normas legais, neste domínio, permite evitar os custos de transacção que, necessariamente, o recurso a mecanismos de auto-regulação implica, bem como estender a protecção possível àqueles credores que não estejam em condições de negociar a garantia dos seus créditos com a sociedade. Cf. Peter O. Mülbert, «A synthetic view of different concepts of creditor protection ...», cit., pp. 375 ss.. A este propósito, cf. também o que fica exposto na nota 14.

[20] Cf. Peter O. Mülbert, «A synthetic view of different concepts of creditor protection ...», cit., pp. 377 ss..

[21] As consequências jurídicas do incumprimento desta obrigação apresentam, como se expõe em seguida, especificidades que justificam o seu tratamento autónomo. Desde logo, diferentes serão as soluções possíveis para os casos de causação e para os restantes casos de agravamento da situação de insolvência da sociedade, com as dificuldades apontadas por Manuel A. Carneiro da Frada, «A Responsabilidade dos administradores na insolvência», cit., p. 699, para a responsabilização dos administradores da sociedade, nomeadamente no que toca aos novos credores.

do disposto no Código das Sociedades Comerciais[22]. Para o efeito, os credores podem recorrer à acção social de responsabilidade, sub-rogando-se a esta nos termos do artigo 78.º, número 2, ou à acção directa prevista no número 1 do mesmo artigo. De facto, trata-se de um dano que não é direc-

---

[22] Na realidade, não existe entre nós nenhuma consequência especificamente destinada a prever a responsabilização dos administradores, de direito ou de facto, que não tenham cumprido o dever de apresentação da sociedade à insolvência. Neste caso, nos termos do n.º 3 do artigo 186.º do CIRE, presume-se a existência de culpa grave na insolvência (no âmbito do incidente de qualificação da insolvência como culposa ou fortuita, regulado nos artigos 185.º e seguintes do CIRE). Mas não se prevê expressamente que as pessoas afectadas por essa qualificação corram o risco de ver o seu património responder perante os credores da sociedade insolvente, a exemplo do que acontecia à luz do Código dos Processos Especiais da Recuperação de Empresas e da Falência e do que ainda acontece na generalidade dos ordenamentos jurídicos do espaço europeu. Para uma análise mais detalhada, cf. MARIA DE FÁTIMA RIBEIRO, «A responsabilidade de gerentes e administradores pela actuação na proximidade da insolvência de sociedade comercial», cit., pp. 87 ss..

Note-se, ainda, que nas situações previstas no n.º 3 do artigo 186.º do CIRE (nas quais se inclui a violação, pelos administradores de direito ou de facto, do dever de apresentação da sociedade à insolvência) não se estabelece uma presunção de insolvência culposa (o que acontece expressamente relativamente às diversas alíneas do seu n.º 2. Contudo, recorde-se que no Acórdão do Tribunal Constitucional de 26 de Novembro de 2008, n.º 570/2008, Relator Vítor Gomes, se afirma que, uma vez que aquilo que o legislador faz corresponder à prova da ocorrência de determinados factos é a valoração normativa da conduta que esses factos integram, e não a ilação de que um outro facto ocorreu, estamos perante a enunciação legal de situações típicas de insolvência culposa, e não perante presunções inilidíveis de culpa), mas apenas uma presunção de culpa grave dos administradores na insolvência; pelo que subsiste, para que a insolvência possa ser qualificada como culposa, a necessidade de prova de que a situação foi criada ou agravada em consequência desta actuação dolosa ou com culpa grave (e já se presume, então, a existência de culpa grave) desses administradores, nos termos do n.º 1 do mesmo artigo. É esta a interpretação possível da norma, e aquela que tem sido quase unanimemente seguida pelos nossos tribunais. Vejam-se, entre outros, os seguintes acórdãos, disponíveis em www.dgsi.pt: Acórdão do Tribunal da Relação de Guimarães, de 11 de Janeiro de 2007, Relator Conceição Bucho; Acórdão do Tribunal da Relação do Porto, de 13 de Setembro de 2007, Relator José Ferraz; Acórdão do Tribunal da Relação de Guimarães, de 20 de Setembro de 2007, Relator António Gonçalves; Acórdão do Tribunal da Relação do Porto, de 7 de Janeiro de 2008, Relator Anabela Luna de Carvalho; Acórdão do Tribunal da Relação de Évora, de 17 de Abril de 2008, Relator Sílvio Sousa; Acórdão do Tribunal da Relação de Guimarães, de 16 de Outubro de 2008, Relator Conceição Bucho; Acórdão do Tribunal da Relação de Coimbra, de 24 de Março de 2009, Relator Gonçalves Ferreira; Acórdão do Tribunal da Relação do Porto, de 15 de Julho de 2009, Relator Henrique Araújo; Acórdão do Tribunal da Relação do Porto, de 20 de Outubro de 2009, Relator Guerra Banha; Acórdão do Tribunal da Relação do Porto, de 26 de Novembro de 2009, Relator Filipe Caroço; Acórdão do Tribunal da Relação de Coimbra, de 26 de Janeiro de 2010, Relator Carlos Moreira; Acór-

tamente causado aos credores sociais[23], mas de um dano reflexo, uma vez que ele se "propaga" aos credores da sociedade[24] em cujo património se produz, uma vez que este património é a garantia da satisfação dos seus créditos. Cada um destes mecanismos apresenta as suas vantagens e inconvenientes, mas de um ponto de vista estratégico a acção directa oferece a relevante vantagem de prover à indemnização dos danos causados aos credores sociais, fazendo ingressar directamente no património dos autores da acção o valor da indemnização; uma vez que partimos do pressuposto de que a sociedade já se encontra em situação de insolvência, a acção social de responsabilidade poderia, com grande probabilidade, deixar por satisfazer os interesses daqueles credores que, agindo em via

dão do Tribunal da Relação de Coimbra, de 4 de Maio de 2010, Relator Carlos Moreira; Acórdão do Tribunal da Relação do Porto, de 24 de Maio de 2010, Relator Maria Adelaide Domingos. Com entendimento aparentemente diferente, cf. o Acórdão do Tribunal da Relação do Porto, de 17 de Novembro de 2008, Relator Sousa Lameira.
Simplesmente, a solução legal é criticável, uma vez que onera os credores com a prova da existência de nexo causal entre a prática deste facto e a criação ou agravamento da situação de insolvência (no caso, apenas faz sentido falar do seu agravamento, uma vez que o próprio dever de apresentação da sociedade à insolvência só existe aqui se a mesma sociedade já se encontrar em situação de insolvência), o que não é totalmente coerente com o disposto no n.º 2 do artigo 186.º, onde se estabelecem efectivamente presunções inilidíveis de insolvência culposa. Neste sentido, cf. CATARINA SERRA, *O Novo Regime Português da Insolvência. Uma Introdução*, 4.ª ed., Almedina, Coimbra, 2010, p. 95; e «"Decoctor ergo fraudator"? – A insolvência culposa (esclarecimentos sobre um conceito a propósito de umas presunções) – Anotação ao Ac. do TRP de 7.1.2008», in *Cadernos de Direito Privado*, n.º 21, Janeiro/Março 2008, 54- 71, pp. 60 ss.; mas a Autora conclui que as presunções do n.º 3 são presunções ilidíveis de culpa grave na insolvência (e não apenas no facto ilícito praticado), onerando os administradores em causa com a prova de que não foi a sua conduta ilícita e presumivelmente culposa que deu causa à insolvência ou ao respectivo agravamento.
[23] Se existe insolvência da sociedade, o património social não é suficiente para satisfazer integralmente todos os seus credores. Se essa insuficiência patrimonial deriva, no todo ou em parte, da actuação ilícita e culposa dos seus administradores, a acção social de responsabilidade e/ou a acção directa dos credores sociais constituem meios aptos para reintegrar o património social, mesmo no âmbito de um processo de insolvência. Dado que, em ambos os casos, deve entender-se que a legitimidade cabe exclusivamente aos administradores da insolvência (cf. MARIA DE FÁTIMA RIBEIRO, *A Tutela dos Interesses dos Credores da Sociedade por Quotas e a "Desconsideração da Personalidade Jurídica"*, cit., pp. 480 ss.), será reintegrada a massa insolvente pelo valor da indemnização obtida, o que beneficiará os credores da insolvência: os respectivos créditos serão, seguramente, satisfeitos em maior medida. Cf. JESÚS QUIJANO GONZÁLEZ, «Responsabilidad societaria y concursal de administradores…», cit., pág. 32.
[24] A expressão é de GAUDENCIO ESTEBAN VELASCO, «La acción individual de responsabilidad», in *La Responsabilidad de los Administradores de las Sociedades Mercantiles*, 3.ª ed., Tirant lo Blanch, Valencia, 2009, 155-239, p. 210.

sub-rogatória, tivessem a iniciativa processual e conseguissem, com isso, que a sociedade fosse ressarcida. Mas os credores apenas poderão tirar partido desta possibilidade se, entretanto, não se tiver iniciado o competente processo de insolvência, uma vez que, na sua pendência, a competência para a instauração da acção prevista no n.º 1 do artigo 78.º do CSC é do administrador da insolvência, aproveitando o resultado da mesma à massa insolvente[25].

Todavia, a acção regulada no número 1 do artigo 78.º pressupõe a alegação e prova dos factos constitutivos da responsabilidade dos administradores aí previstos, o que apresenta algumas dificuldades. Desde logo, é preciso demonstrar a violação culposa de disposições legais ou contratuais destinadas à protecção dos credores sociais[26]. Mas a maior dificuldade assenta aqui na prova do nexo de causalidade entre este facto e o dano, ou seja, em mostrar que os credores/autores não conseguem obter da sociedade a satisfação dos seus créditos porque a prática destes factos pelos administradores tornou o património social insuficiente para o efeito.

Mais concretamente, quanto à violação da obrigação de apresentação tempestiva da sociedade à insolvência, os credores devem provar que, se a sociedade tivesse sido apresentada à insolvência no momento devido, os seus créditos teriam sido satisfeitos, na totalidade ou em maior medida; e que, devido ao não cumprimento deste dever por parte dos administradores, o património social já não tem condições para os satisfazer, ou apenas pode fazê-lo em soma inferior. A medida do dano será, aqui, a diferença entre estes dois montantes[27].

Tal demonstração é, ao que tudo indica, muito difícil. A análise das decisões dos nossos tribunais superiores permite concluir que, nestes casos, os autores não conseguem fazer a prova deste nexo de causalidade[28]. E a dificuldade não é sentida apenas entre nós: tome-se como exemplo o que se passa na ordem jurídica espanhola, onde problema semelhante se coloca quanto à aplicação do disposto no artigo 241 da LSC[29]/[30] (embora nesta norma se preveja exclusivamente a responsabilidade dos administradores pelos danos que, no exercício das suas funções, tenham causado

---

[25] Cf. MARIA DE FÁTIMA RIBEIRO, *A Tutela dos Credores da Sociedade por Quotas e a "Desconsideração da Personalidade Jurídica"*, cit., pp. 480 ss..

[26] Sobre o problema, cf. MARIA DE FÁTIMA RIBEIRO, *A Tutela dos Credores da Sociedade por Quotas e a "Desconsideração da Personalidade Jurídica"*, cit., p. 460, notas 140 e 141.

[27] Cf. GAUDENCIO ESTEBAN VELASCO, «La acción individual de responsabilidad», cit., pág. 210.

[28] Cf. MARIA DE FÁTIMA RIBEIRO, «A responsabilidade de gerentes e administradores pela actuação na proximidade da insolvência de sociedade comercial», cit., p. 128.

[29] *Ley de Sociedades de Capital (Real Decreto Legislativo 1/2010, de 2 de julio)*.

[30] A que correspondia o artigo 135 LSA.

directamente a sócios e terceiros – entre os quais se contam, eventualmente, credores sociais –, é entendimento pacífico que o exercício desta *acción individual* pode servir para ressarcir os danos causados directamente aos credores sociais em consequência da violação da obrigação legal de apresentação da sociedade à insolvência[31]) e tem merecido reacções pouco estáveis dos tribunais e cuidadosa análise da doutrina (isto, apesar de a tutela dos credores sociais na insolvência da sociedade estar, aí, satisfatoriamente assegurada através dos mecanismos consagrados na *Ley Concursal*; simplesmente, tem-se entendido que a acção directa constitui o meio adequado para prover à satisfação das pretensões dos credores sociais quando exista encerramento de facto da empresa societária, à margem de um processo de insolvência)[32].

3. A diferente tutela dos interesses de "novos credores" na crise da empresa societária

Na ausência de previsão que tutele especificamente os interesses dos credores sociais quanto ao comportamento dos administradores na fase em que está por cumprir o dever de apresentação da sociedade à insolvência, a acção directa dos credores sociais constitui, apesar das debilidades apontadas, o meio mais adequado para o efeito.

---

[31] Cf. Benjamín Saldaña Villoldo, «La acción individual de responsabilidade en el marco de la crisis disolutoria y concursal de la sociedad de capital…», cit., pp. 1336 ss..

[32] Cf. Benjamín Saldaña Villoldo, «La acción individual de responsabilidade en el marco de la crisis disolutoria y concursal de la sociedad de capital…», cit., pp. 1346 ss.. Note-se que se trata, neste ordenamento, de dar uma resposta satisfatória às situações de mero desaparecimento do tráfico de sociedades comerciais (sem dissolução e liquidação), em prejuízo dos seus credores. Numa fase inicial, o *Tribunal Supremo* começou por desenvolver uma aplicação pouco rigorosa da norma no que respeita à demonstração do nexo de causalidade entre a conduta dos administradores (o "encerramento de facto" da empresa societária) e o dano dos credores (a frustração dos seus créditos). Posteriormente, o mesmo Tribunal passou a rejeitar o "automatismo" anterior, exigindo-se a demonstração de que o cumprimento do dever de apresentação da sociedade à insolvência teria levado a que o crédito em causa tivesse sido (total ou parcialmente) satisfeito. Recentemente, o *Tribunal Supremo* especifica que nesta acção não existe identificação *ab initio* entre o dano invocado e o crédito não satisfeito; ou seja, o nexo causal requer a demonstração de que, em consequência da não apresentação da sociedade à insolvência, o crédito não foi satisfeito, dando então lugar a um prejuízo cuja indemnização pode ser pedida pelo terceiro/credor através da *acción individual*; em rigor, o credor não peticiona por esta via o pagamento da dívida da sociedade, mas a reparação de um dano.

Todavia, cabe analisar as especificidades da situação daqueles credores cujos créditos apenas foram constituídos em momento ulterior àquele em que surgiu na esfera jurídica dos administradores o dever de apresentar a sociedade à insolvência. Pode verificar-se uma de duas hipóteses. Desde logo, pode dar-se o caso de estes credores terem contratado com a sociedade apesar de terem conhecimento da sua situação de insolvência; esta situação não apresenta especificidades[33].

Mas pode acontecer que estes credores apenas tenham contratado com a sociedade por não terem tido conhecimento do seu estado. Aqui, coloca-se a questão de saber se impende sobre os administradores o dever de informar eventuais futuros credores da sociedade acerca da situação de insolvência da mesma e, logo, da existência de uma baixa probabilidade de satisfação integral dos seus créditos[34]. Salienta-se que a situação destes credores é distinta daquela em que se encontram os "credores antigos", desde logo porque o dano causado é distinto: para os novos credores, o dano não corresponde à diferença entre o valor que teriam recebido se a sociedade tivesse sido pontualmente apresentada à insolvência e aquilo que efectivamente vão receber. Na verdade, os créditos nem teriam sido constituídos se o processo de insolvência tivesse sido pontualmente iniciado, ou se eles tivessem sido devidamente informados; então, o dano é o próprio facto de terem contratado com uma sociedade em situação de insolvência, pelo que deverão ser colocados na mesma situação em que estariam se não tivessem contratado[35].

Deve entender-se que, nas circunstâncias em que o legislador impõe que a sociedade seja apresentada à insolvência, existem deveres de informar os credores acerca da situação financeira da sociedade, deveres que

---

[33] Cf. FERNANDO MARÍN DEL LA BÁRCENA GARCIMARTÍN, *La Acción Individual de Responsabilidad...*, cit., p. 368; GAUDENCIO ESTEBAN VELASCO, «La acción individual de responsabilidad», cit., pág. 196.

[34] Entende FERNANDO MARÍN DEL LA BÁRCENA GARCIMARTÍN, *La Acción Individual de Responsabilidad...*, cit., p . 364, que se encontram na mesma situação os antigos credores que mantenham com a sociedade uma relação jurídica duradoura e que teriam podido resolver os respectivos contratos se tivessem tido conhecimento da situação.

[35] Cf. GAUDENCIO ESTEBAN VELASCO, «La acción individual de responsabilidad», cit., pág. 196. O mesmo é dizer, deve atender-se aqui ao interesse contratual negativo. Não deve, portanto, identificar-se simplesmente o montante da indemnização com o valor do crédito, uma vez que a sua não satisfação não é dano causado pelo acto ilícito dos administradores (o incumprimento da obrigação de satisfazer esse crédito gera apenas responsabilidade contratual da sociedade perante o credor insatisfeito). A origem da responsabilidade dos administradores está, neste caso, no não cumprimento do dever de apresentar tempestivamente a sociedade à insolvência, pelo que o fim da pretensão ressarcitória será colocar o sujeito na situação em que ele estaria se não tivesse contratado.

são concretização do dever geral de boa fé e impendem sobre a própria sociedade enquanto pessoa colectiva. Mas poderá também existir responsabilidade pessoal dos administradores da sociedade, se foi violado por estes o dever de informar adequadamente sobre as circunstâncias que possam ser determinantes para a celebração de contratos com a sociedade, ou seja, no caso concreto, acerca da previsibilidade de ocorrência de um dano para os terceiros que venham a contratar com a sociedade[36]/[37].

Simplesmente, cabe esclarecer que o ilícito é aqui, também, a violação do dever de apresentação à insolvência no prazo legalmente fixado (sessenta dias), nos termos do disposto no artigo 18.º do CIRE, que tem carácter de norma de protecção, pelo que a sua violação é sempre geradora de responsabilidade, como decorre do artigo 483.º, n.º 1, do Código Civil[38]. Esta responsabilidade é delitual[39], pelo que cabe aos credores a prova da culpa dos administradores.

Então, em nosso entender, para a responsabilização dos administradores ao abrigo do disposto no artigo 79.º do CSC, os novos credores não

---

[36] Neste ponto, MANUEL ANTÓNIO CARNEIRO DA FRADA, «A responsabilidade dos administradores na insolvência», cit., pp. 675 ss., alerta para o facto de a afirmação da responsabilidade dos administradores (que tenham violado deveres de informação, acrescente-se *in casu*) quando estes agem em representação da sociedade requerer a existência de "uma relação especial entre os sujeitos que fundava um concreto dever do administrador para com algum destes, dever esse que foi infringido", sobretudo nas situações de actuação negligente. Para mais desenvolvimentos, cf. MANUEL ANTÓNIO CARNEIRO DA FRADA, *Teoria da Confiança e Responsabilidade Civil*, Almedina, Coimbra, 2004, pp. 171 ss., nota 121, e 254 ss., nota 231.

[37] Contudo, os administradores podem ignorar a situação em que a sociedade se encontra: pode acontecer que eles, negligenciando o cumprimento dos seus deveres para com a sociedade, desconheçam a situação financeira em que esta se encontra e continuem a negociar (ou permitam que se continue a negociar) em nome da sociedade, sem apresentarem a sociedade à insolvência. Cf. GAUDENCIO ESTEBAN VELASCO, «La acción individual de responsabilidad», cit., pág. 194.

[38] Cf. MANUEL ANTÓNIO CARNEIRO DA FRADA, «A responsabilidade dos administradores na insolvência», cit., p. 700; JORGE MANUEL COUTINHO DE ABREU, *Responsabilidade Civil dos Administradores de Sociedades*, 2.ª ed., Almedina, Coimbra, 2010, p. 73. Não estaremos aqui, portanto, no âmbito da responsabilidade dos administradores em causa por terem actuado na qualidade de representantes de uma sociedade responsável por *culpa in contrahendo*; se fosse este o caso, responsável seria apenas a contraparte contratual (portanto, a própria sociedade), apenas sendo de afirmar a responsabilidade dos administradores quando tivessem gerado nos potenciais credores sociais uma especial confiança pessoal que tivesse sido determinante na sua decisão de celebração do contrato com a sociedade. Neste sentido, cf. FERNANDO MARÍN DEL LA BÁRCENA GARCIMARTÍN, *La Acción Individual de Responsabilidad...*, cit., pp. 313 ss.

[39] Cf. JORGE MANUEL COUTINHO DE ABREU, *Responsabilidade Civil dos Administradores de Sociedades*, cit., pp. 9 ss..

estão obrigados a fazer a prova de que não foram devidamente informados por aqueles. Na verdade – repete-se –, o ilícito é a própria violação do dever de apresentação à insolvência, norma de protecção dos interesses desses credores[40]. Os administradores é que poderão afastar a sua responsabilidade, se lograrem demonstrar que, apesar dessa violação, informaram adequadamente os potenciais credores da situação de insolvência da sociedade e, consequentemente, da elevada probabilidade de não poder a sociedade cumprir as obrigações assumidas (caso em que os lesados terão assumido autonomamente o risco da produção do dano[41])[42].

Existe outra diferença relevante quando está em causa a tutela de novos credores: o dano não se produz no património da sociedade e, reflexa-

---

[40] Sobre o sentido desta expressão constante no artigo 483.º do Código Civil, cf. FERNANDO PESSOA JORGE, *Ensaio sobre os pressupostos da responsabilidade civil*, Lisboa, 1968, pp. 302 ss.; JOÃO DE MATOS ANTUNES VARELA, *Direito das Obrigações. Vol. I*, 10.ª ed., Almedina, Coimbra, 2000, pp. 539 ss.; MÁRIO JÚLIO DE ALMEIDA COSTA, *Direito das Obrigações*, 10.ª edição, Almedina, Coimbra, 2006, pp. 563 ss.. Da análise de PESSOA JORGE resulta essencialmente que, para a existência de responsabilidade civil decorrente da violação de normas legais destinadas à protecção de interesses alheios, o lesado tem de se encontrar *"no círculo dos titulares do interesse cuja protecção a lei visou"* (em itálico no original); isto, porque os interesses legalmente tutelados que, "não constituindo direitos subjectivos", podem estar na origem de uma obrigação de indemnização, são interesses comuns a um círculo limitado de pessoas e *"é à protecção desses interesses que as normas em causa se destinam"*. Para um estudo mais desenvolvido, neste âmbito, cf. JORGE SINDE MONTEIRO, *Responsabilidade por Conselhos, Recomendações ou Informações*, Almedina, Coimbra, 1989, pp. 247 ss.; MANUEL ANTÓNIO CARNEIRO DA FRADA, *Teoria da Confiança e Responsabilidade Civil*, cit., pp. 251 ss.; ADELAIDE MENEZES LEITÃO, *Normas de Protecção e Danos Puramente Patrimoniais*, Almedina, Coimbra, 2009, pp. 617 ss..
O fim da norma que impõe a apresentação da sociedade à insolvência é precisamente impedir que a sociedade continue a actuar "em condições normais" no tráfico e que sejam adoptadas, tão cedo quanto possível, as "correspondentes medidas na protecção dos diversos interessados, entre os quais os potenciais credores". Como afirma ESTEBAN VELASCO, "[n]ão podem transferir-se para os terceiros que contratam com a sociedade os riscos dessa situação de crise, conhecida ou que devia conhecer-se, mas que se oculta ou não se manifesta como deveria ter sucedido de os administradores tivessem cumprido os seus deveres". Cf. GAUDENCIO ESTEBAN VELASCO, «La acción individual de responsabilidad», cit., p. 194. Atente-se no facto de, entre nós, JORGE SINDE MONTEIRO, *Responsabilidade por Conselhos, Recomendações ou Informações*, cit., pp. 260 ss., entender ser defensável que se conceba a falta de culpa na violação de norma de protecção como uma excepção, "nessa medida incumbindo ao lesante o ónus de provar a sua inexistência".

[41] Entre outras possibilidades, qualquer pretensão ressarcitória proveniente destes credores constituirá clara manifestação de exercício abusivo do direito à indemnização em causa, concretamente na modalidade de *venire contra factum proprium*, contemplada na previsão do artigo 334.º do Código Civil; a consequência será, em teoria, a "supressão" do direito que se pretende exercer.

[42] A este propósito, atente-se no que ficou exposto na nota 38.

mente, no dos credores sociais. O dano é, nestas hipóteses, directamente causado pelos administradores (no exercício das suas funções) no património destes credores, pelo que o meio de tutela dos seus interesses será especificamente aquele que resulta do artigo 79.º do CSC[43], respondendo os administradores "nos termos gerais".

Contudo, nestes casos, frequentemente existirá coincidência entre o montante do crédito (que o património social não consegue satisfazer) e o valor do dano; em consequência, existirá convergência material entre a indemnização paga pelo administrador directamente ao credor e a dívida da sociedade para com esse credor (se o administrador for condenado a indemnizar o credor pelo dano causado, o credor deixará de poder reclamar da sociedade insolvente, *rectius*, da massa insolvente, o pagamento do seu crédito[44]), pelo que, em última análise, o recurso à acção individual poderá permitir em certas situações, neste contexto, a "fuga" do credor que possa exercê-la às regras do processo de insolvência e, concretamente, àquelas que constituem concretização do princípio *par condicio creditorum*[45].

---

[43] Também na vizinha Espanha tem sido entendido que a chamada *acción individual* prevista no artigo 241 da LSC pode ser exercida para tutelar os interesses dos credores sociais no caso de estes sofrerem danos que derivem directamente da violação da obrigação legal de solicitar a insolvência da sociedade. Contudo, coloca-se nesse ordenamento jurídico a questão de articular esta norma com o disposto nos artigos 367.1 da LSC (a que correspondiam os artigos 262.5 da *Ley de Sociedades Anónimas* e 105.5 da *Ley de Sociedades de Responsabilidad Limitada*), sobretudo desde a reforma operada pela *Ley 19/2005 sobre Sociedade Anónima Europea domiciliada en España* (sobre o âmbito de aplicação destas disposições legais, cf. MARIA DE FÁTIMA RIBEIRO, *A Tutela dos Credores da Sociedade por Quotas e a "Desconsideração da Personalidade Jurídica"*, cit., pp. 195 ss., nota 177, e pp. 228 ss., nota 223). Desde logo, estas normas estabelecem o dever de os administradores promoverem a dissolução da sociedade ou a sua insolvência, entendendo-se que, perante uma situação de insolvência actual (uma vez que a existência de perdas que reduzam o património social a menos de metade do valor do capital social pode coincidir no tempo com a situação de insolvência actual da sociedade; cf. GUILLERMO ALCOVER GARAU, «El ámbito de responsabilidad de los administradores en los nuevos artículos 262.5 de la Ley de Sociedad Anónima y 105.5 de la Ley de Sociedades de Responsabilidad Limitada», in *Revista de Derecho de Sociedades*, 2006-1, n.º 26, 85-93, pp. 89 ss.), devem necessariamente promover a insolvência; pelo que a alternativa apenas se coloca se se estiver perante uma situação de insolvência iminente (cf. BENJAMÍN SALDAÑA VILLOLDO, «La acción individual de responsabilidad...», cit., pp. 1340 ss.; FERNANDO MARÍN DEL LA BÁRCENA GARCIMARTÍN, *La Acción Individual de Responsabilidad...*, cit., pp. 344 e 356 ss.).

[44] Por isso, o montante obtido, por esta via, pelo credor deve ser deduzido ao valor do passivo da sociedade insolvente.

[45] Cf. JESÚS QUIJANO GONZÁLEZ, «Responsabilidad societaria y concursal de administradores...», cit., pp. 35 ss..

4. A necessidade de uma solução uniformizadora no espaço europeu

Existem nos diversos países do espaço europeu as soluções mais díspares no que respeita à tutela dos interesses dos credores sociais na insolvência da sociedade, mormente quanto à responsabilidade dos administradores pelos comportamentos que tenham provocado ou agravado o estado de insolvência do ente societário.

Neste contexto, encontram-se ordenamentos jurídicos em que esta tutela está amplamente assegurada (como é o caso do francês: cumulam-se a *action en paiement des dettes de la personne morale*[46] com a *action en responsabilité pour insuffisance d'actif*, antes denominada *action en comblement du passif*[47], num sistema com tradição de repressão dos comportamentos abusivos dos dirigentes de direito ou de facto[48])[49] e, simultaneamente,

---

[46] Rege o disposto no artigo L. 652-1 do *Code de commerce*: a consequência prevista para os casos em que algum dirigente de direito ou de facto de uma pessoa colectiva tenha cometido uma das *fautes* previstas na norma e, com isso, contribuído para a situação de *cessation des paiements* (ou seja, a impossibilidade de o devedor fazer face ao passivo exigível com o seu activo disponível, nos termos do artigo L. 631-1 do *Code de commerce*) é a sua possível responsabilização, por parte do tribunal, pela totalidade ou por uma parte das dívidas dessa pessoa colectiva, durante o respectivo processo de liquidação judicial (as somas recuperadas serão afectadas ao pagamento dos respectivos credores, nos termos do disposto no artigo L. 652-3 do *Code de commerce*). Uma das *fautes* que pode dar origem a esta responsabilidade é precisamente o facto de ser prosseguida pelos administradores, na prossecução de um interesse pessoal, uma exploração deficitária da empresa societária, que inevitavelmente conduza à *cessation des paiements*.

[47] Consagrada no artigo L. 651-2 do *Code de commerce*, onde se prevê a possibilidade de o tribunal decidir que "as dívidas da pessoa colectiva serão suportadas, no todo ou em parte, com ou sem solidariedade, por todos os dirigentes de direito ou de facto, remunerados ou não, ou por alguns deles", verificados que estejam determinados requisitos: resultar da resolução de um processo ou plano de recuperação da empresa, ou da liquidação judicial da pessoa colectiva, a insuficiência do seu activo, e que para esta situação tenha contribuído uma gestão deficiente (*faute de gestion*). Esta quantia ingressa no património da pessoa colectiva devedora, para satisfação dos respectivos credores.

[48] Cf. Maria de Fátima Ribeiro, *A Tutela dos Credores da Sociedade por Quotas e a "Desconsideração da Personalidade Jurídica"*, cit., pp. 491 ss., nota 205; idem, «A responsabilidade de gerentes e administradores pela actuação na proximidade da insolvência de sociedade comercial», cit., pp. 93 ss..

[49] Também o legislador espanhol arquitectou um sistema extremamente eficaz de tutela dos credores sociais neste contexto. Nos termos do artigo 172. da *Ley Concursal*, a sentença que qualifique a insolvência como culposa poderá determinar, entre outras consequências, se o incidente de qualificação tiver tido lugar como consequência da abertura da fase de liquidação, a condenação dos administradores, de direito ou de facto, da pessoa colectiva, assim como aqueles que tenham tido tal condição nos dois anos anteriores à

sistemas extremamente pobres e excessivamente exigentes em matéria de prova, como o que actualmente vigora entre nós[50].

data da declaração de insolvência, a pagarem aos credores concursais, total ou parcialmente, o montante dos seus créditos que a massa insolvente não consiga satisfazer. Para que a tutela que resulta desta norma possa ser plenamente eficaz, dispõe o artigo 48.3 da mesma lei que o juiz da insolvência pode ordenar a penhora de bens e direitos desses responsáveis, quando pareça fundada a possibilidade de que a insolvência venha a ser qualificada como culposa e de que a massa insolvente seja insuficiente. Por outras palavras: à luz do disposto nos artigos 48.3 e 172.3 da *Ley Concursal*, os bens e direitos dos administradores, de direito ou de facto, podem vir a responder pelas obrigações da sociedade insolvente que a massa não consiga satisfazer. Acrescente-se, ainda, que o artigo 363.1 d) da LSC obriga à dissolução da sociedade quando existam perdas que tornem o património líquido da sociedade inferior a metade do valor do capital social e essas perdas se mantenham durante um exercício (a menos que haja um aumento ou uma redução do capital social), sempre que não esteja em causa a apresentação da sociedade à insolvência. Neste segundo caso, dispõe o artigo 367.1 da LSC que cabe aos administradores da sociedade a obrigação de, no prazo de dois meses, convocarem uma assembleia geral para deliberar a dissolução da sociedade; se estes não cumprirem tal obrigação, ou se não solicitarem a dissolução judicial ou a insolvência da sociedade no prazo de dois meses desde a data prevista para a reunião da assembleia geral, quando esta não se tenha realizado, ou desde o dia dessa assembleia, quando a deliberação tenha sido contrária à dissolução ou à apresentação à insolvência, respondem solidariamente – perante os credores sociais – por todas as obrigações da sociedade ulteriores à existência da situação legal de dissolução. Para mais desenvolvimentos, cf. Maria de Fátima Ribeiro, *A Tutela dos Credores da Sociedade por Quotas e a "Desconsideração da Personalidade Jurídica"*, cit., pág. 229, nota 224, pág. 481, nota 187, pp. 497 ss., nota 206; idem, «A responsabilidade de gerentes e administradores pela actuação na proximidade da insolvência de sociedade comercial», cit., pp. 112 ss..

[50] Neste preciso aspecto – a tutela de novos credores – pode afirmar-se que o legislador italiano retrocedeu. Actualmente, o artigo 2486 do *codice civile* italiano dispõe que os administradores têm, quando verificado um dos factos que determinem a dissolução da sociedade (como é o caso da impossibilidade superveniente de conseguir a prossecução do objecto social, ou da descida do valor do capital social abaixo do mínimo legal) o dever de limitarem a gestão aos actos destinados à conservação da integridade e do valor do património social, dever cuja violação tem por consequência a sua responsabilidade pessoal e solidária pelos danos assim causados à sociedade, aos sócios, aos credores sociais e a terceiros (mas esta obrigação não existe isoladamente: ela depende da inscrição no registo comercial da declaração dos administradores de que estão verificadas estas causas de dissolução da sociedade. Note-se que, na hipótese de atraso ou omissão no cumprimento deste dever de inscrição no registo, os administradores são mais uma vez responsáveis pessoal e solidariamente pelos danos causados à sociedade, aos sócios, aos credores sociais e a terceiros, nos termos do artigo 2485). Deste modo, prevê-se a responsabilidade extracontratual dos administradores pelos danos culposamente causados aos credores sociais neste contexto, deixando de vigorar o disposto no artigo 2449 antes da reforma operada em 2003, que estabelecia a responsabilidade ilimitada e solidária dos administradores que violassem a proibição de "empreender novas operações" depois de se ter verificado um facto que determinasse a dissolução da sociedade; ou seja, os credores

Atento o fenómeno de *forum shopping*[51], praticamente inevitável dentro de um espaço que se pretende comunitário[52], é manifesto o interesse em que sejam harmonizadas as soluções legais que, a este nível, podem servir a prossecução dos efeitos desejados[53]. Relembramos a frase com a qual

---

cujos créditos tivessem sido constituídos depois da verificação de uma das referidas causas legais de dissolução da sociedade (logo, em violação da enunciada proibição) estavam, sem mais, legitimados para pedirem a condenação dos administradores no pagamento das dívidas contraídas pela sociedade nas "novas operações". Cf. MARIA DE FÁTIMA RIBEIRO, *A Tutela dos Credores da Sociedade por Quotas e a "Desconsideração da Personalidade Jurídica"*, cit., pp. 226 ss., nota 221; idem, «A responsabilidade de gerentes e administradores pela actuação na proximidade da insolvência de sociedade comercial», cit., pp. 106 ss..

[51] Sobre o fenómeno, neste âmbito, cf. MARIA DE FÁTIMA RIBEIRO, *A Tutela dos Credores da Sociedade por Quotas e a "Desconsideração da Personalidade Jurídica"*, cit., pp. 223 ss., nota 220.

[52] Tem-se definido *forum shopping* como "uma realidade prática que consiste na identificação, por um ou vários sujeitos, da jurisdição que irá proferir a decisão que para ele(s) será mais favorável, adoptando esse(s) sujeito(s) as medidas necessárias para que essa jurisdição reconheça a sua competência e aplique o Direito que mais lhe(s) convém". Cf. ANTÓNIO FRADA DE SOUSA, «Exoneração do passivo restante e *forum shopping* na insolvência de pessoas singulares na União Europeia», em curso de publicação. Em resultado do disposto no artigo 4.º do Regulamento (CE) n.º 1346/2000 do Conselho, de 29 de Maio de 2000, relativo aos processos de insolvência, publicado no JOCE L 360, de 30 de Junho de 2000, pp. 1-18, a lei aplicável ao processo de insolvência e aos respectivos efeitos será a lei do Estado-membro em cujo território é aberto o processo. Embora um dos objectivos visados pelo Regulamento tenha sido precisamente o de "evitar quaisquer incentivos que levem as partes a transferir bens ou acções judiciais de um Estado-membro para outro, no intuito de obter uma posição legal mais favorável (forum shopping)", nos termos do seu quarto considerando, parece que esse efeito acaba precisamente por ser promovido, desde que o insolvente consiga antecipar a sua insolvência, em termos que lhe permitam alterar "o centro dos interesses principais do devedor" antes da abertura do respectivo processo (de acordo com o disposto no artigo 3.º do mesmo Regulamento é competente para o processo de insolvência o tribunal do Estado-membro em cujo território está situado "o centro dos interesses principais do devedor", presumindo-se, até prova em contrário, que "o centro dos interesses principais" de uma sociedade comercial é o local da respectiva sede estatutária). Todavia, alguma doutrina tem alertado para o facto de o *forum shopping* não ser, necessariamente, um fenómeno a combater, salientando as vantagens do pluralismo jurídico e da concorrência entre os sistemas jurídicos nacionais na União Europeia. Cf. LUÍS DE LIMA PINHEIRO, «Concorrência entre sistemas jurídicos na União Europeia e Direito Internacional Privado», in *O Direito*, 2007, 139.º, II, 255-281, pp. 259 ss.; WOLF-GEORG RINGE, «Forum shopping under the EU Insolvency Regulation», in *European Business Organisation Law Review*, 2008, 579-620, pp. 579 ss..

[53] Isto mesmo já resulta do Relatório do *Forum Europaeum Konzernrecht*, ou *Forum Europaeum Corporate Group Law*, (grupo constituído por representantes das várias ordens jurídicas europeias), originalmente publicado em alemão – FORUM EUROPAEUM KONZERNRECHT, «Konzernrecht für Europa», in *Zeitschrift für Unternehmens- und Gesellschaftsrecht*, 1998, 672-772 –, e mais tarde em inglês – FORUM EUROPAEUM CORPORATE GROUP LAW, «Corporate

abrimos este estudo, ou seja, a afirmação de que o maior dano que os administradores podem infligir à sociedade que administram é provocarem ou agravarem a respectiva insolvência. Acrescentamos que a gravidade dos danos causados por esta actuação é ainda maior se tivermos em conta os efeitos que as situações em análise produzem junto de todos os grupos de *stakeholders*, ultrapassando largamente o estrito âmbito territorial de cada Estado.

Do *Action Plan* da Comissão das Comunidades Europeias e do relatório final do *Forum Europaeum Corporate Group* resulta a necessidade de desenvolvimento de uma regra, aplicável em todo o espaço europeu, pela qual os administradores pudessem ser ilimitadamente responsáveis pelas consequências da insolvência da empresa societária se, sendo previsível que a sociedade não poderia continuar a pagar as suas dívidas, não decidissem recuperar a empresa e assegurar o pagamento dessas dívidas, ou liquidá-la. Do confronto entre as soluções vigentes nos ordenamentos alemão e britânico privilegiou-se a segunda.

No direito britânico, o conceito de *wrongful trading*, expressamente introduzido pela *section* 214 do *Insolvency Act*, estabelece uma excepção ao princípio da responsabilidade limitada para o caso em que os *directors* levam a sociedade a contrair dívidas que eles não ignoram, ou não deveriam ignorar, que ela não conseguirá satisfazer. Tal acontece especificamente quando eles sabem, ou deveriam saber, que não existem perspectivas razoáveis de que a sociedade possa evitar a insolvência e, mesmo assim, não tomam medidas que permitam minimizar o potencial dano que a mesma causará aos credores sociais. Consequentemente, o tribunal poderá condenar esses *directors* a contribuírem para o património da sociedade, de modo a que seja possível compensar o prejuízo que, para os credores sociais, resultou de terem estabelecido relações com uma sociedade insolvente[54]. Atente-se no facto de não decorrer da *section* 214 do

---

group law for Europe», in *European Business Organisation Law Review*, 2000, 165-264; e do *Action Plan* da Comissão das Comunidades Europeias, Comunicação da Comissão ao Conselho e ao Parlamento Europeu, COM (2003) 284 final, de 21 de Maio de 2003, sobre a modernização do direito das sociedades e o reforço do governo de empresa na União Europeia, disponível in http://europa.eu.int/eur-lex/en/com/cnc/2003/com2003_0284en01.pdf.

[54] Para a doutrina britânica, é ponto assente que o fim da *section* 214 do *Insolvency Act 1986* é o de tornar possível a responsabilidade civil de "directors who *negligently* have decided to continue to trade". Cf. a análise de Maria de Fátima Ribeiro, *A Tutela dos Credores da Sociedade por Quotas e a "Desconsideração da Personalidade Jurídica"*, cit., pp. 227 ss., nota 222, e pág. 499, nota 208; idem, «A responsabilidade de gerentes e administradores pela actuação na proximidade da insolvência de sociedade comercial», cit., pp. 108 ss..

Insolvency Act que a diferenciação da tutela dos *Neugläubiger* (ou seja, credores cujos créditos nascem já depois de a sociedade se encontrar numa situação em que deveria ter sido instaurado o processo de insolvência) deva ou possa ter lugar, ao contrário do que tem resultado da aplicação da regra agora consagrada no § 15a da *Insolvenzordnung* (InsO)[55].

No ordenamento jurídico alemão, este § 15a da InsO impõe aos administradores a obrigação de apresentação da sociedade à insolvência (com a maior brevidade possível, no máximo nas três semanas seguintes à verificação da situação de *Zahlungsunfähigkeit*, incapacidade de pagamento das respectivas dívidas, ou de *Überschuldung*, sobreendividamento), sendo que a violação desta obrigação os torna responsáveis, nos termos do § 823, II, do BGB (responsabilidade delitual por violação de norma de protecção, como é o caso da *Insolvenzantragspflicht*), perante os credores sociais[56], pelo aumento da parte dos créditos previamente constituídos que vai ficar por satisfazer (fala-se aqui de *Altgläubiger*) e pela totalidade dos créditos constituídos a partir do momento em que ela deveria ter sido cumprida (de que são titulares os *Neugläubiger*)[57]/[58].

---

[55] Cf. THOMAS BACHNER, «Wrongful trading before the English High Court *Re Continental Assurance Company of London plc* (*Singer v. Beckett*)», in *European Business Organisation Law Review*, 2004, 195-200, pp. 199 ss.; PETER O. MÜLBERT, «A synthetic view of different concepts of creditor protection ...», cit., pp. 381 ss.; HÖRST EIDENMÜLLER, «Trading in times of crisis ...», cit., pp. 253 ss..

[56] Por seu turno, o § 64 da *Gesetz betreffend die Gesellschaften mit beschränkter Haftung* (GmbHG) e o § 92, II, da *Aktiengesetz* (AktG) obrigam gerentes e administradores a indemnizarem a sociedade pelos pagamentos efectuados a partir do momento em que a sociedade se encontre na situação de *Zahlungsunfähigkeit* ou de *Überschuldung* – ou seja, na chamada *Verschleppungsphase*, quando a sociedade está *Insolvenzreife*; não constitui pressuposto desta responsabilidade o facto de o gerente ter violado a obrigação de apresentação da *Gesellschaft mit beschränkter Haftung* (GmbH) à insolvência –, obrigação que não subsiste, porém, relativamente a pagamentos compatíveis com o cuidado de um homem de negócios diligente (esta é uma responsabilidade interna, através da qual o gerente ou administrador reintegra o património da sociedade).

[57] No âmbito desta responsabilidade – antes da *Referentenentwurf eines Gesetzes zur Modernisierung des GmbH-Rechts und zur Bekämpfung von Missbräuchen* (MoMiG), prevista no § 64, I, da GmbHG –, o *Bundesgerichtshof* (BGH) precisou, em decisão de 6 de Junho de 1994 (in *Neue Juristische Wochenschrift*, 1994, 2220-2225), que os credores sociais cujos créditos foram constituídos a partir do momento em que a GmbH deveria ter sido apresentada à insolvência devem ser indemnizados pela totalidade do dano que para eles resultou do facto de terem estabelecido relações jurídicas com uma sociedade incapaz de efectuar pagamentos ou sobreendividada. Esta orientação, já então defendida por GÜNTER H. ROTH, «Unterkapitalisierung und persönliche Haftung», in *Zeitschrift für Unternehmens- und Gesellschaftsrecht*, 1993, 170-209, p. 173, não correspondia à interpretação da doutrina dominante. Cf. CLAUS-WILHELM CANARIS, «Die Haftung für fahrlässige Verletzungen der Konkursantragspflicht nach § 64 GmbHG», in *Juristenzeitung*, 1993, 649-652, p. 651; KARS-

A preferência pela criação de uma regra próxima do *wrongful trading*, presente em ambas as propostas, assenta essencialmente no facto de se acreditar que este mecanismo de tutela dos interesses dos credores sociais tem sobre a *Insolvenzverschleppungshaftung* a vantagem de estimular a actuação dos administradores, em resposta a uma situação de crise da empresa, muito antes da verificação da situação material de insolvência.

Mas uma análise atenta da *section* 214 do *Insolvency Act* e da respectiva aplicação pelos tribunais demonstra que não é seguro que este mecanismo represente uma tutela mais eficiente dos interesses dos credores sociais do que a solução consagrada no direito alemão. Desde logo, invoca-se que, na verdade, aquela norma prescreve o dever de os *directors* agirem de modo a minimizarem os potenciais prejuízos dos credores numa fase demasiado tardia, ou seja, apenas quando a situação económica da sociedade já se encontra de tal modo degradada que não existe nenhuma perspectiva razoável de que a sua insolvência possa ser evitada. Por outras palavras, define-se insolvência, para este efeito, segundo um critério *cash flow*[59], embora a sociedade seja considerada insolvente, nos termos da mesma norma,

---

TEN SCHMIDT, «Anmerkung (BGH, Beschl. von 20.9.1993)», in *Neue Juristische Wochenschrift*, 1993, 2934-2935, p. 2934. No entanto, acabou por ser aceite e entendida como uma forma de conferir a adequada tutela aos credores novos de boa fé, uma vez que o dano que sofrem com a violação da obrigação de apresentação da GmbH à insolvência não é aquele que resulta do facto de verem aumentar a parte do seu crédito que fica por satisfazer, mas antes do facto de terem contratado com essa sociedade, o que não teria acontecido na pendência do processo de insolvência, se este tivesse sido iniciado no tempo devido. Cf. THOMAS BACHNER, «Wrongful trading – a new european model for creditor protection?», in *European Business Organisation Law Review*, 2004, 293-319, pp. 316 ss.; VOLKER RÖHRICHT, «Insolvenzrechtliche aspekte im Gesellschaftsrecht», in *Zeitschrift für Wirtschaftsrecht*, 2005, 505-516, p. 508. Nota a doutrina que este entendimento parece aproximar tal responsabilidade, pelo menos perante os chamados *Neugläubiger*, da responsabilidade que resulta da *culpa in contrahendo*. Cf. WERNER FLUME, «Die Haftung des GmbH-Geschäftsführers bei Geschäften nach Konkursreife der GmbH», in *Zeitschrift für Wirtschaftsrecht*, 1994, 337-342, p. 338; MARKUS GEIßLER, «Die Haftung des faktischen GmbH-Geschäftsführers», in *GmbH-Rundschau*, 2003, 1106-1114, pág. 1113.

58 Para mais desenvolvimentos, cf. MARIA DE FÁTIMA RIBEIRO, *A Tutela dos Credores da Sociedade por Quotas e a "Desconsideração da Personalidade Jurídica*, cit., pp. 218 ss., nota 219; idem, «A responsabilidade de gerentes e administradores pela actuação na proximidade da insolvência de sociedade comercial», cit., pp. 99 ss..

59 Pelo menos, é de acordo com esse critério que os tribunais do Reino Unido têm determinado o momento a partir do qual não existe uma perspectiva razoável de que a sociedade possa evitar a insolvência. Para a análise dos casos mais significativos neste aspecto, cf. PAUL DAVIES, «Directors' creditor-regarding duties in respect of trading decisions taken in the vicinity of insolvency ...», cit., 319 ss..

segundo um critério *balance sheet*[60]. Outra das críticas que tem merecido a *section* 214 do *Insolvency Act* é que apenas se estabelece a responsabilidade dos *directors* se a sociedade vier a ser judicialmente declarada insolvente: este requisito pode obstar à efectiva responsabilização daquelas entidades, nomeadamente nos casos em que na massa insolvente nem sequer existam bens suficientes para que o processo judicial de insolvência possa prosseguir, ainda que um exame perfunctório da situação possa revelar que o activo da sociedade poderia ser significativamente aumentado em resultado de uma acção de responsabilidade contra aqueles *directors*[61]. Para mais, são muito poucos os casos de aplicação judicial da *section* 214 do *Insolvency Act*[62]. Depois, resulta da interpretação que lhe foi dada no caso *Re Continental Assurance Company of London*[63] que a responsabilidade dos administradores não ultrapassa o âmbito da violação do dever de monitorizarem de forma cuidadosa e continuada a solvência da sociedade e de cessarem a exploração da empresa se ela se tornar insolvente, o que não se afasta muito da responsabilidade que resulta da *Insolvenzverschleppungshaftung*[64]. Finalmente, não decorre da *section* 214 do *Insolvency Act* que a diferenciação da tutela dos *Neugläubiger* (ou seja, credores cujos créditos nascem já depois de a sociedade se encontrar numa situação em que deveria ter sido instaurado o processo de insolvência) deva ou possa ter lugar, ao contrário do que tem resultado da aplicação da regra agora consagrada no § 15a da InsO[65].

---

[60] Quando os bens do activo são insuficientes para o pagamento das suas dívidas e outras obrigações. Cf. THOMAS BACHNER, «Wrongful trading – a new european model for creditor protection?», cit., pp. 293 ss.; PETER O. MÜLBERT, «A synthetic view of different concepts of creditor protection…», cit., pp. 382 ss.; PAUL DAVIES, «Directors' creditor-regarding duties in respect of trading decisions taken in the vicinity of insolvency …», cit., pp. 317 ss..

[61] Cf. PAUL DAVIES, «Directors' creditor-regarding duties in respect of trading decisions taken in the vicinity of insolvency …», cit., pp. 321 ss..

[62] Como notam THOMAS BACHNER, «Wrongful trading – a new european model for creditor protection?», cit., pp. 297 ss.; ULRICH HÜBNER, «Mindestkapital und alternativer Gläubigerschutz – rechtsvergleichende Anmerkungen zur Entwicklung des GmbH-Rechts», in *Festschrift für Claus-Wilhelm Canaris zum 70. Geburtstag*. Tomo II, C.H. Beck, München, 2007, 129-145, pp. 139 ss.; HÖRST EIDENMÜLLER, «Trading in times of crisis …», cit., p. 249; PAUL DAVIES, «Directors' creditor-regarding duties in respect of trading decisions taken in the vicinity of insolvency», cit., pp. 325 ss..

[63] Também conhecido como caso *Singer* v. *Beckett*. Cf. a descrição e a análise de THOMAS BACHNER, «Wrongful trading before the English High Court *Re Continental Assurance Company of London plc* (*Singer v. Beckett*)», cit., pp. 196 ss..

[64] Cf. THOMAS BACHNER, últ. ob. cit., p. 198.

[65] Cf. ainda, THOMAS BACHNER, últ. ob. cit., pp. 199 ss.; PETER O. MÜLBERT, «A synthetic view of different concepts of creditor protection …», cit., pp. 381 ss.; HÖRST EIDENMÜLLER, «Trading in times of crisis …», cit., pp. 253 ss..

Em síntese, a harmonização das soluções legislativas, nesta matéria, por aproximação a uma solução com os contornos da *Insolvenzverschleppungshaftung* poderia servir eficientemente os objectivo de assegurar a adequada tutela dos interesses dos credores sociais, debelando simultaneamente diferenças de vulto entre os diversos ordenamentos jurídicos do espaço europeu.

Sumário: Neste artigo procuro delimitar o universo de potenciais lesados, titulares de um direito de acção directa contra o segurador num seguro de responsabilidade civil celebrado pelos administradores de sociedades anónimas em cumprimento do dever de prestar caução consagrado no art. 396.º CSC. Defendo a identidade entre esse universo e o dos beneficiários de qualquer outro meio de satisfação deste dever de prestar caução. Delimito esse universo por referência às categorias de sujeitos tutelados no CSC. Por fim, faço uso dos resultados da análise para sustentar que integra esse universo o próprio Estado, na sua qualidade de credor de indemnizações fundadas em responsabilidade tributária, mas já não os credores de indemnizações que baseiem as suas pretensões no novo regime de responsabilidade ambiental.

Abstract: In this paper I try to pinpoint the universe of those injured parties entitled to recover damages directly against the liability insurer of the directors of a limited liability company who have contracted such insurance in fulfilment of their duty to provide a surety under article 396 of the Portuguese Companies Code. I argue that such universe coincides with that of the beneficiaries of any other means of fulfilling this duty. I pinpoint that universe by reference to the classes of injured parties protected under the Portuguese Companies Code. Finally, I apply the results of this analysis in support of the conclusion that the State is amongst the members of that universe, in what regards the directors' tax liability, but that the same cannot be said of those creditors who base their claims on the new environmental liability set of rules.

MARGARIDA LIMA REGO[*]

A quem aproveita o seguro de responsabilidade civil de administradores celebrado para os efeitos do art. 396.º CSC?

1. Introdução

O objecto deste estudo é o seguro de responsabilidade civil celebrado pelos ou por conta dos administradores de sociedades anónimas em cumprimento do dever de prestar caução consagrado no art. 396.º CSC. A figura é um produto muito recente do mercado de seguros nacional, que com ela tem procurado dar resposta às novas exigências da lei portuguesa em matéria de prestação de caução.[1] Estas fazem-se sentir, mais ampla-

[*] Professora convidada da Faculdade de Direito da Universidade Nova de Lisboa e advogada

[1] A reforma do direito societário operada pelo DL n.º 76-A/2006, de 29 de Março, veio alterar os montantes mínimos da caução, que até então eram de € 5.000,00 para todas as

mente, sobre os titulares dos órgãos de administração e de fiscalização de sociedades anónimas, e não apenas sobre os respectivos administradores,[2] pelo que é com esse alcance que o seguro é por vezes contratado, assumindo então a designação de «seguro de responsabilidade civil dos titulares de órgãos sociais».[3]

Esta delimitação exclui do âmbito deste estudo o mais conhecido e discutido de todos os seguros de responsabilidade civil de administradores:[4] o chamado «seguro D&O».[5]

O propósito que me move é o de contribuir para uma correcta delimitação do *âmbito subjectivo* das coberturas deste seguro, não no que respeita à identificação dos segurados, que não oferece dúvidas – os segurados são os administradores, que podem ou não ser também tomadores do seguro. Pretendo, sim, delimitar *o universo de potenciais lesados, titulares de direitos*

---

sociedades anónimas e passaram a ser de € 250.000,00 para as sociedades emitentes de valores mobiliários admitidos à negociação em mercado regulamentado e para as sociedades que ultrapassem determinadas fasquias fixadas na lei, e, para as restantes sociedades, de € 50.000,00 (cfr. infra o texto a seguir à n. 7). Só então a figura viria a suscitar o interesse do mercado de seguros, dando azo à criação e comercialização de um produto novo, feito à medida.

[2] Para além do art. 396.º, cfr. ainda os arts. 418.º-A/1, 433.º/2 e 445.º/3, todos do CSC.

[3] Ou outra equivalente, já que existem hoje vários seguradores no mercado nacional com oferta de modalidades de seguros de responsabilidade civil de administradores especialmente destinadas a dar cumprimento ao art. 396.º CSC.

[4] Com esta referência aos «seguros de responsabilidade civil de administradores» pretendo abranger, em termos amplos, todos os seguros de responsabilidade civil que cubram riscos decorrentes do exercício de funções de administração. A lei oferece-nos uma definição de «seguros de responsabilidade civil» no art. 137.º da Lei do Contrato de Seguro, aprovada pelo DL n.º 72/2008, de 16 de Abril (adiante «LCS»). Sigo de perto esta definição, com o esclarecimento de que a referência da lei aos «terceiros» só se afigura correcta se se aferir essa qualidade apenas em relação ao segurado e não em relação às partes no contrato de seguro. Um bom exemplo de que, por vezes, o titular de um direito a uma indemnização também é parte no contrato de seguro é-nos dado pelo seguro D&O (cujo tomador é a própria sociedade).

[5] A designação que entre nós mais se popularizou é de origem inglesa. A sigla «D&O» corresponde a uma abreviatura da designação inglesa *«directors and officers liability insurance»*. Em língua portuguesa, poderíamos falar em «seguro de responsabilidade civil de administradores e directores». Não o faço, nesta sede, porque essa denominação não distinguiria a figura, com suficiente clareza, dos demais seguros de responsabilidade civil de administradores, entre os quais se conta aquele que é objecto deste estudo. Este *tipo social* de contrato de seguro foi objecto, entre nós, de uma dissertação de doutoramento recentemente publicada: M. Elisabete Ramos, *O seguro de responsabilidade civil dos administradores. Entre a exposição ao risco e a delimitação da cobertura*, Coimbra 2010.

de acção directa contra o segurador – ou seja, dos «titulares de indemnizações» a que a lei faz referência, na versão actualmente em vigor.[6]

Na parte final do estudo, faço uso das conclusões da análise para sustentar que integra esse universo o próprio Estado, na sua qualidade de credor de indemnizações fundadas em responsabilidade tributária, quando não recorra a uma presunção de culpa, mas já não os credores de indemnizações que baseiam as suas pretensões no novo regime de responsabilidade ambiental.

2. As várias redacções do art. 396.º CSC

Depois desta introdução, cumpre analisar o texto da disposição legal que consagra o dever de prestar caução que incide sobre os administradores de sociedades anónimas. Era a seguinte a versão originária do art. 396.º CSC:

1. *A responsabilidade de cada administrador deve ser caucionada por alguma das formas admitidas por lei, na importância que for fixada pelo contrato de sociedade, mas não inferior a 500.000$00.*
2. *A caução pode ser substituída por um contrato de seguro, a favor da sociedade, cujos encargos não podem ser suportados por esta, salvo na parte em que a indemnização exceda o mínimo fixado no número anterior.*
3. *Excepto nas sociedades com subscrição pública, a caução pode ser dispensada por deliberação da assembleia geral ou constitutiva que eleja o conselho de administração ou um administrador e ainda quando a designação tenha sido feita no contrato de sociedade, por disposição deste.*[7]

Em 1998, o montante mínimo da caução foi fixado em € 5.000,00.[8]

A reforma do direito societário de 2006[9] veio alterar os montantes mínimos da caução, que passaram a ser de € 250.000,00 para as sociedades emitentes de valores mobiliários admitidos à negociação em mercado regulamentado e para as sociedades que ultrapassem determinadas fas-

---

[6] Cfr. o n.º 2 do art. 396.º CSC.
[7] Redacção resultante do DL n.º 262/86, de 2 de Setembro. O preceito que mais directamente influenciou a redacção deste artigo foi o art. 2387.º CCit. Cfr. Raúl Ventura, «Nota sobre a caução de responsabilidade dos administradores» em *Novos estudos sobre sociedades anónimas e sociedades em nome colectivo. Comentário ao Código das Sociedades Comerciais*, Coimbra 1994, pp. 199-205, p. 202.
[8] Cfr. o DL n.º 343/98, de 6 de Novembro.
[9] Cfr. o DL n.º 76-A/2006, de 29 de Março.

quias fixadas na lei,[10] e, para as restantes sociedades, de € 50.000,00. Em acréscimo, a referência legal à possibilidade de celebração de um seguro «a favor da sociedade» foi substituída por uma referência à possibilidade de celebração de um seguro «a favor dos titulares de indemnizações».[11]

3. Um seguro de responsabilidade civil

Em abstracto, o seguro de que se lance mão para cumprir o dever de prestar caução não teria de ser um seguro de responsabilidade civil. Para o efeito, também se tem recorrido ao seguro-caução, embora essa prática pareça estar a cair em desuso. O seguro-caução é uma garantia pessoal que, nos termos da lei, pode ser usada para cobrir o risco de incumprimento ou atraso no cumprimento de obrigações susceptíveis de caução, fiança ou aval – desde que, no primeiro caso, possa fazer-se uso de uma garantia pessoal.[12] No entanto, no nosso ordenamento jurídico, o seguro-caução não cobre danos não patrimoniais ou lucros cessantes, limitação que se afigura decisiva para o seu afastamento como meio de cumprir o dever de prestar caução do art. 396.º CSC.[13] Igualmente impeditiva do recurso a esta figura é a exigência legal de identificação do segurado, que assim não poderia corresponder a um conjunto indeterminado de potenciais lesados.[14]

O seguro de responsabilidade civil tem sido muito usado para este efeito na prática recente, e terá sido a modalidade de seguro especialmente

---

[10] Cfr. o art. 413.º/2/a) CSC.
[11] Art. 396.º/2 CSC. Manteve-se inalterada a referência ao dever de caucionar a responsabilidade dos administradores no n.º 1 do art. 396.º CSC.
[12] Cfr. o art. 6.º do DL n.º 183/88, de 24 de Maio, republicado pelo DL n.º 31/2007, de 14 de Fevereiro, e o art. 162.º da LCS.
[13] Cfr. o disposto no art. 12.º do mencionado DL n.º 183/88. O argumento é usado por M. ELISABETE RAMOS, cit. *supra* n. 5, pp. 331-332. Cfr. ainda, neste sentido, G. FIGUEIREDO DIAS, «A fiscalização societária redesenhada: independência, exclusão de responsabilidade e caução obrigatória dos fiscalizadores», em *Reformas do Código das Sociedades*, Coimbra 2007, pp. 279-334, a pp. 325-326; e P. CÂMARA, «O governo das sociedades e a reforma do Código das Sociedades Comerciais», em *Código das Sociedades Comerciais e governo das sociedades*, Coimbra 2008, pp. 9-141, a p. 55.
[14] Cfr. o art. 8.º/1/a) do DL n.º 183/88. M. ELISABETE RAMOS e P. CÂMARA, cit. *supra* n. 13, fazem ainda referência ao direito, aceite por alguma jurisprudência, de sub-rogação do segurador nos direitos do credor, em todos os casos. Este não me parece um elemento determinante, numa perspectiva da estrita admissibilidade jurídica do recurso à figura, mas sem dúvida faria com que o mecanismo perdesse algum do seu interesse para os administradores, em comparação com o seguro de responsabilidade civil, que, tipicamente, consagra um direito de regresso do segurador apenas em caso de dolo dos administradores. Cfr. o art. 144.º LCS.

tida em vista, não só pelos autores materiais do preceito, na sua versão originária, mas também pelos principais responsáveis pela redacção de 2006 – *maxime*, a CMVM.[15] Esta influência deve-se, sobretudo, ao sucesso internacional do seguro *D&O*. Todavia, muito embora pareça ter estado subjacente às alterações introduzidas na redacção do preceito uma intenção de estimular os seguros *D&O*, a verdade é que estes, na sua configuração típica actual, teriam de sofrer adaptações muito significativas para se ajustarem aos constrangimentos do art. 396.º CSC. Assim, não surpreende que a prática do mercado tenha evoluído para a concepção, neste contexto, de um seguro de responsabilidade civil com características próprias, moldado em função das exigências do dito art. 396.º CSC.[16] A par deste seguro, cujo intuito é apenas o de cumprir o dever de prestar caução, é frequente a celebração de um seguro *D&O*. A cumulação das duas modalidades de seguros parece ser o modo mais eficiente de satisfazer os requisitos deste dever legal sem deixar de contratar as coberturas mais convenientes para uma efectiva protecção das administrações, com os capitais seguros adequados à dimensão e actividade de cada sociedade.[17]

Para essa circunstância contribui a aplicação, ao seguro em apreço, do regime dos seguros obrigatórios de responsabilidade civil – entendimento que propugno, apesar de o seguro celebrado em satisfação deste dever legal de prestar caução não ser, rigorosamente, um seguro obrigatório. Com efeito, o dever que impende sobre os administradores é o de prestar caução, sendo facultativa a contratação desta ou de outra modalidade de

---

[15] Cfr. Raúl Ventura, cit. *supra* n. 7, a p. 201; e, já depois da reforma, G. Figueiredo Dias, cit. *supra* n. 13, p. 326; e M. Elisabete Ramos, cit. *supra* n. 5, pp. 305-306; e ainda, da mesma autora, «Debates actuais em torno da responsabilidade e da protecção dos administradores. Surtos de influência anglo-saxónica» (2008) 84 *BFD* 591-636, a pp. 632-633; e E. F. Pérez Carrillo/ M. Elisabete Ramos, «Responsabilidade civil e seguro dos administradores (reflexões em torno das experiências portuguesa e espanhola)» (2006) 82 *BFD* 291-347, a pp. 294-298.

[16] Cfr. uma identificação das principais diferenças entre ambos em M. Elisabete Ramos, cit. *supra* n. 5, pp. 332-337.

[17] Será de sublinhar, pelo impacto que teria no montante do prémio, a inadmissibilidade de exclusão da responsabilidade civil pelos actos dolosos dos administradores que se aplica ao seguro correspondente ao art. 396.º CSC. Cfr. *infra* o texto junto à n. 21. Outro factor de eventual encarecimento deste seguro está na imposição do reconhecimento, a todos os terceiros lesados, de um direito de acção directa contra o segurador, que não existe nos seguros facultativos, resultante da aplicação do art. 146.º/1 LCS. Cfr. *infra* o texto junto à n. 19. O impacto económico da eliminação desta e de outras exclusões, habituais nos seguros *D&O* mas que seriam inadmissíveis num seguro que obedecesse ao art. 396.º CSC, é de tal modo elevado que, de um ponto de vista estritamente financeiro, compensa contratar este último pelos capitais mínimos e complementá-lo, quanto ao mais, com um seguro *D&O*.

contrato de seguro, ou a prestação de caução sem ser por via de um seguro. No entanto, por identidade de razão, entendo que deverá aplicar-se a este seguro de responsabilidade civil de administradores, na medida em que se destine a dar cumprimento a este dever legal, o regime dos seguros obrigatórios de responsabilidade civil.[18] Por identidade de razão, atendendo a que a razão de ser da constituição de um dever de segurar, no caso dos seguros de responsabilidade civil, é exactamente a mesma que subjaz à constituição de um dever de caucionar: pretende-se proteger os lesados, assegurando a existência de meios suficientes para o integral ressarcimento dos seus danos. Assim se explica a consagração legal, nos seguros obrigatórios, de um direito de acção directa dos lesados contra os seguradores de responsabilidade civil.[19]

O direito de acção directa é algo que o ordenamento reconhece a um terceiro, independentemente da intervenção das partes num contrato. Não se confunde com as estipulações a favor de terceiro.[20] Ainda assim, se a situação activa do terceiro não é directamente estipulada pelas partes no contrato, não deixa de decorrer do direito objectivo que a existência do contrato, juntamente com outras circunstâncias, é determinante para a sua constituição. Embora, ao apresentar-se como um meio de satisfação do dever de prestar caução, o próprio seguro chame a si o universo de beneficiários da caução, remetendo, na delimitação das coberturas, para as obrigações a garantir ao abrigo do art. 396.º CSC, as partes não deixam de correr o risco de darem azo, ainda que inadvertidamente, à inaplicabilidade do seguro a alguns lesados que, nos termos da lei, devessem dela beneficiar. Só uma análise casuística poderá determinar que estipulações deverão ter-se por não escritas, por contrariarem norma legal injuntiva, determinadora do alcance da protecção do seguro na medida em que este se apresente como celebrado em seu cumprimento, e quais as que devem

---

[18] Cfr. os arts. 146.º a 148.º LCS. Na vigência do regime anterior, já era esse o entendimento do Conselho Nacional de Supervisores Financeiros, de que faz parte o Instituto de Seguros de Portugal. Cfr. o «Entendimento do Conselho Nacional de Supervisores Financeiros relativo ao art. 396.º do Código das Sociedades Comerciais», de 2008, pp. 4-5. A mesma conclusão vale para os seguros que venham a celebrar-se em cumprimento do dever de constituição de garantias financeiras no contexto da responsabilidade ambiental, consagrado no art. 22.º do DL n.º 147/2008, de 29 de Julho.

[19] Cfr. o art. 146.º/1 LCS. Sobre o direito de acção directa dos lesados contra o segurador, em geral e nos seguros de responsabilidade civil, cfr. M. LIMA REGO, *Contrato de seguro e terceiros. Estudo de direito civil*, Coimbra 2010, pp. 634-688.

[20] Sobre a distinção entre a acção directa e a estipulação para terceiro, cfr. J. GHÉSTIN/ M. BILLIAU/ C. JAMIN, «La stipulation pour autrui (rapport français)» em *Les effets du contrat à l'égard des tiers. Comparaisons franco-belges*, M. FONTAINE/ J. GHÉSTIN (eds.), Paris 1992, pp. 380-407, a pp. 396-399.

antes levar à conclusão de que o seguro foi celebrado com um âmbito distinto do necessário para dar integral cumprimento ao dever de prestar caução consagrado no art. 396.º CSC.

A par da consagração legal de um direito de acção directa dos lesados contra os seguradores de responsabilidade civil, temos ainda, com o mesmo fundamento de protecção dos lesados, a proibição, nos seguros obrigatórios, de estipulação de uma exclusão da cobertura da responsabilidade civil pelos actos dolosos dos segurados, que também se estende ao seguro em apreço.[21]

Uma vez que esta proibição visa *apenas* assegurar aos lesados o acesso a uma indemnização independentemente da solvabilidade dos responsáveis, não estando em causa a protecção destes últimos, admite-se a estipulação de um direito de regresso do segurador contra os segurados.[22]

4. O seguro como um meio, entre outros, de prestar caução

Embora a alteração da redacção do n.º 2 do art. 396.º CSC determinada na reforma de 2006 apenas respeite, literalmente, à possibilidade de celebração do seguro, parece dever concluir-se que houve um alargamento substancial dos beneficiários da caução, já que esta deixou de proteger apenas a própria sociedade e passou a proteger quaisquer «titulares de indemnizações».

Em rigor, não é evidente que, na sua versão originária, o preceito restringisse a caução à garantia da responsabilidade civil dos administradores perante a sociedade, pois apenas na referência ao seguro se esclarecia que a caução seria prestada à sociedade. No entanto, era esse o entendimento prevalecente. A favor desta interpretação invocou-se, para além do argumento literal baseado na possibilidade de lançar mão de um seguro «a

---

[21] Cfr. o art. 148.º/2 LCS. Na vigência do regime anterior, também já era esse o entendimento do Conselho Nacional de Supervisores Financeiros. Cfr. o respectivo Entendimento, cit. *supra* n. 18, pp. 4-5. Contra, cfr. PAIS DE VASCONCELOS, «*D&O insurance*: o seguro de responsabilidade civil dos administradores e outros dirigentes da sociedade anónima» em *Prof. Doutor Inocêncio Galvão Telles: 90 anos. Homenagem da Faculdade de Direito de Lisboa*, Coimbra 2007, pp. 1154-1182, a pp. 1175-1181. Na vigência do regime anterior, o autor sustentava que os actos dolosos dos segurados não podiam ser objecto de seguro, em virtude do disposto no art. 437.º CCom. Fazia-o a propósito da sua análise do art. 396.º/2 CSC. O autor entendia, em consonância com a posição referida, que este seguro não cobria o risco de dano intencionalmente causado (o risco de dolo). Sobre o tema cfr. ainda M. LIMA REGO, cit. *supra* n. 19, p. 160 n. 340.

[22] Cfr. o art. 144.º LCS.

favor da sociedade», a faculdade de dispensa por deliberação da assembleia geral ou constitutiva ou por disposição estatutária, bem como a de fixação do montante da caução, também por disposição estatutária.[23] Para além do mais, a obrigação de prestar caução inseria-se numa tradição de imposição de semelhante obrigação aos administradores *de bens alheios* (ou susceptíveis de virem a tornar-se alheios).[24]

Em sentido contrário, houve quem argumentasse que o tratamento diferenciado conferido às sociedades abertas, precisamente aquelas em que o capital social estaria mais disseminado e as únicas em que a caução não poderia ser dispensada, denunciava já uma intenção de protecção dos accionistas, na versão originária do art. 396.º CSC.[25] O argumento é pertinente, mas a tese não vingou.

Mesmo após a reforma de 2006, há quem avance argumentos em defesa da tese de que a caução continua a garantir apenas a responsabilidade dos administradores perante a sociedade, enquanto o seguro, esse sim, passaria a celebrar-se necessariamente a favor de todos os titulares de indemnizações.[26] Não acompanho esta posição. Não obstante a letra do diploma, o seguro a que se faz referência é celebrado *em satisfação do dever de prestar caução*. Logo, o seguro, quando o há, é a caução. O universo dos beneficiários da caução, sejam eles determinados ou indeterminados, *não poderia ser maior ou menor* consoante o meio, de entre os vários admissíveis, que venha a ser escolhido pelos administradores para dar cumprimento a esse dever. O âmbito subjectivo deste seguro de responsabilidade civil, na medida em que se apresente como um meio de prestação da caução exigida aos administradores, coincidirá assim, *necessariamente*, com o de qualquer outro meio de satisfação do dever de prestar caução, sob pena de não dar cumprimento integral ao art. 396.º CSC.

---

[23] Ainda no domínio da lei anterior, cfr. Raúl Ventura/Brito Correia, «Responsabilidade civil dos administradores de sociedades anónimas e dos gerentes de sociedades por quotas» (1970) 192 *BMJ* 5-112, (1970) 193 *BMJ* 5-182, (1970) 194 *BMJ* 5-113 e (1970) 195 *BMJ* 21-90, a pp. 68-69 do vol. 194. No mesmo sentido, mas já sobre a versão originária do art. 396.º CSC, cfr. J.M. Coutinho de Abreu e M.ª Elisabete Ramos, «Responsabilidade civil de administradores e de sócios controladores», *Miscelâneas n.º 3* do Instituto de Direito das Empresas e do Trabalho, Coimbra 2004, pp. 7-55, a p. 37.
[24] Cfr., por exemplo, os arts. 93.º, 107.º, 1468.º a 1470.º ou 2236.º CC. Neste sentido, cfr. Paulo Cunha, *Da garantia nas obrigações*, Tomo II, Lisboa 1938-1939, p. 7 (n.º 82); e J. Pinto Furtado, *Código Comercial anotado*, vol. II, Coimbra 1979, p. 417.
[25] Neste sentido, P. Câmara, cit. *supra* n. 13, a pp. 54-55 n. 106. Cfr. ainda, em defesa de uma posição semelhante ainda na vigência do art. 174.º CCom, J. Pinto Furtado, cit. *supra* n. 24, p. 418.
[26] Nesse sentido, M.ª Elisabete Ramos, cit. *supra* n. 5, p. 325 n. 1295.

A lei faz referência à possibilidade de «substituição» da caução por um seguro mas não se trata aqui de um caso de substituição. Caução, em sentido estrito, é toda a garantia imposta ou autorizada por lei, decisão judicial ou negócio jurídico, para assegurar o cumprimento de obrigações eventuais ou de amplitude indeterminada.[27] A celebração de um seguro a favor dos titulares de indemnizações é um de entre os vários meios admitidos para a prestação da caução.[28] A utilidade do preceito está, precisamente, no alargamento das modalidades já permitidas pelo n.º 1 do art. 623.º CC.

Na verdade, no plano da relação entre o segurador e os eventuais titulares de indemnizações, o seguro de responsabilidade civil não se distingue de uma fiança. O benefício da excussão prévia, que não poderia existir nos seguros de responsabilidade civil, sob pena de os descaracterizar, tão-pouco é elemento essencial da fiança, uma vez que o fiador pode a ele renunciar, devendo mesmo fazê-lo, nos casos em que a fiança serve de caução.[29] Assim, o seguro de responsabilidade civil poderia, desde logo, ser assimilado à fiança bancária a que faz referência o n.º 1 do art. 623.º CC. Desta só se afasta pela circunstância de não ser o património de um banco a responder pelo cumprimento dos eventuais deveres de indemnizar. Atendendo aos exigentes critérios de solvabilidade actualmente aplicáveis aos seguradores, de cuja satisfação depende o exercício da actividade seguradora,[30] não seria porventura excessiva a interpretação que concluísse pela admissibilidade do recurso a um seguro de responsabilidade civil como meio de prestar caução em qualquer dos casos regulados pelo n.º 1 do art. 623.º CC.

---

[27] Sobre os vários sentidos de «caução», cfr. PAULO CUNHA, cit. supra n. 24, pp. 5-8 (n.º 82); e, mais recentemente, JANUÁRIO GOMES, *Assunção fidejussória de dívida. Sobre o sentido e o âmbito da vinculação como fiador*, Coimbra 2000, pp. 44-45 n. 166; P. ROMANO MARTINEZ e P. FUZETA DA PONTE, *Garantias de cumprimento*, 4.ª ed., Coimbra 2003, pp. 69-71; L. MENEZES LEITÃO, *Garantias das obrigações*, Coimbra 2006, pp. 114-115; ou L. M. PESTANA DE VASCONCELOS, *Direito das garantias*, Coimbra 2010, pp. 73-75. Nas palavras de PAULO CUNHA, a caução, em sentido estrito, é «uma segurança para obrigações incertas – incertas quer quanto à sua existência quer quanto ao seu âmbito» (p. 6).

[28] Cfr. o art. 623.º CC. Esclarecendo que a referência à substituição é um «simples modo de dizer, pois o seguro é a caução», cfr. RAÚL VENTURA, cit. supra n. 7, a p. 201; no mesmo sentido mas sobre o art. 88.º/4 do Código dos Contratos Públicos, cfr. JANUÁRIO GOMES, «Garantias bancárias no Código dos Contratos Públicos. Breves notas», em *Estudos de direito das garantias*, vol. II, Coimbra 2010, pp. 233-254, a p. 235.

[29] Cfr. os arts. 623.º/2 e 640.º/a) CC.

[30] Regulada no DL n.º 94-B/98, de 17 de Abril, republicado em versão consolidada pelo DL n.º 2/2009, de 5 fr Janeiro, e posteriormente alterado pela Lei n.º 28/2009, de 19 de Junho, e pelo DL n.º 52/2010, de 26 de Maio.

Note-se que, no plano da relação entre o segurador e o segurado, a inaplicabilidade ao seguro de responsabilidade civil do instituto da sub-rogação legal do fiador nos direitos do credor o afastaria, necessariamente, de uma fiança.[31] Num seguro de responsabilidade civil, esse efeito simplesmente não ocorre, podendo, quando muito, em certos casos, necessariamente limitados atendendo a que pertence à essência de todo o verdadeiro seguro a cobertura de um risco do segurado, o contrato reconhecer ao segurador um direito de regresso contra o segurado.[32]

De resto, a aplicação do regime dos seguros obrigatórios de responsabilidade civil ao seguro de responsabilidade civil em apreço já asseguraria, como vimos, o direito dos lesados a fazerem valer os seus direitos directamente contra o segurador.[33]

Ao argumento de que o seguro de responsabilidade civil é celebrado em satisfação do dever de prestar caução e não em sua substituição, sendo o seguro um de entre os vários meios admitidos para a prestação da caução, acresce o de que já não era evidente que, na sua versão originária, o art. 396.º CSC limitasse o alcance da caução à garantia da responsabilidade civil dos administradores perante a sociedade. A própria conclusão de que só a sociedade podia socorrer-se da caução colhia um importante suporte na referência da lei, entretanto eliminada, à celebração do seguro «a favor da sociedade». Uma vez eliminada a referência, dificilmente continua a poder sustentar-se semelhante restrição.

É certo que continua a caber à sociedade, por intermédio do seu órgão de fiscalização, um *direito* – e simultaneamente um *dever* – de exigir aos administradores a prestação da caução.[34] Também é certo que continua a pertencer à sociedade, por intermédio do colectivo dos sócios, o poder de dispensar os administradores da caução, nos casos em que se admite a dispensa, e, em todos os casos, está na sua disponibilidade elevar a fasquia, exigindo aos administradores a prestação de uma caução de valor superior aos limites mínimos fixados na lei. É verdade que os outros titulares de indemnizações *não dispõem* de direitos ou poderes comparáveis. Todavia, uma vez que não poderia deixar de ser assim, em virtude da sua indeterminabilidade aquando da prestação da caução, essa circunstância não suporta a conclusão de que se tenha vedado o seu acesso à caução.

---

[31] Art. 644.º CC.
[32] É o que normalmente acontece, no seguro celebrado em satisfação da obrigação de prestar caução, em relação à cobertura de actos dolosos do segurado (cfr. *supra* n. 17).
[33] Cfr. o art. 146.º/1 LCS. Cfr. *supra* o texto junto à n. 19.
[34] Cfr. M. Elisabete Ramos, cit. supra n. 5, p. 329. A vigilância compete, em primeira linha, ao órgão de fiscalização, de acordo com os arts. 402.º/1/a) e b), 423.º/1/a) e b) e 441.º/d) e e) CSC.

Se causa estranheza a possibilidade de a sociedade dispensar os administradores da prestação de caução, assim desprotegendo os restantes credores, mal se compreenderia que a lei fizesse depender a extensão da protecção aos demais credores de uma escolha que pertence aos próprios administradores – a do modo de satisfação do dever de prestar caução que lhes é imposto pelo art. 396.º CSC.

Assim, a substituição da referência legal à possibilidade de celebração de um seguro «a favor da sociedade» por uma referência à possibilidade de celebração de um seguro «a favor dos titulares de indemnizações», resultante da reforma de 2006, não pode deixar de repercutir-se na delimitação do universo dos eventuais beneficiários da caução, quer esta seja, quer não seja satisfeita por via da celebração de um seguro. Houve já quem sublinhasse que a nova versão do preceito se afirmou como «instrumento privilegiado de incentivo aos terceiros para o estabelecimento de relações comerciais com a sociedade» ao impor a prestação de caução «perante todos e quaisquer titulares de indemnizações, isto é, sem delimitação dos potenciais beneficiários».[35] Com efeito, parecem não restar grandes dúvidas de que, mau grado algumas imperfeições na sua letra, o espírito do preceito aponta para o reconhecimento, a todos os «titulares de indemnizações», do direito de fazerem uso da caução, independentemente da modalidade seleccionada para dar cumprimento ao dever de a prestar.[36]

5. Dificuldades resultantes da consagração de um dever de prestar caução em benefício de uma pluralidade indeterminada de credores

Ainda antes de analisar o seguro, importa ter em conta que a consagração de um dever de prestar caução em benefício de credores indeterminados impõe restrições aos meios admissíveis como caução: designadamente, devem ser afastadas as possibilidades de a caução ser prestada com a entrega de acções representativas do capital da própria sociedade ou com a entrega à própria sociedade de dinheiro ou outras coisas fungíveis.

---

[35] G. Figueiredo Dias, cit. *supra* n. 13, pp. 320 e 323.
[36] Parece ser esta a interpretação da maioria da doutrina. Cfr. P. Pais de Vasconcelos, cit. *supra* n. 21, a pp. 1166-1167 e 1175-1176. O autor conclui no sentido do alargamento do leque de destinatários da caução com base numa análise dos trabalhos preparatórios da CMVM. P. Câmara, cit. *supra* n. 13, a p. 55, sustenta que a «unidade intrínseca da figura» justifica que os potenciais destinatários da protecção do seguro sejam os mesmos que beneficiam da caução. Cfr. ainda P. Olavo Cunha, *Direito das sociedades comerciais*, 4.ª ed., Coimbra 2010, p. 776.

As acções representativas do capital da própria sociedade de pouco ou nada serviriam aos credores sociais que vissem dissipar-se o património da sociedade a ponto de já não conseguirem satisfazer junto desta os seus créditos.[37] De resto, ainda que se admita o recurso a modalidades de prestação de caução que envolvam um acto de entrega de bens à sociedade, não poderia admitir-se a entrega, à sociedade, de coisas (dinheiro ou outras fungíveis) que, com o acto de entrega, entrariam no património da sociedade, assim se desvanecendo a utilidade da caução para os credores sociais.[38] Já assim não será se a entrega for feita a um terceiro, designadamente a um banco.[39]

Outra dificuldade resulta da circunstância de alguns aspectos do regime da prestação de caução pressuporem que, em todos os casos, essa prestação se faz *a alguém*. Esse alguém será normalmente o credor ou credores da obrigação a garantir por via da caução. A caução poderia ser-lhes prestada directamente, quem quer que sejam, sem a intervenção dos tribunais.[40] No entanto, caso pretenda enveredar-se pela prestação judicial de caução, o regime da prestação espontânea de caução começa por exigir a *citação* da pessoa a quem a caução deve ser prestada.[41] Assim se vê que a inexistência de um núcleo pré-determinado de credores pode causar dificuldades.

---

[37] Não obstante o disposto no art. 325.º/1 CSC. Faço referência ao pressuposto de responsabilização dos administradores perante os credores sociais consagrado no n.º 1 do art. 78.º CSC.

[38] Não se lhes aplica o regime do depósito irregular (art. 1205.º CC), porquanto o «depósito» a que faz referência o art. 623.º/1 CC é na verdade um penhor (art. 666.º/2 CC). No entanto, tratar-se-á em todo o caso de um penhor irregular. Em rigor, de um penhor sobre o direito de crédito, uma vez que se aplica a estes casos, ainda que sem ser por remissão do art. 1206.º CC, a regra geral de que a entrega de dinheiro ou outra coisa fungível implica a transmissão da propriedade, de que é mero reflexo o disposto no art. 1144.º CC. Sobre a questão, embora defendendo um percurso ligeiramente distinto para atingir o mesmo resultado, cfr. J. T. Morais Antunes, *Do contrato de depósito escrow*, Coimbra 2007, pp. 107 e 116. É claro que nada impede as partes de tratarem de modo distinto a entrega de certas notas ou moedas, ou de outra coisa habitualmente tida como fungível, sem o efeito translativo da propriedade. Nesse caso, já não se trataria da entrega de coisa fungível – sendo essa uma classificação apenas atribuída às coisas que se determinam pelo seu género, qualidade e quantidade (art. 107.º CC) e estando na disponibilidade das partes darem ou não esse tratamento às coisas que transaccionam. Morais Antunes admite o penhor regular de dinheiro, a pp. 107-108 n. 368, na senda de Vaz Serra, «Penhor» (1956) 59 *BMJ* 13-269, p. 102.

[39] Cfr. o art. 669.º/1 CC, aplicável *ex vi* o art. 666.º/2 CC. Neste sentido, cfr. J. T. Morais Antunes, cit. *supra* n. 38, pp. 106-107.

[40] Ao contrário, designadamente, do que acontece na situação do art. 154.º/3 CSC.

[41] Cfr. o art. 988.º/2 CPC. O processo especial de prestação de caução é regulado nos arts. 981.º a 990.º CPC.

Perante a lei anterior, não havia dúvidas de que a caução podia ser prestada à sociedade. Atendendo aos reduzidos montantes exigidos, era prática corrente os administradores satisfazerem o seu dever de prestar caução mediante a entrega, à sociedade, de acções representativas do capital da própria sociedade, suas ou de terceiros que as cedessem para este efeito.[42] No regime actual, desconhece-se quem virá a ser titular de um direito a uma indemnização, sendo, por conseguinte, o lado activo da obrigação a garantir composto, em grande parte, por credores indeterminados,[43] que não estão, obviamente, em posição de exigir, na altura própria, o cumprimento do dever de prestar caução.[44]

Já tive ocasião de afirmar que continua a caber à sociedade um direito – e simultaneamente um dever – de exigir aos administradores a prestação de caução. Contudo, o mesmo não é dizer que será esta «a pessoa a quem a caução deve ser prestada».[45] Se é que existe, necessariamente, esta figura. Sob pena de se concluir pela impraticabilidade do regime, julgo dever entender-se que, na eventualidade de o meio escolhido para a prestação de caução envolver *um acto de entrega*, a entrega pode continuar a ser feita à sociedade, com as limitações quanto à escolha do meio acima identificadas. Como, de resto, poderia ser feita a um qualquer terceiro.[46]

Com efeito, parece dever concluir-se que, neste ou em qualquer outro dever de prestar caução, é meramente contingente a existência da figura do *receptor* da prestação.[47] Essa pessoa existirá ou não consoante o meio escolhido para a prestação de caução. Ainda que exista, esse papel pode ser desempenhado por um qualquer terceiro, não tendo de recair sobre a pessoa do credor ou credores da obrigação a garantir. Será esse o caso

---

42 Cfr. Raúl Ventura/Brito Correia, cit. *supra* n. 23, a p. 108 do vol. 193; e Raúl Ventura, cit. *supra* n. 7, p. 201. A prática era de legalidade duvidosa, uma vez que se dava em garantia um bem cujo valor poderia depender, em grande medida, da conduta dos próprios administradores. Em teoria, quanto mais lesiva fosse a conduta dos administradores, menor valeria a sociedade e, consequentemente, as acções dadas em garantia.
43 A impossibilidade de delimitação prévia do círculo de beneficiários da caução é sublinhada por G. Figueiredo Dias, cit. *supra* n. 13, pp. 323 e 326.
44 De acordo com a lei, os administradores dispõem de um prazo de trinta dias, contados a partir da sua designação ou eleição, para cumprir o dever de prestar caução (art. 396.º/4 CSC).
45 No dizer do art. 988.º/2 CPC.
46 Cfr. o art. 669.º/1 CC, aplicável *ex vi* o art. 666.º/2 CC.
47 Para uma defesa da posição de que é meramente contingente a figura do receptor de uma prestação, em termos mais gerais, cfr. M. Lima Rego, «A promessa de exoneração de dívida a terceiro. Pretexto para uma reflexão sobre o conceito de prestação» em *Estudos em homenagem ao Professor Doutor Carlos Ferreira de Almeida*, org. J. L. Freitas e outros, vol. II, Coimbra 2011, pp. 681-708.

quando a caução seja prestada por meio de um depósito em dinheiro, que poderá ser feito junto de qualquer banco, não em conta da sociedade mas em conta aberta para este efeito em nome do próprio depositante, que não abdica da titularidade do correspondente direito de crédito, apenas ressalvando que o depósito tem a função de caução. Já quando a caução é prestada por via de um seguro de responsabilidade civil, ou de uma fiança, o acto de prestar caução esgota-se na sua constituição, sem um qualquer acto de entrega, à sociedade ou seja a quem for.

Como já se vê, essas restrições em nada afectam a admissibilidade do recurso a um seguro de responsabilidade civil moldado em função das exigências do art. 396.º CSC.

6. O universo dos «titulares de indemnizações»

Regressemos ao principal objectivo deste estudo, que é o de identificar os «titulares de indemnizações» a que a lei faz referência, uma vez que dessa identificação resultará a delimitação do universo de potenciais beneficiários da caução, independentemente do meio de que se faça uso para a sua prestação, incluindo, naturalmente, a delimitação do universo de potenciais lesados, titulares de um direito de acção directa contra o segurador, quando o meio para o efeito escolhido for um seguro de responsabilidade civil.

Antes de mais, só farão parte do universo de beneficiários da caução os credores de indemnizações por danos pelos quais os administradores respondam, *enquanto administradores*. Excluem-se os titulares de direitos contra a *pessoa* dos administradores que não respeitem, estritamente, ao exercício de funções de administração.[48]

Mais: o princípio, inerente à personalidade colectiva, de que é a sociedade que responde pelos actos e omissões dos administradores *enquanto tais* subjaz ao regime de responsabilidade civil dos administradores consagrado no Código das Sociedades Comerciais.[49] Por força desse princípio,

---

[48] Neste sentido, G. Figueiredo Dias, cit. *supra* n. 13, pp. 328-330. A autora entende que o universo de potenciais beneficiários da caução é actualmente demasiado vasto, concluindo pela necessidade de estabelecer alguns limites. Entende que a lei deve ser alterada nesse sentido, mas defende, *de iure condito*, uma interpretação do preceito em apreço que tenha em conta, apenas, a responsabilidade «decorrente da violação dos deveres estritos de administração ou fiscalização», ou seja, «por actos de administração ou de fiscalização deficientes, e não por quaisquer danos produzidos *por causa* ou *no exercício* das suas funções» (p. 329).

[49] Cfr. o art. 271.º CSC. Cfr. M.ª Elisabete Ramos, *Responsabilidade civil dos administradores e directores de sociedades anónimas perante os credores sociais*, Coimbra 2002, *maxime* pp. 201-209.

em todos os casos em que a conduta de um administrador, no exercício das suas funções, seja causalmente relevante para a produção de danos, será ainda necessário determinar se pelos mesmos apenas responde a sociedade, uma vez verificados na sua esfera os pressupostos da responsabilidade civil, ou se por tais danos devem responder ainda os próprios administradores – tratando-se de danos da própria sociedade, se deverá ser esta a suportá-los, se poderá imputá-los a um ou mais administradores.

Nessa medida, e seguindo a lógica interna desse regime, podemos identificar as seguintes categorias de lesados a quem a lei reconhece uma pretensão contra os administradores em sede de responsabilidade civil: (i) a própria sociedade, perante quem os administradores respondem pela violação de deveres específicos, no exercício das suas funções;[50] (ii) quaisquer terceiros, incluindo os accionistas, nos termos gerais, pelos danos que os administradores directamente lhes causem, no exercício de funções:[51-52] e (iii) os credores sociais, que em regra também serão terceiros, com a característica de serem titulares de um crédito contra a sociedade, respondendo os administradores apenas na medida da insuficiência patrimonial da sociedade pela qual sejam responsáveis em virtude de violação de normas de protecção, em termos causalmente relevantes para o dano desses credores.[53]

---

[50] Cfr. em especial os arts. 71.º e 72.º CSC. É uma modalidade de responsabilidade civil obrigacional.

[51] Quanto à responsabilidade perante terceiros e perante os accionistas, cfr. o art. 79.º CSC. Tem-se em vista, em primeira linha, a responsabilidade civil delitual, nos termos gerais do art. 483.º/1 CC. No entanto, contrariamente ao que tem sido a posição largamente dominante na doutrina, julgo que não serão de excluir, liminarmente, os casos de responsabilização dos administradores perante terceiros nos quadros do art. 798.º CC. A remissão é para os termos gerais, quaisquer que eles sejam. Em defesa da tese de que o n.º 1 do art. 79.º CSC remete apenas para os termos gerais do art. 483.º/1 CC, cfr., na doutrina mais recente, M.ª ELISABETE RAMOS, cit. supra n. 5, pp. 146-147; e MENEZES CORDEIRO, *Código das Sociedades Comerciais anotado*, Coimbra 2009, anotação ao art. 79.º, p. 279 m. 2.

[52] Atendendo ao princípio de que só a sociedade responde pelos actos e omissões dos administradores, o preceito limita os casos de responsabilização dos administradores à ocorrência de danos *directamente* causados aos accionistas ou demais terceiros, ou seja, aos danos que os administradores causem «sem a interferência da sociedade»: excluem-se os danos resultantes de simples má gestão. MENEZES CORDEIRO, cit. *supra* n. 51, p. 279, mm. 4-6; e J.M. COUTINHO DE ABREU e M.ª ELISABETE RAMOS, cit. *supra* n. 23, pp. 31-32.

[53] Cfr. o n.º 1 do art. 78.º CSC, que consagra uma regra especial de efeito equivalente à da 2.ª parte do n.º 1 do art. 483.º CC. É mais uma modalidade de responsabilidade civil delitual. J. M. COUTINHO DE ABREU, «Diálogos com a jurisprudência, II – Responsabilidade dos administradores para com credores sociais e desconsideração da personalidade jurídica» (2010) 2 *DSR* 49-64, a pp. 53-54, sublinha que entre a inobservância de normas de protecção que leva à responsabilização dos administradores perante os credores sociais e a

Não quer isto dizer que os preceitos cuja violação levará à responsabilização pessoal dos administradores, ao abrigo deste regime, sejam apenas os do próprio Código das Sociedades Comerciais. Tão-pouco quer isto dizer que os administradores não possam, em caso algum, ser pessoalmente responsabilizados perante a sociedade em sede de responsabilidade civil delitual, nos termos gerais do Código Civil.[54] Ou que o seu património pessoal não responda por outras dívidas, decorrentes de uma obrigação de indemnizar.[55] No entanto, julgo dever entender-se que os diversos preceitos do Código das Sociedades Comerciais, entre eles se contando o que consagra o dever de prestar caução, só se aplicam aos casos a resolver nos termos gerais do Código Civil se e na medida em que estes se reconduzam, de algum modo, a uma das categorias de sujeitos tutelados no Código das Sociedades Comerciais.[56]

Em suma, entendo que este dever de prestar caução tem por escopo, apenas, garantir as obrigações de indemnizar de algum modo reguladas no próprio Código das Sociedades Comerciais. Parecem-me ser de afastar interpretações que estendam o benefício da caução a quem não se enquadre numa qualquer destas categorias, que esgotam, em meu entender, o universo dos «titulares de indemnizações» do art. 396.º CSC.

A actual tendência para a responsabilização de administradores, não só pelos danos que lhes sejam pessoalmente imputáveis mas, mais recentemente, pelos danos imputáveis à sociedade faz surgir, com acuidade crescente, a necessidade de determinar com clareza que danos podem ser ressarcidos por via do recurso à caução e, consequentemente, que lesados poderão fazer valer um direito de acção directa contra o segurador de responsabilidade civil dos administradores.[57]

A esta tendência, que se faz sentir sobretudo na esfera internacional e que nos chega por influência desta, não é alheio o importante papel desempenhado pela indústria seguradora: a vulgarização dos seguros

---

diminuição no património social que o torne insuficiente para a satisfação dos respectivos créditos deve haver um nexo de causalidade.

[54] Sustentando a possibilidade de uma imputação delitual, aos administradores, por danos causados à sociedade, com fundamento numa aplicação das regras gerais de direito civil, cfr. MENEZES CORDEIRO, *Da responsabilidade civil dos administradores das sociedades comerciais*, Lisboa 1997, p. 494 (sobre o tema, mais genericamente, cfr. as pp. 493-497).

[55] Cfr. *infra* o ponto 8.

[56] Neste sentido, embora num contexto que não o do art. 396.º CSC, cfr. MENEZES CORDEIRO, cit. *supra* n. 54, p. 494.

[57] Cfr., sobre a tendência crescente para a responsabilização pessoal dos administradores, J. SOARES DA SILVA, «Responsabilidade civil dos administradores de sociedades: os deveres gerais e os princípios da *corporate governance*» (1997) 57 *ROA* 605-628.

de responsabilidade civil de administradores esteve na origem de uma tomada de consciência de que este *deep pocket* permite o recurso, pelos sistemas jurídicos, ao mecanismo da responsabilização dos administradores como um modo eficaz e barato – para o erário público – de realizar uma forma de «justiça distributiva».[58]

Em seguida, faço uso das conclusões que venho de expor para sustentar que o próprio Estado, na sua qualidade de credor de indemnizações fundadas em responsabilidade tributária, conta-se entre os credores de indemnizações que poderão fazer uso deste ou de outro meio de prestar caução (n.º 7), o mesmo não sucedendo com os credores de indemnizações que baseiem as suas pretensões no novo regime de responsabilidade ambiental (n.º 8).

---

[58] Esta atitude não surge de forma isolada. Mais amplamente, houve já quem chamasse a atenção para que, subjacente ao seguro – a todo o seguro – estaria uma questão central de justiça, de que a religião e a filosofia sempre se ocuparam: a questão da (re)distribuição da fortuna e do infortúnio no seio de uma comunidade. Ao tomar pouco de muitos para o distribuir pelos poucos que dele mais carecem, o seguro não seria senão «justiça distributiva em acção». D. Looschelders, «Bewältigung des Zufalls durch Versicherung?» (1996) 47 *Versicherungsrecht* 529-540, a pp. 533-537. Cfr. ainda o clássico S. L. Kimball, *Insurance and public policy*, Madison WI 1960, pp. 304-305. O autor defende a tese de que o seguro foi o mecanismo por via do qual os custos sociais foram sendo empurrados da esfera pública para a contabilidade privada dos empreendedores, assumindo, a partir de altura, características de um verdadeiro serviço público. Por outro lado, se determinados bens ou serviços – designadamente o acesso a cuidados básicos de saúde – são considerados de tal forma essenciais que chocaria deixar a sua efectiva acessibilidade, por cada um de nós, aos caprichos da sorte e do azar, este não deixa de ser um poderoso argumento a favor da tese de que tais bens ou serviços deveriam ser disponibilizados a todos, em condições de absoluta igualdade, por via dos mecanismos de solidariedade social próprios das comunidades organizadas, que permitem o cálculo dos riscos suportados pelos elementos de uma dada comunidade e a divisão por todos do respectivo custo segundo critérios de justiça distributiva não baseados no risco individualmente suportado por cada um desses elementos, deixando ao mercado a oferta, em condições determinadas pelos tradicionais métodos actuariais, dos produtos adicionais para os quais haja procura. Neste sentido, R. Dworkin, *Sovereign Virtue. The theory and practice of equality*, Cambridge MA 2000, pp. 435-436. Numa perspectiva distinta, procurando identificar os diversos modos como os seguros de responsabilidade civil acabam por ser um factor determinante no desenvolvimento e aplicação prática do regime de responsabilidade civil delitual, cfr. T. Baker, «Liability insurance as tort regulation: six ways that liability insurance shapes tort law in action» (2005) 12 *Connecticut Insurance Law Journal* 1-16.

7. A responsabilidade tributária

A responsabilização dos administradores pelas dívidas tributárias da sociedade encontra a sua base legal no n.º 1 do art. 24.º da Lei Geral Tributária:[59]

> *Os administradores, directores e gerentes e outras pessoas que exerçam, ainda que somente de facto, funções de administração ou gestão em pessoas colectivas e entes fiscalmente equiparados são subsidiariamente responsáveis em relação a estas e solidariamente entre si:*
> *a) Pelas dívidas tributárias cujo facto constitutivo se tenha verificado no período de exercício do seu cargo ou cujo prazo legal de pagamento ou entrega tenha terminado depois deste, quando, em qualquer dos casos, tiver sido por culpa sua que o património da pessoa colectiva ou ente fiscalmente equiparado se tornou insuficiente para a sua satisfação;*
> *b) Pelas dívidas tributárias cujo prazo legal de pagamento ou entrega tenha terminado no período do exercício do seu cargo, quando não provem que não lhes foi imputável a falta de pagamento.*

Importa distinguir o regime de responsabilidade do administrador por dívidas tributárias a cumprir após a sua cessação de funções, quer o respectivo facto constitutivo tenha ocorrido antes ou durante o seu mandato, a que respeita a alínea a), e o regime de responsabilidade do administrador por dívidas a cumprir durante o seu mandato, independentemente do momento da ocorrência do respectivo facto constitutivo, a que respeita a alínea b).[60]

A responsabilidade do administrador por dívidas tributárias a cumprir após a sua cessação de funções depende de culpa sua na insuficiência patrimonial da sociedade. O regime segue o da responsabilidade civil dos administradores perante os credores sociais consagrado no n.º 1 do art. 78.º CSC. Para que a responsabilidade por estas dívidas possa ser assacada ao administrador, deverão verificar-se, na sua esfera, todos os pressupostos da responsabilidade civil aquiliana, incluindo a culpa. De entre esses pressupostos, sublinhe-se a necessidade de identificação das normas de

---

[59] Aprovada pelo DL n.º 398/98, de 17 de Dezembro. A redacção actual foi introduzida pela Lei n.º 30-G/2000, de 29 de Dezembro.
[60] Neste sentido, cfr. I. MARQUES DA SILVA, «Considerações acerca da responsabilidade por dívidas e por infracções tributárias dos membros dos corpos sociais» (2002) 16 *DJ* 265-279, a pp. 274-276; e D. LEITE DE CAMPOS/ B. SILVA RODRIGUES/ J. LOPES DE SOUSA, *Lei Geral Tributária comentada e anotada*, 3.ª ed., Lisboa 2003, anotação ao art. 24.º, p. 142 n.º 9.

protecção deste credor social cuja inobservância foi causa da diminuição no património social que o tornou insuficiente para satisfazer as dívidas tributárias, em conformidade com o regime consagrado no n.º 1 do art. 78.º CSC.

O regime de responsabilidade do administrador por dívidas tributárias a cumprir durante o mandato já se afasta do anterior, e do regime, que lhe serviu de molde, do n.º 1 do art. 78.º CSC. Ainda assim, importa esclarecer que nestes casos, como nos anteriores, a responsabilidade do administrador continua a depender de culpa sua, embora esta agora se presuma. Assim sendo, não obstante o propósito, subjacente a ambos os regimes, de constituição de uma garantia de pagamento das dívidas tributárias,[61] e independentemente das dúvidas que alguma doutrina da especialidade tem vindo a suscitar sobre a matéria,[62] resulta dessa circunstância que, em ambos os casos, estamos perante verdadeiras e próprias modalidades de responsabilidade civil subjectiva.[63] E importa também esclarecer que, muito embora só encontremos na letra do preceito uma referência à insuficiência patrimonial a propósito das dívidas a cumprir após o término do mandato, a legitimidade de uma interpelação do administrador para cumprir, nestes casos como nos anteriores, carece da prévia demonstração da insuficiência patrimonial da sociedade, atendendo à natureza subsidiária da sua responsabilidade em relação à da própria sociedade.[64]

O regime da responsabilidade por dívidas a cumprir durante o mandato afasta-se do anteriormente analisado, não só pela presunção de culpa que encerra, como por serem distintos os factos em relação aos quais a culpa deve aferir-se. Com efeito, neste caso a culpa deve aferir-se, já não em relação ao pressuposto da insuficiência patrimonial da sociedade, apesar de este se manter, mas antes em relação à própria decisão de não entrega de um imposto retido ou cobrado, ou simplesmente não pago pela sociedade.[65]

---

[61] Neste sentido, ANA PAULA DOURADO, «Substituição e responsabilidade tributária» (1998) 391 Ciência e Técnica Fiscal 29-86, a p. 50.
[62] Em defesa da qualificação da responsabilidade tributária como um caso de responsabilidade patrimonial, cfr. SOFIA CASIMIRO, A responsabilidade dos gerentes, administradores e directores pelas dívidas tributárias das sociedades comerciais, Coimbra 2000, pp. 145-165.
[63] Nesse sentido, RUI BARREIRA, «A responsabilidade dos gestores de sociedades por dívidas fiscais», (1990) 16 Fisco 3-7; e MENEZES CORDEIRO, Código das Sociedades Comerciais anotado, Coimbra 2009, anotação ao art. 78.º, pp. 276-278, mm. 13-25.
[64] Cfr. ainda, em reforço desta conclusão, o disposto no art. 23.º LGT e no n.º 2 do art. 153.º do Código de Procedimento e de Processo Tributário.
[65] Neste sentido, cfr. I. MARQUES DA SILVA, cit. supra n. 60, a p. 275; e ABÍLIO MORGADO, «Responsabilidade tributária: ensaio sobre o regime do artigo 24.º da Lei Geral Tributária»

A circunstância de impender sobre os administradores o ónus da prova da ausência de culpa, bem como o enfoque na decisão de não pagamento ou entrega, parecem legitimar a conclusão de que com este regime foi fixado, indirectamente, um dever específico de pagamento na esfera dos administradores, quanto a dívidas tributárias a cumprir durante o respectivo mandato.[66] Ainda na vigência do regime anterior, havia quem apontasse que alguns deveres fiscais recaem, em simultâneo, sobre as sociedades e os respectivos administradores, nomeadamente os de retenção e entrega do imposto relativo aos seus trabalhadores, desde que referentes ao período efectivo da ocupação do cargo.[67] Actualmente, a consagração de um dever específico de pagamento poderá reconduzir-se ao art. 32.º LGT (dever de boa prática tributária).[68]

Assim sendo, e não obstante o regime ora em análise se afastar do regime geral de responsabilidade civil dos administradores perante os credores sociais, consagrado no n.º 1 do art. 78.º do CSC, a vinculação dos administradores a um dever específico de pagamento, por eles violado, permite-nos enquadrar estas situações no âmbito do n.º 1 do art. 79.º do CSC, na medida em que se cria uma relação directa entre a violação do dever específico e os danos causados ao Estado.

Conclusão: na medida em que seguem o regime geral da responsabilidade civil dos administradores perante os credores sociais consagrado no n.º 1 do art. 78.º CSC, não se vislumbra fundamento para excluir da esfera de protecção da caução prestada ao abrigo do art. 396.º CSC as dívidas a que respeita a alínea a) do n.º 1 do art. 24.º LGT; na medida

---

(2005) 415 *Ciência e Técnica Fiscal* 67-150, a pp. 116-120. Contra, em defesa da posição de que, não obstante a letra da lei, quando estejam em causa dívidas a cumprir durante o mandato, a culpa deve aferir-se em relação a ambas, cfr. SALDANHA SANCHES, *Manual de direito fiscal*, 3.ª ed., Coimbra 2007, pp. 273-274. Já SÉRGIO VASQUES, «A responsabilidade dos gestores na Lei Geral Tributária» (2000) 1 *Fiscalidade* 47-66, a p. 58, entende que o objecto da prova é idêntico nas duas alíneas do art. 24.º LGT, e respeita apenas à culpa na insuficiência patrimonial da sociedade. No mesmo sentido, J. CASALTA NABAIS, *Direito fiscal*, 4.ª ed., Coimbra 2006, p. 282.

66 É a posição de MENEZES CORDEIRO, cit. *supra* n. 63, p. 278 m. 25.

67 Cfr. ANA PAULA DOURADO, cit. *supra* n. 61, pp. 77-78. Contra, RUI BARREIRA, «A responsabilidade dos gestores de sociedades por dívidas fiscais», (1990) 16 *Fisco* 3-7.

68 *Aos representantes de pessoas singulares e quaisquer pessoas que exerçam funções de administração em pessoas colectivas ou entes fiscalmente equiparados incumbe, nessa qualidade, o cumprimento dos deveres tributários das entidades por si representadas.* (art. 32.º LGT). Em defesa da tese de que a presunção de culpa da alínea b) do n.º 1 do art. 24.º LGT se filia no dever de boa prática tributária do art. 23.º LGT, J. A. COSTA ALVES, «A responsabilidade tributária dos titulares dos corpos sociais e dos responsáveis técnicos» (2006) 3 *Revista da Faculdade de Direito da Universidade do Porto* 377-400, a p. 397.

em que seguem o regime geral da responsabilidade civil dos administradores perante terceiros a que alude o n.º 1 do art. 79.º CSC, tão-pouco se vislumbra fundamento para excluir da esfera de protecção da caução as dívidas a que respeita a alínea b) do n.º 1 do art. 24.º LGT.

Assim sendo, concluo que o Estado, na sua qualidade de credor de indemnizações fundadas em responsabilidade tributária, integra desde 2006 o universo de potenciais lesados, titulares de um direito de acção directa contra o segurador de responsabilidade civil dos administradores, quando seja esse o meio de prestar caução escolhido para dar cumprimento ao art. 396.º CSC.[69]

8. A responsabilidade ambiental

Diferente é a conclusão a que chego ao analisar o regime da «responsabilidade ambiental» consagrado no DL n.º 147/2008, de 29 de Julho.[70]

Antes ainda de centrar a atenção nas repercussões deste regime na esfera dos administradores de sociedades anónimas, importa atentar na circunstância de o diploma em apreço distinguir, quanto aos remédios que consagra para a prevenção e reparação dos danos ao ambiente, entre os que qualifica como de «responsabilidade civil» e aqueles a que faz

---

[69] Cfr. ainda o art. 8.º do Regime Geral das Infracções Tributárias, aprovado pela Lei n.º 15/2001, de 5 de Junho, e alterado pela Lei n.º 60-A/2005, de 30 de Dezembro. O preceito consagra um regime de responsabilidade subsidiária dos administradores e de outras pessoas que exerçam funções de administração por multas ou coimas de natureza tributária aplicadas à sociedade condenada pela prática de contra-ordenações, também ele moldado, até certo ponto, no art. 78.º CSC. No entender do Tribunal Constitucional, que não se pronunciou pela inconstitucionalidade do preceito, «a responsabilidade subsidiária dos administradores e gerentes assenta, não no próprio facto típico que é caracterizado como infracção contra-ordenacional, mas num facto autónomo, inteiramente diverso desse, que se traduz num comportamento pessoal determinante de produção de um dano para a Administração Fiscal». Ac. do Tribunal Constitucional n.º 129/2009 (Fernandes Cadilha). O mesmo é dizer que, no entender deste Tribunal, é de natureza civil esta responsabilidade pelo não pagamento de dívidas, independentemente da natureza originariamente contra-ordenacional de tais dívidas. Assim sendo, a sua cobertura pelo seguro de responsabilidade civil dos administradores não contrariaria o disposto na alínea a) do n.º 1 do art. 14.º LCS. Cfr., neste sentido, J. Matos Viana, «Seguros proibidos» (no prelo).

[70] O diploma resultou da transposição da Directiva n.º 2004/35/CE, do Parlamento Europeu e do Conselho, de 21 de Abril, entretanto alterada pela Directiva n.º 2006/21/CE, do Parlamento Europeu e do Conselho, de 15 de Março, e pela Directiva n.º 2009/31/CE, do Parlamento Europeu e do Conselho, de 23 de Abril. Constitui um importante desenvolvimento da Lei n.º 11/87, de 7 de Abril (Lei de Bases do Ambiente).

corresponder o qualificativo de «responsabilidade administrativa».[71] Na doutrina cedo se fizeram ouvir as críticas, sobretudo quanto a esta última denominação, que entre nós se usa normalmente com o sentido, já consagrado, de responsabilidade civil de entidades públicas.[72] No entanto, também a primeira denominação se afigura demasiado redutora, ao pressupor uma recondução do campo de actuação do instituto da responsabilidade civil, em termos absolutos, à reparação de danos que possam reconduzir--se à esfera de um ou mais lesados individuais. Embora o alargamento do instituto da responsabilidade civil além do que continua a ser o seu núcleo essencial esteja ainda numa fase muito incipiente e requeira «a introdução de novos esquemas de legitimidade para pedir»,[73] não há que remeter, de uma assentada, todas as medidas de prevenção, e sobretudo de reparação de danos ecológicos para fora dos quadros da responsabilidade civil. A análise da exacta natureza de tais medidas extravasa os objectivos deste estudo. Nesta sede, importa apenas dar nota de que, em abstracto, a ressarcibilidade, por um segurador, dos custos suportados com as medidas de prevenção e de reparação acima referidas apenas se encontrará vedada na medida em que semelhantes medidas possam qualificar-se como uma modalidade de responsabilidade contra-ordenacional.[74]

A responsabilidade dos administradores vem regulada no n.º 1 do art. 3:

Quando a actividade lesiva seja imputável a uma pessoa colectiva, as obrigações previstas no presente decreto-lei incidem solidariamente sobre os respectivos directores, gerentes ou administradores.[75]

---

[71] Cfr. as epígrafes dos Capítulos II e III do DL n.º 147/2008, de 29 de Julho.
[72] Cfr., por exemplo, Carla Amado Gomes, «A responsabilidade civil por dano ecológico. Reflexões preliminares sobre o novo regime instituído pelo DL 147/2008, de 29 de Julho» em C. Amado Gomes e T. Antunes (org.), *O que há de novo no direito do ambiente?*, Lisboa 2009, pp. 235-275, a pp. 268-270.
[73] Menezes Cordeiro, «Tutela do ambiente e direito civil» em *Direito do ambiente*, D. Freitas do Amaral e M. Tavares de Almeida (coord.), Oeiras 1994, pp. 377-396, a p. 390. Do mesmo autor, cfr. ainda o *Tratado de direito civil português*, tomo II-III, Coimbra 2010, pp. 693-712, *maxime* pp. 700-701, sobre a revisão do postulado do direito civil tradicional de que apenas a pessoa pode ser destinatária de direitos ou outras posições favoráveis, merecedoras de tutela civil, passando o direito civil a contemplar hipóteses de tutela de valores impessoais, ainda que, necessariamente, por intermédio de pessoas – associações para defesa do ambiente, ou dos animais, vizinhos interessados ou mesmo qualquer cidadão.
[74] Nos termos do disposto na alínea a) do n.º 1 do art. 14.º LCS. Essa proibição já não se aplica aos casos de responsabilidade civil por danos resultantes do incumprimento de dívidas que resultem da imposição de sanções contra-ordenacionais. Cfr. *supra* n. 69.
[75] No que a esta matéria diz respeito, o diploma é original, não resultando a responsabilização pessoal dos administradores de uma transposição da Directiva n.º 2004/35/CE,

O preceito suscita algumas dúvidas de interpretação, como melhor se verá em seguida. Antes, porém, de partir para a sua análise, não posso deixar de observar que este constitui um precedente preocupante na nossa ordem jurídica. A leitura do preâmbulo deixa entrever que, em parte, este regime corresponde a uma tentativa de «solucionar as dúvidas e dificuldades» que nesta matéria se vinham sentindo, designadamente as dificuldades de prova da existência de um nexo de causalidade entre a actuação do lesante e o dano ambiental. No caso dos administradores, a «solução» encontrada parece ter sido a pura e simples *eliminação* da necessidade de demonstrar este ou quaisquer outros pressupostos da responsabilidade civil: se os danos são imputáveis à sociedade, respondem também os administradores. Ponto. Assim se confere ao ambiente um grau de protecção sem paralelo, superior mesmo, no plano das soluções, ao conferido à vida humana. Parece que, se uma sociedade comercial causar a morte de umas dezenas de peixes, os administradores são responsáveis sem mais, em toda a extensão do dano; se, pelo contrário, a sociedade causar a morte de algumas dezenas de pessoas, por um qualquer motivo não relacionado com o ambiente, os administradores só serão responsáveis de acordo com as regras gerais.

O tema deste estudo é, recordemo-nos, o seguro de responsabilidade civil de administradores celebrado em cumprimento do dever de prestar caução consagrado no art. 396.º CSC. Nesse contexto, dedico alguma atenção à matéria da interpretação do n.º 1 do art. 3.º do DL n.º 147/2008, de 29 de Julho. Já extravasaria em muito os objectivos do estudo a análise, que parece necessária, da constitucionalidade da norma que dele podemos retirar. As duas questões são dogmaticamente auto-

do Parlamento Europeu e do Conselho, de 21 de Abril, que se diz restrita à reparação dos «danos ecológicos», alheando-se dos danos à pessoa e ao património dos particulares – os «danos ambientais» – de que trata o instituto da responsabilidade civil (cfr. os Considerandos 13 e 14 e o art. 3.º/3). A leitura do preâmbulo não parece deixar margem para dúvidas quanto ao propósito, subjacente ao DL n.º 147/2008, de 29 de Julho, de extravasar o alcance da Directiva: «Assim, estabelece-se, *por um lado*, um regime de responsabilidade civil subjectiva e objectiva nos termos do qual os operadores-poluidores *ficam obrigados a indemnizar* (!) os indivíduos lesados pelos danos sofridos por via de um componente ambiental. *Por outro*, fixa-se um regime de responsabilidade administrativa destinado a reparar os danos causados ao ambiente perante toda a colectividade, *transpondo* desta forma para o ordenamento jurídico nacional a Directiva (…)» (itálicos acrescentados). Sobre o *status quo ante* no direito civil, cfr. MENEZES CORDEIRO, cit. *supra* n. 73, *maxime* pp. 385-393. Sobre a distinção entre os «danos ecológicos» e os «danos ambientais», cfr. J. J. GOMES CANOTILHO, «A responsabilidade por danos ambientais – aproximação juspublicística» em *Direito do ambiente*, D. FREITAS DO AMARAL e M. TAVARES DE ALMEIDA (coord.), Oeiras 1994, pp. 397-407, a pp. 402-403.

nomizáveis, mesmo atendendo à necessidade de uma interpretação conforme à Constituição. Assim sendo, para os efeitos deste estudo, terei por válida a norma resultante da interpretação que me parece respeitar a letra e o espírito do preceito, sem tomar posição, nesta sede, sobre a sua eventual inconstitucionalidade. Uma interpretação mais generosa do preceito, que permitisse, designadamente, aos administradores o afastamento da sua responsabilidade, demonstrando a ausência de culpa sua na verificação dos danos, assim corrigindo o alcance excessivo da norma em apreço, parece-me fora do alcance do intérprete, por não ter na lei um mínimo de correspondência verbal.

Passando à análise do preceito, embora sem pretensões de exaustividade, e de algumas das dúvidas de interpretação que suscita, começo por observar que esta disposição se encontra completamente isolada, num diploma que, excepto no preâmbulo, não volta a fazer referência aos administradores. Não admira, por conseguinte, que as dúvidas sobre o seu sentido se multipliquem. Por exemplo: a que administradores se refere o preceito? Àqueles que o eram ao tempo da actividade lesiva? Aos que se encontrem em funções no momento em que a responsabilidade da sociedade é declarada? A todos eles? A ideia, que parece subjazer ao regime, de que os administradores são responsabilizados por se encontrarem numa posição privilegiada para evitarem a produção dos danos, ainda que não consiga demonstrar-se que lhes estiveram na origem, leva à conclusão de que só os administradores que o eram *ao tempo da actividade lesiva* são por esta co-responsabilizados, mas outras leituras seriam possíveis.

Quanto ao modo como os administradores são responsabilizados, há que sublinhar um aspecto essencial do regime que se afigura ter ficado consagrado e que nos permite singularizá-lo, afastando-o de outros casos conhecidos de responsabilização dos administradores por danos imputáveis à sociedade:[76] neste caso, o que parece ocorrer, por efeito do preceito, é um reforço da garantia geral das obrigações, com a *extensão* da responsabilidade pelo incumprimento das obrigações a que o preceito faz referência – que são obrigações *da sociedade* – ao património dos administradores.[77]

---

[76] Para além do regime de responsabilidade tributária há pouco analisado, vejam-se, por exemplo, os arts. 149.º a 154.º CVM (responsabilidade pelo prospecto).
[77] Cfr. os arts. 601.º e 817.º CC. Fala-se, por vezes, a este respeito, em responsabilidade patrimonial, designadamente por oposição à responsabilidade civil, para fazer referência ao princípio geral de que pelo cumprimento das obrigações responde o património do devedor, garantia comum dos credores. A. Vaz Serra, «Responsabilidade patrimonial» (1958) 75 *BMJ* 5-410, p. 11: «[A] palavra garantia emprega-se aqui antes como significando aquilo que *responde* pelo cumprimento da obrigação, e então tanto importa falar em responsabilidade patrimonial como em garantia, sabido como é que, no direito moderno, só

Não está em causa uma actuação dos administradores ao serviço da sociedade, que os responsabilize por danos que lhes sejam pessoalmente imputáveis causados no exercício de funções de administração. Quando a lei distingue entre as obrigações de indemnizar fundadas em responsabilidade civil objectiva e as fundadas em responsabilidade civil subjectiva, a distinção entre o subjectivo e o objectivo só releva na esfera da própria pessoa colectiva: é apenas na sua esfera que se busca a culpa, pois a sua extensão aos administradores não depende de culpa.[78] Na verdade, os restantes pressupostos da responsabilidade civil, incluindo ou não a culpa, consoante se trate de responsabilidade civil objectiva ou subjectiva, também se buscam unicamente na esfera da pessoa colectiva. Uma vez apurada a responsabilidade civil da pessoa colectiva, único requisito constante da previsão da norma, dá-se uma ampliação *ex lege* dos titulares do dever de indemnizar. Uma ampliação que não opera sequer a título subsidiário, pois não permite aos administradores o recurso ao benefício da excussão prévia, que não assiste aos devedores solidários.[79] Uma interpretação cujo sentido e alcance tenha na lei um mínimo de correspondência verbal parece conduzir, inelutavelmente, à conclusão de que o património

---

o património, e não a pessoa do devedor, responde pelo cumprimento das obrigações.». A mesma duplicidade terminológica está presente no direito italiano. G. A. MONTELEONE, *Profili sostanziali e processuali dell'azione surrogatoria*, Milão 1975, p. 89 n. 1, observa que as expressões «garantia geral» e «responsabilidade patrimonial» correspondem a modos diversos de designar um único instituto jurídico – a primeira colocando a tónica no lado activo e a segunda no lado passivo da obrigação. V. ROPPO, «La responsabilità patrimoniale del debitore» em *Trattato di diritto privato*, P. RESCIGNO (dir.), vol. 19, 2.ª ed., Turim 1997, pp. 483-574, a pp. 494-495, manifesta a sua preferência, neste domínio, pelo recurso à expressão «responsabilidade patrimonial», argumentando não ser este o sentido mais rigoroso e circunscrito do termo «garantia». Uma posição próxima desta é a de JANUÁRIO GOMES, cit. *supra* n. 27, pp. 5-37, *maxime* p. 19, que defende a sobreposição dos conceitos de «responsabilidade patrimonial» e de «garantia geral das obrigações», e a estrutural inconsistência desta última designação, que ultrapassaria os domínios da linguagem comum e da conveniência da própria linguagem técnico-jurídica, sustentando que a noção técnica de garantia é a que se restringe às garantias especiais das obrigações. FERREIRA DE ALMEIDA, *Texto e enunciado na teoria do negócio jurídico*, vol. I, Coimbra 1992, pp. 548-557, enuncia os vários sentidos jurídicos da palavra «garantia» e ensaia um conceito comum a todos eles de garantia como meio ou conjunto de meios para suprir a frustração de um direito ou de uma expectativa. Sobre o tema, cfr. ainda M. LIMA REGO, «As partes processuais numa acção em sub-rogação» (2006) 13 *Themis* 63-108, pp. 67-68.

[78] MENEZES CORDEIRO, *Tratado de direito civil português*, tomo II-III, cit. *supra* n. 73, pp. 707-708, alerta para alguns importantes desvios entre os termos em que neste diploma são fixadas a responsabilidade civil objectiva e subjectiva e os termos gerais do direito civil. Tais desvios não serão aqui objecto de análise.

[79] Cfr. os arts. 512.º/1 e 518.º CC.

de cada um dos administradores responde desde logo pela *totalidade* da dívida.[80]

A lei vem em socorro de alguns credores – os credores que hajam sofrido danos ambientais – oferecendo-lhes, como garantia pessoal, o património de uns quantos novos devedores, assim reforçando as suas perspectivas de satisfação. É obviamente um acréscimo em relação ao regime geral: neste, requer-se um fundamento de imputação pessoal dos danos aos próprios administradores, apenas os responsabilizando quando se encontrem reunidos, na pessoa dos administradores, os pressupostos da responsabilidade civil, embora, nalguns casos, com presunção de culpa.[81]

No caso dos danos ao ambiente, atendendo à inexistência de um fundamento de imputação pessoal dos danos aos próprios administradores, deverá entender-se que estamos perante uma situação do que usa chamar-se «solidariedade em garantia».[82] Embora a lei nada refira a esse respeito,

---

[80] Cfr. ainda, no preâmbulo do DL n.º 147/2008, de 29 de Julho, a referência à consagração, no diploma, de «um regime de responsabilidade solidária (...) entre as pessoas colectivas e os respectivos directores, gerentes ou administradores».

[81] Cfr. M. Carneiro da Frada, *Teoria da confiança e responsabilidade civil*, Coimbra 2004, p. 172 n. 121.

[82] Embora, em bom rigor, possamos encontrar em todos os casos de solidariedade passiva uma extensão da responsabilidade dos devedores em reforço da posição do credor, podendo o instituto reconduzir-se, nessa medida, a uma modalidade de garantia pessoal. Sublinham-no, por exemplo, D. Medicus, *Schuldrecht I*, 16.ª ed., Munique 2005, pp. 307-308 § 70 m. 812; e L. Díez-Picazo, *Fundamentos del derecho civil patrimonial*, vol. II, 6.ª ed., Madrid 2008, p. 238. Entre nós, cfr. Menezes Cordeiro, *Tratado de direito civil português*, tomo II-I, Coimbra 2009, p. 727. Sobre a «solidariedade em garantia» como um instituto autónomo, entre a assunção de dívida e a fiança, cfr. K. Bartels, «Die Sicherungsgesamtschuld als akzessorische Kreditsicherheit?» (2000) JZ 608-613. Entre nós, cfr. Januário Gomes, cit. *supra* n. 27, pp. 100-104, ou ainda L. Menezes Leitão, cit. *supra* n. 27, p. 166. A nossa doutrina contava, tradicionalmente, entre as garantias pessoais, não só a solidariedade passiva, como também aquilo a que chamava, adoptando uma terminologia hoje posta de lado, a «responsabilidade subsidiária resultante da lei», distinguindo, dentro desta última, os casos de «responsabilidade subsidiária simples» e de «responsabilidade subsidiária solidária», consoante ao «devedor subsidiário» assistisse o benefício de excussão prévia (esta última corresponderia, no essencial, à figura a que faço referência no texto sob a designação de «solidariedade em garantia»). Cfr. Paulo Cunha, cit. *supra* n. 24, pp. 19-21 e 31-33 (n.º 90), pp. 33-35 (n.ºs 91-93) e pp. 103-109 (n.ºs 115-117); e A. Vaz Serra, cit. *supra* n. 78, pp. 119-120. Paulo Cunha sustentava que aos casos de «responsabilidade subsidiária criada por lei» deveria aplicar-se, analogicamente, o regime da fiança, correspondendo a «responsabilidade subsidiária simples» a uma fiança com benefício de excussão prévia e a «responsabilidade subsidiária solidária» a uma fiança sem benefício de excussão prévia. A única diferença entre a fiança e a «responsabilidade subsidiária» assim criada seria, em seu entender, a circunstância de esta resultar de disposição legal injuntiva, sendo a fiança o resultado do normal exercício da autonomia privada (pp. 103-109,

deverá entender-se que, nas relações internas entre o administrador e a sociedade, apenas esta responde pela dívida, reconhecendo-se ao administrador que, nas relações externas, responda por obrigações da sociedade ao abrigo deste regime um direito de regresso contra a sociedade pela *totalidade* do que haja pago, uma vez que só a esta foram imputados os danos.[83]

Neste ponto retomo a conclusão, anteriormente formulada, de que o dever de prestar caução consagrado no art. 396.º CSC tem por escopo, apenas, garantir as obrigações de indemnizar de algum modo reguladas no próprio Código das Sociedades Comerciais.[84] Ou seja, que a interpretação mais correcta do artigo é a que cinge o alcance da caução à garantia das obrigações de indemnizar fundadas em responsabilidade por danos pessoalmente imputáveis aos administradores, quando essa responsabilidade se reconduza a uma das categorias de sujeitos tutelados no Código das Sociedades Comerciais, as quais esgotam o universo dos «titulares de indemnizações» a que se refere o n.º 2 do art. 396.º CSC.

Atendendo a essa conclusão, e salvo melhor opinião, parece-me que a caução prestada ao abrigo do disposto no art. 396.º CSC *não garante* a mera responsabilidade patrimonial dos administradores pelo ressarcimento de danos imputáveis à sociedade, pois esta não se reconduz a nenhuma das categorias de sujeitos tutelados no Código das Sociedades Comerciais.

---

n.ºs 115-117). MENEZES LEITÃO observa que a solidariedade passiva não pode ser assimilada a uma fiança de fonte legal, atendendo a que as obrigações dos devedores solidários não são acessórias, podendo extinguir-se qualquer uma delas com independência das outras, nos termos dos arts. 864.º e 869.º CC. Já ROMANO MARTINEZ e P. FUZETA DA PONTE, cit. *supra* n. 27, p. 232, sublinham que, na solidariedade passiva, ainda que com finalidade de garantia, o devedor garante responde por uma dívida própria, enquanto na fiança responde por uma dívida alheia. Cfr. ainda JANUÁRIO GOMES, cit., pp. 61-63. O autor entende que só figurativamente poderá falar-se de uma «fiança legal» a propósito da equiparação *ex vi legis* aos efeitos de uma fiança, defendendo o carácter necessariamente voluntário da assunção fidejussória de dívida. Para uma contraposição entre as noções hodiernas de solidariedade e de subsidiariedade e o consequente afastamento da terminologia adoptada por PAULO CUNHA, cfr. ainda JANUÁRIO GOMES, cit., pp. 58-63 e 967. O autor observa que na sua «responsabilidade subsidiária solidária» não haveria uma verdadeira subsidiariedade, que pressuporia a aplicação do benefício da excussão prévia, sendo antes um caso de coexistência entre solidariedade e secundariedade da dívida.

[83] Literalmente, o n.º 1 do art. 4.º do DL n.º 147/2008, de 29 de Julho, só reconhece um direito de regresso nos casos, distintos, de responsabilidade solidária entre comparticipantes. No entanto, o sentido deste preceito é remeter para o regime geral («sem prejuízo do correlativo direito de regresso que possam exercer reciprocamente»). Parece então aplicar-se, a todos os casos, independentemente da remissão, o disposto na parte final do art. 516.º e no art. 524.º CC.

[84] Cfr. *supra* o ponto 6.

É certo que a lei nem sempre distingue com total clareza e rigor as situações de responsabilidade civil das de mera responsabilidade patrimonial por danos imputáveis a outrem – mas este não seria um argumento decisivo.[85] Certo é que, na falta de uma qualquer imposição, dirigida à sociedade, de caucionar, genericamente, a sua responsabilidade perante terceiros, estranho seria se a obrigação de prestar caução que impende sobre os administradores se alargasse aos casos de responsabilização dos administradores por danos imputáveis à sociedade.[86]

Igualmente significativa é a proibição, diga-se que de eficácia muito duvidosa, de a sociedade suportar os encargos com o seguro celebrado em cumprimento do dever de prestar caução, salvo na parte correspondente à remuneração de um capital seguro superior ao mínimo legal.[87] O conteúdo útil desta proibição parece ser apenas o de deixar claro que, ainda que a caução seja prestada por via da celebração de um seguro, continua a ser *aos administradores* que cabe prestar a caução. E de que, ainda que, pelo menos formalmente, de acordo com as regras gerais de direito, possa ser um terceiro a onerar-se em benefício de um administrador, *v.g.* constituindo-se como seu fiador, esse papel não poderá ser desempenhado pela sociedade, que, historicamente, começou por ser a única e desempenha

---

[85] Entre os casos de uso impreciso do termo «responsabilidade» inclui-se o do próprio Código das Sociedades Comerciais. Cfr., em especial, os arts. 71.º a 84.º CSC. Não obstante corresponder este, no essencial, a um capítulo dedicado à *responsabilidade civil* pela constituição, administração e fiscalização da sociedade, nele vamos encontrar um artigo inteiramente dedicado a uma situação de mera responsabilidade patrimonial: o art. 84.º CSC. Cfr., neste sentido, Menezes Cordeiro, *Código das Sociedades Comerciais anotado*, Coimbra 2009, anotação ao art. 84.º, p. 284, m. 4.

[86] Questão diversa será a de saber se as garantias financeiras obrigatórias exigíveis ao abrigo do art. 22.º do DL n.º 147/2008, de 29 de Julho, desde 1 de Janeiro de 2010 (art. 34.º), garantem, não apenas a responsabilidade dos obrigados a prestá-las, mas também, caso se trate de pessoas colectivas, a dos respectivos administradores. A perspectiva da lei foi no sentido de garantir o acesso às garantias pelos potenciais lesados e pelo Estado. Não se esclareceu se, por hipótese, um seguro celebrado em cumprimento desta obrigação deve incluir, entre os segurados, os administradores, ou se essa extensão fica ao critério das partes. Em todo o caso, o princípio da exclusividade a que tais garantias estão sujeitas impediria que se considerasse, para esse efeito, a caução do art. 396.º CSC (cfr. o art. 22.º/3 do DL n.º 147/2008, de 29 de Julho).

[87] Cfr. o art. 396.º/2 CSC. A disposição é de eficácia muito duvidosa porque os administradores são normalmente remunerados pela sociedade, podendo em regra o valor da sua retribuição ser livremente fixado. De resto, a proibição não limita a possibilidade de ser a sociedade a tomadora do seguro e a pagar ao segurador o prémio devido, desde que esta repercuta tais encargos na esfera dos administradores. É claro que o que se repercute de forma directa pode ser compensado de forma indirecta. Cfr., a este respeito, a observação de J.M. Coutinho de Abreu e M.ª Elisabete Ramos, cit. *supra* n. 23, a p. 40.

ainda hoje um papel de especial relevo entre os beneficiários da caução.[88] É este um forte indício de que o que se garante, neste caso, é uma responsabilidade *dos próprios administradores*, e não de uma extensão, ao seu património, da responsabilidade por danos imputáveis à sociedade.

Em suma, entendo que os titulares de pretensões contra os administradores de sociedades anónimas fundadas no disposto no n.º 1 do art. 3.º do DL n.º 147/2008, de 29 de Julho, não se contam entre os «titulares de indemnizações» do n.º 2 do art. 396.º CSC, o mesmo é dizer, que aqueles não integram o universo de potenciais beneficiários da caução do art. 396.º CSC. Assim sendo, nos casos em que o dever de prestar caução se haja cumprido por via da contratação de um seguro de responsabilidade civil, entendo que será lícita a estipulação de uma exclusão de cobertura que afaste, do seu âmbito, a responsabilidade dos administradores por danos ao ambiente apenas imputáveis à sociedade, nos termos do disposto no n.º 1 do art. 3.º do DL n.º 147/2008, de 29 de Julho.

9. Conclusões

1.ª O seguro a que faz referência o n.º 2 do art. 396.º CSC é celebrado em satisfação do dever de prestar caução consagrado no mesmo art. 396.º CSC. O seguro, quando existe, *é a caução*.

2.ª O seguro de responsabilidade civil celebrado em satisfação deste ou de qualquer outro dever legal de prestar caução não é, em rigor, um seguro obrigatório, mas são-lhe aplicáveis, por identidade de razão, as disposições reguladoras dos seguros obrigatórios de responsabilidade civil, na medida em que a razão de ser da constituição de um dever de segurar, no caso dos seguros de responsabilidade civil, é exactamente a mesma que subjaz à constituição de um dever de caucionar: pretende-se proteger os lesados, assegurando a existência de meios suficientes para o integral ressarcimento dos seus danos.

3.ª O universo dos beneficiários da caução, sejam eles determinados ou indeterminados, *não poderia ser maior ou menor* consoante o meio, de entre os vários admissíveis, que venha a ser escolhido pelos administradores para dar cumprimento ao dever de prestar caução. Assim, o universo de potenciais lesados, titulares de direitos de acção directa contra o segurador

---

[88] A proibição não se estende aos accionistas, que poderão onerar-se em lugar dos administradores – designadamente, dos administradores que tais accionistas, pelo número de votos de que disponham, tenham a possibilidade de fazer eleger, na linguagem do n.º 3 do art. 83.º CSC, com o limite, tratando-se de accionistas sujeitos à lei pessoal portuguesa, do justificado interesse próprio a que faz referência o n.º 3 do art. 6.º CSC.

de responsabilidade civil, na medida em que o seguro se apresente como um meio de prestação da caução exigida aos administradores, coincidirá, necessariamente, com o universo de beneficiários de qualquer outro meio de satisfação do dever de prestar caução, sob pena de não dar cumprimento integral ao art. 396.º CSC.

4.ª A substituição da referência legal à possibilidade de celebração de um seguro «a favor da sociedade» por uma referência à possibilidade de celebração de um seguro «a favor dos titulares de indemnizações», resultante da reforma de 2006, não pode deixar de repercutir-se na delimitação do universo dos eventuais beneficiários da caução, quer esta seja, quer não seja satisfeita por via da celebração de um seguro.

5.ª Continua a caber à sociedade, por intermédio do seu órgão de fiscalização, um *direito* – e simultaneamente um *dever* – de exigir aos administradores a prestação da caução.

6.ª Continua a pertencer à sociedade, por intermédio do colectivo dos sócios, o poder de dispensar os administradores da caução, nos casos em que se admite a dispensa, e, em todos os casos, está na sua disponibilidade elevar o montante mínimo da caução.

7.ª É verdade que os outros titulares de indemnizações *não dispõem* de direitos ou poderes comparáveis. Todavia, uma vez que não poderia deixar de ser assim, em virtude da sua indeterminabilidade aquando da prestação da caução, essa circunstância não suporta a conclusão de que se tenha vedado o seu acesso à caução.

8.ª A consagração de um dever de prestar caução em benefício de credores indeterminados impõe restrições aos meios admissíveis como caução: designadamente, devem ser afastadas as possibilidades de a caução ser prestada com a entrega de acções representativas do capital da própria sociedade ou com a entrega à própria sociedade de dinheiro ou outras coisas fungíveis.

9.ª Neste ou em qualquer outro dever de prestar caução, é meramente contingente a existência da figura do receptor da prestação. Essa pessoa existirá ou não consoante o meio escolhido para a prestação de caução. Ainda que exista, esse papel pode ser desempenhado pela sociedade ou por um qualquer terceiro, não tendo de recair sobre a pessoa do credor ou credores da obrigação a garantir.

10.ª Quando a caução é prestada por via de um seguro de responsabilidade civil, o acto de prestar caução esgota-se na sua constituição, sem um qualquer acto de entrega, à sociedade ou seja a quem for.

Passando agora à delimitação do universo de beneficiários da caução e, por conseguinte, dos eventuais titulares de direitos de acção directa contra o segurador de responsabilidade civil:

11.ª Só farão parte do universo de beneficiários da caução os credores de indemnizações por danos pelos quais os administradores respondam, enquanto administradores. Excluem-se os titulares de direitos contra a pessoa dos administradores que não respeitem, estritamente, ao exercício de funções de administração.

12.ª O princípio, inerente à personalidade colectiva, de que é a sociedade que responde pelos actos e omissões dos administradores enquanto tais subjaz ao regime de responsabilidade civil dos administradores consagrado no Código das Sociedades Comerciais. Em todos os casos em que a conduta de um administrador, no exercício das suas funções, seja causalmente relevante para a produção de danos, será ainda necessário determinar se pelos mesmos apenas responde a sociedade, uma vez verificados na sua esfera os pressupostos da responsabilidade civil, ou se por tais danos devem responder ainda os próprios administradores – tratando-se de danos da própria sociedade, se deverá ser esta a suportá-los, se poderá imputá-los a um ou mais administradores.

13.ª São as seguintes as categorias de lesados a quem, na lógica interna deste regime, se reconhece uma pretensão contra os administradores em sede de responsabilidade civil: (i) a própria sociedade, perante quem os administradores respondem pela violação de deveres específicos, no exercício das suas funções; (ii) quaisquer terceiros, incluindo os accionistas, nos termos gerais, pelos danos que os administradores directamente lhes causem, no exercício de funções; e (iii) os credores sociais, que em regra também serão terceiros, com a característica de serem titulares de um crédito contra a sociedade, respondendo os administradores apenas na medida da insuficiência patrimonial da sociedade pela qual sejam responsáveis em virtude de violação de normas de protecção, em termos causalmente relevantes para o dano desses credores.

14.ª Os diversos preceitos do Código das Sociedades Comerciais, entre eles se contando o que consagra o dever de prestar caução, só se aplicam aos casos a resolver nos termos gerais do Código Civil se e na medida em que estes se reconduzam, de algum modo, a uma das categorias de sujeitos tutelados no Código das Sociedades Comerciais.

15.ª Não quer isto dizer que os preceitos cuja violação levará à responsabilização pessoal dos administradores, ao abrigo deste regime, sejam apenas os do próprio Código das Sociedades Comerciais. Tão-pouco quer isto dizer que os administradores não possam, em caso algum, ser pessoalmente responsabilizados perante a sociedade em sede de responsabilidade civil delitual, nos termos gerais do Código Civil. Ou que o seu património pessoal não responda por outras dívidas, decorrentes de uma obrigação de indemnizar.

16.ª No entanto, entendo que o dever de prestar caução do art. 396.º CSC tem por escopo, apenas, garantir as obrigações de indemnizar de algum modo reguladas no próprio Código das Sociedades Comerciais. São de afastar interpretações que estendam o benefício da caução a quem não se enquadre numa qualquer daquelas categorias, que esgotam o universo dos «titulares de indemnizações» do art. 396.º CSC.

17.ª Tendo em conta a delimitação traçada do alcance do dever de prestar caução, julgo poder concluir que o Estado, na sua qualidade de credor de indemnizações fundadas em responsabilidade tributária, integra desde 2006 o universo de potenciais lesados, titulares de um direito de acção directa contra o segurador de responsabilidade civil dos administradores, quando seja esse o meio de prestar caução escolhido para dar cumprimento ao art. 396.º CSC, quer quanto às dívidas a que respeita a alínea a) do n.º 1 do art. 24.º LGT, na medida em que seguem o regime geral da responsabilidade civil dos administradores perante os credores sociais consagrado no n.º 1 do art. 78.º CSC, quer quanto às dívidas a que respeita a alínea b) do n.º 1 do art. 24.º LGT, na medida em que seguem o regime geral da responsabilidade civil dos administradores perante terceiros a que alude o n.º 1 do art. 79.º CSC.

18.ª A inexistência de um fundamento de imputação pessoal dos danos ambientais aos próprios administradores afasta esse regime do regime geral de responsabilidade civil dos administradores consagrado no Código das Sociedades Comerciais. Assim sendo, os titulares de pretensões contra os administradores de sociedades anónimas fundadas no disposto no n.º 1 do art. 3.º do DL n.º 147/2008, de 29 de Julho, não integram o universo de potenciais beneficiários da caução do art. 396.º CSC, sendo lícita, num contrato de seguro de responsabilidade civil celebrado em cumprimento do dever de prestar caução, a estipulação de uma exclusão de cobertura que afaste, do seu âmbito, a responsabilidade dos administradores por danos ao ambiente apenas imputáveis à sociedade, nos termos do disposto no n.º 1 do art. 3.º do DL n.º 147/2008, de 29 de Julho.

Resumo: O «European Model Company Act» (EMCA) tem por objectivo o desenvolvimento de um lei-modelo das sociedades comerciais à escala europeia. Fortemente inspirado no "Model Business Corporation Act" dos EUA, este projecto internacional foi lançado em 2007 por um grupo de peritos europeus, tendo em vista oferecer um instrumento flexível e alternativo de convergência das legislações societárias nacionais na Europa.

Abstract: The European Model Company Act is a project aiming to draft model rules for companies in a European scale. Largely inspired in the "Model Business Corporation Act" of the United States of America, this international project was launched in 2007 by a set of European experts, providing an alternative and flexible regulatory tool for convergence of national company laws in Europe.

JOSÉ ENGRÁCIA ANTUNES

O «European Model Company Act»

1. Ninguém ignora que a evolução do Direito das Sociedades português nas últimas décadas, tal como sucedeu na esmagadora maioria dos demais países europeus, tem sido largamente tributária de um movimento de convergência internacional das legislações neste sector da ordem jurídica. O objectivo central da minha exposição é dar breve notícia de uma nova e recente iniciativa neste movimento de convergência: o projecto de elaboração de uma «*Lei-Modelo Europeia das Sociedades Comerciais*», correntemente designada como «European Model Company Act» ou pela sigla EMCA, que foi lançado no ano de 2007.

2. Convirá começar por recordar que, até à presente data, a União Europeia se serviu de três instrumentos fundamentais destinados a assegurar a convergência do direito societário dos Estados membros: primeiro, a *harmonização das legislações societárias nacionais*, sobretudo através de directivas de transposição obrigatória pelos Estados Membros; segundo, a *criação de novas formas organizativas supranacionais*, tal como, por exemplo, a Sociedade Anónima Europeia («Societas Europea»); e terceiro, o *controlo judicial das leis societárias nacionais* realizado pelo Tribunal de Justiça Europeu, o qual, através de uma série de acórdãos célebres (casos «Centros», «Überseering», «Inspire Art», «Sevic»), tem sido responsável pela rejeição de várias restrições impostas pelas leis nacionais.

3. Ora, a evolução da última década tem vindo a colocar em destaque os limites destes métodos regulatórios tradicionais.

3.1. Por um lado, a *harmonização das leis societárias através de Directivas* constitui uma técnica minimalista de convergência legislativa, que se limita a garantir que as normas legais próprias de cada Estado membro estão em linha ou não são contrárias à existência de um mercado interno comum. Tal significa dizer também que, para além desse «mínimo», este método jamais poderá corresponder inteiramente às expectativas das empresas societárias que actuam à escala europeia, as quais reclamam ainda uma estandardização das regras de organização, governo e de protecção dos investidores, indispensáveis a uma redução dos seus custos de transacção.

3.2. Por seu turno, *formas organizativas transnacionais* tais como a Sociedade Anónima Europeia («Societas Europea» ou SE) ou a Sociedade Cooperativa Europeia, apenas poderiam corresponder a tais expectativas e necessidades caso o respectivo quadro normativo possuísse efectivamente um conteúdo idêntico em todos os Estados membros. Ora, não é exactamente isso que se verifica. Com efeito, o sistema das fontes de tais entidades supranacionais inclui ainda, além dos próprios Estatutos aprovados pelos Regulamentos comunitários respectivos, as disposições legislativas nacionais adoptadas por cada Estado membro pertinentes à sua aplicação: assim, por exemplo, no caso da Sociedade Anónima Europeia (SE), o Regulamento CE 2157/2001, de 8 de Outubro, contém numerosas remissões expressas para o direito interno dos Estados membros, sendo de assinalar a necessidade de adopção de textos legislativos complementares a nível nacional (em Portugal, o Decreto-Lei nº 2/2005, de 4 de Janeiro). Deste modo, no lugar de tais formas societárias serem auto-suficientes e fonte de criação de um direito uniforme, constata-se que cada Estado membro apresenta ao mercado um diferente mosaico autóctone de regras supranacionais e nacionais.

3.3. Enfim, a *fiscalização judicial dos direitos societários nacionais* limita-se, negativamente, a assegurar a expurgação ou «cassação» de normas jussocietárias nacionais violadoras do mercado interno, revelando-se um método compreensivelmente inidóneo «de per si» à realização de uma harmonização ou convergência positiva.

4. Foi justamente neste quadro de representações relativas às limitações dos mecanismos tradicionais de convergência legislativa no espaço europeu, que surgiu e germinou a ideia ou o projecto do «European Model Company Act» ou lei modelo europeia das sociedades comerciais.

4.1. O primeiro aspecto a reter é que o «European Model Company Act» (EMCA) não corresponde a um instrumento regulatório europeu no sentido tradicional da expressão: nem os Estados membros são obrigados a receber tal lei-modelo nas respectivas ordens jurídicas internas (por intermédio de um Regulamento, Directiva ou outro), nem se trata de criar uma nova forma organizativa transnacional a somar às já existentes. Neste particular, importa pois, desde logo, desfazer eventuais equívocos terminológicos: no contexto da expressão «Lei-Modelo Europeia das Sociedades», o acento tónico deve ser colocado, não tanto na «Lei», mas sim no «*Modelo*». Estamos perante um modelo normativo de natureza dispositiva, que visa servir de base puramente voluntária à uniformização das legislações nacionais societárias. Ou seja, o projecto em apreço visa simplesmente oferecer um modelo regulatório alternativo e dispositivo que os Estados membros serão livres de adoptar ou não, no todo ou apenas em parte: o seu objectivo central é assim o de propor ou recomendar um conjunto de normas jurídico-societárias que possam ser facilmente acolhidas nas diferentes ordens nacionais sem que tal implique, do mesmo passo, remissões para estas últimas.

4.2. Por outro lado, e em segundo lugar, sublinhe-se que *este tipo de estratégia regulatória não é nova, tendo créditos firmados*. Como é certamente conhecido de todos, a evolução do moderno direito norte-americano das sociedades é, em larga medida, tributária de uma estratégia regulatória semelhante. Com efeito, a partir de meados do sec. XX, a disparidade das legislações societárias dos diferentes estados norte-americanos tornou-se fonte de uma considerável incerteza jurídica, inclusive quanto ao próprio conceito de sociedade, com evidentes custos no funcionamento do sistema judicial e económico. Essa situação insatisfatória foi a mola impulsionadora do chamado «Model Business Corporation Act» (MBCA), ou lei-modelo das sociedades anónimas, projecto independente elaborado pela «American Bar Association» em 1946, que veio a granjear um enorme sucesso. Com efeito, esta lei-modelo – revista em 1984 (girando debaixo da designação «Revised Model Business Corporation Act» (RMBCA)) – é actualmente adoptada pela maioria dos estados norte-americanos, sendo ainda de sublinhar que, nas Escolas de Direito dos Estados Unidos da América, os cursos de direito societário são usualmente baseados nesta lei-modelo, frequentemente em combinação com a lei societária do Estado de Delaware. Justamente em virtude deste precedente histórico, o grupo de peritos responsável pela elaboração da lei-modelo europeia propõe-se aproveitar a experiência norte-americana mediante a convocação ao seio dos seus trabalhos, na qualidade de consultor, de um perito americano que participou na feitura da lei-modelo americana congénere.

4.3. Relativamente às suas características, refira-se que o projecto de um «European Model Company Act» é um projecto independente da União Europeia, tanto institucional como financeiramente, conquanto se enquadre perfeitamente no programa de convergência legislativa que tem sido desenvolvido à décadas pelos órgãos da União Europeia. De um lado, a lei-modelo traduzir-se-á em regras uniformes fundamentalmente compatíveis com as tradições jurídicas comuns dos Estados membros e com o «acquis» comunitário, sem renunciar, contudo, a contribuir para a modernização e o aperfeiçoamento das regras vigentes mediante o acolhimento das melhores práticas societárias e da experiência das mais sucedidas legislações nacionais. Doutro lado, é deixada à livre escolha de cada Estado membro a adopção da referida lei-modelo, por forma a permitir acomodar eventuais especificidades nacionais ou locais. Finalmente, apesar da sua recíproca autonomia, o grupo de trabalho do EMCA e a Comissão Europeia comprometeram-se a uma troca regular de informações, sendo as reuniões de trabalho do grupo acompanhadas por um representante da Comissão.

5. Referidas brevemente as origens, razão de ser e principais características deste projecto, impõe-se falar ainda sobre o seu *conteúdo* – palavra ainda mais breve, dado que o projecto está justamente ainda no seu começo.

5.1. O grupo de trabalho responsável pela elaboração do projecto «EMCA» foi formado em Setembro de 2007, por iniciativa do alemão Theodor Baums e do dinamarquês Paul Krüger Anderson, sendo composto por um perito nacional em matéria societária em representação de cada um dos 27 Estados membros da União Europeia. O projecto deverá ter uma duração total de 5 anos (2008-2013).

5.2. A lei-modelo terá por objecto central as *sociedades anónimas* («public companies limited by shares», «Aktiengesellschaften»), incluindo as sociedades anónimas fechadas e abertas, bem assim como as *sociedades por quotas* («private limited companies», «Gesellschaften mit beschränkter Haftung»). Essa lei-modelo será constituída ou dividida em doze capítulos fundamentais: assim, para além de uma parte geral intitulada «Princípios gerais societários» (incluindo relativos à personalidade jurídica, capital, transmissão de participações, igualdade de tratamento, soberania do accionista, princípio maioritário, liberdade de estabelecimento, etc.), a lei será composta por capítulos relativos à:
- «formação de sociedades»
- «participações sociais»
- «organização societária»
- «assembleias de sócios»
- «deveres dos administradores»
- «responsabilidade dos administradores e sócios»
- «financiamento de sociedade»

- «capital social e sua protecção»
- «reorganizações societárias»
- «dissolução e liquidação»
- «contas sociais» e «fiscalização societária»
- «grupos de sociedades»
- «questões transfronteiriças»
- «participação de trabalhadores»
- «publicidade e registo».

5.3. Como se disse, o projecto é um empreendimento plurianual, que deverá estará concluído apenas em 2013, o que significa que, neste momento, se encontra em plena gestação. Até ao presente momento, foram elaboradas a «Parte Geral», bem como os capítulos relativos à «Formação das Sociedades», à «Organização Societária» e aos «Deveres dos Administradores», encontrando-se em fase de preparação diversos outros capítulos. O conjunto das normas legais integrantes de cada parte ou capítulo do EMCA, acompanhados de um comentário explicativo e de remissões para as normas nacionais correspondentes, serão finalmente objecto de divulgação pública por forma a permitir o envolvimento e participação de toda a comunidade académica, jurídica e empresarial no seu próprio processo de desenvolvimento.

5.4. Finalmente, merece talvez ser enfatizado a metodologia comparatista que tem presidido aos trabalhos de elaboração. Penso ser consensual que qualquer reforma das leis societárias vigentes deverá sempre ser precedida de uma cuidadosa reflexão de direito comparado. Sucede, contudo, que tais análises comparativas são frequentemente circunscritas às jurisdições nacionais economicamente mais representativas: ora, o grupo de trabalho responsável pela elaboração de um EMCA, assegurando o envolvimento de um perito nacional representativo de cada um dos 27 Estados membros, propõe-se justamente incorporar a experiência de todos os quadrantes e tradições jurídicas da União Europeia nos seus trabalhos preparatórios, redigindo um modelo regulatório assente numa reflexão exaustiva de direito comparado. Tal metodologia comparatista poderá revelar-se útil para os Estados membros mais pequenos, que dispõem de menores recursos para tais reflexões e reformas jurídicas. Mas também será útil da perspectiva dos maiores Estados membros, cujos legisladores se verão agora obrigados a estribar em argumentações sólidas qualquer invocação de eventuais particularismos nacionais ou desvios ao «benchmark» europeu decorrente de uma tal lei-modelo.

Muito obrigado pela vossa atenção.

Resumo: O Regulamento (CE) n.º 2157/ /2001, do Conselho, de 8 de Outubro, relativo ao Estatuto da Sociedade Europeia [RSE] está a ser objecto de reapreciação pela Comissão Europeia. A presente intervenção visa dar a conhecer o estado actual dos trabalhos preparatórios do relatório de reapreciação do RSE, destacando as recomendações de alteração que foram apresentadas à Comissão.

Abstract: The Council Regulation 2157/2001 of 8 October 2001 on the Statute for a European Company [RSE] is being reviewed by the European Commission. This presentation aims to give knowledge on the actual stage of the review process of that report, highlighting the proposals for amendments that have been presented to the Commission.

MARIA MIGUEL CARVALHO*

Desenvolvimentos recentes relativos ao Estatuto da Sociedade Europeia

I. Introdução

A sociedade anónima europeia foi criada pelo Regulamento (CE) n.º 2157/2001, do Conselho, de 8 de Outubro[1] [RSE], culminando o longo e difícil percurso iniciado há cerca de 50 anos[2].

Volvidos precisamente nove anos sobre a data da aprovação deste Regulamento e seis anos sobre a sua entrada em vigor, importa reflectir sobre o impacto que este teve na prática e sobre a conveniência de se proceder à sua alteração, tarefa que está neste momento a ser desenvolvida pela Comissão Europeia.

* Professora da Escola de Direito da Universidade do Minho

---

[1] *JO L* 294, de 10 de Novembro de 2001, pp. 1 e ss.
[2] Cingimos a indicação aos desenvolvimentos estritamente no âmbito comunitário, não desconhecendo, porém, a existência de variadas e importantes manifestações anteriores. Sobre essas e, em especial, descrevendo o sinuoso percurso assinalado no texto, cfr., entre outros, CARMEN GUTIÉRREZ DORRONSORO/RAFAEL ANSÓN PEIRONCELY, *La sociedad anónima europea*, BOSCH, Barcelona, 2004, pp. 25 e ss. e, entre nós, ANTÓNIO MENEZES CORDEIRO, *Direito Europeu das Sociedades*, Coimbra, Almedina, 2005, pp. 906 e ss.
Revestem ainda especial interesse os estudos de CARLA TAVARES DA COSTA e ALEXANDRA DE MEESTER BILREIRO, *The European Company Statute*, Haia/Londres/Nova Iorque, Kluwer, 2003, pp. 1 e ss. e de MARIA ÂNGELA COELHO BENTO SOARES, «A sociedade anónima europeia: sociedade de direito comunitário?», in: AA.VV., *Nos 20 anos do Código das Sociedades Comerciais – Homenagem aos Profs. Doutores A. Ferrer Correia, Orlando de Carvalho e Vasco Lobo Xavier*, Vol.I (Congresso Empresas e Sociedades), Coimbra, Coimbra Editora, 2007, pp.709 e ss.

O hiato de três anos, que decorreu entre a data da aprovação do Regulamento e a sua entrada em vigor, pode causar alguma estranheza, já que os Regulamentos comunitários são, como é sabido, directamente aplicáveis nos ordenamentos jurídicos dos Estados-membros. Todavia, esse facto está ligado à peculiaridade que permitiu a sua aprovação e que é referida no próprio diploma[3].

Referimo-nos à mudança de paradigma evidenciada pelo «*Memorandum* sobre Mercado Interno e Cooperação Industrial – Estatuto da Sociedade Europeia» apresentado, em 1988, pela Comissão Europeia[4], e que, deixando para trás o objectivo de criar um corpo jurídico uniforme, exaustivo e independente dos direitos nacionais, defendeu a simplificação e a coordenação legislativa europeia com amplas remissões para o direito nacional dos Estados-Membros, de tal forma que se pode afirmar que o Regulamento, entretanto aprovado, se caracteriza pela «coexistência da unidade e diversidade»[5] ou pela hibridez comunitário-nacional[6] do estatuto da sociedade europeia.

Fruto desta remissão constante para a legislação dos Estados-membros e da questão do envolvimento dos trabalhadores – que, recorde-se, foi um dos principais motivos do atraso na criação da *societas europaea* – ter, entretanto, sido objecto da Directiva 2001/86, aprovada no mesmo dia pelo Conselho[7], decorreu a necessidade de ser conferido um prazo para que os Estados-membros pudessem introduzir as alterações legislativas necessárias à implementação do novo tipo societário nos seus ordenamentos jurídicos.

Todavia, no momento da entrada em vigor do Regulamento apenas seis Estados-membros tinham procedido a essas alterações[8], não se contando entre estes Portugal, que viria a estabelecer o regime jurídico das sociedades anónimas europeias no DL n.º 2/2005, de 4 de Janeiro e apenas em

---

[3] V. Considerando 22.
[4] COM (88) 320, de Junho de 1988.
[5] Cfr. Carmen Gutiérrez Dorronsoro/Rafael Ansón Peironcely, *op.cit.*, p.21.
[6] Cfr. Luís Antonio Velasco San Pedro, «Características generales de la sociedad europea. Fuentes de regulación, capital y denominación», in: *La Sociedad Anónima Europea – Régimen jurídico societario, laboral y fiscal* (coords. Gaudencio Esteban Velasco/Luís Fernández Pozo), Madrid/Barcelona, Marcial Pons, 2004, p.75.
[7] JO L 294, de 10 de Novembro de 2001, pp. 22 e ss.
[8] De acordo com a informação colhida na Comunicado de imprensa IP/04/1195, de 8 de Outubro de 2004, nessa data apenas a Bélgica, a Áustria, a Dinamarca, a Suécia, a Finlândia e a Islândia tinham adoptado as medidas necessárias à implementação do RSE (documento disponível *online* no sítio: http://europa.eu/rapid/pressReleasesAction.do?reference=IP/04/1195&format=HTML&aged=0&language=en&guiLanguage=en).

13 de Dezembro do mesmo ano procederia à transposição da Directiva 2001/86/CE[9]. Assim, o processo a que nos referimos, considerando todos os Estados-membros, só ficou concluído em 2007.

A menção destes aspectos prende-se, desde logo, com a sua relevância para a compreensão da evolução registada no que respeita ao número de sociedades europeias criadas desde a entrada em vigor do Regulamento e ainda pelas eventuais consequências que as contínuas remissões para a legislação dos Estados-membros acarretam e que, de algum modo, podem contribuir para a formação de um juízo de valor no que respeita à implementação prática deste tipo societário, bem como para a necessidade de serem efectuadas alterações ao Regulamento.

Como ponto de partida para essa apreciação é útil termos presente que, desde 2004 até 20 de Maio de 2010, foram registadas 583 sociedades europeias, número que, como tem sido generalizadamente reconhecido, parece ficar aquém das expectativas[10].

Importa, porém, precisar que, nos últimos anos, se tem verificado um aumento do número de SE registadas que, especialmente desde 2007, é muito expressivo. Na verdade, das 4 SE constituídas em 2004 passaram a existir 148 em 2007, 237 em 2008, 493 em 2009 e, actualmente, cerca de 600[11].

Por outro lado, constatou-se que este tipo societário tem granjeado muito sucesso nalguns Estados-membros (como é o caso da República Checa[12] e da Alemanha), enquanto noutros tem sido moderadamente

---

[9] DL n.º 215/2005, de 13 de Dezembro.
[10] Neste sentido, v. o documento resultante do estudo externo encomendado pela Comissão Europeia (referido *infra*) «Study on the operation and the impacts of the Statute for a European Company (SE) – 2008/S 144-192482 Final report 9 December 2009», p. 271 (que pode ser consultado na Internet no sítio: http://ec.europa.eu/internal_market/consultations/docs/2010/se/study_SE_9122009_en.pdf).
Entre nós, RUI PINTO DUARTE («A sociedade (anónima) europeia – uma apresentação», in: *CDP*, n.º6, Abril/Junho 2004, pp. 14 e s.) defendeu, ainda antes da entrada em vigor do RSE, a prudência de não se ser muito optimista quanto ao sucesso da SE ou, pelo menos, do prazo em que o mesmo se dará, quer por razões jurídicas, quer por razões de ordem económico-social, ambas confirmadas, como se verá, no âmbito dos trabalhos preparatórios do relatório de reapreciação do RSE.
[11] Estes números resultam do documento citado na nota anterior. O dado referente a Maio de 2010 foi publicitado na Conferência, promovida pela Comissão Europeia, em Bruxelas, em 26 de Maio de 2010.
[12] Aqui, em 2007 e 2008, registou-se um aumento na ordem dos 343% (v. «Study on the operation...», *cit.*, p.271).

utilizado (p.e., Reino Unido, França e Áustria) e noutros ainda pouco ou nada usado (p.e., Itália e Portugal)[13].

Os desenvolvimentos recentes relativos ao Estatuto da Sociedade Europeia que nos propusemos abordar prendem-se com a reapreciação do seu Regulamento.

II. A preparação do relatório da Comissão Europeia respeitante à reapreciação do Regulamento (CE) n.º 2157/2001 do Conselho, de 8 de Outubro de 2001, relativo ao Estatuto da Sociedade Europeia

1. Objectivo

Esta reapreciação está expressamente prevista no seu art.69.º que determina que, no prazo máximo de cinco anos a contar da data de entrada em vigor do presente Regulamento, a Comissão deve apresentar ao Parlamento Europeu e ao Conselho um relatório sobre a sua aplicação e eventuais propostas de alteração.

O Regulamento entrou em vigor, como foi referido, em 8 de Outubro de 2004, pelo que o relatório mencionado deveria ter sido apresentado até 8 de Outubro de 2009.

Apesar de tal ainda não se ter verificado, o mesmo está em preparação desde finais de 2008 e tem por objectivo assumido procurar determinar os factores que influenciam, positiva e/ou negativamente, a constituição de SE, atendendo, entre outros aspectos, ao diferente acolhimento que a prática revelou nos Estados-Membros de forma que, caso se revele conveniente, sejam propostas alterações ao RSE que permitam aumentar a utilização deste tipo societário.

Sem cuidar para já deste objectivo, passamos a referir sucintamente o método adoptado pela Comissão Europeia para a elaboração do referido relatório.

2. Método de preparação do relatório

2.1. Promoção de um estudo externo

Com o objectivo de conhecer melhor a realidade subjacente ao Regulamento em análise, em Dezembro de 2008, a Comissão Europeia entendeu

---

[13] V. «Study on the operation...», *cit.*, p.271.

promover um estudo externo, levado a cabo pela *Ernst & Young* e concluído um ano depois.

Partindo desta base e, consequentemente, dos problemas de aplicação prática identificados, o estudo recomendou uma série de alterações ao RSE com vista ao aumento da sua utilização na prática, que serão referidas mais adiante[14].

2.2. Lançamento de uma consulta pública sobre os resultados do estudo externo

Divulgado o estudo externo, a Comissão Europeia lançou uma consulta pública, entre 23 de Março e 23 de Maio passado, sobre o funcionamento na prática do Estatuto da Sociedade Europeia, tendo por fim testar as conclusões do estudo referido[15].

Foram recebidas 69 respostas[16], cujo teor será parcial e brevemente referido mais adiante.

2.3. Organização da Conferência sobre o Estatuto da Sociedade Europeia, realizada em Bruxelas, em 26/5/2010

Encerrada a consulta pública, teve lugar em Bruxelas, em 26 de Maio último, uma Conferência sobre o Estatuto da Sociedade Europeia, organizada pela Comissão e que reuniu conceituados académicos e advogados, para além de representantes de SE, com o fito de serem discutidas as principais conclusões do estudo externo e da consulta pública[17].

2.4. O documento síntese divulgado em Julho de 2010

Em Julho foi divulgado um documento síntese da Comissão[18] em que são resumidos os trabalhos preparatórios do relatório de reapreciação.

---

[14] Os resultados desse estudo constam do documento «Study on the operation…», *cit*.
[15] V. o comunicado de imprensa IP/10/338 (disponível no sítio: http://europa.eu/rapid/pressReleasesAction.do?reference=IP/10/338&format=HTML&aged=0&language=PT&guiLanguage=en).
[16] As respostas podem ser consultadas no sítio: http://circa.europa.eu/Public/irc/markt/markt_consultations/library?l=/company_law/statute_european&vm=detailed&sb=Title.
[17] Esta conferência foi objecto de vídeo-gravação, acessível na Internet no sítio da Comissão Europeia (http://ec.europa.eu/internal_market/company/se/index_en.htm).
[18] V. «Synthesis of the Comments on the consultation document of the internal market and services Directorate-General on the Results of the Study on the operation and the

Antes de avançarmos para as recomendações propostas à Comissão relativamente à alteração do RSE, entendemos ser útil referir, muito brevemente, as principais considerações deste documento.

Assim, e em relação aos incentivos positivos e negativos à criação de SE, os participantes concordaram, em geral, com o resultado do estudo externo. Exceptua-se a conclusão do estudo externo de que o envolvimento dos trabalhadores representa um desincentivo à constituição de SE, que foi contestada por organizações de trabalhadores e por investigadores da área do direito do trabalho.

Globalmente foram indicados como factores positivos: a mobilidade; a imagem europeia da sociedade; a flexibilidade na governação societária; o potencial para a simplificação empresarial; e vantagens regulatórias se comparadas com as sociedades anónimas dos Estados-membros.

Em contrapartida, como elementos dissuasores, foram referidos: o custo, a complexidade e a incerteza relativamente aos procedimentos para o estabelecimento e exploração de uma SE e ainda a obrigatoriedade de ter a sede efectiva e a sede estatutária[19] no mesmo local.

No que respeita às principais tendências na distribuição de SE pelos Estados-membros foi referido por cerca de metade dos participantes que, como critérios de escolha quanto à sua localização estão, fundamentalmente, em jogo aspectos fiscais e de direito do trabalho, seguindo-se a regulamentação jurídica das sociedades.

Quanto aos problemas práticos de criação e funcionamento identificados pelo estudo externo e que contaram, em geral, com o apoio dos participantes na consulta pública, os mesmos estão intimamente relacionados com os apontados desincentivos à constituição de SE.

3. Principais recomendações resultantes dos trabalhos preparatórios do relatório

Na sequência dos problemas identificados, que comprometem os objectivos visados pelo RSE, foram sugeridas alterações a este Regulamento quer pelo estudo externo, quer pela consulta pública. Importa, no entanto, ter presente que se trata de meras recomendações, sem carácter

---

impacts of the Statute for a European Company (SE)», da Comissão Europeia, de Julho de 2010, disponível no sítio: http://ec.europa.eu/internal_market/consultations/docs/2010/se/summary_report_en.pdf.

[19] Sobre a terminologia adoptada e comparação com a que é utilizada no âmbito da versão portuguesa do RSE, cfr. RUI PINTO DUARTE, *op.cit.*, p.4, nota 11.

vinculativo para a Comissão Europeia. Por razões de economia de tempo referiremos sucintamente as principais.

3.1. Harmonização das normas previstas no RSE com as que resultam da Directiva 2005/56/CE, do Parlamento Europeu e do Conselho, de 26 de Outubro de 2005, relativa às fusões transfronteiriças das sociedades de responsabilidade limitada

Uma das vantagens apontadas à SE consiste no favorecimento da concentração empresarial transfronteiriça, essencial para a realização do mercado interno[20]. De facto, a SE permite escapar às dificuldades (de ordem jurídica, fiscal e até psicológica) com que a fusão transfronteiriça deparou e que paralisaram a 10.ª Directiva[21] durante largos anos.

Todavia, o RSE não só não retirou a importância, nem a urgência de uma Directiva sobre fusões transfronteiriças aplicável às sociedades de responsabilidade limitada, permitindo a fusão das PME's (dado que o RSE apenas se aplica às SE), como foi decisivo para o relançamento do referido projecto (confirmando, uma vez mais, o carácter de «ponta de lança» que tantas vezes lhe é apontado[22]), que culminou com a aprovação da Directiva 2005/56/CE, de 26 de Outubro de 2005, relativa às fusões transfronteiriças das sociedades de responsabilidade limitada[23].

Neste novo quadro jurídico, verifica-se uma perda relativa de importância do RSE e ainda a necessidade de proceder à harmonização das suas normas com as da Directiva 2005/56/CE respeitantes a aspectos tão sensíveis como o do envolvimento dos trabalhadores.

Neste momento, a SE só pode ser registada se tiver sido concluído um acordo sobre o regime de envolvimento dos trabalhadores, se tiver sido tomada uma decisão do grupo especial de negociação de que resulte não estar aberto a negociações ou se o período de negociações previsto no

---

[20] Neste sentido, cfr., entre outros, CARMEN GUTIÉRREZ DORRONSORO/RAFAEL ANSÓN PEIRONCELY, *op.cit.*, p.24 e pp. 52 e ss.
[21] Sobre as dificuldades que entravaram a aprovação da referida Directiva, cfr. CARMEN GUTIÉRREZ DORRONSORO/RAFAEL ANSÓN PEIRONCELY, *op.cit.*, pp. 53 e s. e ANTÓNIO MENEZES CORDEIRO, *op.cit.*, pp.804 e s.
[22] Cfr., entre outros, MARIA ÂNGELA COELHO BENTO SOARES, *op.cit.*, pp. 779 e ss. e CARMEN GUTIÉRREZ DORRONSORO/RAFAEL ANSÓN PEIRONCELY, *op.cit.*, pp. 98 e ss.
[23] *JO L* 310, de 25 de Novembro de 2005.

art. 5.º da Directiva 2001/86/CE tiver decorrido sem se ter chegado a um acordo (art. 12.º RSE)[24].

O estudo externo recomenda a introdução da possibilidade de os órgãos competentes das empresas a fundir terem o direito de decidir, sem negociação prévia, ficar directamente sujeitos às disposições supletivas de participação estabelecidas pela legislação do Estado-membro em que se situe a sede estatutária da SE, tal como está previsto no art. 16.º, n.º 4, al. *a*) da Directiva relativa às fusões transfronteiriças.

Ainda no âmbito das alterações sugeridas pelo estudo externo respeitantes à constituição de SE por fusão, destacamos, por um lado, a permissão do registo da SE mesmo que não exista qualquer negociação sobre o envolvimento dos trabalhadores, desde que nenhuma das empresas envolvidas tenha trabalhadores e a introdução de uma norma que preveja que, logo que a SE esteja activa ou seja atingido um determinado número de trabalhadores, as negociações sobre o envolvimento dos trabalhadores sejam obrigatoriamente iniciadas, de modo a assegurar uma protecção adequada dos direitos dos (futuros) trabalhadores. Por outro lado, é também aconselhada a modificação do art. 19.º RSE no sentido de conferir às autoridades competentes a possibilidade de se oporem à formação de uma SE apenas quando exista essa possibilidade para as fusões internas no direito do Estado-membro de uma das sociedades que participe na fusão que conduza à criação de uma SE.

3.2. Facilitar o acesso à sociedade europeia

Se o objectivo da Comissão é, como referido expressamente em vários documentos, promover o aumento da utilização da SE, faz sentido que se facilite o acesso à mesma, o que pode ser conseguido por diversas formas.

3.2.1. *Simplificação da exigência de regulação em Estados-membros diferentes*

Uma das recomendações de alteração mais referida é a que respeita à simplificação da exigência de regulação em Estados-membros diferentes. Nesse sentido propõe-se a eliminação ou o esmorecimento do requisito estabelecido para a constituição de uma SE *holding*, SE filial e SE resultante

---

[24] Sobre o regime jurídico vigente relativamente a este ponto, cfr., entre outros, CARMEN GUTIÉRREZ DORRONSORO/RAFAEL ANSÓN PEIRONCELY, *op.cit.*, pp. 233 e ss. e, entre nós, MARIA ÂNGELA COELHO BENTO SOARES, *op.cit.*, pp.768 e ss.

da transformação de uma SA nacional respeitante ao prazo mínimo de 2 anos de titularidade de uma filial regulada pelo Direito de outro Estado-membro ou de uma sucursal situada noutro Estado-membro.

3.2.2. *Abertura às «sociedades de responsabilidade limitada»*

Outra via para facilitar o acesso à SE consiste em abri-la às «sociedades de responsabilidade limitada» e, na opinião de alguns participantes na consulta pública, até a pessoas singulares.

Como é sabido, a maior parte das PME's (que constituem uma parte muito relevante do tecido empresarial europeu e, em especial, dos ordenamentos jurídicos em que não existem, ou existem poucas, SE, como é o caso de Portugal e Itália) constituem-se sob a forma de «sociedade de responsabilidade limitada». É neste quadro que devem ser entendidas as recomendações relativas ao alargamento das formas de constituição de SE e que, p.ex., incluem a possibilidade de criação *ex nihilo* e a permissão de transformação de «sociedades de responsabilidade limitada» em SE ou de se fundirem com SE.

3.2.3. *Redução do capital mínimo exigido*

Outra alteração comummente referida e justificada pelo que acabamos de referir, respeita à redução do capital mínimo exigido, que se cifra, neste momento, em 120.000 euros, montante substancialmente mais elevado do que o capital social exigido para a constituição de sociedades por quotas em Portugal, p.ex.

Para além das alterações referidas, que podem ou não ser seguidas pela Comissão, é provável que o relatório de reapreciação do RSE se pronuncie sobre a adequação de outras modificações.

De facto, o art. 69.º do RSE enumera exemplificativamente os elementos que devem constar do relatório com indicação sobre a conveniência de serem introduzidas, em relação àqueles, alterações no RSE.

Esses elementos compreendem, para além do alargamento do conceito de fusão (al.ª *b*)) e da revisão da cláusula de competência do n.º 16 do artigo 8.º, em função de eventuais disposições que tenham sido incluídas na Convenção de Bruxelas de 1968 ou em qualquer texto adoptado pelos Estados-membros ou pelo Conselho em substituição dessa Convenção (al.ª *c*)), a possibilidade de um Estado-membro autorizar, na legislação por ele adoptada ao abrigo das competências atribuídas pelo presente

Regulamento ou para assegurar a sua aplicação efectiva, a inserção de disposições em derrogação dessa legislação ou que a completem, mesmo que esse tipo de disposições não seja autorizado nos estatutos de uma sociedade anónima com sede nesse Estado-membro (al.ª d)) e ainda a possibilidade de a administração central e a sede de uma SE se situarem em Estados-membros diferentes (al.ª a)).

Admitir a possibilidade de inserção de disposições derrogatórias da legislação nos termos referidos implicará a alteração do art.10.º RSE que estabelece que "sob reserva do disposto no presente regulamento, uma SE é tratada em cada Estado-membro como uma sociedade anónima constituída segundo o Direito do Estado-membro onde a SE tem a sua sede".

Como resulta do estudo externo, uma tal modificação permitiria uma maior flexibilidade da SE, conferindo-lhe meios para concorrer eficientemente com a futura sociedade privada europeia. Todavia, e para além de ter resultado do mesmo estudo, como já tivemos oportunidade de referir, que a flexibilidade da legislação nacional desempenha um papel secundário na decisão de optar pela constituição de uma SE, autorizar a discriminação entre SE e sociedade nacional conduziria ao aumento das discrepâncias legislativas dos Estados-membros.

No que respeita à eventual alteração do art. 7.º RSE[25] no sentido de se permitir que a sede efectiva e a sede estatutária de uma SE se situem em Estados-membros diferentes, é conveniente sublinhar que oito Estados-membros implementaram a opção aberta pelo mesmo artigo, exigindo que a sede estatutária e a sede efectiva da SE seja no mesmo local (para além de ter de ser no mesmo Estado-Membro) e que este é um ponto onde se verifica uma elevada divergência de opiniões, o que, de resto, explica a razão de o projecto de Directiva relativa à transferência de sede de uma sociedade para outro Estado-membro ainda não ter chegado a bom porto[26].

---

[25] Sobre o regime jurídico aplicável actualmente cfr. MARIA ÂNGELA COELHO BENTO SOARES, op.cit., pp. 759 e ss. e ainda GUILLERMO PALAO MORENO, «El domicilio social de la sociedad anónima europea y su traslado», in: AA. VV., *La sociedad anónima europea domiciliada en España* (Dir. Josefina Boquera Matarredona), Thomson Aranzadi, Cizur Menor (Navarra), 2006, pp. 67 e ss. e CARMEN GUTIÉRREZ DORRONSORO/RAFAEL ANSÓN PEIRONCELY, op.cit., pp. 164 e s.

[26] A Comissão decidiu interromper os trabalhos relativos a esta Directiva na sequência da avaliação do impacto da mesma divulgado em Dezembro de 2007. Para maiores desenvolvimentos sobre esta matéria v. a informação disponível no sítio http://ec.europa.eu/internal_market/company/seat-transfer/index_en.htm. Cfr. ainda, entre nós, MENEZES CORDEIRO, op.cit., pp. 809 e ss., esp. 813 e ss.

Temos estado a referir os desenvolvimentos recentes relativos ao Estatuto da SE, no âmbito de um painel subordinado ao tema «Visões do Futuro», importa, por isso, destacar as eventuais consequências que o relatório referente ao RSE pode vir a ter no que respeita à reapreciação de outras Directivas.

4. Eventuais consequências do futuro relatório quanto à reapreciação da Directiva 2003/72/CE do Conselho, de 22 de Julho de 2003, que completa o estatuto da sociedade cooperativa europeia no que respeita ao envolvimento dos trabalhadores

Esta Directiva[27] prevê, no art. 17.º, que "o mais tardar até 18 de Agosto de 2009, a Comissão procede, em consulta com os Estados-Membros e os parceiros sociais a nível comunitário, à reapreciação da aplicação da presente directiva, com o objectivo de propor ao Conselho as alterações eventualmente necessárias".

Em 16 de Setembro de 2010 foi divulgado o Relatório da Comissão ao Conselho, ao Parlamento Europeu, ao Comité Económico e Social Europeu e ao Comité das Regiões relativo à reapreciação da Directiva mencionada[28].

Desse documento resultou que, apesar de terem sido identificadas algumas questões que merecem reflexão[29], atendendo à pouca experiência relativa à implementação e aplicação das sociedades cooperativas europeias [SCE] (quer por a transposição da mesma só ter sido concluída em Março de 2009, quer por, até 8 de Maio de 2010, existirem apenas 17 SCE, com um número pouco significativo de trabalhadores) e ainda ao paralelismo e complementaridade que se verifica com outra legislação comunitária (*v.g.*, a Directiva 2001/86 e o RSE), a reapreciação da Directiva SCE deve aguardar pelos relatórios de avaliação daqueles diplomas.

Ora, no que tange à Directiva 2001/86, importa recordar que, não obstante se ter reconhecido a complexidade do procedimento previsto para o envolvimento dos trabalhadores, da Comunicação da Comissão de 30

---

[27] *JO L* 207, de 18 de Agosto de 2003, pp.25 e ss.
[28] V. COM (2010) 481 final.
[29] Em especial no que diz respeito ao procedimento de negociação transnacional, à utilização incorrecta dos procedimentos e às questões transversais nas directivas relativas ao envolvimento dos trabalhadores.

de Setembro de 2008[30], já resultara – perante a constatação da escassa experiência prática quanto à sua aplicação – a conveniência de se aguardar pelo processo de reapreciação do Regulamento SE, previsto, como já foi referido, para o final de 2009.

O exposto permite antever que as alterações eventualmente propostas pela Comissão no que se refere ao Regulamento objecto desta intervenção podem repercutir-se quer no domínio da Directiva 2001/86/CE do Conselho, de 8 de Outubro de 2001, quer no da Directiva 2003/72/CE do Conselho, de 22 de Julho de 2003.

5. Breve referência à Resolução do Parlamento Europeu, de 7 de Setembro de 2010, sobre a interconexão dos registos de empresas (2010/2055//INI)

Ainda no âmbito da «Visão do futuro», impõe-se uma breve nota sobre uma resolução muito recente do Parlamento Europeu.

Com efeito, em 7 de Setembro passado foi aprovada uma resolução sobre a interconexão dos registos de empresas[31] que merece aqui uma especial referência em virtude de no considerando K ser realçada a essencialidade da cooperação entre registos no caso do RSE, entre outros.

A resolução referida apoia a criação de um balcão de acesso único às informações comerciais relativas a todas as sociedades europeias, em que participam, em princípio, todos os Estados-Membros[32]. A informação aí prestada deve ser fiável, actualizada e fornecida num formato normalizado e em todas as línguas da UE.

Na prática, esse balcão pressupõe a fusão dos dados existentes no âmbito do projecto *BRITE* (Interoperabilidade dos Registos de Empresas de toda a Europa), *EBR* (Registo Europeu de Empresas) e *IMI* (Sistema de Informação do Mercado Interno), apresentando muito interesse por, além de ser muito relevante para as empresas que exercem actividade na

---

[30] V. Com (2008) 591 final.
O art. 15.º da Directiva prevê que "o mais tardar em 8 de Outubro de 2007, a Comissão procede, em consulta com os Estados-membros e os parceiros sociais a nível comunitário, à reapreciação das regras de execução da presente directiva, com o objectivo de propor ao Conselho as alterações eventualmente necessárias".
[31] A referida resolução pode ser consultada no sítio: http://www.europarl.europa.eu/sides/getDoc.do?pubRef=-//EP//TEXT+TA+P7-TA-2010-0298+0+DOC+XML+V0//PT
[32] Contudo, no n.º4 da referida Resolução solicita à Comissão que examine as vantagens e os inconvenientes de uma adesão obrigatória de todos os Estados-Membros a este novo balcão único de acesso à informação.

Europa, ser um instrumento da transparência, da eficácia e da segurança jurídica em prol das empresas, dos seus trabalhadores, consumidores e de todo o sistema, permitindo reduzir os encargos administrativos.

Considerações finais

O futuro da SE passará por estas e/ou outras alterações ao seu Regulamento, mas também, e em boa medida, pelos desenvolvimentos que se verificarem relativamente a outros elementos legislativos, nomeadamente a aprovação do Estatuto da Sociedade Privada Europeia.

Atendendo às alterações recomendadas ao RSE parecem-nos evidentes os pontos de possível sobreposição com a SPE[33], pelo que a resposta da Comissão Europeia a estas recomendações pode ser esclarecedora quanto à viabilidade de, a curto prazo, ser aprovado o estatuto sobre a SPE[34]. Em última análise é preciso que a Comissão esclareça se a SPE vai complementar a SE ou se, tornando a SE mais acessível às «sociedades de responsabilidade limitada» ou até, como foi pontualmente sugerido, a pessoas singulares, esta acabará por tornar desnecessária a primeira.

PostScriptum

Posteriormente à data da realização do Congresso para o qual este texto foi preparado, foi divulgado o Relatório da Comissão ao Parlamento Europeu e ao Conselho relativo à aplicação do RSE[35].

O referido Relatório não apresenta quaisquer propostas de alteração – apesar de referir sinteticamente as que resultaram dos seus trabalhos pre-

---

[33] Na medida em que a SPE visa sobretudo as pequenas e médias empresas (v. os documentos citados na nota seguinte).

[34] A proposta de Regulamento sobre o Estatuto da Sociedade Privada Europeia (COM (2008) 396/3, documento disponível no sítio: http://ec.europa.eu/internal_market/company/docs/epc/proposal_en.pdf) foi objecto da Resolução legislativa do Parlamento Europeu, de 10 de Março de 2009, que a aprovou com alterações (http://www.europarl.europa.eu/sides/getDoc.do?type=TA&reference=P6-TA-2009-0094&language=PT).

[35] V. COM (2010) 676 final, de 17 de Novembro de 2010 (disponível no sítio: http://ec.europa.eu/internal_market/company/docs/se/report112010/com2010_676_pt.pdf).
Assume também interesse a leitura do documento preparado pelo grupo de trabalho da Comissão Europeia que acompanha o relatório referido (SEC(2010) 1391 final, de 17 de Novembro de 2010, disponível no sítio: http://ec.europa.eu/internal_market/company/docs/se/report112010/sec2010_1391_en.pdf).

paratórios –, escudado no delicado compromisso em que assentou o RSE. Não obstante, adianta que a Comissão está a analisar a conveniência das mesmas, podendo vir a apresentá-las em 2012. Além disso, destaca que eventuais alterações implicarão a revisão da Directiva 2001/86.

Assim, pelo menos a curto-prazo, parece manter-se a expectativa de aprovação do Regulamento sobre o Estatuto da Sociedade Privada Europeia.

Sumário: Num contexto de globalização, a economia e, em especial, as empresas e sociedades (como fundamentais actores transnacionais frequentemente mal comportados) tornaram-se importantes temas de reflexão ética. O objectivo precípuo deste artigo consiste em descrever e reflectir criticamente a influência da ética do discurso habermassiana na economia, concentrando-se na contabilidade empresarial e particularmente, nas questões de informação financeira das sociedades. Para tal, a título introdutório, curaremos de explanar as circunstâncias da investigação desenvolvida, desocultando algumas pré-compreensões jurídicas, apresentando o objecto material das perquirições e derramando alguma luz sobre certos conceitos pressupunendos como os de *discurso, comunicação, informação e sociedade de informação*. Posto isto, impor-se-ão três estâncias no desenrolar do nosso discurso. Na primeira, devotaremos atenções à influência da ética em geral na economia, referindo algumas das razões que a justificam, das modalidades que assume, das intenções que exibe e das funções que visa cumprir, e analisando, do mesmo passo, as principais implicações que acarreta para as empresas. Na segunda, focar-nos-emos na ética do discurso; primeiramente, numa consideração geral e, depois, olhando mais detidamente para as propostas nucleares da sua versão habermassiana. Na terceira, o ponto de partida será a análise da repercussão da ética do discurso, tomada em geral, sobre a economia, inventariando os seus protagonistas e correntes principais e dando nota dos respectivos méritos e preten-

Abstract: In a corporate world, the economy and business world, and particularly corporations (as fundamental transnational actors who frequently misbehave) have become more and more important ethical 'subjects'. The main purpose of this article is to describe and critically reflect the influence of habermassian discourse ethics on business, focusing on corporate accounting and, particularly, on financial information. In order to do so, we will first spend some effort explaining the circumstances of this work, lifting the veil on our own juridical perspective, presenting the material object of the investigation, and finally shedding light on a few concepts such as those of discourse, communication, information and information society. Then three steps are required in order to arrive at our final destination. In the first one, attention must be drawn to the general influence of ethics on economics, briefly explaining its reasons, modalities, intentions and functions, as well as analyzing its main implications for corporations. In the second one, we will concentrate ourselves on discourse ethics: first in general, and then looking a bit closer to the core proposals of Jürgen Habermas version of it. In the third and final one, the starting point has to be the general impact of discourse ethics on economics. After a small notice about the most important authors involved in the attempt to translate discourse ethics into the business world, something will be said about the main trends of such an enterprise and the merits that it claims. As for the problems it faces, they will be considered through a critical reflection around

sões; já no respeitante aos problemas que enfrenta, serão equacionados mediante uma reflexão crítica acerca da obra de Peter Ulrich – provavelmente o mais influente habermassiano no domínio da ética económica e empresarial. No seguimento, cuidaremos do influxo genérico da ética de Habermas no plano da contabilidade empresarial, numa sorte de enquadramento para a consideração, à luz da ética do discurso do professor alemão, de alguns problemas relativos à informação empresarial (relatórios e demonstrações financeiras) colocados pelo novo Sistema de Normalização Contabilística Português. Recomendar-se-á toda a cautela neste exercício. Sem embargo, concluiremos que a ética do discurso está em condições de contribuir para uma certa qualificação comunicativa dos sistemas e processos de informação societária, podendo também ajudar a descortinar novos sentidos normativo-jurídicos relevantes no contexto económico, a forjar perspectivas jurídicas alternativas com respeito às empresas, assim como a inspirar diferentes soluções dogmáticas e orientações metodológicas.

the work of Peter Urlich – probably the most influential habermassian in this field of study. Thereafter, we will narrow our view, looking upon the infusion of Habermas' work into corporate accounting. This will serve as background for us to reflect, at the light of Habermas' ethics, on a few problems of corporate disclosure of information (financial reports and demonstrations) brought about by the new portuguese accounting system. Caution will be recommended in what concerns the possibilitiy and range of a fruitfull invocation of Habermas in this context. Notwithstanding, we will conclude that it can contribute to a certain communicative qualification of corporate information systems and processes, helping to find new juridical meanings for the economy, to forge alternative juridical perspectives on corporations, as well as to inspire different dogmatic regulations and to provide us with some interesting methodological insights.

Palavras-chave: discurso, comunicação, informação, ética dos negócios, *governance* empresarial, responsabilidade social das empresas, ética do discurso, Jürgen Habermas, acção comunicativa, racionalidade comunicativa, princípio de universalização, princípio do discurso, princípio democrático, Peter Ulrich, ética integrativa, Thomas Beschorner, contabilidade, sistemas de informação empresarial, *Sistema de normalização contabilística*; demonstrações financeiras.

Key words: discourse, communication, information, business ethics, corporate governance, corporate social responsibility, discourse ethics, Jürgen Habermas, communicative action, communicative rationality, universalization principle, discourse principle, democratic principle, Peter Ulrich, integrative ethics, Thomas Beschorner, accounting, corporate information systems, Portuguese SNC (*sistema de normalização contabilística*); financial demonstrations.

LUÍS MENESES DO VALE*
Ética do Discurso (*habermassiana*) e informação societária: breves reflexões

> «*It's a corporate world*»
> STEPHEN BOTTOMLY

> «*The problem with communication ... is the illusion that it has been accomplished*»
> GEORGE BERNARD SHAW

0. Preliminares

0.1. Gostaria de começar por agradecer o gentil convite feito pelo meu colega e amigo Rui Dias, que me aliciou a servir de sua asa neste voo arriscado e que, assoberbado de *trabalhos e paixões*, me colocou na circunstância de tomar os comandos da intervenção, em situação de relativa emergência, e sem *brevet*. Felizmente que pude contar com os seus abundantes conhecimentos na matéria, servidos pela facilidade das comunicações e sempre, solícita e prodigamente, dispensados.

    Estendo a minha dívida de gratidão aos organizadores do encontro, que me brindaram com o dom da *hospitalidade* (a própria *ética*, nas palavras de Derrida) e até de uma vera *comensalidade*, pois não estando nós num *simpósio* clássico, me aceitaram como *parceiro de locução*, mesmo vindo eu de outra *tribo* – a dos *constitucionalistas*, cultores da filosofia política e jurídica e da publicística – falando outra língua e, para mais, num tom porventura dissonante. Aproveito também para felicitá-los pelo óptimo sucesso da iniciativa, que procurarei, já na sua fase final, evitar deslustrar. Cumprimento finalmente o ilustre auditório, permitindo-me colocar, *à cabeça*, os senhores doutores e, *do lado esquerdo*, os meus professores, cuja presença (sempre) tanto me encomia e responsabiliza.

0.2. Posto isto, releve-se-nos o *abuso* de algumas considerações introdutórias, em que sucumbamos à tentação de glosar o mote lançado pelo painel em que fomos integrados, tentando já, no mesmo ensejo, elucidar perfunctoriamente a resposta um pouco *excêntrica* com que ousámos responder ao desafio que nos dirigia. Deliberada excentricidade – nos objecto, perspectiva, intencionalidade e estratégia expositiva eleitos – que justamente nos cria um acrescido ónus de explicitação e justificação.

* Assistente da Faculdade de Direito da Universidade de Coimbra

i) Na verdade, o enquadramento num painel intitulado *'visões do futuro'* coloca-nos sob o signo teórico da austera *Thémis*, mais do que da prática e humana *Iustitia* e, ao apontar para a dimensão de *futuridade* do direito, acorda-nos imediatamente para alguns dos seus *traumas* históricos e constitutivos *paradoxos*[1] – nomeadamente os que se prendem com a sua específica *existência e temporalidade* (o seu *modus* fundamental) e, inclusive, a particular ambiguidade com que o *angelus novus* o assombra; quando o certo é que os juristas usam desconfiar *prudentemente* de apelos visionários ou admonições morais de filósofos e profetas, bem como dos devaneios prognosticantes dos arúspices (relegados, salvo seja, para os colegas da ética, da politologia e da economia...), preferindo precatar-se com uma opção pelo *presente* da realização concreta do direito[2], em que o *dizer* da normatividade vigente se vai cautelosamente convertendo no *dito* jurídico[3].

E contudo, permitam-se-nos dois apontamentos ligeiramente marginais.

Para salientar, primeiro, que não só de há muito reconhecemos à doutrina uma importante função heurística de captação do *Zeitgeist* e de perscrutação dos sinais do porvir, como vemos assomar hoje (na doutrina jusadministrativa, por exemplo) correntes do pensamento fortemente empenhadas numa perspectiva especificamente prospectiva, que trata de discernir *sendas* e *tendências* com vista ao genérico desenvolvimento de um direito *capaz de futuro* (*zukunftsfähig*).

Para sustentar, em segundo lugar, que a esta capacidade subjaz a própria *possibilidade*, enquanto pressuposto e dimensão constitutiva da normatividade jurídica. Não fora a categoria do *possível*, onto-fenomenológica e escatologicamente compreendida (Kearney[4]) – tal como se acha radicada no mais profundo da nossa condição e mora por isso nos *modais*

---

[1] V., para uma visão muito particular, GUNTHER TEUBNER, «Dealing with Paradoxes of Law: Derrida, Luhmann, Wiethölter» ("Storrs Lectures 2003/04", Yale Law School), in OREN PEREZ/GUNTHER TEUBNER (eds.), *On Paradoxes and Inconsistencies in Law*, Hart, Oxford, 2006, pp. 41-64.

[2] Não falta quem sublinhe que a metodologia jurídica se circunscreve hoje ao estudo da realização jurisdicional do direito – cf., por exemplo, HORST EIDENMÜLLER, *Effizienz als Rechtsprinzip*, Mohr Siebeck, Tübingen, 1. Auflage 1995, 3 Auflage (erweitert um eine neues Vorwort), 2005.

[3] A terminologia, de sabor levinasiano, foi já trabalhada juridicamente entre nós – v. JOSÉ M. AROSO LINHARES, «O dito do direito e o dizer da justiça. Diálogos com Levinas e Derrida», in J.J GOMES CANOTILHO/LENIO LUIZ STRECK (org.), *Entre discursos e culturas jurídicas*, Coimbra Editora, Coimbra, 2006, pp. 181-236.

[4] V. RICHARD KEARNEY, *Poétique du Possible – Phénoménologie Herméneutique de la Figuration*, Beauchesne Editeur, Paris, 1984 (trad.: *Poética do Possível – Fenomenologia Hermenêutica da Figuração*, Instituto Piaget, Lisboa, 1997).

linguísticos do direito – e seria de todo impensável fundar esse espaço de liberdade de que brotam os projectos humanos de auto-transcensão – designadamente normativa.

O direito, enquanto fundamentante e intencional normatividade, tem uma dimensão de futuro, também. É *do futuro* e *para o futuro*, porque em parte retira o seu *Sollen* do cruzamento paradoxal do *futurus* e do *adventurus*[5].

ii) Para nos abrirmos a esse porvir e assumirmos o projecto do direito, devemos cultivar a multiplicação de referentes, o cruzamento de discursos e a fusão de horizontes, que as tão recorrentes fórmulas da *inter* e *trans*disciplinaridade, indiciadas logo também na nossa epígrafe, servem de algum modo para conotar.

Na verdade, dificilmente poderia ser outro o nosso *prius*, se almejamos tematizar um problema central do direito comercial – a saber, o da informação (sobretudo financeira) das sociedades – à luz de uma das mais bem sucedidas propostas éticas contemporâneas. Tentame nascido de um

---

[5] O apelo de realização dos valores advém-lhe, por um lado, do *infinito* não totalizável que principia no rosto do outro, do ausente, do estranho, e possui por isso um carácter adventício. No plano dos fundamentos, a experiência antropológico-social do homem constitui subjectiva–, intersubjectiva– e trans-subjectivamente a actuação de uma espera activa, uma esperança vinculante – que é por isso respeito e afeição (Derrida), escuta atenta (*etim.* obediência) e desejo produtivo: a hospitalidade que é responsabilidade. Por outro lado, o direito é pro-jecto, que *pro-mete* e *pro-move*, admitindo embora vários *pro-gramas* empíricos e contingentes; ilumina o futuro e orienta-o sem o acrisolar; também paradoxalmente, liga-o e desliga-o, obriga-o e questiona-o (F. Ost), liberta-o e vincula-o, uma vez que institui a igual liberdade de uma autonomia responsável – cf. François Ost, *Le Temps du Droit* (trad.: O Tempo do Direito, Instituto Piaget, Lisboa, 2001, pp. 197 e ss.).
A possibilidade exprime a abertura ao *por-vir* (Agamben), ao *ainda não* (Bloch) por definição u-tópico: a *espera* que se faz *esperança*, que se volve *expectativa*, *promessa*, *pretensão*, *direito*, *norma*. Donde um certo *Möglichkeitsdenken* e uma escatologia do sentido normativo (demanda do reino da *justiça*) como traços inapagáveis da própria fundamentação e vinculatividade do direito (v. Richard Kearney, *Poética do Possível – Fenomenologia Hermenêutica da Figuração*, op. cit).
De certo modo, a intenção a uma validade especificamente prática (porque *ab origine* pressupõe e é mesmo constituída pela problematicidade da vida) repousa na dinâmica do encontro entre a *autonomia* e a *heteronomia*, e emerge na dialéctica com uma realidade deceptiva – o que temos tentado captar através de uma interpretação pessoal de teorias antropológico-culturais da diferença (como traço transcultural e transracional), apoiadas por contributos sociológicos, psicanalíticos e éticos; é o caso da Sociologia das *ausências* (Boaventura de Sousa Santos), da *Psicanálise da falta* (e do desejo negativo e positivo – Lacan, Lyotard, Dolto) e de algumas leituras da Ética da *alteridade, da diferença,* ou *da estranheza* (Lévinas, Derrida, Kristeva, Critchley, Waldenfehls, Eagleton).

encontro e conversação pessoais⁶, mas que nem graças à concretude dessa radicação, se livra, à primeira vista, das maiores suspeitas, desde logo de vago sincretismo facilitista e abstracta especulação diletante.

Também nós, em bom rigor, partilhamos da desconfiança relativamente ao entusiasmo imoderado[7] com os programas interdisciplinares e à ligeireza das (hoje tão profusas) convocações da ética – por vezes a título de mero ornato ou de solerte retórica de legitimação (e ameaçando bastas vezes elidir a autonomia e especificidade do próprio direito).

Por isso procurámos entregar-nos à tarefa, premunidos dos mínimos de cepticismo metódico necessários, mas convictos da possibilidade de também aqui escutarmos a voz do direito e termos alguma coisa a aprender a seu respeito. Fomos averiguar da seriedade destes fenómenos de contacto da ética com a economia, acabando por conseguir surpreender algumas pistas interessantes no meio da selva informativa que hoje temos de desbravar. Delas nos propusemos dar conta, sem querer todavia ir muito além de um levantamento dos problemas que se nos perfilam e da formulação das perguntas que os tematizam.

O mesmo vale por dizer que, honrando a sobredita função heurística da doutrina – num tempo que parece justificar novo protagonismo para o *Juristen* e o *Professorenrecht* – não dobrámos sequer o Cabo, como Bartolomeu Dias, para *vir contar*. Limitámo-nos a navegar à vista, reconhecendo as anfractuosidades da costa e (literalmente) *arriscando* os primeiros esboços cartográficos. Pelo menos para que – de futuro – se evite subir o *Congo* por

---

[6] Com efeito, à empresa a que nos abalançamos subjaz, como sempre, uma história. No caso, narra um encontro propiciatório entre um especialista em direito societário material e conflitual, (nutrido pela experiência de leccionação do direito internacional privado e beneficiado com o lastro da experiência advinda das aulas de história do direito que assegurou) e um *proto*-constitucionalista, a*tido ao* e entre*tido com* o estudo das dimensões publicisticas/republicanas (tanto jus-subjectivas como jus-objectivas) da justiça social e suas refracções teóricas, dogmáticas, metodológicas e prático-normativas (sob o pano de fundo da filosofia social, política e prática).

Na sequência do estudo da responsividade, enquanto possível princípio informador das estruturas prestacionais do Estado e, mais em geral, da colectividade, tendo de rastrear as manifestações fenoménicas da nova *Denkfigur* nas esferas sociais e nos seus discursos, cruzámo-nos com a responsividade empresarial, que nos obrigou a explorar os terrenos – para nós pouco menos do que ignotos – da *corporate governance* e da *corporate social responsibility* (em particular as diferentes compreensões das *stakeholders theories*, nomeadamente as normativas, animadas por um forte sopro ético). No interim, o Dr. Rui Dias, embrenhado em problemas de responsabilidade societária, tentou-nos com um livro de Charlotte Villiers (professora em Bristol) sobre *Corporate Reporting* e *Company Law*, em que se recorria à teoria da acção comunicativa para repensar a informação societária – particularmente os relatórios da administração. Eis pois a causa próxima deste pequeno artigo.

[7] E a um certo novo-riquismo cultural.

engano – o que, não levando ninguém *ao coração das trevas*, sempre é uma perda de tempo...

iii) Uma vez neste empreendimento, delineou-se-nos uma fórmula que parecia condensar o núcleo das nossas preocupações fundamentais: o problema da *informação* (financeira) *das sociedades* numa *sociedade de informação*, à luz da *ética do discurso* (e da comunicação). No fundo, éramos convidados a pressupor problematicamente a relação entre os *subsistemas* ou *discursos ético-cultural, moral* e *económico* (ou, mais particularmente, entre o *subsistema empresarial/societário*[8] e o *sistema social global*), ao versar as infusões de uma determinada concepção ética num aspecto concreto da vida empresarial (pensando ao mesmo tempo nas implicações que daí pudessem decorrer para o próprio direito).

Dispensamo-nos de evidenciar a profundidade e complexidade dos actuais vasos comunicantes entre as várias esferas sociais e os pensamentos que (constitutivamente) as reflectem (ou não vivêssemos em plena *modernidade reflexiva*...), assim como as instâncias que fazem à reflexão jurídica. Repare-se apenas como o modelo moderno de colectividade social enquanto artefacto decalca as imagens das associações civis e sociedades comerciais (individual-liberalmente fundadas num contrato e posteriormente concebidas, de modo mais colectivo-socializante, como *purposeful enterprises*) ao ponto de chegarmos agora a assistir a uma real empresarialização do mundo, e à colonização ideográfica do espírito pelo modelo societário[9]; e note-se como, por outro lado, as empresas e sociedades tendem amíude a ser concebidas em chave moral ou ético-cultural, segundo o esquema da *Gemmeinschaft* pré-moderna, por exemplo,[10] ou em toada política, como se de repúblicas se tratassem – discutindo-se, então, o confronto entre interesses de sócios e da sociedade, a repartição de poderes e as regras de governo (e, em geral, de comportamento) de modo muito semelhante ao usado a propósito das colectividades sociais politicamente organizadas[11].

---

[8] Alinhamos com aqueles que destrinçam rigorosamente o sujeito jurídico (sociedade) do objecto jurídico (empresa). Contudo, por uma questão de facilidade, e dadas até as divergências na bibliografia consultada, permitir-nos-emos abdicar desse (justificado) escrúpulo nas páginas que se seguem.
[9] Escusado será recordar todo o movimento de reforma do Estado e da sua Administração pública nesse sentido.
[10] Assim sucede com as metáforas da *empresa-família*, da *empresa-casa* e da *empresa-equipa* – cf. ÉRIC GODELIER, *La culture d'entreprise*, La Découverte, Paris, 2006, p.13.
[11] A teoria política e constitucional (que trabalha ideias como *representação, participação, separação de poderes, regra da maioria*, e natureza das *estruturas democráticas*), durante muito

Mau grado estas evidentes interconexões e referências recíprocas (ou por causa delas mesmo), cumpre desfazer preliminarmente alguns equívocos, *i.e.*, desatar alguns dos nós que aparentemente enredam os vários tropos da narrativa, por muito que o *tricô* da exposição sequente venha a ensarilhar de novo os fios do pensamento e do discurso numa série de intricados imbróglios.

De facto, convém desde logo evitar o emprego acrítico das categorias do *discurso*, da *comunicação* e da *informação* (e, bem assim da *sociedade* que com elas se predica)[12], misturando-as num todo indistinto.

A categoria do *discurso* exprime uma ideia matricial do pensamento humano, com vetustos pergaminhos, já que remete para a *dianoia* grega e a *ratio* latina. Todavia, foi preciso esperar por São Tomás para que, a pretexto da distinção entre o *logos* divino e a razão humana, se clarificasse o contraponto clássico entre o discurso – a *dianoia*, ou *ratio* – e o *nous* (a intuição profunda do ser das coisas, do fundamento do ser) ou *intellectus* (a faculdade de *ler dentro* das coisas, de decifrar os mistérios do universo). Assim se preparou o terreno para as modernas distinções entre *Vernunft* e *Verstand*, entre a metafísica *Razão* maiúscula (e una) e as múltiplas racionalidades (Welsch).

O discurso constitui um procedimento estrutural do pensamento, pelo qual se avança, através de uma série de etapas, derivando conclusões a partir de determinados pressupostos, e estabelecendo por isso relações (*rationes*). Desta feita, encontra-se profundamente comprometido com os *raciocínios* humanos

tempo esquecida, em proveito das análises económicas, marca hoje presença assídua nos estudos sobre a realidade empresarial. Parece-nos atilada, contudo, a posição daqueles que, como Stephen Bottomley, não visam substituir a abordagem económica – mas apenas complementá-la com uma perspectiva diferente em termos descritivos e que incorpora também uma dimensão normativa – cf. *The Constitutional Corporation. Rethinking Corporate Governance*, Ashgate, 2007. No caso da autodesignada teoria constitucional deste autor, a opção pelo termo deveu-se à atenção pretendida conceder a questões de estrutura institucional e processo e a manifestações da influência exercida pela teoria política no sector. Segundo Bottomley, um tal enquadramento (normativo-) constitucional das empresas apoia-se em três princípios – (i) prestação de contas; (ii) deliberação (nos processos de decisão); e (iii) contestabilidade. Conduz depois a quatro mudanças conceptuais: (i) a superação das teorias meramente contratuais, (ii) a transição dos *shareholders* como investidores para os *shareholders* como membros; (iii) a acentuação da dimensão pública das empresas; e (iv) a deslocação do *enfoque*, dos autores das decisões para o modo como são tomadas (o que se prende justamente com as sobreditas ideias de *accountability*, deliberação e contestabilidade).

[12] Deixando de parte a discussão acerca do significado da própria ética. Sobre o assunto, atrevíamo-nos a remeter para um brevíssimo apontamento nosso em *Marginalia I – Apontamentos de apoio às aulas práticas de Introdução ao Direito I*, 2ª versão, polic., Coimbra, 2010, pp. 68 e 69.

– com a concatenação de enunciados e ideias que está na génese da própria dialéctica.

Dialéctica que, mais ou menos distante da retórica, associamos à argumentação humana e, portanto, aos processos de *comunicação*[13]. Contudo, comunicação é um significante *intensionalmente* complexo e de grande extensão. Comunicar significa afinal de contas tornar comum, transmitir algo que se torna comum. Nesta lata acepção, a comunicação compreende os mais diversos fenómenos, desde as trocas entre elementos das células, ou entre as células, aos intercâmbios maquinais, passando pelas interacções (linguísticas ou não) entre seres humanos.

Quando se volveu tema filosófico, por volta do século XVII e XVIII, a comunicação denotava aquelas ligações entre o corpo e a alma ou entre as substâncias, que intrigaram grandes espíritos, como Descartes, Leibniz ou Malebranche. Hoje associamos a comunicação aos comportamentos humanos de compreensão recíproca, tendendo por isso a vinculá-la à linguagem[14] e ao seu tratamento semiótico. Para um clássico como Jakobson, a comunicação consiste na passagem de sinais de um emissor para outro, através de um canal (o que pressupõe, além do *emissor*, do *receptor* e do *canal*, um *código* e um *contexto*, ou *referente*[15]).

Mas podemos ir mais longe. Os homens, sendo diferentes, comunicam sempre num quadro intersubjectivamente partilhado que os constitui e à sociedade. Por isso a comunicação tem para Heidegger um sentido existencial e sublima-se segundo Jaspers na própria possibilidade de relação.

Desde o início do século passado prosperam na arena pública inúmeras teorias filosóficas e sociológicas acerca da comunicação, que Umberto Eco, como consabido, distribuiu por dois campos, consoante a atitude assumida face aos fenómenos estudados: o grupo dos *apocalípticos* e o dos *integrados*. Entre estes últimos situar-se-iam certamente autores como Wiener (o pai da cibernética e de um modelo de homem sem interioridade), Marshal McLuhan (que nos chamou a atenção para a importância estrutural dos meios de comunicação) mas também um G. Vattimo (para quem a comunicação pressupõe e alimenta a diferenciação), e os próceres da ética do discurso, como Apel ou Habermas. Da outra banda, acenam-nos autores como Adorno, Foucault, ou

---

[13] V. Ermano Amigoni, «Comunicazione», in Nicola Abbagnano, *Dizionario di filosofia*, Terza edizione aggiornata e ampliata da Giovanni Fornero, UTET, Torino, 2001, pp. 175-179; Aníbal Alves, «Comunicação», in *POLIS*, Vol. 1, pp. 1027-1033; Luciano Gallino, «Communicazione», in *Dizionario di Sociologia*, TEA, UTET, MILANO, 1993, pp. 135-140.
[14] Escusado será lembrar a existência de muitos meios não verbais de comunicação: linguagem corporal; sinalética; paralinguagem; linguagem háptica/táctil; contacto visual, imagens; gráficos; sons; escrita.
[15] É possibilita a distinção de várias *funções* linguísticas.

os expoentes da nova escola crítica da comunicação (Baudrillard, L. Sfez, P. Virilio e P. Breton)[16].

Preservando-nos embora de radicalismos, compreendemos bem as reticências relativamente aos processos comunicativos da contemporânea sociedade de massas, fazendo nossas muitas das diatribes tradicionais da teoria crítica, sobretudo alemã, de W. Benjamin a A. Honneth. Parte delas têm a ver com a reificação, viciação e desumanização das comunicações humanas, que acompanha o empobrecimento cultural/civilizacional (hoje já mais relativizado por pensadores como Lipovetsky) e a degenerescência epistemológica do saber, já não tanto em mero conhecimento científico-técnico (a *Gestell* heideggeriana), como em informação sem significado, reduzida aos *data*. Acresce que esta informação se presta sobremaneira a tratamentos crescentemente formais, nomeadamente matemáticos, levando alguns dos tradicionais postulados positivistas a extremos de pura mistificação.

Deve esclarecer-se, porém, que a *informação*[17] contém um significado mais espesso, pois que, etimologicamente, consiste em conferir forma a qualquer coisa, tornando-a cognoscível ou transmissível. A informação nomeia simultaneamente um processo (de formulação e transmissão de objectos de conhecimento) e os objectos/produtos de conhecimento como conteúdos (as informações). De todo o modo, nas nossas sociedades abertas, a informação transformou-se no *novo éter social*[18], permeando toda a teoria económica dos agentes racionais e do mercado[19]. Mas se a liberdade de informação e o direito à informação constituem grandes conquistas civilizacionais da modernidade, sabemos, pelo menos desde Habermas, que a degradação da esfera pública gerou perturbadores fenómenos novos de *sobre-informação, des-informação, sub-informação* e de *contra-informação*[20].

No entanto, não sobra grande margem para se recusar o reconhecimento de alguns dos caracteres da actual *sociedade da comunicação* de massas, *do conhecimento* ou *da informação*.

Segundo se crê, o conceito *sociedade da informação* foi recortado pioneiramente por um economista (Fritz Machlup) que dedicou 30 anos da sua vida

---

[16] V. Ermano Amigoni, «Comunicazione», *op. cit.*
[17] V. Aníbal Alves, «Informação», in *POLIS*, Vol. 3, pp. 543-551.
[18] V. Bernd Carsten, «On the Difference or Equality of Information, Misinformation, and Disinformation: A Critical Research Perspective», in *Informing Science Journal*, Volume 9, 2006.
[19] V. Philip Faulkner/Jochen Runde, «Information, knowledge and modelling economic agency», in John B. Davis/Alain Marciano/Jochen Runde (Eds.), *The Elgar Companion to Economics and Philosophy*, Cheltenham, Northampton, 2004, pp. 423-445.
[20] V. *ibidem*.

ao estudo dos efeitos das patentes de investigação[21]. Desde a publicação dos resultados obtidos acerca da indústria do conhecimento[22], no início dos anos 60, a expressão e outras conexas conheceram vários empregos, designadamente nas obras de Peter Drucker (*economia do conhecimento*), Marc Porat (*economia da informação*), Daniel Bell (*sociedade pós-industrial*, baseada nos serviços e na informação), Alain Touraine (*novo paradigma cultural*[23]) ou Manuel Castells (*sociedade em rede, galáxia internet*), etc, etc.

Estamos todos cientes das potencialidades do *admirável mundo novo* em que vivemos mas não temos desculpas para ingenuidades relativamente às suas consequências mais malsãs. A paranóia informativa brinda-nos quotidianamente com os seus *monstros*, e o sonho de uma *sociedade transparente* (no dizer de Vattimo), tem os contornos distópicos dos pesadelos orwellianos. Contudo, mais perigoso ainda, só uma cruzada contra os ideais de transparência, iluminação e publicidade crítica que a informação proclama garantir.

Neste cenário, as sociedades comerciais, (quase sensorialmente) ligadas ao sistema económico que integram e ao sistema social global, dão azo a que se pergunte pelo especial conteúdo que nelas adquire o valor da informação, pela respectiva sopesação com outros bens, interesses e valores, e pelas regras que devem observar a produção e divulgação de informes e as vantagens e desvantagens que podem trazer à instituição (tudo isto, em comparação com outras organizações e em contraste com o próprio sistema social global).

Os problemas suscitados pela nova situação social (e correlata autocompreensão) do homem despertam vigorosas reflexões éticas. Afinal de contas, as frustrações, das nossas humanas pressuposições de sentido, nomeadamente das nossas expectativas normativas e intenções de validade, são a fonte da demanda ética[24] – ou melhor, a origem profunda da indagação humana pelo sentido, tanto ética, como especificamente jurídica. Mas que ética está aqui em causa?

O nosso trabalho versa a ética do discurso, mas não porque esta se dedique especialmente às questões relacionadas com a natureza informativa, comunicacional ou cognitiva da sociedade, ou se ocupe em geral da actividade humana comunicativa ou de informação.

---

[21] V. Susan Crawford, «The Origin and Development of a Concept: the Information Society», in *Bull. Med. Libr. Assoc.*, 71, 4, October, 1983.
[22] Abrangendo cinco sectores: a educação, a investigação e desenvolvimento, os meios de comunicação de massas, os serviços de informação e as tecnologias de informação.
[23] Numa sociedade de produção de bens simbólicos que modificam valores, necessidades e representações, isto é, que transformam os fins, mais do que os meios, de produção.
[24] V. Simon Critchley, *Infinitely Demanding. Ethics of Commitment. Politics of Resistance*, Verso, London/New York, 2007.

Com efeito, a ética do discurso não é um conjunto de regras de comunicação[25].

Há sem dúvida éticas que as prescrevem. Nas práticas de comunicação desenvolvem-se certamente praxes, usos e costumes e formulam-se máximas mais ou menos formais.

No que toca às empresas, os estudos de comunicação organizacional são a este respeito bastante esclarecedores[26]. Circula mesmo uma cartilha formada pelos conhecidos sete *C's* e quatro *S's* da comunicação empresarial: (1) a credibilidade constrói credibilidade e confiança (*trust*); (2) a cortesia melhora os relacionamentos; (3) a clareza facilita a compreensão; (4) a correcção edifica a confiança (*confidence*); (5) a consistência introduz estabilidade; (6) a concretude reforça a confiança (*confidence*); (7) a concisão poupa tempo; e que (1) a pequenês economiza, (2) a simplicidade impressiona; (3) a força convence, e (4) a sinceridade aparece.

Contudo, a ética do discurso não é uma ética sectorial e sim geral; não visa esclarecer como agimos correctamente no discurso, antes como devemos em geral orientar a nossa acção. O seu nome deve-se somente à circunstância de procurar responder a esta pergunta, mediante uma dupla referência à *praxis* discursiva: como *fundamento* e como *conteúdo* de um princípio moral ético-discursivo (*diskursethische Moralprinzip*)[27].

---

[25] «*Die Diskursethik ist keine Medien– und Kommunikationsethik, die uns sagt, wie wir kommunizieren sollen (…).*» – v. Niels Gottschalk-Mazouz, «Einleitung: Perspektiven der Diskursethik», in Niels Gottschalk-Mazouz, *Perspektiven der Diskursethik*, Königshausen & Neumann, Würzburg, 2004, p. 8.

[26] Originados pela análise da informação negocial e das comunicações de massa surgidas logo nos anos 30, pode afirmar-se que conheceram três gerações desde então. Até aos anos 50 acentuou-se o papel da comunicação na melhoria da vida e dos resultados organizacionais; nos anos 80, a enfâse deslocou-se para o carácter constitutivo da comunicação na organização; desde os anos 90, o protagonismo pertence à teoria crítica – inquieta com as capacidades da comunicação para oprimir e liberar os membros da organização, e lançando mão de categorias novas, como a narrativa, a identidade, a constituição, a inter-relação e o poder, em estudos de índole qualitativa.

V. Arménio Rego, *Justiça e Comportamentos de Cidadania nas Organizações: Uma abordagem sem tabus*, Silabo, Edição/reimpressão, 2000; IDEM, *Comunicação nas Organizações*, Edição/reimpressão, Silabo, 1999; João Abreu Faria Bilhim, *Teoria Organizacional: estruturas e pessoas*, 5.ª edição, 2006.

[27] Através desta reflexão sobre o discurso deve concluir-se que «*jede Person, die an einem Diskurs teilnimmt – jede Person also, die beispielsweise Behauptungen aufstellt, bestreitet oder in Frage stellt – das Moralprinzip implizit, immer schon'als verbindlich anerkannt hat. Das bedeutet, dass niemand die Verbindlichkeit dieses Prinzips bestreiten oder bezweifeln kann, ohne in einen*

Nas palavras de Mischa Werner, a ética do discurso confia na *praxis* do discurso argumentativo quer para a *fundamentação* do princípio moral, quer para a *orientação* (i.e., determinação e motivação) que o mesmo nos fornece. Um comportamento é correcto quando pode ser defendido, como tal, contra todos os outros parceiros de fala[28] e perante todos os fundamentos que tragam à colação[29].

O que dizer, por fim, do direito nestes perfunctórios considerandos? Retomando o tópico inicial, cabe inquirir do seu lugar e papel perante os problemas atinentes à informação societária, no contexto mais amplo de uma sociedade quase obcecada (e sem dúvida estruturada e vivificada) pela informação, tendo em conta as admonições provindas da chamada ética do discurso. Sendo assim, o diálogo entre a ética do discurso e a economia, pretextado pela análise e avaliação da informação financeira das sociedades constituirá decerto o *objecto material* do nosso estudo. Mas o respectivo horizonte referencial e o *objecto intencional* último temo-lo naturalmente no direito e na juridicidade, mesmo quando não explicitamente tematizadas.

Interpelado por problemáticas circunstâncias fácticas e contraditórias demandas normativas, agitado pela alteração de perspectivas teóricas e até filosóficas, o direito revela-se-nos aqui[30] na sua tarefa cultural de mediação entre dimensões espirituais e materiais do Real e entre vários discursos e práticas sociais – passe o esquematismo simplista.

Sem dúvida que se impõe um novo direito para constituir e orientar esse *Estado dos saberes e competências*, proposto por Gomes Canotilho[31] como resposta à grande violência (e injustiça) dos nossos dias: a *ignorância* (em todas as suas vertentes, da ingenuidade cultural à falta de conhecimento e à desinformação); um direito que potencie um certo *reencantamento do mundo*, requalificando como *sociedade de saberes* (B. Stiegler) a

---

Selbstwiderspruch zu geraten» – cf. Mischa Werner, «Diskursethik», in Marcus Düwell/Christof Hübenthal/Micha H. Werner, *Handbuch Ethik*, Metzler, Stuttgart/Weimar, 2002, p. 140.
[28] No fundo, trata-se de um típico teste de generalização (*Verallgemeinerungstest*): *Verallgemeinerungsfähig ist nur das, was allen wollen können*.
[29] V. Niels Gottschalk-Mazouz, «Einleitung: Perspektiven der Diskursethik», *op. cit.*, p. 16.
[30] A informação é *problema*, mas igualmente *bem jurídico, objecto de direito, valor*.
[31] V. J. J. Gomes Canotilho, «O Direito Constitucional passa; o Direito Administrativo passa também», in *Estudos em Homenagem ao Prof. Doutor Rogério Soares*, Coimbra Editora, Coimbra, 2001, pp. 705-722.

presente sociedade informacional e informática, e assim afirmando o *valor espírito* (P. Valery) contra o *populismo industrial*[32].

Ao mesmo tempo, não se demarca com clareza um direito da comunicação dirigido à regulação dos principais sistemas, agentes e práticas mais institucionalizadas, de comunicação social? Não evoluirá esse domínio até ao ponto de abranger formas de comunicação cada vez menos formais, visto que os modos e meios de informação se diversificaram e disseminaram a um ritmo alucinante? Não atrairá ele, para o seu campo de gravitação, manifestações de comunicação não estritamente informativas, agregando regulações já existentes em matéria de saber cultural, criação artística, conhecimento científico? E, concomitantemente a este *direito da comunicação*, i.e., incidente sobre a comunicação, não se poderá falar de um *direito* pressuposto *na própria comunicação*, ou emerso das práticas comunicativas e até de um *direito* concebido *como comunicação*[33]?

Pese embora a autonomia dos seus textos, o código linguístico próprio, cultivado por uma comunidade interpretativa bem estruturada, e o modo de raciocínio específico[34], não nos vemos compelidos a reduzir o direito a um *discurso* entre outros – passível de um tratamento cognitivo de cariz semiótico[35].

Já não nos pesa, em contrapartida, consentir na propriedade de uma construção como a de Mark van Hoecke[36], para quem o direito visa regular as *interacções humanas*, e emerge dessas mesmas práticas de interacção social, *institucionalizando-se* formal, sociológica e profissionalmente num sistema *semi-autónomo*[37] da *comunidade*, que cumpre várias funções[38] e que vigora graças à *aceitabilidade* de que efectivamente dispõe (e que justifica

---

[32] V. Bernard Stiegler, *Réenchanter le monde. La valeur esprit contre le populisme industriel*, Flammarion, 2006. Não se deduza da referência uma adesão irrestrita ao pensamento do autor.

[33] V. David Nelken (Ed.), *Law as Communication*, Ashgate, 1996; Mark Van Hoecke, *Law as communication*, Hart Publishing, Oxford, 2002.

[34] V. J. Manuel Aroso Linhares, *Constelação de discursos ou sobreposição de comunidades interpretativas? A caixa negra do pensamento jurídico contemporâneo*, Edição do Instituto da Conferência, Porto, 2007.

[35] Ou *positum* objectivo para uma também cognitiva abordagem histórica ou sociológica ou para uma transformadora e regulativa intenção heterónoma (especificamente crítico--dialéctica, por exemplo).

[36] Apesar de nos custar algumas transigências com as inclinações mais sociologistas ou realistas do autor.

[37] No plano institucional (formal e material), profissional e metodológico (linguístico, estilístico e argumentativo).

[38] Nas quais nos revemos.

– em sendo formal, material, procedimental e comunicativamente *legítimo*[39]– revelando-se como tal *passível de sanção*[40]).

Por fim, será talvez ocioso frisar que o nosso tema, assim amplamente demarcado, possui uma ampla ressonância jurídica, numa escala de tonalidades – desde a teorética à dogmática passando pela metodológica.

De facto, não deixa de chamar à colação as questões fundamentais da emergência, constituição e realização da juridicidade, considerada em termos fenomenológico-normativamente materiais (sem prejuízo das mediações, crivos e filtragens procedimentais deliberativas, e político-democráticas, representadas sobretudo – mas menos do que no passado – pela lei), a saber: de onde advêm as exigências normativas e como são codificadas e reprogramadas juridicamente nos termos do subsistema jurídico: da ética e/ou da realidade social, mormente económica? Como se objectivam depois com alguma unidade materialmente intencional e coerência estrutural-formal no que ainda pretendemos seja um sistema de respostas válido e eficaz? Que racionalidade e intenção se desprendem destas novas sugestões e influenciam a metodologia de realização do direito, seja em geral, seja em sectores específicos, abrindo mesmo uma verdadeira crise metodológica?

No entanto, tais problematizações quedarão aqui suspensas, por razões óbvias. Da *pequenez*, *vileza* e *brevidade* de todas as coisas, denunciadas pelo padre Manuel Bernardes, só podemos tentar contrariar, *tant bien que mal*, a segunda...

0.3. Propomo-nos, desta feita, dar breve nota do *estado da arte* em matéria de projecção dos discursos éticos e meta-éticos (ou das propostas morais e das reflexões éticas) sobre a esfera da economia (mormente no que toca à auto-representação, acção e inserção social das empresas/sociedades), curando rapidamente, dos âmbitos, modos e modalidades dessa refracção, das diferentes teorias éticas esgrimidas e do eventual papel do direito nessa mediação.

De seguida, atentaremos brevemente no caso específico da complexa ética do discurso, para a anatomizar nos seus momentos e protagonistas mais importantes, pressupostos comuns, postulados centrais e decisivas desimplicações no que respeita ao direito.

Concentrar-nos-emos, enfim, no impacto que esta ética do discurso pode ter *directamente* na compreensão da empresa e respectiva *governance*

---

[39] O que implica, entre outras coisas, que assente numa relação entre cultura jurídica e cultura geral.
[40] V. Mark Van Hoecke, *Law as communication*, op. cit., *maxime* pp. 1-71 e 187-215.

e, por esta via, no direito que a funda, regula e controla (alteração da realidade a que o direito se dirige e de que emerge); mais do que *indirectamente*, através da recompreensão da própria juridicidade e do modo como se desincumbe das suas tarefas sociais (modificação da própria intencionalidade normativa do direito e do modo como se projecta sobre a realidade)[41].

Para isso, desenvolveremos uma espiral hermenêutica que nos transporte da influência da ética discursiva na economia, tendo em conta os seus paladinos, as suas modalidades, virtudes e virtualidades, passando pelos seus *problemas* – selectivamente tangenciados e experimentados nas críticas doutrinais dirigidas a um dos seus lídimos intérpretes (Peter Ulrich) – até ao modo como repercute nas questões da contabilidade empresarial e às pistas que provê para uma análise das *demonstrações financeiras*, tal como as apresenta o recente Sistema de Normalização Contabilística.

I. A influência da ética na economia, nos negócios e, em particular, nas empresas

1. O renovado apelo à ética

A ética e economia nunca deixaram de se provocar reciprocamente, mantendo múltiplas conexões mesmo após a emergência da ciência económica como disciplina autónoma, colimada à satisfação eficiente dos interesses individualmente radicados (e assim subjectivamente legitimados), num quadro pós-metafísico e até pós-transcendental[42]; as obras de clássicos como Adam Smith testemunham-no de modo eloquente. Mas obviamente que não falamos da mesma coisa referindo-nos à ética protes-

---

[41] Na verdade, em tese, ou o direito é chamado a garantir certos procedimentos deliberativos importantes para o controlo ou a reprodução cultural/integração da empresa, acabando por beneficiar-se desse acréscimo de legitimação; ou é o próprio direito que, repensado à luz da ética do discurso, se precipita sobre a realidade societária de novo modo, com novas exigências e efeitos/consequências; ou então, ambas as coisas, no pressuposto da dialéctica que, com o seu específico fundamento, sentido e intenção, o direito dinamiza entre os referentes axiológicos e as controvérsias práticas da realidade *que* e *para a qual* transcende.

[42] V. ALBERT HIRSCHMAN, *As Paixões e os Interesses. Argumentos Políticos para o Capitalismo antes do seu Triunfo*, Bizâncio, Lisboa, 1997.

tante estudada por Max Weber e retratada nos *Buddenbroock* de Thomas Mann ou discutindo os problemas de Maddoff...[43]

Sobra hoje em *diagnosticite* e inflamada *apostrofação* a perspicácia e firmeza longamente ausentes no confronto cultural, jurídico, político e económico com o *novo* espírito e *ethos* capitalista, esquecendo amíude a própria diversidade interna e a complexidade do significante empregue: fala-se em capitalismo *total* (Peyrelevade), *desorganizado* (Scott Lash), de *casino* (Stiglitz) ou financeirizado, mas muitas vezes são meros dichotes ou apodos que, com falsa consciência, remorso, ou real impotência se disparam[44]. De todo o modo, a experiência de desapontamento e indignação em que, de certo modo, repousam a ética, o direito e a política (a consciência crítica, a normatividade e a acção) justificam-se plenamente nas actuais circunstâncias.

Efectivamente, quanto à especial acuidade de que se reveste hoje a ética no domínio da economia[45], dos negócios e das empresas... explicam-na alguns com relativa facilidade, pondo-a à conta da centralidade e crescente poder político e económico das empresas (a tragédia do *gigantismo*...);

---

[43] Enquanto reflexão moral sobre o *comércio*, a ética dos negócios é tão antiga como o seu objecto. Há regras sobre o comércio no *Código de Hammurabi*, na *Política* de Aristóteles, no *Talmude* ou na *Bíblia* (v.g. no *Deuteronómio*). Como disciplina académica auto-consciente tem cerca de 40 anos, remontando provavelmente aos estudos pioneiros de Raymond Baumhart, publicados no decurso dos anos 60, ou às obras por eles desencadeadas na década seguinte.
Contudo, foram os escândalos, a partir dos anos 80, que inflamaram os ânimos, dando azo ao surgimento de novos programas e cursos sobre o assunto (na Universidade de Harvard, na Darden School da Universidade de Virgínia, ou na Wharton School da Universidade da Pennsylvania). As raízes intelectuais deste campo de estudo descobriram-se então nos trabalhos sobre a responsabilidade social das empresas e demais literatura conexa, surgidos logo no início do século XX. Tanto Tom Donaldson como Patricia Werhane inuclearam então a ética dos negócios nas questões relativas ao papel adequado das empresas e à relação destas com a ordem social. Hoje, o *United Nations Global Compact* dá bem nota do alcance das preocupações desta disciplina, que abrangem por exemplo as questões de ética financeira, de *marketing* e de contabilidade – v. ALEXEI MARCOUX, «Business Ethics», in *Stanford Encyclopedia of Philosophy*, 2008; GIOVANNI FORNERO, «Affari, ética degli», in NICOLA ABBAGNANO, *Dizionario di filosofia, op. cit.*, p. 9.
[44] V. JEAN PEYRELEVADE, *Le Capitalisme Total*, Editions Seuil et la Republique des Idées, 2005 (trad.: *O capitalismo total*, Século XXI, Nova Veja, Lisboa 2008); RICHARD SENNETT, *The Culture of the New Capitalism* (trad. Carlos Oliveira – *A Cultura do Novo Capitalismo*, Relógio D' Água Editores, Lisboa, 2007); PETER KOSLOWSKI, *Business Ethics in Globalized Financial Markets*, Working Paper No. 23/2006, International Centre For Economic Research, Torino, 2006.
[45] Corroborada pela proliferação das publicações periódicas dedicadas ao tema (v. g. *Business Ethics: The Magazine of Corporate Responsibility, Business Ethics Quarterly, Business and Professional Ethics Journal, Journal of Business Ethics Education, The Ruffin Series in Business Ethics of the Society for Business Ethics*, etc.).

das recentes quebras de legitimidade e confiança *dos* e *nos* mercados e seus agentes; dos problemas postos (também) à economia pela diversidade cultural e religiosa; dos novos hábitos de consumo e de investimento, bem como das pretensões correspectivas de consumidores e *shareholders*; do espectáculo deprimente do que arriscaríamos apelidar de *rogue enterprises e failed enterprises* (*mal organizadas* internamente e *mal comportadas* na comunidade, nomeadamente nas relações com as congéneres) e até da questão central do aquecimento global[46].

Para capt(ur)ar cognitivamente e dom(in)ar normativamente os novos fenómenos vem-se urdindo uma complexa teia de discursos, princípios e práticas, em torno das noções de *ética dos negócios, ética empresarial, governação e "governance" empresarial, responsabilidade social e sustentabilidade ambiental*. E, não obstante, subsiste perturbadoramente pertinente a interrogação de Giacomo Marramao: *É possível uma ética dos negócios?* A que inere a questão de Zygmunt Bauman: *Terá a ética uma hipótese num mundo de consumidores?*

Inquietantes interpelações a cuja consideração devemos resistir, por ora, para não nos embrenharmos na discussão das condições de possibilidade e das dimensões normativamente constitutivas de uma tal moral, moralidade, eticidade ou discurso ético...

2. Âmbito

A reflexão ética verte sobre o sector da economia, por diversas vias, sob variadas formas, com diferentes graus de intensidade, e a vários níveis, infiltrando-se mais ou menos profunda e extensamente.

Costuma, desde logo, distinguir-se entre os planos *micro, meso* e *macro* da ética dos negócios[47].

---

[46] V., por exemplo, Amartya Sen, *On Ethics & Economics*, Blackwell, Oxford UK & Cambridge, 1997; Jean-Paul Marèchal, *Éthique et économie*, Presses Universitaires de Rennes, 2005 (trad.: *Ética e economia. Uma oposição artificial*, Instituto Piaget, Lisboa, 2006); e a série de ensaios sobre o assunto patrocinada pela UNESCO, nomeadamente Henri Bartoli, *Ethique et économie: médiation du politique* (Programme interdisciplinaire Ethique de l'économie, Secteur des Sciences sociales et humaines), Economie Ethique N°6, UNESCO, 2003; Monique Chemillier-Gendreau, *Pour une éthique de l'économie: le droit, élément de frein ou de progrès?*, 2003 (Economie Ethique N°1, SHS-2003/WS/21); René Passet, *L'émergence contemporaine de l'interrogation éthique en économie*, 2003 (Economie Ethique N° 2, SHS--2003/WS/22).

[47] V. Ronald Jeurissen, «Integrating Micro, Meso and Macro Levels in Business Ethics», in *Ethical Perspectives*, 4, 1997, 2, pp. 246-254.

No primeiro caso, têm-se em vista os indivíduos e as suas acções, discutindo-se sobretudo o valor moral das escolhas e comportamentos adoptados no desempenho de determinados papéis e no âmbito de certas relações profissionais (accionistas, gestores, trabalhadores dependentes, etc.)[48].

No segundo nível, cuida-se das organizações intermédias e empresas, cuja cultura, estrutura e funcionamento importa apreciar.

Por fim, reportam-se ao macro-nível as considerações éticas incidentes sobre as instituições económicas de base, como o mercado, a economia planificada, o Estado, o governo, as tradições culturais, etc[49].

Para melhor aferirmos *se* e *como* retinem na realidade empresarial os clamores éticos, podemos tomar por base a muito propalada dicotomia entre *corporate governance* e *corporate (social) responsibility*; com a reserva, porém, de que a mesma não deve ser feita corresponder à simplista contraposição entre as dimensões internas e externas das empresas ou sociedades[50].

Não restam dúvidas de que, conquanto se não exaura nestas duas vertentes ou valências, a reflexão ética (com as inerentes injunções) se *imprime* na governação empresarial, modelando desde logo a própria auto-representação do universo societário, e se *exprime* sobremaneira nas questões de responsabilidade social, em que se joga a interacção com o *Umwelt*.

2.1. De facto, a ética começou por penetrar gradualmente as teorias da *corporate governance*[51], a despeito da aparência de neutralidade axiológica destas (conveniente à seriedade e gravidade do seu estatuto epistemológico). Assim sucedeu com a *Teoria da agência* (Alchian e Demsetz, Jensen

---

[48] V. GIOVANNI FORNERO, «Affari, ética degli», *op. cit.*, p. 9.
[49] V. RONALD JEURISSEN, «Integrating Micro, Meso and Macro Levels in Business Ethics», *op. cit.*, p. 247; GIOVANNI FORNERO, «Affari, ética degli», *op. cit.*, p. 9.
[50] Muito embora se proceda frequentemente à distinção, no seio da *corporate governance*, entre a *governance of corporations*, atinente ao papel das empresas na sociedade, e a *governance in corporations*, relativa ao papéis e relações entre directores e accionistas – cf. STEPHEN BOTTOMLEY, *The Constitutional Corporation. Rethinking Corporate Governance*, *op. cit.*
[51] V., por todos, J. M. COUTINHO DE ABREU, *Governação das sociedades comerciais*, Almedina, Coimbra, 2006, 2.ª ed., 2010; PEDRO CAETANO NUNES, *Corporate Governance*, Almedina, Coimbra, 2006; CLAUS HOPT, "Desenvolvimentos Recentes da Corporate Governance na Europa", in *Miscelâneas*, IDET, Almedina, Coimbra, 2008; MARC GOERGEN/MIGUEL C. MANJON/LUC RENNEBOOG, "Recent developments in german corporate governance" in *International Review of Law and Economics*, volume 28, Issue 3, September 2008, pp. 175-193. Sobre a gestão das organizações, mais em geral, v. GÜNTHER ORTMANN, *Management in der Hypermoderne: Kontingenz und Notwendigkeit*, Vs Verlag; Auflage: 1, 2009; JOÃO LISBOA/ARNALDO COELHO/FILIPE COELHO/FILIPE ALMEIDA (Dir. e coord.), *Introdução à gestão de organizações*, 2.ª edição, Vida Económica, 2008.

e Meckling), ainda nos anos 70; mais tarde com a *Teoria da stewardship* (Davis, Schoorman e Donaldson); com a posterior *Teoria dos stakeholders* (Freeman) – que, segundo uma conhecida tipologia de Donaldson e Preston, pode ser *descritiva, instrumental e normativa* (e neste último caso, tanto *proactiva e unilateral*, como *interactiva, bilateral* e *dialéctica*); com as mais recentes *Teoria da dependência de recursos* (Hillman, Canella e Paetzold); e com a *Teoria política* (Hawley e Williams) – entre muitas outras *construções teóricas* de entono declaradamente *ético*[52].

2.2. Manifesta-se também o influxo ético, se bem vemos, nas inúmeras **teorias da** *corporate responsibility*[53] (a que os juristas continuam a opor alguma resistência[54], cultivados que são na bem alicerçada dogmática jurídica da responsabilidade).

De acordo com Archie B. Carroll[55], é possível estratificar as responsabilidades sociais da empresa numa pirâmide cuja base assenta na *responsabilidade económica* pela obtenção de lucros, sobre a qual se apoiam, em escada: a *responsabilidade legal*, destinada a garantir o respeito pelas regras do jogo; a *responsabilidade ética*[56], que obriga a empresa a fazer o que é correcto e justo e a evitar a causação de danos; e, no topo, a *responsabilidade*

---

[52] V. HASLINDA ABDULLAH/BENEDICT VALENTINE, «Fundamental and Ethics Theories of Corporate Governance», in *Middle Eastern Finance and Economics*, Issue 4, 2009, pp. 88-96.

[53] V. A. B. CARROLL, "A three-dimensional conceptual model of corporate social performance", in *Academy of Management Review*, 4, ott., 1979; D. J. WOOD, "Corporate Social Performance Revisited", *Academy of Management Review*, 16, 1991; SERENELLA ROSSI, "IL diritto e l'etica degli affari: quale precedente e quale (possibile) futuro per i codici etici d'impresa", in *notizie di Politeia*, XXIV, 89, 2008, pp. 196-219; WBCSD, *Corporate Social Responsibility: Meeting changing expectations*, WBCSD, Março de 1999 (disponível *on-line* em: http://www.wbcsd.org/DocRoot/hbdf19Txhmk3kDxBQDWW/CS Rmeeting.pdf); IDEM, *Corporate Social Responsibility: Making good business sense*, WBSCD, Janeiro 2000 (disponível on-line em versão inglesa e espanhola em: http://www.wbcsd.org/web/publications/csr2000.pdf); PIERCARLO MAGGIOLINI, "La «responsabilità sociale dell'impresa» come sintomo del disagio esistenziale nell'economia post-industriale", in *notizie di Politeia*, XXIV, 89, 2008, pp. 110-138; EMILIO D'ORAZIO, "Responsabilità sociale ed etica d'impresa", in *notizie di Politeia*, XIX, 72, pp. 3-27.

[54] Não totalmente descabida e injustificada, se bem que dificilmente sustentável a prazo.

[55] V. ARCHIE B. CARROLL, «The Pyramid of Corporate Social Responsability: Toward the Moral Management of Organizational Stakeholders», in *Business Horizons*, July-August, 1991.

[56] V., também SERENELLA ROSSI, «Il diritto e l'etica degli affari: quale precedente e quale (possibile) futuro per i codici etici d'impresa», *op. cit.* – uma obra em cujas linhas oportunamente se cura da complexa relação que existe entre o direito e a ética neste campo. Nelas se lê que os códigos éticos contêm hoje regras heterogéneas, agrupáveis em dois blocos: aquelas que consagram compromissos de responsabilidade social destinados a

filantrópica, da qual decorre um dever de contribuir com recursos para a comunidade, melhorando a qualidade de vida das pessoas.

a) Longe de unívoca, a responsabilidade social aparece concebida ora como *virtude*, ora como *instrumento competitivo*, ora como *fim a se* da empresa (só para dar alguns exemplos).
Combinando várias tipologias e concluindo-as a uma taxonomia simples mas suficientemente compreensiva, afigura-se possível distinguir, com alguma clareza, entre as teorias:
– *Instrumentais* (quer tenham especificamente em vista a maximização do valor para o accionista, a melhoria de imagem e reputação da empresa, ou a promoção do contexto envolvente a fim de obter vantagens competitivas);
– *Políticas*, em que se incluem o *constitucionalismo empresarial*, a *teoria do contrato social integrativo* e as correntes da *cidadania empresarial*;
– *Integrativas*, acentuando, umas, a gestão de assuntos sociais, e outras, a responsabilidade pública, a gestão dos *stakeholders* ou o desempenho social da empresa;
– (Propriamente) *éticas*, entre as quais a *teoria normativa dos stakeholders*, a *teoria dos direitos universais*, a *teoria do desenvolvimento sustentável* e a *teoria do bem comum*[57].

b) Especialmente relevante e bem elucidativa desta influência se afigura a categoria dos *stakeholders*[58], que tem sido objecto de multímodas configurações, merecedoras de uma breve equação a título de *case study*.
Na verdade, contrapõem-se, a seu respeito, *definições amplas* e *restritas* de *stakeholder*[59], distingue-se entre *stakeholders primários* e *secundários*[60],

---

operar para além da lei ou na sua ausência; e aqueloutras que desempenham uma função colateral, ancilar ou propedêutica relativamente à lei vigente (v. *ibidem*, p. 198).
[57] Seguimos aqui a sistematização de Manuel Pina e Cunha/Arménio Rego/Rita Campo e Cunha/Carlos Cabral Cardoso, *Manual de Comportamento Organizacional e Gestão*, 6.ª edição revista e actualizada, Editores RH, 2007, p. 943, quadro 29.2 (adaptado de Garriga & Melé).
[58] V. S. L. Berman/A.C. Wicks/S. Kotha/T. M. Jones, "Does Stakeholder Orientation Matter? The Relationship between Stakeholder Management Models and Firms Financial Performance", in *The Academy of Management Journal*, volume 42, No. 5, 1999.
[59] Veja-se também o que escrevemos no nosso *Responsividade no Estado de Direito Democrático e Social: um novo princípio informador da Administração Prestacional?* (ainda em ultimação) e que aqui recuperamos, com ligeiras alterações.
[60] As *definições amplas* põem a tónica no poder dos *stakeholders* e as *restritas* na legitimidade das pretensões avançadas. Freeman demarcava o círculo de *stakeholders* de modo muito amplo, identificando-os com todo o grupo ou indivíduo que possa influenciar ou que seja

normativos e *derivados*[61], ao mesmo tempo que se digladiam *aproximações estratégicas* e *morais* à figura[62] e *perspectivas instrumentais* e *não instrumentais* dela[63].

Avulta em particular o confronto entre estas últimas, acirrado pela generalização das críticas (quer teóricas, quer ideológicas) às tradicionais visões instrumentais. A consideração puramente gestionária dos *stakeholders* – durante muito tempo imperante – deixou de poder sustentar-se, tanto no plano teórico, por falta de adesão à realidade (incapacidade de observação empírica e predição das consequências), como no plano ideológico, por a sua pretensa neutralidade esconder uma clara conformação às opções mais economicistas de governação da empresa.

influenciado pelo consecução dos objectivos da organização. CLARKSON procurou restringir este âmbito aos *stakeholders* com *pretensões legítimas*, abandonando assim o critério do *poder de influência*, e vendo neles os *risk bearers* voluntários ou involuntários e as entidades necessárias à sobrevivência da empresa. São *primários* estes últimos *stakeholders* de cuja participação contínua a empresa carece para subsistir. São *secundários* os que influenciam ou são influenciados pela empresa sem estarem empenhados em transacções com ela ou serem imprescindíveis para a respectiva sobrevivência. (v., EMILIO D'ORAZIO, «Le responsabilita degli stakeholder. Recenti sviluppi nella business ethics», *in notizie di Politeia*, XXIV, 89, 2008, p. 47).

61 Assim, ROBERT PHILIPS.

62 GOODPASTER distingue uma *aproximação estratégica* (ou prudencial) de uma *aproximação moral* (ou multi-fiduciária), porquanto na primeira o gestor deve pôr em prática uma gestão dos interesses dos *stakeholders*, ao passo que na segunda deve buscar uma composição dos interesses de todos, no pressuposto de que possuem igual importância e merecem ser satisfeitos conjuntamente – EMILIO D'ORAZIO, «Le responsabilita degli stakeholder. Recenti sviluppi nella business ethics», *op. cit.*, p. 49. JAMES NOLAN e ROBERT PHILLIPS, por seu turno, põem em confronto uma corrente *habermassiana* e uma corrente *ético-estratégica*, detectáveis na literatura mais recente em matéria de envolvimento dos *stakeholders* – v. «Stakeholder Engagement, Discourse Ethics and Strategic Management», in *International Journal of Management Reviews*, Vol. 12, Issue 1, March 2010, pp. 39-49.

63 DONALDSON e PRESTON elaboraram uma taxinomia dos tipos de teorias dos *stakeholders* que destrinça as *teorias descritivas*, as *instrumentais* e as *normativas*. As primeiras visam asseverar *se* e *como* as organizações tomam em consideração os interesses dos próprios *stakeholders* e se os gestores praticam a gestão de *stakeholders*; as segundas indagam da existência de um nexo, positivo ou negativo, entre a prática da gestão de *stakeholders* e a consecução de objectivos de *performance* empresarial; as terceiras prescrevem um tratamento de todos os *stakeholders* pelos gestores assente em alguns princípios morais – v. EMILIO D'ORAZIO, «Le responsabilita degli stakeholder. Recenti sviluppi nella business ethics», *op. cit.*, p. 49. V., também, IDEM "Verso una teoria degli stakeholder descritiva: modelli ad uso dei manager di organizzazioni complesse", in *notizie di Politeia*, XXI, 78, pp. 11-58; IDEM, "Verso una teoria normativa degli stakeholder", in *notizie di Politeia*, XXII, 82, pp. 40-59.

Donde a emersão de uma miríade de concepções não instrumentais (Freeman)[64], que – mesmo restringindo-nos ao contexto da nossa Europa do Sul – incluem, *inter alia*, as propostas de uma *governance contratualista* (L. Sacconi) e os postulados de uma *ética civil* para as empresas, os programas da *economia da felicidade* (Bruni e Becchetti) e os apelos às categorias da *reciprocidade* e *fraternidade* no contexto societário (Maggiolini).

Alargando os horizontes, alcançamos, como mais digna de realce para a presente investigação, a imagem hodierna dos *stakeholders*, percebida segundo uma *concepção relacional, em rede e orientada para o processo de compromisso mútuo*, na qual relevam as ideias de *reciprocidade, interdependência e poder* – e que permite uma leitura nos termos da ética do discurso e da racionalidade comunicativa.

Contudo, esta aproximação ao problema não está só, uma vez que se tornou frequente repensar a relação entre a sociedade e os seus *stakeholders* a partir das mais diferentes pré-compreensões éticas e meta-éticas.

Freemans e Evans postularam novos conceitos de *stakeholders* e de gestão empresarial, com base num *capitalismo kantiano* e numa *doutrina dos contratos equitativos* de sabor rawlsiano[65]; também inspirado em Kant, mais precisa-

[64] V. E. FREEMAN, *Strategic Management. A Stakeholder Approach*, Pitnam, Boston, 1984.
[65] Com base na ideia kantiana de respeito pelas pessoas como fins em si mesmos, Freeman e Evans propuseram um novo conceito de *stakeholders* que implicava a alteração da organização (v. EMILIO D'ORAZIO, «Le responsabilita degli stakeholder. Recenti sviluppi nella business ethics», *op. cit.*, p. 51) e dos fins (v. *ibidem*, p. 52) empresariais, mediante a subordinação a novos princípios de gestão dos *stakeholders*, como sejam o da *legitimidade empresarial* (a empresa deve ser gerida em benefício dos *stakeholders*, cujos direitos devem ser garantidos e que devem participar nas decisões atinentes ao seu bem-estar) e da *confiança do stakeholder* (a gestão entabula uma relação fiduciária com os *stakeholders* e com a empresa, como entidade abstracta, incumbindo-lhe agir no interesse dos *stakeholders*, como seu agente, e no da empresa, para garantir a sua sobrevivência, protegendo os interesses de cada grupo no longo prazo).
Mais tarde, evoluindo deste autoproclamado *capitalismo kantiano* para a adopção de uma alegada *doutrina dos contratos equitativos*, influída pelo kantismo neocontratualista de Rawls, procuraram fazer assentar sobre uma sorte de *contrato social hipotético* e dever empresarial de considerar os interesses legítimos de todas as *constituencies*. Servindo-se da metodologia tipicamente individualista utilizada por Rawls, como garante de universalidade e penhor de imparcialidade e equidade procedimental, identificaram os princípios a que uma contratação equitativa deve estar sujeita: o princípio da *governance* (o procedimento para alterar regras do jogo deve ser estabelecido por consenso unânime). o das *externalidades* [os terceiros afectados por um contrato devem ser admitidos à (re-)negociação)] e o da *agência* (todo o agente deve servir os interesses de todos os *stakeholders*) – cf. *ibidem*, pp. 54-55.
Sendo assim, de acordo com a *doutrina dos contratos equitativos*, a gestão empresarial está obrigada, não só a prosseguir os interesses dos *stakeholders*, como a respeitar aqueles princípios susceptíveis de recolherem o acordo de qualquer *stakeholder* racional e representa-

mente na terceira formulação do imperativo categórico, Norman Bowie concebeu a empresa como *comunidade moral*, entretecida pelas relações morais entre os *stakeholders*[66]; Duane Windsor recorreu à tradição do pensamento ético consequencialista para chamar todos os *stakeholders* a uma responsabilidade por resultados (*outcomes*) específicos; Robert Philips preconizou um princípio da *fairness* do *stakeholder*, (só que) compreendido de modo meritocrático[67]; Gol-

tivo, chamado a deliberar numa posição originária, que lhe velasse o conhecimento do seu lugar e interesse concreto na empresa.

Define-se, destarte, uma espécie de *carta constitucional ideal* da empresa, que serve de padrão para avaliar a adequação moral das estruturas empresariais existentes e de regulativo para o desenho de outras novas. Cruciais para esta reforma do direito das empresas seriam o *Stakeholder Enabling Principle* (que prescreve uma gestão no interesse dos *stakeholders*), o *Principle of Director Responsibility* (segundo o qual os administradores da empresa têm um dever de cuidado que os vincula a usar de um juízo razoável para definir e dirigir os negócios da empresa de acordo com o princípio precedente) e o *Principle of Stakeholder Recourse* (de acordo com o qual os *stakeholders* podem intentar uma acção contra os administrador por inadimplemento do dever de cuidado prescrito) – v. ibidem, p. 55, *in fine*. Acreditam os autores que, deste modo, os *stakeholders* resultariam convertidos em sujeitos activos, aptos a participar como actores no processo empresarial de criação de valor. Como consequência, em vez do *Shareholder Capitalism* e do *Cowboy Capitalism*, instaurar-se-ia gradualmente um *Stakeholder Capitalism*, assente na consideração da empresa como uma iniciativa cooperativa entre as sociedades, os consumidores, os fornecedores, os trabalhadores dependentes, os financiadores e a comunidade. Por esta via, abrir-se-iam as portas a um mundo em que negócios e ética surgiriam entretecidos, em que valor e virtude seriam uma parte da vida das empresas e em que o *desespero daria lugar à solidariedade* resultante da realização conjunta de objectivos partilhados (parafraseamos os autores citados ibidem, p. 56). Resta saber se esta conversão é possível, ou se não ajudará antes à re-legitimação do sistema vigente, ao dissimular a pungência das suas garras com luvas de pelúcia.

[66] Considerando que a *ética kantiana* leva vantagem, em matéria de justificação normativa de uma gestão participada, relativamente a ao *utilitarismo* e à *ética das virtudes*, Bowie avança sete imperativos para a organização de uma empresa moral (v. ibidem, p. 61): (1) todas as decisões da empresa devem considerar os interesses de todos os *stakeholders* influenciados; (2) a organização da empresa deve ser escolhida de modo a permitir que os influenciados pelas regras e políticas empresariais participem na determinação dessas regras e políticas antes que sejam actuadas; (3) os interesses de um *stakeholder* não devem ter prioridade em todas as decisões; (4) a prevalência do interesse de um grupo de *stakeholders* sobre outro não deve assentar, sem mais, no maior número de elementos que aquele possua; (5) nenhuma regra ou prática de negócios deve ser adoptada se é incoerente com as primeiras duas formulações do imperativo categórico; (6) toda a empresa nascida para obter lucros tem um dever de beneficiência limitado mas autêntico; (7) toda a empresa deve necessariamente estabelecer procedimentos destinados a assegurar que as relações entre *stakeholders* são governadas por regras de justiça.

[67] Com efeito, se, por uma banda, se alega que as obrigações de equidade de um esquema cooperativo pressupõem o preenchimento de quatro requisitos – (i) vantagem recíproca dos participantes, (ii) sacrifício ou a restrição de liberdades dos participantes, (iii) possibilidade de *free-riders*, (iv) aceitação voluntária das vantagens do esquema cooperativo

dstein e Wicks apresentam a ética dos negócios como um processo ou forma de conversação[68]; Peter Ulrich (a quem voltaremos) construiu uma teoria integrativa da ética económica, baseada na ética do discurso habermassiana, que implica, no tocante aos *stakeholders*, a viragem para uma perspectiva normativa (apostada em saber quem deve ter uma *stake*, e não apenas em apurar quem pode afirmar uma *stake* devido ao poder de que dispõe)[69].

3. Modalidades

a) Se quisermos[70] recompor toda a panóplia de teorias éticas e meta-éticas convocadas à reflexão das sociedades e das empresas, talvez possamos lançar mão de uma grelha muito elementar, que, cerzindo várias tipologias (atentas às respectivas intenções, racionalidades ou conteúdos[71]) nos licencie a distinguir (apesar das evidentes sobreposições e interconexões) entre:

– As éticas axiológicas, deontológicas, teleológicas, aretológicas e até, nalguns casos, *misológicas*... (quanto aos modelos de *logoi*);

(v. *ibidem*, p. 68) – por outra, há-de notar-se que, em vez da igualdade e do princípio da diferença vale aqui ideia de que os benefícios derivados da actividade empresarial devem ser distribuídos com base no contributo dado à organização por cada *stakeholder* (v. *ibidem*, p. 69). O que se compreende aliás, tendo em conta que, para Philips, a teoria dos *stakeholders* é simultaneamente uma teoria ética das organizações e uma teoria da gestão estratégica (v. *ibidem*, p. 71). Daí a meticulosidade na distinção entre legitimidade normativa e legitimidade derivada e entre *stakeholders* normativos (aqueles face aos quais a organização tem um dever moral) e derivados (cujas acções e pretensões são consideradas pelo seu possível impacto sobre os *stakeholders* normativos) – v. *ibidem*, p. 70. Só estes podem ser tratados instrumentalmente ou estrategicamente (v. *ibidem*, p.71).
[68] Reproduzimos aqui o elenco reunido por EMILIO D'ORAZIO – em «Le responsabilita degli stakeholder. Recenti sviluppi nella business ethics», *op. cit.*, p. 50 e ss. – de cuja restante análise somos igualmente tributários.
[69] Segundo o breve resumo de Beschorner, Ulrich assevera o estatuto teorético *universalistico*, conquanto *não absoluto*, das ideias regulativas que escoram uma argumentação ideal e, consequentemente, admite todos os participantes como candidatos ao discurso, a fim de serem testados na legitimidade de que se reclamam ou de que dispõem e na razoabilidade da renúncia aos seus interesses a que podem ser sujeitos. À centralidade da negociação nas perspectivas estratégicas, substitui a atribuição de relevo fundamental à deliberação e à acção comunicativa, considerando a 'comunidade ideal de comunicação' um ideal regulativo definidor do ponto de vista moral também neste contexto – cf. THOMAS BESCHORNER, "Ethical Theory and Business Practices: The Case of Discourse Ethics", in *Journal of Business Ethics*, Volume 66, Number 1, 127-139 (*maxime*, pp. 129-131).
[70] Ultrapassando com isso os receios de didactismo e excessiva simplificação.
[71] Assim JOHN MINGERS (baseado em P. WERHANE e R. FREEMAN, F. GARRIGA, MELE, e M.D. LEE) – cf. infra, p. 522, nota 129..

– As éticas dos *princípios*, das *virtudes*, dos *meios*, dos *fins*, das *consequências*, dos *deveres*, dos *direitos*, dos *processos e procedimentos*, dos *cuidados* e do *afecto* (quanto às categorias de referência);
– As éticas *aristotélicas* (R. Solomon), *kantianas* (N. Bowie), *levinasianas* (Vandeven), *rawlsianas* (R. Philips), nozickianas ou hayekianas (quanto aos *santos padroeiros*);
– As éticas *feministas*, dos *direitos humanos* (D. Matten e A. Crane), ou *orientais* (confucionistas, taoistas, budistas), no que concerne (de modo muito eclético e como simples amostra) aos movimentos religiosos, culturais ou ideológico-políticos de fundo a que estão ligadas.

4. Funções e intenções: intensidade e profundidade da influência e impacto éticos

Peter Ulrich diferencia três tipos de *ética económica*, de acordo com as relações entre os dois pólos – *ético e económico* – que a constituem[72]. Se conservarmos um ângulo de visão eminentemente ético, constataremos que as três modalidades de interacção[73] acabam por traduzir diferentes perspectivas acerca da *intencionalidade* e *função* de uma ética económica.

Assim, a ética dita meramente **correctiva** *funciona* como antídoto contra o excesso de racionalidade económica, impondo-lhe restrições. Com mais propriedade se falará, por isso, de uma verdadeira *ética de negócios*, enquanto *ética aplicada*, funcionando como *cão-de-guarda* moral da economia, sem questionar, porém, a sua racionalidade e base normativa. Nesta óptica, o objectivo da ética económica consiste em corrigir o funcionamento do mercado, amiúde considerado como facto, mas, no limite e praticamente, elevado a *princípio normativo*. Com efeito, apesar de todos os rebuços e álibis, a economia *mainstream* permanece uma teoria normativa ideal da acção racional e da cooperação intersubjectiva. Sucede que, para Ulrich (e muitos outros), o estatuto normativo do princípio mercantil deve ser criticamente reflectido e não dogmaticamente aceito[74].

---

[72] V. PETER ULRICH, «Integrative Economic Ethics – Towards a Conception of Socio-Economic Rationality», in PETER KOSLOWSKI (Ed.), *Contemporary Economic Ethics and Business Ethics*, Springer Verlag, Berlin, Heidelberg, New York, 2000, pp. 37 e ss; IDEM, «Integrative business ethics or: in search of economic reason», in *Understanding Business ethics*, KPMG, Zurich; IDEM, «Ethics and Economics» in LASZLO ZSOLNAI (ed.), *Ethics in the Economy. Handbook of Business Ethics*, Bern 2002, pp. 9-37.
[73] De certo modo já indiciadas nos pontos precedentes, consagrados aos *stakeholders*
[74] V. PETER ULRICH, «Integrative Economic Ethics – Towards a Conception of Socio-Economic Rationality», *op. cit.*, p. 42.

Numa **versão funcional** (que ficou patente nas concepções instrumentais anteriormente mencionadas), a ética actua como *lubrificante* (*sic*) ou catalisador de uma maior racionalidade económica. Serve desta forma para explorar os recursos morais de acordo com os interesses económicos. Em rigor, esta ética dos negócios consiste numa modalidade de *economia aplicada*, ou seja, numa espécie de moral económica, que visa a análise custos/benefícios do comportamento moralmente relevante, com preterição de qualquer raciocínio intrinsecamente moral sobre a legitimidade das pretensões invocadas[75].

Diante desta verdadeira bifurcação, importa rasgar um trilho alternativo, em que se critique o *economicismo*, seja na sua vertente de *determinismo económico* (que anula o espaço do possível e da liberdade humana), seja na de *moralismo económico* (concepção redutivista da ética que considera garante suficiente da racionalidade prática a moralidade do mercado)[76].

A ética económica **integrativa** não se funcionaliza à economia e vai além da mera ética de negócios, isto é, de uma aplicação da ética à economia. Procurando implantar uma *economia* que actue como orientação ou directriz para a vida (boa) – Life conducive –, assume três tarefas fundamentais, a saber: a crítica da razão económica pura, a clarificação de uma ideia eticamente integrada de racionalidade sócio-económica e a determinação dos lugares da responsabilidade sócio-económica.

Para conseguir preencher o espaço aberto pelo desaparecimento da clássica economia política, consequente à *grande transformação* (K. Polanyi), pela qual a ciência económica se emancipou do seu enquadramento sócio-cultural e ambiental e deu origem à *Wertfreiheit* alegadamente científica das correntes subjectivistas-marginalistas[77], impõe-se repensar os aspectos básicos da razão económica, o que passa por questionar o sentido da racionalização económica para uma boa vida humana, criticar a ordem político-económica relativamente ao desenvolvimento de uma sociedade justa e bem-ordenada de cidadãos livres e iguais e, por fim, desenhar uma topologia ética (que assinale os lugares de atribuição de pretensões morais a certos jogadores, tornando-os responsáveis ao abrigo determinados *standards* morais[78]).

---

[75] V. *ibidem*.
[76] V. *ibidem*, pp. 45-46.
[77] V. Aníbal de Almeida, *Prelúdio a uma Reconstrução da Economia Política*, Caminho, Lisboa, 1989, sobretudo as pp. 27 a 59; A. Avelãs Nunes, *Noção e Objecto da Economia Política*, Almedina, Coimbra, 1997; José Reis, *Ensaios de Economia Impura*, Almedina, Coimbra, 2007, *primeira parte*.
[78] V. Peter Ulrich, «Ethics and Economics» *op. cit.*

Se a economia neoclássica lida apenas com a lógica funcional do sistema económico, o primeiro passo requerido por esta visão disruptiva consiste em lançar âncora nas próprias questões práticas da vida económica. Combate-se destarte a propensão para o individualismo metodológico e o seu ideal de uma sociedade que funciona como um mero sistema de egoísmos bem-ordenados.

Destes pressupostos arrancam as concepções da economia como prática social, nomeadamente a *social economics*, que pertence, portanto, às humanidades (enquanto ciência cultural)[79]. Está aqui em causa uma razão sócio-económica, fundada numa base eticamente legítima, conducente a uma verdadeira ética económica, ou melhor, a uma crítica da razão económica, desencadeada pela reflexão incidente sobre a base moral das actividades económicas legítimas. Segundo uma concepção integrativa da ética económica, importa reflectir criticamente sobre as fundações normativas da racionalidade ou modo de pensar económico, recorrendo para isso à ética filosófica. Colima-se, desta feita, uma reconstrução da racionalidade económica como racionalidade sócio-económica valiosa, além de meramente eficiente[80].

Em vez de uma simples limitação heterónoma da racionalidade, visa-se integrar a razão ética na ideia directriz da racionalidade económico-social. Donde procedem as ideias capitais de uma *ética económica integrativa* (sintonizada com uma *racionalidade sócio-económica*), que a todos responsabiliza, sendo por isso instituída no plano quer dos actores económicos (pessoas singulares e colectivas), quer do Estado (na qualidade de responsável pelo enquadramento político do mercado), quer do público em geral (*a comunidade ilimitada das pessoas morais dispostas a participar como cidadãos razoáveis na deliberação sobre matérias da "res publica"*[81]).

5. Algumas áreas de aplicação (mero informe)

A título meramente ilustrativo, refira-se que a influência da ética na economia e, mais especificamente, nas sociedades comerciais e seu direito,

---

[79] Ulrich distingue-lhe porém duas vias metodológicas: uma, teorética, dedicada à compreensão do funcionamento do sistema, e outra, prática, que visa reflectir criticamente sobre as ideias e medidas normativas que legitimam a acção dos actores – v. PETER ULRICH, «Ethics and Economics», *op. cit.*

[80] V. PETER ULRICH, «Integrative Economic Ethics – Towards a Conception of Socio-Economic Rationality», *op. cit.*, pp. 47-50.

[81] V. *ibidem*, p. 50. A democracia deliberativa, acrescenta Ulrich, mantém o equilíbrio entre o ideal contrafactual do público em geral (pólo ético) e a política real (pólo factual).

se tem feito sentir nos mais variados domínios, designadamente a propósito dos problemas emergentes das *tecnologias e sistemas de informações*, da *gestão estratégica*, das *transacções culturais*, da *elaboração, divulgação, adopção e interpretação de códigos de conduta* e das *instituições materiais e processuais de accountability*[82].

6. Ética e direito: alusão

Quiséramos ser exaustivos na nossa análise e dificilmente nos eximiríamos a uma detida consideração do lugar e papel sociais do direito face às racionalidades, intencionalidades e conteúdos da ética e da economia, e à articulação dos respectivos subsistemas de integração social. Um desforço que co-implicaria, do mesmo passo, um não menor investimento na demarcação do próprio sentido específico do direito no contexto estrutural e intencional da sociedade de que emerge e à qual se dirige, fundamentante e regulativamente.

Com efeito, o direito não é nem mera normação coerciva da *Sittlichkeit*, dos *Mores* ou da *Moralität*, nem tão pouco a super-estrutura ideológica das relações de poder economicamente estabelecidas, ou um qualquer instrumento regulativo funcionalmente orientado à auto-afirmação da racionalidade económica. Contudo, uma postura *necessariamente* humilde impede-o também de arrogar-se a interpretação exclusiva de um qualquer justo (jurídico) ontológico, teológico ou antropológico-metafisicamente radicado. E todavia tão pouco há-de bastar-se, em compensação, com a referência a uma justiça mediatriz (Teubner) dos discursos sociais conflituantes.

Não obstante o pluralismo axiológico e a diferenciação social e funcional, cabe-lhe, no cumprimento do seu específico projecto normativo, a mediação e articulação estrutural (a institucionalização e re-institucionalização *crítico-reflexiva*) dos estatutos e papéis sociais e dos seus sistemas de enquadramento e a tradução e síntese normativo-substantiva (numa intenção de auto-transcensão fundamentante, constitutiva e regulativamente selectiva) dos respectivos conteúdos económicos, políticos, sociais, técnicos e culturais.

---

[82] V. DIRK ULRICH GILBERT/ANDREAS RASCHE, «*Discourse Ethics and Social Accountability – The Ethics of SA 8000*», in *Business Ethics Quarterly*, Volume: 17, Issue: 2, 2007.

II. A ética do discurso em especial

1. Caracterização

1.1. Considerações sobre a ética do discurso em geral

Como fosse assaz dificultoso – para além de desaconselhado pelas regras do decoro académico... – apresentar cabalmente a ética do discurso neste pequeno escorço, entregar-nos-emos apenas a uma sua epitomática caracterização, funcionalizada aos objectivos do presente estudo.

Com boa probabilidade de acerto, pode aventar-se que a ética do discurso se encontra ligada, desde as suas *origens*, à obra de Karl-Otto Apel e Jürgen Habermas, dois dos renomados *big five* (a par de Lévinas, Ricoeur e Derrida) que dominavam a cena do *grande pensamento* filosófico internacional no final do século passado.

A primeira referência expressa à ética do discurso ocorre justamente num texto de Apel[83], datado de 1967 – *Das Apriori der Kommunikationsgemeinschaft und die Grundlagen der Ethik: Zum Problem einer rationalen Begründung der Ethik im Zeitalter der Wissenschaft* – que viria a integrar o seminal *Transformation der Philosophie*[84].

Desde então, as sementes matutinamente lançadas à terra germinaram e, através de uma rede de discípulos directos e indirectos, a ética do discurso expandiu-se bastante e complexificou-se, formando um complicado rizoma genealógico, no qual conseguimos, ainda assim, distinguir, com pequena margem de erro, *três gerações* de autores: a primeira é constituída pelos dois professores alemães referidos; a segunda compreende discípulos alemães como Robert Alexy e Klaus Günther (no plano jurídico), e Axel Honneth, Sheila Benhabib, Claus Offe ou Thomas McCarthy (na sociologia e na filosofia política e social); na terceira, ligeiramente mais recente, pontificam variadíssimos estudiosos, como sejam Gottschalk-

---

[83] V. KARL-OTTO APEL, «Racionalidade e Críticas da Razão. O desafio da crítica total da razão e o programa de uma teoria filosófica dos tipos de racionalidade», in *Crítica – Revista do Pensamento Contemporâneo*, 4, Nov. 88, editorial teorema, pp. 35-64 (seguido de discussão); IDEM, *Diskurs und Veranwortung*, Suhrkamp Verlag, Frankfurt am Main, 1988 (trad.: *Ética e Responsabilidade. O Problema da Passagem para a Moral Pós-Convencional*, Instituto Piaget, Lisboa, 2007); IDEM, «Ein Interview der ‚Sic et Non' mit Karl Otto Apel», in *Sic et Non. Zeitschrift für Philosophie und Kultur im Netz*, 1997 [www.sicetnon.org]; KARL-OTTO APEL/MANFREDO ARAÚJO DE OLIVEIRA/LUÍZ MOREIRA, *Com Habermas, contra Habermas. Direito, Discurso e Democracia*, Landy Editora, 2004.

[84] Frankfurt a. M, 1973, Bd. 2, pp. 358-435. V. MICHA H. WERNER, "Diskursethik", *op. cit.*, pp. 148.

-Mazouz, Konrad Ott, Mathias Kettner, Micha Werner, Dietrich Böhler, W. Kuhlmann, William Rehg, Albrecht Wellmer ou A. Hoppe[85].

Como resultado mais evidente, temos a heterogeneidade sincrónica e diacrónica que a ética do discurso exibe, mesmo se nos ativermos apenas à obra de cada um dos seus autores[86].

Não obstante as tensões internas daí decorrentes (pense-se no paradigmático debate entre Apel e Habermas), e a multiplicidade das frentes de combate abertas, talvez sejamos capazes de isolar os principais pressupostos, postulados, conteúdos e consequências comuns a todos quantos se reclamam desta corrente do pensamento ou se abrigam debaixo do seu largo guarda-chuva, adaptando para o efeito o que Niels Gottschalk-Mazouz identificou como o *Núcleo do modelo standard* de ética do discurso.

Entre as marcas identitárias da ética do discurso devem contar-se então: (i) uma moral de *fundamentação/justificação* que tenta contornar o problema do *Faktum der Vernunft* kantiano; (ii) uma teoria universalística kantiana (deontológica e cognitivista), conquanto quase sempre (iii) de base empírica e (iv) centrada, não no juízo das máximas, isto é, na convicção do agir, mas em *normas*[87], atentas também as respectivas consequências[88]; (v) uma teoria do consenso; (vi) uma teoria dialógica; (vii) uma teoria formalística e procedimentalista, assente num princípio de generalização (*Verallgemeinerungsprinzip*) que encontra aplicação num processo: o discurso[89].

---

[85] Mischa Werner acrescenta a esta lista de autores «*die sich später mehr oder weniger deutlich von der Diskursethik abgesetz haben*» os nomes de Edmund Braun, Peter Brune, Hauke Brunkhorst, Holger Burckhart, Adela Cortina, Andreas Dorschel, Rainer Forst, Horst Gronke, Heiner Hastedt, Marcel Niquet, Audun Øfsti, Hans Schelkshorn, Gunnar Skirbekk, Ulrich Thielemann, Peter Ulrich e Lutz Wingert – v. *ibidem*.

[86] O que se sobressai em Habermas. V., a este respeito, Niels Gottschalk-Mazouz, «Welche Diskurse brauchen wir? Typen von praktischen Dissensen und ihre Bearbeitung in organisierten Verfahren vor dem Hintergrund einer durch Habermas' Diskurstheorie inspirierten "diskursiven Technikbewertung», in H. – U. Nennem (Hg.), *Diskurs – Begriff und Realisierung*, Königshausen u. Neumann, Würzburg, 2000, pp. 237-270; Idem, "Einleitung: Perspektiven der Diskursethik", in Niels Gottschalk-Mazouz, *Perspektiven der Diskursethik*, Königshausen & Neumann, Würzburg, 2004.

[87] Por oposição a virtudes, valores, bens, fins, motivos, pessoas, instituições, etc.

[88] Perspectiva *Konsequenzensensibel* (Gottschalk-Mazouz). Segundo Claudio Luzzatti, o que faz da ética do discurso uma moral *pós-kantiana* (a despeito de aceitar as impostações de fundo do *criticismo* e assumir assim uma índole *cognitivista, deontológica, formalista* e *universalista*) é o seu carácter dialógico e o esforço envidado na conjugação de *ética do dever* e *ética da responsabilidade* – V. Claudio Luzzatti, «Ética del Discurso», in Niccolla Abbagnano, *Dizionario di Filosofia, op. cit.*, pp. 319-320.

[89] Mischa Werner elenca o *principialismo*, o *formalismo*, o *procedimentalismo*, e a *metanormatividade* como caracteres fundamentais da ética do discurso, sendo que esta última

Trata-se de uma concepção kantiana pós-hegeliana da razão prática adequada a um universo pós-metafísico de pensamento, que assume sem pejo o desafio da fundamentação racional da ética num tempo de hegemonia científica e de muito acentuada social diferenciação funcional.

Com as suas críticas ao *formalismo,* ao *universalismo abstracto,* à *impotência do mero dever* e ao *terrorismo da pura convicção,* Hegel já «*fizera o sujeito transcendental de Kant descer do pedestal do estatuto numenal para o movimento histórico do espírito objectivo*» (Habermas). Mais tarde, Marx operou «*a transposição da vida moral do espírito objectivo para a reprodução material da sociedade*». No entanto, em nenhum dos casos se abandonou completamente a conceptualidade da filosofia do sujeito, porque em ambos o processo histórico se desenrolava sempre através da acção de grandes sujeitos como povos e classes sociais. A ética do discurso, procurando furtar-se às censuras hegelianas, retoma uma intenção de moralidade nos termos cimo vistos, mas substitui a consciência transcendental (como fonte da constituição das relações sociais) pelas práticas comunicativas que asseguram à sociedade a referência imanente à verdade[90].

Quem participa numa argumentação admite implicitamente pressupostos pragmáticos gerais de índole normativa, o que possibilita a abstracção de um princípio moral a partir do teor desses pressupostos argumentativos, desde que se saiba o que significa justificar uma norma de conduta[91].

Nas palavras de Habermas, o *discurso oferece uma forma de comunicação mais exigente e que transcende as formas concretas de vida, pelas quais as pressuposições de acção orientadas para a comunicação são generalizadas, abstraídas e ampliadas no sentido do seu alargamento a uma comunidade de comunicação ideal e inclusiva de todos os sujeitos dotados de capacidade e de acção*[92].

Numa resenha muito breve, diríamos que a ética do discurso se apoia na ideia-força fundamental de que a *comunicação* humana visa o *entendimento* e baseia-se no *debate,* substituindo assim eventuais decisões de poder ou decorrentes da autoridade da tradição ou da religião. Um Dis-

---

acarreta um desdobramento em argumentações fundamentantes e discursos práticos concretos – v. Micha H. Werner, "Diskursethik", *op. cit.* Acerca do carácter deontológico, cognitivista, formalista e universalista da ética Kantiana, v. Jürgen Habermas, *Erläuterung zur Diskursethik,* Suhrkamp Verlag, 1991 (trad.: *Comentários à Ética do Discurso,* Instituto Piaget, Lisboa, 1999, pp. 15 e ss).

[90] V. Jürgen Habermas, *Studienausgabe,* Suhrkamp Verlag, Frankfurt am Main, 2009 (trad.: *Obras Escolhidas. Volume I – Fundamentação Linguística da Sociologia,* Edições 70, Lisboa, 2010), p. 13.

[91] V. IDEM, *Comentários à Ética do Discurso, op. cit.,* p. 16.

[92] V. *ibidem,* p. 21.

curso é um processo ideal de exame/comprovação da correcção das asserções (Gottschalk-Mazouz).

Desta forma, em querendo discutir a validade das nossas pretensões de verdade, atinentes ao mundo (objectivo, subjectivo, social/intersubjectivo) – *correcção, autenticidade, efectividade,* etc –, temos de nos envolver num debate meta-normativo que obedeça às regras de uma situação ideal de discurso – condições que, na versão de Apel, são evidências reflexivas transcedentes *apriori*, posto que alcançáveis em contexto hermenêutico e pragmaticamente radicadas (segundo uma visão pós-hermenêutica, pós--linguística, mas também pós-idealista e subjectivamente fenomenológico--transcendental[93]); ao passo que, para Habermas, são antecipações de facto (condições pragmáticas contrafactuais) pressupostas na sequência de aprendizagem social que fazemos (no decurso do nosso desenvolvimento moral

---

[93] Para Apel, a argumentação racional pressupõe a vigência de normas éticas universais. O reconhecimento da vinculatividade dos princípios morais ético-discursivos pertence a um *apriori* da situação argumentativa que não pode ser posto em causa sem contradição performativa. *"Im Apriori der Argumentation liegt der Anspruch, nicht nur alle »Behauptungen« der Wissenschaft, sondern darüber hinaus alle menschlichen Ansprüche (auch die impliziten Ansprüche von Menschen an Menschen, die in Handlungen und Institutionen enthalten sind) zu rechtfertigen. Wer argumentiert, der anerkennt implizit alle möglichen Ansprüche aller Mitglieder der Kommunikationsgemeinschaft, die durch vernünftige Argumente gerechtfertigt werden können [. . .], und er verpflichtet sich zugleich, alle eigenen Ansprüche an Andere durch Argumente zu rechtfertigen. Darüber hinaus sind die Mitglieder der Kommunikationsgemeinschaft (und das heißt implizit: alle denkenden Wesen) m. E. auch verpflichtet, alle virtuellen Ansprüche aller virtuellen Mitglieder zu berücksichtigen – u. d. h. alle menschlichen »Bedürfnisse«, sofern sie Ansprüche an die Mitmenschen stellen könnten. Menschliche »Bedürfnisse« sind als interpersonal kommunizierbare »Ansprüche« ethisch relevant; sie sind anzuerkennen, sofern sie durch Argumente interpersonal gerechtfertigt werden können. [. . .] Der Sinn der moralischen Argumentation könnte geradezu in dem – nicht eben neuen – Prinzip ausgedrückt werden, dass alle Bedürfnisse von Menschen – als virtuelle Ansprüche – zum Anliegen der Kommunikationsgemeinschaft zu machen sind, die sich auf dem Wege der Argumentation mit den Bedürfnissen aller übrigen in Einklang bringen lassen. Damit scheint mir das Grundprinzip einer Ethik der Kommunikation angedeutet zu sein, das zugleich die – eingangs vermißte – Grundlage einer Ethik der demokratischen Willensbildung durch Übereinkunft (»Konvention«) darstellt. Die angedeutete Grundnorm gewinnt ihre Verbindlichkeit nicht etwa erst durch die faktische Anerkennung derer, die eine Übereinkunft treffen (»Vertragsmodell«), sondern sie verpflichtet alle, die durch den Sozialisationsprozeß »kommunikative Kompetenz« erworben haben, in jeder Angelegenheit, welche die Interessen (die virtuellen Ansprüche) Anderer berührt, eine Übereinkunft zwecks solidarischer Willensbildung anzustreben; und nur diese Grundnorm – und nicht etwa das Faktum einer bestimmten Übereinkunft – sichert den einzelnen normgerechten Übereinkünften moralische Verbindlichkeit"* – v. Karl-Otto Apel, «Das Apriori der Kommunikationsgemeinschaft und die Grundlagen der Ethik: Zum Problem einer rationalen Begründung der Ethik im Zeitalter der Wissenschaft», *op. cit.,* p. 424.

e da nossa individuação pela socialização e vice-versa) e, por isso, produto de uma evolução filogenética nos termos de um *naturalismo prático*[94].

Conseguimos agora perceber a formulação elementar do princípio moral da ética discursiva, o tipo de fundamentação em que se louva e o modelo de orientação (vinculação) e aplicação que proporciona.

Segundo Misha Werner, «*Das diskursethische Moralprinzip fordert demnach, stets so zu handeln, dass alle Vernunftwesen (und zumal alle von der Handlungsweise potenziell Betroffenen) dem jeweils gewählten Handlungsgrundsatz in einem unbegrenzten argumentativen Diskurs zustimmen könnten*».

Propõe-se, portanto, uma fundamentação reflexivo-discursiva nos termos de um método de crítica do sentido[95], consistente na reflexão sobre os pressupostos do discurso argumentativo[96].

Quanto à orientação pelo princípio – seja em geral, seja face a situações de conflito –, entronca já no problema genérico da projecção desta perspectiva ética sobre a realidade – o que envolve a análise do seu inculcamento nos sujeitos e respectiva capacidade de os motivar e compelir à acção correcta, das correlativas possibilidades de exigibilidade/sanção dessa adesão/cumprimento, e da prestabilidade da ética discursiva para a valoração judicativa de problemas concretos.

Ora, nas inúmeras variantes[97] que conhece este guião, a ética do discurso globalmente equacionada não evita algumas dificuldades ao nível tanto da fundamentação, como da motivação[98] e aplicação[99]. No que concerne às primeiras, constituem um dos pomos de discórdia entre Apel e

---

[94] Nas palavras de Claudio Luzzatti, Apel busca uma fundamentação última de tipo transcendental, ao passo que Habermas contenta-se com a hipótese de um alto nível de generalização – v. Claudio Lizzatti, «Ética del Discorso», *op. cit.*
[95] Uma crítica do sentido justamente ético-discursivo.
[96] V. Micha H. Werner, «Diskursethik», *op. cit.*, pp. 142 e ss.
[97] V. por exemplo, o dossier contido no *The Journal of Political Philosophy*, vol. 18, n.º 1, com o título *Towards more realistic Models of Deliberative Democracy*.
[98] A vinculatividade dos princípios ético-discursivos não deflui do estatuto vinculativo das pressuposições – v. Niels Gottschalk-Mazouz, «Einleitung: Perspektiven der Diskursethik», *op. cit.*, p. 12. O problema, que Kant tentara resolver através do facto da razão, decorre aqui do rigorismo moral de uma perspectiva assente em condições ideais contrafactualmente antecipadas da prática argumentativa da comunidade de comunicação ideal ou da situação discursiva ideal.
[99] Sendo que, para Mazous, os problemas da aplicação têm um carácter metódico e não dogmático-material – v. Niels Gottschalk-Mazouz, «Einleitung: Perspektiven der Diskursethik», *op. cit.*, p. 13.

Habermas[100], e prendem-se também com o modo de articulação entre os princípios da universalização (U) e de discurso (D).

Relativamente às segundas, têm a ver: com o apuramento da melhor maneira de tornar realmente prática a ética do discurso num mundo cada vez menos moral, particularmente em campos dominados pela acção estratégica ou pelos interesses egoístas[101] (preocupação que originou a *parte B* da ética do discurso de Apel e a *política ética* de Habermas[102] e levou Marcel Nicket a desenhar a sua norma de observância e de consequência ou *Folgenorm*)[103]; e com a definição do tipo de envolvimento da fundamentação normativa no julgamento dos casos concretos – matéria estudada por Klaus Günther e Robert Alexy (este último no que toca à colisão de normas e sensibilidade aos casos) e, em geral, muito relevante sempre que se trate, como no âmbito vertente, de discutir a repercussão prática da ética do discurso na vida real (pense-se nos contributos para a

---

[100] Rehg e Ott tomaram o partido de Habermas, e Huhlmann o de Apel – v. *ibidem*, p. 13. Como se disse e se confirmará mais tarde, Habermas discorda de Apel quanto ao fundamento da ética discursiva (universal-pragmático, mas não transcendental-pragmático) mas também no que respeita à *orientação* pelo princípio do discurso e à *exigibilidade* do seu cumprimento e, por conseguinte, à sua *aplicação* a problemas concretos (no fundo, ao modo como informa as condutas e pode ser mobilizado na resolução de questões particulares). De modo mais rigoroso, referimo-nos aos graves problemas do *critério de validade* (*Gültigkeit*), do *critério operacionalizável de adequação* (*Angemessenheit*) das normas morais e ainda do critério de *exigibilidade do seu cumprimento* (*Zumutbarkeit ihre Befolgung*). Para enfrentar a questão do cumprimento do princípio (do poder motivador, para lá da simples fundamentação) e da sua adequação à realidade (o mesmo é dizer, das formas de trazer a ética do discurso e o seu princípio à realidade), Apel recorreu a um *princípio complementar ou de complementaridade* (E) – *Ergänzungsprinzip* (ou melhor – um *verantwortungsethisches Ergänzungsprinzip*) e Habermas procedeu a uma distinção entre *discursos de fundamentação* e *discursos de aplicação* (*Begründungs– und Anwendungsdiskursen*) – distinção que, segundo muitos autores (Alexy, Wellmer, Kettner), não deve ser entendida de modo categorial. Apel não contraria propriamente a diferenciação vertical de Habermas mas segue um outro caminho, que consiste em recorrer a duas estratégias morais, correspondentes a dois sub-princípios do mencionado princípio complementar e tradutores de um suplemento de responsabilidade ética e de jaez teleológico (*verantwortungsethische und teleologische Ergänzungsprinzip*) do *princípio da universalidade*.

[101] Di-lo expressamente GOTTSCHALK-MAZOUZ. As duas grandes questões de aplicação, a seu ver, consistem em apurar como é que uma ética do discurso pode ser realizada praticamente num mundo cada vez mais imoral; e como complementar a fundamentação das normas no julgamento de casos concretos – v. *ibidem*, pp. 13-15, para a primeira e 16 e 17, para a segunda.

[102] V. *supra*, nota 100.

[103] V. *ibidem*.

Umbau e *Neubau* da aplicação – os exemplos de Peter Ulrich, Konrad Ott, Matthias Kettner e outros[104]).

De facto, seja qual for a perspectiva adoptada, tem-se por seguro o amplo eco que este paradigma obteve na ética económica (Ulrich), na ética da ciência e da técnica (Ott), na ética ambiental (Böhler), na Bioética e ética da medicina (Kuhlmann). Ainda que se não acompanhem todos os seus fundamentos e pressupostos, facilmente se acolherão as regras da boa comunicação entretanto propaladas como uma espécie de vulgata (e assim resumidas por Gilbert Hottois):

- publicidade;
- participação no debate do maior número de interlocutores, especialmente daqueles que têm um interesse directo pelo objecto do debate;
- ilimitação do debate (tendo em conta, no entanto, as necessidades e urgências da acção e da decisão);
- igualdade e liberdade dos participantes no debate (não há relações de autoridade, de dominação ou de constrangimento);
- princípio da argumentação: toda a afirmação pode ser discutida; o argumento que resiste a todas as objecções é, provisoriamente, o melhor, isto é, o mais racional;
- princípio do consenso: o entendimento, (o acordo argumentado e justificado), é o objectivo e o desfecho normal da interacção comunicacional; o acordo assim obtido justifica a decisão e a acção;
- princípio da revisibilidade: todo o acordo deve poder ser requestionado se surgirem novos argumentos[105].

---

[104] V. MICHA H. WERNER, «Diskursethik», *op. cit.*
[105] V. GILBERT HOTTOIS, *De la rennaissance à la postmodernité*, De Boeck & Larcier, 2002 (trad.: *História da Filosofia. Da Renascença à Pós-Modernidade*, Instituto Piaget, Lisboa, 2002, pp. 396 e 397).

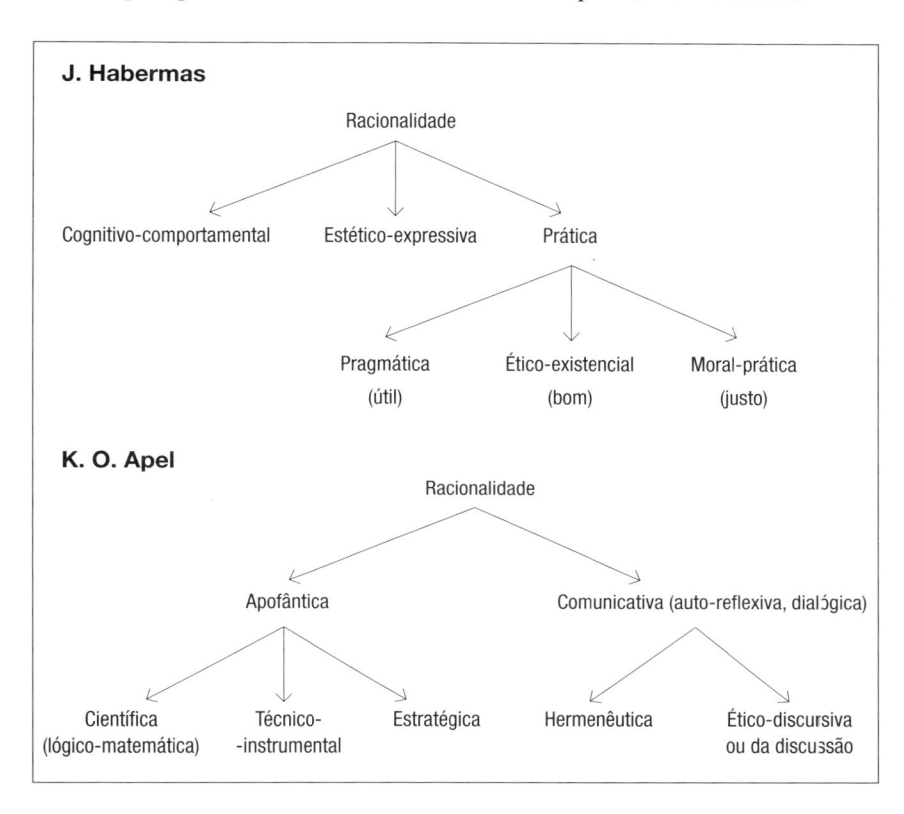

As tipologias da racionalidade em KARL-OTTO Apel e JÜRGEN HABERMAS[106]

J. Habermas

Racionalidade
- Cognitivo-comportamental
- Estético-expressiva
- Prática
  - Pragmática (útil)
  - Ético-existencial (bom)
  - Moral-prática (justo)

K. O. Apel

Racionalidade
- Apofântica
  - Científica (lógico-matemática)
  - Técnico-instrumental
  - Estratégica
- Comunicativa (auto-reflexiva, dialógica)
  - Hermenêutica
  - Ético-discursiva ou da discussão

---

[106] Adaptado a partir de ANTÓNIO MANUEL MARTINS, «Teoria ou Tipologia da Racionalidade», in *O Homem e o Tempo – Liber Amicorum para Miguel Baptista Pereira*, Fundação Eng. António de Almeida, Porto, 1999, pp. 115-123.

1.2. A ética do discurso habermassiana, em especial (uma reconstituição tópica)[107]

1.2.1. *Rápido enquadramento*

O pensamento e obra de Jürgen Habermas não resumem a ética do discurso mas constituem, só por si, todo um continente, que se estende para lá das fronteiras daquela[108].

Por conseguinte, valem aqui sobremaneira os considerandos e ressalvas feitas à caracterização muito grosseira da ética do discurso em geral.

Depois de estudos em Göttingen (1949/50), Zurique (1950/51) e Bona (1951/54), Habermas doutorou-se em filosofia em Bona, com uma tese sobre Schelling (1954), após o que se dedicou à sociologia e filosofia em Frankfurt, junto de Horkheimer e Adorno [no *ISF* da Universidade Johann Wolfgang Goethe (desde 1956)]. Dissídios com Horkheimer levaram-no até Marburgo, para a defesa da sua *Habilitation*, sob orientação de Abendroth. Aí se manteve como *Privatdozent* desde 1961, tendo-lhe sido atribuído o título de professor sem cadeira na vetusta universidade de Heidelberga, logo no ano seguinte.

---

[107] Nas páginas que se seguem tomaremos sobretudo em conta Jürgen Habermas, *Technik und Wissenschaft als «Ideologie»*, Suhrkamp Verlag, Frankfurt am Main, 1968 (trad. Artur Mourão – *Técnica e Ciência como «Ideologia»*, Edições 70, Lisboa, 1993); IDEM, *Theorie des Kommunikativen Handelns, Band I, Handlungsrationalität und gesellschaftliche Rationalisierung*, Suhrkamp Verlag, Frankfurt am Main, 1981 (tradução por Thomas McCarthy: *The Theory of Communicative Action. Volume 1, Reason and the Rationalization of Society*, Heinemann, London, 1984); IDEM, *Legitimationsprobleme im Spätkapitalismus* (trad. José Etcheverry – *Problemas de Legitimación en el Capitalismo Tardío*, Cátedra – Colección Teorema, Madrid, 1999); IDEM, *Der Philosophische Diskurs der Moderne* (trad. *O Discurso Filosófico da Modernidade*, Publicações Dom Quixote, Lisboa, 1998); IDEM, *Comentários à Ética do Discurso, op. cit.*; IDEM, *Recht und Moral (Tanner Lectures 1986)*, trad. Sandra Lippert – *Direito e Moral*, Instituto Piaget, Lisboa, 1999; IDEM, *Faktizität and Geltung – Beiträge zur Diskurstheorie des Rechts und des Demokratischen Rechtsstaats*, (trad. *Facticidad y Validez*, Editorial Trotta, Madrid, 2001); IDEM, *Nachmetaphysisches Denken*, trad. Lumir Nahodil – *Pensamento Pós-Metafísico*, Almedina, Coimbra, 2004; IDEM, *Die Zukunft der Menschlichen Natur: auf dem Weg zur Liberalen Eugenik?* (trad. Maria Benedita Bettencourt – *O Futuro da Natureza Humana – A caminho de uma eugenia liberal?*, Almedina, Coimbra, 2006); IDEM, *Die Einbeziehung des anderen. Studie zur politischen Theorie* (trad. – *The inclusion of the other: studies in political theory*, Polity Press, Cambridge, 1998); IDEM, *Obras Escolhidas. Volume I – Fundamentação Linguística da Sociologia, op. cit.*

[108] A partir dos anos 90, Habermas tornou inclusive explícita a sua preferência pela expressão *teoria do discurso da moral*, em detrimento da tradicional designação de *ética do discurso* (que, contudo nunca chegou a enjeitar) – v. Jürgen Habermas, *Comentários à Ética do Discurso, op. cit.*, p. 9.

Em 1964, regressou a Frankfurt e, em 1971, rumou a Starnberg para assumir o cargo de director do *Max Planck Institut* em Starnberg, no qual se manteve até 1983. Tornou então a Frankfurt, onde trabalhou até 1993. A aposentação, longe de causar um esmorecimento no seu ritmo de trabalho, parece ter-lhe insuflado novo ânimo e fôlego, como se comprova pela amplitude dos temas trabalhados nas duas últimas décadas e pela prodigalidade das suas publicações e intervenções públicas.

A profundidade, amplitude e vastidão da obra habermassiana é praticamente inomeável e os problemas enfrentados quase ciclópicos.

Com efeito, Habermas bebeu da tradição do *idealismo* alemão, de Kant a Schelling e Hegel, acusando igualmente a influência da *hermenêutica* (Dilthey, Gadamer), do *neo-kantismo* de Marburgo e Baden e da *fenomenologia*.

Esteve obviamente exposto ao marxismo, seja em Frankfurt, seja em Marburgo, que complementou, no plano sociológico, com aturada investigação das teorias sociológicas de Weber e Durkheim, do interacionismo simbólico de Mead, da etnometodologia (Garfinkel) ou da teoria dos papéis de Goffmann. No decurso destas pesquisas, frequentou os lugares mais importantes da teoria dos sistemas, sobretudo as obras de Parsons e Luhmann. Factor crucial para a formação do seu pensamento e a estruturação de toda a sua teoria social, representaram a filosofia da linguagem e a teoria dos actos linguísticos (Wittgenstein, Austin, Peirce, Searle), sendo a obra de Habermas indubitavelmente uma filha legítima da *linguistic turn*. No que à psicologia diz respeito, os estudos sobre desenvolvimento cognitivo e moral de Piaget e Kohlberg constituíram as suas principais referências. Nos últimos anos, o desenvolvimento da sua teoria da acção comunicativa e do discurso levou-o até às imediações da política deliberativa, pioneiramente teorizada por Cohen e Elster.

E se preciso fora atestar a magnitude do trabalho resultante desta *Bildung* germânica de superior quilate, sobejaria atentar na qualidade e diversidade dos seus interlocutores electivos e dos diálogos e controvérsias mantidos na esfera pública. Com efeito, para além das interpretações pessoais (já de si fruto de um aturadíssimo processo de hermenêutica crítica e dialécticos confronto e assimilação) das correntes e heranças de pensamento há pouco enunciadas, Habermas defrontou explicitamente as teses heideggerianas (pensando com Heidegger, mas para além dele, numa fase muito embrionária da sua obra); debateu directamente com Adorno e sobretudo com Horkheimer; opôs-se a Hans Albert no âmbito da *Positivismusstreit* (originalmente protagonizada pelos respectivos mestres – Adorno e Popper); discutiu amigavelmente com Apel; travou-se de razões com Luhmann; exprobrou veementemente o pós--modernismo de Foucault e Lyotard, assestando algumas (violentas) estocadas num Derrida de quem depois progressivamente se aproximou com o passar dos anos; insurgiu-se contra Ernst Nolte, Michael Stürmer, Klaus Hindebrandt e Andreas Hillgruber na delicadíssima *Historikerstreit* que agitou o ambiente político e académico alemão; argumentou com Rawls a propósito da filosofia política; contrariou as teorias do direito de Dworkin, conversou com o Cardeal Ratzinger sobre religião e secularidade e chocou com Hans Jonas quando se interessou pelos problemas da bioética e, sobretudo, do futuro da natureza humana, levantados pela genética[109].

Por fim, a grandeza da sua obra sai ainda reforçada pela qualidade dos discípulos que foi seduzindo e congregando, desde Herbert Schnädelbach a Claus Offe, passando por Hans Joas, Axel Honneth ou Thomas McCarthy (grande tradutor e divulgador em língua inglesa de Habermas, porventura a par de David Held).

1.2.2. Para a definição de um roteiro interpretativo

Entre a *Cila* de nos afogarmos neste mar imenso ao tentar abraçá-lo e a *Caribdis* de o descaracterizarmos ridiculamente, fornecendo uma imagem demasiado apertada dele, precisamos de um primeiro auxílio à navegação.

Para facilitar a compreensão, seleccionaremos, organizaremos e disporemos os dados biobliográficos em perspectiva, segundo um roteiro interpretativo, cujas principais etapas – a desenvolver no ponto seguinte – muito devem ao labor de sistematização retrospectiva do próprio Habermas[110].

Diríamos, destarte, que, a partir sobretudo dos anos 70, Habermas foi evoluindo no relacionamento da teoria social com a reflexão filosófica e ética, ao debruçar-se com crescente afinco, sobre a *acção comunicativa* (já sob influência da pragmática linguística, do interaccionismo e da etnometodologia sociológicas, e pressupondo a crítica da antropologia cultural pessimista de Gehlen e os resultados mais recentes da psicologia moral, sobretudo de Kohlberg). São deste período as primeiras referências rigorosas aos *actos de fala*, aos *tipos de acções*, aos modelos de *referência ao mundo* e correspondentes *pretensões de validade discursiva*, bem como aos *discursos de justificação*. Donde a deixa para um aprofundamento reflexivo mediante a teorização de uma racionalidade comunicativa, no quadro mais amplo de uma tipologia das racionalidades e discursos (nomeadamente práticos).

---

[109] Rol que poderia também incluir, entre outros, E. Tugendhat, St. Lukes, Ch. Fried, Ch. Taylor, A. Macintyre ou G. Patzig – v. Jürgen Habermas, *Comentários à Ética do Discurso*, op. cit., capítulo 6, pp. 119 e ss.

[110] V. a introdução ao primeiro volume dos *Studienausgabe* de Habermas, publicados pela Suhrkamp Verlag, em 2009, já citada.

Obrigado à superação de muitos obstáculos na defesa da autonomia e dignidade de uma racionalidade prática, Habermas chega, em 1983 (data de *Moral Bewußtsein e Kommunikatives Handeln*)[111], à enunciação do seu *princípio de universalização*, definidor do ponto de vista moral e da perspectiva da justiça. O esforço culmina depois na monumental *teoria da acção comunicativa* de 1984 (I volume).

No turbilhão de debates que se seguiram, veio a emergir um mais amplo princípio do discurso, a propósito de algumas precisões introduzidas nos *comentários à ética do discurso* – altura em que o princípio de solidariedade apareceu a complementar o princípio da justiça (filão que se mantém até ao mais recente *A Inclusão do Outro*).

O final da década de 80 e o início dos anos 90 assistem a um renovado interesse pelo direito, de que se aproxima, primeiro, nas famosas *Tanner Lectures*, e depois, na grande investida habermassiana sobre a matéria: *Faktizität und Geltung*, de 1992. Aí encontramos uma revisitação dos grandes problemas da filosofia política e jurídica, nomeadamente a fundamentação racionalmente normativa do direito e da política, mediante uma conjugação da juridicidade e da democracia. Descobrimos pois o princípio D a desdobrar-se em princípio (U) e princípio (De), representando este um apelo a uma democracia deliberativa, para lá do *liberalismo clássico* e do *republicanismo cívico* e tornando evidentes os vínculos internos entre direito e democracia, autonomia pública e privada, soberania popular e direitos humanos.

A reflexão jurídico-política manteve-se no seu *Die Einbeziehung des Anderen* em que procurou lidar com os reais problemas da alteridade e da diferença de modo rigoroso e consequente. Era a concretização, no terreno preferido dos pós-modernos, do seu discurso filosófico sobre a modernidade como projecto inacabado.

Nos últimos tempos, o «efeito habermas» a que aludem alguns autores (a capacidade para, pela sua simples intervenção ou pronúncia, acordar temas adormecidos, e torná-los objecto de interesse e discussão, numa espécie de virtuoso toque de Midas) fez-se sentir a propósito: dos novos cenários geopolíticos internacionais, mediante a análise das constelações políticas pós-nacionais segundo um cosmopolitismo de base kantiana, devidamente actualizado; dos problemas colocados à sobrevivência da própria espécie pelos desenvolvimentos da genética; e das encruzilhadas da secularidade e da religião, no ambiente delicado que os novos fundamentalismos e o terrorismo internacional geraram.

---

[111] Que marca a alvorada das suas reflexões éticas.

1.2.3. Explicitação[112]

Confortados na análise[113] levada a cabo por dois cultores da ética do discurso, James Bohman e William Regh, lembraríamos que inicialmente Habermas tratou de conceber uma ampla *ciência reconstrutiva*, como lhe chamou, procurando situar a *teoria geral da sociedade* entre a *filosofia* e a *ciência social* e relacionar assim a grande teorização e a investigação empírica. Em vista tinha a possibilidade de uma renovação da teoria crítica, tornando-a capaz de unificar várias propostas teóricas existentes, bem como os seus métodos e pressupostos. Para tal, o projecto de reconstrução racional elegia como objecto as estruturas do mundo da vida – *cultura, sociedade* e *personalidade* – e respectivas funções – *reprodução cultural, integração social* e *socialização*; avançava uma novel noção de racionalidade, de cariz multidimensional; e convidava à adopção de uma atitude performativa, assumindo a perspectiva do falante competente; competência comunicativa que se edificava sobre as teorias gramaticais de Chomsky, e no pressuposto de que a prossecução e consecução do entendimento constitui o *telos* inerente a todo o discurso humano.

Sobre estes pilares repousava a cornija das suas *teorias da acção* e da *racionalidade comunicativas*, apostadas em aclarar os mecanismos que possibilitam o consenso racionalmente motivado.

Ou seja, do conceito weberiano de acção orientada por normas, Habermas foi evoluindo, através do conceito de Mead da interacção mediada de forma simbólica, até ao conceito de acção comunicativa. A teoria gramatical de Noam Chomsky, a teoria dos actos de fala de Searle e a noção de actos ilocutórios de Austin foram os ingredientes acrescentados para excogitar um sistema de pretensões de validade, que esclarecesse a estrutura interna da comunicação em linguagem coloquial – ou seja, a razão comunicativa.

---

[112] V. STEPHEN K. WHITE (Ed.), *The Cambridge Companion to Habermas*, Cambridge University Press, 1995; JAMES BOHMAN/WILLIAM REHG, «Jürgen Habermas», in *Stanford Encyclopedia of Philosophy*, 2007; KARL-OTTO APEL/MANFREDO ARAÚJO DE OLIVEIRA/LUÍZ MOREIRA, *Com Habermas, contra Habermas. Direito, Discurso e Democracia, op. cit.* Cf., de uma perspectiva jurídica e entre nós, J. M. AROSO LINHARES, *Habermas e a universalidade do direito. A «reconstrução» de um modelo «estrutural»*, Coimbra: Editora da Faculdade de Direito, 1986; IDEM, «Habermas y la argumentación jurídica», in *Revista de la Facultad de Derecho de la Universidad Complutense*, 79, 1992, pp. 27-53; e também, A. CASTANHEIRA NEVES, *A Crise Actual da Filosofia do Direito no Contexto da Crise Global da Filosofia. Tópicos para a possibilidade de uma reflexiva reabilitação*, Stvdia Ivridica, Coimbra Editora, Coimbra, 2003, pp. 115 e ss.

[113] Um pouco simplificadora, mas ainda assim satisfatoriamente rigorosa e com o ganho de ser bastante impressiva e didascálica.

A acção comunicativa[114] é o tipo de acção social que se caracteriza por uma utilização de actos de fala simetricamente orientada para o entendimento mútuo[115]. Tem, porém, de ser distinguida do plano reflexivo do discurso em que os intervenientes tematizam as pretensões de validade problematizadas.

Fica assim criada uma ponte entre teorias filosóficas e sociológicas da acção – uma vez que as sociedades se integram, aprendem e reconstituem também comunicativamente.

Defende-se que os actos de fala envolvem pretensões de validade (*Geltungsanspruch*) diversas, carecidas de razões, i.e, abertas à crítica e à justificação, pelo que, claudicante uma delas, os agentes da comunicação devem mudar de nível reflexivo, transitando do discurso ordinário para uma tematização dos processos de argumentação e diálogo (o discurso) em que as pretensões implícitas na fala são testadas na sua justificabilidade como verdadeiras, correctas ou autênticas (consoante os casos[116]), numa sorte de terapêutica crítica (Gottschalk-Mazouz)[117].

---

[114] Já em 1973, Habermas esclarecia: «*Kommunikativ nenne ich die Interaktionen, in denen die Beteiligten ihre Händlungspläne einvernehmlich koordinieren; dabei bemißt sich das jeweils erzielte Einverständnis an der intersubjektiven Anerkennung von Geltungsansprüchen. Im Falle explizit sprachlicher Verständigungsprozesse erheben die Aktoren mit ihren Spreehandlungen, indem sie sich miteinander über etwas verständigen, Geltungsansprüche, und zwar Wahrheitsansprüche, Richtigkeitsansprüche und Wahrhaftigkeitsansprüche je nachdem, ob sie sich auf etwas in der objektiven Welt (als der Gesamtheit existierender Sachverhalte), auf etwas in der sozialen Welt (als der Gesamtheit legitim geregelter interpersonaler Beziehungen einer sozialen Gruppe) oder auf etwas in der eigenen subjektiven Welt (als der Gesamtheit privilegiert zugänglicher Erlebnisse) Bezug nehmen*».

[115] V. Jürgen Habermas, *Obras Escolhidas. Volume I – Fundamentação Linguística da Sociologia*, op. cit., p. 17.

[116] «*Diskurse sind nun sozusagen ein reflexiver «Problemmodus» des verständigungsorientierten, kommunikativen Handelns*» – v. Niels Gottschalk-Mazouz, «Welche Diskurse brauchen wir? Typen von praktischen Dissensen und ihre Bearbeitung in organisierten Verfahren vor dem Hintergrund einer durch Habermas Diskurstheorie inspirierten "diskursiver Techinkbewertung», in H. –U. NENNEM (Hg.), Diskurs – Begriff und Realisierung, Würzburg, Königshausen u Neumann, 2000, p. 237.

[117] Como bem observa Castanheira Neves, temos aqui a filosofia como «*crítica da Razão e numa específica intenção de reconstrução reflexiva*» – «*a questão fundamental da filosofia prática*» é a da «*determinação de um princípio reflexivo de justificação*». Pergunta-se pelos «*procedimentos e premissas mediante os quais as justificações podem ter um poder geral de consenso e pelos quais as instituições, as normas e os comportamentos práticos encontrariam o assentimento voluntário de todos os interessados, se eles pudessem participar, em liberdade e igualdade, nos processos de formação discursiva da vontade*». «*A filosofia prática a assumir e a actuar por uma razão comunicativa*», que «*remete para a intersubjectividade e a inter-relação num processo argumentativo*», «*acaba por definir-se pela procedimental teoria do discurso, pelas condições ideias da situação discursiva, a implicar a livre prática argumentativa em que se dão e exigem razões, com vitória apenas para o melhor argumento e dirigida à obtenção do consenso enquanto acordo racionalmente universal.*»

Giza-se, por conseguinte, uma verdadeira *teoria do discurso*, em que o tipo de validade das pretensões determina a prática argumentativa (leia-se, a modalidade discursiva) requerida pela respectiva justificação.

Em consequência, faz-se necessária uma *análise pragmática da argumentação* enquanto prática colimada à reconstrução dos pressupostos normativos que estruturam o discurso dos sujeitos comunicativamente competentes que participam na discussão e, por essa razão, só compreensível se se adoptar a postura ou atitude performativa de um participante e se articular as regras e os ideais partilhados, por vezes implicitamente, de acordo com os quais se sopesam os argumentos, aquilatando da sua validade relativa, cotejando-os, e considerando uns melhores do que outros.

Em 1981, afirmava Habermas: «*Von 'Diskursen' will ich nur dann sprechen, wenn der Sinn des problematisierten Geltungsanspruch die Teilnehmer konzeptuell zu der Unterstellung nötigt, daß grundsätzlich ein rational motiviertes Einverständnis erzielt werden könnte, wobei "grundsätzlich" den idealisierenden Vorbehalt ausdrückt: wenn die Argumentation nur offen genug geführt und lange genug fortgesetz werden könnte*».

A abertura do discurso significa que a ninguém deve ser vedado o acesso ao discurso e que todos os participantes no discurso gozam de iguais oportunidades de questionar e fundamentar as asserções. O objectivo é uma soberania da liberdade (*Herrschaftsfreiheit*) em que a aceitação das asserções se determina pela «*zwanglose Zwang des besseren Arguments*». Estas *exigências de racionalidade* (*Rationalitätsanforderungen*) do discurso erigem-se em regras discursivas, que Habermas organiza então em três grupos: as lógicas, as dialécticas e as retóricas. As primeiras (*Widerspruchfreiheit, Bedeutungskonstanz,-eindeutigkeit*) não têm conteúdo material; as segundas (*Wahrhaftigkeit, Problematisierungsbegründung*) possuem evidente conteúdo ético; as terceiras (*Teilnahmerecht, Problematisierungs–, Vorshlags– und Bedürfnisartikulationsrecht; Recht auf Zwangslosigkeit bei Wahrnehmung dieser Rechte*) constituem o conteúdo fulcral do discurso, definindo uma situação discursiva ideal com iguais oportunidades de discurso e no discurso (Gottschalk-Mazouz).

– v. A. CASTANHEIRA NEVES, *A Crise Actual da Filosofia do Direito no Contexto da Crise Global da Filosofia. Tópicos para a possibilidade de uma reflexiva reabilitação, op. cit.*, pp. 116 e 117.

> 1. **Nível lógico:**
>   1.1. Nenhum falante pode contradizer-se
>   1.2. Todo o falante que predica A com B, deve estar preparado para efectuar semelhante predicação relativamente a todos os objectos que se aparentem com A, em todos os seus aspectos relevantes
>   1.3. Falantes diferentes não devem usar a mesma expressão com significados diferentes
>
> 2. **Nível dialéctico dos procedimentos**
>   2.1. Todo o falante só pode asseverar aquilo em que acredita
>   2.1. Quem quer que dispute uma proposição não sujeita a discussão deve fornecer uma razão para querer fazê-lo
>
> 3. **Nível retórico dos processos**
>   3.1. Todos os sujeitos com competência para falar e actuar são admitidos a tomar parte no discurso
>   3.2. a) A todos é permitido questionar qualquer asserção
>   b) A todos é permitido introduzir uma qualquer asserção no discurso
>   c) Todos são admitidos a exprimir as suas atitudes, desejos e necessidades
>   3.3. Nenhum falante deve ser impedido, seja mediante coerção interna ou externa, de exercer os direitos enunciados em 3.1 e 3.2.

Não basta, pois, encarar aqueles pressupostos de acordo com as propriedades lógicas dos argumentos, sendo mister distinguir mais dois planos, cada um com os seus pressupostos – a saber, o dialéctico e o retórico – que complementam a análise da argumentação como *produto* com a sua perspectivação enquanto *procedimento* e *processo* (Bohman/Rehg). Se, para a lógica, o peso dos argumentos (a sua força) depende dos significados inter-relacionados dos termos e da informação de fundo (resistente a uma completa formalização), a dialéctica, por seu turno, pressupõe a adequação dos procedimentos argumentativos e a competição ritualizada pelo melhor argumento (obrigações dialécticas são as de abordar o tema em causa, responder aos desafios relevantes, respeitar o ónus da prova, etc).

Mas, acima de tudo, o teste crítico dos argumentos em competição depende da qualidade retórica do processo persuasivo. Como referido, este nível retórico foi inicialmente concebido segundo um modelo de propriedades comunicativas altamente idealizadas, configuradoras do que se designou por *situação discursiva ideal*.

Corrigindo os excessos desta primeira visão, Habermas re-compreendeu a ideia do processo retórico adequado em termos de pressuposições pragmáticas contrafactuais assumidas pelos participantes caso queiram encarar a execução dos procedimentos dialécticos como um teste crítico suficientemente sério. Trata-se de um conjunto de condições de *inclusividade, não coercibilidade* e *igualdade* que ilustram o que seria aceder a toda a informação relevante, para um dado estádio de conhecimento e investigação, de modo tão razoável quanto possível, ponderando os argumentos apenas com base nos seus méritos e perseguindo desinteressadamente a verdade. Em que fossem dificilmente realizáveis de facto, tais pragmáticas idealizações sempre actuariam como *standards* para os discursos reais, propiciando um benquisto processo de aprendizagem e auto-correcção.

Foi ao apurar as implicações da sua teoria da argumentação para o teste discursivo das obrigações morais incondicionais, que Habermas desenvolveu um princípio dialógico de universalização (*Universalizierungsgrundsatz*), segundo o qual uma norma moral só é válida se as consequências e efeitos colaterais que decorrem da sua observância generalizada, para os interesses e orientações de valor de cada indivíduo afectado, puderem ser aceites por todos sem coerção[118]. Alegadamente, o princípio (U) é um princípio do discurso real e não uma experiência hipotética do pensamento, análoga à das teorias contratualistas de Rawls ou Scanlon.

Contudo, a despeito de várias ressalvas e ajustamentos, o modelo habermassiano persistia *demasiado exigente*, por um lado, e *excessivamente ideal*, por outro.

Em primeiro lugar, parecia não computar devidamente o facto de que nem todas as argumentações, as pretensões de validade que nelas se manifestam e os tipos de discurso que as justificam, se encontram em iguais circunstâncias para cumprir os requisitos exigidos por um princípio de universalização pensado para as exigências morais, numa óptica de justiça.

O auditório crítico das *pretensões de verdade* e *de correcção* é de âmbito universal, pois que uma afirmação de verdade ou correcção pressupõe contrafactualmente a obtenção de um consenso universal na hipótese de todos os participantes serem capazes de perseguir um discurso suficientemente inclusivo durante um período de tempo suficiente.

Já as *pretensões de sinceridade* ou *autenticidade* – as de um actor acerca da sua subjectividade interior (desejos, sentimentos, necessidades, crenças, etc) – são sindicadas racionalmente, não através do discurso, antes mediante um cotejo com o comportamento do próprio actor. Por sobre isso não acalentam as mesmas expectativas de consenso.

---

[118] «*Jede gültige Norm muss der Bedingung genügen, dass, die Folgen und Nebenfolgen, die sich aus der allgemeinen Befolgung der strittigen Norm für die Befriedigung der Interessen eines jeden Einzelnen voraussichtlich ergeben, von allen zwanglos akzeptiert werden können*».

Quanto aos *discursos éticos*, têm que ver com as questões da vida boa, seja para o indivíduo (discurso ético-existencial), seja para um grupo ou comunidade (discurso ético-político), pelo que os argumentos cogentes estão neste caso dependentes das histórias, tradições e valores partilhados por aqueles cujo bem está em causa[119-120].

Além do expendido, haverá que ter ainda em consideração outras pretensões de validade – nomeadamente as que se prendem com as asserções estéticas, pragmáticas e jurídicas – e uma específica pretensão de compreensibilidade, automaticamente decorrente da comunicação[121].

Forma de Razão Prática	Tipo de pretensão de validade	Escopo/âmbito da pretensão de validade	Tipo de discurso	Objectivo do discurso
Pragmática	Efectividade	Não universal	Discurso pragmático	Recomendação relativa a tecnologias adequadas ou programas de acção realizáveis
Ética	Bondade	Relativo	Discurso ético	Conselho relativo à conduta de vida boa para o indivíduo e conforme à identidade colectiva
Moral	Correcção/rectidão	Universal	Discurso moral	Acordo sobre os interesses generalizáveis e os procedimentos adequados a uma justa resolução de conflitos interpessoais

Em segundo lugar, este modelo teórico carece de ser trazido à realidade, o que levantava a questão de saber como se conexiona um modelo idealizado de discurso prático com reais contextos institucionais de decisão.

---

[119] Apesar de se notar uma evolução de Habermas neste campo, após ter lidado com os problemas desencadeados pelas novas biotecnologias. Está aí em causa uma compreensão da dignidade humana e não apenas uma auto-compreensão do homem como membro de uma cultura ou tradição particular.

[120] Em suma, ao nível lógico, é preciso empregar diferentes tipos de razões para justificar diferenciados tipos de pretensões (significação contextual...). No plano dialéctico é preciso ter em conta os ónus da prova específicos a satisfazer. No patamar retórico, o âmbito e profundidade do acordo diferem de acordo com o tipo de pretensão – as pretensões de correcção e de verdade devem ser suportadas por razões passíveis de aceitação universal (por um auditório universal) ao passo que as de cariz ético vão endereçadas apenas àqueles que partilham uma particular história e tradição valorativa.

[121] V. NIELS GOTTSCHALK-MAZOUZ, «Welche Diskurse brauchen wir? Typen von praktischen Dissensen und ihre Bearbeitung in organisierten Verfahren vor dem Hintergrund einer durch Habermas Diskurstheorie inspirierten "diskursiven Technikbewertung»", op. cit., capítulo 3.

Na tentativa de vencer o problema, Habermas forjou um princípio do discurso (mais amplo do que o princípio de universalização) – a complementar mediante discursos morais de aplicação – ao mesmo tempo que curava de fornecer um substrato empírico à sua teoria, através do recurso à psicologia moral e à antropologia social (Kohlberg e Mead).

Desconsiderando este último aspecto, por ora menos digno de destaque, constatamos que a concepção idealizada do discurso prático se sintetiza então num princípio do discurso de acordo com o qual uma *regra de acção/escolha é justificada e portanto válida se aqueles por ela afectados puderem aceitá-la num discurso razoável*[122].

Numa evolução verberada por Apel[123], Habermas alcandora este princípio do discurso, primeiramente concebido e delineado numa perspectiva especificamente moral[124], a uma meta-princípio (para-epistémico?) de imparcial justificação dos vários tipos de discurso prático. Trata-se, pois, de um princípio de argumentação que rege os vários empregos da razão prática, abrangendo os casos em que se discute a correcção moral, a autenticidade ética e até a justificação técnico-pragmática de meios para atingir determinados fins.

Sendo assim, cada tipo de discurso prático requer uma especificação ulterior do princípio (D) de acordo com o conteúdo[125] em causa[126]. Duas dessas especificações mereceram a especial atenção de Habermas: o discurso moral e o discurso jurídico-político.

Eis, pois, a génese dos já mencionados *discursos morais de aplicação* – aptos a testar diferentes interpretações normativas alternativas da situação particular, na sua aceitabilidade perante o auditório limitado dos envolvidos, segundo a assunção de que se estão a aplicar normas válidas gerais. Um território explorado nomeadamente por K. Günther em busca de um discurso normativo de aplicação – inspirado agora por um *princípio de adequação*, que não de *fundamentação universalizante* – como deve ser o discurso jurídico.

Neste ponto entroncam as teorias discursivas do direito e da política de Habermas, que não podemos investigar a fundo.

---

[122] Uma norma só é válida se «*die Zustimmung aller Betroffenen als Teilnehmer eines praktischen Diskurses finde[t] (oder finden könnt[e])*».
[123] Apel critica esta *Verzweigungskonzeption* como uma verdadeira *Auflösung der Diskursethik*.
[124] Sobre a alteração das relações entre os dois *Kernsätzen* (D) e (U), v. Niels Gottschalk--Mazouz, "Einleitung: Perspektiven der Diskursethik", *op. cit.*, p. 11.
[125] Melhor se diria: em função da arena prático-social e racional-discursiva de referência.
[126] Gottschal-Mazouz propõe duas chaves de leitura para as referidas *metamorfoses* (*sic*): ou D constitui uma fórmula vazia, incompreensível moralmente sem U; ou D é um princípio ético-discursivo perfeitamente compreensível mas carente de U para efeitos de aplicação – v. *ibidem*, p. 12.

Como se sabe, a teoria discursiva da normatividade jurídica postula a necessidade funcional do direito nas sociedades modernas, marcadas por um enorme pluralismo axiológico e diferenciação social. Neste contexto, engendrado pela modernização, cabe ao direito criar esferas de autonomia reduzindo o leque das questões que reivindicam um consenso discursivo à escala social global. No entanto, a protecção jurídica da autonomia privada há-de resultar da autonomia pública e relacionar-se com ela. Autonomia pública e privada são equiprimordiais e co-originais pressupondo-se reciprocamente. Direito (e direitos) e democracia revelam-se portanto indissociáveis.

O *sistema de direitos abstracto*, gerado através de uma reflexão sobre a natureza da legitimação discursiva no contexto fáctico das exigências funcionais dirigidas ao direito positivo, carece de interpretação e densificação pelas comunidades políticas e de ser complementado por direitos ambientais e sociais, mas contém, em todo o caso, o conjunto mínimo de condições normativas institucionais de qualquer ordem política moderna – ou seja, o enquadramento normativo das democracias constitucionais.

Quanto à *legislação ordinária*, só será legítima se for capaz de obter a anuência de todos os cidadãos num processo discursivo de legislação que tenha sido juridicamente constituído[127].

Relativamente ao *princípio da democracia* (De), na sua qualidade de especificação do princípio do discurso no contexto jurídico-político, traduz também uma certa pressuposição ideal ao presumir a possibilidade de uma decisão política consensual e supor que as questões jurídicas admitem uma solução correcta ou, pelo menos, respostas válidas sobre as quais se torna possível um compromisso, aceitável por todas as partes.

Contudo, o princípio democrático situa-se num nível diferente do *princípio U*, dado que este último adapta o princípio do discurso a um tipo de discurso prático específico, atentas as exigências cognitivas internas de justificação; ao passo que o *princípio De* se concentra nas condições de institucionalização externa de *D*. Por isso, o princípio democrático faz uma ponte entre os aspectos cognitivos do discurso político (como combinação de diferentes tipos de

---

[127] Note-se que as decisões sobre leis envolvem uma combinação de pretensões de validade: (i) pretensões de *verdade* quanto às consequências prováveis das diferentes opções legais; (ii) pretensões sobre a sua *correcção* moral (justiça); (iii) pretensões sobre a *autenticidade* das diferentes opções à luz dos valores partilhados e da história da comunidade; (iv) pretensões *pragmáticas* sobre as opções mais viáveis e eficientes. As leis legítimas devem passar os diferentes testes discursivos associados a estas pretensões de validade. Curiosamente, e com especial relevo para o nosso objecto de estudo, Habermas reconhece que muitos conflitos entre interesses particulares não podem ser resolvidos através do consenso argumentativo sobre a validade, antes somente mediante *processos de negociação justos*.

discurso ideal) e as exigências da sua realização institucional em sociedades complexas[128].

A terminar este ponto, duas notas apenas.

Uma, para reconhecer, contritamente, que será porventura pecado irremível deixar totalmente em claro o interesse de Habermas pelos problemas específicos da informação e da comunicação na esfera pública, que foram tema da sua *Habilitation*; confiamos, porém, que a falta de tempo nos absolve da omissão e da consequente prescisão de desenvolvimentos acerca dos equilíbrios – entre interesses individuais e colectivos, empíricos e normativos, privados e públicos – que o espaço público deve propiciar.

A outra, remetendo eventuais considerações críticas sobre a ética do discurso habermassiana para momento ulterior – quando apurarmos dos efeitos que concretamente derrama sobre as empresas e a sua contabilidade.

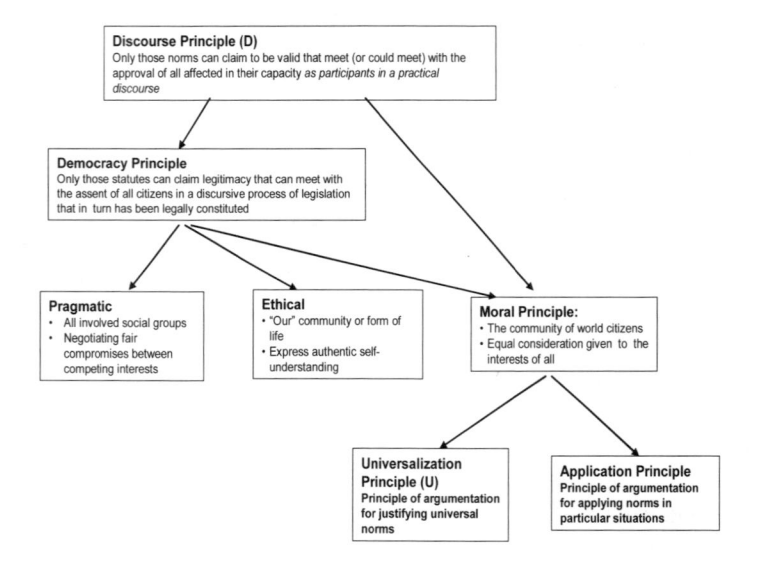

```
Discourse Principle (D)
Only those norms can claim to be valid that meet (or could meet) with the
approval of all affected in their capacity as participants in a practical
discourse
            │
            ▼
Democracy Principle
Only those statutes can claim legitimacy that can meet with
the assent of all citizens in a discursive process of legislation
that in turn has been legally constituted
    │           │                    │
    ▼           ▼                    ▼
Pragmatic    Ethical              Moral Principle:
• All involved • "Our" community  • The community of world citizens
  social groups  or form of life  • Equal consideration given to the
• Negotiating  • Express authentic   interests of all
  fair compro-   self-understanding
  mises between                    │
  competing                        ▼
  interests              ┌─────────┴─────────┐
                         ▼                   ▼
              Universalization      Application Principle
              Principle (U)         Principle of argumentation
              Principle of          for applying norms in
              argumentation         particular situations
              for justifying
              universal norms
```

[128] Segundo Habermas, os cidadãos podem encarar as suas *leis como legítimas na medida em que o processo democrático, tal como é institucionalmente organizado e conduzido, garante a presunção de que os resultados são produtos razoáveis de um processo de formação de opinião e de deliberação suficientemente inclusivo.* Trata-se da razoabilidade agregada de uma comunicação dessubjectivada, que emerge colectivamente de estruturas discursivas mais do que das capacidades individuais dos cidadãos para agirem como participantes no discurso ideal. Por isso Bohman ou McCarthy, cuja análise resumida seguimos aqui de muito perto, sugerem que a deliberação não seja vista preferencialmente como uma questão de dirimir disputas sobre a validade cognitiva de propostas contendoras, exigindo antes sobretudo o desenvolvimento de enquadramentos legais dentro dos quais os cidadãos possam cooperar não obstante os desentendimentos quanto ao que é bom ou correcto.

IV. Ética do discurso e informação societária

1. A ética do discurso na empresa: considerações gerais

1.1. A influência da ética do discurso no subsistema económico empresarial

1.1.1. *Panorama geral dos autores*

a) O recurso aos ensinamentos das teorias do discurso moral e particularmente à ética do discurso de Jürgen Habermas no mundo dos negócios não exibe credenciais muito antigas. Os alvores da tendência situam-se algures na última década do século passado, se bem que antecedidos por incursões éticas nas mais genéricas teorias da comunicação e da informação.

Nos últimos anos, todavia, assiste-se a um crescimento do interesse pelo seu potencial legitimante, crítico, regulativo e até funcional, e a uma utilização cada vez maior, mesmo que nem sempre inteiramente rigorosa, do seu arsenal conceitual.

Alguns nomes firmaram-se já no espaço público como referências da reflexão ético-discursiva sobre o mundo empresarial e as várias facetas da vida societária, granjeando mesmo, nalguns casos, reconhecimento entre os filósofos e especialistas em ética.

Num instante, acorrem-nos à mente Fischer e Lovell, Schnebell, Ulrich (com a sua ética integrativa), Nolan e Phillips (apostados em obtemperar as orientações de Habermas com concepções de pendor estratégico), J. Mingers (que se empenha em conciliar a ética do discurso com o realismo crítico, a propósito sobretudo das questões concernentes à informação societária), Crane e Maten (estudiosos de várias aplicações da situação discursiva ideal), Warren French e Stefan Kimmel (dedicados às relações interculturais subjacentes aos negócios celebrados a uma escala global), ou ainda Gilbert e Rasche (que reinterpretam as regras internacionais de contabilidade à luz da ética do discurso)[129].

---

[129] Levamos em consideração: CHARLOTTE VILLIERS, *Corporate Reporting and Company Law*, Cambridge University Press, Cambridge, 2006; PETER KOSLOWSKI, «The Theory of Ethical Economy as a Cultural, Ethical, and Historical Economics: Economic Ethics and the Historicist Challenge», in PETER KOSLOWSKI (Ed.), *Contemporary Economic Ethics and Business Ethics*, Springer Verlag, Berlin, Heidelberg, New York, 2000, pp. 3 e ss; PETER ULRICH, «Integrative Economic Ethics – Towards a Conception of Socio-Economic Rationality», *ibidem*, pp. 37 e ss. MATTHIAS KETTNER, «Changing Normative Textures. How Discourse-Ethics Meets the Challenge of Historicism», *ibidem*, pp. 55 e ss. WARREN A. FRENCH/STEFAN KIMMEL, «Business Ethics and Discourse Ethics: Germanic Roots with Intercultural Applications», *ibidem*, pp.

b) Num estudo recente, J. Mingers procede a uma arrumação dos contributos rastreáveis, distinguindo aqueles que acusam a influência da ética do discurso no que diz respeito à concepção do *papel desempenhado pelas empresas* nas sociedades contemporâneas (i), daqueloutros que traduzem uma tentativa de a reflectir no domínio mais específico das *comunicações* que ocorrem no seio das organizações (ii).

i) Quanto aos primeiros, D. Reed, reconhecendo que a distinção entre legitimidade, moralidade e eticidade oferece uma perspectiva mais adequada para a consideração das diferentes pretensões normativas dos *stakeholders* empresariais, invocou a ética do discurso para alicerçar uma concepção normativa dos *stakeholders*, sublinhando as vantagens que apresenta também quando comparada a sua base comunicativa com as noções rawlsianas de véu de ignorância. Já J. Smith preconiza um envolvimento das empresas com as esferas comunicativas e morais da sociedade, supondo-se que jamais conseguirão alcançar os seus objectivos estratégicos de longo-prazo através de uma acção puramente instrumental ou pragmática. Palazzo e Sherer, por seu turno, advogam uma politização das empresas, de forma a assumirem o seu papel como agentes políticos e económicos incontornáveis no complexo cenário das galáxias pós-nacionais

ii) No que tange aos segundos, merecem menção R. Meisenbach, T. Beschorner e Garzia-Marza, que colheram directa inspiração na ética do discurso para repensar a regulação das questões empresariais com contornos ou dimensões morais (por respeitarem potencialmente a todos os membros da comunidade), para teorizar os princípios que devem presidir à tomada de decisões na organização e a fim de refundar a auditoria ética, respectivamente.

1.1.2. *Virtudes*

Segundo John Mingers, o *carácter procedimental* da ética do discurso, centrada que está na metodologia argumentativa de justificação de normas morais, alinha-a com a mudança ocorrida nas ciências de gestão e

---

193 e ss; JOHN MINGERS, *Ethics for Business: The contribution of discourse ethics and critical realism* (disponível em versão electrónica no endereço: http://webcache .googleusercontent. com/search?q=cache:7Wa76B2EYR4J:www.kcl.ac.uk/depsta/law/events/0708/iacr/papers/Mingers_Ethics_for_Business.pdf+Discourse+ethics+and+business&hl=pt-BR&gl=br); NICHOLAS DAVIS, *A review of Habermasian research in Accounting*, polic., Charles Sturt Universit, Bathurst, 2007; JAMES NOLAND/ROBERT A. PHILLIPS, «Stakeholder Engagement, Discourse Ethics and Strategic Management», in *International Journal of Management Reviews*, Vol. 12, Issue 1, pp. 39-49, March 2010; THOMAS BESCHORNER, «Ethical Theory and Business Practices: The Case of Discourse Ethics», in *Journal of Business Ethics*, Volume 66, Number 1, 127-139.

dos sistemas de informação no sentido de adoptarem abordagens *mais suaves*, que passam pela *estruturação* e *dirimição* de problemas complexos através de exploração e debate e surgem hoje bem exemplificadas no *cognitive mapping* de C. Eden e na *metodologia suave dos sistemas* (SSM), descrita por P. Checkland e S. Holwell.

Paralelamente, o seu *âmbito universal* permite relacioná-la com propostas da gestão empresarial que assinalam a importância das decisões sobre limites, como é o caso da *ética do desenho de sistemas* de Churchman, da heurística e do *pensamento sistémico-crítico* de Ulrich, da *crítica dos limites* de Midgley e do *pluralismo crítico do próprio* Mingers.

Por fim, talvez o seu mais indisputável mérito resida na *amplitude* que possui uma vez que se não cinge necessariamente ao ponto de vista da justiça, podendo albergar também preocupações utilitaristas e até comunitaristas. As empresas e sociedades, confrontadas não somente com problemas de efectividade mas também com questões de justiça e bondade, têm muito a aproveitar com os ensinamentos da teoria do discurso.

1.1.3. *Hipóteses intermédias*

Como se acaba de ver, influências da obra de Habermas no que toca à vida económica e às sociedades comerciais são as mais diversas, seja porque se prendem com diferentes valências daquela, seja porque foram recebidas pela mediação de traduções diversificadas (políticas, jurídicas, especificamente éticas, etc).

No entanto, permanece uma inquietação, mesmo à face desta evidência: qual o sentido – para não falar já da utilidade e efectividade – da ética do discurso em *sociedades* que deixaram de ser *comunidades* e não podem voltar a sê-lo, cujo tipo de integração é sobretudo sistémico, através do meio dinheiro, e recorrendo quando muito a discursos de justificação pragmática, imbuídos da racionalidade estratégica? Afinal de contas, Habermas é o primeiro a mostrar-se céptico relativamente às possibilidades da ética do discurso neste campo[130].

Como hipótese directiva minimalista deste nosso estudo – sujeita a eventual confirmação ou infirmação, e a suplementar alargamento e aprofundamento, na sequência – julgamos que se torna ainda possível uma

---

[130] V. a intervenção de Habermas contida no volume organizado por A. Honneth e Hans Joas, sobre a acção comunicativa: *Communicative Action. Essays on Jürgen Habermas Theory of Communicative Action*, MIT Press, Cambridge, MA, 1991, pp. 214-264 (*apud* Dirk Ulrich Gilbert/ Andreas Rasche, «Discourse Ethics and Social Accountability – The Ethics of SA 8000», *op. cit.*).

comunicação com a racionalidade do mundo da vida e as exigências dela decorrentes, através da consideração das boas regras de uma deliberação, respeitadora da vontade colectiva dos accionistas e dos direitos das pessoas que são os sócios – capaz de actuar, para alguns, como simples correia de transmissão do bom funcionamento da empresa, para outros, como *grilo do Pinóquio* dos seus desmandos, e, para outros, enfim, como alavanca para uma reconstituição da própria (auto-)compreensão, auto-regulação e autopoiese das sociedades. Sociedades relativamente às quais o direito intervém a vários níveis, porque o *continuum auto*-regulativo deve ser interrompido, mediante suspensões crítico-reflexivas, tendo em conta os diferentes interesses humanos que o direito se propõe satisfazer (e também os valores que lhes sobrepõe).

No entanto, chegados a este ponto, e tentados a prosseguir, debatemo-nos com algumas interrogações, só possibilitadas pela densificação das nossas pré-compreensões, mas ainda não respondíveis em termos minimamente cumpridos. Ou melhor: repõem-se agora mais nítidas as hipóteses de investigação de que arrancámos, mas precisamos de levar mais longe a dialéctica com a própria realidade, para as colher no seu mais preciso recorte e lograr responder-lhes no específico contexto das sociedades.

Será de visar aqui uma ética de resistência do mundo-da-vida face à dinâmica da sociedade ou antes de verdadeira remodelação da sociedade em nome do mundo da vida? Tratar-se-á de uma ética modeladora do direito em termos que necessariamente se repercutem sobre a regulação societária? Deverá o direito, empenhado em preservar a sua normatividade, assentar num procedimento de argumentação universalizável, de tal modo que as suas normas, seja qual for o seu conteúdo, mormente em sede de regulação económica e societária, se fundem nesse processo de comunicação, entendimento e coordenação?

Mais uma vez, ao estudarmos o problema da informação societária à luz da ética do discurso, é o direito que, em última instância, intencionamos.

As páginas que se seguem devotam-se à experimentação das possibilidades e limites da ética habermassiana no sector económico, em geral, e no âmbito da contabilidade societária, em especial, recorrendo para o efeito a um dos seus mais honestos e qualificados tradutores (Peter Ulrich) e aos críticos mais estimulantes com que se depara. Perpassam-nas, como linhas condutoras, as mesmas interrogações sobre o influxo da ética-discursiva na economia: qual a forma mais fiel de a repercutir neste domínio? Qual o papel do direito nessa projecção? Servirá a ética do discurso para a fundamentação da validade das normas de direito societário, qualquer que seja o seu conteúdo e objecto? Exigirá processos de informação/comunicação e discurso instituídos juridicamente pela sua valia intrínseca – sancionando uma verdadeira perspectiva de justiça (moral)? Competirá ao direito uma influência filosófico-geral de fundamentação, crítico-reconstrutivamente metanormativa, metodológica, dogmática, ou metodológica?

Não podemos acudir de modo geral a estas solicitações. Mas teremos de as considerar, para atingir (ainda que fugazmente) o possível reflexo da ética de Habermas na conformação dos sistemas de contabilidade financeira das sociedades, como nos propusemos.

1.1.4. *As concepções habermassianas como* case study

1.1.4.1. As teses de Peter Ulrich e os seus críticos[131]

a) A Ética do discurso integrativa

A obra de Peter Ulrich constitui uma das mais fiéis traduções da ética discursiva de Habermas na esfera económica (nomeadamente no contexto mais restrito das empresas). Presta-se por isso a servir-nos de *case study* para experimentarmos os limites e possibilidades da teoria ética do discurso no nosso recinto de estudo.

De modo muito simples, a ética dos negócios de Ulrich[132] visa a organização de uma sociedade que potencie debates abertos e não dominados pelo poder, entre cidadãos iguais, enquanto pré-condição para a adopção de práticas justas. Socorre-se, para esse escopo, da ética do discurso, enquanto teoria moral procedimental que retira das interacções sociais linguisticamente mediadas um conjunto de orientações normativas para propósitos práticos, baseadas na ideia de diálogos leais e justos (*fair*)[133]. Tais directrizes permitem o desenvolvimento de um ponto de vista moral para a crítica das acções empresariais.

Segundo Ulrich, a importância social das empresas e o impacto da sua actuação no meio social arvorou-as em instituições quase públicas, de modo que ao contrato fundador das sociedades há-de recusar-se o estatuto de dado absoluto inquestionavelmente legítimo. De forma mais concreta, urge transformar a ética utilitária que preside à organização e funcionamento das empresas numa ética comunicativa, e, em conformidade, sobrepor à racionalidade económica uma racionalidade sócio-económica, de acordo com a qual uma acção ou instituição só será aceitável, por racional,

---

[131] Acompanharemos quase integralmente as explanações de Thomas Beschorner, «Ethical Theory and Business Practices: The Case of Discourse Ethics», *op. cit.*
[132] V. *supra* e novamente Peter Ulrich, «Integrative Economic Ethics – Towards a Conception of Socio-Economic Rationality», *op. cit.*, pp. 37 e ss.
[133] V. *ibidem*, p. 127.

se cidadãos livres e maduros tiverem podido justificá-la como meio legítimo de criar valor num determinado processo estruturado de deliberação.

Os interesses só devem ser prosseguidos se forem legítimos, o que significa que o debate sobre a legitimidade das acções – o nível dos discursos racionais – precede o das decisões racionais em sentido económico (centrado na utilidade ou maximização do lucro).

Como, nesta sede, a situação discursiva ideal se concretize num enquadramento sistemático para a ética dos negócios e num leque de orientações normativas para os agentes económicos, Ulrich identifica quatro *Loci* de responsabilidade sócio-económica.

> A *nível constitucional* (enquadramento político-económico), assume-se tributário do ordoliberalismo, advogando uma certa ideia de *Vitalpolitik*, apontada à garantia das condições de uma vida boa, que acarreta a necessidade de integrar os mercados numa ordem mais ampla do que a criada pela oferta e procura.
>
> Ao *nível empresarial*, postula uma ética estruturada em dois patamares, sendo o primeiro referido a uma ideia de integridade negocial (procura da criação de valor, segundo uma ética de evitação de custos, posto que fundada em valores deontológicos e sujeita a um processo de auto-reflexão permanente), e o segundo associado a uma co-responsabilidade política das empresas, que se prende com as hodiernas exigências de responsabilidade social[134].
>
> Contudo, o lugar mais importante para esta visão republicana da ética dos negócios – que *qualifica* as pessoas como cidadãos e as empresas como entes responsáveis, em vez de os considerar simples actores económicos no mercado – corresponde à esfera da *publicidade crítica*, onde se afirma a *fairness*, e que deve reger-se pelos princípios de uma situação ideal de discurso – aberto a todos, sem quaisquer constrangimentos – por cotejo com a qual se possam criticar, regular e reconstruir as comunidades reais.

Deste prisma, os juízos críticos contemplarão, não somente os meios empregues nas práticas negociais, como também os fins que nelas se prosseguem. O que tem vantagens teóricas e práticas.

---

[134] Nesta vertente, a ética empresarial pressupõe uma participação social activa no processo de transformação sustentada do ambiente institucional e de conformação das economias sociais de mercado segundo uma intenção de justiça. Assim, se no primeiro plano se almeja a criação de valor social, no respeito por princípios dos negócios e de acordo com uma gestão compreensiva, no segundo requer-se o questionamento crítico das regras do mercado, em nome da *fairness* e da legitimidade.

De um ponto de vista teórico, torna-se possível conceptualizar a imersão das empresas no mais amplo entorno social (no sistema global, que não apenas no subsistema económico) e envidar esforços para as colocar também ao serviço de uma boa sociedade.

Na prática conseguinte proporciona-se uma reflexão crítica sobre aspectos concretos como a qualidade ética dos produtos e serviços, do processo produtivo (incluídos os locais de trabalho), do processo de vendas, etc.

Ulrich não se atém aos discursos práticos em particular, a fim de os criticar, impugnando antes os modelos teóricos que os enquadram. É a esse nível que as exigências de uma ética do discurso parecem poder e dever actuar, constrangendo os demais modelos teoréticos a converterem-se ao paradigma da ética discursiva, confiando que da cedência de uma ética utilitarista a uma ética comunicativa resultará uma alteração das práticas negociais concretas. Por isso a teoria se diz integrativa. Trata-se de integrar dimensões morais na própria racionalidade e intenção económicas, desencadeando assim uma diferente teoria (auto-compreensão) da própria economia, apoiada em princípios de uma *racionalidade social*, em condições de superar o economicismo puro tradicional.

Curiosamente, não só a partir de visões mais modestas da função e intenção, extensão e alcance, intensidade e profundidade da reflexão ética na economia[135] se fazem reparos ou se lançam ataques a esta perspectiva. Também de uma óptica histórico-cultural, parcialmente afim, se dardejam críticas, a nosso ver não totalmente procedentes, mas que seleccionámos pela sua proximidade com algumas das nossas concepções jusfilosóficas e justeoréticas. A ressalva justifica-se porém, na medida em que, quando não devidamente acauteladas, tais perspectivas se abeiram antes, na paradoxal circularidade que permite aos extremos tocarem-se, das concepções mais chãmente instrumentais, que repudiamos[136].

---

[135] Designadamente das que se limitam a propugnar um papel correctivo (quando não mesmo funcional – *à la Milton Friedman*).

[136] Com efeito, uma glorificação acrítica do *nomos* espontâneo da realidade, auto-legitimado por uma hegeliana racionalidade intrínseca ao real (ou hoje resignadamente aceite como auto-regulação reflexiva dos subsistemas societais), ameaça desactivar todo o potencial crítico-reconstrutivo e reflexivo da ética discursiva. Em Hegel, a libertação do homem exige a determinação ética da autonomia do indivíduo, em vez de pressupor – posto que transcendentalmente – uma liberdade meramente formal e por isso aberta. Mas se a vontade é mera actualização de valores, subtrai-se ao indivíduo a faculdade de instituir valores. Habermas diria que, sem a liberdade comunicativa emancipatória, o agir humano fica condenado à mera liberdade de ater-se às práticas habituais no seu meio

b) Reflexão crítica

i) Thomas Beschorner considera que a teoria de Ulrich negligencia o mundo-da-vida económico, dos negócios ou empresarial, supondo-o sempre estruturado talqualmente o apresentam as perspectivas económicas ortodoxas que pretende increpar: como uma arena dominada pela racionalidade instrumental dos indivíduos e, quando muito, por uma social racionalidade estratégica. Afinal de contas, o dinheiro constitui um dos núcleos axiais da integração sistémica, contra os quais importaria reafirmar a racionalidade comunicativa emergente do mundo da vida – posto que não necessariamente nos seus conteúdos, antes nos pressupostos pragmático-discursivos da argumentação dirigida a um entendimento acerca do mundo objectivo, subjectivo ou social.

Se, como salienta Beschorner, Ulrich condescende na existência de uma conexão entre as comunidades comunicativas reais e a comunidade ideal de comunicação (formando um círculo de ser e dever-ser que assume um *apriori* de experiências no mundo da vida[137]), então, por um imperativo de congruência e até para se mostrar minimamente consequente, o professor suíço deveria dedicar mais atenção às implicações normativas e ao funcionamento dos discursos reais no mundo-da-vida negocial.

No lugar de uma teoria da comunicação assente na prioridade das propriedades racionalizadoras da linguagem propugna-se um regresso ou uma viragem – *(re)turn* – às teorias da acção, com o argumento precípuo de que a linguagem, enquanto base da comunicação, não constitui um *apriori*, mas o resultado de processos culturais. Visa-se, deste modo, uma mais profunda compreensão, de índole não funcionalista, das práticas negociais, perfilhando uma orientação de pendor mais prático-normativo quanto à ética negocial. Inclinação que Beschorner divisa tanto na chamada *ética dos negócios cultural* da Escola de Nuremberga, como no conceito de *boas conversações* de Frederick Bird – que têm em comum a importância concedida ao *mundo da vida*, à *cultura*, aos *diálogos* e à *aprendizagem* como factores cruciais em termos de ética dos negócios – e a que nós, em função destes dados, e de algumas afinidades electivas, gostaríamos de juntar a teoria da integração de Ronald Jeurissen[138].

---

social e às respectivas tradições contextuais. Por isso também nós devemos vigiar-nos atentamente nas nossas inclinações hegelianas (que todavia não negamos).
[137] V. *ibidem*, p. 132.
[138] Ainda numa linha de investigação de forte sopro histórico-cultural, v. PETER KOSLOWSKI, «The Theory of Ethical Economy as a Cultural, Ethical, and Historical Economics: Economic Ethics and the Historicist Challenge», *op. cit.*, pp. 3 e ss; para mais um confronto com a ética do discurso, v. MATTHIAS KETTNER, «Changing Normative Textures. How Discourse-Ethics Meets the Challenge of Historicism», *op. cit.*, pp. 55 e ss.

ii) A Ética cultural dos negócios toma como ponto de partida teórico as práticas concretas, sem jamais pôr em causa que o relacionamento humano com o mundo, inclusive em termos morais, depende grandemente da linguagem.

Só que a linguagem emerge das práticas humanas pelo que as teorias de acção devem sobrepujar a linguística[139] e não o contrário.

Deste modo, afiança-se, muito certeiramente, a nosso ver, a necessidade *de conjugar os critérios internos do mundo da vida com princípios morais filosoficamente excogitados para desenvolver orientações normativas.* Apel e Habermas, em contrapartida, parecem esquecer que a compreensão do que seja argumentar (para não falar das regras de argumentação e dos argumentos esgrimidos) depende de regras culturais implícitas e explícitas, *i.e.*, baseia-se na própria prática de argumentação[140].

A ética cultural dos negócios auto-proclama-se procedimental e formal, por sublinhar a relevância dos processos dialógicos para as práticas justas. Adverte porém que «*as condições procedimentais dos diálogos já expressam formas de vida culturais representadas por normas materiais. Donde não podermos dividir forma e conteúdo de uma maneira racional e estrita*» (Scherer).

Segundo a interpretação de Thomas Beschorner, esta ética cultural tenta arrotear uma terceira via entre as veredas do universalismo e do relativismo.

Propõe-se desta feita a busca de uma base de valores comuns – hoje altamente aporética – encarando o universalismo não como uma pré-condição, mas como um resultado possível (Steinmann). Com a consequência, segundo Beschorner, de que a ética cultural dos negócios se abre a processos de aprendizagem com outras culturas. Diga-se que também nós, a outra modesta escala, vimos propugnando uma teoria trans– e intercultural da própria juridicidade, confortada, *inter alia*, nos estudos mais recentes de antropologia, sociologia e teoria da cultura.

iii) Talvez não configure excessivo ousio juntar aos autores mencionados o nome de Ronald Jeurissen, cuja obra responde à angústia e desespero gerados pela hiper-diferenciação contemporânea e à consequente indagação pelo sentido e pela reconfiguração do nosso mundo mediante um apelo à integração e ao regresso (mais um…[141]) da comunidade.

---

[139] Cf. H. STEINMANN, «Begründungsprobleme einer Unternehmensethik, insbesondere das "Anfangsproblem'», in *Die Unternehmung*, 58, 2, 2004, pp. 105–122 (*apud* THOMAS BESCHORNER).

[140] V. A. G. SCHERER, «'Neuere Entwicklungen der Diskursethik und deren Beitrag zur Lösung des philosophischen Grundlagenstreits zwischen Universalismus und Relativismus in der interkulturellen Ethik', in T. BESCHORNER/B. HOLLSTEIN/M. KÖNIG/M. LEE--PEUCKER/O. SCHUMANN (ed.), *Wirtschafts– und Unternehmensethik. Rückblick – Ausblick – Perspektiven*, Mering, München, pp. 213–23 (*apud* T. BESCHORNER).

[141] E, a espaços, um pouco ingénuo e até por isso arriscado.

Deste prisma, a ética dos negócios constitui um projecto de integração do mundo-da-vida e do sistema, da economia e das organizações, que opera por via comunicativa[142].

Inspirado no modelo ético de *aspiração à vida boa, com e para os outros, em instituições justas*, de Paul Ricoeur, e numa ideia de *responsabilidade social prospectiva*, baseada em Weber e Karl-Otto Apel, Jeurissen busca um *sentido de direcção* e propugna uma *ética da responsabilidade adequada*, que exige dos agentes morais a atitude de *Doers* em vez de *Stoppers* (Kenneth Boulding)[143].

Se bem que se renda à evidência dos enormes condicionamentos económicos existentes, Jeurissen não capitula perante fatalismos (há sempre um espaço de liberdade e acção voluntária na economia) e aponta, por isso, o dedo à manipulação ideológica da lógica económica ao serviço de uma legitimação acrítica das práticas existentes e dos pensamentos habituais[144]. Como reacção, cumpre intervir sobretudo no plano da informação e da organização das sociedades.

Quanto ao primeiro aspecto, que mais nos interessa de momento, argui-se que: «*Information is vital for ethical investors and critical consumers, and through the flow of information from business to citizens, business is linked back to the communicative sphere of the socio-cultural life-world. In answer to ethical investors and critical consumers, business will have to respond, to hold itself accountable. Ethical investing and consumerism are forms of active responsibility by means of which individual citizens re-establish the economy within the social community, without disturbing the logic of the market economy itself*».[145]

No que pertence à reforma organizacional, defendem-se soluções de fundo muito semelhantes às que modestamente vimos excogitando e assertando para as entidades do sector público[146]: a começar por um novo *design* e uma institucionalização jurídica que não congele a mudança, com o propiciar a *«combinação de autonomia responsável a partir de baixo com controlo a partir de cima»*. Proclama-se mesmo que as normas de cima devem *estimular* em vez de *frustrar* a responsabilidade individual; os funcionários, empregados, trabalhadores ou agentes, devem internalizar as normas organizacionais na sua consciência profissional, o que reclama processos comunicativos nas duas direcções – ascendente e descendente – da escada organizacional[147]. Numa sociedade domi-

---

[142] V. RONALD JEURISSEN, «Integrating Micro, Meso and Macro Levels in Business Ethics», *op. cit.*, p. 247.
[143] V. *ibidem*, p. 248.
[144] V. *ibidem*, p. 249.
[145] V. *ibidem*, p. 249.
[146] Segundo uma ética republicana que apenas parcialmente pode alargar-se ao sector privado, ou que tem pelo menos de tolerar aqui a definição de um diferente equilíbrio e ponto de não retorno tensional.
[147] V. *ibidem*, p. 251.

nada por organizações, uma democracia verdadeiramente participada só será possível se também elas se abrirem à *accountability* pública (a partir de fora) e à responsabilidade individual (a partir de dentro)[148].

Em suma, dada a impossibilidade de uma integração social unívoca, operada por um único subsistema social – como a própria lei – a tarefa integradora transforma-se, descentralizando-se, passando a recair, como responsabilidade, sobre todos e cada um e tornando-se destarte objecto de uma comunicação, discussão, negociação, persuasão e debate permanentes (co-constitutivos ou desveladores de consensos, a nosso ver). Como tal, assiste-se a uma institucionalização de formas de responsabilidade activa aos níveis macro-; micro e meso: «*the promotion of active responsibility within organizations, the increase of stakeholder dialogue and stakeholder involvement at the meso level, and finally the emergence of a participatory ethics at the macro level of society, in which networks of groups and organizations come together to deal with public disputes and conflicts of interest by subjecting them to a never-ending process of deliberation, decision and action*»[149].

Por tudo o que à ética dos negócios se assaca uma tarefa tríplice: «*the task to develop a just, participatory and sustainable society, supported by communicative organizations that are manned by actively responsible people*»[150].

iv) Já Frederick Bird, sem menoscabar a sua dívida para com Habermas, acha imprescindível que uma aproximação linguística à ética negocial seja mais prática e menos utópica do que a do filósofo alemão. Na verdade, o ponto de partida deve ser a constatação de que a linguagem constitui parte de um caldo social e cultural mais amplo. Mais: os discursos ou as comunicações morais, de cariz deliberativo, não passam de uma forma de interacção social, entre outras, – como sejam as de índole imperativa (pelas quais se emitem ordens ou comandos), estratégica e consuetudinária.

A perspectiva de Bird almeja ser eminentemente descritiva do mundo da vida, por um lado, e capaz, por outro, de desenvolver orientações normativas práticas, através de *boas conversações, que superem o silêncio, surdez e cegueira moral*[151]. A referência a estas comunicações comporta uma análise da influência exercida pelos factores culturais e da relação entre os arranjos organizacionais e as acções individuais.

Assim, Bird elenca as várias dimensões que uma comunicação deve reunir para se equiparar a uma boa conversa e apresenta esta última como um *standard normativo mínimo*, mais próximo da realidade e menos exigente do que o

---

[148] V. *ibidem*, p. 252.
[149] V. *ibidem*, p. 252.
[150] V. *ibidem*, p. 252.
[151] V. *ibidem*.

habermassiano (porquanto os participantes numa conversa não têm de possuir o mesmo estatuto ou o mesmo poder). O importante é cultivar boas conversas através de processos de aprendizagem individual e organizacional[152].

Mais fecundos e promissores se nos apresentam os contactos de Bird com os problemas de ética gerados pelos negócios internacionais sobretudo nos países em desenvolvimento. Já no presente século, Bird adiantou uma aproximação de valor acrescentado à ética do discurso que frisa a centralidade de uma construção económica e social de capacidade através das empresas transnacionais, nos países em desenvolvimento. Mais recentemente, reformulou as suas ideias de boa conversação, recorrendo à noção de *Universais Morais* como *realidades culturais* (possíveis mesmo num mundo diversificado). Contudo, a articulação e fundamentação desta viragem resulta-nos muito pouco consistente, degenerando num empirismo realista que, segundo conseguimos perceber, quase chega a asseverar a força normativa de certos comportamentos fácticos. O que não escapa, aliás, à observação de Beschorner, pela mediação do qual acedemos ao autor e o trazemos à cena. Mas este plano sociológico já parece suplantado por uma intenção normativa quando Bird enuncia três grupos de *standards* aptos a guiar a formulação de boas razões. Na explicação de Beschorner: *The first group of moral standards makes moralities possible: promise-keeping, not lying, acting reciprocally, attending to others (empathetically), and forthrightly voicing one's conscience. These standards correspond to "good conversations" (...) and are to be seen as a minimum, so that persons can share normative understandings of how they ought to act. The second group makes moralities credible in the sense that they facilitate cooperation. They provide "basic regulations with respect to kinship, in-group violence, and communal allocation of goods, [and] are also universally recognized"(...). Finally, Bird distinguishes moral standards that make moralities worthy of esteem, such as human rights, equal status for women, banning slavery, environmental ethics, etc.»*[153].

c) **Conclusões provisórias**

i) Beschorner considera que as teorias procedimentais sobrelevam as materiais. Mas prefere à alternativa de uma demasiado dessorada ética formal as perspectivas de ciência social crítica que abrem espaço à consideração de *mundos possíveis* – na expressão de Giddens – vindo assim ao encontro de algumas das pré-compreensões pessoais que acima aventámos[154].

---

[152] V. THOMAS BESCHORNER, «Ethical Theory and Business Practices: The Case of Discourse Ethics», *op. cit.*, p. 134.
[153] V. *ibidem*, p. 136.
[154] A começar por um certo *Möglichkeitsdenken*, enfatizado por P. Häberle, enquadrado numa leitura pessoal da filosofia de autores como E. Bloch, P. Ricoeur, R. Kearney, G.

ii. A nosso ver, é a este nível crítico-reconstrutivo da economia que, de forma mais fidedigna, se realiza o ideário da ética do discurso, sujeitando o sistema económico a certas regras de comunicativa racionalidade que o direito também assimila.

Com efeito, mesmo que a fundamentação da validade jurídica não se resuma a uma legitimação discursiva, de modo algum negamos que a juridicidade beneficie das mediações constitutivas dos discursos práticos, estruturados argumentativamente, e, em particular, dos procedimentos deliberativos. E conquanto a ética do discurso não forneça orientações materiais de conduta, resultam por demais evidentes os nutrientes materiais da sua moral procedimental e os sedimentos normativamente substantivos arrastados na determinação dos seus princípios e na garantia do seu cumprimento em situações conflituais e concretamente judicandas. Pelo que não excluímos existam obviamente normas emergentes de uma reflexão ético-discursiva que o direito esteja em condições de realizar e garantir, assim se justifique segundo a sua intencionalidade e racionalidade autónomas. Não obstante quanto se disse, caber-lhe-á ainda operar o acoplamento estrutural da economia e da ética, de molde a assegurar a devida preservação das esferas de comunicação não mercantilizáveis e a regulação e limitação justas das próprias arenas tipicamente económicas. Se é que é possível...

Segundo Habermas, as acções empresariais são naturalmente estratégicas, sendo que as empresas, para coordenarem as suas actividades, obedecem a sinais como os preços e não a regras de comunicação mútua[155]. Não obstante, Gilbert e Rasche[156] fazem coro com Sen e Ulrich, no parecer de que a ética do discurso pode dar um sério contributo à ética dos negócios.

Para estes dois autores, as pré-condições normativas de que depende a legitimidade das actividades negociais que têm lugar na economia devem prevalecer sobre o interesse económico. Da ética dos negócios reclama-se precisamente uma reflexão crítica do enquadramento institucional da economia, na esperança de gerar resultados aceitáveis de um ponto de vista humano e ecológico.

Agamben e – mais em geral – da ética da alteridade, do institucionalismo social e da sociologia das ausências, da história contrafactual das marginalidades, e das já mencionadas teorias da cultura/civilização, em sentido complexo.
[155] Assim nos seus estudos de Teoria Política, editados em inglês – v. Dirk Ulrich Gilbert/ Andreas Rasche, «*Discourse Ethics and Social Accountability – The Ethics of SA 8000*», in *Business Ethics Quarterly*, Volume: 17, Issue: 2, 2007.
[156] V. *ibidem*.

O próprio Habermas adverte para a necessidade de uma avaliação crítica das regras gerais por que se pautam os actualmente existentes enquadramentos do mercado. Por isso mesmo, o conceito de acção comunicativa não deve ser empregue como simples constrangimento exógeno ou limite heterónomo das estratégicas actividades de negócios. Há-de servir antes como processo de reflexão crítica das sobreditas pré-condições normativas da legítima criação de valor por parte das empresas no interior do sistema económico[157].

1.1.4.2. A latitude da influência habermassiana e os seus problemas quanto à *contabilidade empresarial*

Impressionam a extensão e profundidade das repercussões desencadeadas pela obra de Habermas, mesmo num sector aparentemente bastante avesso a essa penetração e a propósito de matérias como as da contabilidade empresarial – sem dúvida de superior importância para a vida das empresas e o funcionamento da própria economia (e, portanto, para a própria sociedade) mas altamente técnicas e circunstanciadas.

Iniciativas como a *Accountability 1000*, a *Social Accountability 8000*, a *Global Reporting Initiative*, assim como o trabalho levado a cabo pela *Fair Labour Association* dão o tom do ambiente social geral – marcado pela busca de uma refundação das normas de prestação de contas numa perspectiva de alcance universal, dado o cenário de globalização em que as empresas actuam e as interacções culturais[158] que necessariamente protagonizam. E no entanto, aos olhos de Dirk U. Gilbert e A. Rasche, estes estudos de contabilidade precisam ainda de adquirir maturidade uma vez que continuam sub-teorizados[159].

Reagindo à longa hegemonia dos estudos de contabilidade, baseados numa ontologia e epistemologia positivistas e em métodos de investigação eminentemente quantitativos, irromperam nos anos 80 vários movimentos alternativos que ensaiaram investigações interpretativas, segundo

---

[157] Conclusão muito próxima das de Ulrich, como facilmente se depreende. Sobre a noção de legitimidade da acção empresarial, v. Peter Ulrich, «Integrative Economic Ethics – Towards a Conception of Socio-Economic Rationality», *op. cit.*, pp. 47-48.
[158] V. Warren A. French/Stefan Kimmel, «Business Ethics and Discourse Ethics: Germanic Roots with Intercultural Applications», *op. cit.*, pp. 193 e ss.
[159] V. Dirk Ulrich Gilbert/Andreas Rasche, «*Discourse Ethics and Social Accountability – The Ethics of SA 8000*», *op. cit.*

métodos naturalísticos, e, bem assim, algumas aproximações nutridas em teorias sociais, como as de Marx ou Foucault[160].

A obra de Habermas instigou muitos trabalhos no sector da contabilidade[161], que beberam seja das suas *teorias da crise de legitimação* do capitalismo e do estado social, seja da *teoria da acção comunicativa*, seja ainda das *teorias jurídicas e políticas* – isto para além da influência exercida pela dimensão crítica[162] de todo o seu projecto reflexivo.

---

[160] V. NICHOLAS DAVIES, *Bringing Habermas to the masses. A review of Habermasian research in Accounting*, Working paper series (Charles Sturt University. Faculty of Commerce), no. 13/07, Charles Sturt University, Bathurst, 2007.

[161] V., como bom exemplo, DIRK ULRICH GILBERT/ANDREAS RASCHE, «*Discourse Ethics and Social Accountability – The Ethics of SA 8000*», op. cit..

[162] Correndo o risco de sermos maçadores, não resistimos a resumir o longo inventário e explanação de Davies (para o qual remetemos ulteriores esclarecimentos ou pormenorizações).
As *teorias da legitimação* foram aplicadas, com mais ou menos refinamentos e ajustamentos: aos sistemas de planeamento electrónico de recursos usados na contabilidade das organizações [J. F. DILLARD/K. YUHAS]; ao exame das práticas do sector público ganês no que toca aos relatórios sociais e ambientais exigidos pelo Banco Mundial, como requisito para a concessão de empréstimos, (A. S. RAHAMAN/S. LAWRENCE/J. ROPER); ou à discussão do *New Public Management* (A. L. WATKINS/C. E. ARRINGTON).
Detecta-se a infiltração da *teoria da acção comunicativa* – posto que avonde bastante transformada (pela consideração de que certos subsistemas constituem mundos da vida específicos, pela circunscrição da análise a meios de direcção específicos ou pela adopção de um ângulo perspéctico situado num concreto mundo da vida a fim de compreender o risco de colonização sistémica) e inclusive prejudicialmente descaracterizada – numa já admirável quantidade de obras dedicadas, por exemplo ao impacto das reformas do sector público no NHS britânico (J. BROADBENT/R. LAUGHLIN/S. READ), e ao efeito do *New Public Management* na actuação dos médicos de clínica geral e nas escolas Públicas (J. BROADBENT/R. LAUGHLIN); à reforma, numa toada claramente empresarialista, do sector da saúde neozelandês, (S. LAWRENCE); ao papel da contabilidade nos programas de reforma do sector público em geral (J. BROADBENT/K. JACOBS/R. LAUGHLIN); às reformas apoiadas no *Total Quality Management* e no *Balanced Scorecard* introduzidas no sector da educação terciária (universidades), em Fiji (S. LAWRENCE/U. SHAMA) e ao estudo da contabilidade nas Universidades (J. F. DILLARD). Se estes exemplos relevaram de uma tentativa de mostrar que certos subsistemas sociais contêm também o seu mundo-da-vida e de, na sequência, sondar a interacção que os mundos-da-vida estabelecem com os sistemas e com determinados meios de direcção, outros há que se concentraram na teoria dos três-mundos e no seu papel na acção comunicativa: é o caso de C. E. ARRINGTON e A. G. PUXTY que rastrearam o impacto da contabilidade em cada uma dessas esferas de referência (representação do estado financeiro em termos de verdade, criação de normas sobre os aspectos passíveis de medição e os tipos de condutas apropriadas (eficiência, proficiência, lucratividade), alteração do ânimo e perspectiva dos indivíduos); de W. F. CHUA e P. DEGELING, que replicaram o exercício, focando-se no sistema de saúde norte-americano; de M. WRIGHT, que escolheu como alvo a ruptura das pretensões de validade à verdade, correcção e sinceridade de um banco canadiano na apresentação

As propostas habermassianas foram aplicadas às modernas técnicas de contabilidade e gestão (*Electronic Resource Planning, Total Quality Management* e *Balanced Scorecard*), aos esquemas de empréstimos internacionais, às manifestações de contabilidade do *New Public Management*, e à análise anual dos relatórios contabilísticos, quer se tratasse de organizações públicas ou privadas e segundo perspectivas, com base em teorias e empregando conceitos habermassianos muito diversos.

Do ponto de vista metodológico geral (e dos métodos de investigação em contabilidade), sobressaem contribuições para o desenvolvimento de uma teoria crítica na contabilidade[163], para a análise das relações entre contabilidade e transformação organizacional e para a avaliação da contabilidade como meio de comunicação.

Parece ser esta última a linha de pensamento seguida por Charlotte Villiers e que nos incitou a este trabalho[164]. Trata-se de um trilho afastado dos caminhos percorridos por Habermas e desenhado de modo não totalmente obediente às suas principais cartografias teóricas. Na verdade, visa-se, nesta instância, aferir da prestabilidade das teorias habermassianas para um exame e controlo de comunicações específicas. Como Habermas assertasse que todos os actos de fala levam implícitas pretensões de compreensibilidade, verdade, veracidade e correcção, seria possível julgar os relatórios de contabilidade, repletos de retórica e discussão, à luz de tais critérios, descartando – como manifestações de uma racionalidade comunicativa teleológica ou como acções instrumentais ou estratégicas – todas as trocas de informações/comunicações que não cumprissem tais requisitos.

Procuremos então apurar o possível sentido e pertinência destas orientações no caso da informação financeira portuguesa.

---

dos relatórios anuais nos anos anteriores ao seu colapso; ou de K. YUTHAS, R. ROGERS e D. DILLARD, que escrutinaram a secção dos relatórios anuais relativa à discussão e análise da gestão, comparando-a com os resultados, e tendo como pano de fundo as três pretensões de validade de Habermas, a que juntaram uma quarta, de compreensibilidade.

Quanto à literatura contabilística inficcionada pelas incursões de Habermas nos *territórios jurídico-políticos* (mais precisamente pelo seu *Faktizität und Geltung*), DAVIES cita apenas um ensaio de M. POWER e R. LAUGHLIN acerca da necessidade de adaptar o discurso da teoria crítica à realidade das práticas contabilísticas que, por muito exigentes e instantes que sejam as nossas demandas éticas, resistem na sua quase incontornabilidade fáctica.

[163] Mais próxima da visão de Ulrich que vimos de considerar.
[164] V. CHARLOTTE VILLIERS, *Corporate Reporting and Company Law, op. cit.*, pp. 297 e ss.

2. Ética do discurso e informação financeira das sociedades[165]

2.1. O sistema de informação da sociedade[166] e o *SNC*

Não faltarão metáforas para encarecer a transcendência da informação no seio das sociedades. Abundam normalmente as de sabor organicista ou vitalista, que concebem os canais, meios e formas de distribuição e circulação de informação, à laia de elementos de um sistema venoso, linfático ou nervoso e mencionam os centros de produção de informes como órgãos essenciais – o cérebro ou o coração – para a manutenção da vida consciente.

Não vale a pena repetir considerações tecidas logo de início. Adicionamos apenas um apontamento acerca do relevo assumido pelos relatórios empresariais e, em especial, pelas *relações* de informações financeiras.

Deve notar-se que a contabilidade constitui um sistema de produção, difusão e explicitação de informações, regulado por normas técnicas, mais ou menos juridificadas, que, no tocante ao relato financeiro, constam

---

[165] O presente capítulo repousa quase integralmente sobre investigação desenvolvida pelo Dr. Rui Dias, expondo as principais sugestões reflexivas que dela derivam. Limitámo-nos a adaptar à economia global do artigo os esboços que connosco partilhou, assumindo as responsabilidades inerentes, não só no tocante a eventuais pechas de forma e estilo, como a equívocos no tratamento do conteúdo material, em função daqueles remodelado.

[166] Sobre o direito à informação, v. entre nós, com diferentes amplexos e um intervalo temporal já considerável, as monografias de Carlos Maria Pinheiro Torres, *O Direito à informação nas Sociedades Comerciais*, Almedina, 1998 e Sofia Ribeiro Branco, *O Direito dos Accionistas à Informação*, Almedina, Coimbra, 2008; cf. ainda, João Labareda, «Direito à informação», in *Problemas do Direito das Sociedades*, IDET, Almedina, Coimbra, 1998 e J. M. Coutinho de Abreu, *Responsabilidade Civil dos Administradores de Sociedades*, 2.ª edição, Almedina, Coimbra, 2010 (ponto I.1.). Para a tradicional distinção entre *direito à informação em sentido estrito, direito de consulta e direito de inspecção dos sócios*, pode ver-se também IDEM, *Curso de Direito Comercial*, II, pp. 252 e ss.

Cf., ainda os artigos 21.º, c), 181.º, 214.º-216.º, 288.º-292.º, 474.º, 478.º, 480.º do Código das Sociedades Comerciais [um comentario actualizado a alguns dos dispositivos relevantes acha-se agora em J. M. Coutinho De Abreu (Coord.), *Código das Sociedades Comerciais em Comentário – Volume I*, Almedina, Coimbra, 2010].

agora do *Sistema de Normalização Contabilística*[167], entrado em vigor entre nós a 1 de Janeiro de 2010[168].

A doutrina contabilística faz menções frequentes às noções de *comunicação* e de *informação*, encarando a contabilidade como uma técnica que visa *comunicar* informação financeira sobre uma entidade. Quanto aos documentos de prestação de contas, são mesmo descritos como peças que *comunicam* aos respectivos destinatários, através de uma linguagem *financeira*, as vicissitudes por que passa, ao longo de um período de tempo, a sociedade que é objecto de análise[169].

No caso das demonstrações financeiras, em especial, a preparação obedece ao disposto nas normas contabilísticas, criadas precisamente para estabelecer regras e procedimentos uniformes, com o intuito de fornecer informações comparáveis, úteis e condizentes com as necessidades dos diferentes utentes. Assim, a regulamentação torna-se necessária para harmonizar ou mesmo unificar os procedimentos contabilísticos.

Lancemos pois mão dos instrumentos de auxílio facultados pelo próprio legislador (desde logo a *Estrutura Conceptual*), para proceder a um muito célere estudo anatómico do sistema instituído, distinguindo para isso os *produtores* e os *destinatários* da informação, os *objectivos* que lhe são assinados e os subjacentes *pressupostos, características, requisitos* e *constrangimentos*.

a) O principal produtor de informação da sociedade é o *órgão de administração*, responsável pela elaboração de documentos como a demonstração de resultados, a demonstração de fluxos de caixa, a demonstração de alterações do capital próprio e anexo[170], o relatório de gestão e, claro, o balanço.

---

[167] V. ANA MARIA RODRIGUES, *SNC – Sistema de Normalização Contabilística*, Almedina, Coimbra, 2010. Cf. em especial, o Sistema de Normalização Contabilística (Decreto-Lei n.º 158/2009 de 13 de Julho) – pp. 5 e ss. Para a estrutura *Estrutura Conceptual* (Aviso n.º 15652/2009, de 7 de Setembro), v. pp. 19 e ss e quanto aos *Modelos de Demonstrações Financeiras*, cf. pp. 33 e ss. Veja-se também o *Glossário dos Principais Conceitos Apresentados nas Normas Contabilísticas do Relato Financeiro*, em especial as páginas dedicadas à estrutura e conteúdo das demonstrações financeiras (pp. 87 e ss).

[168] Quanto ao relato financeiro das sociedades com valores mobiliários cotados em bolsa, fora já objecto de regulação na União Europeia, vigorando em Portugal directamente com base no Regulamento (CE), n.º 1606/2002, de 19 de Julho de 2002.

[169] Assim RUI DIAS. No discurso de organizações que se dedicam ao estudo em geral da *accountability e da responsabilidade social*, é dado relevo à ideia de que um *disclosure* deve ser mais do que um mero fluxo unidireccional de informação, e portanto um verdadeiro diálogo – http://www.accountability.org/aa1000 series.

[170] As *Demonstrações Financeiras* propriamente ditas.

Contudo, como o *órgão de fiscalização*, em existindo, tem a seu cargo a emissão do parecer previsto nos artigos 70.º e 262.º, também contribui para a produção de informes relevantes.

Por fim, convém não esquecer o papel dos *Revisores Oficiais de Contas* e das *Sociedades de Revisores Oficiais de Contas*, na medida em que lhes compete, na sequência da *revisão legal* (i.e., do *exame* às contas), a respectiva *certificação legal* – não menos relevante em matéria de informação financeira[171].

Vale a pena demorarmo-nos um pouco neste último factor de informação, pelos sinais que nos transmite acerca do fenómeno de comunicação empresarial. Analisemos, por isso, as regras básicas, a noção, o objecto e o método da produção informativa específica dos revisores, antes de nos pronunciarmos sobre o seu relevo específico e dele retirarmos algumas consequências por extrapolação[172].

Noção: Como consabido, a fim de *evitar* situações de *fraude* e de *manipulação*, que possam pôr em causa os interesses de todos os que, directa ou indirectamente, se relacionam com determinadas sociedades, está prevista uma fiscalização que consiste na verificação da regularidade das contas de determinadas entidades societárias, a cargo dos Revisores Oficiais de Contas (ROC) ou das Sociedades de Revisores Oficiais de Contas (SROC).

A revisão legal consiste no exame às contas, com vista à sua certificação legal, nos termos do disposto no art. 44.º do mesmo diploma. Como resultado do exercício da revisão legal, será emitida a *certificação legal das contas*[173], exprimindo a opinião do revisor de que os documentos de prestação de contas apresentam (ou não), de forma verdadeira e apropriada, a situação financeira da empresa, bem como os resultados das suas operações relativamente a um determinado período (n.º 2, do art. 44.º, do aludido DL).

Regime: A certificação legal de contas é da competência exclusiva dos ROC individuais ou das SROC; só pode ser elaborada depois de efectuado o exame das contas, em que o revisor exprime a sua convicção. As funções em apreço são consideradas de interesse público. Os ROC têm por isso de obedecer a um conjunto de *normas técnicas* de revisão legal de contas, emanadas pela OROC.

Objecto e método: A fiscalização incide sobre a *regularidade dos registos e dos documentos* elaborados para retratar a actividade de uma sociedade, e recorre, usualmente, a métodos de *amostragem* devidamente fundamentados.

---

[171] V. o DL 487/99, de 16 de Novembro, alterado e republicado pelo DL 224/2008, de 20 de Novembro.
[172] Adaptamos, neste passo, apontamentos do Dr. Rui Dias.
[173] Passível de modificação, em certos casos

Relevo da informação: Enquanto fonte de informes, a actividade fiscalizadora dos ROC e das SROC gera uma espécie de meta-esclarecimento ou dilucidação à segunda potência: uma informação sobre a informação. Com efeito, incide sobre as demonstrações financeiras, incumbindo-lhe apurar da veracidade e adequação da imagem da empresa que aquelas veiculam em matéria de posição financeira e resultados da actividade. Para isso, tomam por referência os Princípios Contabilísticos Geralmente Aceites (PCGA)[174]. O afastamento em relação a essas regras deve ser objecto de menção expressa nos respectivos relatórios. Em caso de falhas nesses procedimentos, prevêem--se sanções severas, que são impostas pela Ordem dos ROC aos seus membros faltosos.

O resultado da actividade dos ROC /SROC goza de *presunção* de *fé pública*. A certificação legal de contas assegura a credibilidade da informação elaborada e divulgada pelo órgão de administração, constituindo um mecanismo de protecção das expectativas de todos os que nela se apoiam para tomar decisões. Opera, pois, como uma *garantia visível* da *seriedade* das demonstrações financeiras junto de todos os actuais e potenciais interessados.

b) De acordo com as normas de relato financeiro há um conjunto de sujeitos definidos como *utentes das demonstrações financeiras* – que são os seus *destinatários*.

A lei enumera-os, explicando mesmo quais entende serem as respectivas *necessidades de informação*[175]. São eles os investidores[176], os empregados[177], os mutuantes[178], os fornecedores e outros credores comer-

---

[174] Hoje e após a publicação do DL 158/2009, de 13 de Julho, os PCGA foram substituídos pelos pressupostos, características e requisitos da informação financeira constantes da EC do SNC.

[175] Cf. § 9 da Estrutura Conceptual (EC) do SNC)

[176] «*Os fornecedores de capital de risco e os seus consultores estão ligados ao risco inerente aos, e ao retorno proporcionado pelos, seus investimentos. Necessitam de informação para os ajudar a determinar se devem comprar, deter ou vender. Os accionistas estão também interessados em informação que lhes facilite determinar a capacidade da entidade pagar dividendos*».

[177] «*Os empregados e os seus grupos representativos estão interessados na informação acerca da estabilidade e da lucratividade dos seus empregadores. Estão também interessados na informação que os habilite a avaliar a capacidade da entidade proporcionar remuneração, benefícios de reforma e oportunidades de emprego*».

[178] «*Os mutuantes estão interessados em informação que lhes permita determinar se os seus empréstimos, e os juros que a eles respeitam, serão pagos quando vencidos*».

ciais[179], os clientes[180], o governo e seus departamentos[181], e o público[182].

c) As *demonstrações financeiras* têm por objectivo[183] proporcionar informação acerca da posição financeira, do desempenho e das alterações na posição financeira de uma entidade, de modo a que a mesma seja útil a um vasto leque de utentes na respectiva tomada de decisões económicas.

Como tal, as regras de contabilidade que regem a respectiva preparação orientam-se por um *princípio funcional básico de utilidade*, e identificam os critérios de que depende o seu cumprimento. Trata-se de um conjunto de elementos materiais de densificação e preenchimento da cláusula genérica da utilidade, que nos permitem determinar quando é que uma demonstração financeira se pode licitamente ter por útil: (i) pressupostos, (ii) características qualitativas, (iii) requisitos e (iv) constrangimentos.

Os *pressupostos* têm a ver com o *regime de acréscimo* (periodização económica) e a *continuidade*.

As *características qualitativas* da demonstração financeira compreendem a *compreensibilidade*, a *relevância*, a *fiabilidade* e a *comparabilidade* e estão condicionadas por um conjunto de *requisitos*. É o caso da *materialidade* da informação, como pressuposto da relevância, e da *representação fidedigna*, do *primado da substância sobre a forma*, da *neutralidade*, da *prudência* e da *plenitude* – enquanto factores, índices, atributos, ou condições da *fiabilidade*.

Por fim, as exigências precedentes, com um valor como que intrínseco no que tange à qualidade da informação produzida, têm de ser obtemperadas por referência a função última do relato financeiro, mediante a consideração

---

[179] «Os fornecedores e outros credores estão interessados em informação que lhes permita determinar se as quantias que lhes são devidas serão pagas no vencimento. Os credores comerciais estão provavelmente interessados numa entidade durante um período mais curto que os mutuantes a menos que estejam dependentes da continuação da entidade como um cliente importante».

[180] «Os clientes têm interesse em informação acerca da continuação de uma entidade, especialmente quando com ela têm envolvimentos a prazo, ou dela estão dependentes».

[181] «O Governo e os seus departamentos estão interessados na alocação de recursos e, por isso, nas actividades das entidades. Também exigem informação a fim de regularem as actividades das entidades, determinar as políticas de tributação e como base para estatísticas do rendimento nacional e outras semelhantes».

[182] «As entidades afectam o público de diversos modos. Por exemplo, podem dar uma contribuição substancial à economia local de muitas maneiras incluindo o número de pessoas que empregam e patrocinar comércio dos fornecedores locais. As demonstrações financeiras podem ajudar o público ao proporcionar informação acerca das tendências e desenvolvimentos recentes na prosperidade da entidade e leque das suas actividades».

[183] Cf. § 12 da EC.

de alguns inevitáveis *constrangimentos*[184], como a *tempestividade*, o *balanceamento entre custo e benefício* e o *balanceamento entre as características qualitativas*. Requer-se, portanto, uma verdadeira ponderação destas preocupações com aqueles pressupostos, características e requisitos, o que redunda numa composição prática e, claro, numa necessária limitação do hipotético alcance máximo destes últimos. Mais uma vez, o critério metodológico rector consiste na utilidade, para a tomada de decisões económicas, da informação preparada e proporcionada (que deve, assim, responder às necessidades comuns à maioria dos utentes)[185].

2.2. Sugestões de inspiração habermassiana: para uma reconstrução, qualificação (normativa) e clarificação da informação societária?

No *campus* societário e empresarial, ressurgem mais cristalinas as perguntas antes formuladas sobre o préstimo da ética do discurso em matéria de informação financeira: aproveita-nos o seu princípio meta-ético do discurso? Valemo-nos de um princípio universal de comunicação, ou antes de um conjunto de regras de comunicação, inspiradas pelo *Lebenswelt* empresarial, mas com algum potencial de legitimação e justificadas pela *eticidade* do nosso horizonte cultural? Estará aqui em causa uma racionalidade argumentativa, para estruturar o debate em torno da criação das normas sobre informação, ou das escolhas a fazer, e das práticas a adoptar ou dos problemas concretos a resolver, com maior ou menor mediação dos critérios existentes?

E no caso do direito? Somos convocados para uma recompreensão filosófica do direito das empresas (um novo sentido, fundamento e função para a juridicidade?) ou para um novo olhar teórico (crítico-reconstrutivo e meta-normativo) sobre o papel do direito nas empresas? Pede-se-nos uma alteração dogmático-material da organização e funcionamento da comunicação societária ou meras sugestões metodológicas para a interpretação das normas existentes?

Tentemos tirar o máximo proveito dos dados até agora recolhidos, suscitando algumas possibilidades de reflectir, como juristas, a partir das exi-

---

[184] Cf. §§ 43 a 45 da EC.
[185] No § 1 da EC tomam-se como referência as seguintes decisões: decidir quando comprar, deter ou vender um investimento em capital próprio; avaliar o zelo ou a responsabilidade do órgão de gestão; avaliar a capacidade de a entidade pagar e proporcionar outros benefícios aos seus empregados; avaliar a segurança das quantias emprestadas à entidade; determinar as políticas fiscais; determinar os lucros e dividendos distribuíveis; preparar e usar as estatísticas sobre o rendimento nacional; ou regular as actividades das entidades.

gências da ética do discurso, sobre as regras e as práticas de informação, a organização, e funcionamento que instituem, regulam e actuam, e os sujeitos que envolvem.

a) Quadro geral

Já vimos que o objectivo principal a atingir com a elaboração da informação financeira é o de permitir que, com clareza e objectividade, cada grupo de utentes efectue a avaliação da situação económica e financeira da entidade, podendo assim também fazer inferências sobre as suas tendências futuras.

Segundo o § 17 da EC, a informação prestada deve ser a necessária e suficiente para avaliar: o desempenho de uma entidade [em particular, a sua *lucratividade (sic)*], a fim de determinar as alterações potenciais nos recursos económicos que, provavelmente, ela controlará no futuro; a variabilidade do desempenho da entidade, pois esta revela-se útil na *"predição" da capacidade da entidade gerar fluxos de caixa*, a partir dos seus recursos básicos existentes, e, bem assim, na formação de juízos de valor acerca da eficácia com que a entidade pode empregar recursos adicionais (Rui Dias).

Perante este quadro e uma vez que a lei identifica os utentes da demonstração financeira, cabe indagar se, atendendo ao objectivo principal da informação divulgada pelas entidades, algum dos vários utentes actuais e/ou potenciais, deverá ser alçado a uma posição preferencial em face dos demais. A resposta não é irrelevante para a própria configuração do sistema de relato financeiro.

Ora no SNC, o utente privilegiado é, claramente, *o investidor*, ainda que explicitamente o legislador não tivesse optado por eleger nenhum utilizador como preferencial (Rui Dias).

Em consequência, o actual paradigma contabilístico, pressionado pelas necessidades de informação dos investidores e pelas exigências dos mercados de capitais, tende para modelos de mensuração/valorização dos elementos do balanço (activos, passivos e capital próprio) baseados em *valores actuais*, procurando aproximar os valores escriturados nas DF dos seus *valores de mercado* (veja-se a aplicação do modelo do *justo valor*; o modelo de *revalorização*; as *imparidades*; o conceito de *valor presente*; entre outros). O que de certo modo não surpreende, já que se integra no sentido geral da evolução da própria *disclosure* ao longo dos últimos anos.

Com efeito, a disponibilização de informação passou a focar-se essencialmente nos *investidores (ou potenciais investidores)* e, portanto, na *integridade dos mercados*. Criou-se assim uma estrutura complexa e sofisticada de prestação de informação, com *inputs* de profissionais da análise financeira (sobretudo no contexto do mercado de capitais, mas não só), no intuito de conseguir fornecer uma *imagem verdadeira e apropriada* (sic) da situação patrimonial e financeira da sociedade, de modo a que todos os agentes económicos com ela relacionados possam tomar as suas *decisões económicas* com o máximo de *eficiência* possível.

Contudo, essa *imagem* pode estar muito longe de ser fiel – e nem sequer precisamos de chegar aos casos de *fraude* que foram acontecendo nas últimas décadas, para nos apercebermos disso; desde logo, e como característica inerente ao próprio sistema de relato financeiro gera-se uma tensão entre a dita imagem *verdadeira e apropriada*, que privilegia uma indexação aos valores de mercado (o *mark-to-market*), e a prudência que, em vários aspectos da prestação de contas, é imposta pelo recurso a valores *históricos*.

Conflitos deste tipo levam-nos a concluir que a informação financeira é, nas sociedades, a espécie informativa que apresenta maior complexidade comunicativa, e justifica por isso um maior interesse para um aprofundamento das análises sobre o tema

E no entanto, as exigências comunicativas de uma ética do discurso não totalmente funcionalizada à factual dinâmica autopoiética das sociedades comerciais, e nem sequer cingida à mera contenção regulativa dos danos (*externalidades*) desse funcionamento autónomo, não deixarão de erguer algumas resistências ao reducionismo financeiro, que assim se denota. Que a informação financeira aguce as curiosidades científicas e se sujeite a uma maior vigilância e escrutínio crítico, não passa também de um corolário, quase dialecticamente implicado, da genérica protensão para acentuar as componentes financeiras das empresas e dos mercados, que se vêm manifestando nos últimos anos e prejudicam, injustificadamente, determinados utentes em favor de outros.

Face às condições pressuponendas de uma situação discursiva ideal (quais referentes ideal-regulativos ou meras antecipações contrafácticas comunicativamente implícitas nas nossas próprias interacções), este entorse financeiro do mundo económico e dos seus agentes representa um desvio criticável, fruto de uma visão enviesada da própria sociedade humana.

A assunção, no âmbito vertente, da perspectiva universal da justiça, a nosso ver não exclusiva da moral, pressuporia, como mínimo, um tratamento imparcial[186] de todos os interessados na informação e, por conseguinte, um sistema de produção e difusão de informes apto a satisfazer

---

[186] V. Dirk Ulrich Gilbert/Andreas Rasche, «Discourse Ethics and Social Accountability – The Ethics of SA 8000», op. cit..

as necessidades de todos e cada um dos que se encontrem nos diferentes papéis do estatuto social em causa.

O que equivale a asserir que a crítica das comunicações financeiras à luz de uma comunidade ideal de comunicação se faz aqui tomando como referentes a específica informação societária em causa – e não toda a informação societária (e menos ainda a informação em sentido amplo) – e estes utentes e titulares de direitos a informação em particular[187] – que não coincidem com o cidadão, sujeito ou pessoa jurídica em geral; ou seja, sem desconsiderar o valor normativo intrínseco daquele bem e deste direito, só que aquilatados no contexto específico das sociedades comerciais, onde soem adquirir um vezo funcional não despiciendo, como vimos. Busca-se assim uma sorte de universalidade contextual, ou relativa, como referente para a auto-regulação da sociedade, embora sem prejuízo de alargamento do auditório intencionado à generalidade dos cidadãos, como forma de controlo mais heteronomamente vincada[188].

Este último juízo, que também incumbe ao direito, afigura-se porventura demasiado ambicioso para alguns e certamente perigoso na sua intencionalidade, aos olhos de outros tantos. Se quisermos um direito mais do que simplesmente reflexivo, com um potencial crítico-normativo e inclusive um cariz director (recorde-se que boa parte das regras sobre informação são de interesse público) temos, no entanto, de acautelar, do mesmo passo, as esferas de autonomia individual e colectiva juridicamente garantidas em sede societária. Contudo, só por ingenuidade ignoraríamos a importância pública e colectiva das sociedades, neste tributo às liberdades económicas. Esta questão obrigar-nos-ia, porém, a discutir a fundo, de uma óptica jurídica reflexivamente crítico-reconstrutiva o equilíbrio entre a autonomia empresarial e regulação, e até a concepção das relações entre interesse público, interesse societário e interesse dos sócios (sendo que sobre estas últimas, diremos ainda alguma coisa)[189].

---

[187] Sendo certo que o utente de referência, num contexto de globalização, também se *internacionalizou*. Sobre a importância de critérios universais de boa contabilidade num mundo de negócios que atravessa e relaciona culturas muito diferentes, v. *ibidem*.

[188] Parece ser possível assumir um *continuum* de posições, entre os extremos do potencial contrafactual da situação discursiva ideal – que milita a favor da introdução de um maior grau de equidade nas empresas – e da moralidade do comportamento empresarial (UNERMAN/BENNETT, *apud* GILBERT/RASCHE), que continua a prezar (com mais ou menos justificação estratégica) culturas de segredo e processos de dissimulação, de desinformação e de sub-informação.

[189] V., por exemplo, FILIPE CASSIANO DOS SANTOS, *Estruturas Associativas e Participação Societária Capitalística*, Coimbra Editora, Coimbra, 2006.

b) Configuração das Relações

Os modelos de comunidade e de argumentação intencionados pela ética do discurso escondem em boa medida projecções normativas de determinados valores mais ou menos intersubjectivamente partilhados (no horizonte da civilização ocidental, pelo menos). Posto que processual-procedimentalmente apresentados e construídos mediante testes de generalização (que de modo algum menosprezamos, mesmo no âmbito do direito), estão eivados de referências substantivas que o direito também consagra e transportam por isso sementes de uma racionalidade axiológico-normativamente material e teleologicamente prática que não apenas discursivo-procedimental. Nessa medida, quer no plano da compreensão teorético-jurídica do relacionamento externo e interno das sociedades, quer no plano dogmático e prático-normativo dos critérios jurídicos que visam regulá-las, quer ainda a propósito da metodologia da interpretação destes últimos, os impulsos da ética do discurso podem mostrar-se de úteis.

i. Externas

Em primeira linha, quanto às relações externas, estas indicações podem ajudar-nos a descrever o modo como a sociedade se relaciona com alguns dos *produtores* da informação financeira que lhe são *exteriores* – v.g. os *auditores externos* (que existem frequentemente na prática societária e que às vezes são mesmo exigidos por lei, a par dos órgãos de fiscalização ou revisores oficiais de contas)[190]; e, bem assim, a repensar os esquemas de uma tal relação, dada a importância do olhar exterior e independente que estes protagonistas aportam, mais facilmente concretizador de uma desejada visão imparcial. Donde aliás, o relevo público que as respectivas actividades revestem e que pode resultar confortado e até promovido e qualificado por uma argumentação em termos de ética do discurso.

ii. Internas

Em segunda linha, também no *relacionamento intra-societário*, entre os diversos órgãos – sócios, administração e fiscalização – os pressupostos processuais, procedimentais e formais de uma boa comunicação, qualquer que seja o seu conteúdo concreto, oferecem algumas pistas para a estruturação da informação financeira.

Na verdade, a pressuposição de significados distintos para os mesmos significantes (p. ex., em certo documento informativo e/ou preparatório de

---

[190] Por exemplo, nas instituições financeiras – v. 121.º RGICSF (versão actualizada em: http://www.bportugal.pt/pt-PT/Legislacaoenormas/Documents/RegimeGeral.pdf).

uma tomada de decisão, os administradores falam em *longo prazo* entendendo por isso o que contabilisticamente se entende por *longo prazo*, i.e., mais de um ano; já os sócios, sem uma indicação expressa sobre esse sentido, entendem por essa expressão um *longo prazo* com um sentido mais próximo do comum...) pode gerar problemas comunicacionais (Rui Dias).

A chamada de atenção para estes aspectos tem a vantagem de sublinhar a incompatibilidade destes subterfúgios linguísticos – que podem ir da mera opacidade da linguagem a comportamentos verdadeiramente fraudulentos – com uma situação discursiva ideal.

O entendimento e compreensão requerem, para lá dos comportamentos honestos (sem reservas mentais, desde logo) regras de boa redacção dos informes[191], e o desenvolvimento de cânones metodológicos elementares, no que concerne à interpretação. E não se diga que a teia de relacionamentos intra-societários se deve perspectivar apenas numa óptica de poderes factuais ou de maximização de interesses das partes – pelo menos talqualmente estabilizados no pacto social e nos estatutos – com as consequências daí derivadas para as preocupações de inteligibilidade aduzidas. O bom entendimento é factor de integração social humana – e, como tal, das próprias sociedades comerciais – além de concorrer, por via dessa coesão, por um lado, e directamente graças às vantagens da ausência de mal-entendidos, por outro, para a sua maior eficácia. Implicará no entanto, uma eventual reconsideração dos próprios equilíbrios internos e o desenvolvimento, já preconizado, de algumas orientações metodológicas, de que diremos no seguimento.

c) Novos equilíbrios

Se aceitarmos que todo o direito das sociedades se ocupa, na sua essência mais profunda, da resolução de um conflito de interesses actual

---

[191] Admita-se, por exemplo, a benefício de inventário, a justeza e adequação nesta sede de um princípio de responsividade, posto que devidamente repassado por considerações normativas no que respeita à determinação das expectativas jusificadamente atendíveis. Seria porventura um modo de garantir o afeiçoamento das comunicações às diferenças e singularidades dos destinatários, exigindo alguma diversificação dos meios de comunicação. Nesse sentido parece apontar CHARLOTTE VILLIERS, ao defender as vantagens da *redundância comunicativa*: a sobreposição de diferentes formas de informação de acordo com os utentes destinatários – cf. *Corporate Reporting and Company Law, op. cit.*, p. 304. V. também o capítulo sobre responsividade empresarial do nosso *Responsividade no Estado de Direito Democrático e Social: um novo princípio informador da Administração Prestacional?* (ainda em ultimação). Para um primeiro vislumbre da figura, v. LUÍS A. M. MENESES DO VALE, «Responsividade nos Sistemas Públicos de Saúde: o exemplo da OMS», in MANUEL DA COSTA ANDRADE/MARIA JOÃO ANTUNES/SUSANA AIRES DE SOUSA (Orgs.), *Estudos de Homenagem ao Professor Doutor Figueiredo Dias*, Volume IV, Coimbra Editora, Coimbra, 2010, pp. 1049-1106.

ou potencial entre sócios, administradores e ainda credores, teremos ao menos que questionar se a mutação nos referentes por que se orienta a informação financeira não produzirá consequências na articulação entre estes diversos interesses.

d) Problemas de interpretação: o conceito de compreensibilidade
Entre as características qualitativas que a informação deve reunir, encontra-se a *compreensibilidade*.

Sucede que o texto *compreensível* para um sujeito poderá não o ser para um outro sujeito. Poder-se-ia pensar que, neste contexto, se imporia um determinado *standard mínimo* de *legibilidade* dos documentos contabilísticos, que obviasse a que pudesse ser escondida, por detrás de uma certa *opacidade* desses documentos, determinada informação que se pretende esteja lá, mas passe despercebida – isto é, não seja efectivamente *comunicada*, com a eficácia que uma *comunicação* (por definição) exige.

O § 25 da EC do SNC refere-se a este *standard* mínimo, mas em termos extremamente vagos, dos quais resulta apenas uma orientação que aponta para um *critério de razoabilidade* – porventura dificilmente sindicável junto de um tribunal:

> §25 (*Compreensibilidade*) – Uma qualidade essencial da informação proporcionada nas demonstrações financeiras é a de que ela seja rapidamente compreensível pelos utentes. Para este fim, presume-se que os utentes tenham um razoável conhecimento das actividades empresariais e económicas e da contabilidade e vontade de estudar a informação com razoável diligência. Porém, a informação acerca de matérias complexas, a incluir nas demonstrações financeiras dada a sua relevância para a tomada de decisões dos utentes, não deve ser excluída meramente com o fundamento de que ela possa ser demasiado difícil para a compreensão de certos utentes.

Naturalmente, esta compreensibilidade não exige uma informação sobre a realidade societária em termos de *qualquer pessoa*[192] conseguir imediatamente apreendê-la; dado o carácter técnico de muitos destes elementos, serão aqui os *intermediários profissionais* (de formação contabilística, económica e de gestão, de análise financeira e jurídica) que terão de desempenhar um papel de 'descodificação' da mensagem – apelando-se então à tal ideia de *razoabilidade* para que não se reclame demasiado da sociedade... (Rui Dias)

---

[192] V. contudo, *supra*, a nota 193.

E contudo, se tivermos em conta os diferentes círculos concêntricos que podem desenhar-se, em termos de referentes ou padrões e cânones metodológicos – especialistas, generalidade dos sócios, pessoas em geral – parece-nos que a vigilância dos anéis exteriores sobre os interiores – não chegando a ser opressiva – constrange todavia a que a informação cumpra aqui alguns requisitos que, sem serem de grande auxílio, talvez diminuam o espaço de indeterminação da cláusula geral empregue.

Julgamos que a informação neste caso terá de reunir condições, não apenas para que qualquer intermediário a compreenda, mas para que qualquer um fique em condições de a traduzir com fidelidade aos destinatários finais, sob pena de se perder a referência a estes últimos na própria mediação. O ponto de referência imediato serão os intermediários, mas também a sua actuação deve poder ser controlada por referência à comunicação veiculada e portanto terá esta de ser de molde a permitir esta sindicância. Vale dizer que os intermediários deverão estar em condições de justificarem a sua própria interpretação. O que significava que a informação não tem de chegar directamente a todo e qualquer utente mas tem de potenciar uma interpretação rigorosamente intermediada – que possibilite uma partilha e compreensão mais alargadas.

e) *A business judgment rule*[193]

i. No imediato seguimento do que vimos de expender, importa questionar se as modificações da legislação contabilística não acarretarão uma alteração dos deveres fundamentais dos administradores, obtida por via interpretativa. As regras do Código das Sociedades Comerciais não sofreram alterações, mas a existência de cláusulas gerais como a da *business judgment rule*, permitem certamente que novas orientações se infiltrem na lei, dando azo a critérios de determinação doutrinais e porventura jurisprudenciais que pressuponham já um novo sentido e conteúdo da deverosidade em apreço.

A ser assim, impõe-se um preliminar resguardo quanto à tentação de alargamento excessivo, seja embora por via interpretativa apenas, do leque de *constituencies* atendíveis – problema aflorado em alguns dos considerandos anteriores. Como bem observa Charlotte Villiers, ao sujeitar a actu-

---

[193] V. MANUEL A. CARNEIRO DA FRADA, «A business judgement rule no quadro dos deveres gerais dos administradores», in *Revista da Ordem dos Advogados*, Ano 67, 2007, Vol. I, Jan. 2007 (acedido *on-line no endereço*: http://www.oa.pt/Conteudos/Artigos/detalhe_artigo.aspx?idc=30777&idsc =59032& id a=59045); RICARDO COSTA, «Responsabilidade dos Administradores e Business Judgment Rule», in *Reformas do Código das Sociedades*, IDET, Almedina, Coimbra, 2007.

ação dos administradores *a demasiados senhores*[194], corre-se o risco de se diluir a sua responsabilidade: pretendendo atender a todos, não obedecem a ninguém.

ii. A *business judgment rule* merece ainda uma outra anotação.

No sentido de que os tribunais não devem arriscar uma *second-guess* quando o juízo empresarial, feito pela administração, tenha respeitado as regras ocorrentes (sendo a *responsabilidade excluída se alguma dos gerentes ou administradores provar que actuou em termos informados, livre de qualquer interesse pessoal e segundo critérios de racionalidade empresarial*[195]) a *business judgment rule* é marcadamente *procedimental*. O que faz todo o sentido em termos económicos[196], mas também jurídicos, sob pena de sobrejuridificação da vida.

Com efeito, os perigos de retracção do direito e, nalguns casos, da sua sobressocialização (acabando por impor-se a força normativa dos factos económicos) correm paralelos aos riscos de excessiva juridificação da vida. Não por acaso, a modificação das áreas intencionalmente abarcadas pelo direito constitui um dos grandes reptos filosóficos ao pensamento jurídico, manifestando-se praticamente em questões dogmáticas e metodológicas, como sejam as da substituição por juízos de direito de apreciações puramente técnicas, que normalmente obedecem a uma racionalidade própria. Recordando a terminologia habermassiana: até as exigências lógicas, dialécticas e retóricas do discurso são diferentes em determinados contextos práticos. E no entanto, a racionalidade e intencionalidade jurídicas não devem ser puramente reflexivas, havendo de sobrepujar por vezes as dos sistemas que inervem. Mas nesse caso, o compromisso entre os vínculos jurídicos e as esferas micro–, meso– e macro–, obtém-se normalmente através da definição de procedimentos ou de princípios[197] normativos que cumprem a sua função de faróis, mas não fornecem bússolas, nem programam um itinerário (Aroso Linhares).

---

[194] V. Charlotte Villiers, *Corporate Reporting and Company Law*, op. cit., p. 297.

[195] Cf. art. 72.º/2: *A responsabilidade é excluída se alguma das pessoas referidas no número anterior provar que actuou em termos informados, livre de qualquer interesse pessoal e segundo critérios de racionalidade empresarial*.

[196] Segundo Rui Dias, deve ser a administração a decidir, em vez de se pretender que o juiz venha refazer esse juízo decisório quando já se sabe o resultado (p.ex., de um negócio arriscado que foi ruinoso, mas que tinha tudo para correr bem, segundo critérios de racionalidade empresarial).

[197] Exemplos do direito *flexível* (Carbonnier) e *fluído* (Delmas-Marty) que andam nas *bocas do mundo* jurídico.

Salvaguardadas as devidas distâncias, que não são desprezíveis, podemos estabelecer uma analogia com as tradicionais fundamentações aduzidas para a discricionariedade das entidades ou agentes administrativos e a correlativa limitação do controlo jurisdicional das questões de mérito[198]. Contudo, aqui como ali, importa ter bem presente o sentido das vinculações jurídicas em causa, sob pena de o direito pura e simplesmente desertar, fornecendo uma carta em branco aos seus destinatários. A progressiva juridificação dos problemas administrativos técnicos (e das questões de mérito em geral), antes confiados quase irrestritamente à liberdade dos agentes, por se encontrarem mais próximos da realidade e estarem dotados de competência especializada, constitui um marco da segunda metade do século XX, que a publicística coimbrã cedo diagnosticou (Afonso Queiró, Rogério Soares) e superiormente apurou.

Para lá da vaga vinculação às atribuições legalmente cometidas no exercício das competências conferidas, deve hoje a actuação discricionária respeitar princípios jurídicos fundamentais, tomados como directrizes teleonomológicas (que limitam, penetram e inervam não só os meios de acção eleitos como os próprios fins/interesses prosseguidos), assumindo pois essa discricionariedade um cariz material e funcionalmente jurídico.

Relativamente à própria *business judgment rule,* parece configurar «*um campo de avanço de uma certa moral procedimental*» (Rui Dias) dentro do direito das sociedades: uma vez que estatui não sobre o *conteúdo* da decisão propriamente dito, mas sobre o *procedimento* que conduz à sua tomada. Neste caso, o procedimentalismo pode concorrer simultaneamente para a eficiência e a legitimidade da tomada de decisão societária – um pouco na linha de quanto vimos ser defendido por P. Ulrich.

Contudo, há que ter em conta que uma leitura demasiado ampla dos subsídios, extraíveis dessa análise, para a construção das relações entre sócios e outros interessados seria sempre problemática, na medida em que a criação das condições de informação perfeitas para a tomada de decisão *não pode ser postulada ou defendida inocentemente* no direito societário (Rui Dias). Há sempre que verificar quais os *custos* (e os *benefícios*) de uma tal (troca de) informação, para uma entidade cujos fins, ao contrário dos da sociedade humana, politicamente organizada, em geral, são de índole lucrativa. *E aqui surge um ponto em que o sistema de informação financeira pode ser criticado: as enormes exigências colocadas sobre as sociedades a esse nível aumentam-lhes os custos significativamente, sem que muitas vezes, em virtude da*

---

[198] Apesar da candência que neste campo adquirem questões juspolíticas relacionadas com a separação de poderes, o princípio da legalidade, a obediência do juiz à lei, etc.

sua dimensão (por se tratarem de pequenas empresas[199]*), esse custo fosse razoável e socialmente justificável; o que tem um grave efeito sobre a competitividade de uma sociedade de direito português em face daqueloutra que cumpra noutra ordem jurídica menos exigente as suas obrigações de prestação de contas.* (Rui Dias)[200].

Resta saber, enfim, a que nível ou em que ponto se estabiliza normativamente a tensão entre as exigências de eficiência e de justiça, sendo certo que a própria moral discursiva apontará para equilíbrios distintos (consoante a intensidade e sentido com que se conceba e pratique a sua adaptação ao sector) e que nem a fundamentação ético-discursiva do direito nos desonera de procurar, através de esquemas e modelos doutrinais ou de soluções jurisprudenciais (sem demitir o legislador, naturalmente), os critérios susceptíveis de determinarem os substantivos requisitos de validade postos pelo direito.

Não bastará invocar uma regulação aceitável na sequência de uma argumentação universal, nem transpor regulativamente para o ambiente societário os requisitos desse debate.

V. Conclusão

A generalizada sensibilização para os problemas éticos, políticos e jurídicos suscitados pela economia global e pela actuação das empresas, suas protagonistas, acentuou-se nos últimos anos, por razões sobejamente conhecidas.

Contudo, vai uma grande diferença entre repensar o lugar das sociedades no novo cenário global, a partir de uma perspectiva que lhes permanece exógena, ou discutir alterações, induzidas pelo modificado ambiente económico, político e ético, segundo uma óptica puramente interna.

De um prisma jurídico, a questão recorta-se teoricamente com o auxílio das concepções sistémicas, embora precise de outros complementos para ser dilucidada no seu conteúdo normativo e implicações práticas. Não cuidámos aqui directamente deste problema da regulação e articulação jurídicas dos subsistemas sociais. E todavia, quisemos deixar pressentido que hoje em dia dedicamos boa parte das nossas lucubrações à determinação de uma concepção sintética do direito: simultaneamente como fundamento e intenção, limite e tarefa, e, *in casu, instrumentum* e *medium*.

---

[199] E muito embora exista uma norma contabilística *relativamente* simplificada para as chamadas *Pequenas Entidades*.
[200] V. novamente, *supra*, a nota 193.

Nos avanços e recuos da análise acerca da influência da ética na economia, conservámos em linha de vista as expectativas jurídicas espoletadas por tal interacção, afiançando que o direito não deve actuar como factor de *moralização* da economia, nem homologar *o nomos* mercantil; não negámos, contudo, que absorve necessariamente parte dos conteúdos, intenções e esquemas racionais provindos dessas esferas societais, na relação dialéctica que vai mantendo com a realidade. Todavia, no fenómeno de tradução jurídica dos significados sociais – entre sistemas, entre culturas e civilizações, entre línguas, entre sectores profissionais – ocorre uma necessária suspensão e transcensão reflexiva, que importa seja crítico-normativa, pela referência à intencionalidade específica do direito, a fim de que projecte regulativamente na *praxis* a respectiva validade normativa. Esta fenomenologia eminentemente cultural – que casa dimensões ideais e materiais do mundo humano, igualmente constitutivas da vigência, os *processos deliberativos* de criação legislativa e a *argumentação* em concreto dos tribunais e outros agentes jurídicos dão um contributo essencial à sedimentação, estruturação, determinação e dinamização do sistema jurídico, mas não bastam para o fundamentar e precipitar problemática, dogmática e enfim judicativamente na realidade. Uma ética do discurso, reconstruída criticamente a partir da facticidade do direito positivo aproveita à construção de consensos e ajuda a testar a intenção de universalidade das soluções excogitadas. Mas não transporta mais que uma certa dose de legitimidade, insusceptível de aplacar as interrogações fundamentantes da filosofia jurídica.

Dadas estas precompreensões, tratámos de averiguar num misto de descrição, análise e apreciação normativa, quais os graus de interpenetração entre ética e economia e concluímos que uma ética do discurso, propriamente entendida, deveria apontar para uma refundação da própria ciência económica enquanto disciplina prático-cultural, política e normativa.

No entanto, concedemos que esta visão *macro* e as suas defluências nos planos *meso* e *micro* precisam de levar mais a sério a lógica específica da vida económica – não para a legitimar automaticamente, mas descobrindo nela momentos de manifestação dos mesmos valores que a ética pretende realizar. Talvez que esta decantação constitua o grande desafio para o direito. E daí que, através dos círculos hermenêuticos que fomos descrevendo, tentássemos apertar o cerco em torno da ética do discurso e da realidade concreta da informação societária, no pressuposto de que só *concretamente* se realizará, em última instância, a síntese jurídica pretendida. Sem com isso desvalorizarmos anteriores e superiores pontos de esforço e momentos de cristalização dessa tensão – no plano filosófico-geral, a nível teórico, em termos de soluções dogmático-normativas de tipo legal, etc.

Como consequência, criámos um efeito de funil que foi afinando o nosso olhar – através das recorrências dadas nos diálogos entre *ética e economia, ética do discurso e economia, ética do discurso e empresas, ética do discurso e contabilidade empresarial, ética do discurso e informação societária* – para enfrentarmos a questão da *disclosure* sob este fundo mais amplo. Ora aí, concordando que a financeirização das empresas atingiu proporções juridicamente indevidas, pronunciámo-nos por uma reconfiguração global do mundo empresarial, reclamada pela sua importância pública. Mas logo a obtemperámos, na análise posterior de algumas questões dogmáticas e na proposição de certos cânones metódicos. Porque a empresa não constitui apesar de tudo uma república, finalizada que está ao lucro. Estrutura-se através de acções de coordenação social, é certo, mas estrategicamente enquadradas. Eventuais regras de comunicação e informação surgem pois instrumentalizadas a escopos individuais e colectivos, explicitando a racionalidade teleológica e estratégica imanente à realidade. Mas nada impede uma qualificação comunicativa da empresa, mediante a submissão a regras de valia intrínseca (deontológica, pelo menos), inspiradas pela ética do discurso, em matéria de boa deliberação, de boa administração pelos gerentes, de organização e funcionamento dos sistemas de informação. Contanto que sejam ponderadas com (e não subordinadas a!) os específicos «constrangimentos» da vida societária.

Uma perquirição mais aturada poderia levar-nos a tentar densificar alguns critérios normativo-materiais e a bordejar orientações metodológicas pertinentes. Mas seria necessário dominar conhecimentos dogmáticos que nos falecem e travar um contacto com problemas jurídicos concretos que nos escapam e a imaginação por si só não alcança.

Em todo o caso, um direito preocupado em tutelar, em matéria de relatórios informativos, os *stakeholders* das sociedades (como centros de poder social que são) e, neles, um certo interesse social geral, terá de trabalhar com *referentes* fundamentais como os de círculo ou auditório microscópico empírico e de auditório comunitário (e suas contrafácticas expectativas normativas); de destinatários das informações (que podem estar espraiados por várias órbitas); de tipos ou modalidades de informação em causa, quanto ao conteúdo (objecto) – mais ou menos técnico, mais ou menos amplo, mais ou menos complexo, mais ou menos relevante – mas também quanto à forma (linguística, numérica, gráfica, etc) e de modos de intermediação técnico-profissional na relação entre produtores e destinatários, e respectivas formas de sindicância.

A sua consideração iluminará certamente as disposições legais ajudando a integrar cláusulas gerais e preencher conceitos indeterminados, que, de um certo ângulo, parecem quase situar-se entre as regras de procedimento e as orientações metódicas (embora de fundo material).

De momento, porém, já chega. Damos de barato que a função eminentemente heurística que privilegiámos, a cumprir através sobretudo de uma descrição panorâmica do cenário, protagonistas, e termos da questão, foi minimamente cumprida. Reflexões críticas que permearam o texto visaram somente acicatar quem se dedique mais qualificadamente à peça que aqui todos os dias se vai representando. Afinal, traduzindo toscamente um conhecido provérbio espanhol, *uma coisa é falar de touros e outra estar na arena*.

> «(...) Assi que seja aqui a fim,
> Tornem as práticas vivas;
> Perdestes mea hora em mim,
> Das que chamam sucessivas
> Estes que sabem latim».
>
> Sá de Miranda, Carta a El-Rei D. João